现代西方学术文库

主编 甘阳　副主编 苏国勋 刘小枫

存在与虚无

修订译本

[法] 萨特 著

陈宣良 等译　杜小真 校

生活・讀書・新知 三联书店

Simplified Chinese Copyright © 2014 by SDX Joint Publishing Company.
All Rights Reserved.

本作品简体中文版权由生活·读书·新知三联书店所有。
未经许可，不得翻印。

图书在版编目（CIP）数据

存在与虚无：修订译本 /（法）萨特著；陈宣良等译. —北京：生活·读书·新知三联书店，2014.9（2025.3 重印）
（现代西方学术文库）
ISBN 978-7-108-05098-4

Ⅰ.①存… Ⅱ.①萨…②陈… Ⅲ.①存在主义－研究 Ⅳ.① B086 ② B565.53

中国版本图书馆 CIP 数据核字（2014）第 166014 号

Jean-Paul Sartre
L'ÊTRE ET LE NÉANT
Essai d'ontologie phénoménologique
© Éditions Gallimard, 1981
中译本已获得原著版权持有者授权

责任编辑	舒 炜	
装帧设计	蔡立国	
责任印制	董 欢	

出版发行　生活·讀書·新知 三联书店
　　　　　（北京市东城区美术馆东街 22 号 100010）
网　　址　www.sdxjpc.com
图　　字　01-2019-3003
经　　销　新华书店
印　　刷　山东临沂新华印刷物流集团有限责任公司
版　　次　2014 年 9 月北京第 1 版
　　　　　2025 年 3 月北京第 21 次印刷
开　　本　880 毫米 × 1230 毫米 1/32 印张 24.375
字　　数　633 千字
印　　数　233,001－253,000 册
定　　价　68.00 元
（印装查询：01064002715；邮购查询：01084010542）

现代西方学术文库
总　　序

　　近代中国人之移译西学典籍，如果自1862年京师同文馆设立算起，已逾一百二十余年。其间规模较大者，解放前有商务印书馆、国立编译馆及中华教育文化基金会等的工作，解放后则先有50年代中拟定的编译出版世界名著十二年规划，至"文革"后而有商务印书馆的"汉译世界学术名著丛书"。所有这些，对于造就中国的现代学术人材、促进中国学术文化乃至中国社会历史的进步，都起了难以估量的作用。

　　"文化：中国与世界系列丛书"编委会在生活·读书·新知三联书店的支持下，创办"现代西方学术文库"，意在继承前人的工作，扩大文化的积累，使我国学术译著更具规模、更见系统。文库所选，以今已公认的现代名著及影响较广的当世重要著作为主，旨在拓展中国学术思想的资源。

　　梁启超曾言："今日之中国欲自强，第一策，当以译书为第一事"。此语今日或仍未过时。但我们深信，随着中国学人对世界学术文化进展的了解日益深入，当代中国学术文化的创造性大发展当不会为期太远了。是所望焉。谨序。

"文化：中国与世界"编委会
1986年6月于北京

献给

卡斯道尔①

---

① 卡斯道尔是萨特对他终生伴侣西蒙娜·德·波夫瓦的昵称。Castor 原意为海狸。

目　　录

中译本前言 ··· 1
中译本修订版说明 ··· 7
2007年中译本再版说明 ··· 8

导言　对存在的探索 ··· 1
　　一、现象的观念 ··· 1
　　二、存在的现象和现象的存在 ······································· 5
　　三、反思前的我思和感知的存在 ···································· 7
　　四、被感知物的存在 ··· 14
　　五、本体论证明 ·· 18
　　六、自在的存在 ·· 21

第一卷　虚无的问题 ·· 28
　　第一章　否定的起源 ·· 28
　　　　一、考问 ··· 28
　　　　二、否定 ··· 31
　　　　三、虚无的辩证法概念 ·· 38
　　　　四、虚无的现象学概念 ·· 44
　　　　五、虚无的起源 ·· 50

第二章　自欺 ……………………………………………… 77
一、自欺和说谎 …………………………………………… 77
二、自欺的行为 …………………………………………… 87
三、自欺的"相信" ……………………………………… 102

第二卷　自为的存在 …………………………………… 107

第一章　自为的直接结构 …………………………… 107
一、面对自我的在场 ……………………………………… 107
二、自为的人为性 ………………………………………… 114
三、自为和价值的存在 …………………………………… 121
四、自为和可能的存在 …………………………………… 134
五、自我和唯我性的圈子 ………………………………… 142

第二章　时间性 ……………………………………… 145
一、三维时间的现象学 …………………………………… 145
二、时间性的本体论 ……………………………………… 175
三、原始的时间性和心理的时间性：反思 ……………… 200

第三章　超越性 ……………………………………… 224
一、作为自为与自在关系类型的认识 …………………… 226
二、作为否定的规定 ……………………………………… 235
三、质与量、潜在性、工具性 …………………………… 242
四、世界的时间 …………………………………………… 263
五、认识 …………………………………………………… 277

第三卷　为他 …………………………………………… 282

第一章　他人的存在 ………………………………… 282
一、难题 …………………………………………………… 282
二、唯我论的障碍 ………………………………………… 284
三、胡塞尔，黑格尔，海德格尔 ………………………… 295

四、注视 319

　第二章　身体 377
　　一、作为自为的存在的身体：人为性 380
　　二、为他的身体 419
　　三、身体的本体论第三维 433

　第三章　与他人的具体关系 443
　　一、对待他人的第一种态度：爱、语言、受虐色情狂 446
　　二、对待他人的第二种态度：冷漠、情欲、憎恨、性虐待狂 465
　　三、"共在"（mitsein）和"我们" 504

第四卷　拥有、作为和存在 526

　第一章　存在与作为：自由 527
　　一、行动的首要条件便是自由 527
　　二、自由和人为性：处境 585
　　三、自由与责任 671

　第二章　作为和拥有 675
　　一、存在的精神分析法 675
　　二、作为和拥有：占有 696
　　三、论揭示了存在的性质 726

结论 745
　一、自在和自为：形而上学概要 745
　二、道德的前景 754

附录：
　萨特生平、著作年表 758
　主要术语译名对照表（法—汉） 760

3

中译本前言

《存在与虚无》一书是根据 Gallimard 书店法文 1981 年版翻译的。萨特在法国是一位比较特别的哲学家,他的哲学受到德国哲学深刻的影响,比一般法国哲学家的哲学著作要艰涩得多。因此,《存在与虚无》在法国人看来也是一本相当难读的书。哲学著作的翻译第一要求的是准确,为忠实原义,我们基本上采取了直译的方式,因此,我们的译文读起来也就显得不是那么流畅。当然,译文不能令人满意,更重要的原因也许在于我们的外语、翻译及哲学理解力水平太低。虽然如此,我们在翻译过程中为揣摸他的许多概念术语的意思,实在也花了不少脑筋。尽管是直译,翻译总是一种再创造,因此,里边总是包含着许多我们自己的理解。为了帮助读者理解译文,进而理解萨特的原义,我们想,把翻译中遇到的一些比较特殊的词抽出来,说明一下为什么对它们这样翻译,也许不是多余的。

萨特的哲学中有一些术语原本是一些很普通的词,但他赋予那些词一些特定的含义,这样一来,当我们也以一些比较普通的概念来翻译时,发现就不能很好表达他的意思了。有些法语中的近义词,用中文表达时不好区分,即使字面上区分了一下,那种微妙的差别仍难显示出来。除尽力在译文中作了努力之外,有些实在难办的,也想在此作些说明,尤其是有些术语还是相当关键的。还有些词,中文连字面也不易区分,只能靠上下文去理解,也是必须交待清楚的。另外,任何民族都有些词是在他国语言中找不到对应概念的,对这种情况,我们或以意译,或索性创造一些新概念,虽然有不少弊端,但在解释之后也许更利于理解原义。

但是,有两点要说明一下,第一,这只是我们的理解,错误在

1

所难免，还望读者批评指正。第二，为了查找方便，我们说明的顺序不根据它们在书中出现的次序，而根据它们在主要术语对照表中出现的次序。当然，非必要的我们就不加说明。

apparence，我们译为显象。在国内的哲学著作中，有将它译为"浮象"，"虚象"或"表面现象"的。由于萨特把它与 apparition 一词相照应使用，后者我们译为"显现"，有动作意味，故将前者译"显象"以示联系和区别。至于"表象"（présentation）一词，中文与"显象"似难区别，但表象在哲学史著作中一直作如此译法，慎勿弄错。

conscience positionnelle，位置的意识。这个词以及"非位置的意识"，"正题的意识"及"非正题的意识"等都显得很怪。"位置的"一词表明的大约有两层意思，一层是指意识自身的无内容，一层指意识与对象的对峙。"正题的"更强调后一层意思。其实这里就是指"对象意识"。反之，"非位置的意识"和"非正题的意识"则是指"自我意识"。

contingence，偶然性，与 absurde，荒谬的，在萨特那里是同义词。

corps，身体。西文中"身体"及"物体"常为一词。因此，有时为表明双重意义，我们将其译为"形体"。反过来，萨特有时为特指皮肤之内的身体，用 chair 一词，原义为肌肉，我们为示区别，将其译为"肉体"。

dimention，维。此词有译作"方面"，"方向"或"面"的。我们采用数学中的用法将其译为"维"。

être，存在。这是本书最基本的概念之一，书名的第一个词即是它。但也是最难译的词之一。国内有译为"在"、"有"或直译为"是"的。译为"在"本无不可，但"在"与"虚无"或"无"在中文中并不是对应概念，"无"之反义为"有"。因此，本书有译为"有与无"的。但"有"一词与 avoir 一词无法区别，后者意为"拥有"。而且，"有"一词不含本体意味，而 être 一词在萨特那里有强烈的本体意味。由于同样的道理，我们不将其译为"是"。当然，当 être 一词后边跟有宾词或表语时，我们仍译为"是"。因此，有些地方在行文中无法统一，读者在阅读时应当注意此点。

但是，在本文中译为"存在"的，不仅是 être 一词，还有 existence 及其同根词，还有 il y a，有时也都译为"存在"。应该指出，它们之间的区别还是相当大的，不能以中文中有区别的词来表示，不能不说是一大缺陷。existence 一词与 être 一词当然意义有相通处，萨特有时也不对它们作太严格的区分。但有时他又十分强调区别，在它们同时出现在一个段落中时，我们有时就将 existence 译为"实在"。existence 一词本可译为"生存"或"实存"。但第一，être 也可有生存之义；第二，存在主义一词在中国已经通行，存在主义（existentialisme）一词与 existence 既然同根，我们也就倾向于一般援例，将其译为存在了。总不好改称"实存主义"或"生存主义"。至于 il y a 一词，绝对不带本体意味，有时我们也译作"有"，只有在中文行文中太别扭的地方，我们才以"存在"来译。如果注意上下文的意思，这三个词仍然是可以区分开的。

l'être-dans-le-monde，在世的存在和 l'être-au-milieu-du-monde、没于世界的存在。这两个词就一般法语而言没有什么区别，但萨特使用这两个词组意义差异却很大。虽然就是说在世界中存在，但前者指人是给世界以意义者，他虽在世界中，但又"涌现"（surgir）于世界之上。而后者则指人作为一种泛泛一般的对象混杂在世界上一般的对象之中，不再作为提供意义者存在。故前者我们既已译为"在世"，为示区别，后者我们就译为"没于世界的存在"。

être-là，此在。这是德文 dasein 一词的法文直译词。我们一般套用对德文此词的译法译为此在，但有个别时候也就按意思译为"在那里"。

interrogation，考问。就是疑问，询问的意思。为强调主动作用于对象的意思而用"考问"。注意并非指暴力逼供的"拷问"。

mauvaise foi，自欺。这是萨特一个相当重要的术语，自欺是意

3

译的。mauvaise foi 直译为"坏的相信",从中文看则根本无法理解。mauvaise foi 是一种介乎真诚(bonne foi,直译为好的相信)和欺骗之间的状态。我们虽译为"自欺",但第一,"欺"不应理解为欺骗,萨特说,"自欺"是"真诚"的,事情的真相并不明白展现,而是处在一种"半透明"的含混之中。第二,"自欺"本身包含着对他人的态度。因此,我们本拟译为"自欺之人"或"欺人自欺",终因表达的"欺骗"意义太强烈而舍弃了。将 mauvaise foi 译为"自欺"终究未能将原词"相信"的意思表达出来,而"自"字又似无来历,因此,这个词的意思经说明后与原义虽相去不远,但的确不能很好表达原义,是我们殊感不满意的。

mobile,动力;motif,动机。萨特用前一词指内在的动因,以后一词指外在的动因。

monde,世界。不同于自在的存在,而是指已有了意义的存在。

noème, noèse,原是胡塞尔现象学的术语,表明意识活动中自身的一种结构。我们将前者译为"作为对象的意识",将后者译为"作为活动的意识",是意译,由于太长,不像术语,倒像词组。但中文及现代外文中都无此相应概念。国内有按日本方式音译为"那爱玛"、"那爱斯"的。似也不妥。姑且存之,以待来者。

présence à soi,面对自我在场。présence 一词是出席到场,现场存在的意思。présence à soi 被萨特用来说明意识的内在结构。由于意识就是自我意识,因此,在他看来,意识在活动中呈现出两个自我对峙的局面。我们原拟译为"自我呈现"或"自我显现",但没有了"面对"的意味。于是译为"面对自我在场"。

projet,谋划,计划。是存在主义一个比较重要的术语。在日常语言中,将其译为计划、谋划并无不妥。但从萨特的原义看,这种译法显然有不妥当之处。萨特常将 projet 写成 pro-jet,前缀"pro"是"向前"的意思,而词根的意思是抛掷、喷射。因此,projet 一词的本义就是向前抛,向前喷射。萨特强调,projet 就是动作、活动的开始。而中文中计划、谋划却含有动作，活动之前的意识活动的意思。但第一，国内已常以计划、谋划来表明存在主义人是生活在将来的这层意思，第二，也实在抓不到相应的概念来更好表达萨特的原义，我们也就援例译为谋划、计划了。

rien，乌有。这是在翻译中最不好处理的词之一。在日常法语中，它就是"没有什么"，"什么也没有"的意思。但萨特把它显然当作一个术语来使用。rien 不同于 néant（虚无），néant 是存在的虚无，而 rien 有时则表明是虚无的虚无。甚至不能说它不存在，因为不存在就是虚无。更不能说它存在，不能按两个否定就是肯定的意思把虚无的虚无理解为存在。我们其实也不妨把这看成萨特哲学的某种困境。但要表明这种意思，尤其用译文的形式，而不是说明的形式，却也显得很困难。我们在行文中未能将它统一，实是出于中文表义方便的考虑。在有些地方，我们就将原文标出了。

另外，还有两个词我们觉得也必须提出来说一说。

第一是 est été，所谓"被存在"。这个概念在法文中像在中文中一样不通。est 是法语中系词 être 的单数第三人称形式，été 是它的过去分词。从语法形式上说，est été 构成 être 的单数第三人称被动态。但被动语态是只有及物动词才有的语态，而 être 一词显系非及物动词。萨特用这种方式表明意识等自身不存在的东西从外方借来存在，而不是依赖自身的能力等存在的意思。既然在法语中它也是不通的词，我们也就用一个中文中也不通的词来与之相应了。

第二是 exister，动词"存在"。这个词本是不及物动词，但萨特声明有时将它作及物动词用，例如：J'éxiste mon corps. 直译则为"我存在我的身体"。这样的文字显然不可理解。照法语一般规律，同时可为及物动词及不及物动词的动词，及物动词义常含"使动"的意味。因此，上例我们就译为"我使我的身体存在"。但这其中显然包含比较多的我们自己的理解。因为不及物动词表使动意味，可以在动词前加动词 faire 的方式来完成，例如"我使我的身体存在"

5

一词可复译为"Je fais exister mon corps"。因此,萨特将 exister 一词作及物动词用,到底是否是"使存在",或是否有"使存在"之外的含义,仍是一个可以进一步研究的问题。

本书的翻译工作始于 1980 年,参加初稿翻译的有:陈宣良、何建南、罗国祥、于问陶诸同志,后由陈宣良统一加工整理成稿,并由杜小真统校定稿。全书的迻译工作前后几历六年,并数易其稿,但尽管如此,缺点错误仍在所难免,恳切希望广大读者提出宝贵意见,以便本书再版时作进一步修订。

1986 年 6 月于北京

中译本修订版说明

《存在与虚无》中译本第一版于 1986 年出版。

十年后的今天，值再版之际对全书译文作了校订，补正了某些遗漏，对一些译名按当今通行的译法进行修改，书中法语和德语原文的错误也一一作了修改，并补加上原书的页码，以利读者查阅。在修改过程中，力求译文离原义更贴近，在理解上更顺畅。尽管如此，难免还会有不当与疏漏之处，恳切希望读者及有关专家批评、指正。

杜小真
1996 年 8 月

2007年中译本再版说明

1996年《存在与虚无》中译本修订本出版，距初版时间整整十年。今年此译本再版，又一个十年过去了……

这十年中，国内外对于萨特及其哲学思想的研究都有相当的发展。特别是在1995年，为纪念萨特百年诞辰，法国国内及其他许多国家都为之举办了不少会议、讲座并出版了大量相关的翻译、评述和研究成果，这一切都使我们对萨特的《存在与虚无》，这部20世纪法国哲学最重要的著作之一，法国现象学的奠基之作有了更加深入的理解和思考。

借再版之际，我们对在引用、交流和教学中发现的一些疏忽和不当之处进行了补正和修订。对一些现在现象学（主要是德国现象学）汉语翻译中一些与我们不同的译名，有些我们采用了，但有些保留了我们的原译，主要考虑到萨特本人所代表的法国现象学的一种倾向，对德国现象学有着自己的独特的哲学思考和接受角度，我们在必要时作了说明。当然在处理这些难题的过程中，肯定还存在着不少问题，诚恳希望同行及读者批评，指正。在此，也向在参加"《存在与虚无》讨论"课的北大哲学系的几届研究生们表示感谢，是他们的参与得以不断促进译本的修正和完善。也希望继续得到同学们的各种讨论意见和不同看法。

《存在与虚无》中译本的前几版的责编是我们的同事、朋友王炜，他离开我们已经两年了，借此机会表达我们对他的哀思和怀念。《存在与虚无》中译本，会让我们总是想起他，想起那时候支持和帮助这个译本的朋友……

北京大学外哲所法国哲学研究中心　杜小真
2007年3月

导　言

对存在的探索

一、现象的观念

近代思想把存在物还原为一系列显露存在物的显象，这是一个很大的进步。这样做的目的是为消除某些使哲学家们陷入困境的二元论，并且用现象的一元论来取代它们。这种尝试成功了吗？

首先，这样人们确实摆脱了那把存在物中的内部和外表对立起来的二元论。如果人们真是那样把存在物的外表理解为一层掩盖对象真正本性的表皮，那就无所谓外表了。如果这种真正的本性反过来应是事物的秘密实在，而由于它是被考察对象的"内部"，我们能够预感或假定它，但是永远不能达到它，那么，这种本性同样不存在。显露存在物的那些显象，既不是内部也不是外表，它们是同等的，都返回到另一些显象，无一例外。例如，"力"不是掩藏在它的各种效应（加速度、偏差数等）背后的未知的形而上学的自然倾向，而是这些效应总体。同样，电流也没有隐秘的背面：它无非是显露它的许多物理－化学作用（电解、碳丝的白炽化，电流计指针的移动等）的总体。这些作用中的任何一种都不足以单独地揭示电流。但是它也不表明它自己背后有什么东西：它只表明它自身和整个系列。因此，存在和显现的二元论在哲学中显然不再有任何合法的地位。显象返回到整个显象系列，而不是返回到某个把存在物的整个存在吸收到自身中的隐藏着的实在。并且显象本身也不是与这个存在不一致的显露。只要人们相信本体的实在性，就已表明了显象是纯粹否定的东西。它已是"不是存在的东西"；它已只不过是幻觉和错误的存在。但是这个存在本身也是借来的，它本身已是一个虚假外表，而且，人们所面临的最大困难，就是在显象中保持足够的凝聚力和存在，以使它本身不致被吸收到存在中去。但是如果我们一旦摆脱了尼采所谓的"景象背后的世界这幻觉"，如果我们不再相信"显象背后的存在"，那么显象就成了完全的肯定性，它的本质就是这样一种"显现"，它不再与存在对立，反而成为存在的尺度。因为存在物的存在，恰恰是它之所显现。于是我们获得了现象的观念，诸如人们在胡塞尔或海德格尔的"现象学"中所遇到的那种现象或"相对-绝对者"的观念。现象仍然是相对的，因为"显现"这种说法在本质上假设了有某个接受这种显现的人。但是它没有康德的现象（Erscheinung）概念所包含的双重相对性。它并不表明它背后有一个真实的，对它来说是绝对的存在。现象是什么，就绝对是什么，因为它就是像它所是的那样的自身揭示。我们能对现象作这样的研究和描述，是因为它是它自身的绝对的表达。

在此同时，潜能与活动的二元性也消失了。活动就是一切。在活动背后，既没有潜能，也没有"潜在的持久性质"（exis）①和效力（vertu）。例如，我们拒绝在说普鲁斯特②"有天才"或"是"天才的意义下把"天才"理解为创作某些作品的特殊能力，而在创作中，这种能力又并未完全耗尽。普鲁斯特的天才，既不是孤立地被考察的作品，也不是产生作品的主观能力，而是作为人的各种显露之总和的作品。最终，我们同样能否认显象和本质的二元论。显象并不掩盖本质，它揭示本质，它就是本质。存在物的本质不再是深藏在这个存在物内部的特性，而是支配着存在物的显象序列的显露法则。这就是系列的原则。彭加勒③的唯名论把物

---

① 源于古希腊语，应为 hexis，萨特可能忽略了摩擦音而写成 exis。——英译者
② Proust（1871—1922）：法国作家。著有《追忆逝水年华》。——译注
③ Poincaré（1854—1912）：法国数学家。——译注

理的实在（例如电流）定义为它的各种显露的总和。杜恒①有理由把他自己的理论和这种唯名论对立起来，他把这实在概念看成这些显露的综合统一。当然，现象学完全不是唯名论。然而，作为系列原则的本质显然只是诸显象的联系，就是说，本质自身就是一种显象。这正说明何以有对本质的直观〔例如胡塞尔的本质直观（Wesenschau）〕。于是，现象的存在显露其自身，它就像显露它的存在一样显露它的本质。它无非是把这些显露紧密联系起来的系列而已。

这是不是说，把存在物还原为它的各种显露，我们就成功地消灭了一切二元论呢？看来倒不如说我们把一切二元论都转化为一种新的二元论：有限和无限的二元论。事实上，存在物不可能还原为显露的一个有限系列，因为任何显露都是对一个处在经常变动之中的主体的关系。尽管一个对象只是通过一个单一的渐次显现（abschattung）揭示自身，然而只要有一个主体存在，这一事实便意味着可能出现对这个渐次显现的多种看法。这就足以把被考察的渐次显现的数目增多到无限。此外，如果显现的系列是有限的，这就意味着最初的那些显现没有再度显现的可能性，这是很荒谬的；或者意味着这些显现可以同时全部出现，这就更加荒谬。我们应懂得，事实上，我们的现象理论以现象的客观性取代了事物的实在性，并且是求助于无限性来建立这种客观性的。这只杯子的实在性在于：它在那里，它不是我。我们可以这样说明这一点，它的显现系列是由一个不以我的好恶为转移的原则联结起来的。但是当显现还原为其自身，并且无须它所属的那个系列时，它便只能是一种充实直观和主观的东西，一种影响主体的方式。如果现象必须显示为超越的，那么主体本身就必须超越显现而趋向显现所属的整个系列。主体应该通过他对红色的印象去把握红本身。红本身就是所说的系列

---

① Duhem (1861—1916)：法国物理学家，科学史学家，哲学家。——译注

原则；还应当通过电解等去把握电流本身。但是如果对象的超越性的基础是显现必须始终使自己被超越，那么结果便是：一个对象原则上是把它的显现系列假定为无限的。因此，有限的显现是在它的有限性中表明自身的，但是为了把它当作"显现的东西的显现"，它同时要求被超越而走向无限。这种新的对立，"有限和无限"，或者不如说"有限中的无限"，便取代了存在和显现的二元论：显现的东西，其实只是对象的一个侧面，而且对象整个地在这个侧面之中，又整个地在这个侧面之外。所谓整个地在其中是指它在这个侧面之中将自己显露出来，它表明自身是显现的结构，这结构同时又是那系列的原则。对象整个地在其外，是因为这个系列本身永远不显现，也不可能显现。于是，外表与内部，不显现的存在与显现又重新对立起来。同样，某种"潜能"复又占据了现象，甚至把自己的超越性赋予现象：这是一种被扩展为一个实在的，或可能的显现系列的潜能。普鲁斯特的天才，即使还原为已产生的作品，也仍然不等于人们对这部作品所能取的，以及称为普鲁斯特作品的"不可穷尽性"的那无限可能的观点。但是，这不是那种包含着超越性和关涉着无限性的不可穷尽性，当人们在对象中把握它的时候，这不就是一种"潜在的持久性质"（exis）吗？本质最终与显露它的个别显象根本分离了，因为本质原本就是那个应该能用那些个别显露物的无限系列显露的东西。

　　这样用一个作为一切二元论基础的二元论来取代各式各样的对立，我们是有所得还是有所失？我们马上就会讨论这一点。现在可以说，"现象理论"的第一个结论就是，显现并不像康德的现象返回到本体那样返回到存在。因为显现背后什么也没有，它只表明它自身（和整个显现系列），它只能被它自己的存在，而不能被别的存在所支持，它不可能成为一层将"主体存在"和"绝对存在"隔开了的虚无薄膜。如果显现的本质就是一种不再与任何存在对立的"显现"，那自然就产生了关于这个显现的存在的问题。我们这里研究的正是这个问题,它将是我们探索存在与虚无的出发点。

二、存在的现象和现象的存在

显现不是由任何与它不同的存在物来支持的,它有自己特有的存在。因此我们在探讨本体论时遇到的第一个存在,就是显现的存在。它本身是一种显现吗?初看似乎是的。现象是自身显露的东西,而存在则以某种方式在所有事物中表现出来,因为我们能够谈论存在,并且对它有某种领会。因此应该有一种存在的现象,也可以写成存在的显现。存在将以某种直接激发的方式(如厌烦、恶心等)向我们揭示出来,而且本体论将把存在的现象描述成它自身显露的那样,也就是说不需要任何中介。然而,对一切本体论事先应提出这样一个问题:这样达到的存在的现象与现象的存在是同一的吗?就是说,向我揭示和显现出来的存在,其本性与向我显现的存在物的存在是一样的吗?问题似乎不难解决:胡塞尔曾指出本质的还原如何始终是可能的,就是说如何始终能够超越具体的现象走向现象的本质。海德格尔也认为"人的实在"(réalité humaine)是"本体状－本体论的"(ontico-ontologique)①,就是说"人的实在"总能超越现象走向它的存在。但是从单个对象到本质的过渡是从同质物到同质物的过渡。这和从存在物到存在的现象的过渡是一回事吗?超越存在物走向存在的现象,是否就是走向它的存在,就像人们超越特殊的红色走向它的本质一样?让我们进一步考察一下。

在一个单个的对象中,我们总能区别出诸如颜色、气味等性质来。从这些性质出发,人们总能确定它们包含的本质,正像符号包

---

① ontico-ontologique,是用希腊文 ontons(实在,本体)造的前缀形容词。——译注

5

含意义那样。"对象-本质"总体构成一个有机的整体：本质不在对象中，而是对象的意义，是把它揭示出来的那个显现系列的原则。但是存在既不是对象的一种可以把握的性质，也不是对象的一种意义。对象并不像返回到意义那样返回到存在：例如，不能把存在定义为在场（présence）——因为不在场（absence）也揭示存在，因为不在那里仍然是存在。对象不拥有存在，它的实存既不是对存在的分享，也不是完全另外一类关系。它存在，这是定义它的存在方式的唯一方法；因为对象既不掩盖存在，也并不揭示存在：它不掩盖存在，是因为试图撇开存在物的某些性质去寻找它们背后的存在是徒劳的，存在同等地是一切性质的存在；它不揭示存在，是因为求助对象来领会它的存在是徒劳的。存在物是现象，就是说它表明自身是诸性质的有机总体。存在物是其本身，而非它的存在。存在只是一切揭示的条件：它是为揭示的存在而非被揭示的存在。那么，海德格尔所说的那种向本体论的东西的超越又是什么意思呢？当然，我们能够超越这张桌子或这把椅子走向它的存在，并且能提出"桌子-存在"或"椅子-存在"之类的问题。但是，这时我的视线就从"桌子-现象"上移开，去确定"存在-现象"。而这个"存在-现象"便不再是所有揭示的条件——它本身就是一个被揭示者，就是一个显现，而作为这样一种显现，它反过来又需要一个它能据以被揭示出来的存在。

如果现象的存在不转化为存在的现象，而我们又只有通过考察这种存在的现象才能对存在说点什么，那么，首先就应该建立那种使存在的现象和现象的存在统一的确定关系。如果我们考虑到，以上所说的一切都直接受到对存在的现象的揭示性的直观的启示，建立二者之间的这种关系可能就容易得多了。倘若不把存在看成揭示的条件，而是把存在看成能以概念来确定的显现，我们一开始就懂得了，单靠认识不能为存在提供理由，就是说，现象的存在不能还原为存在的现象。总之，在安瑟伦和笛卡尔所谓本体论证明意义上存在的现象才是"本体论的"。它是对存在的呼唤。作为现象，它要求一种超现象的基础。存在的现象要求存在的超现象性。这并不意味着存在是隐藏在现象背后的（我们已经看到现象不可能掩藏存在），也不意味着现象是一种返回到独特的存在的显象（现象只作为显象存在，就是说，现象在存在的基础上表达自身）。言下之意，虽然现象的存在与现象外延相同，却不能归为现象条件——这种条件只就其自身揭示而言才存在——因此，现象的存在超出了人们对它的认识，并为这种认识提供基础。

三、反思前的我思和感知的存在

人们也许会说，上述困难均与某种关于存在的概念有关，均与某种同显现的概念完全不相容的本体论的实在论方式有关。显现存在的尺度，事实上就是显现显现。由于我们一直把实在囿于现象，我们就可以说现象按它显现的样子存在着。为什么不把这看法推到极端，说显现的存在就是它的显现呢？因为那只是贝克莱的"存在就是被感知"这句老话的改头换面而已。事实上，胡塞尔正是这样做的，完成现象学的还原之后，他用"作为对象的意识"(noème)当作用非实在分析，并且宣称它的存在就是被感知。

贝克莱的著名公式似乎不能令人满意。这是因为两个根本的理由，一个是关于被感知的本性，另一个则是关于感知的本性。

"感知"的本性——如果说所有形而上学事实上都假设一种认识理论，那么反过来，所有认识理论也都假设着一种形而上学。这至少包含着这样一层意思，就是一种为把存在还原为关于存在的认识而操心的唯心主义，应该事先以某种方式保证认识存在。反之，倘若谁一开始就把认识作为既定的，而不曾想为认识的存在奠一基础，并就此断言"存在就是被感知"，则"被感知－感知"总体就会由于缺少牢固的存在的支持，而分崩离析落入虚无。因此，认识

17

7

的存在不能以认识为尺度，也不归为"被感知"。① 因此，感知和被感知的"存在-基础"本身不能归为被感知：它应该是超现象的。于是我们回到了我们的出发点。尽管如此，我们总可以同意说，被感知返回到显现法则所不可企及的存在，但我们仍坚持说这个超现象存在是主体的存在。因此，被感知会返回到感知者——被认识的东西会返回到认识，而认识会返回到那个作为存在，而非作为被认识的进行认识的存在，就是说会返回到意识。胡塞尔就是这样理解的。因为，如果"作为对象的意识"在他看来是"作为活动的意识"（noèse）的非实在对应物，事情就是如此；但如果作为对象的意识的本体论法则就是被感知，则相反。作为活动的意识在他看来就是实在，它的主要特征就是对认识它的反思表现为"先已在此"的。因为认识主体存在的法则，即"是有意识的"。意识不是一种被称作内感觉或自我认识的特殊认识方式，而是主体中的超现象存在的一维。

让我们尽力深入理解存在的这一维。我说，意识是作为存在，而非作为被认识的进行认识的存在。这意思是说，如果建立这种认识，就应该放弃认识的第一性。无疑，意识能进行认识和认识自己。但是它本身不是回归自我的认识。

胡塞尔曾指出，一切意识都是对某物的意识。这意味着，意识是一个超越的对象的位置（position），或者可以说，意识是没有"内容"的。必须抛弃那些按选定的参照系构成"世界"或"心理"的中性"与料"。一张桌子，即使是作为表象，也不在意识中。桌子在空间中，在窗户旁边，如此等等。事实上桌子的存在对意识来说是不透明的中心；清点一事物的全部内容需要一个无限的过程。把

---

① 无疑，一切以从人的实在得来的另一种态度来取代"感知"的努力都同样没有效果。如果谁认为存在是在"作为"中被揭示于人，那么，他就必须保证活动之外的作为的存在。

这种不透明性引入意识，就会把意识自己可以列出的清单推向无限，就会把意识变成一个物件，并且否定我思。因此，哲学的第一步应该把事物从意识中逐出。恢复意识与世界的真实关系，这就是指，意识是对世界的位置性意识。所有意识在超越自身以图达到对象时都是位置的，毋宁说它干脆就是这个位置。我的现实意识中所有的意向，都是指向外面，指向桌子的；我的所有判断或实践活动，我此刻的所有情感，都超越自身，指向桌子，并被它所吸引。并非所有意识都是认识（例如，还有情感性的意识），但是任何认识意识都只能是对它的对象的认识。

然而，使认识意识成为对它的对象的认识的充分必要条件是：它意识到自身是这个认识。说这是必要条件，是因为如果我的意识没有意识到是对桌子的意识，那么它就会意识到这张桌子，而没有意识到是这种意识，换言之，它是对自我无知的意识，一种无意识的意识——这是荒谬的。说这是充分的条件，是因为我意识到有对这桌子的意识，这对我事实上意识到它已经足够了。这当然不足以让我肯定这张桌子自在地存在——但也足以肯定它为我地存在。

这种意识的意识是什么呢？我们太受认识至上幻觉的影响，以至立即就把意识的意识当作斯宾诺莎式的观念的观念，就是当作认识的认识。阿兰[①]由于不得不解释"知，就是意识到在知"这种自明性，才用这样的话来表述它："知，就是知人在知。"这样，我们就给反思或对意识的位置性意识下了定义，甚至早给对意识的认识下了定义。这将是一个完整的意识，它指向非它的某物，就是说指向被反思的意识。因此，它将超越自身，并且，作为对世界的位置性意识，它将完完全全投入对其对象的追求之中。不过这个对象本身就是一个意识。

看来，我们无法同意这样来解释意识的意识。把意识还原为认

[①] 阿兰（Alain, 1868—1951），法国哲学家、散文家。——译注

识，事实上意味着把主体-对象的二元论引入意识，这种二元论是认识的典型形态。但是，如果我们接受认识者-被认识者成对的法则，就必须要有第三项，以便使认识者反过来成为被认识者，而我们就将面临这样一个两难推理：要末我们在"被认识者——被认识的认识者——认识者的被认识的认识者——……"的系列中的任意一项上停下来。那时，现象总体就成为未知者，就是说，我们总是遇到一种非自我意识的反思和一个末项——要末必须肯定一种无限的后退（观念的观念的观念……），这是荒谬的。因此，这里在本体论上确立意识的必要性时又增加了一个新的必要性：必须在认识论上确立意识。这不是必须把成对法则引入意识吗？自我意识不是成对的。如果要避免无穷后退，意识就必须是自我与自我之间一种直接的，而非认识的关系。

此外，反思的意识把被反思的意识设定为自己的对象：在反思活动中，我对被反思的意识作出一些判断：我为之羞耻，我为之骄傲，我欲求它、否认它，等等。我对感知活动的直接意识既不能使我作出判断，也不能使我有所希望或感到羞耻。它不认识我的感知，也不设定它：我的现实意识中的所有意向都是指向外面，指向世界的。反过来，对我的感知的这种自发的意识是我的感知意识的构成成分。换句话说，所有对对象的位置性意识同时又是对自身的非位置性意识（conscience non positionnelle）。如果我数一下这个盒子里的香烟，我便有了揭示这堆香烟的客观性质的印象：它们是一打。这种属性对我的意识显现为存在于世界中的性质。对数它们，我完全可能根本没有一种位置性意识。那我就没有"认识到我在数"。这种情况可以从下述事实得到证明：孩子们能够自发地做出加法，事后却不能解释他们怎么会做的：皮亚杰[①]的试验证明了这一点，它是对阿兰的"知，就是知人在知"公式极好的反驳。然

[①] 皮亚杰（Piaget, 1896—1980），瑞士心理学家。——译注

而，当我发现香烟是一打时，我对我的相加活动有一种非正题的意识。事实上，如果有人问我："你在那里做什么？"我会立即回答："我在数。"这个回答，不仅针对我通过反思所能达到的这一瞬间的意识，而且针对未经反思到而发生着的意识，针对我刚刚过去的永远不被反思的意识。因此，反思一点也不比被反思的意识更优越：并非反思向自己揭示出被反思的意识。恰恰相反，正是非反思的意识使反思成为可能：有一个反思前的我思作为笛卡尔我思的条件。同时，恰恰是对计数的非正题意识才是我的相加活动的真正条件。如其不然，相加活动如何会是我的诸意识的统一主题呢？这个主题要想先于统一和认识的整个综合系列，它对自身呈现时，就不能作为一个物件，而只能是像海德格尔所说的作为一种"揭示－被揭示"来存在的活动意向。那么，为了计数，就要对计数有所意识。

也许有人会说，这是在兜圈子。因为，难道不应该是我事实上在计数才使我能有对计数的意识吗？这是对的。然而，这不是兜圈子，或者不如说，存在于"圈子中"正是意识的本性。我们能够这样表达上述意思：一切有意识的存在都是作为存在着的意识存在的。我们现在懂得了为什么对意识的原初意识不是位置性的：因为它与它意识到的那个意识是同一个东西。它同时规定自己是对知觉的意识和知觉。为了符合语法要求，我们至此还不得不说"对自我的非位置性意识"。但是，由于"对自我的"这种表述仍然暗示着认识性观念，我们不能再用它了。（以后我们将把那个"对……的"放在括号里，以便表明这只是为了符合语法要求。）

不应把这种（对）自我（的）意识看成一种新的意识，而应看成使对某物的意识成为可能的唯一存在方式。正如广延对象不得不按空间三维存在一样，意向、快乐、痛苦都只能作为（对）自身（的）直接意识而存在。意向的存在只能是意识，否则意向就会成为意识中的物件。因此，这里不应该理解为：一方面，某种外在的原因（机体的痛苦、无意识的冲动，以及其他体验）能够决定一个心理事件（例如决定一种快乐）的产生；另一方面，在其物质结构中被这样规定的那个事件将不得不作为（对）自我（的）意识产生。这将使非正题的意识变成位置性意识的一种性质——（在知觉，即对这张桌子的位置性意识会附带有〔对〕自我〔的〕意识的性质的意义下），而且会因此重新陷入认识理论至上的幻想。这会使心理事件成为一个物件，并且就像我能以玫瑰色来质定这张吸墨纸那样，我也能以"有意识的"来质定这心理事件。快乐即使在逻辑上也不能区别于对快乐的意识。（对）快乐（的）意识作为快乐自己存在的真正的方式，作为构成快乐的质料，而并非作为那种事后强加在享乐主义质料上的形式，它对快乐是构成性的。快乐不可能在意识到快乐"之前"存在——即使以潜在性或潜能的形式也不行。潜在的快乐只能作为（对）潜在的存在（的）意识而存在，意识的潜在性只有作为对潜在性的意识而存在。

　　如前所示，与此相应，应该避免用我对快乐的意识来定义快乐。这会落入一种意识的唯心主义，它会通过迂回的道路又把我们引回到认识至上那里去。快乐不应该消失在它（对）自身（的）意识背后：它不是表象，而是具体、充实而绝对的事件。它不是（对）自我（的）意识的一种性质，（对）自我（的）意识也不是快乐的一种性质。并不是先有一种（无意识的或心理的）快乐，然后这种快乐接受了意识这种性质，就像射进一道光芒似的；也不是先有一种意识，然后这种意识接受了"快乐"这一感受，就像在水里加了颜料似的，而是有一个不可分割的、不可分解的存在——这个存在根本不是支撑着各种碎片的实体，而是一个通体都为实存的存在。快乐是（对）自我（的）意识的存在，而（对）自我（的）意识是就快乐的存在之法则。海德格尔在这一点上说得好，他写道（真正说来，他是在谈论此在〔Dasein〕而非谈论意识时）："就一般可能谈论的而言，这个存在的'如何'（essentia 本质）应该从它的存在（existentia 实存）出发来设想。"这意味着意识并非作为某种抽象可能性的个别例证而产生，而是在从存在内部涌现出来时，意识创造并保持着它的本质，就是说调配着它的各种可能性。

这也就是说，意识的存在和本体论证明向我们揭示的存在是相反类型的：因为意识不可能先于存在，它的存在是一切可能性的来源和条件，正是它的存在包含着它的本质。胡塞尔在谈到意识的"事实必然性"时对这点表述得很妙。要有快乐的本质，应该首先有（对）这个快乐（的）意识这个事实。企图求助于所谓意识的法则是徒劳的，这些法则联结起来的总体构成意识的本质：一个法则是意识的一个超越的对象；可以有对某个法则的意识而不能有某个意识的法则。根据同样的理由，也不可能赋予意识异于它本身的动因。否则就必须设想，意识，就其是一个结果而言，是非自我（的）意识的。从某个方面说，它就必须存在而又没有意识到自己存在。我们将落入一种经常发生的臆想中，即总认为意识是半意识的或被动的。但意识就是完完全全的意识，因此它只能被它自身所限制。

不应该设想意识的这种自我规定是一种本原，是一种生成，因为那就必须假设意识先于它自己的存在。同样不应该设想这种自我创造是一种活动，否则，意识事实上就会是（对）作为活动的自我（的）意识，这是没有的事。意识是充实的存在，而且这种自己对自己的决定是一种本质特征。不滥用"自因"的表述是完全明智的，因为自因总是假设一种进展，一种"自因"对"自果"的关系。干脆说意识是自己存在的，这会更准确些。然而也无须据此把意识理解为"出自虚无"。意识之前不可能有"意识的虚无"。在意识之前，只能设想充实的存在，其中任何成分都不能归结到一个不在场的意识。要有"意识的虚无"，就必须有一个曾经存在而且不再存在的意识，以及一个作为见证的意识提出第一个意识的虚无以便进行认识的综合。意识先于虚无且"出于"存在。

人们在接受这些结论时可能会有些困难。但是如果再仔细地考虑一下，这些结论便将显得十分清楚：奇怪的不是有依赖自己的实存，而是没有这类实存。被动的实存才是真正不可思议的，也就是说一种既没有力量产生自己，也没有力量自我保存，然而又永久继续下去的实存才是不可能的。根据这个观点，再没有什么比惯性原则更不可理解的了。确实，如果意识能"来自"某种事物的话，那它会"来自"何处呢？是来自无意识的或生理的混沌状态吗？但是如果人们反过来问，这种混沌又如何能存在，它从哪里获得它的实存，我们就会发现自己又面临着被动实存的概念，就是说我们绝对无法理解，这些非意识的与料，既然不是从自身中获得它们的实存的，怎么又竟然能使意识延续下去，并且甚至能找到力量来产生一个意识。正是这一点充分说明了"世界偶然性"的证明为什么曾风行一时。

这样，由于放弃了认识的至上性，我们发现了进行认识的存在，并发现了绝对，也就是十七世纪理性主义者给予定义并用逻辑构成的认识对象的绝对，因而不会被下述著名的非难所驳倒：一个被认识的绝对不再是绝对，因为它成了相对于人们从它那里获得的知识的。事实上，这里的绝对不是在认识的基础上逻辑地构成的结果，而是经验的最具体的主体。它完全不相对于这种经验，因为它就是这种经验。因此这是一种非实体的绝对。笛卡尔唯理论本体论的错误，就是没有看到，如果以实存先于本质来定义绝对，就不可能设想绝对是实体。意识没有实体性，它只就自己显现而言才存在，在这种意义下，它是纯粹的"显象"。但是恰恰因为它是纯粹的显象，是完全的虚空（既然整个世界都在它之外），它才能由于自身中显象和存在的那种同一性而被看成绝对。

四、被感知物的存在

我们的探索似乎已经到了尽头。我们曾把事物还原为由它们的显象结合而成的整体，然后我们证实了这些显象要求一个本身不再是显象的存在。"被感知物"使我们回溯到一个"感知者"，对我们来说他的存在表现为意识。于是，我们达到了认识的本体论基础，达到了所有其他显象都对之显现的第一存在，那个绝对——对他而言一切现象都是相对的。这不是康德理解的那种主体，而是主观性本身，是自我对自我的内在性。从这时起，我们避开了唯心主义：对唯心主义来说，存在是由认识衡量的，这使它受二元性法则的支配。只有被认识的存在，关键的是思想本身。思想只有通过它自己的产物显现出来，也就是说，我们总是只把思想当作已产生的那些思想的涵义；探索思想的哲学家应当考察那些既定的科学，从中获得作为使这些科学成为可能的条件的思想。我们则相反，我们已把握了一种脱离认识，并且为认识奠定基础的存在，已把握了一种根本不是作为已被表达出来的那些思想的表象或涵义，而是直接按其本来面目被把握的思想——"把握"这种方式不是一种认识现象，而是存在的结构。此时我们是处在胡塞尔现象学的地基上，尽管胡塞尔本人并不总是忠于他最初的直觉的。我们满意了吗？我们虽然已经遇到了一个超现象的存在，但它是否实际上是那个可将存在的现象回溯到其身上的存在？它确实是现象的存在吗？换句话说，意识的存在是否足以为那个作为显象的显象的存在提供基础？我们已经把显象的存在从现象中抽取出来，以便把它交给意识，并且指望意识随后会把这存在归还给现象。意识能做到这点吗？当我们考察被感知物的本体论要求时，就会找到答案。

　　首先要指出，既然事物被感知，就有一种被感知的事物的存在。即使我想把这张桌子还原为各种主观印象的综合，也至少应该指出，它是通过这种综合揭示自身为一张桌子的，桌子是这个综合的超越极限，是它的根据和目的。桌子在认识之前，并不能与关于桌子的认识等同，否则它就成了意识，就成为纯粹的内在性，就不成其为桌子了。同样，即使根据纯粹的理性划分方法，也应该把桌子与把握它的主观印象的综合区分开来，至少不能认为桌子就是这个综合；因为这会把桌子还原为一种综合联结活动。因此，既然被

15

认识物不能吸收到认识中去，我们就应该承认它是一个存在。人们会对我们说，这个存在就是被感知。我们首先要承认：被感知物的存在不能还原为感知者的存在，就是说不能还原为意识，正如桌子不能还原为各种表象的联系一样。我们至多只能说，被感知的存在是相对于感知者的存在的。但是这种相对性并不必然就放弃对被感知物的存在的考察。

然而，被感知的方式就是被动。因此，如果现象的存在寓于它的被感知之中，这个存在就是被动性。既然这个存在被还原为被感知，相对性和被动性就是这个存在所特有的结构。什么是被动性呢？当我经历了一种变化而我又不是这种变化的根源——就是说既不是这变化的基础，又不是它的创造者时，我是被动的。于是，我的存在支撑着一种不是来源于我的存在的存在方式。不过，为了作这样的支撑，我必须实存，并且，因此，我的实存总是处于被动性的另一面。例如，"被动地支撑"是我的一个行为，它像"坚决地拒绝"一样显示了我的自由。如果我确实总是"已被触犯的人"，我就必须坚持我的存在，即对我本身的实存感到痛苦。但是正因为如此，我就以某种方式复活了，我承担起对我的触犯，面对触犯我不再是被动的了。因此，我面临的是两者必居其一的选择：或者是我在我的实存中不是被动的，那么我就成了我的各种感受的基础，尽管我最初不是它们的根源；或者是连我自己的存在也受到被动性的影响，我的存在是一个被接受的存在，那么，一切就都落入虚无了。因而被动性是一种双重相对的现象：既相对于行动者的触动性，又相对于受动者的存在。这意味着被动性不可能涉及被动的存在者的存在本身：它是一种存在对另一种存在的关系，而不是存在对虚无的关系。感知不可能影响存在的感知作用，因为要受影响，感知必须以某种方式已被给定，因此必须在获得存在以前就存在。我们可以在下述条件下设想一种创造：被创造的存在复活了，脱离了创造者，以便立即自我封闭起来，并承担起自己的存在：正是在这个意义下，一本书与它的作者相对立而存在。但是如果这种创造活动必须无止境地继续下去，如果这种被创造的存在的最细小部分都需要被支撑，如果它没有任何真正的独立性，如果它本身只是虚无，那么这种创造物便与它的创造者没有任何区别，它同化于创造者了；我们这里谈的是一种虚假的超越性，这个创造者甚至不能幻想脱离他的主观性。①

此外，受动者的被动性，要求施动者具有相等的被动性——这正是作用与反作用的原理。正因为我的手能够被别人的手抓住、击伤，我的手才能去抓住和击伤别人的手。我们能赋予感知或认识以一些什么样的被动因素呢？感知和认识是完全的能动性，自发性。这正是因为意识是纯粹的自发性，因为没有什么东西能侵蚀它，它也不能对任何东西起作用。因而，存在就是被感知（esse est percipi）的原则要求意识这种不能对任何东西起作用的纯粹自发性把存在给予一个超越的虚无，在此同时却又保持它于虚无状态中。这简直是荒唐！胡塞尔曾试图通过把被动性引入"作为活动的意识"来应付这些责难，认为这是经验的材料（hylé）或纯粹的经验流和被动综合的质料。但是他这样做，只是在上述困难之上又加了一层困难。其实，他又引入了那些中性与料，那种我们刚才指出的不可能性。它们肯定不是意识的"内容"，而只能使它们自身显得更加不可理解。事实上，"材料"不可能是意识，否则它就会消散于一种半透明性中，也不能提供那种印象的反抗着的基础，这基础应向着对象而被超越。但是如果"材料"不属于意识，它又从哪里获得其存在和不透明性呢？它如何能同时保持事物不透明的反抗和思想的主观性呢？它的存在（esse）不可能来自被感知（percipi），因为它甚至没有被感知，因为意识超越它而走向对象。但是如果它只是从其自身

---

① 正是由于这个理由，笛卡尔的实体学说才在斯宾诺莎主义中得到逻辑的完成。——原注

获得存在，我们就会再一次遇见意识与独立于它的存在物之间的关系这一无法解决的难题。而且即使我们同意胡塞尔的说法，承认"作为活动的意识"有一个材料层，也无法设想意识如何能超越这种主观的东西走向客观性。胡塞尔以为把物的特性和意识的特性给予了这种"材料"，会有助于两者的彼此过渡。但是他只不过创造了一个杂交的存在，这种存在既遭到了意识的否定，又不能作为世界的一部分。

但是，这样看来，被感知还意味着感知作用（perceptum）的存在法则是一种相对性。能不能设想被认识物的存在是相对于认识的呢？对一个存在物来说，存在的相对性意味着什么呢？只不过意味着这个存在物既在别的事物中，就是说在一个它所不是的存在物中有其存在；又在它自身中有其存在。认为一个存在外在于它自己当然是不可思议的，即使有人据此说这个存在是它自己的外在性也不行。但是这里的情况并非如此。被感知的存在是在意识之前，意识不可能达到这个存在，这个存在也不可能渗入意识，而且因为这个存在是与意识隔绝的，它也就与它自己的实存相隔绝地存在着。按照胡塞尔的方式，把被感知的存在当做一个非实在的东西，也是毫无用处的；即使作为非实在的东西，它仍应存在。

因此，相对性和被动性这两个规定能够与存在方式有关，但却无论如何不能应用于存在。现象的存在不能是它的被感知。意识的超现象存在不能为现象的超现象存在奠定基础。这里我们看到了现象学者的错误：他们正确地把对象还原为联系它的各种显象的系列，然而他们却相信这样一来就已经把对象的存在还原为它的存在方式的序列了。因为他们正是指出已经存在着的许多存在之间的关系，所以他们才用只适用于存在方式的概念来解释存在。

五、本体论证明

存在还没有得到应有的估价。我们相信，因为发现了意识存在的超现象性，所以不必把超现象性给予现象的存在。我们将看到，事情完全相反，正是这种超现象性要求现象的存在有超现象性。有一种不是从反思的我思，而是从感知者反思前的存在获得的"本体论证明"。这就是现在要讨论的问题。

　　任何意识都是对某物的意识。意识的这个定义可以从两种非常不同的意义上来理解：可以理解为意识是其对象的存在的构成成分，也可以理解为意识在其最深刻的本性中是与一个超越的存在的关系。但是，第一种理解是不攻自破的：对某物有所意识，就是面对着一个非意识的、具体而充实的在场。当然，一个人也能对不在场有所意识。但是这个不在场说到底必然作为在场来显现。我们看到，意识是一种真实的主观性，而印象则是主观的充实物。但是这种主观性不可能脱离其自身并以此方式来设定一个超越的对象并将印象的充实物赋予一个超越的对象。既然人们不顾一切地要使现象的存在依赖于意识，那么对象与意识所以有区别就应该是由于它的不在场，而不是由于它的在场，应该由于它的虚无，而不是由于它的充实。如果存在属于意识，那么对象就不是意识，这不是就它是另一个存在而言，而是就它是一个非存在而言的。这就是本书第一节中讨论过的对无限的求助。例如，对胡塞尔来说，材料的核心中只由意向〔这些意向能在这种材料中得到实现（Erfüllung）〕而产生的活力，不足以使我们脱离主观性。真正客观化的意向，是空洞的意向，它们的目标超出了当下的主观显现，而是无限的显现系列的整体。还必须懂得，作为这些意向目标的那些显现是永远不可能同时被给出的。一个无限系列的各项同时在意识面前存在，而且所有这些项，除那个作为客观性基础的之外，同时都确实不在场，这原则上是不可能的。这些在场的印象，即使其数量是无限的，也会化为主观的东西，正是它们的不在场，才赋予它们以客观的存在。因此，对象的存在是纯粹的非存在。它被定义为一种欠缺。这是一种会自己回避、原则上不会被给出、以不断流逝的形象显示出来的 28

东西。但是，非存在怎么能成为存在的基础呢？这种不在场的、被期待的主观的东西如何由此而变成客观的呢？我承认，我所期望的快乐，我所害怕的痛苦，从这个事实中获得了某种超越性。但是这种内在性中的超越性并没有使我们脱离主观的东西。确实，事物是在形象中或者干脆说是通过显现给出自身的。而且确实，每个显现都回溯到其他一些显现。但是这些显现中的每一个都已经单独成为一个超越的存在，而不是一种印象的主观质料，它是一个存在的充实，而不是一种欠缺，是一个在场，而不是一个不在场。企图把对象的实在建立在印象的主观充实物之上，把它的客观性建立在非存在之上，玩弄这种花招是徒劳的：客观的东西决不会出自主观的东西，超越的东西不会出自内在性，存在也不会出自非存在。但是人们会说，胡塞尔严格地把意识定义为超越性。他确实是这样认为的，而这是他最重要的发现。但是他把"作为对象的意识"看成一个非实在，一个"作为活动的意识"的相关物，而且它的存在就是被感知，从这时起他就完全背弃了他自己的原则。

　　意识是对某物的意识，这意味着超越性是意识的构成结构；也就是说，意识生来就被一个不是自身的存在支撑着。这就是所谓的本体论证明。人们也许会反驳说，意识有某种要求并不证明这要求就应该得到满足。但是这种反驳并不能驳倒对胡塞尔称为意向性而又误解其本质特征的那种东西的分析。所谓意识是对某物的意识，是指意识的存在只体现在对某物、即对某个超越的存在的揭示性直观上。如果纯粹主观性一开始就被给定，它就不仅不再超越自身来建立客观的东西，而且一种"纯粹的"主观性也就消失了。能够恰当地称为主观性的东西，就是（对）意识（的）意识。但是必须以某种方式来质定这种（对作为）意识（的）意识，并且只能把它质定为进行揭示的直观，否则它就什么也不是。然而进行揭示的直观意味着有某种被揭示的东西存在。绝对的主观性只能面对一个被揭示的东西才能成立，内在性只能在对一个超越的东西的把握中来定义。有人会认为，这里又听到了康德对成问题的唯心主义批驳的回声。但是我们毋宁更应该想到笛卡尔。在这里我们是在存在的地基上，而不是在认识的地基上。问题不在于指出，内感官的现象暗指着客观的空间现象的实存；而在于指出，意识在其存在中暗指着一种非意识的、超现象的存在。说事实上主观性暗指着客观性，它在构成客观的东西时构成了它自己，这种回答尤其无意义：因为我们已看到，主观性无力构成客观的东西。说意识是对某物的意识，就是指意识应该作为对不是它的那个存在的被揭示－揭示而产生，而且在揭示它时已经存在着。

于是，我们离开了纯粹的显象达到了充实的存在。意识是一种由实存设定其本质的存在，而且，反过来说，意识是对一个其本质意味着实存的存在的意识，就是说，其中显象呼唤着存在。存在是无处不在的。当然，我们可以把海德格尔给"此在"下的定义应用于意识，把意识看成这样一种存在，对这个存在来说，它在它的存在中关心的正是它自己的存在。但是还应该这样来补充和表述这个定义：意识是这样一种存在，只要这个存在暗指着一个异于其自身的存在，它在它的存在中关心的就是它自己的存在。

当然，这个存在只不过是现象的超现象存在，而不是隐藏在现象背后的本体的存在。意识所暗指的，正是这张桌子的存在，这包烟草的存在，这盏灯的存在，更一般地说是世界的存在。意识只要求显现者的存在不仅因为它显现而实存。为意识而存在的超现象存在本身是自在的。

六、自在的存在

现在能对为确立上述看法而考察的存在的现象得出几点明确的结论了。意识是存在物的"被揭示－揭示"，而存在物是在自己的存在基础上显现在意识面前的。然而存在物的存在的基本特性就是，其本身是不向意识显露的。存在物不能脱离它的存在，存在是存在物不可须臾离开的基础，存在对存在物来说无处不在，但又无处可寻。没有一种存在不是以某种存在方式存在的存在，没有一种存在不是通过既显露存在，又掩盖存在这样的存在方式被把握的。然而，意识永远能够超越存在物，但不是走向它的存在，而是走向这存在的意义。因此，我们可以称意识为"本体状－本体论的"，因为他的超越性的一个基本特征，就是超越存在物走向本体论。存在物的存在的意义就是存在的现象，因为它向意识揭示自身。这个意义本身有存在，它在这个存在的基础上表露出来。正是从这个观点出发，才能理解经院哲学的一个著名论证，这个论证指出，在所有关于存在的命题中都有恶性循环，因为所有关于存在的判断都已蕴涵了存在。但是事实上并不存在这种恶性循环，因为没有必要重新超越这个意义上的存在走向它的意义：存在的意义，既然其中包含了它固有的存在，就相当于一切现象的存在。我们已经指出过，现象的存在不是存在。但是它指示存在并要求存在——尽管真正说来，前面所提出的本体论证明对它既不是特别也不是唯一有效的：有一个对整个意识领域都有效的本体论证明。但是这个证明足以证实从存在的现象中所能获得的一切知识的合理性。存在的现象，作为最原始的现象，是直接向意识揭示出来的。我们每时每刻对此都有海德格尔所说的那种本体论前的领会，就是说，不含有确定的概念和明晰的解释的领会。因此，我现在还不打算讨论这种现象并努力以这种方式来确定什么是存在的意义。必须始终注意的是：

1. 对存在的意义的说明只对现象的存在有效。意识的存在完全是另一种存在，它的意义必须从另一类型的存在——自为的存在——的"被揭示－揭示"作出特有的解释，这种自为的存在是与现象的自在存在相对立的，我们后面再给它下定义。

2. 我这里试图对自在的存在的意义作出的说明，只能是暂时性的。我们要揭示的那些方面包含着我们以后必须把握和确定的其他一些意义。尤其是，根据我们前面所作的思考，可以把存在分为两个绝对独立的领域：反思前的我思的存在和现象的存在。但是，尽管存在的概念因此具有被分割为两个不可交流的领域的特征，我还是必须说明，这两个领域怎么能置于同一标题之下。这就需要考察这两种类型的存在，并且显然，只有在能确定它们与一般存在的真正关系，而且是统一了它们的各种关系时，才能真正把握它们各自的意义。事实上，通过考察非位置的（对）自我（的）意识，我们已确定，现象的存在无论如何不能作用于意识。我们据此而取消了现象与意识关系的实在论的概念。但是通过考察非反思的我思的自生性，我也曾指出，如果最初就已经把主观性给予意识，意识就不可能超出他的主观性，而且意识也不可能作用于超越的存在或无矛盾地包含各种必要的被动性因素，以便能从它们出发构成一个超越的存在：因此也就避免了对这问题所下的唯心主义结论。我们似乎向自己关闭了所有的大门，我们似乎注定要把超越的存在和意识看作两个封闭的、不可能互相交流的整体。然而应该指出，在实在论与唯心论之外，这个问题还可能有另外一种解决办法。

有某些特性是能够立即确定的，因为它们绝大部分可从我们刚才谈到的东西中推论出来。

有一种非常普遍的偏见，常常把清楚的看法弄糊涂了。这种偏见就是"创世论"。由于人们认定是上帝把存在给了世界，存在就总显得沾染上了某种被动性。但是始于虚无的创造解释不了存在的涌现，因为如果设想存在孕育在一种主观性中，哪怕是一种神圣的主观性，它仍然是一种内在的存在方式。这种主观性中甚至不可能有客观性的表象，因此这种主观性甚至也无法受到创造客观物的意志的影响。此外，即使存在通过莱布尼茨所说的闪电（fulguration）突然被置于主观之外，它也只有使自己与创造者相脱离、相对立，才能确定自己是存在。否则，它将消融在创造者之中：连续创造的理论从存在中除去了德国人称为"自立性"（Selbstständigkeit）的东西，使它消失在神圣的主观性中。存在之所以面对上帝存在，是因为它是它自己的支柱，它没有保留任何一点上帝创造的痕迹。总之，即使存在是被创造的，自在的存在也无法用创造来解释，因为它在创造之外重获它的存在。这等于说存在是非创造的。但也不应该因而得出存在创造自身的结果，这会假定它是先于它自己的。存在不可能按意识的方式而是自因的。存在是它自身。这意味着它既不是被动性也不是能动性。这两个概念都是人的，并且表示人的行为或人行为的工具。一个有意识的存在为了某个观察目的而运用某些手段时，就有了能动性。而我们说那些受到我们能动性作用的对象是被动的，因为它们不是自发地趋赴我们使它们服从的目的的。总之，人是能动的，而人使用的手段则是所谓被动的。把这些概念引向绝对，它们就失去了意义。尤其是，存在不是能动的：为了有目的和手段，就必须有存在。存在也不是被动的，这是有更充分理由的：因为为了是被动的，就必须先存在。存在的"自在如一性"超乎于能动的与被动的之外。它也同样超乎于肯定与否定之外。肯定总是对某个事物的肯定，就是说，肯定活动有别于被肯定的事物。但是如果我们假设一种肯定，其中，被肯定物占满了肯定者，并且与之混在一起，这种肯定就不可能被肯定，这是因为对"作为活动的意识"来说"作为对象的意识"过分充实，并且后者太过于直接为前者所固有了。如果我们更清楚地表达这些观念，相对于意识来定义存在，那么存在就是"作为活动的意识"中的"作为对象的意识"，就是说与自己没有一点距离地结成一体。从这个观点出发，不应该把存在称为"内在性"，因为尽管内在性是与自己的关系，但依然是自己与自己之间所能进行的最小退却。但是存在并不是与自己的关系，它就是它自己。它是不能自己实现的内在性，是不能肯定自己的肯定，不能活动的能动性，因为它是自身充实的。这一切似乎表明，为了使对存在的肯定从存在内部解放出来，存在必须减压。此外，不要认为存在是对未分化的自己的某种肯定：自在的未分化是超乎于自我肯定的无限性之外的。可以这样概括以上初步的结论，即存在是自在的。

但是如果存在是自在的，这意味着它不像（对）自我（的）意识那样返回到自身，它就是那个自身。它就是它自身，结果使得构成这个自身的永恒反省溶化在一种同一性中。所以从根本上讲，存在是超乎于这个自身之外的，本书开头的表述由于语言的限制只能是近似的。事实上，存在本身是不透明的，这恰恰因为它是自身充实的。更好的表达是：存在是其所是。表面看来，这个表述纯属分析的。其实它根本不归结为同一性原则，因为同一性原则是一切分析判断的无条件原则。这种表述首先是指出一个特殊的存在范畴：自在的存在的范畴。我们将看到，与之相反，自为的存在被定义为是其所不是且不是其所是。因此这里涉及的是局部的原则，因此是综合的原则。另外，应该把"自在的存在是其所是"这个公式与意识的存在的公式对立起来：事实上可以看到，意识应是其所是。这就要求必须赋予"存在是其所是"这句话中的"是"以特殊的含义。在应是其所是的各种存在的时候，是其所是这一事实绝不是一种纯然公理式的特征，它是自在的存在的一个偶然原则。在这个意义下，同一性原则，分析判断的原则，也就是存在的局部综合原则。它指明了"自在的存在"的不透明性。这种不透明性与我们相对于自在的位置有关，在这个意义下我们将被迫了解及观察自在，因为我们"在外面"。自在的存在没有能对立于"在外"的"在内"，没有能类似于一个判断、一条法则、一个自我意识的"在内"。自在没有奥秘，它是实心的。在某种意义下可以把它指定为一个综合。但这是一切综合中最不能分解的综合：自己与自己的综合。从中自明地得出的结论是：存在在其存在中是孤立的，而它与异于它的东西没有任何联系。过渡、变化，以及所有那些使人能说存在还不是其所将是和它已是其所不是的东西，原则上都与它无缘。因为存在是生成的存在，并且它因此是超乎于生成之外的。它是其所是，这意味着，它本身甚至不能是其所不是；事实上我们已看到，它不包含任何否定。它是完全的肯定性。因此它不知道"相异性"，它永远不把自身当作异于其他存在的存在。它不能支持与其他存在的任何关系。它无定限地是它自身，并且消融在存在中。根据这个观点，我们以后还会看到，存在脱离了时间性。它存在着，当它崩溃的时候甚至不能说它不再存在了。或者，至少可以说，正是一个意识能意识到它不再存在，正因为意识是时间性的。但是存在本身不是作为一种欠缺存在于它曾在的那个地方：存在的完全肯定性在它崩溃的废墟上面重新形成。他曾经存在，而现在则是别的一些存在存在着；如此而已。

最后，第三个特点是，自在的存在存在。这意味着存在既不能派生于可能，也不能归并到必然。必然性涉及理想命题之间的关系，而不涉及存在物的关系。一个存在的现象永远不可能派生于另一个存在物，因为它是存在物。这正是我们所谓的自在的存在的偶然性。但是自在的存在同样不能派生于一种可能。可能是自为的结构，就是说，它属于另一个存在领域。自在的存在永远既不能是可能的，也不能是不可能的，它存在。当意识说存在是多余的（de trop），就是说意识绝对不能从任何东西中派生出存在，既不能从另一个存在，也不能从一种可能，也不能从一种必然法则中派生出存在的时候，它用人类形态的术语表明的正是这点。自在的存在是非创造的，它没有存在的理由，它与别的存在没有任何关系，它永远是多余的。

存在存在。存在是自在的。存在是其所是。这是在初步考察存在的现象之后，能给现象的存在规定的三个特点。现在，还不可能使这种考察更进一步。对自在——它只不过是其所是——的考察还不允许我们确立并说明它与自为的关系。因此，我们从"显现"出发，继而提出了两种类型的存在：自在和自为，我们对它们还只有一些肤浅和片面的了解。还有许多问题没有解决：这两种存在的深刻的含义是什么？为什么这两种存在都属于一般的存在？这种自身中包含着截然分立的存在领域的存在的意义是什么？如果唯心主义和实在论都无法解释那些事实上用来统一那些确实无法沟通的那些领域的关系，我们能给这个问题提出别的解决办法吗？现象的存在怎么能是超现象的呢？

正是为了回答这些问题我写了本书。

第一卷

虚无的问题

第一章 否定的起源

一、考问

　　前面的探索把我们引到了存在的内部。但是这些探索也已走投无路了，因为我们没有能够建立起已发现的两个存在领域之间的联系。也许是因为我们没有选好一个合适的途径来指导这些探索。当笛卡尔不得不致力于研究身心关系问题的时候，他面临着类似的问题。当时他主张在思想实体和广延实体的统一业已发生的基础上来寻求解决这个问题，也就是凭借想象。这种主张是有价值的：当然我们与笛卡尔关注的东西并不相同，我们对想象的看法也与他不同。但是值得考虑的是：不应当先把两个关系项分开，随后再把它们结合起来：关系即是综合。因此分析造成的结果不可能与这个综合的诸环节正好相合。拉波尔特（M. Laporte）说，当人们以一种孤立状态来设想并不孤立的存在的状态时，就已是在进行抽象。与此相反，具体物是能够单独依靠自身存在的整体。胡塞尔也是这样认为的；在他看来，红颜色是一种抽象物，因为颜色不可能没有形状而存在。相反，时空"事物"连同它的所有规定，是一具体物。根据这个观点，意识是一种抽象物，因为其中隐含着趋向自在的本体论起源，反之亦然，现象也是一种抽象物，因为它必须对意识"显现"。具体物只能是一个综合整体，意识和现象都只构成其环节。具体物，就是世界上的人在人与世界的那种特殊统一之中，例如海德格尔称之为"在世"(être-dans-le monde)。像康德那样考问"经验"在什么条件下它有可能性,像胡塞尔那样实行现象学还原,即把世界还原为意识的"作为对象的意识"的(noèmatique)互相关联的状态,这些都是武断地从抽象物开始。但是,正是在斯宾诺莎的体系中,实体样态的无限总和达不到实体,从具体物中抽象出来的诸环节的总和或组织也无法再恢复具体物。诸存在领域之间的关系是一种原始的喷射,并且就是这些存在结构本身的成分。然而,我们一开始考察就发现了这种关系。睁开眼睛并且完全素朴地考问在世的人这个整体就够了。正是通过描述这个整体才能够回答下面两个问题:(1)所谓"在世"的综合关系是什么?(2)为了使人和世界的关系成为可能,人和世界应该是什么?真正说来,这两个问题是互相渗透的,我们不能指望分别回答它们。但是人的任何行为既然都是在世的人的行为,它就能同时向我们提供出什么是人、世界和统一它们的关系,只要把这些行为看成能客观地把握的实在,而不看成只在反思中被发现的主观情感。

我们将不限于研究一个单独的行为。相反要努力描述多个行为,并从一个行为深入到另一个行为,直至"人-世界"关系的深刻涵义。但是应该首先选择能在探索中充当导引的第一个行为。

然而这种探讨本身提供了我们所需要的行为:我这个人,如果我把他看成是此刻在世的,我就发现他面对存在采取了一种考问的态度。正当我问"有没有能向我揭示人与世界关系的行为?"时,我提出了一个问题。我能以一种客观的方式来考察这个问题,因为提问者是我本人还是读者或与我一起提问的人是无关紧要的。然而另一方面,问题并不简单地是在这页纸上所写的一系列词的客观总和:它与表述它的各种符号无关。总之,它是人的一种具有意义的态度。这种态度向我们揭示了什么呢?

在所有问题中我们都面对着一个被考问的存在。因此任何问题都假设了一个提问的存在和一个被提问的存在。它并不是人与自在

39 存在的原始关系，而是相反，它受这关系限制并以之为前提。另一方面，向被考问的存在考问某件事情。我向存在考问的这件事情参与存在的超越性；我向存在考问它的存在方式或它的存在。根据这个观点，问题即各种期待：我期待被考问存在的回答。就是说，我根据对这个存在考问前的熟悉、我期望从这个存在中揭示它的存在或它的存在方式。回答可能是一个"是的"或一个"不"。正是这样两种同样客观而又相互矛盾的可能性的存在，原则上将问题区分为肯定的和否定的。有些问题表面看来并不包含否定的回答，例如，上面提出过的那个问题："这种态度向我们揭示了什么呢？"但事实上人们看到，总可能用"没有什么东西"，或"没有任何人"，或"从未"来回答这类问题。因此，当我问"有没有能向我揭示人与世界的关系的行为？"时，我原则上承认了如下否定回答的可能性："不，这样一种原则是不存在的。"这意味着我们承认我们面对的是不存在这种行为这个超越的事实。人们也许不愿相信一个非存在的客观存在；人们会直接说，在这种情况下，事实把我推回到我的主观性。我从超越的存在中能了解到的是，我们所寻求的行为是一个纯粹的虚构。但是，首先，把这个行为称作纯粹的虚构，正是掩盖，而不是取消否定。"是纯粹的虚构"在这里相当于"只是一个虚构"。其次，摧毁否定的实在性，就是取消回答的实在性。事实上，这个回答正是给我回答的存在本身，因此正是向我揭示了否定的存在本身。因此，对提问者来说，存在着一种否定回答的永恒的、客观的可能性。由于这种可能性，提问者正因其在提问，而处于一种未决状态：他不知道回答会是肯定的还是否定的。于是问题就成为架在两个非存在之间的桥梁：在人身上是知的非存在，在超越的存在中是非存在的可能性。最后，问题意味着有真理存在。通过问题本身，提问者肯定他期待着客观的回答，就像人们能说："是这样而不是那样。"总之，真理，作为对存在的区分，引出了作为问题规定者的第三种非存在：限制的非存在。这三重非存在制约

着一切考问,特别是形而上学的考问——也就是我们的考问。

我们已经开始了对存在的探讨,通过一系列考问,我们似乎已被引到存在内部。然而,正是投向考问本身的一瞥,在我们认为已达到目的时,突然向我们指明,我们被虚无包围着。正是在我们之外,又在我们之中非存在的永恒可能性制约着我们对存在提出的问题。非存在甚至还将对存在进行限制:存在将要成为的那个东西将必然地隐没在它现在不是的东西的基质中。无论这回答是什么,它都可以这样来表述:"存在就是这个,除此之外,它什么也不是。"

于是,我们刚才发现了实在物的一种新成分:非存在。问题变得复杂起来,因为不仅要讨论人的存在和自在的存在之间的关系,而且还要讨论存在与非存在的关系,以及人的非存在与超越的非存在之间的关系。那就让我们做进一步的考察吧。

二、否定

有人会反驳说,自在的存在不可能提供否定的回答。我们自己不是说过它是在肯定和否定之外的吗?此外,把普通经验还原为它本身,似乎也没有向我们揭示非存在。我以为我的皮夹里有一千五百法郎,而我实际上只找到一千三百法郎:有人会说,这丝毫不意味着经验向我揭示了一千五百法郎的非存在,而仅仅是意味着我有十三张一百法郎的钞票。所谓真正的否定是归因于我的,它只是在一个判断行为的水平上显现出来,我能通过这个判断行为在预期的结果和实际的结果之间作出比较。因此,否定只不过是判断的一种性质,而提问者的期待是对判断-回答的期待。至于虚无,可能是来源于否定判断的,可能是一个确立了所有这些判断的超越统一的概念,是"X不是"一类命题的函数。人们看到这种理论趋向何处了:有人使您注意到,自在的存在是充实的肯定性,它本身不包含任何否定。另一方面,这种否定判断,作为一种主观活动,是和肯定判断完全相同的：人们没有看到，例如，康德按内在结构对否定判断活动和肯定判断活动作了区分；在两种情况下，人们都进行了概念的综合；这种综合是心理活动的具体而充实的事件，它在肯定判断中只通过系词"是"，在否定判断中只通过系词"不是"起作用；这方式相同于手工摘选（分离）活动和手工收集（统一）活动是两种具有同样事实实在性的客观行为。因此，否定将在判断行为的"终点"而不在存在"之中"。它像夹在两个充实的实在之间的一个非实在物，而这两个实在都不要它：被考问着否定的自在的存在把它推给判断，因为自在的存在只是其所是，而判断作为完全的心理肯定性则把它推给存在，因为判断表述的是一个与存在相关，因而是超越的否定。否定是具体心理活动的结果，其实存由这些活动本身支持着，没有能力自己存在，它有一种与"作为对象的意识"相应的实存，它的存在恰恰在于它的被感知。而虚无是各种否定判断的概念性统一，它不可能有哪怕一点点的实在性，除非是斯多噶派赋予它们的"陈述的东西"（Lecton）的那种实在性。这种看法能够被接受吗？

问题可以这样表述：是作为判断命题结构的否定是虚无的起源呢，还是相反，是作为实在物结构的虚无是否定的起源和基础呢？于是存在的难题把我们推回到作为人的态度的问题这一难题，而问题是这一难题又把我们推回到否定的存在这一难题。

显然，非存在总是在人的期待的范围内显现出来的。正因为我期望找到一千五百法郎，我才只找到一千三百法郎。正因为物理学家期待他的假设得到证实，自然才能对他说"不"。因此，否认否定是在人与世界关系的原始基础上显现出来是徒劳的；对于不首先把世界的诸多非存在看作可能性的人，世界并不向他显露这些非存在。但是这是不是说这些非存在应该归结为纯粹的主观性呢？这是不是说应该重视这些非存在，把它们视同为那类斯多噶派的"陈述的东西"（Lecton）和胡塞尔的"作为对象的意识"的实存呢？我们并不这样认为。

首先，说否定只是判断的一种性质是不对的：问题是用一个疑问判断来表述的，但它不是判断：它是判断前的行为；我能以目光、手势来发问；我通过考问而以某种方式面对存在，而且与存在的这种关系是一种存在关系，判断只是它的并非必须如此的表达。同样，提问题并不是必须向人考问存在：对问题的这种看法，由于把它变成一种主体间的现象，而使它脱离了它所依附的存在，任凭它作为一种纯粹对话模式悬游空中。应该反过来设想，以对话提出的问题是"考问"类中特殊的类，被考问的存在并不首先是一个思想的存在：如果我的汽车抛锚了，我考问汽化器、火花塞，等等；如果我的表停了，我可以向钟表匠考问它停摆的原因，而钟表匠则向钟表的不同部件提出问题。我期望从汽化器得到的，钟表匠期望从钟表齿轮得到的，不是判断，而是人们能据以进行判断的存在的显露。我之所以期望存在的显露，是因为我同时就对非存在的显露的或然性作好了准备。我之所以考问汽化器，是因为我考虑到可能"什么毛病都没有"。因此，我的问题从根本上包含了对非存在的某种判断前的理解；它本身就是一种在原始超越性的基础上、即在存在与存在的关系中的存在与非存在的关系。

此外，如果由于问题经常是由一个人向另外的人提出的而使考问的真正本性变得模糊了，那就应该在这里指出，有许多非判断的行为，以其原始纯洁性表现了对基于存在的非存在的那种直接理解。例如，如果我们考察毁灭，我们就必须承认，这是一种能动性，它也许能把判断作为工具来使用，但不能被定义为唯一甚至原则上用于判断的。然而，毁灭表现出与考问一样的结构。从某种意义上讲，人当然是唯一使毁灭得以发生的存在。地震和风暴并不造成毁灭，或至少不直接地毁灭：它们只是改变存在物团的分布。存在在风暴后并没有比风暴前有所减少。有别的东西。甚至连这样的表述也是不适当的，因为为了提出相异性，需要有一位见证者，他

42

能够以某种方式挽留过去，并且在"不再"的形式下把过去和现在相比较。这个见证者不在场时，存在在风暴前和风暴后都是一样，如此而已。而且即使一场旋风能够造成某些生物的死亡，这种死亡也只有作为死亡被体验到时才成为毁灭。为了有毁灭，首先需要有人和存在的关系，即一种超越性。人应该在这种关系的范围内将一个存在当作可以毁灭的。这就假设了将一个存在从存在本身中限制性地区划出来，正如我们在谈论真理时看到的，这已经是虚无化。被考察的存在是"这个"，此外，只是乌有（rien）。给炮手指定一个目标，他朝着这个方向调准他的大炮，不顾一切其他方向。但是如果存在不被揭示为易碎裂的东西，这就可能仍然是乌有。对一个处于被决定状况中的被给定的存在来说，易碎裂性如果不是非存在的某种或然性，又是什么呢？一个存在，如果它在其存在中带有非存在的确定可能性，它就是易碎裂的。但是，再说一遍，这种易碎裂性是通过人到达存在的，因为刚才提到的个体化限定是这种易碎裂性的条件：易碎裂的是一个存在，而不是全部存在，全部存在是超乎任何可能的毁灭之外的。因此，人在他与存在的关系这一原始基础上保持着的与一个存在的那种个体化限定的关系，使这种易碎裂性作为非存在的永恒可能性的显现而进入这个存在，但这还不是全部。为了有可毁灭性，人必须下决心或是积极地，或是消极地面对这种非存在的可能性，他应该采取必要的措施去实现这种可能性（即本来意义下所说的毁灭）或通过对非存在的否定，把毁灭永远保持在单纯可能性的水平上（采取保护性措施）。由此可见，正是人使得城市变得可以毁灭，这恰恰是因为人把它们看作易碎裂和娇贵的东西，因为人对它们采取了一整套保护性措施。正是由于这一整套措施，地震或火山爆发才能够毁灭这些城市或人类的建筑群。战争的最初方向和目标就在于这些低级建筑群。因此的确应该承认，毁灭本质上是人的事情，正是人通过地震间接地、或直接地毁灭了这些城市，通过风暴间接地，或直接地毁灭了船只。但同时还应该承认，毁灭假设了对作为虚无的虚无的判断前的理解和面对虚无的行为。而且尽管毁灭是通过人达到存在的，它却是一个客观事实而非一种思想。易碎裂性已被铭刻在这个花瓶的存在中，它的毁灭是一个不可逆转的事件，我仅仅能够证实它。非存在与存在一样有超现象性。因此，对"毁灭"行为的考察给我们带来的结论，与对考问的考察的结论是同样的。

但是如果要有把握地作出决定，只需考察一个否定判断，并自问，否定判断是使非存在在存在内部显现呢，还是它只限于确定以前的发现。我和皮埃尔在四点钟有约会。我迟到了一刻钟：皮埃尔总是准时的；他会等我吗？我环顾大厅、顾客，并说："他不在。"在此是一种对皮埃尔的不在场的直观呢，还是否定只是随着判断出现？初看起来，在这里谈直观似乎是荒谬的，因为恰好不可能有对"乌有"的直观，而皮埃尔的不在场就是这种"乌有"。然而常识却证明有这种直观。例如人们不是说："我一下子就发现了他不在"吗？问题只出在对否定的误用吗？让我们更仔细地考察一下。

确实，这座咖啡馆本身，以及它的顾客、桌子、椅子、杯子、光线、烟雾和说话声、茶盘碰撞声、纷乱的脚步声，构成一个存在的充实 (un plein d'être)。我所能够拥有的一切细微的直观都充满了这些气味、声音、颜色，也就是充满了一切具有超现象存在的现象。同样地，皮埃尔在一个我所不知道的地点的现实在场，也是一个存在的充实体。似乎我们到处都遇到充实。但是应该注意，在感知中，总有一个基质上的形式构成。没有一个对象，没有一组对象是特别指定用来构成基质或形式的：一切都取决于我注意力的方向。当我走进这座咖啡馆去找皮埃尔时，咖啡馆里所有对象综合组织为基质，皮埃尔被给定为即将在这个基质上显现的。而这样将咖啡馆组织为基质是第一次虚无化。这屋子里的每一样东西，人、桌子、椅子都力图要独立出来，力图升到由其他对象的总体构成的基质之上，结果却重新落入了这个基质的未分化状态，消融在这个基

35

质中。因为这个基质是被捎带看到的东西,仅仅是附带地注意到的对象。于是,所有那些显现出来并淹没在一个完全中性基质中的形式的第一次虚无化就成了主要形式显现的必要条件,这个主要形式在这里就是皮埃尔这个人。我直观到这种虚无化,我亲睹了所有对象的相继消逝,尤其是一些人的面孔,这些面孔在一瞬间吸引了我("是不是皮埃尔?"),并且正因为它们"不是"皮埃尔的脸,才立即消逝了。但是,如果我终于发现了皮埃尔,我的直观就会被一个固定的成分充满,我会一下子执着于他的脸,而整个咖啡馆将在他周围组成不引人注意的在场物。但是现在皮埃尔刚好不在这里。这并不意味着我发现他在这座建筑物内某一确定的地点不在场。整个咖啡馆事实上都没有皮埃尔;他的不在场使咖啡馆始终在渐次消逝,咖啡馆依然是基质,它一直作为未分化的整体附带地引起我的注意之中,它渐渐地隐退,进行着它的虚无化。它只是使自己由基质成为一个被规定的形式,它处处在前面带领这形式,它处处向我展现这个形式。这个在我的注视与咖啡馆里那些固定而实在的诸对象之间不断滑动的形式,才是个不断渐次消逝着的东西,这就是皮埃尔,他作为虚无消失到咖啡馆的虚无化这基质中。因而呈现于直观的正是虚无的闪光,是基质的虚无,是那召唤和要求形式的显现的基质的虚无化。而正是这个形式——虚无,作为一种乌有在这个基质的表面滑动。它作为"皮埃尔不在"这个判断的基础,因此正好是对双重虚无化的直观把握。当然,皮埃尔的不在场假设了我和这咖啡馆之间的原始关系,无数其他的人由于缺乏确定他们不在场的那种实在的期望,与这座咖啡馆没有任何关系。但是,正是我自己期待看见皮埃尔,于是我的期待使皮埃尔的不在场成为与这座咖啡馆相关的实在事件。现在,我发现了这种不在场是一个客观事实,而这种不在场表现为皮埃尔和我寻找他的那所房子之间的综合关系:不在场的皮埃尔总是纠缠着这座咖啡馆,而且他是虚无化地把自己组织为基质的条件。然而我可以开玩笑地作出的如下一些判断，如"惠灵顿不在这座咖啡馆里"，"保尔·瓦莱里不再在这里"等等，这类判断只具有抽象的意义，它们只是纯粹地运用了否定的原则而没有实在和有效的基础，也不能在咖啡馆和惠灵顿或瓦莱里之间建立实在的关系：在这里，"不是"这种关系仅仅是思想。这足以说明非存在不是通过否定判断进入事物之中的；相反，正是否定判断受到非存在的制约及支持。

事情怎么才能是另外一番景象呢？如果一切都是存在的充实体和肯定性，我们怎么能这样设想判断的否定形式呢？我们有一刻曾相信，否定能从那在期望的结果和得到的结果之间进行的比较中涌现出来。但是看看这种比较吧：这里是第一个判断，是具体和肯定的心理活动，它指出一个事实："我的皮夹里有一千三百法郎。"这里还有另一个判断，它同样仅仅是指出一个事实和作出一种肯定："我曾期望找到一千五百法郎。"这样一来，这里有的是一些实在的客观事实，一些肯定的心理事件，一些肯定判断。否定能找到地位吗？人们会相信这只是一个范畴的单纯应用吗？人们硬要说精神自在地拥有"不"作为分类及分离的形式吗？在这种情况下，哪怕是少许一点点对否定性的怀疑也被人们从否定中取消了。如果人们承认"不"这个范畴，这个事实上存在于精神中，作为处理我们的知识并使之系统化的肯定而具体的手段的范畴，是由于某些肯定判断在我们之中出现而突然产生的，如果承认它突然把它的印记打在从这些判断中产生的某些思想上，人们就会出于这些想法而小心地把否定具有的否定作用统统去掉。因为否定是对存在的拒绝。一个存在（或一种存在方式）通过否定被提出来，然后被抛向虚无。如果否定只是一个范畴，如果它只是随意地印在某些判断上的印记，那么如何解释它能使一个存在虚无化，使存在突然涌现出来，并给它命名以便把它抛向非存在呢？如果先前的判断指出的是事实，就像我们举例说明的那些判断一样，那否定就应该像一种自由的发明，它应该帮助我们突破束缚我们的肯定性这一障碍：否定是一个连续性的突然中断，它在任何情况下都不可能是先前肯定的结果，它是一个原初的不可还原的事件。但是我们这里是在意识的范围内。意识除了采取否定性意识的形式外不可能产生否定。任何一个范畴都不可能"居于"意识中并且以物的方式居留其中。"不"（non）作为直观的突然发现，显现为（对存在的）意识，对"不"的意识。总之，如果到处都有存在，那么就不仅仅是虚无像柏格森所认为的那样是不可想象的，因为否定永远不会从存在中产生出来。能够说声"不"的必要条件就是，非存在永远在我们之中和我们之外出现，就是虚无纠缠着存在。

但是虚无来自何处呢？如果它是考问行为的首要条件，更一般地说，如果它是所有哲学或科学研究的首要条件，那么人的存在与虚无的最初关系是什么？最初的虚无化行为又是什么？

三、虚无的辩证法概念

说我们现在就能去清理上述考问使我们面对的那种虚无的意义，还为时尚早。不过，现在我们还是可以提出某些确切的看法的。尤其是也许值得去确定一下存在与纠缠着它的非存在之间的各种关系。事实上我们已经看到了人面对存在的行为和人面对虚无所采取的行为之间的某种平行关系；这使我们希望立即把存在与非存在看作实在物的两种相辅相成的成分，就像黑暗和光明那样；总之，这是两个完全同时性的概念，它们在存在物的产生中是以某种方式结合在一起的，因此单独地考察它们是徒劳无益的。纯粹的存在和纯粹的非存在是两个抽象，它们只有在具体实在的基础上才能重新结合起来。

这当然是黑格尔的观点。事实上在《逻辑学》中，他研究了存在和非存在的关系。他称这种逻辑学为"纯粹思维规定的体系"。他明确提出他的定义："就思想的通常意义来说，我们所表象的东西,总不仅仅是纯粹的思想,因为我们总以为思想的内容必定是经验的东西。而逻辑学中所理解的思想则不然,除了属于思想本身和通过思维所产生的东西之外,它不能有别的内容。"①当然这些规定是:"②诸事物中存在的更深刻的东西,但是同时,当人们"自在自为"地来考察这些事物时,人们就从思想本身中推出它们,并在它们本身中发现了它们的真理。尽管如此,黑格尔逻辑学的目的可能是"阐明(它)逐个考察的那些概念的不全面性,以及为了领会这些概念将每一个这样的概念提高成更全面概念的必要性,这个更全面的概念是在将诸概念结合成一体时超越原来这些概念的。"③可以把勒塞纳④所说的关于哈梅林⑤哲学的东西应用于黑格尔:"任何一个较低级的项(termes)都依附于一个较高级的项,就像抽象依附于具体,而这个具体是抽象要实现自身所必不可少的。"对黑格尔来说,真正的具体是存在物连同它的本质,是所有抽象环节的综合整体化而产生的整体,这些环节因为要求变得全面而超越自身进入整体。在这个意义下,如果我们就存在本身,也就是离开它向"本质"的超越来考察它的话,存在就是最抽象、最贫乏的抽象化。事实上,"存在与本质有关系正像直接性与间接性有关系一样。一般说来,事物'存在',但是它们的存在在于表现它们的本质。存在过渡到本质,对此人们可以这样来解释:'存在预设本质。'尽管相对存在而言本质显现为间接的,然而本质却是真正的起源。存在返回到它的基础;存在超越自身过渡到本质"。⑥

---

① 黑格尔《小逻辑》导言第 24 节。——原注
② 原文如此,引号只有前半阙。——译注
③ 拉波尔特(Laporte),《抽象的问题》第 25 页(法国大学出版社,1940)。——原注
④ 勒塞纳(Le Senme, 1882—1954),法国哲学家。——译注
⑤ 哈梅林(Hamelin, 1856—1907),法国哲学家。——译注
⑥ 黑格尔《逻辑学纲要》,1808—1811 年,作为在纽伦堡中学授课的基础。——原注

于是，存在脱离了作为其基础的本质后，变成了"空洞的单纯直接性"。《精神现象学》正是这样给存在下定义的，它"按真理的观点"把纯存在定义为直接的东西。如果逻辑的起点应该是直接的东西，那末我们将在"存在"中发现起点，存在是"先于一切规定的无规定，作为绝对出发点的不被规定的东西"。

但是被这样规定的存在立即"过渡"到它的反面。黑格尔在《小逻辑》中写道："这纯存在是纯粹的抽象，因此是绝对的否定，这种否定，直接地说，也就是非存在。"①虚无事实上难道不是与它本身的单纯同一性，难道不是完全空洞的、没有规定和内容的吗？因此，纯存在和纯虚无是同一个东西。或者不如说，真正说来它们是有差异的，但是"在这里差异还没有成为已被规定的差异，因为存在和非存在构成直接的环节，就好像这差异就在它们中，所以这种差异不可言说，它只是一种纯粹的意见。"②这具体的含义是指"天地万物无不在自身内兼含存在与虚无两者。"③

现在讨论黑格尔的概念本身还为时过早。我们须得出探索的全部结论以使我们能够采取和它对立的立场。这里应该引起注意的只是，存在被黑格尔还原为存在物的一种意义。存在被本质所囊括，本质是存在的基础和起源。黑格尔的整个理论基于这样一个观念，即需要一种哲学进展，以便在逻辑的起点上重新发现从间接性出发的直接物，从作为抽象物之基础的具体物出发的抽象物。但是，我们已经使读者注意到：存在与现象的关系并不同于抽象与具体的关系。存在不是"众多结构中的一个结构"，也不是对象的某个环节，而是一切结构和一切环节的条件本身，它是现象的各种特性赖以表现的基础。同样，不能认为事物的存在"在于表露它们的本

---

① 参见《小逻辑》中文版第 87 节。——译注
② 黑格尔 P. C. -E988。——原注
③ 黑格尔《大逻辑》第一章。——原注（参见中文版第 73 页。——译注）

质"。因为如果是这样，就还需要有一个存在。此外，如果事物的存在"在于"表露，就很难看出黑格尔如何能确定存在这一纯粹的环节，我们在其中甚至找不到这种原始结构的痕迹。真正说来，纯存在是被理智确定的，被孤立、禁锢在它的规定本身中的。但是如果向着本质的超越构成了存在的原始特性，如果理智局限于"规定以及保持这些规定"，那么就看不出理智为何不把存在规定为"在于表露"。人们会说，对黑格尔来说，一切规定都是否定。但是在这种意义下，理智就被限于因它的对象而否认它是它所不是的他物。这一点大概足以阻止所有的辩证法进程，但还不会足以取消超越的萌芽。因为存在超越自身过渡到别的事物中，所以它不受理智的规定，但是因为它超越自身，也就是说，它归根结蒂是它自己的超越的起源，它应该反过来向理智显现它是什么，而理智是把它禁锢在自己的规定中的。肯定存在只是其所是，这至少在存在就是它的超越的范围内保存了原封未动的存在。这正是黑格尔的"超越"概念的模糊之处，超越时而似乎是被考察的存在发自最深处的喷射，时而似乎是带动这个存在的外部运动。肯定理智只在存在中发现存在是什么是不够的，还应该解释是其所是的存在如何能够只是其所是。这样一个解释的合理性只能由于将存在的现象就认作其自身，而不能出自理智的否定过程。

但是这里应该考察的尤其是黑格尔的断言，即认为存在和虚无构成两个对立面，从抽象的水平上考虑，它们之间的区别只是单纯的"意见"。

按黑格尔式的理智把存在和虚无作为正题和反题对立起来，就是假设这两者是逻辑同格的。于是，对立的两面同时作为一个逻辑系列的两极（deux termes-limites）而涌现。但是这里应该注意，这些单独的对立面所以能够具有这种同时性，是因为它们同样是肯定的（或同样是否定的）。可是非存在不是存在的对立面，而是它的矛盾。这意味着在逻辑上虚无是后于存在的，因为它先是被假定为存在，然后被否定。因此存在和非存在不可能是有同样内容的概念，因为正相反，非存在假设了一种不可还原的精神进程。尽管存在具有原始的未分化性，非存在具有同样的被否定的未分化性，那使得黑格尔能够"使"存在"过渡"到虚无的，恰恰仍是他对存在的定义本身暗含着的否定。这是不言而喻的，因为定义是否定的，因为黑格尔重复着斯宾诺莎的公式对我们说：一切规定都是否定。他不是认为："把存在与其他事物相区别的、把内容置于存在中的任何规定或内容无论如何都无法使存在保持其纯洁性。存在是纯粹的无规定性和虚空。人们从它那里理解不到任何东西……"无论什么人当他把否定从外部引入存在时就会发现他使存在过渡到了非存在。不过这里有一个关于否定这一概念本身的文字游戏。因为我如果否定存在具有任何规定和任何内容，我就只能承认，至少存在存在。于是，即使有人否认他所希望的存在，而正因为他否认了它是这个或那个，就不能使它不存在。否定不可能达到绝对充实和完全肯定的存在的存在核心。相反，非存在正是对这完全不透明的核心本身的否定。非存在正是在存在的中心被否定的。当黑格尔写道："（存在和虚无）是同样虚空的抽象"① 时，他忘记了虚空是某种事物的虚空。②然而存在除与自身同一外，还是所有规定的虚空。但是，非存在则是存在的虚空。一句话，应该在这里与黑格尔针锋相对地提出的是：存在存在而虚无不存在。因此，即使存在不能是任何已分化的性质的支柱，虚无从逻辑上说仍是后于存在的，因为虚无假设了存在以便否定它，因为不（non）的不可还原性将加到那团未分化的存在上以便把它提供出来。这不仅意味着我们应拒绝把存在和非存在相提并论，而且还意味着我们永远不应把虚无看

---

① 《小逻辑》，§87。——原注
② 更奇怪的是，他是第一个指出了"一切否定都是被规定的否定"的，即依赖一个内容的。——原注

作产生存在的原始虚空。虚无概念的通常用法总是假定对存在事先有了详细说明。很明显，在这种情况下，语言为我们提供了物的虚无（"rien"〈没有任何东西〉）和人的存在的虚无（"personne"〈没有任何人〉）这样两种说法。但是在多数情况下这种详细说明更明显：人们指着一堆特殊的对象说："什么都别碰"，这就非常明确地说别碰这一堆中的任何东西。同样，当我们问及某人的私生活或社会生活中某个十分确定的事件时，他回答说："我什么都不知道。"而这个"什么都不"包括了我们向他考问的全部事实。苏格拉底有一句名言"我知道我什么都不知道（自知其无知）"，他正是用这个"什么都不"来表示作为真理被考察的存在的整体。如果我们暂且采用朴素的宇宙起源论观点自问道：在一个世界存在之前"曾有过"什么，假如我们回答"什么都没有"，我们就不得不承认，这个"之前"和这个"什么都没有"一样实际上是可回溯至无穷的。我们这些处在存在中的人，今天所要否认的是：在这个存在之前还有过存在。在这里否定出自一个向着起源回归的意识。如果我们从这个作为起源的空洞中去掉它是这个世界的空洞这一特性，也去掉它是采取了世界形式的一个整体的空洞这一特征，就好像也去掉它"之前"的特性，这"之前"假设一个"之后"，我相对于这"之后"把"之前"构成为"之前"，那么这种否定本身会因其成为一种不可设想的完全的无规定而消失，甚至于会作为一种虚无而消失。于是，可以把斯宾诺莎的公式倒过来说，任何否定都是规定。这意味着存在先于虚无并且为虚无奠定了基础。因此应该懂得不仅从逻辑上说存在是先于虚无的，而且正是由于存在，虚无才具体地发挥了作用。这就是我们说"虚无纠缠着存在"的意思。这意味着存在根本不需要通过虚无而被设想，人们能透彻地考察存在的概念，而从中找不到一点虚无的痕迹。但是相反，不存在的虚无，只可能有一个借来的实存，它只是从存在中获得其存在的；它的存在的虚无只是处在存在的范围中，而存在的完全消失并不是非存在王国的降临，相反是虚无的同时消失。非存在只存在于存在的表面。

四、虚无的现象学概念

其实，能够以另一种方式把存在和虚无设想成互补的。可以将它们看成是实在物具有的两个同样必要的成分，而不必像黑格尔那样"使"存在"过渡"到虚无，或像我们试图做的那样强调虚无后于存在；相反我们或许要强调存在和非存在相互排斥的力量，从某种意义上讲实在物是由这些互相对立的力造成的紧张状态。海德格尔正是倾向于这个新概念。①

要发现海德格尔的虚无理论比黑格尔的理论的进步之处，是不用花多少时间的。首先，存在和非存在不再是空洞的抽象。海德格尔在他的主要著作中已经指出了考问存在的合理性。这个存在不再具有黑格尔还保留着的一般经院哲学的特性；存在有一种意义应该弄清；在每一种属于"人的实在"的行为中，也就是说，在人的实在的任何谋划中都包含着对存在的一种"前本体论的领会"。这样一来，当一个哲学家一触及虚无问题时人们就习惯地提出来的疑难问题就显得没有根据了：这些疑难问题只因为限制了理智的功能才有价值，它们仅仅指出虚无的难题并不属于理智的范围。相反，存在着许多暗含了对虚无的"领会"的"人的实在"的态度，如仇恨、辩解、懊悔等等。对"此在"来说，甚至有与虚无"面对面"而存在，并发现虚无是一种现象这样的永恒可能性：这就是焦虑（angoisse）。然而海德格尔正因为建立了具体把握虚无的可能性而从未犯黑格尔的错误，他不为非存在保留一个存在，哪怕是一个抽象的存在：虚无不存在，它自我虚无化。它被超越性所支持，所制约。我

---

① 海德格尔：《什么是形而上学?》（考尔邦〈Corbin〉译，N. R. F. 丛书，1938年版）。——原注

们知道，海德格尔把人的实在的存在定义为"在世"。世界是诸工具性实在的综合复合体，因为这些工具性实在是按越来越大的范围互相指示的，并且因为人是从这个复合体出发显示他是什么的。这就同时意味着"人的实在"因为被存在包围而涌现出来，他"处在"（sich befinden）存在中，而且正是人的实在使包围着他的这个存在在世界的形式下安置在他的周围。但是人的实在只能在超越存在时使存在显现成被组织为世界的那种整体。对海德格尔来说，任何规定都是超越，因为规定假设后退以获得观点。这种对世界的超越，正是世界作为世界出现的条件，此在向着自身制造这种超越。自我性（selbstheit）的特点事实上就是人总是与他所是的东西分离，而这种分离是由他所不是的存在的无限广度造成的。他从世界的另一面对其自身表明他自己，并且他又从这地平线向自身望去以恢复他内在的存在：人是"一个遥远的存在"（un être des lointains）。正是在贯穿整个存在的内化运动中，存在涌现出来并构成世界，既不是运动先于世界，也不是世界先于运动。而是自我这超乎世界之外的显现，即超乎实在物的整体的显现，就是"人的实在"在虚无中的显露。只有在虚无中，存在才能够被超越。同时，正是根据这种世界的彼岸的观点，存在才组织成世界。这一方面是指"人的实在"是作为存在在非存在中的显露而涌现的，另一方面则是指世界是"悬搁"（en suspens）于虚无中的。焦虑是对这双重的和不断的虚无化的发现。正是从对世界的这种超越出发，"此在"将实现世界的偶然性，也就是说提出这样的问题："怎么会有某种事物而不是什么也没有呢？"因此当人的实在在虚无中确立起来以把握世界的偶然性时，世界的偶然性就向人的实在显现出来。

因此这就是从各方面包围了存在、同时又从存在中被驱逐出来的虚无；正是虚无表现为使世界获得一个轮廓的东西。这个结论能令人满意吗？

当然，不能否认的是，把世界理解为世界，这是一种虚无化。世界刚一显现为世界，就表现为只是那个。因此这种理解与"人的实在"在虚无中显露这一事实是必然对立的。但是"人的实在"在非存在中显露的能力是从哪里来的？毫无疑问，海德格尔强调否定从虚无中获得基础，这是言之有理的。但是虚无之所以能成为否定的基础，是因为它已把不包含在作为它的本质结构的否定中。换言之，虚无不是作为未分化的空洞或作为将不被当作相异性的相异性①而成为否定的基础的。它是否定判断的起源，因为它本身就是否定。它奠定了作为行为的否定的基础，因为它是作为存在的否定。虚无只有在被明确地虚无化为世界的虚无时才能成为虚无；即，只有当它在虚无化中明确地指向这个世界以把自己确立为对这个世界的否认时，才能成为虚无。虚无把存在带到它的内心中。但是显露如何来说明这种虚无化的否认呢？作为"超乎……之外的自我的谋划"的超越性不但不能够奠定虚无的基础，相反虚无在超越性的内部而且制约着它。然而海德格尔哲学的特点正是使用全部掩盖着暗含的否定的肯定术语来描绘"此在"。此在是"在自我之外，在世界之中"，它是"一个遥远的存在"，它是"忧虑"，它是"它自己的可能性"等等。所有这些都等于说此在"不是"在自身之中的，它与它自身"不是"直接贴近的。它"超越"了世界，因为它把本身看作不在自身之中，又不是世界。在这个意义下，当黑格尔宣称精神是否定的东西时，正确的应是他而不是海德格尔。其实我们可以向他们两人提出同样的问题，只是措词略有不同。应对黑格尔说："把精神作为间接性和否定的东西是不够的，应该指出否定性是精神存在的结构。精神为了能使自己成为否定的，它应该是什么呢？"对海德格尔可以这样问："如果否定是超越性的原始结构，那么'人的实在'的原始结构要想能超越世界，它应该是什么呢？"在这两种情况下，我们面前都有一种否定的能动性，而这又并不关

---

① 黑格尔称为"直接相异性"的东西。——原注

系到要把这能动性建立在一个否定的存在的基础上的问题。此外海德格尔使虚无成为一种超越性的意向的对应物，而没有看到他实际上已把虚无作为超越性的原始结构置入超越性之中了。

但是，此外，如果只是为了随后形成一个根据假说把虚无和任何具体的否定割裂开来的非存在的理论，才肯定虚无是否定的基础，这种肯定有什么用处呢？如果我在世界之外的虚无中显露，这种物质世界之外的虚无如何能够成为我们每时每刻在存在深处遇到的那些非存在的小湖泊的根据呢？我说"皮埃尔不在那里"，"我没有钱了"等。为了给这些日常判断提供一个基础，难道真的必须超越这个世界走向虚无然后又回到存在中吗？这个过程如何能够进行呢？问题完全不在于使世界滑入虚无，而只是处在存在的范围内拒绝将一种属性给予一个主体。是否有人会说任何一个被拒绝的属性、任何一个被否认的存在都是被物质世界外的一个绝无仅有的虚无咬住的吗？或说非存在被不存在的东西充满了吗？可以说世界悬置在非存在中，就像实在物悬置在各种可能中吗？在这种情况下，任何一个否定都起源于一种特殊的超越：存在向着另一个存在的超越。但是，这种超越如果不是黑格尔的间接性又是什么呢？我们不是曾经徒劳地在黑格尔那里寻找这种间接性的虚无化基础吗？此外，即使这种解释对于下述彻底的、单纯的否定是有价值的——这些否定否认一种被规定的对象在存在内部的各类在场（例如"半人半马的怪物不存在"，"他的迟到是没有理由的"；"古希腊人不实行多偶制"），并且在必要时也能有助于使虚无成为所有失败的计划、所有不精确的表象、所有消失着的或只有虚构观念的存在的某类几何轨迹，——这种对非存在的说明对于某种事实上是最常见的实在来说也不再是有效的，这些实在把非存在包括在它们的存在中。事实上，怎么能够认为这些实在部分地在宇宙之中而同时又部分地在物质世界之外的虚无之中呢？

让我们举一个关于距离概念的例子，这个概念制约着场所的规

47

定、点的确定。很容易看出它含有否定的环节：两个点因为被一段长度分开而相互保持着距离。这就是说，作为线段的一个肯定属性的长度，在这里作为一种对绝对的未分化的接近的否定而介于其间。有人也许希望把距离还原为只是以被考察的两点 A 和 B 为界限的线段的长度。但是他没有看到，在这种情况下，他已经改变了注意力的方向，而且在同一个词的名义下把另一个对象给了直观。由线段以及它的两端构成的有机复合物，确能向认识提供两个不同的对象。事实上，能把线段设定为直观的直接对象；在这种情况下这线段表示一种充实和具体的紧张状态，而长度是其肯定的属性，AB 两点只是作为这总体的一个环节而显现，即它们作为线段的极限被线段本身所包含；那么从线段和它的长度中被排除的否定就隐藏在这两个限制中：说点 B 是线段的限制，就是说线段不延伸到这一点之外。否定在这里是对象的次要结构。如果相反把注意力集中到 A、B 两点上，它们则会作为直观的直接对象在空间这基质中突现出来。这个线段作为充实的、具体的对象消失了，它从这两点出发，被当作空洞、当作把两点分开的否定物、否定脱离了这些不再是限制的点以填满作为距离的线段的长度本身。于是由线段和它的两端以及它的内在否定结构构成的整个形式能够以两种方式来把握。或者不如说有两种形式，其中一个形式显现的条件是另一个形式的瓦解。确切地说就像在感知中，把这样一个对象构造成一个形式是通过排斥另一个对象甚至把它作为一种基质来达到的，反之亦然。在这两种情况下，我们都发现有同样多的否定，它时而进入限制的概念，时而进入距离的概念，无论在哪一种情况下，这种否定都不能被取消。是否可以说距离的观念是心理的，它只是指出为了从 A 点走到 B 点而必须越过的广延呢？我们要回答说，同样的否定就包含在这种"越过"中，因为这个概念恰恰表示了对离开的消极反抗。我们愿意同海德格尔一起承认"人的实在"是"拒绝离开"（déséloignante），即，它作为创造了距离（ent-fernend）同时又使距离消逝的东西涌现于世界。但是这种"拒绝离开"即使是一般说来"或许有"（il y ait）一种离开的必要条件，它在它本身中也包含着作为应该被克服的否定结构的离开。企图把距离还原为一种量度的单纯结果是徒劳的：前面所讨论的内容中很清楚的一点是：两个点和连接它们的线段具有德国人称为"格式塔"（Gestalt）的那种不可分割的统一。否定是实现这种统一的纽带。它把联系这两点并使它们呈现于直观的直接关系明确定义为距离的不可分割的统一。如果要求把距离还原为一段长度的量度，那就只是掩盖了否定，因为否定正是这个量度存在的理由。

　　以上通过对距离的考察指出的东西，也能通过把实在描述为不在场、蜕变、相异、相斥、懊悔、消散等显示出来。有无数这样的实在：它们不仅是判断的对象而且被人的存在体验、克服、惧怕，并且否定就像它们实存（existence）的必要条件那样包含在它们的内在结构中。我们称这些实在为否定性。康德在谈及限制性的概念（如灵魂的不朽）时，略微觉察到了它们的意义，这是一类否定的东西和肯定的东西之间的综合，其中否定是肯定的条件。否定的作用根据被考察对象的本性而发生变化：在完全肯定的实在（然而它们把否定作为使自己界限分明的条件、从而确定为是其所是）和那些其肯定性只是作为掩盖虚无洞孔之显象的实在之间，一切中介物都是可能的。在任何情况下，都不可能把这些否定掷到物质世界之外的虚无中去，因为它们散布在存在中，被存在所支持并且是实在的条件。世界之外的虚无表明绝对的否定；但是我们刚才发现许多世界之外的存在，它们和别的存在具有同等的实在和效用，但是它们之中包含着非存在。它们要求有一种限于实在物范围内的说明。虚无如果不被存在所支持，就会作为虚无而消逝，而我们就会重新陷入存在。虚无只有在存在的基质中才可能虚无化；如果一些虚无能被给出，它就既不在存在之前也不在它之后，按一般说法，也不在存在之外，而是像蛔虫一样在存在的内部，在它的核心中。

五、虚无的起源

现在应该回顾一下前面走过的路。首先我们提出了存在的问题。接着在返回这问题本身，把它设定为一种人类行为的类型时，我们又反过来考问了问题。那时我们理应认为，如果否定不存在，那任何问题都不可能被提出来，尤其是存在的问题。但是，在进一步考察否定本身时，它使我们回到了作为它的起源和基础的虚无：为了使世界上有否定，为了使我们得以对存在提出问题，虚无应以某种方式得到规定。这样我们就认识到，不能设想虚无在存在之外，既不能把它设想为互补的和抽象的概念，也不能设想为一个存在悬置于其中的无限地带。虚无应该在存在的内部被给定，以使我们能够把握我们称之为否定性的这种特殊类型的实在。但是自在的存在不可能产生这种尘世中的虚无：作为充满了肯定性的存在概念并没有把虚无作为它的结构之一包含在自身中。甚至也不能说这概念排斥虚无：它与虚无没有任何关系。因此下述问题现在特别急迫地摆在我们面前：如果既不可能把虚无设想为在存在之外，也不能从存在出发来设想虚无，另一方面，如果作为非存在，它又不能从自身中获得必要的力量以使自己虚无化，那么虚无来自何处？

要想把这个问题深入研究下去，就首先应该认识到，我们不能把"自我虚无化"（se néantiser）的性质赋予虚无。因为，尽管动词"自我虚无化"已被认为是消除虚无中的最后一点与存在相象的东西，还是应该承认，唯有存在才能自我虚无化。因为，无论如何，为了自我虚无化，就必须存在。然而，虚无不存在。我们之所以能谈论虚无，是因为它仅仅有一种存在的显象，有一种借来的存在，这一点我们在前面已经注意到了。虚无不存在，虚无"被存在"（est été）；虚无不自我虚无化，虚无"被虚无化"（est néantisé）。因此无论如何应该有一种存在（它不可能是"自在"），它具有一种性质，能使虚无虚无化、能以其存在承担虚无，并以它的生存不断地支撑着虚无，通过这种存在，虚无来到事物中。但是这个"存在"相对虚无应该如何存在才能使虚无通过它来到事物中呢？首先应该看到，上述的存在相对于虚无而言不能是被动的：它不可能接纳虚无；虚无如果不通过另一个存在也不可能进入这种存在——这将把我们推至无限。但是另一方面，虚无由之来到世界上的存在不可能产生虚无而对这种产生活动漠不关心，就像斯多噶式的原因产生其结果而不改变自己那样。一个完全肯定性的存在在其自身之外维持并且创造一个超越的存在或虚无，这是不可思议的，因为在使存在能超越自身走向非存在的存在中什么也不会有。虚无由之来到世界上的存在应该在其存在中使虚无虚无化，即使如此，如果它不在自己的存在中相关于它的存在而使虚无虚无化，它还是冒着把虚无确立为一种位于内在性核心中的超越物的风险的。虚无由之来到世界上的"存在"是这样一种存在，在它的存在中，其"存在"的虚无成为问题：虚无由之来到世界上的存在应该是它自己的虚无。因此要理解的不是有一种虚无化的、反过来要求以存在为基础的活动，而是一种所要求的存在的本体论特性。有待于认识的是在哪一个敏感而微妙的存在领域里会遇到那种是其自身虚无的存在。

对作为出发点的行为的更全面的考察将有助于我们的探讨。因此必须回到考问上去。人们或许还记得，任何问题本质上都假定有一种否定回答的可能性。在问题中人们向存在考问的是它的存在或它的存在方式。这种存在方式或这种存在是被掩盖着的：一种可能性始终开放着以便存在被揭示为虚无。但是正是由于人们认为，一个存在物总是可能被揭示为什么也不是，一切问题才都假设实现了一种相对给定物而言的虚无化着的隐退，这种隐退成为一种动摇于存在和虚无之间的单纯表象。因此重要的是，提问者永远可能脱离那种构成存在并只能从存在中产生的因果系列。如果我们事实上承认，问题在提问者那里是被普遍决定论决定的，那它就不仅不再是可理解的,而且不再是可想象的。事实上,实在的原因产生出实在的结果,而且这个产生出来的存在完全被原因控制在肯定性之中:就它在其存在中依赖原因而言,它自身内部不可能有任何一点虚无的萌芽,既然提问者应该能够就被问者而言进行一种虚无化着的隐退,他就不受世界因果秩序的限制,他就游离出存在。这意味着,通过双重的虚无化运动,提问者通过把与他相关的被问者置于存在和非存在之间的中立状态而使之虚无化——这还意味着他通过脱离存在以达到从自我中引出一个非存在的可能性,而使与被问者有关的自身虚无化。于是,通过问题,把某种否定的因素引入了这个世界:我们看到虚无使世界五彩缤纷,使事物绚丽多彩。但是同时,问题来自这样一个提问者,他在脱离存在时自己的存在中证明自己是提问者。因此就定义而言,这种脱离是一种人的过程。至少在这种情况下人表现为一种使虚无出现在世界上的存在,因为他自身受到向此目的的非存在的搅扰。

59　　以上意见能够引导我们考察前边谈及的那些否定性。毫无疑问,它们是些超越的实在:例如,距离就是我们面临的某种必须考虑的和需要花费力气才能逾越的东西。然而这些实在却有一种非常特殊的本性,它们全都直接地标志着人的实在与世界的本质关系。它们起源于人的存在的某种活动、某种期望、某种谋划,它们全都标志着存在的一个方面,因为这个方面对介入世界的人的存在显现出来。由否定性指示出的人与世界的各种关系,与从我们的经验活动中产生的后天的关系毫无共同之处。问题同样不在于那些工具性的关系,在海德格尔看来,世界上的对象通过这些关系暴露在"人的实在"面前。每个否定性毋宁是作为这工具性关系的本质条件之一而显现的。为了把存在的整体作为工具安排在我们周围,为了使这个整体分成互相关联和能被使用的不同的复合物,否定就不应该作为许多事物中的一个事物,而是作为支配着那作为事物的大块存在的排列与分布的某类范畴而涌现。于是,人在"包围着他"的存在中间突现而使世界被发现。但是这种突现的本质和最初的环节就是否定。于是我们达到了这个研究的第一步：人是虚无由之来到世界上的存在。但是这个问题随即引起了另一个问题：为了使虚无通过人而来到存在中，人在他的存在中应该是什么呢？

存在只能产生存在，如果人也属于这个生产过程，他只有超出存在才能超出这个过程。如果他应该能考问这个过程，就是说使它处在问题中，他就必须能在他的观点下把它看成一个总体，就是说使他本身置于存在之外，并同时削弱存在之存在的结构。然而"人的实在"不能——哪怕是暂时地——消除置于他面前的存在团块。人的实在所能改变的，是他与这个存在的关系。对人的实在来说，把一个特殊的存在物置于圈外，也就是把他自己置于相对于这个存在物的圈外。在这种情况下，他逃离了这存在物，他处于不可触及的地位，存在物不可能作用于他，他已经退而超乎虚无之外。人的实在分泌出一种使自己独立出来的虚无，对于这种可能性，笛卡尔继斯多噶派之后，把它称作自由。但是自由在这里只是一个词。如果我们想更进一步研究这个问题，就不应该满足于这个问题，那现在就应该问：如果虚无是由于人的自由而出现在世界上的，人的自由应该是什么？

我们还不可能全面地讨论自由的问题①。事实上，我们至此完成的分析清楚地表明自由不是能被孤立地考察及描绘的人的灵魂的性能。我们试图定义的东西，就是人的存在，因为他制约着虚无的显现，而且这个存在已对我们显现为自由。因此，自由，作为虚无的虚无化所需要的条件，不是突出地属于人的存在本质的一种属性。此外，我们已经指出在人那里，实存（existence）与本质的关系不同于在世间事物那里的存在与本质的关系。人的自由先于人的本质并且使人的本质成为可能，人的存在的本质悬置在人的自由之

---

① 见第四卷第一章。——原注

中。因此我们称为自由的东西是不可能区别于"人的实在"之存在(être)的。人并不是首先存在以便后来成为自由的,人的存在和他"是自由的"这两者之间没有区别。现在对一个只有在严格清楚地阐述人的存在之后才能透彻分析的问题进行正面进攻,还不是时候:我们应该联系虚无问题来讨论自由,并严格地在自由制约其显现的范围内来讨论。

首先自明地表现出来的是,人的实在只有从根本上挣脱了他自身,才能通过提问题、方法论的怀疑,怀疑论的怀疑,悬搁($\dot{\epsilon}\pi o\chi\dot{\eta}$)等等来挣脱世界。笛卡尔也曾认识到这一点,当他要求那种中断判断的可能性时,他便把怀疑建立在自由的基础上——阿兰也是这样认为的。也正是在这个意义下,黑格尔在精神是间接性——即否定物——的意义下肯定了精神的自由。此外,在人的意识中发现一种自我逃避正是当代哲学的一个方向:这也正是海德格尔的超越性的意义;胡塞尔和布伦坦诺①的意向性概念的主要内容也具有这种自我脱离的特性。但是我们目前还没有把自由看成意识的内在结构:我们暂时还缺少成功地进行这项研究工作的工具和技术。现在引起我们兴趣的是时间的活动,因为考问正如怀疑一样,是一个行为:它假设人的存在首先居于存在内部,然后通过虚无化的后退挣脱存在。因此,我们在这里正是把时间过程中的这种对自我的关系看作虚无化的条件。我们只是想要指出,通过把意识与连续的无定限因果序列看成相似的东西,因而把意识移交给存在的充实体,由此使他进入存在的无穷整体,心理决定论为摆脱普遍决定论并使自己构成一个单独的系统的努力最后归于落空,这一事实就是很好的说明。不在场者的房间,他翻看过的书,他触摸过的物件,这些东西本身只是书,物件,也就是说,它们是完全的现实性:他留下的那些痕迹本身只有在把他看作不在场者的环境内才能被辨认为他的痕

---

① 布伦坦诺(Brentano,1838—1917),德国哲学家、心理学家。——译注

迹；这本折了角的，书页磨损了的书本身不是皮埃尔曾翻看过、现已不再翻看的书：如果把它看作是我的知觉的当下和超越的触动作用，或者甚至看作是由我的感觉印象支配的综合之流，那它就只能是一册书页起皱和磨损的书。它只能归结为它自己，或者归结为在场的物件，照着它的光线以及承担着它的桌子。柏拉图在《斐多篇》中使不在场者的形象在对他曾经触摸过的竖琴或齐特拉琴的知觉的空白处显现出来，像他这样，根据相近来唤起联想是毫无用处的。如果按这个形象本身，以古典理论的精神来考察它，它就是某种充实物，就是一个具体而肯定的心理事实。因此应该在它之上建立一个两面的否定判断：从主观方面须指出形象不是一个知觉，从客观方面要否认，我对之形成了形象的那个皮埃尔现在在这里。这正是从丹纳直到斯拜尔如此多的心理学家所关心的著名的真实形象特性问题。我们看到，联想并没有消除这个难题而是把它推回到反思的水平。但是无论如何联想都需要一个否定，就是说，至少需要一种针对作为主观现象被把握的形象的意识的虚无化着的隐退，以便明确地把这个形象看作只是一个主观现象。然而我在另一个地方曾试图指出[①]，如果我们首先把形象看作是再生的知觉，那么后来就根本不可能把它和现实的知觉相区别。形象应在它的结构本身中包含一个虚无化的正题。它因把它的对象看作存在于别处的或不存在的东西而使自己成为形象。它自身包含着双重的否定：首先它是世界的虚无化（因为这个世界并不作为知觉的现实对象现时提出的形象中涉及的对象），其次是形象对象的虚无化（因为该对象被看作不现实的），它同时又是它本身的虚无化（因为它不是一个具体而充实的心理过程）。在说明我如何理解皮埃尔不在屋里时，求助于胡塞尔那个著名的、在很大程度上是构成知觉成分的"虚空意向"是徒劳的。确实，在不同的知觉性意向之间存在着动机的关系（但

---

① 《想象》，阿尔岗出版社1936年出版。——原注

是动机不是原因），而在这些意向中，有些是充实的，即充满了它们所追求的东西，有些是虚空的。但是恰恰由于应该充实这些虚空意向的材料不存在，材料才不能在这些意向的结构中引动它们。而由于另一些意向是充实的，它们同样不能引动虚空的意向，因为后者是虚空的。此外，这些意向本是心理的，要是按物的方式看待它们，即把它们看作是最初就已给定的容器，可根据情况来排空或填满，并且其本性上与这种空的或满的状态根本无关，这是错误的。胡塞尔似乎总也没有摆脱这种物性幻象。一个意向要成为空洞的就应该意识到自己是空洞的，而且恰恰是它追求的确切材料的空洞。一个虚空的意向是在把它的材料看作不存在或不在场的意义下而成其为虚空的。总之，虚空的意向是一种否定的意识，它超越自身而趋向一个被看作不在场或不存在的对象。因此，不管我们怎样解释皮埃尔的不在场，为了观察或感觉，它要求有一个否定的环节，通过这个环节，意识由于所有先前的规定都不在场而将自身构成为否定。当我从对他呆过的这个房间的知觉出发设想他不再在这房间里时，我必定会被迫产生一种不受先前的状态规定或引发的思想活动，简言之，会在我本身中造成与存在的决裂。而因为我连续使用否定性来孤立并规定存在物，即用否定性来思考它们，我的诸"意识"的序列就将永远脱离那种相对原因而言的结果，因为所有虚无化过程都要求只从它自身获得来源。因为要是我现在的状态是我先前的状态的延续，否定能溜走的漏洞就都完全被堵住了。因此，虚无化的任何心理过程都意味着刚过去的心理状态和现在的心理状态之间有一条裂缝。这裂缝正是虚无。至少可以说，蕴涵在虚无化的诸过程之间还有可能延续下去。但是我对皮埃尔不在场的看法还能以因我没有看见他而感到遗憾来规定；你们没有从虚无化中排除掉决定论的可能性。可是除掉这个系列的第一个虚无化必然地应该脱离以前的肯定过程，那由虚无引动的虚无的动机又能意味着什么？一个存在确实能够永远地自我虚无化，但在它自我虚无化的范围内，它不再是另一个现象的起源,即使后者是第二次虚无化。

还要解释的是制约着任何否定的诸意识的这种分离、这种脱落是什么。如果我们把被考察的在先的意识看作动机,我们马上很清楚地看到没有任何东西在那种状态和现在的状态之间滑动。在时间的进展流驶中没有过中断点;否则我们就要回过来接受一种无法接受的观点,即时间是无限可分的,而时间的点或瞬间则是分割的极限。同样,不可能突然插入一个不透明的成分,它像刀切水果一样把在前和在后分开。也没有削弱在先的意识的动机的力量:它总保持是其所是,没有失去它的急迫。把在前和在后的东西分开的恰恰就是乌有,这个乌有是绝对不可逾越的,这正是因为它什么也不是;因为在任何要超越的障碍中都有某种作为将要被超越的东西的肯定因素。但是在这种引起我们注意的情况下,人们徒劳地寻找要打破的阻力、要越过的障碍。先前的意识总是在那里(尽管被修改为"过去性")。它总是和当下的意识保持着一种解释关系,但是在这种存在关系的基础上,它是处在越位的位置上,是在圈外的,它被置于括号之中,这恰好就像在一个实行现象学的悬搁($\epsilon\pi o\chi\eta$)的人眼中,世界既在他之内,又在他之外。于是,人的实在能全部或部分地否认世界的条件就是,他把自身包含的虚无当作那种将他的现在和他的全部过去分割开来的乌有。但是这还不是一切,因为被考察的这个"乌有"还没有虚无的意义:存在的悬搁还无法命名,还不可能是对悬搁存在的意识,它来自意识之外并且通过把黑暗引进这种绝对的光明之中而将意识切成两半[1]。而且,这个乌有绝不可能是否定的。我们前面考察过,虚无是否定的基础,因为它在自身中包含了否定,因为它是作为存在的否定。因此有意识的存在应该相对它的过去来构成自身,就像它被一个虚无与这过去分开了那样;它应该是对这个存在的裂缝的意识,但不是把它意识为它承受

---

[1] 参见导言第三部分。——原注

的现象,而是作为它所是的一种意识结构。自由正是通过分泌出他自己的虚无而把他的过去放在越位位置上的人的存在。让我们好好地领会一下,这成为自己的虚无的原始必然性并非间断地并因为独特的否定而对意识显现;它也不是在作为第二级结构的否定或考问行为显现时的心理生活的一个特殊瞬间发生的;意识作为他过去存在的虚无化,本身是不间断的。

但是有人也许相信,他能在这里利用我们经常向自己提出的问题来反对我们:如果虚无化的意识只作为对虚无化的意识而存在,就应能对意识的永恒样式下定义并进行描述,这永恒样式表现为意识,这意识就是对虚无化的意识。这种意识存在吗?这在此已经提出了一个新问题:如果自由是意识的存在,意识则似应是对自由的意识。这种对自由的意识采取的形式是什么呢?在自由中人的存在是虚无化形式下他自己的过去(同样作为他自己的将来)。如果我们的分析没有使我们误入歧途的话,那么,当人的存在意识到存在的时候,他应该具有某种面对过去和将来并作为既同时是过去和将来,又不是过去和将来的方式。我们能为这个问题提供一个直接的回答:正是在焦虑中人获得了对他的自由的意识,如果人们愿意的话,还可以说焦虑是自由这存在着的意识的存在方式,正是在焦虑中自由在其存在中对自身提出问题。

克尔凯廓尔在描述失误之前的焦虑时,把焦虑的特征表示为在自由面前的焦虑。但是海德格尔——人们知道他曾受到克尔凯廓尔多么大的影响[①]——则相反,他把焦虑看作是对虚无的把握。对焦虑的这两种描述在我看来并不矛盾:相反它们互相包含在对方之中。

首先应该认为克尔凯廓尔有道理:焦虑和恐惧的区别是,恐惧是对世界上的存在的恐惧,而焦虑是在"我"面前的焦虑。晕眩所以成为焦虑不是因为我畏惧落入悬崖而是因为我畏惧我自投悬崖。

[①] 让·华尔:《克尔凯廓尔研究:克尔凯廓尔与海德格尔》。——原注

处境引起恐惧是因为它很可能从外面使我的生活发生变化，而我的存在引起焦虑是因为我对我自己对这种处境的反应产生了怀疑。开炮前的准备能在遭炮轰的士兵中引起恐惧，但是焦虑则是当他试图预见他应付炮击的行动的时候，当他问自己是否能把持住的时候开始产生的。同样，当应征入伍的人把他的兵站与战争的开始联系起来时，在某种情况下，他可能会害怕死亡；但更经常发生的是，他有"对恐惧的恐惧"，即他面对他本身而感到焦虑。在大部分时间里危险或可怕的处境是多面的：它们通过对恐惧的体验或对焦虑的体验被领悟，而这种领悟又是根据我们认为是处境作用于人还是人作用于处境而定的。一个刚遭到"沉重打击"的人，比如因为股票暴跌而失去一大批资财，会对贫困的威胁产生恐惧。他用力绞着双手（这是人面临必须采取但又还未确定的行动时的象征性反应）大喊："我该怎么办？可我该怎么办？"这是他在为将来的某个时候焦虑。在这个意义下恐惧和焦虑是互相排斥的，因为恐惧是对超越的东西的非反思的领会，而焦虑则是对自我的反思的领会，一方产生于另一方的解体。在我刚才提及的情况下，正常的过程是从一方到另一方的不断过渡。但是也存在着焦虑显得纯粹的情况，即在它之前之后都没有恐惧相伴随。例如，当把我提升到一个新的地位并交给我一项棘手而令人得意的使命时，我想到自己或许不能胜任它而感到焦虑，而对我可能的失败将引起的后果这样一个世界却一点也不感到恐惧。

在我刚才举出的各种例子中，焦虑意味着什么呢？应再看看晕眩的例子。晕眩是通过恐惧显示出来的：我走在悬崖边的一条没有护栏的狭窄小路上。对我来说，这悬崖是要躲避的东西，它代表死亡的危险。同时我想到一些属于普遍决定论范围的原因，它们能把这种死亡的威胁变成现实：我可能在石头上滑倒并掉进深渊，小路上疏松的土可能在我脚下崩塌。通过各种这样的预测，我把自己看作一个物，相对这些可能性而言我是被动的，它们是从外面来到我这里的，因为我也是世界上的一个对象，服从万有引力，这些不是我的可能性。在这个时候，恐惧显现出来了，我从处境出发把它把握为诸超越物中的可破坏的超越物，把握为对象，在自身中并不拥有它的未来消逝的起源。我的反应将在反思范围内：我要"留心"路上的石头，我要尽可能远离路的边缘。我因为竭尽全力排除危险的处境而自我实现，我在自己面前设想了一些将来的行为，意在使我脱离世界的种种威胁。这些行为是我的可能性。我摆脱了恐惧正是由于我使自己处在一个以我的可能性取代了超越的或然性的水平上，在超越的或然性中，人的能动性没有任何地位。但是这些行为，正因为它们是我的可能性，因而并不对我显现为是被外来的原因决定的。我们不仅不能严格地肯定它们有功效，而且尤其不能严格地肯定它们将被采取，因为它们不是自足的存在；若改变一下贝克莱的术语，我可以说它们的"存在是被采取（être-tenu）"，它们的"存在的可能性只是应该被采取（devoir-être-tenu）"。① 因此它们的可能性是以否定性行为的可能性（不注意路上的石头、奔跑、想别的事情）和相反行为的可能性（我自己跳下悬崖）作为必要条件的。我使之成为我的具体可能的那种可能只有在处境包括的诸种逻辑可能的总体的基础上突出出来才能显现为我的可能。但是那些被排斥的可能，反过来除了"被采取"的存在之外没有别的存在，正是我使它们保持为存在，反之，它们现实的非存在是"不应该被采取"。将没有任何外部原因来排除它们。只有我才是它们的非存在的永久来源。我介入到它们中间；为了使我的可能显现出来，我提出别的可能以使它们虚无化。如果我能在我同这些可能性的诸关系中把自己看作是产生其结果的原因，那就不会产生焦虑。在这种情况下被定义为我的可能的结果将是被严格规定的。但到那时它将不再是可能，而直接变成将来。因此，如果我想躲避焦虑和晕眩，只

---

① 本书第二卷还要谈及可能性的问题。——原注

要能以一个被给定的物团所规定的点上的在场物决定其它物团的随后的进程的方式，认为使我拒绝面临的处境的动机（保留的本能、先前的恐惧等）是决定我以前的行为的，这就够了：我应该在自身中把握一种严格的心理决定论。但是，我感到焦虑正是因为我的行为只是一些可能，而这恰恰意味着，在我构成摒弃这个处境的全部动机时，我同时把这些动机当作不够充分有效的。在我把自己当作是畏惧悬崖的那一时刻，我意识到就我的可能的行为而言，这恐惧不是决定性的。在某种意义下，这恐惧唤起一个谨慎的行为，它本身就是这个行为的开始。在另一种意义下，它只是把这个行为以后的发展看作是可能的，这恰恰是因为我不把它认作是这以后发展的原因，而认作是：要求、召唤、等待、等等。然而，我们已经看到，存在的意识就是意识的存在。因此这里的问题不在于我在已经形成的恐惧打击之后所能进行的凝思：恰恰是凝思自身显现为不是它所唤出的那个行为的原因，它就是恐惧的存在本身。总之，为了避免那种向我展示一个直接被规定的超越的将来的恐惧，我逃遁于反思中，但是反思只能给我一个未规定的将来。这意思是说在把某种行为构成可能时，正因为它是我的可能，我才认识到，没有任何东西能够迫使我采取这个行为。然而我恰恰在那里，在将来，我正是趋向将来，竭尽全力立即走向小路的拐角处，从这个意义上讲，我将来的存在和我现在的存在之间已经有了某种联系。但是在这个联系中，虚无溜了进来：我现在不是我将来是的那个人。我不是将来的那个人的原因首先在于，时间把我同他分开了；其次在于我现在所是的人不是我将来要是的那个人的基础；最后在于没有任何一个现实的存在物能够严格规定我即将是什么。然而因为我已是我将来所是的人（否则我不会关心成为这样还是那样），所以我以不是他的方式是我将是的那个人。我正是通过我的恐惧而被带向将来，这种恐惧由于把将来变成可能而自我虚无化。以不是的方式是他自己的将来的意识正是我们所谓的焦虑。恰恰，作为动机的恐惧的虚无化的结果是加强了作为状态的恐惧,它的肯定的对立面是别的行为(特别是自己跳进悬崖的行为)显现为可能的我的可能。如果没有任何东西强迫我去自救,就没有任何东西可阻止我跳下深渊。决定性的行为来源于一个我目前还不是的我。于是,在我还不是的那个我不依赖于我正是的这个我的严格意义下,我正是的这个我本身依赖于我还不是的那个我。眩晕则显现为对这种依赖的把握。我走近悬崖,我的目光在它的深处寻找的正是我。从这一刻出发,我玩弄我的可能。我的眼睛从上到下扫视了深渊,摹拟了我可能的跌落并象征性地实现了它;同时,自杀的行为由于变成了可能的"我的可能",反过来使采取这种行为的可能动机显现出来(自杀中止了焦虑)。幸而这些动机只因是些体现某种可能的动机,反过来显示为是没有动因的,非决定的:它们不再能引起自杀,就像我对跌入悬崖的恐惧不可能决定我躲避它那样。正是这种反焦虑,通过把焦虑变成犹豫不决而在一般意义上使焦虑停止。犹豫不决反过来要求决断:突然离开悬崖的边缘重新上路。

　　上述例子指出了可称为"面对未来的焦虑"。还有另一种焦虑:面对过去的焦虑。一个赌徒自由地、真诚地下决心不再赌博了,而当他一走近赌桌,立即发现所有的决心都"融化"了,这个赌徒的焦虑就是面对过去的焦虑。人们经常描述这种现象,好像看见赌桌就会在我们心中唤醒一种与我们以前的决心相冲突的意向,并最终使我们不顾决心而卷了进去。除非这样一种描述使用的是物化的词句,除非人的心中充满着敌对力量(最有名的例子是道学家的"理智与情感的斗争"),这种描述是不能说明事实的。实际上——陀斯妥耶夫斯基的书信即可证明,——我们没有任何类似内心冲突的东西,就好像在我们下决心之前应该掂量我们的动机和动力一样。"不再赌博"这以前下的决心总是在那里,在大部分情况下,面对赌桌时赌徒总是回想起自己下过的决心以求得到救助。因为他不想赌,或不如说,前一天他已经下了决心,他现在仍然认为自己不想再赌了，他相信这个决心是有效的。但是他在焦虑中体验到的东西恰恰说明过去的决心是完全无效的。也许决心还在，但是僵化了，无效了，由于我有对它们的意识而被超越了。就我通过时间流不断地实现与我本身的同一而言，这决心还是我，但由于它是为我的意识而存在的，它又不再是我。我逃避了它，它未履行我交给它的使命。在此，我仍然以不是的方式是它。那个赌徒在这一时刻把握到的东西，仍是决定论的永远破产，是把他同他本身分割开来的虚无：我曾经那样希望不再赌；甚至昨天我还将处境（破产的威胁、亲友的失望）综合体会为禁止我去赌博。我似乎因此在赌博和我之间建立了一个实在的障碍，我现在突然意识到，这种综合体也许只不过是一种观念的回忆，一种感情的回忆；为了让这种综合体会再一次来帮助我，我应该通过虚无（ex nihilo）自由地重新面对它；它只不过是我的一种可能，恰好像赌博这一事实是我的另一种可能那样。我应该重新发现给我的家庭带来痛苦的那种恐惧，我应该把它再现为被体验着的恐惧，它像一个无骨幽灵在我背后总不离去，我是否把我的肉体给它只取决于我。我像面对诱惑的夜班警卫一样孤单无助。并且，我在耐心地筑起种种障碍和围墙后，在我把自己圈进决心的神奇圈子里以后，却焦虑地发现没有任何东西阻止我去赌博。焦虑正是我，因为我仅由于听任自己作为存在的意识存在着，就使自己不是那个我所是的下过坚定决心的过去了。

人们也许会反驳说，这种焦虑是以对某种潜在的心理决定论的无知为唯一条件的：我之所以惶惶不安是因为我对在冥冥的潜意识中决定我的行动的实在和有效的动机一无所知。这样说是徒劳的。我们首先回答说：焦虑并不对我们显现为人的自由的一个明证：自由是作为考问的必要条件给予我们的。我们只想指出存在着一种对自由的特殊意识，并且我们曾指出这种意识就是焦虑。这意味着我们曾想从焦虑的本质结构上把它确立为对自由的意识。然而，根据这个观点，一种心理决定论的存在不能使我们描述的结论丧失价值；或者说事实上焦虑就是对这种决定论的无知的无知——那么它事实上恰恰被理解为自由。或者声称焦虑是对我们活动的实在原因的无知的意识。焦虑在这里来自我们可能预感到的东西，来自我们内心深处的赌桌，可能会引起犯罪行为的极可怕的动机。但是，在这种情况下，我们自己将突然显现为世界上的物，我们对自己来讲就是我们自己的超越的处境。那时，焦虑将消失而让位于恐惧，因为正是恐惧把超越的东西综合体会为可怕的。

我们在焦虑中发现的这种自由是能以渗入动机和行为之间的这个"乌有"的存在为特征的。并不因为我是自由的，我的活动才逃避了动机的决定，相反，使动机成为无效的才是我的自由的条件。如果问这个作为自由的基础的"乌有"是什么，我们将回答说，不可能描绘，因为它不存在，但是至少能提供它的意义，即这个"乌有"通过人在他与自身的关系中的存在而被存在。这里乌有是作为与对动机的意识的相互关联而符合那种使动机显现为动机的必要性的。总之，当我们一旦放弃了关于意识内容的假说，就应承认在意识中从来没有什么动机，动机只是相对意识而言的。这正是由于动机只能作为显现而涌现，它把自身确定为无效的。当然，动机并没有时空事物的外在性，它总是属于主观性的，总被理解为我的动机，但从根本上说，它是内在性中的超越性，意识正由于设定了它而不归于它，因为现在正是应该由意识去赋予它意义和重要性。于是，将动机和意识分离开的乌有使自己具有了内在性中的超越性的特征；正是通过表现为内在性，意识将这个使意识作为超越性而为他自己存在的乌有虚无化了。但是，虚无作为所有超越的否定条件，只能从另外两种原始的虚无化出发来解释清楚：（一）意识不是他自己的动机，因为他没有任何内容。这就把我们推到一个反思前的我思的虚无化结构中；（二）意识面对他的过去和将来正如面对一个他按不是的方式所是的自我一样。这又回到一种时间性的虚无化结构。

要解释清楚这两种形式的虚无化，现在还不到时候：因为眼下还缺少必要的技术。这里只需指出下述一点就够了：若是没有对自我意识和时间性的描述就无法对否定作明确的解释。

这里应该注意的是，通过焦虑表现出来的自由的特征表现在它是一种对标明自由存在的"我"进行再造的不断更新的义务。事实上，当我们刚才指出，我的可能是焦虑，是因为只有靠我才能支持它们的存在，这并不是说它们来自一个至少能首先被给出、并且在时间之流中从一个意识过渡到另一个意识的"我"。那个赌徒应该对禁止他去赌博的处境重新进行综合理解，同时重新创造能够体验这种处境的、"位于处境中"的我。这个我，及其先验的和历史的内容，就是人的本质。在自我面前作为自由表现的焦虑则意味着虚无总是将人和他的本质分隔开。这里应该重新援引黑格尔的话："本质，就是已经是的东西。"本质，就是能用"那是"这样的词在人的存在中所能指出的一切东西。因此，本质就是那些解释这种活动的诸特性的整体。但是活动总是超出这个本质，它只有超越对它的所有解释才成为人的活动，这恰恰是因为一切东西之所以在人那里可用"那是"的公式指明，正由于它"已经是"。人用这个公式不断地夺走了对本质的判断前的理解，但是他也因此通过虚无而与本质相分离。本质，是人的实在在自身中作为已经是的东西来把握的一切。正是在这里焦虑显现为对自我的把握，因为自我以不断从存在的东西中脱离的方式存在；更确切地说，因为自我使自己如此存在。因为我们永远不可能把"体验"当作这种是我们的本质的生动结果。我们意识的流动逐渐建立了这种本质，然而它总是停留在我们背后，作为对往昔的理解的永久对象纠缠着我们。正因为这种本质是一种要求而不是依靠，它才被看作是焦虑的。

在焦虑中，自由面对它本身而感到焦虑，因为乌有决不激起也不阻碍自由。另外有人会说，自由刚才被定义为人的存在的永恒结构：如果焦虑表现了自由，它就应是我的情感的永恒状态。然而相反，它是非常罕见的。如何解释焦虑现象的稀有呢？

　　首先应该指出，我们在生活中最经常遇到的处境，即我们在能动地实现我们的可能时，并通过这种实现把这些可能当作可能的那些处境，这些处境并不通过焦虑展现在我们面前，因为它们的结构本身是与焦虑的体会不相容的。焦虑事实上是对作为我的可能性的那种可能性的确认，就是说，它是在意识发现自己被虚无与其本质相割离、或被其自由本身与将来相分离时形成的。这意味着，一个虚无化的"乌有"使我毫无辩解的理由，同时，我所谋划的作为我将来存在的东西总被虚无化并且还原于一系列单纯的可能性，因为我所是的那个将来总是我不可企及的。但是应当指出，在这些不同的情况下，我们是在与一种时间形式打交道，我根据这种时间形式在未来等待着自己，我"在未来的某月、某日或某时与自己约会"。焦虑是担心在这种未来的约会时刻找不到我自己，担心自己甚至没有希望去赴约了。但我还是能够发现自己介入了在实现我的可能性的同时向我揭示了这些可能性的那些活动。我在点燃这支烟的时候，我得知了我的具体可能性，如果愿意的话，也可以说是得知了我抽烟的欲望；正是通过给我带来这张纸和这支笔的活动本身，我自己把致力于这部著作的写作活动认定为我的最直接的可能性：我介入这个活动，并且在我已投身其中的时刻发现了这种可能性。当然在这时，这种可能性仍然是我的可能性，因为我每时每刻都可能撤开我手头的工作，推开本子，套上钢笔套。但是打断写作活动的这种可能性被置于次要地位上，因为这种通过我的活动而显露的活动总要凝聚成超越的和相对独立的形式。人在活动中的意识是非反思的意识。它是对某物的意识，而对它显露的超越物具有一种特殊的本性：正是一种要求世界的结构在其中相应地显露了复杂的工具性关系。在我写字母的活动中，这整个尚未写完的句子表现为一种被写出来的被动要求。完整的句子正是我用这些字母所构成的定义，它的要求是毋庸置疑的，因为正是我不能在书写这些词的同时不超越它们走向完整的句子，我发现它是表达书写的那些词的意义的必要条件。与此同时，在整个活动的范围内，一种工具指示性的复合体出现并组织起来（即由笔—墨水—纸—行文—空白等构成的复合体）。这种复合体对它本身来说是不能被把握的，但它在超越性之中涌现出来，这种超越性把我要写的句子显示为一种被动的要求。于是，我几乎介入全部日常活动，我在其中冒险，并在这些活动时，把它们实现为要求，实现为刻不容缓的事情和工具性，发现我的这些可能。也许在所有这一类活动中，仍然有对这个活动提出疑问的可能性，因为它追溯到更加遥远，更加基本的目的，犹如追溯到它的最终意义和我的本质可能性一样。例如，我所写的句子正是我所写的那些字母的意义，而我要完成的这整部著作则是这个句子的意义。这部著作是我能对之感到焦虑的一种可能性：它真正是我的可能，我不知道明天是否仍使这种可能继续下去；明天，我的自由能对我的可能实行其虚无化的权力。只是，这焦虑意味着对这作为我的可能性的著作本身的把握：我应该直接面对它，实现我与它的关系。这意味着我不应仅仅向它的主体提出"有必要写这部著作吗？"这类的客观问题，因为这些问题简单地把我推到更广泛的客观意义上去，诸如："在这一时刻写是适当的吗？""又写一本这样的书不是多余的吗？""它的内容能引起兴趣吗？""它是否经过足够的思考？"等等，所有这些意义仍然都是超越的，都表现为世界的众多需要。要使我的自由为我写的这本书感到焦虑，这本书应该在它与我的关系中显现出来，即我一方面应该发现我的本质是我已经是的东西（我已经"打算写这本书"，我已经构思过它，我已经相信写这本书是有意义的，我已经用这样的方法来确定自己：如果不认识到这本书已经成为我的本质可能，人们就不再能理解我）；另一方面，我应该揭示把我的自由和这种本质（我已经打算"写这本书"，但是没有任何东西，甚至没有我曾是的什么东西，能够强迫我去写它）分割开来的虚无；应该揭示把我同我

67

将来所要是的东西（我发现放弃写这本书的永久可能性是写作这本书的可能性的真正条件，而且是我的自由的真正含义）分割开的虚无。我应该在这部作为我的可能的书的构成过程中把握我的自由，因为我的自由无论现在或将来，都是我现在所是的那些东西的可能的破坏者。这就是说我应该处在反思的水平上。只要我仍然在活动的水平上，我所要写的这本书就只是将我的可能揭示给我的那个活动所具有的遥远和预先假定的意义；这本书只是这种活动所隐含的东西，它并不被主题化也不被自为地提出，它并没有"引起问题"，它既不被设想为必然的，也不被设想为偶然的，它只是一种永久的、遥远的意义，从这意义出发，我能够理解我现在所写的东西，因此，它被设想为存在，即，只有把这本书看成是我的句子赖以出现并存在的存在基质，我才能给我的句子某种确定的意义。然而，我每时每刻都被投入到这个世界之中并被干预。这意味着我们在设定我们的可能之前就行动了，而且意味着那些显然已实现或正实现的可能所涉及的那些为被置于问题中的某些特殊活动所必需的意义。早晨响铃的闹钟涉及到我要去上班的可能性，这是我的可能性。但是把闹钟的呼唤当作呼唤来把握，那就是起床。因此起床这活动本身令人安心，因为它回避了"上班是我的可能性吗？"这个问题。因此它并未使我能把握那种清净无为、拒绝工作的可能，最终也未使我把握那种拒绝这个世界的可能和死亡的可能。总之，就把握铃声的意义而言，在铃声的呼唤中，我已经起来了；这样一种把握，确保我与那种令人焦虑的直觉相抗衡，这种直觉就是：授与闹钟以呼唤使命的不是别人，而是我，而且只是我。同理，我们称作日常道德的东西是排除伦理性焦虑的。当我在那种与原始价值的关系中考察自己时就会有伦理的焦虑。价值事实上是一些需要有个基础的要求。但是这个基础在任何情况下也不可能是存在，因为如果每一种价值都将其理想的本性建筑在其存在的基础上，就会因此而不成其为价值，就会实现我的意志的规律。价值是从其要求中获

68

得其存在的，而不是从其存在中获得其要求的。因此它不把自己交付给一种凝思的直觉，后者认为它是价值，并甚至因此剥夺它对我的自由的权利。相反，它只能向着一种能动的自由而被揭示，这自由只是通过承认价值是价值而使它作为价值来存在。因此，我的自由是各种价值的唯一基础，没有任何东西，绝对没有任何东西能证明我应接受这种或那种价值，接受这种或那种特殊标准的价值。我作为诸价值赖以存在的存在，是无可辩解的。我的自由之感到焦虑是因为它成为诸价值的基础而自己却没有基础。它之感到焦虑还因为，诸价值由于本质上是对一种自由揭示出来的，它们不可能在被揭示出来的同时不"处在问题中"，因为推翻价值标准的可能性补充地显现为我的可能性。面对价值的焦虑正是承认价值的理想性。

但是通常，我对价值的态度是完全令人放心的。因为事实上，我介入了价值世界。对那些依赖我的自由而存在的价值的那种焦虑的统觉是一种后天的和间接的现象。直接的东西就是这个具有紧迫性的世界，在我介入的这个世界中，我的活动就像驱使山鹑出巢那样促使价值显露出来。我的义愤使我得到了反面价值"卑下"，我的欣悦使我得到了正面价值"高尚"。尤其是，我对大量实在的戒律的顺从表明我认为这些戒律是事实上存在着的。那些自称"可敬的公民"的市民们并不是因为思考了道德价值之后才成为可尊敬的，而是他们一从这个世界中涌现出来就被抛进其意义为可尊敬的那种行为规范之中了。于是，可尊敬性获得了一种存在，我们现在还不讨论可尊敬性的问题；价值就像禁止践踏草坪的告示之类一样化为成千上万实在的细小的要求，布满了我面前的道路。

因而，在我们所谓对我们的未被反思的意识呈现的直接性的世界里，我们并非首先显现出来继而又被抛进诸多举动之中。而是我们的存在直接"在处境中"，即它在这些举动中涌现，并且首先认识了自己，因为它反映在这些举动中。我们于是在一个充满要求的世界中，在一个"实现过程"的谋划内部发现了自己：我写作，我打算抽烟，我今晚同皮埃尔有约会，我不该忘记给西蒙回信，我无权再对克洛德隐瞒真情。所有这些对实在物的不足道的被动期望，所有这些平凡的日常价值，其实都是从作为我在世界中对自己的选择的第一次谋划中获得意义的。但是确切地说，我这趋向于一个原始可能性的谋划虽然使各种价值、要求、期待以及一个一般意义上的世界得以存在，但是对于我，它只是显现为我的举动的意义和抽象的、逻辑的含义而超乎这个世界之外。至于其他，还具体有闹钟、告示、税单、警察等如此多的防范焦虑的东西。然而这种举动一旦离开了我，一旦因为我应该在将来等待自己而被归结于我自己，我就忽然发现自己是那个赋予闹钟意义的人，是那个从看到告示牌而禁止自己践踏花坛或草坪的人，是那个火速执行上级命令的人，是那个决定他的著作的意义的人，是那个为了通过价值的要求而规定自己行动的，最终使各种价值得以存在的人。我孤独地出现，并且是面对唯一的和构成我的存在的最初谋划而焦虑地出现，所有的障碍，所有的栅栏都崩溃了，都因意识到我的自由而虚无化了，我没有也不可能求助于任何价值来对抗这样一个事实，即是我支持了诸价值的存在。没有什么东西支持我对抗我自己，在我所是的这个虚无把世界和我的本质割裂开来之后我不得不实现世界的和我的本质的意义，我单独地做出决定，无可辩解，也毫无托辞。

因此焦虑是自由本身对自由的反思的把握，从这个意义上讲，它是间接的，因为，尽管他是对它本身的直接意识，它还是从对世界召唤的否定中涌现出来，我只要一摆脱原来介入的那个世界，它就显现出来以便把我自己理解为一种意识，这种意识对焦虑的本质拥有本体论的领悟并对它的诸多可能拥有前判断的体验。它是与严肃精神（l'esprit de sérieux）相对立的，这种严肃的精神从世界出发来把握价值并且处于使令人心安的、物化的价值实体化过程中。在这种严肃精神中，我从对象出发确定自我，我先验地把所有眼下未介入的不可能的事业搁在一边，把我的自由赋予世界的意义理解为是来自世界且构成我的义务与我的存在的。在焦虑中，我既觉得自己是完全自由的，又觉得不能不使世界的意义通过我而到达世界。

然而，不应认为，只要在反思的水平上，只要考察了远近的各种可能，就足以在纯粹的焦虑中自我把握了。在每一反思中，焦虑都作为一种反思意识的结构出现，只要后者把意识作为反思的对象。但我仍可坚持采取针对我的焦虑的各种行为，尤其是逃避的行为。事实上，一切事物的发生都似乎说明我们针对焦虑的基本和直接的行为就是逃避。心理决定论在成为一个理论概念以前首先是一种辩解行为，或者，可以说是所有辩解行为的基础。它是针对焦虑的一种反思行为，它断言我们身上有着相对抗的力量，这些力量的存在类型是与物的存在类型相似的，它试图填满包围着我们的虚空，重新建立过去和现在、现在和将来之间的联系，它赋予我们以产生活动的本性，并使这些活动本身成为超越的，它赋予这些活动一种惰性和外在性，这些性质把与其本身不同的基础给予这些活动，并且完全令人心安，因为这些活动不断起着辩解的作用。心理决定论否认那种使人的实在超乎自己的本质而在焦虑中浮现的人的实在的超越性；同时，它通过把我们还原为只不过是其所是而把自在存在的绝对肯定性送回我们之中，并以此使我们回到存在内部。

但是这种作为对焦虑的反思防御的决定论不是作为一种反思的直观提出来的。它完全无能反对自由的自明性，因此它是作为对庇护者的笃信，作为我们能朝着它逃避焦虑的理想终点提出的。这一点在哲学领域中通过心理决定论者拒绝将其论点建立在纯粹内省的材料上体现出来的。他们把决定论看作是一种令人满意的假设，认为它的价值体现在它解释了那些事实——或者把它看作是建立所有心理学所必需的公设。心理决定论者承认对自由的直接意识的存在，他们的反对者就是在"内感直观的证明"的名义下反对他们的。他们只是将争论集中在内在启示的价值问题上。因而，没有任何人讨论过我们把自己理解为我们的状态和活动的最初原因的那个直观。无论如何，我们每个人都能够通过超出焦虑，通过把焦虑判定为一种幻觉使焦虑成为间接的，这种幻觉出于我们不知道我们是我们活动的实在原因。随之而来的问题是对这种间接物的相信程度。被判定的焦虑是一种被消除的焦虑吗？显然不是；然而，一种新的现象在这里出现了，那就是对于焦虑的一种排解过程，这种焦虑，再重复一遍，就是指假设自身中有一种虚无化能力。

决定论仅仅依靠自己不足以建立这种排解，因为它只是一种公设或假说。这种逃避的进程是一种更具体的，而且是在反思中发生的逃避的努力。就与我的可能相对立的那些可能而言，它首先是一种排解的企图。当我认定自己领悟到有一种可能是我的可能时，我应该承认它在我的谋划的终点处存在，并且把它理解为就是我自己，它在将来那里等着我，并用虚无与我隔开。在这个意义下，我把自己看作是我的可能的原始起源，人们通常就把这称之为对自由的意识，自由意志的信徒们在谈及内在体验的直观时指的正是，而且仅仅是意识的这种结构。但有时我又同时力求排解那种与我的可能相反的其他可能的建立。真正说来，我无法避免通过将那些被选择的可能作为我的可能的运动来假定这些其他的可能的存在，我禁不住要把它们当成是活生生的可能，即当成是有可能成为我的可能的。但是，我尽力把它们看作是具有一种超越的、纯粹逻辑的存在的东西，总之，看作是一些事物。如果我在反思的水平上把写这本书的可能性看作我的可能性，那我就在这种可能性和我的意识之间使一种存的虚无涌现出来，这存的虚无使可能性成为可能性，而我恰好在不写这本书的可能性是我的可能性这样一种永恒可能性中把握了这种存在的虚无。但是我企图像对待一种可观察对象那样来对待不写作该书的这种可能性，使自己处于它的对立面，而且深信我在其中想要看到的东西：我试图将这种不写作的可能性作为仅因备忘而需提醒的东西，而不是作为与我相关的东西。相对我而言，它应该是外在的可能性，正如相对于不动的弹子而言的运动一样。如果我能成功地做到这一点，与我的可能相对抗的那些可能就成为逻辑的实体，就会失去它们的效力；它们不再是可怕的，因为它们是在外面的，因为它们作为一些纯粹可以设想的或然性，即从根本上说，可被另一个人设想的或然性，或作为可以在同样情况下发现自己的一个别人的可能包围着我的可能。这些可能作为一种超越的结构是属于客观处境的；或者，如果愿意使用海德格尔的专门用语，还可以说：我将写这本书，但是有人也能不去写它。于是，我不承认它们是我本身，也不承认它们是我的可能的可能性的直接条件。它们正好保持了足够的存在以便为我的可能保留其无价值性和自由存在的自由的可能性，但是，它们可怕的特性将被消除：它们与我无关，被选定的可能由于这种选择而显现为我的唯一的具体的可能，随后，把我同这可能分开并实际上赋予它以可能性的虚无被填满了。

但是，面对焦虑的逃避不只是面对将来排解的努力：它还企图消除过去的威胁。在这里，我企图逃避的，就是我的超越性本身，因为它支持并超越了我的本质。我断言我以自在的存在的方式是我的本质。不过，同时，我拒绝把这种本质看作历史地构成的东西，而且拒绝把它看作是像圆包含它的属性一样包含我的活动的。我认为或至少试图认为它是我的可能的最初开端，我一点也不承认它本身有一个开端；那时我肯定，当一个活动准确地反映我的本质时，它是自由的。但是，此外，这种自由如果是面对着"自我"的自由，它就会使我不安，我就会试图把它送回到我的本质中去，就是说，送回到我的"自我"中去。关键在于把这个"自我"看作能居于我之中的小上帝，这个上帝能像占有形而上学的德性那样占有我的自由。不再是我的存在能作为存在是自由的，而是我的"自我"在我的意识内部是自由的。这是个使人完全宁静的虚构，因为自由已深入到不透明的存在内部：正是就我的本质不是半透明的而言，就它在内心中是超越的而言，自由才成为本质的属性之一。总之，关键在于把我在我的"自我"中的自由当作他人的[①]自由。人们看到了这种虚构的基本主题：我的"自我"作为一个业已构成的人格，是自己活动的起源，就像他人是他人活动的起源一样。当然，他活着并自我变化着，人们甚至设想他的任何一个活动都能有助于他的变化。但是这些和谐而连续的变化是按生物学的那种类型被设想的。它们类似于我与我的朋友皮埃尔久别重逢时所看到的他身上的那种变化。柏格森在设想他的深层自我理论时，明确地要满足的正是这些使人心安的要求，这种深层的自我绵延着并自己生长，它总是与我对他的意识同时存在，并且不可能被意识所超越，它在我们的活动一开始时就不是一种激变能力，而是像父亲繁衍孩子那样，以致不是作为一个严格的结果从本质中产生的，甚至是不可预见的，活动与意识保持着一种宁静的关系，一种家族的相似：活动比意识走得更远，但是却走在同一道路上，可以肯定，它保持着某种确定的不可还原性，但是我们在活动中认识自己，熟悉自己，就像一位父亲在继承他的事业的儿子身上能认出自己和熟悉自己一样。于是，由于我们在自身中把握的在"自我"这样一个心理对象中自由的喷发，柏格森帮助我们掩盖起我们的焦虑，但是这却损害了意识本身。他这样确立并描述的并不是我们的自由，因为我们的自由是对自身显现的，这是他人的自由。

那么，我们借以试图逃避焦虑的整个过程就是如此：我们通过逃避考察我们使其成为一个与他人的可能不相干的那些别的可能来把握我们的可能；我们不愿意把这种可能看作是由一种纯粹虚无化的自由支持其存在的，而是试图把它看作是由一个已经确立的对象引起的，这个对象就是我们的"自我"，他被看作并描述为仿佛是另一个人。我们很愿意从原始的直观那里保留它提供给我们的那些作为我们的独立性与责任的东西，但是对我们来说，关键在于使在

[①] 参见第三卷第一章。——原注

直观中作为原始虚无化的一切变弱一些；此外，如果这个自由使我们不悦或者我们需要辩解的话，我们总是准备退避于决定论的信仰中去。于是，我们通过从外面把自己认作他人或一个事物来逃避焦虑。习惯上称作内在体验的启示或者对我们的自由的原始直观的那些东西是没有任何起源的：这是一个已形成的，特意要向我们掩盖焦虑的过程，这是我们的自由的真实的"直接材料"。

能够通过这些不同的结构抑制或掩饰焦虑吗？当然，我们不可能消除焦虑，因为我们就是焦虑。至于掩盖它，除了意识的本性本身及它的半透明性不允许我们用文字表达之外，应该注意它所指的那种特殊类型的行为：我们能掩盖一个外部对象，因为它是独立于我们而存在的；由于同样的理由，我们能转移对它们的视线和关注，就是说，仅仅注视另外某个对象；从这时起，任何一个实在——我的实在和对象的实在——重新获得了自己的生命，而连接意识和物的偶然关系消逝了，它并没有因此而改变任何一种存在。但是如果我是我想掩盖的东西，问题就完全是另一种样子：只有在我恰好是了解我所不愿看见的那个方面时，我才能在事实上希望"不看见"我的存在的某个方面。这意味着我要想脱离它就必须在我的存在中指出它，或者不如说，要想不去想它，就必须经常想它。因此，应该懂得，我不仅必须永远将我想逃避的东西携带在"我"身上，而且同样，为了逃避我害怕的对象，我应该追随它。这意味着：焦虑、焦虑的意向目标，以及从焦虑向着宁静的假话的逃避应该在同一个意识的统一中被给定。总之，我的逃避是为了不知，但是我不能不知道我正在逃避，而且对焦虑的逃避只是获得焦虑的意识的一种方式。于是，严格说来，焦虑既不可能被掩盖，也不可能被消除。然而，逃避焦虑和是焦虑，完全不可能是同一回事：如果我为了逃避焦虑而成为我的焦虑，那就假设了我能就我所是的东西而言使我自己的中心偏移，我能在"不是焦虑"的形式下是焦虑，我能有在焦虑内部虚无化的能力。这种虚无化的能力在我逃避焦虑时使焦虑虚无化,在我为了逃避焦虑而成为焦虑时,这种能力本身化为乌有。这正是所谓"自欺"(mauvaise foi)①。因此问题不在于从意识中驱逐焦虑,也不在于把意识确立为潜意识的心理现象:而仅仅在于我能在感知到我所是的焦虑时,使自己成为自欺的,而且这注定要填满我在与我本身的关系中所是的虚无的自欺,它恰恰包含着它所取消的那个虚无。

至此,我们已经对虚无做了最初的描述。对否定的考察不可能把我们引得更远了。它为我们揭示了一种特殊类型的行为的存在:面对非存在的行为,这种行为假设了一种应该单独研究的特殊超越性。因此我们面前有两种人类的出神(ek-stase):即把我们抛进自在的存在的出神和使我们介入非存在的出神。我们最初的、仅仅涉及人与存在的关系的难题似乎因此而变得异常复杂了;但是,若把我们对于向非存在的超越的分析进行到底,那么,要获得一些理解一切超越性的宝贵材料也不是不可能的。此外,如果人的行为是面对自在的存在的——我们的哲学考问就是这样一种行为——虚无的难题就不能被排除在我们的考察之外,因为它不是这种存在。因此,我们又一次发现非存在是向存在超越的条件。应该紧紧抓住虚无的问题不放,直到完全把它弄清为止。

不过,对考问和否定的考察已完全尽其所能了。这种考察使我们认识了一种经验的自由,这种自由是在时间性内部人的虚无化,是对否定性超越地理解的必要条件。这种经验的自由的基础有待于奠定。它不可能既是最初的虚无化又是一切虚无化的基础。它事实上有助于构成制约所有否定的超越性的内在性中的诸超越性。但是经验自由的超越性被内在地构成为超越性,这一事实本身向我们表

---

① mauvaise foi 一词姑且译为"自欺"。参见下一章的内容。这个词组直译为"坏的相信"。"自欺"是意译。这是一种特殊的心理状态,希望不要理解为"自我欺骗"。——译注

明，关键在于那些假定有原始虚无的存在的次级虚无化：这些虚无化只是我们从所谓的"否定性"的超越性向着那种是其自身虚无的存在来进行回溯性分析的一个阶段。显然应该在虚无化中找到一切否定的基础，这种虚无化是在内在性之中进行的。我们必须在绝对的内在性中，在即时的我思的纯粹主观性中发现人赖以成为其自身虚无的那种原始活动。为了使人在意识中，并从意识出发，来作为其自己的虚无的存在，作为虚无由之来到世界上的存在而在这个世界上涌现，意识在他的存在中应该是什么呢？

我们现在似乎缺少解决这个新问题的手段：否定直接保证的只是自由。应该在自由本身中找到能促使我们对问题更深入研究的行为。然而，我们已经遇到的是这样一种行为，它将把我们引至内在性的入口处，并保持充分的客观性使我们能客观地提出它的可能性的条件。我们刚才不是指出，在自欺中，我们是在同一种意识的统一中"为逃避焦虑而成为焦虑"吗？如果自欺应该是可能的，那么我们就应该能在同一个意识中遇到存在与非存在的统一，即为了不存在而存在（l'être-pour-n'être-pas）。因此，自欺将要成为下一步考问的对象。人为了能够提问，就应该能是他自己的虚无，这就是说：只有当他的存在从虚无，通过他本身而跃过为他本身时，他才能在存在中的非存在的起源处。于是，过去的和将来的超越性在人的实在的时间存在中显现出来。但是自欺是即刻的。如果人应能是自欺的，那么在反思前的我思的即刻之中，意识应该是什么呢？

第二章 自 欺

一、自欺和说谎

人的存在不仅仅是否定由之在世界上表现出来的存在，也是能针对自我采取否定态度的存在。我们在导言中曾这样给意识下定义的："它是一个存在，对它来说，它在它的存在中是与它的存在有关的，因为这存在关乎一个异于它的存在。"但是，在解释清楚了考问行为之后，现在我们看到，这个定义也可以这样表述："意识是一个存在，对它来说，它在它的存在中是对它的存在的虚无的意识。"例如，在辩解或否决中，人的存在否认将来的超越性。但是这个否定不是观察到的。我的意识不限于面对一个否定性。它在其肉体中自我构成为一种可能性的虚无化，这种可能性的虚无化是另一个人的实在把它当做自己的可能性投射出来的。因此意识应该作为一个"不"字在世界中涌现出来，正如奴隶首先把主人领悟为一个"不"字，或试图越狱的囚犯把监视他的哨兵领悟为一个"不"字。甚至还有些人（看守、监察人、狱卒等），他们的社会实在只是"不"的实在，他们在世上从生到死都只不过意味着一个"不"字。另一些人为了把"不"带进他们的主观性本身之中，他们作为人类一员，仍然把自己构成为永恒的否定：舍勒称之为"怨恨的人"的意义和职能，正是这个"不"字。但是有一些更微妙的行为，对它们的描述将使我们更深入地理解意识的意义：讽刺就是这样的行为。在讽刺时，人在同一行为的统一中消除他提出的东西，他提供要人相信的东西为的是不被人相信，他的肯定是为了否定而他的否定则是为了肯定，他确立了一个肯定的对象但是这对象只不过是它的虚无。于是，自我否定的态度使我们能够提出这样一个新问题：人在他的存在中应该是什么，才能使自我否定成为可能？但是问题是不可能在其普遍性中采取"自我否定"的态度。能安排在这个名目下的行为是太多样了，以致我们有可能只抓住了它的抽象形式。应该选择并考察一种被规定的态度，这种态度对人的实在是根本的，而同时又像意识一样不是把它的否定引向外部，而是把它转向自身。这态度在我们看来就应该是自欺。

人们经常把它与谎言相比。人们把一个人表现出来的自欺与他对自己说谎混为一谈，在直接区别对自己说谎和仅仅是说谎的条件下，我们将乐于承认自欺就是对自己说谎。说谎是一种否定的态度，人们会同意这种说法。但是这种否定不是关于意识本身的，它针对的只是超越的东西。事实上，说谎的本质在于：说谎者完全了解他所掩盖的真情。人们不会拿他们不了解的事情来说谎，当人们散布自己也受其骗的谬见时，他们没有说谎，当人们被欺骗时，他们没有说谎。因此，说谎者的典型是一种犬儒主义的意识，他在自身中肯定真情，而在说话时又否认它，并且为了自己否认这个否定。然而，这双重的否定态度是针对超越的东西的：被陈述的事情既然是不存在的，那它就是超越的，第一个否定是针对于一个真情的，就是说针对于一个特殊类型的超越。至于我为自己而对于真情所做的内心的否定，则是针对言语的，即针对世界的事件的。而且，说谎者的内心安排是肯定的：这安排将能成为肯定判断的对象：说谎者有欺骗的意向，他既不企图隐瞒这个意向也不企图掩饰意识的半透明性；相反，在涉及决定下一步的行为时，他正是参照这个意向，这个意向对所有的态度明确地实行调节控制。至于要说真情（"我不想欺骗您，我发誓这是真的"，等等）这被宣布出来的意向，也许是一个内心否定的对象，但是说谎者同样不承认它是他的意向。这意向被表演、摹仿出来，这是说谎者在他的对话者眼中所扮演的角色的意向，但是这个角色，显然因为他不存在，而是一个超越的东西。于是说谎不牵涉现时意识的内在结构，构成说谎的所有否定都是针对那些根据这个事实从意识中产生出来的对象的。说谎不需要特殊的本体论基础，而一般的否定存在所要求的那些解释在欺骗的情况下总是有效的。也许我们已给典型的说谎下了定义；也许说谎者相当经常地会或多或少成为他的谎言的牺牲品，他对它半信半疑；但是说谎的那些通常的和普遍的形式同样是一些蜕化了的状态，它们代表一些说谎和自欺之间的中介物。说谎是一个超越性的行为。

但是说谎就是海德格尔所谓"共在"（mit-sein）的正常现象。它设定我的实存，别人的实存，我的为他的实存和别人的为我的实存。于是，设想说谎者应该完全清醒地谋划谎言，以及他应该对谎言和被他篡改了的真情有完全的理解，应该是没有任何困难的。这只要一种不透明性从原则上向别人掩盖他的意图就够了，只需他人能够把谎言看作真情就够了。通过说谎，意识肯定了意识的存在从根本上讲是对他人隐藏着的；它为自己的利益而运用了我和他人之我这本体论的二元性。

如果自欺像我们说过的那样，就是对自己说谎，那么说谎对自欺而言情况就不可能是相同的了。当然，对实行自欺的人而言，关键恰恰在于掩盖一个令人不快的真情或把令人愉快的错误表述为真情。因此自欺外表看来有说谎的结构。不过，根本不同的是，在自欺中，我正是对我自己掩盖真情。于是这里不存在欺骗者和被欺骗者的二元性。相反自欺本质上包含一个意识的单一性。这并不意味着自欺不能被"共在"制约，就像人的实在的一切现象那样，但是"共在"只能在被表现为一个自欺允许超越的处境时才能够诱发自欺；自欺不是从外面进入人的实在的。人们不承受自己的自欺，人们不受它的感染，它不是一个状态。但是意识本身对自欺感到不安。需要有一个自欺的原始意向和谋划；这谋划意味着如前那样理解自欺并且意味着（对）意识（的）反思前的把握就是在进行自欺。因此，首先是被欺骗的和欺骗的是同一个人，这意味着作为欺骗者，我应该知道在我被欺骗时对我掩盖着的真情。更确切地说，我应该很清楚地知道这真情以便我更加仔细地把这真情隐瞒起来——这二者并不是发生在时间性的两个不同瞬间——这从严格意义上讲是允许恢复二元性外表的——然而是在同一个谋划的统一结构中。那么如果制约着说谎的二元性被取消了，说谎如何能继续存在呢？在这个难题中又加进了一个从意识的整个半透明性中派生出来的另一个困难。既然意识的存在就是对存在的意识，体验到自欺的人就应该有（对）自欺（的）意识，因此，似乎至少在我意识到我的自欺这点上，我应该是真诚的（bonne foi）。但是那时整个这种心理体系都消失了。事实上，人们会承认，如果我毫不犹豫地，犬儒主义式地试图欺骗我自己，我的这个活动会完全失败，说谎在注视之下就后退并溃败了；欺骗我的意识在作为其条件的我的谋划的内部被无情地确立起来，这就从后面破坏了说谎。那里有一个逐渐消失的现象，它只在它自己的区别中并通过这区别而存在。当然，这些现象是常见的，我们将看到事实上有一种自欺的"渐趋消失"，显然，自欺永远摇摆于真诚和犬儒主义之间。尽管如此，如果自欺的实存（existence）是非常不可靠的，如果自欺属于人们能够称之为"可以转移的"那类心理结构，它就仍然表现为一种自治的、持久的形式；它对很大一部分人来说就甚至能够是生活的正常面貌。人们能在自欺中生活，这不是说人们就不会有突然被犬儒主义或真诚唤醒的可能，而是说这意味着一种稳定而特殊的生活风格。既然我们既不能否认也不能承认自欺，我们似乎走到了极端窘迫的地步。

　　为了逃避这些困难，人们很自然地求助于潜意识。例如在精神分析法的解释中，人们运用潜意识压抑力的假说，这潜意识压抑力被设想为一条像验证护照，检查外汇等的海关分界线一样的东西，以便恢复欺骗者和被欺骗者的二元性。本能——或可以说，被我们个体的历史构成的原始的意向和意向的情结——在这里代表实在。本能既不是真的也不是假的，因为它不是自为地存在的。它简单地存在，正如这桌子既不自在地是真的或假的，而只是实在的一样。至于本能的意识象征化，我们不应该把它们看作表象而应看作实在的心理事实。恐怖症、口误、梦幻都是作为具体的意识事实而真实地存在的，同理类推，说谎者的言语和态度是具体的真实存在着的行为。主体仅仅面对这些现象，正如被欺骗者面对欺骗者的行为一样。主体在这些行为的实在中看见这些现象，并且应该解释它们。[86]存在着欺骗者的行为的真情：如果被骗者能把这些行为同欺骗者所处的处境及他说谎的谋划联系起来，这些行为作为说谎行为成为这真情的组成部分。与此同时，还有一种象征性活动的真情：当精神分析者把这种活动同病人的历史环境、他们表现出来的潜意识情结、对潜意识压抑力的阻挡联系起来时，他发现的正是这种真情。于是，主体弄错了他的行为的意义，他在这些行为的具体存在而不是在它们的"真情"中把握它们，这是由于没有能从一个原始处境和对他总是陌生的心理结构中派生出这些行为。因为，事实上，通过"这个"(ça) 和"我"(moi) 的原则区别，弗洛伊德才把心理分成了两大块。我是我，但是我不是这个 (ça)。我对我的无意识的心理而言没有丝毫的特权地位。我是我自己的诸心理现象，因为我在它们的意识实在中看到了它们：例如，我就是在这个商摊上偷这本或那本书的那种癖好，我与这癖好结为一体，我说明了这癖好并且根据它来自我规定。但是我不是这些心理行为，因为我是被动地接受它们的，我是被迫做出关于它们的起源和它们的真正意义的假说的，正如学者对外界现象的本性和本质做出的猜测一样；例如，我把偷盗解释为由于稀有、利益或我要偷的书的价值所决定的一种直接刺激，偷盗真正说来是一个来源于或多或少直接与俄狄浦斯情结有联系的自我惩戒的过程。因此有一个刺激偷盗的真理，它只能通过多少有点儿或然性的假说被达到。这种真理的标准解释的正是有意识的心理行为的范围；按更实用主义的观点，这标准能获得的也正是精神病治疗的成功。最后，精神分析者的帮助对这真理的发现是必不可少的，他作为我的潜意识意向和我的意识生活的中介显现出来。他人作为唯一能实行无意识的正题和有意识的反题间的综合的人显现出来。我只能借助他人为媒介而认识我自己，这就是说我就我的"这个"(ça) 而言是处在他人的地位上的。如果我有某种精神分析法的概念，在特别有利的情况下，我就能试着对我自己进行精神分析。但这样的尝试只有在我各类直观表示怀疑、在我从外面把一些抽象模式和所学到的规则应用于我的情况时才有可能获得成功。至于那些成果，无论是依靠我个人的努力还是由于有技术人员帮助而获得的，它们都绝不会有直觉给予的那种可靠性；它们仅拥有科学假说的总是增长着的或然性。俄获浦斯情结的假说像原子的假说一样，只不过是"经验的观念"，正如皮尔士（Pierce）所说，它与它能实现的经验的总体及它能预见到的结果的总体没有区别。于是，精神分析法用一个没有说谎者的说谎的观念代替了自欺的概念，这种观念可以说明我如何不能够自欺但却能被欺骗，因为它使我就我本身而言处在面对着我的他人的环境中，它用"这个"和"我"的二元性取代了欺骗者和被欺骗者的二元性——这个说谎的根本条件，它把"共在"的主体之间的结构引入我的主观性最深处之中。对这种解释我们能满意吗？

若更进一步地考察精神分析法的理论，我们就会看到它并不像乍看起来那么简单。就精神分析法的假说而言，把"这个"（ça）表述为一个事物是不准确的，因为事物同人们对它所做的猜测毫无关系，而"这个"则相反，它在这些猜测接近事实时则被这些猜测触及。弗洛伊德确实在第一阶段的结束时，当这医生接近了真理时指出了反抗。这些反抗是客观的、从外面把握的行为：病人表现出怀疑、拒绝说话、交待一些荒诞不经的梦、有时甚至完全逃避精神分析法的治疗。尽管如此，最好还是允许病人问他本身的什么部分能够这样反抗。这不能被认为是意识的行为的心理整体的"我"：事实上，不能想象这精神病医生接近了目的，因为这"我"与他自己的反应的意义之间的关系，严格说来是精神病医生本人。充其量他能客观地估价发布出来的假说的或然性程度，正像精神分析法的目击者所能做的而且是根据这些假说所解释的主观行为的程度所能做的那样。此外，这种或然性对他来说似乎接近了确实性，他不可能受到它的损害，因为通常，正是他通过一种有意识的决定走上了精神分析法的治疗道路。人们会不会说病人被精神分析者每天向他做出的启示所搅扰，在精神分析者眼中他装作要继续治疗而实际上是在企图逃避这些启示呢？在这种情况下，他不再可能求助于潜意识来解释自欺；自欺连同它的所有矛盾存在着，它充满着意识。但是此外，精神分析者并不希望这样来解释这些反抗：对他来说，这些反抗是喑哑昏暗的，它们来自远处，它们是扎根在人们想解释清楚的事件本身之中的。

然而，它们也不能来源于应该弄明白的情结。因此，这情结毋宁是这精神分析者的协作者，因为它的目的是在清醒的意识中表述自己，因为它用潜意识压抑力来施诡计并力图逃避潜意识压抑力。我们能够在其中树立起对主体的否定的唯一范围那就是压抑力的范围。唯有这潜意识压抑力能够理解精神分析者的问题或启示，或多或少接近了用它来压抑的实在意向，这是因为唯有它知道它所压抑的东西。

如果我们事实上拒绝精神分析法物化的语言和神话，我们就会发觉，潜意识压抑力为了发挥它的识别的主动性，就应该认识它所压抑的东西。如果我们确实放弃了所有把这种压抑力表述为盲目力量的冲突的隐喻，力量就恰恰要承认潜意识压抑力应该选择，而且为了选择要再次出现。否则它为什么放过了合法的性刺激呢？为什么容忍需求（饥饿、口渴、困倦）在清醒的意识中表现出来呢？如何解释它能放松它的监视，它甚至能被本能的掩饰所欺骗呢？但是它仅能分辨出那些可诅咒的意向是不够的，它还应该把这些意向看作是要压抑的东西，它在压抑力那里至少是包含着代表它自己的能动性的东西。总之，潜意识压抑力没有对识别可压抑的刺激的意识，它如何能识别它们呢？人们能设想对自我无知的知吗？阿兰说过，知，就是人们知其在知。我们毋宁说：一切知都是对知的意识。于是，病人的反抗在潜意识压抑力的范围内意味着被压抑的东西的一种表现，意味着对精神分析者的问题所追求的目标的理解，以及一种综合联系的活动，潜意识压抑力用这种综合联系活动来对照被压抑的情结的真理和针对着这种情结的精神分析假说。这些不同的作用反过来又意味着潜意识压抑力意识到自我。但是潜意识压抑力的（对）自我（的）意识是什么类型的呢？它应该是（对）要成为去压抑的意向的意识（的）意识，但这恰恰是为了不成为对它的意识。那除了说潜意识压抑力应该是自欺外我们还能说什么呢？精神分析法完全没有使我们获胜，因为为了消除自欺，它又在潜意识和意识之间建立了一个自主的自欺的意识。因为他致力要确立一个真正的二元性——而甚至一个三位一体（用潜意识压抑力来解释的超个人的本我〈Es〉、自我〈Ich〉、超自我〈Ueberich〉）只是得到了一种字面上的专门术语。对某物"佯做不见"的反思观念的本质本身，包含着同一心理的统一，并且因此包含这统一内部的双重能动性，一方面倾向于保持及发现隐藏的事物；另一方面又倾向于拒绝并掩盖这事物。这种能动性的两方面的任何一面都是另一面的补充，就是说它把对方包含在它的存在中。精神分析法用潜意识压抑力把意识和潜意识分开，但却未能够把活动的两个阶段分开，因为性欲（libido）是一种趋向有意识表达的盲目欲求（conatus），而且意识现象是被动和弄虚作假的结果：性欲仅仅是把排斥力和吸引力这双重能动性限定在压抑力的范围内。此外，还要建立整体现象统一的不同环节间的可领悟的联系，为的是分析这个统一体（对在象征的形式下乔装改扮和"通过"的意向的压抑）。被压抑的意向如果不包括 1. 对被压抑的意识，2. 对因为意识是其所是而被拒绝的意识，3. 乔装改扮的谋划，它如何能"自我乔装改扮"呢？没有任何一种凝聚或移情的机械理论能够解释其意向本身体验到的那些变化，因为对乔装改扮过程的描述意味着隐晦地求助于合目的性。而同时，如果在压抑力之外，意识并不包括对于那种同时被欲望和被禁止的、它所要达到的目的的模糊理解，又如何分析伴随有意向的象征性及意识性的满足所带来的快意或烦恼呢？由于否定心理的意识统一性，弗洛伊德被迫处处暗示一种神奇的统一，这种统一越过种种障碍把一些互相间隔的现象联系在一起，正如原始人的参与统一了被魔法迷惑的人和根据这个人的形象制作出来的蜡人一样。潜意识的"情欲"(triebe)受到:"被压抑的"或"可诅咒"的参与的影响,这种参与完全通过这情欲而扩展开来,给这情欲涂上色彩并不可思议地促使它象征化。同样,意识现象完全染上了象征的意义的色调,尽管它本身不可能以清醒的意识领会这意义。但是除了他的原则的低下外,通过魔术来解释也消除不了这两种矛盾而互补的结构的并存——在潜意识等级,在压抑力等级和意识等级上——它们互相包含又互相抵消。人们使自欺实体化和"物化",人们并没有避开它。正是这点促使一个维也纳的精神病医生斯特克尔[①]背叛了精神分析法的信仰并在《冷漠的女人》[②]中写道:"每当我能把我的研究推到足够远时,我都观察到精神病的症结是有意识的。"此外,他的著作中援引的情况证明了弗洛伊德主义所不可能分析的病理性的自欺。例如,有一些对夫妇生活失望而性欲冷淡的妇女,就是说,她们终于掩盖了性活动带给她们的乐趣。首先人们会注意到,对她们来说,关键不是在于否认陷在半生理的黑暗中的根深情结,而在于可客观觉察的行为,她们在把握这些行为时不能不记下的东西:事实上,常常是丈夫向斯特克尔披露,他的妻子曾经显示出了对象的快乐,而被询问的妇女却粗暴地否认这些快乐的表现。这里涉及到一种排解的活动。同样,斯特克尔会导引出的一些坦白使我们得知这些患病理的性冷淡症的妇女努力在她们害怕的快意来到之前排解它们,例如,许多人在性活动时把她们的思想转向日常的工作,做她们家务的流水帐。谁会说这是无意识的?然而,如果患性冷淡症的妇女也排解她对体会到的愉快的意识,这一点不是犬儒主义的而完全是与她本身一致的:这正是为了向她自己证明她是性冷淡症患者。我们刚才探讨了自欺的现象,因为,为不眷恋于体验到的快乐所尽的努力意味着承认快乐是被体验到了,并且显然,

---

[①] 斯特克尔(Steckel, 1868—1940),奥地利心理学家。——译注
[②] N. R. F. 丛书。——原注

这些努力承认它是为了否认它。但是我们不再立足于精神分析法的地基上了。于是，一方面，运用无意识的解释，由于它打破了心理的统一，不可能分析初看起来似乎是来自这种解释的那些行为。另一方面，存在着无数明显地排斥了这类解释的自欺的行为，因为它们的本质意味着它们只能在意识的半透明性中显现出来。我们又遇到了我们曾试图逃避的难题，它并没有被解决。

二、自欺的行为

如果我们想摆脱困境，就应该更仔细地考察自欺的行为并试着去描述它。这种描述也许能使我们更直截了当地确立自欺的可能性的条件，就是说，回答我们开始时提出的问题：如果人应该能够是自欺的，那他在他的存在中应该是什么？

例如，这是一位初次赴约的女子。她很清楚地知道与她说话的人对她抱有的意图。她也知道她或早或迟要做出决定。但是她不想对此显得急迫：她只是迷恋于他的对手恭谦、谨慎的态度对她显示出来的东西。她不把这种行为当作实现人们称之为"最初接近"的企图来把握，就是说，她不想看到这种行为表示的时间性发展的可能性：她把这种举止限定在它现在所是的范围内，她不想理解人家对她说的话中间的言外之意，如果人家对她说："我如此钦慕您"，她消除了这句话深处的性的含义，她把被它认作是客观品质的直接意义赋予她的对话者的话语和行为。与她说话的人在她看来似乎是真诚的和恭敬的，就和桌子是圆的或方的，墙纸是蓝的或灰的一样。同样，附属于与她说话的那个人的诸种品质被凝固在一种物化的永恒性中，这种永恒性只不过是这些品质的精确现时在时间之流中的投影。因为她不了解她希望的事情：她深深地感受到她激起的情欲，但是粗野的和赤裸裸的情欲会使她受辱并使她恐惧。然而，她不会感到只是单纯的尊敬的任何魅力。为了满足她，需要有一种完全是向她这个人表示的感情,就是说,向着她的全部自由表示的并承认她的自由的感情。但是同时,这种感情应该完全是情欲,就是说,这种感情借助于她的作为对象的身体。因此,这次她拒绝领会是其所是的情欲,她甚至不给它名称,她只是在欲望向仰慕、尊重、尊敬自我超越的范围内在它完全消失在它造成的更高的形式中的时候才承认它,以致不再只是把欲望想象为一种热情和亲密。但是这时人家抓住她的手。她的对话者的这种活动很可能因唤起一个直接决定而改变境况:任凭他抓住这只手,这本身就是赞同了调情,就是参与。收回这只手,就是打断了造成这个时刻的魅力的暧昧而不稳定的和谐。关键在于把决定的时刻尽可能地向后延迟。人们知道那时的结果是:年轻的女子不管她的手,但是她没有察觉到这一点。她没有察觉到它,因为她碰巧在此刻完全成为精神。她把她的对话者一直带到爱情思辨的最高境界,她谈论生活、她的生活,她按她的本质面目显示出自己:一个人,一个意识。在这个时刻,身体和心灵的分离就完成了,她的手毫无活力地停留在她的伙伴的温暖的手之间,既不赞成也不反对——像一个物件一样。

　　我们可以说,这女子是自欺的。但是我们立即发现她使用不同的方法来维持这种自欺。她把她的同伴的行为归结为仅仅是其所是,就是说,归结为以自在的方式存在,从而解除了她的同伴的行为的危险性。但是,当她把情欲理解为不是其所是的时候,也就是说,承认它是超越性的时候,她是能够享受自己的情欲的。最后,正是由于沉湎在她自己的身体的存在之中——直到也许是心烦意乱的程度——她实现了不是她自己的身体,她从她的高度把它看作事件能作用到的被动对象,但是这被动的对象既不可能刺激起这些事件也不可能避开它们,因为所有这些可能都是在对象之外的。我们在自欺的这些不同的表现中发现的是什么样的统一呢?是以某种手段构成一些矛盾概念,就是说把一个观念和对这个观念的否定统一在自身之中的一些概念。是因此而产生的基础的概念,这种概念利用了人的存在的双重性质：人为性和超越性。人的实在的这两个方面真正说来是而且应该是能够有效地调和的。但是自欺既不想以综合来调合它们也不可能以此来克服它们。对自欺来说，关键在于以保存它们的区别来肯定它们的同一。应该肯定作为超越性的人为性并肯定作为人为性的超越性，以至人们在把握其中的一个的时刻会突然面处另外的一个。表述自欺的典型公式是用某些恰好是在自欺的精神中设想的某些名言向我们提出的，为的是制造出它们的全部结果。例如，人们知道雅克·沙尔多那①的一本书的书名：《爱情，要比爱情本身意味得更多》(L'amour, c'est beaucoup plus que l'amour)，人们看到，在这里，在其人为性中的现时的爱情，"两人皮肤的接触"、肉欲、自我中心主义，嫉妒的普鲁斯特机制、阿德勒式②的性之间的斗争，等——和作为超越性的爱情——莫里亚克的"火之河"、无限的召唤、柏拉图式的性爱、劳伦斯（Lawrence）的宇宙的模糊直觉等——之间的统一是如何造成的。在这里人们正是从人为性出发，以便越过现在和人的行为的条件，越过心理的东西，突然置身在形而上学中。相反，萨尔芒有一出剧名为"我对我来说是太伟大了"(Je suis trop grand pour moi)，这同样表现了自欺的特性，它首先把我们抛入超越性中间为的是一下子把我们限制在我们的行为的本质的窄小范围内。人们在"他变成其曾经是的东西"这句名言中或在同样有名的"正如永恒性最终改变了他本身"这句相反的话中又发现了这些结构。当然，这些不同的公式只有自欺的外表，它们显然是在这种相似的形式下被设想来以一种谜语打击精神使其窘困的。但是恰恰是这种外表引起我们的重视。这里重要的是这些公式并没有新的有稳固结构的概念，相反，它们被建立起来是为了便于停留在永远的瓦解中，是为了永远可能从自然状态

---

① 雅克·沙尔多那 (Jacques Chardonne, 1884—1968)，法国小说家。——译注
② 阿德勒 (Alder, 1870—1937)，奥地利心理学家，医生。——译注

的现在滑向超越性,反之亦然。事实上,人们看到,自欺是能够用这些判断的,所有这些判断都是为着确立我不是我所是的判断的公式。如果我只是我所是,我就能,例如,认真地面对人们对我的指责,严格地考问自己,并且也许我会被迫承认其真理性。但是显然,由于超越性,我完全逃过了我所是的东西,苏珊娜对费加罗说:"证明我有理就将意味着我可能是错了",从这个意义上讲,我甚至不应该去讨论指责的理由。我处在一个任何指责也触及不到我的地位上,因为我真正所是的正是我的超越性;我逃避,我逃离,我听任我的一些无关紧要的东西留在指责者手中。不过,自欺的必然的模棱两可来自人们在这里肯定的东西,那就是:我按事物存在的样式成为我的超越性。事实上,我也仅仅因此而感受到对所有这些指责的逃避。正是在这个意义下,我们的青年女子要把性欲只看作是纯粹的超越性,因此净化令人丢脸的性欲,她甚至避免给情欲命名。但是,反之亦然,"我对我来说是太伟大的"这句话由于向我们指出了那变成了人为性的超越性,就成为对我们的失败和我们的无数虚弱辩解的来源。同样,这卖弄风情的青年女子,在她的求爱者的行为表露出的爱慕、敬重已经是在超越性的东西的水平上的时候,她保持着超越性。但是她使这超越性在那里中断了,她用全部现时的人为性把它填满了:尊敬不多不少正好是尊敬,它是一种凝固的超越,它不再向任何东西超越。

但是可转化的"超越性-人为性"概念,如果是自欺的基本手段之一,在这一类概念中就不是唯一的。人们同样会使用人的实在的另一二元性,即我们在说话中粗略表述的:他的自为的存在与一个为他的存在的互相包含。对我来讲把我的和他人的两种目光汇聚到我的任何一个行为上,总是可能的。然而显然这行为在一种或另一种情况下不代表同样的结构。但是正如我们后边将看到的,正如人人可感到的,我的存在的这两个方面之间没有显象与存在的区别,就好像我本身就是我自己的真理,而他人只拥有我的一个歪曲了的形象那样。我的为他的存在的和我的为我本身的存在拥有的是同等尊严的存在，它允许有一种永远瓦解着的合题和从自为到他为以及从他为到自为的永恒变换。人们也看到我们的青年女子应用了我们的"没于世界的存在"（l'être-au-milieu-du-monde），即我们在其他诸对象中间的作为被动对象的惰性在场，为的是一下子取消她的"在世的存在"（l'être-dans-le-monde）的诸种职能，即取消那种以超乎这个世界而向着她自己的可能性谋划来使一个世界存在的存在。最后让我们指出精神错乱的综合，这种综合玩弄了时间三维虚无化的模棱两可性，同时断言我是我曾经是的（一个断然停留在他的生活的某一阶段并拒绝注意以后的变化的人）又断言了我不是我曾经是（一个面对指责或仇恨的人，他强调他的自由和他永恒的再创造而完全脱离他的过去）。所有这些概念，只具有推理中的传递作用并且在结论中被消除了，它们就像物理学家计算中的想象因素，我们在所有这些概念中又发现了同样的结构：关键在于把人的实在确立为一种是其所不是又不是其所是的存在。

但是，即使是在渐趋消失的过程中，甚至为了这些分裂的概念能包含一个存在的虚假外表，为了它们能在瞬间向意识显现，究竟应该怎样做呢？对作为自欺的反题的真诚这一观念的简要考察，将对此是非常有益的。事实上，真诚表现为一种要求，因此它不是一种状态。然而，这种情况下要达到的典范是什么样的呢？人对他本身来说应该只是其所是，总之他完全地唯一地是其所是。但是这不恰恰就是自在的定义——或人们喜欢的话，不就是同一性原则吗？把事物的存在作为典范提出，不就是同时承认这个存在不属于人的实在而且也承认同一性原则远不是一种宇宙的普遍公理，它只是一种仅享有局部的普遍性的综合原则吗？于是，为了自欺的概念至少在一瞬间能造成我们的幻觉，为了"纯粹内心"（纪德，克赛勒）的坦率能对作为典范的人的实在有价值，同一性原则就不应该表现为人的实在的构成原则，人的实在就不应该必然是其所是，而应该是其所不是。这意味着什么呢？

如果人是其所是，自欺就是绝对不可能的，为了成为人的存在，坦率就不再是他的理念。但是人是其所是吗？而且按一般的方式，当人是作为对存在的意识的时候，人怎么能是其所是呢？如果坦率或真诚是一种普遍的价值，不言而喻，它的箴言"人应该是其所是"对我用以表述我所是的判断和概念来说就不仅仅是提出认识的理念而且提出了一个存在的理念，它为我们提出了存在与作为存在原型的它本身的绝对同一。在这个意义下应该使我们是我们所是。但是如果我们永远应该使我们是我们所是，如果我们按存在的样式应该是我们所是，我们因此会是什么呢？让我们来考察一下咖啡馆的侍者。他有灵活的和过分的、过分准确、过分敏捷的姿态，他以过分灵活的步子来到顾客身边，他过分殷勤地鞠躬，他的嗓音，他的眼睛表示出对顾客的要求过分关心，最后，他返回来，他试图在他的行动中模仿只会被认作是某种自动机的准确严格，他像走钢丝演员那样以惊险的动作托举着他的盘子，使盘子处于永远不稳定、不断被破坏的、但又被他总是用手臂的轻巧运动重新建立起来的平衡之中。他的整个行为对我们似乎都是一种游戏。他专心地把他的种种动作连接得如同是互相制约着的机械，他的手势，他的嗓音都似乎是机械的；他显示出了一种物的无情的敏捷和速度。他表演，他自娱。但是那时他演什么呢？无须很长时间的观察我们就可了解到：他扮演的是咖啡馆侍者。这没有什么使我们吃惊的：游戏是一种测定和调查。孩子在做身体游戏时是为着探索身体，是为着认清身体的各器官；咖啡馆的侍者用他的身份表演为的是实现这身份。这种义务同强加给所有商人的义务没有区别：他们的身份完全是一套礼仪，公众舆论要求他们把它作为礼仪来实现，食品杂货店主、裁缝店主、拍卖估价人都有自己的舞蹈，通过舞蹈，他们努力想说服顾客们把他们只看成是一个食品杂货店主、裁缝店主、拍卖估价人，而不是其他什么人。一个杂货店主在沉思，这对顾客就是一种冒犯，因为他不再完全是一个店主了。礼仪要求他自制于店主的职责中，这就像立正的士兵，他眼睛直视前方，像个木头兵，但他什么也没有看见，他的目光不再是为了去看，因为正是规章制度而不是眼前的兴趣规定了他应该注视着的这个点（目光"盯在十步远之处"）。这些恰好就是为把人禁锢在其所是之中的婉转措词。我们就好像生活在一种永恒的、人要逃避的恐惧之中，我们恐怕人会忽然一下超出和回避他的身份。但是因为，同样，这咖啡馆侍者，不能像这墨水瓶是墨水瓶，这玻璃杯是玻璃杯那样干脆就是个咖啡馆侍者。这完全不是说他不能构成反思的判断或对他的身份的概念。他清楚地知道这身份"意味着"：必须在五点钟起床，在开门前打扫店堂，把大咖啡壶排列整齐等等。他知道这身份允给的权利：收小帐的权利，参加行会的权利等。但是所有这些概念，所有这些判断都归结于超越的东西。关键在于抽象的可能性、权利和赋予"权利的主体"的责任。这恰恰是我应该是的而我又完全不是的主体。这不是因为我不愿意是这主体，也不是因为这个主体是另外一个人。而毋宁说是他的存在和我的存在之间没有共同的尺度。对别的人和对我本身来说他是一个"表象"，这意味着我只能在表象中是这个主体。但是显然，如果我代表这主体，我全然不是他，我与他分离，正如主体和对象被乌有分离一样，但是这乌有把我从这主体中孤立出来，我不能是他，我只能扮演是他，就是说，只能想象我是他。而也是由此，我使他带有了虚无。尽管我圆通地尽到咖啡馆侍者的职责，我也只能像一个扮演哈姆雷特的演员那样按中立化的方式是他，我机械地做出我的身份所应有的标准动作，我力求使自己达到想象中的咖啡馆侍者"类似"①的动作。我试图实现的，是咖啡馆侍者的自在的存在，就好像我恰恰没有力量把这些手势的价值和它们的急迫性给予我的职责和我的职权，就好像我不能

---

① 见《想象》（NRF1939）结论部分。——原注

自由选择每天早晨是五点钟起床还是冒着被解雇的危险卧床不起一样。似乎由于支持了这角色的存在，我在什么地方都超越不了他，我不把自己确立为我的身份之外的一个人。然而我并不否认我在一种意义下是咖啡馆侍者——否则，我不是也能自称为外交官或记者吗？但是如果我是咖啡馆侍者，就不能按自在的存在的方式是他。我按我所不是的方式是他。此外，问题不仅仅在于社会地位；我从来不是我的任何一种态度、任何一种行为。能言善辩的人是玩弄口才的人，因为他不能是善于说话的；一个专心的学生希望自己专心，眼睛盯着先生，竖起耳朵，为扮演出专心的样子最终筋疲力尽，以致到了什么也听不见的程度。尽管我本身是瓦莱里说的那种"神的不在场"，我对我的身体、对我的活动来说也永远是不在场者。在我们说"这火柴盒是在桌子上"的这种意义上讲，我既不能说我在这里也不能说我不在这里：这会混淆了我的"在世的存在"和一个"没于世界的存在"。我同样不能说我站着，也不能说我是坐着：这会混淆了我的身体和身体只是其结构之一的特有体质的（idio-syncrastique）整体。我到处避开存在，然而我存在。

但是这是一种只涉及我的存在方式：我是悲伤的。我这不是按是我所是的方式是我所是的这种悲伤吗？然而，这悲伤如果不是把我的行为总体聚合起来并赋予它活力的意向性统一的话，它是什么呢？它是我投向世界的昏暗目光所包含的意义，是这双拱起的肩膀，我这低下的头，我的整个身体的怠惰的意义。但是在我进行上述任何一种行为的时候，我难道不知道我能不做它吗？一个陌生人突然出现，我又抬起头，我的步子又轻快起来，我的悲伤中止了。而后，除了我在来访者离开后又乐意地立即与后来者约会之外，我仍在悲伤。此外这悲伤不正是一种行为吗？不正是意识本身感受到这悲伤是对抗过于急迫的环境的神奇手段吗？[①] 在这种情况下，难

[①] 《情绪理论纲要》，埃尔芒·保尔（Hermann Paul）版。——原注

道我们不该说伤感,首先意味着使自己悲伤吗?也许人们会说,这可能的,但是表现出悲伤的存在,不管怎样不正是接受了这存在吗?我从何处接受这存在毕竟是无关紧要的。事实是,恰恰是由于这个原因,感受到悲伤的意识才是悲伤的。但是,这样理解意识本性是不正确的,"悲伤的存在"不是我给予自己的现成的存在,就像我能把这书给我的朋友那样。我没有资格感受存在。如果我变为悲伤的,我就应该在我的悲伤的自始至终使自己悲伤,如果我不能重新建立,也不承担我的悲伤,我就不能够以那种在最初的打击后继续其运动的惰性的身体的方式利用既得的冲动并使我的悲伤消逝:意识中没有任何惰性的东西。如果我变得悲伤,那是因为我不是悲伤的;悲伤的存在通过并在使我感受到悲伤的活动中脱离了我。"悲伤"的自在的存在永远出没于我的(对)悲伤的存在(的)意识,但是这就像一种我不能实现的价值,像一种调节我的悲伤的意义,而不像它的构成模式。

人们是否会说不管我的意识变成什么对象与状态的意识,它至少还是存在着呢?但是如何区别悲伤和我(对)悲伤的存在(的)意识呢?它们不是完全一回事吗?按某种方式说,确实,如果人们据此要使这意识对他人来说是属于那个诸多判断赖以成立的存在整体的一部分话,那我的意识是存在着的。但是应该指出,正如胡塞尔清楚地看到的,我的意识起初是作为不在场来对他人显现的。这是那个作为我的所有态度和我的所有行为的意义而永远出现的对象——它又是永远不在场的对象,因为它是作为一个永恒的问题,或者不如说作为一种永恒的自由投身于他人的直观中去的。当皮埃尔注视我的时候,我也许知道他注视我,他的眼睛——世界上的物——盯在我的身体——世界上的物上面:这就是我所能说的客观事实:他存在。但是这也是一个世界上的事实。这种注视的意义是不存在的,正是这点折磨着我:尽管我作出微笑、允诺、威胁——但任何东西都不能获取赞许——那种我所寻求的自由判断,我知道

95

它总是在远处，我是在我的行为本身中体验到它，这些行为不再具有它们对于物所保持的创造者的特性，就我把这特性与他人联系起来而言，它们对我本身来说只不过是单纯的表象和对被构成为优雅或粗俗的，真诚的或不真诚的存在的期望，等等，我体验到自由的判断还是通过一种领会，这种领会总是超乎我为要激起这领会的所有努力之外的，它不可能被我的努力所激起，除非是我的那些努力借助了这领会本身的力量，这种领会只因为被外部激发才存在，它是作为它自己与超越物之间的垂直平分线。于是，对他人的意识的自在存在这一客观事实被提了出来随之又以否定性的和自由的方式消失：他人的意识作为不存在而存在；其"现在"和"从现在起"的自在的存在就是不存在。

他人的意识是其所不是。

此外，我自己的意识在它的存在中并不对我显现为他人的意识。它存在是因为它自我造就，而它被造就是因为它的存在是对存在的意识。但是这意味着造就支持着存在；意识应该是它自己的存在，它绝不依赖于存在，正是意识在主观性内部支持了存在，这再次说明，意识被存在所占据但是它并不是存在：它不是其所是。

在这些条件下，典型的真诚如果不是不可能实现的目的，并且它的意义本身是与我的意识的结构相矛盾的，那又意味着什么呢？我们可以说，是真诚的就是是其所是的。这就设定我一开始就不是我所是的。但是在这里，显而易见是暗示了康德的"你应该，所以能够"的思想。我能够变成真诚的：这就是我的责任和我对真诚的努力所意味着的东西。然而，显然，我们看到"不是其所是"的原始结构事先完全不可能做出向自在的存在或"是其所是"的转变。这种不可能性并不对意识掩盖起来：相反它是意识的构成材料本身，它是我们体验到的永久的折磨，它使得我们不能认识自己，不能把我们构成为我们所是的，它是一种必然性，在我们刚一通过一个合理的，基于内在经验的或正确地从先天的或后天的前提中推出的判断把自己设定为某种存在时,这种必然性要求我们通过这样一种设定超越了这个存在——而这不是向别的存在,是向虚空,向乌有的超越。既然这真诚同时作为不可能来向我们显现,那么我们怎么能指责他人不真诚而又为我们的真诚而高兴呢?甚至我们怎么能在谈话,忏悔,内省中表现出一种对真诚的努力呢?因为这种努力本质上是注定要失败的,因为我们恰在表示它的同时已有对它的虚浮之预断的理解?事实上,对我来说,在考察自己时,关键在于严格决定我是什么,以便使我直截了当地成为存在——即使我随后还要寻找能使我变化的途径。但是这除了是说,对我来讲问题在于把我确立为一个物,还是什么呢?我将规定推动我去进行这样或那样行动的动机和动力的总体吗?但是这已经设定了把我的意识之流构成为一连串的物理状态的因果决定论。我将在我之中发现诸种"意向"——即便我是羞于承认这些意向——吗?但是这不是完全忘记了,这些意向是由我的帮助来实现的,它们不是自然力,而是我通过对它们的价值的连续不断的选定而使它们产生效力的吗?是我对我的性格,我的本性做出判断的吗?这难道不是在同一时刻向我掩盖我所深知的东西吗?——因为我通过定义来判断我现在所逃避的过去。它的证明是,同样一个人,由于是真诚的而设定他是事实上其所曾是的,他对他人的仇恨感到气愤并断言他不再是其所曾是的,企图以此来平息他人的仇恨。人们往往会对法庭的处罚触及了一个重获自由而不再是他所曾是的罪人的人,而感到惊讶和悲伤。但是同时,人们又要求这个人承认自己是这个罪人。那么,真诚如不明摆着是自欺的现象,又是什么呢?我们事实上难道没有指出,关键在于在自欺中把人的实在确立为一种是其所不是又不是其所是的存在吗?

一个同性恋者常常有一种无法忍受的犯罪感,他的整个存在就是相对于这种感觉而被规定的。人们往往猜测他是自欺的。事实上,这个完全承认了他的同性恋癖好,完全承认了他一次次犯下的特有的过失的人竟经常竭尽全力否认自己是"鸡奸者"。他的情况总是"与众不同的",是特别的;他碰巧一开始就不走运;这是些过去的错误,人们用某种女人不可能满足的美的概念来解释这些错误,应该从中看到的是不安寻求的结果,而不是一种根深意向的显露,等等,等等。这当然是一个自欺的人,他近乎一个丑角,因为,他承认了所有归咎于他的行为,而他拒绝从中得出必加于他的结论。同样,他的朋友作为他的更严厉的批评者,对这种表里不一感到恼火:这批评者只要求一件事情——也许那时他会显得宽容大度:罪犯承认自己是罪犯,同性恋者直言不讳地——以谦卑或无所谓的态度——宣布"我是鸡奸者"。我们在这里要问:谁是自欺的?是同性恋者还是这捍卫真诚的人?同性恋者承认他的过失,但是他竭尽全力抵抗那种把他的错误看成为能左右他的命运的过分的观点。他不愿任人把他看作一个物;他有一个模糊但又强烈的领会,那就是同性恋者不是同性恋者正像这张桌子是桌子或像红棕头发的人是红棕头发的人一样。他似乎刚一提出了错误,承认了错误就摆脱了所有错误,或者不如说,心理的绵延通过自身使他可为每一个错误补过,这就构成了他的未规定的未来,使他获得新生。他有错吗?就他本身而言,他不是承认了人的实在的特有的不可还原的特性吗?因此他的态度包含了对真理的不可否定的理解。但是同时,他需要这种永恒的再生,需要这种为了生存下去而经常进行的逃避。他必须不断置身于能及范围之外以避开集体的可怕裁判。于是他玩弄存在一词。如果他按照"我不是我所是的"的意义来理解"我不是鸡奸者"这句话,他事实上是有道理的。这就是说,他会说:"在一系列行为被定义为鸡奸者的行为时,在我已经完成这些行为时,我是鸡奸者。而从'人的实在通过行为逃避所有定义'这个意义上讲,我不是一个鸡奸者。"如果他这样宣称的话,他是有道理的。但是他悄悄地滑向"存在"一词的另一个词义。他按"不是自在"的意义理解"不是"。他按这桌子不是墨水瓶的意义表示"不是鸡奸者",他是自欺的。

但是这真诚捍卫者不是不知道人的实在的超越性,并且懂得在必要时为他的利益而要求得到这超越性。他甚至使用它并把它置于现时的需要之中:他不希望以真诚的名义——因此以自由的名义——使同性恋者回归于自身并且承认自己是同性恋者吗?他不让人理解同样的忏悔带给他的宽恕吗?承认自己是同性恋者的人与他认为的那个逃避到自由和诚意的领域中的同性恋者不是同一个人,除此之外,这又意味着什么呢?因此他要求同性恋者是其所是以便不再是其所是。这就是"自供的罪孽是宽恕的一半"这句话的深刻含义。他要求把罪犯确立为物恰恰是为了不再把他作为物来对待。这个矛盾是由于真诚的要求而形成的。事实上,在"啊,这是一个鸡奸者"这句话中,谁若没有看到里面所包含的对他人的伤害和令我心安的东西,谁就是一笔勾销了令人不安的自由,并从此以把他人的一切活动确立为某些依其本质严格决定的结果作为自己的目标。然而那是批评者要求他的批评对象的东西:被批评者应该把自己确立为物,他应把他的自由作为领地一样交付于批评者,以便批评者随后像君主对他的仆从一样把自由还给他。这真诚捍卫者,就他要求裁判时他愿意宁静而言,就他作为自由要求把自由确立为物而言,他是自欺的。这里仅仅涉及黑格尔名之为"主奴关系"的意识间的这种生死斗争的一个插曲。人们求救于一个意识是为了以意识的本性的名义要求它作为意识彻底毁灭,与此同时又使意识在这毁灭的彼岸盼望一种再生。

人们会说,事情就是这样的,但是,人滥用真诚,使之成了反对他人的武器。不应该到"共在"的关系中,而应该到真诚在其中是纯粹的那些地方去寻找真诚、到与自我针锋相对的关系中去寻找真诚。但是谁只看到客观的真诚以同样的方式构成呢?谁只看到真诚的人确立为一个物恰恰是为了通过真诚的活动本身逃避物的这个身份呢?承认自己是坏人的人以其令人不安的"为恶的自由"取代坏这个无生气的个性：他是坏人，他与自我合一，他是其所是。但是同时，他摆脱了这个物，因为他是注视着物的那个人，因为要依赖他把物保持在他的注视之下或让它分崩为无数特殊的活动。他汲取了他的真诚的优点，而优秀的人不是坏人正是因为他是坏人，而且因为他在他的坏之外。同时，恶意被解除了，因为如果不是处在决定论的水平上它就什么也不是，因为我承认了它而针对它提出了我的自由，我的未来是空白的，一切对我就都是许可的。于是，真诚的本质结构与自欺的本质结构没有区别，因为真诚的人被确立为是其所是为了不是其所是。这就说明了这个被所有人承认的真理，人们可能由于真诚的存在而变为自欺的。这就是瓦莱里所说的司汤达的情况。完整永久的真诚作为为与自我同一的努力，从根本上讲是为了脱离自我的永久努力；人们通过使人们成为自为的对象的活动本身从自我中解放出来。拟定人们是其所是的永久清单，就是经常不断地自我否定，并逃遁于人们在其中除了是一个纯粹、自由的注视之外不再是什么的领域中。我们说，自欺的目的在于置身于能及范围之外，它是一种逃避。现在我们看到，应该使用同样一些术语来定义真诚。这是什么意思呢？

这最终意味着，真诚的目的和自欺的目的不是如此相异。当然，有一种建立在过去上面的真诚，并且它在这里没有引起我们的注意；如果我们承认有过这种愉快或这种意向的话，我是真诚的。我们可以看到这种真诚之所以是可能的，是因为人的存在在其过去的堕落中被确立为一种自在的存在。但是这里对我们来说重要的只是在现时的内在性中追求它本身的真诚。它的目的何在呢？它要使我承认自己是我所是以最终让我与我的存在重合，总之，使我以自在存在的样式成为我按"不是我所是"的样式所是的。它的公设实际上就是：我按自在的样式已经是我应该是的。于是在真诚的深处我们发现了反射和反映的不断作用，一种从是其所是的存在向不是其所是的存在的永恒过渡，反之亦然，一种不是其所是的存在向是其所是的存在的永恒过渡。那自欺目的何在？是使我按"不是我所是"的样式是我所是，或按"是我所是"的样式不是我所是。我们在这里发现了同样的镜子的游戏。因为事实上，为了有真诚的意向，一开始我就应该同时是而又不是我所是的。真诚没有赋予我一种存在的方式或特殊的品质，而是由于这种品质，真诚欲使我由一种存在样式过渡到另一种存在样式。这第二种存在样式，即理想的真诚，是我根本上无法达到的，当我努力达到它的那一时刻，我模糊地，先于判断地领会到我不能达到它。但是同样的，仅仅为了我能设想一个自欺的意向，从根本上讲，我就应该在我的存在中逃避我的存在。如果我按这墨水瓶是墨水瓶的样式是悲伤的或怯懦的，自欺的可能甚至就不可能被设想。我不仅不可能逃避我的存在，而且我甚至不可能想象我能够逃避它。但是，自欺作为一个简单的谋划之所以是可能的，是因为当涉及到我的存在的时候，存在和不存在之间恰恰没有如此绝然的区别。自欺是可能的只是因为真诚意识到它根本上是没有目的的。如果这"是怯懦的"本身当其存在的那一时刻是"在问题中"，如果它本身是一个问题，如果在我想把握它的那个时刻它完全逃避了我并且消失了，那么，当我是"怯懦的时候"我只能企图把我看作不是怯懦的。我能尝试自欺的努力的条件，就是在一个意义下我不是我所不想是的这个懦夫。但是如果我按"不是其所是"的简单样式不是怯懦的我由于表明了我不是怯懦的而是"真诚"的，于是，这不可把握的，渐趋消失的、我所不是的懦夫，我还是应该以某种方式是它。在"有点"意谓着"在某种程度的怯懦中——及在某种程度的不怯懦中"的意义下，但愿人们不据此理解我应该是"有点"怯懦的。不：我应该在各个方面都同时是而又不是完全怯懦的，于是，在这种情况下，自欺要求我不是我所是的，就是说，有一种在人的实在的存在样式中把存在和非存在分离开的难以估量的区别。但是自欺不限于否认我拥有的那些品质，不限于不看到我所是的存在。自欺也试图把我构成为是我所不是的。当我不是勇敢的时候，它肯定地把我作为勇敢的人来把握。我再说一次，只有在我是我所不是，就是说，只有在我之中的"非存在"甚至没有作为"非存在"的存在时，这才是可能的。也许，我不是勇敢的人，这是必然的，否则自欺就不成其为自欺……但是我的自欺的努力还应该包括本体论的理解，即：甚至在我通常的存在中，我也并不真正是我所是，并且在例如"悲伤的存在"——我按不是我所是的样式所是的东西——和我想掩盖的"不是勇敢的"的"不存在"之间没有这样一种区别。此外存在的否定本身尤其应该是一个永恒的虚无化对象，"不存在"的意义本身永远应该与人的实在相关联。如果我按墨水瓶不是桌子的方式不是勇敢的，就是说如果我在我的怯懦中是孤独的，依靠这怯懦，无力把它放到与它对立面的关系中的，如果我不能把自己规定为怯懦的，就是说不能否认我的勇敢，而且由此在我提出了怯懦的那一时刻逃避了我的怯懦，如果原则上我不可能与我的"不是勇敢的"重合，就和不可能与我的"是怯懦的"重合一样，那么，自欺的任何计划对我来说就被阻断了。于是，为了使自欺成为可能的，真诚本身就应该是自欺的。自欺的可能性的条件是：人的实在在它的最直接的存在中，在反思前的我思的内在结构中，是其所不是又不是其所是。

三、自欺的"相信"

但是刚才我们只指出了设想自欺的诸种条件和使构成自欺的概念成为可能的诸存在结构；我们不能够局限于这样一些考虑，我们还没有区别自欺和说谎；我们描述过的模棱两可的概念，无疑能被说谎者用来迷惑他的对话者，尽管它们的建立在人的存在而非某种经验到的情况上的模棱两可性能够而且应该向所有的人显现。自欺真正的难题显然因为自欺就是相信。自欺不可能是犬儒主义的说谎，也不可能是明白的事情，如果这明白的事情拥有对对象的直观的话。但是，当对象未被给定或被模模糊糊地给定的时候，如果人们把相信称之为相符于其对象的存在，那么自欺就是相信，而自欺的根本问题就是相信的问题。人们怎么能自欺地相信人们特地虚构出来以便互相取信的概念呢？事实上应该注意，自欺的谋划应该本身就是自欺的：当我建立了我的模棱两可的概念并且自己相信自己的时候，我经过努力之后就不仅仅是自欺的。真正说来，我自己不相信自己：为了使我能够是自欺的，我总已经是自欺的。当我打算成为自欺的时候，我对这些打算本身已经是自欺的。这些安排对我表现为自欺的，这就已是犬儒主义的；真诚地相信它们是无辜的，就是真诚。要成为自欺的决定不敢说出它的名字，它自欺地相信自己或不相信自己，它真心诚意地相信或不相信自己。正是这决定，从自欺涌现之时起，决定了以后的所有态度，也可以说决定了自欺的"世界观"。因为自欺并不保持真理的规范及标准，这些规范及标准是通过真诚的批判思索而被承认的。自欺决定的东西事实上首先正是真理的本性。一种真理，一种思想方法，一种类型的对象的存在是通过自欺显现出来的。主体忽然被自欺的世界包围，它的本体特征是存在于其中是其所不是又不是其所是的。因此，特有的一种类型的明显事实显现出来：没有说服力的明显事实。自欺把握了一些明显事实，但是它事先就甘心于不被这些明显事实充满，甘心于不被相信并转化为真诚：它做出恭谦和谨慎的样子，它说它不是不知道相信就是决定，不是不知道在每一直观之后应该决定并希望存在的东西。于是，自欺在其原始的谋划中，以它涌现时起，就决定了其诸种要求的准确本性，自欺全部地显露于它所采取的决定中，这个决定就是不过分地要求，就是在自欺里没有被人所接受还显出满意的样子，就是坚决地强行参与到不确定的真理中去。自欺的原始谋划是一种根据相信的本性的自欺的决定。我们恰好应该懂得，关键不在于深思熟虑及有意的决定，而在于我们的存在的自发的决定。人们如同沉睡一样地置身于自欺之中，又如同做梦一样地是自欺的。一旦这种存在样式完成了，那从中解脱出来就与苏醒过来同样地困难：因为自欺就像入睡和做梦一样，是在世界中的一种存在类型，这类存在本身趋向永存，尽管它的结构是可转换的。但是自欺意识到它的结构，它采取了预防措施，决定可转换的结构是存在的结构，而且不信服是所有坚信的结构。其次，如果自欺是相信并且它在它的原始谋划中包含了对自己的否定（它规定自己是难以被相信的用以相信我是我所不是的），最初，认为很难说服自己的相信应该是可能的。一个这样的相信的可能性的条件是什么呢？

我相信我的朋友皮埃尔对我的友谊。我相信他是真诚的。我相信他而且我没有对他的，伴随着明显事实的直观，因为这对象本身从根本上说不适合于直观。我相信他，就是说我任凭自己去受相信的摆布，我决定相信他并把自己引向这个决定，最后，我表现得就像我当然是如此，完全处在同样态度的综合统一中。我这样定义为真心诚意的东西，就是黑格尔名之为直接性的东西，就是诚朴人的相信。黑格尔同时指出，直接性要求中介，并且由于成为自为的相信，相信过渡到不相信的状态。如果我相信我的朋友皮埃尔爱我，那就是说他的友谊对我来讲似乎是他的所有活动的意义。相信是对皮埃尔的诸种活动的意义的特殊意识。但是如果我知道我相信，相信对我就作为纯粹主观规定显现出来，而没有外部的相应物。正是这使"相信"这个词本身变成一个无区别地用来指出牢不可破的信仰（"我的上帝啊，我相信您"）以及它的被消除的个性和严格的主观性（"皮埃尔是我的朋友吗？我什么也不知道，我相信他。"）的术语。但是意识的本性是这样的：在意识中，间接性和直接性是完全同一的存在。相信，就是知道人们相信，而知道人们相信，就是不再相信。于是，相信就是不再相信，因为前者只是相信，后者是在同非正题的（对）自我（的）意识的统一中。当然，这里我们由于用知道一词来指出现象而超出了描述现象的范围；非正题的意识不是知。但是意识，由于其半透明性本身，是一切知的起源。于

104

是,(对)相信(的)非正题意识破坏了相信。但是同时,反思前的我思的法则本身意味着相信的存在应该是对相信的意识。于是,相信是一个在它的存在中置身于问题中的存在,只能在它的毁灭中实现的存在,只能在自我否定中才可对自我表露出来的存在;这是一个为了存在者的存在,这是显现,而显现就是自我否定。相信,就是不相信。其理由是:意识的存在是由于自己而存在的,因此是自己使自己存在的,并且因此是自我克服的。在这个意义下,意识永远地逃避着自我,相信变成不相信,直接变成间接,相对的绝对变成绝对的相对。理想的真诚,相信人们相信的东西,正如理想的真诚(是其所是)一样是理想的自在的存在。任何相信都不是完全相信,人们永远不相信人们相信的东西。因此,自欺的原始谋划只是由于意识而使用了这种自我解体。如果一切真诚的相信都是一种不可能的相信,那现在所有不可能的相信就有了一席地位。我无法相信我是勇敢的,这不再使我灰心丧气,因为正好所有相信都不能是完全相信。当然,我只能掩饰我是为不信而相信,又是为相信而相信。但是自欺本身的微妙的全部的虚无化不可能由于自身而突然向我展现:它在所有相信的根基上存在。那么它是什么呢?在我相信我是勇敢的时候,我知道我是怯懦的吗?这种坚信会破坏我的相信吗?但是首先,我不比怯懦更勇敢,如果应该按自在的存在的方式来理解怯懦的话。第二点,我不知道我是勇敢的,对我的这样一种看法只能附和着相信,因为它超越了纯反思的确定性。第三点,真正说来,自欺不能够相信它要相信的东西。但是恰恰是因为承认了不相信它相信的东西,自欺才成其为自欺的。真心诚意想在存在中逃避"不相信人们相信的东西",自欺在"不相信人们相信的东西"中逃避存在。它预先消除了一切相信:即它想获得的相信,而同时又是另一些它想逃避的相信。由于要求科学赖以逃逸于明显事实的相信的这种自我解体,自欺破坏了人们放在它的对立面上的,本身表现为只是相信的相信。于是我们能更好地理解自欺的原始现象。

在自欺中，没有犬儒主义的说谎，也没有精心准备骗人的概念，而是自欺的原始活动是为了逃避人们不能逃避的东西，为了逃避人们所是的东西。然而，逃避的谋划本身向自欺揭示了存在内部的内在分裂，自欺希望成为的正是这种分裂。因为真正说来，我们面对我们的存在时所能采取的这两种态度是被这存在的本性本身以及同自在的直接关系所制约的。真诚力求逃避我的存在的内在分裂而走向真诚曾应该是而又全然不是的自在。自欺力求在我的存在的内在分裂中逃避自在。但是它否认这种分裂本身正如它否认它本身是自欺一样。由于通过"不是其所是"而逃避我按是其所不是的样式所不是的自在，否认自己是自欺的自欺，追求我按"不是其所不是"的样式所不是的自在①。自欺之所以可能，是因为它是人的存在的所有谋划的直接而永恒的威胁，是因为意识在它的存在中永远包含有自欺的危险。这危险的起源就是：意识在它的存在中是其所不是同时又是其所是的。在这意见的启示下我们现在才能够进而对意识进行本体论的研究，因为意识不是人的存在的整体而是人的存在瞬间的核心。

---

① 如果是真诚的或是自欺的之间没有区别，那是因为自欺重新把握了真心诚意并溜进它的计划的起源本身之中，这不是要说人们根本不能逃避自欺。但是这假设了被它本身败坏了的存在的恢复，我们名之为事实性（authenticité），而这里还不是说明它们的地方。——原注

第 二 卷

自为的存在

第一章 自为的直接结构

一、面对自我的在场

否定已经把我们推到自由,自由把我们推向自欺,而自欺则把我们推向作为可能性条件的意识的存在。因此,应该在前几章所确立的条件的指引下重提我们在本书导言部分已经希冀的描述,就是说,应该回到反思前的我思的范围中来。但是,我思从来只是提供人们向它要求的东西。笛卡尔从我思的功能形态:"我怀疑,故我思"对我思进行过质疑,但由于他企图从这一功能形态过渡到存在的辩证法而不凭借导引线索,他陷入了实体论者的错误。胡塞尔从他的错误中获得教益,小心翼翼地停留在功能描述的范围内。于是,他永远没有超出过对如此这般的显象的纯粹描述,他关闭于我思之中;与其称他是现象学家,不如称他为现象论者,尽管他自己一再否认;而且他的现象论每时每刻都涉及有关康德的唯心论。海德格尔要避免这种描述现象论,因为这种现象论粗暴而又违反辩证,导致本质的孤立,他要不经过我思而直截了当地进行对存在的分析。但是他的"此在"由于一开始就已经被剥夺了意识的范畴,因而就不能重获这个范畴。海德格尔赋予人的实在一种对自我的领会,并把自我规定为人的实在固有的可能性的"出神的谋划"。他并不赞同我们要否认这个谋划的存在的意图。但是,如果一种领会不是（对）正在领会（的）意识，那又会是什么呢？人的实在的这种出神性质，如果不是从出神状态的意识中产生，那它就要堕入物化了的浑浑噩噩的自在之中。应该从我思出发，这是千真万确的，但是，人们在谈到我思时，就好像是在拙劣地模仿一种著名格言，只要我们一说，就走样了。我们前面对某些行为的可能性的条件的研究，只有一个目的，那就是使我们能够在我思的存在中探讨我思，并且能为我们提供辩证法的工具以使我们可以在我思本身中在通往人的实在构成的存在整体时摆脱瞬时性的手段。让我们还是回来重新描述自我的非正题意识，并考察它的结果，考虑一下对意识来讲，是其所不是和不是其所是的必然性意味着什么。

在导言中，我们说过："意识的存在是这样一种存在，对它来讲，它是在其存在中与其存在有关的存在。"这就意味着意识的存在与它自身并不完全相符一致。这种一致是自在的一致，可以简单地用这句话来表述：存在就是它所是的。存在在自在中并不是无距离地属于意识本身的一部分存在。被这样设想的存在中并没有任何最细微二元性的显露；我们说自在的存在的致密是无限的，我们要表达的就是这个意思。这就是充实。同一律能够说成是综合的，这不仅仅是因为它把范围限制在某个确定存在的区域内，而尤其是因为它把无限的致密集拢于自身。A 是 A，这意味着：A 是在无限的压制下存在，属于无限的致密性。同一乃是统一的极限概念；自在并非真的需要一种综合的统一来统一它的存在：统一是在它自身的极限中渐趋消失并转化为同一的。同一是一个人的目标，这一个人是通过人的实在在世界中造就自己的。自在是它自身的充实，很难想象还有对容纳者来说有比自在的内容更加充实、更加完全、更加完美一致的内容：在存在中没有任何一点空无，也没有任何虚无能够得以滑入的裂缝。

相反，意识的特征就在于它是存在的减压。我们实际上不能把它定义为一种与自我的重合。我可以说这张桌子完完全全是这张桌子。

但对我的信仰,我不能只局限于说它是信仰:我的信仰,是(对)信仰(的)意识。人们常常认为,反思的注视改变了它所指向的意识的事实。胡塞尔本人承认"被看见"的事实给每种存在带来一种整体的变化。但是我们想,我们已经指出任何反思的首要条件就是反思前的我思。诚然,这个我思没有设置对象,它还是在意识之内。但是,就它对未被反思的意识、即未被自身看见的意识来说是最初的必然性而言,它同反思的我思仍然是对应的,因而它从一开始起就具有为一个见证人而存在的纯粹特性,尽管意识为之存在的见证人就是意识本身。因此,只是由于我的信仰被把握为信仰,它就只是信仰,就是说它已经不再是信仰,它是被搅动了的信仰。这样,本体论的判断,"信仰是(对)信仰(的)意识"在任何情况下都不能看成为是一种同一性的判断:主语和表语是截然不同的,然而这种不同又是在同一存在的不可分离的统一之中。

有人会说,就算是这样吧,但至少应该说(对)信仰(的)意识是(对)信仰(的)意识。在这种情况下,我们再次和同一与自在打交道了。问题似乎仅仅在于适当地选择一个我们能够把握对象的计划。然而这是不真实的:肯定(对)信仰(的)意识是(对)信仰(的)意识。就是把意识与信仰加以割裂并取消括弧,把信仰变成为意识的一个对象,就是在反思的范围内造成一个突然的飞跃。(对)信仰(的)意识如果只能是(对)信仰(的)意识,那它实际上就必须把它(对)自身(的)意识看作是(对)信仰(的)意识。信仰就变成对意识的超越和内容的纯粹规定,意识自由地被规定,这就如同它十分乐意面对这种信仰;这就类似维克多·古赞[①]为了依次阐明种种心理现象所持有的无动于衷的意识那样一种观点。但是,胡塞尔希求的方法怀疑的分析清楚地阐明了这样一个事实:唯有反思的意识能够与反思意识提出的东西分道扬镳。只有在

[①] 维克多·古赞(Victor Cousin,1792—1867),法国哲学家。——译注

反思的水平上人们可能希求一种悬搁（$\acute{\epsilon}\pi o\chi\acute{\eta}$），一种括弧间的安置，人们才可能否认胡塞尔称之为"共做"（mit-machen）的东西。（对）信仰（的）意识由于无可挽回地完全改变了信仰，而又与信仰自身无所区别，它的存在是为着造成一个信仰的活动。因此，我们不得不承认（对）信仰（的）意识就是信仰。因此，我们从一开始就把握了这种交替往返的双重游戏：（对）信仰（的）意识是信仰，而信仰是（对）信仰（的）意识。在任何情况下，我们都不能说意识是意识，也不能说信仰是信仰。其中每一项都归转于另一个上面并通过另一个使自身成立，然而每一项又都异于另一个。我们已经知道，无论是信仰、快意、欢乐都不能在被意识到之前存在，意识是衡量这些存在的尺度；然而，正因为信仰只能作为被搅乱的信仰而存在，所以它的存在从一开始起就是对自我的逃避，就好像要粉碎人们可能用以禁锢它的一切观念，这一点也仍然是确定无疑的。

因此，（对）信仰（的）意识和信仰是同一个存在，这个存在的特征就是绝对的内在性。但是，一旦我们要把握这个存在，它就悄悄地从我们指间溜走，并且我们就面对一种开始显露的二元性和反映的游戏，因为意识就是反映；但是意识正是以反映的身份成为反思者，而且，如果我们把意识看作是一个反思者，它就会渐趋消失，我们就又遇见了反映。这种反映－反映者的结构曾经使那些企图求助于无限去解释它的哲学家们感到困惑；或者，他们像斯宾诺莎一样提出观念的观念（idea-ideae），从而引出观念的观念的观念（idea-ideae-ideae），等等；或者，他们按照黑格尔的方式把对自我的回归定义为真正的无限。但是，把无限导引入意识，不仅会使现象凝固而且变得晦暗不明，而且只是成为一种旨在把意识的存在还原为自在的存在的解释性理论。这种反映－反映者的客观存在，如果我们承认它就是它表现的那样，那我们就不得不去相反地设想一种相异于自在的存在方式：它不是一种包含二元性的统一，不是一种超出并消除正题与反题的合题，而是一种本身就是统一的二元性，一种是它自身的反映的反映。如果我们力图在实际上达到整体的现象，就是说达到这种二元性或（对）信仰（的）意识，那么，它就立即把我们推到两项中的一项上面，而这一项又把我们推到内在性的统一组织上去。相反，如果我们要从这样的二元性出发并且把意识和信仰设定为一种对偶，我们就会遇到斯宾诺莎的观念的观念，那我们就失去了我们要研究的反思前的现象。这是因为反思前的意识是（对）自我（的）意识。我们应该研究的正是这个自我的概念本身，因为它规定了意识的存在本身。

我们首先应该注意到，借用传统意义上的自在的术语来指示超越的存在，那是不准确的。在与自我重合的极限中，自我事实上消失了，为的是让位于同一的存在。自我不能是自在的存在的一种属性。就其本性而言，它是一个被反思者，这就像句法，特别是像拉丁句法的严格逻辑以及语法在"他"（指示代词 ejus）和"他自己"（sui）之间确立的严格区分所表明的那样。自我反映，但它恰恰反映的是主体。它表明主体和它自身之间的关系，而这种关系恰恰就是二元性，因为它要求特殊的词语象征。不过另一方面，自我既不指示一种作为主语的存在，也不指示作为补语的存在。如果在我实际观察"他烦恼"（il s'ennuie）中的"se"①时，我就会发现它展开自身以便使主体本身在它后面出现。既然与自我无关的主体凝缩在自在的同一性中，它就全然不是主体；既然自我让主体在它后面出现，它也就不是一个牢固的真实的关节。自我事实上不能被把握为一个实在的存在者：主体不能是自我，因为我们已经看到与自我的重合会使自我消失。但它同样不能不是自我，因为自我指示了主体自身。因此，自我代表着主体内在性对其自身的一种理想距离，代表着一种不是其固有重合、在把主合设立为统一的过程中逃避同一性的方式，简言之，就是一种要在作为绝对一致的、毫无多样性痕

---

① 法语中的自反动词中的自反代词。——译注

迹的同一性与作为多样性综合的统一性之间不断保持不稳定平衡的方式。这就是我们称作面对自我的在场的东西。自为的存在规律作为意识的本体论基础，就是在对自我在场的形式下成为自身。

人们经常把这种面对自我的在场当作一种存在的充实，而在哲学家中间普遍流传的偏见赋予意识以存在的最高尊严。但是，在对在场的概念进行更深入的描述之后，上述观点就难以成立。事实上，"面对……在场"就包含有二元性，因此也就至少包含着潜在的分离。存在对于自我的在场则意味着存在对于自我的分离。同一的重合是存在的真实的充实，这恰恰是因为在这种重合中没有给任何否定性留下地盘。也许，同一的原则就如同黑格尔认为的那样能引起非矛盾的原则。是其所是的存在应该能够是不是其所不是的存在。但是，正像我们已经指出过的，这种否定和其它一切否定一样，首先是通过人的实在而不是通过存在本身固有的辩证法来到存在的平面上的。此外，既然这个规律恰恰支配着存在与它所不是的东西之间的种种关系，它就只能表示存在与外在之间的关系。因此，问题在于外在关系的构成原则，这些关系能够向一个对自在的存在在场的人的实在显现，而且这个人的实在是介入世界的；这个原则不能分辨存在的内在关系；因为这些关系设定了一种相异性，所以它们并不存在。同一律是对自在的存在内部任何关系的否定。相反，面对自我的在场设定：有一道不可触知的缝隙潜入存在。如果它是面对自我的在场，就是因为它不完全是自我。在场是重合的一种直接的消解，因为它是以分离为前提的。但是，如果我们现在要问：是什么把主体和它本身分离开了呢？我们就不得不承认并不是乌有。通常，能够进行分离的东西，是一段空间距离，一段时间，两个共存者之间的心理差异或干脆是个性的差异，总之是一种被规定的实在。但是，在我们所说的情况下，乌有并不能把（对）信仰（的）意识和信仰分离开，因为信仰不是别的，只是（对）信仰（的）意识。把一个外在于我思的性质因素导引入一个反思前的我思的统一之中，这就是粉碎了它的统一，摧毁了它的半透明性；于是在意识中就会有某种意识可能对之没有意识的东西，这种东西并不作为意识在自身中存在。这种把信仰与自身分离开来的分离既不能被把握，也不能单独地被设想。当人们力图揭露它时，它已消失了：人们重又发现作为纯粹内在性的信仰。而如果相反，人们要原封不动地把握信仰，在人们要看见缝隙时，缝隙就在那里出现，而当人们要沉思它时，它就又消失了。这种缝隙于是就是纯粹的否定物。距离，一段时间，心理差异能够在自身中被把握并且包含着那样一些实证因素，它们都具有简单的否定功能。但意识之内的这种缝隙就是它所否定的东西之外的一个乌有，这个缝隙只有在人们看不见它时才能存在。这个否定物是存在的虚无，并且能够使任何总体虚无化，这就是虚无。在类似的纯粹性中，我们是找不到任何可以把握住它的地方。而在其他任何地方，都应该以一种或另一种方式赋予它作为虚无的自在的存在。但是，从意识深处涌现出来的虚无并不存在。它被存在。比如，信仰不是一种存在与另一种存在的毗连，它是它固有的面对自我的在场，是它固有的存在的减压。这样，自为应该是其固有的虚无。身为意识的意识的存在，就是作为面对自我的在场相距自我而存在，而这个存在带到它的存在中去的缥缈的距离，就是虚无。因而，为了要有一个自我存在，必须使这个存在的统一包含有作为同一的虚无化的固有的虚无。因为悄悄滑入信仰之中的虚无，就是它的虚无，就是作为对自我的信仰、作为盲目、完满的信仰、作为"诚朴人的信仰"的信仰。自为是自己规定自己存在的存在，因为它不能与自身重合。

这样，人们可以明白，在没有导引线的情况下探寻这个反思前的我思，那在任何地方都找不到虚无。以人们用来发现、揭示一个存在的方式，人们是不能发现、揭示虚无的。虚无永远是一个彼在。自为不得不永远在一个对它自身而言是彼在的形式下存在，作为一个由于存在不坚实而永远处于不安状态的存在而存在。这种不坚实并不推向另一个存在，它只是不断地从自我推向自我，从反映推向反映者，从反映者推向反映。尽管如此，这不会在自为内部引发出一种无限的运动，它是在唯一的活动中被给定的：只是属于反思注视的无限运动，这种注视要把现象把握为整体，并且被从反映推向反映者、从反映者推向反映，总不停息。这样，虚无就是存在的洞孔，是自在向着自为由之被确立的自我的堕落。但这个虚无只有当它借来的存在与存在的虚无化着的活动相关联时才可能"被存在"。这个不断的、自在由之消解为面对自我在场的活动，我们称它为本体论的活动。虚无是通过存在，也就是说恰恰是通过意识或自为对存在提出疑问。这是一种绝对的事件，它通过存在来到存在中间，而且不拥有存在，但却不断地由存在来支持。自在的存在在其存在中被完整的实证性孤立起来，除了虚无之外，没有任何存在能产生存在，也没有任何东西能通过存在到达存在。虚无是存在的固有的可能性，而且是它唯一的可能性。这种原始的可能性仍然只是在实现它的绝对活动中显现出来。虚无既是存在的虚无，就只能通过存在本身来到存在之中。它可能通过一个特殊的存在来到存在之中，这就是人的实在。但是，这个存在被构成为人的实在，是因为它除了是其固有的虚无之外，什么也不是。人的实在，就是存在，因为这个存在在其存在中而且为了它的存在是在存在内部的虚无的唯一基础。

二、自为的人为性

然而，自为存在着。人们会说，它存在，即使是以不是其所是和是其所不是的存在名义。它存在，因为不论它遇到什么样使它失败的挫折，真诚的谋划至少是可以设想的。在我能够说"菲力浦二世曾经存在、我的朋友皮埃尔存在、真实地存在"的意义上讲自为以事件的名义存在着；它存在，因为它在它并没有选择过的条件下显现，因为皮埃尔是1942年的法国资产者，因为史密斯是1870年的柏林工人；它存在，因为它被抛入一个世界之中，弃置于一种"处境"之中；它存在是因为它是纯粹的偶然性，因为对它来讲就像对世界上的种种事物、对这面墙、这棵树、这只杯子一样，原始的问题可以这样提出来："为什么这个存在它是这样而不是另外的样子？"它存在，因为在它自身中有某种它并不是其基础的东西：它的面对世界的在场。

这种通过自身对存在的把握不是存在自身的基础，所以它归根结底是属于整个我思的。在这方面值得注意的是，这种把握在笛卡尔的反思的我思中是直接被发现的。当笛卡尔想利用他的发现得到便利时，他实际上把自己看作为一个不完满的存在，因为"他怀疑"。可是，他在这一不完满的存在中却察觉到一个完满观念的存在。于是他领悟到在可能设想的存在与事实上存在的存在之间的差距。正是这种存在的差距或欠缺成为对上帝存在进行第二种证明的根源。的确，如果我们清除掉证明中的经院式的术语，那它还能留下什么呢：在自身中拥有完美观念的存在不能是它自身的基础，否则它就会按照这个观念自行产生出来了，这点是十分明了清楚的。换句话说：一种可能是其基础的存在不能忍受在它所是和它所设想的东西中间有任何一点小的差距，因为它是按照它对存在的领会产生出来的，而且它只能设想它所是的东西。但是，这种把存在看作为面对存在的存在的欠缺的领会首先是通过我思对它自己的偶然性的一种把握。我思，故我在。我是什么？是一个不是其固有基础的存在，是一个作为存在能够在它不解释它的存在的时候成为异于它所是的那种存在。海德格尔正是把这种对我们固有偶然性的直觉看作是从事实性到事实性过渡的最初动机。这种直觉是忧虑，是意识的呼唤，是罪恶感。真正说来，海德格尔的描述再清楚不过地表明他对于建立从本体论出发的伦理学的关注，虽然他声称对此并不感兴趣，就像他十分注意要把他的人道主义与超越者的宗教方向调和起来一样。在我们通过自己对自己的领会中,我们仍然是同一种无法辩解的事实的种种特性一起显现出来的。

但是,我们刚才难道没有把我们自己把握为意识就是说一种"通过自我存在的存在"吗?既然这个通过自我存在的存在不是它自己存在的基础,我们怎么能在对存在的同一涌现的统一中存在呢?或换句话说,因为自为存在,在它可能是其存在基础的意义上讲,它就不是它固有的存在;那它怎么能够因为是自为就成为它自己的虚无的基础呢?答案就寓于问题之中。

如果存在实际上是身为它自己存在的虚无化的虚无的基础,这并不是要说它是它的存在的基础。为了奠定它自己的存在,它必须相距自我而存在,这意味着某种作为奠定者的存在的被奠定的存在的虚无化,意味着一种可能成为统一的二元性。总之,为了设定可能是其存在基础的一个存在的观念所做的努力,不管本身如何,都将导致一种能够成为自身虚无的基础的、作为自在的存在的偶然的观念的形成。这种上帝由之成为自因的因果性活动是一种作为通过自我对自我的重新把握的虚无化的活动,因为必然性的最初关系是向自我的回归,是一种反思性。至于莱布尼茨要从可能出发定义必然性的努力——康德重提这种定义——是从知识的观点出发,而不是从存在的观点出发设想的。莱布尼茨设想的从可能到存在的过渡(必然性是其可能性包含存在的存在)标志着从我们的无知到知的过渡。可能性实际上在此只能从我们思想的观点出发才成其为可能性,因为可能性先于存在。它对于它是其可能性的存在而言是外在的可能性,因为存在就像结果来自原则那样是来自可能性的。但我们在前面已经指出过,可能性的概念可以在两种形态下加以观察。人们实际可以把它变成为主体的指示(皮埃尔死了可能意味着我对皮埃尔的命运一无所知),在这种情况下,是见证人面对世界决定可能;从判断存在机遇的纯粹观点来看,存在具有自我之外的可能性;可能性很可能在存在之前就向我们表现出来,但它是向我们表现出来，而且它并不是这个存在的可能性；存在并不属于在地毯上滚动的、因地毯皱褶偏离方向的弹子的可能性，偏离方向的可能性也同样不属于地毯，它只能被作为外在关系的见证人综合地建立起来。但是，可能性还能够向我们显现为实在的本体结构：于是，它属于某些作为它们自己可能性的存在，它是它们所是的可能性，它是它们的基础，存在的必然性于是不可能摆脱它的可能性。一句话，如果上帝存在，上帝是偶然的。

　　这样，意识的存在依然是偶然的，就是说它既不属于表现它的意识，也不属于从其他意识那里接受它的意识，因为这种存在为了自我虚无化为自为而自在地存在着。其实，不仅本体论的证明和宇宙论的证明一样难以构成必然的存在，就是我的存在——因为我是某一种存在——的解释和基础也不可能在必然的存在中得到："凡是偶然的东西都应该在必然的存在中找到基础。那么我是偶然的。"这些前提标志着一种要奠定基础的欲望，而不是提供一种与实在的基础的解释性的连接。它实在完全不能分析后一种偶然性，而只能一般地分析偶然性这一抽象的观念。而且，这里涉及的是价值，而不是事实①。如果自在的存在是偶然的，那么它就会在消解为自为的过程中恢复自身。它存在是为了消失于自为之中。总之，存在存在着，而且只能存在着。但是存在固有的可能性——在虚无化的活动中被揭示出来的可能性——就是成为自我的基础，就像意识通过牺牲活动而把存在虚无化；自为，就是为了被奠定为意识而像自在一样消失的自在。因此，意识是依靠自身保持其存在－意识的，并且只能推回到自身，因为它就是它自身的虚无化，虚无化为意识的东西不能说是意识的基础，而就是偶然的自在。自在什么都不能奠定；如果它奠定了自己，那就是自身发生了自为的变化。在它已不再是自在时，它是它自身的基础，我们在此发现一切基础的

---

① 这一推论实际上是明确地以理性要求为基础的。——原注

根源。如果自在的存在既不能成为其固有的基础也不能成为其他存在的基础，一般的基础就是通过自为来到世界上的。自为不仅像虚无化了的自在那样自我奠定，而且这个基础与自为一起第一次显现出来。

无论如何，这种在身为自为基础或涌现的显象的绝对事件中被吞没与虚无化的自在仍然作为它原始的偶然性停留在自为内部。意识是它自己的基础，但是，有一种意识，而不是有一种单纯的、无限的自在，这一点还是偶然的。绝对事件或自为在其存在本身中是偶然的。如果我要辨认反思前的我思的种种既定材料的话，我确实会认为自为转回向自我。无论如何，它是以存在意识的方式是自我。干渴转回到它所是的干渴的意识，就像转回到它自己的基础一样，反之亦然。但是"被反映者－反映者"的整体如果能够被给定，它就会是偶然的和自在的。只不过这种整体是不能达到的，因为我既不能说干渴的意识是干渴的意识，也不能说干渴是干渴。它在那里，就如同被虚无化了的整体，就如同现象的渐趋消失的统一。如果，我把这种现象看作为多样性，这种多样性就把自己指示为整体的统一，因而它的意义就是偶然性，也就是说，我可以问：为什么我干渴？为什么我是对这只杯子的意识、是对这个我的意识？但是，一旦我在这个整体中观察这个整体，它就在我的注视下被虚无化了，它不存在，它存在是为了不存在，而我又回到自为，这个自为在二元性开始显露时被看成是自我的基础：我这样愤怒是因为我是作为这种愤怒的意识而产生的；取消构成自为的存在的自我因果性，就不再会发现任何东西，甚至连"自在的愤怒"都发现不了，因为愤怒从本质上讲是作为自为而存在的。因而，自为是被一种不断的偶然性所支持的，它承担这种偶然性并且与之同化，但却永远不能清除偶然性。自在的这种渐趋消失的不断的偶然性纠缠着自为，并且把自为与自在的存在联系起来而永远不让自己被捕捉到，这种偶然性，我们称之为自为的人为性。正是这种人为性能够说自为存在，自为真实地存在，尽管我们永远不能实现这人为性，尽管我们永远要通过自为把握这种人为性。我们在前面已指出过,如果我们不扮演存在,我们就一无所是①。"如果我是咖啡馆侍者,这就只是以不是咖啡馆侍者的方式是咖啡馆侍者。"这是对的:如果我能够是咖啡馆侍者,我就突然会把自己构成为同一性的偶然体。这并不是说,这个偶然的、自在的存在总是逃离我。但是,为了能够自由地赋予包含我的身份的那些义务以意义,那就应该使作为我的处境渐趋消失的偶然性的自在的存在在某种意义上如同不断渐趋消失的整体那样在自为的内部被给定。由此完全可以得出结论说:如果我应该扮演一个咖啡馆侍者以成为这个咖啡馆侍者,那至少我要扮演外交家或海员就是白费气力,我不会成为他们。我的处境的这一捉摸不定的事实,这种分离实现着的喜剧与单纯的喜剧的差别,就使得自为在选择其处境的意义的过程中,在使自己构成为自己在处境中的基础的过程中并没有选择自己的位置。这就使得我认为自己是完全对自己的存在负有责任,因为我是我的存在的基础,同时又认为我完全不能证明我的存在是合理的。如果没有人为性,意识就可能按照在《理想国》中人们选择自己处境的方式选择它与世界的关系:我能够规定自己"生为工人"或"生为资产者"。但是另一方面,人为性不能把我构成为资产者或工人的存在者。严格说来,人为性甚至不是对这一事实的反抗,因为,正是在反思前的我思的基础上恢复人为性的过程中,我赋予人为性以意义和反抗。它只是我给予我自己的、我为了是我所是的而应投入其中的存在的标志。在原始的未加修饰的状态中是不可能把握人为性的,因为我们在它那里要找到的东西业已被把握并且已被自由地建立起来了。"此之在"这一简单事实,如同在这桌子上,在这间房间里一样都已经是一个有限观念的纯粹对象,并且不能够被原封不动地被达到。但是,它却包含在我"此之在的意识"中,就像它完全的偶然

---

① 参看本书第一卷第二章第二节:《自欺的行为》。——原注

性，就像一个被虚无化了的自在，自为在它的基础上作为"此之在"的意识自行产生出来。作为"此之在"的意识而不断自我深化的自为在自我中只发现了一些动机，就是说它不断地被推向自身和它的永恒的自由（我在那里是为了……等等）。但是，当这些动机把自己完全奠定的时候，这些传递动机的偶然，就是自为的人为性。自为既是自为，就是其自身的基础，它与人为性的关系可以正确地命名为：事实的必然性。笛卡尔和胡塞尔正是把这种事实的必然性看作我思明晰性的构成因素。自为所以是必然的，因为它是由自己奠定的。这也就是为什么它是一个确定无疑的直觉的被反思对象：我不能怀疑我在。但是，由于这样的自为可能不存在，它就具有事实的全部偶然性。同样，我的虚无化的自由也是通过焦虑自我把握的，自为意识到它的人为性：它体验到它全部的无效性，它把自己视为一个在那里的毫无结果的存在，把自己看作为一种多余。

不应该把自为的人为性与笛卡尔的其属性是思维的实体混为一谈。诚然，思维的实体只有在思维时才存在，但作为被创造的事物，它分享着被创造物（ens creatum）的偶然性。然而，它却存在着。它完整地保留着自在的自在特性，尽管它的属性是自为。人们正是把这称为笛卡尔实体的幻像。相反，我们则认为，自为的显象或绝对的事件确都回转过来变成自在要自我奠定的努力：它适应于存在要消除其存在偶然性的意图；但是这种意图导致自在的虚无化，因为自在如果不把自我或反思的、虚无化的回转导引入它的存在的绝对同一性中以至没有消解为自为，那自在就不能被奠定。于是自为便相适于自在的松弛结构的瓦解，而自在则在要被奠定的意图中被虚无化并被消化。因而，自在并不是一种自为是其属性的实体，它不是能够产生思维而又不在产生思维的过程中消失的实体。它只是作为一种存在的回忆，一种对世界无可辩解的在场停留在自为之中。自在的存在奠定的是它的虚无，而不是它的存在；它在自身的减压中虚无化为一个自为，这个自为作为自为成为它自己的基础；但是，它的自在的偶然性始终是不可捉摸的。这就是在自为中自在的作为人为性保留下来的东西，这使得自为只有一种事实的必然性，也就是说，它是它的意识－存在或存在的基础，但在任何情况下它不能奠定它的在场。这样，意识在任何情况下都不能阻止自己存在，然而它对自己的存在却负有完全的责任。

三、自为和价值的存在

对人的实在的研究应该从我思开始。但是笛卡尔的"我思"是从时间性的瞬间角度设想的。人们是否可能在我思的内部找到一种超越这种瞬间性的手段呢？如果人的实在局限于我思的存在，那它就只能有一个瞬间的真理。确实，在笛卡尔那里，人的实在是一个瞬间的整体，因为它自己并不对未来提出任何要求，因为，为了使它从一个瞬间过渡到另一个瞬间必须有一种连续的创造活动。但是人们能够设想瞬间的真理吗？我思以自己的方式是否介入到过去和将来之中？海德格尔是那样坚信胡塞尔的"我思"是令人神迷的诱惑陷阱，以致全然避免在他的对此在的描述中求助于意识。他的目的在于直接地指出我思是烦，也就是说在自我向着诸种它所是的可能性的谋划中我思是对自我的逃避。他把这种自我之外的计划称作为"领会"（Verstand），这种谋划使他能够把人的实在确立为"揭示－被揭示"的存在。但是，这种要首先指出此在对自我的逃避的企图会反过来遇到难以克服的困难：人们不可能首先克服"意识"这一维，即使是为着能随后重新建立它。领会只有在它是领会的意识时才成其为领会。我的可能性只有在它是向着可能性逃避自我的意识时，才作为我的可能性而存在。否则，全部存在系统和它的诸种可能性就会堕入潜意识之中，也就是说堕入自在之中。我们于是又被投向我思。必须从我思出发。我们能否扩展我思的含义而又不失去反思自明性的种种益处呢？对自为的描述向我们揭示了什么呢？*124*

我们首先碰到的是自为的存在在其存在中为之感到不安的虚无化。这种对虚无的揭示在我们看来并没有超出我思的界限。让我们进一步探讨一下这个问题。

自为如果没有把自己规定为一种存在的缺陷，就不能够支持虚无化。这就意味着虚无化与把虚空简单地导引入意识并不是一回事。一个外部的存在并没有排除意识中的自在，正是自为不断地规定自己不是自在。这意味着，自为只有从自在出发并且相对于自在才能自我奠定。因此，虚无化既是存在的虚无化，它便代表着自为的存在与自在的存在之间的原始关系。具体和实在的存在是在意识的核心中在场的，是作为意识规定自己所不是的那种东西来在场的。我思应该使我们必然地发现这种自在能及范围之外的整体的在场。也许，这种在场的事实将是自为的超越本身。但恰恰是虚无化成了被认为是自为与自在之间原始关系的超越性的根源。于是，我们隐约看见一种脱离我思的手段。我们还会在后面看到，我思的深刻含义实际上就是重新投向自我之外。不过现在还不是描述自为这种特性的时候。本体论描述直接使之出现的东西，就在于这种存在是作为存在缺陷的自我的基础，就是说在其存在中它被一种它所不是的存在所规定。

尽管如此，还有一些不是的方式，这些方式中的一些方式到达不了不是其所不是的存在的内在性质。例如，我若谈到一个墨水瓶不是一只鸟，墨水瓶和鸟就始终难以被否定触及。这是一种只有通过作为见证的人的实在的活动才可能被建立起来的外在关系。然而，还有一种在人们否认的东西和人们用以否定的东西之间建立起内在关系①的否定。在所有的内在否定中，最深入于存在的否定，

---

① 黑格尔的对立即属于这一类否定。但是这种对立应该被建立在原始内在否定上，就是说在欠缺上面。比如，非本质的东西反过来变成本质的东西，这是因为它被看作在本质的东西内部的一种欠缺。——原注

在其存在中构成它用以作出这个否认的那个存在与它所否认的那个存在的否定，就是欠缺。这种欠缺不属于完全是实证性的自在的本性，它只是与人的实在的涌现一起在世界中出现。只有在人的世界里才可能有欠缺。欠缺以一种三位一体的东西为前提：欠缺物或欠缺者，欠缺欠缺物的东西或存在者，以及一种被欠缺分解又被欠缺者和存在者的综合恢复的整体：即所欠缺者。人的实在的直观所面临的存在永远是它所欠缺的东西或者是存在者。比如，我说月亮不是满盈的，它缺了四分之一，我是根据一轮新月的完满直观得出这个判断的。因此，直观面临的是一个在自身中既不是完全又不是不完全的自在，而只是它所是，与其他存在并没有关系。为了使这个自在被看作一个新月，人的实在就必须向着被实现的整体的谋划超越给定物——这里指的是满月月轮——并且为了把它确定为新月随后转向给定物。就是说为了从变成这个自在的存在的基础的整体出发在它的存在中实现它。在这同一超越中，欠缺者将被确立为这样的：它对于存在者的综合补充将重新构成所欠缺者的综合整体。在这个意义上讲，欠缺者与存在者具有相同的性质，当存在者要变成欠缺者的时候，只须推翻一种处境就足以使它变成欠缺者欠缺的存在者。作为存在者补充的欠缺者在其存在中是被所欠缺者的综合整体所规定的。因此，在人的世界中，在直观面前表现为不完全的、作为欠缺者的存在是被所欠缺者确立——就是说被它所不是的东西确立——在它的存在中；是满月赋予新月以新月的存在；是不是的东西规定是的东西；这个存在作为与人的超越性相关的东西在存在者的存在中趋向自我之外直至并不按照它的方向存在的存在上去。

欠缺由之在世界中显现的人的实在本身就应该是一种欠缺。因为欠缺只能通过欠缺从存在中来，自在不能成为欠缺自在的机会。换言之，为了使存在成为欠缺者或所欠缺者，一个存在必须使自己变成自己的欠缺；唯有欠缺的存在能够向着所欠缺者超越存在。

人的实在是欠缺，作为人的行为的欲望的实存就足以证明这一点。如果人们要在欲望中发现一种心理状态，也就是一种其本性就是是其所是的存在，那如何解释欲望呢？一个是其所是的存在，就其被看成是它所是的而言，并没有向自我要求任何东西以补充自己。一个未完成的圆圈只是因为被人的超越性超越才要求完成。它自在地是完整的、完全肯定的，就像一条开放的曲线。与这条曲线的充足一起存在的心理状态不能另外地对其他东西有丝毫要求：它是它自身，与不是它的东西毫不相干；为了使它成为诸如饥饿或干渴之类的东西，必须有超越它而走向"充饥"整体的外在超越性，就如同超越性向着满月超越新月一样。把这种欲望变成一种比照体力而设想出来的自然倾向（conatus）并不能摆脱困境。因为即使人们特许这种自然倾向具有作为原因的效力，它本身仍然无法具有对另一种状态的渴望的种种特性。自然倾向作为状态的产生者是不能与作为对状态的要求的欲望等同的。求助于心理-生理的平行主义未必更能摆脱这些困难：作为现象的干渴、作为对水的生理需求的干渴其实并不存在。有机体失水会表现出某些积极的现象：例如某种血液的浓缩，而这种现象又会引起某些其他的现象。总体是只回转到自身的有机体的一种积极状态，这恰如水分蒸发导致溶液稠化的结果不能被视作为溶液对水的欲望一样。即使人们假设精神与生理之间的严格对应，这种对应也只能建立在本体同一性的基础之上，如同斯宾诺莎认为的那样。因此，心理干渴的存在将是一种状态的自在的存在，而我们则再次被推向作为见证的超越性上。这样一来，干渴就是为获得这种超越性的欲望，而不是获得自身的欲望：它是在别人眼中的欲望。如果欲望对自身来讲是欲望，它就必须是这超越性本身，就是说从本质上讲必须是向着所欲望的对象对自我的逃避。换言之，它应该是一种欠缺——但不是一种对象-欠缺，一种被承受的、被它所不是的超越所创立的欠缺；它必须是它自身对……的欠缺。欲望是存在的欠缺，它在其存在的最深处被它所欲望的存在所纠缠。因此，它证实了在人的实在的存在中的欠缺的存在。但是，如果说人的实在是欠缺，通过它，存在者、欠缺者和所欠缺者的三位一体在存在中涌现，确切说来，这三位一体的三项是什么呢？

存在者在此扮演的角色，就是向我思表现为欲望的直接性，例如，我们把这个自为理解为不是其所是和是其所不是的。但所欠缺者可能是什么呢？

为了回答这个问题，我们应该回到欠缺的观念上来并且更确切地规定连接存在者和欠缺者的关系。这种联系不能是简单的毗连。欠缺物之所以如此深刻地在其不在场中、在存在者深处出现，是因为存在者和欠缺者是同时在同一整体的统一中被把握并被超越的。而把自己构成为欠缺的东西只有向着一种被分解的宏大形式，自我超越才能把自己构成欠缺。因此，欠缺是以整体为背景的显象。这个整体一开始曾经是被给定的，现在是被分解了（米罗的维纳斯像胳膊残缺），或者这个整体从未实现过（他缺少勇气），这些都是无关紧要的。重要的仅仅在于欠缺者和存在者互相表现，或者被把握，如同还在所欠缺整体的统一中面临着消失一样。欠缺物都是为了……欠缺……。而在原始涌现的统一中被给定的东西就是肯定方面，它被设想为还不是的或不再是的东西，被设想为被肢解的存在者向着它自我超越或被超越的不在场，存在者由此被构成为被肢解者。人的实在的肯定方面是什么呢？

作为自我基础的自为就是否定的涌现。它自我奠定，因为它否定自我有某种存在或某种存在方式。我们知道，它所否定或消灭的，就是自在的存在。但并不是任意的自在的存在：人的实在首先是它自己的虚无。因为它在其方向上是被这个虚无化和这个在自身中对它以被虚无化的名义虚无化了的东西的在场所构成的，那所欠缺的作为自在的存在的自我造成了人的实在的意义。由于人的实在在它与自我的最初关系中并不是它所是的，它与自我的关系就不是原始的并且只能从一种最初的关系中获取其意义,这种关系是缥缈的关系或者是同一性。正是自我是其所是;自我可能把自我把握为不是其所是;在自为定义中被否定的关系——这样的关系应首先被确立——就是以同一性方式作为自为对自身不断的不在场而被确定的关系。这种干渴因之自我逃避并且不成其为干渴的微妙混乱的意义,由于干渴是干渴的意识,它就是那会成为干渴的干渴,就是那纠缠干渴的干渴。自为欠缺的,就是自我——或是作为自在的自身。

尽管如此,不应该把这所欠缺的自在与人为性的自在混淆起来。人为性的自在在企图自我奠定的失败中消解为对自为世界的纯粹在场。所欠缺的自在则相反是纯粹的不在场。奠定活动的失败还使得作为它自己虚无的基础的自为从自在那里涌现出来。但是,奠定所欠缺者的活动的意义始终是超越的。自为在其存在中是失败,因为它只是作为虚无的自身的基础。真正说来,这种失败就是它的存在本身,但是,只有当它被自己把握为面对它不能是的存在的失败时,也就是面对是其存在而不再仅仅是其虚无的基础的存在时,也就是面对是其作为与自我重合的基础的存在时,它才是有意义。从本质上讲,我思转回到它欠缺的东西和欠缺它的东西上面,因为它是被存在纠缠的我思,笛卡尔已经清楚地看到这一点。而这就是超越性的根源:人的实在是它自身向着欠缺它的东西的超越,如果它曾是它所是的,它就向着它可能是的那个特殊的存在超越。人的实在并非是某种首先存在以便随后再欠缺这个或那个的东西,而是首先作为欠缺、并且在与它所欠缺的东西的直接综合联系中存在。因而,人的实在作为对世界的在场涌现的纯粹事件被自我把握为它自身的欠缺。人的实在在到达存在之中时,被把握为不完全的存在。它被视作存在者,因为面对它欠缺的特殊整体,它并不存在;因为它是在它所不是而又是它所是的形式下存在的。人的实在乃是向着与从未给定的自我重合而进行的不断的超越。如果我思倾向于

126

存在，那是因为通过我思的提升，它向着存在自我超越，并同时在其存在中被定义为与自我相重合的存在，为了是其所是所欠缺的存在。我思与自在的存在不可分割地联系在一起，并不是作为对其对象的思维——那将会使自在相对化——而是作为规定其欠缺的一种欠缺。在这个意义上讲，笛卡尔的第二种证明是严密的：不完满的存在向着完满的存在自我超越：只是其虚无的基础的存在向着是其存在基础的存在自我超越。但是，人的实在向着它自我超越的存在不是一个超越的上帝：它寓于人的实在的深处，它只是作为整体的它自身。

这是因为，这种整体实际上不单纯是超越者的偶然的自在。意识把握为自己向着它自我超越的存在的东西，如果是纯粹的自在，那就会与意识的消失重合。但是意识并不向着自己的消失自我超越，它不愿在其超越的界限中消失于同一性的自在中。正是为了这样的自为，自为要求自在的存在。

因此，这种纠缠着自为的永远不在场的存在，它本身就被固定在自在之中。这就是自为与自在之间不可能实现的合题：它可能是它自己的基础，并不因为虚无，而是因为存在，而且它还在自身中保留着意识的半透明性，是因为自在的存在与自我的重合。它在自身中保留着这种对自我的回归，这种回归制约着全部必然性和全部基础。但是，这种对自我的回归是无距离地造成的，它并不是对自我的在场，而是与自我的同一。一句话，这种存在恰恰就是我们指出过的只能作为不断渐趋消失的关系而存在的自我，但是，它是作为实体的存在而是自我的。因而，人的实在就这样面对它自己的整体或面对作为对这个整体的欠缺而涌现出来。这个整体从本质上讲不能被给定，因为它在自我中集合了自在与自为的种种不可并存的特性。人们不应该责备我们乐于创造这样一种存在：当这个整体的存在或不在场作为一种世界之外的超越性被中介的最终运动实体化了的时候，那这个整体的名字就是上帝。上帝不是同时是一个它所是的存在，因为它是完全的实证性和世界的基础——同时又是一个不是它所是和是它所不是的、作为自我意识和自身必然基础的存在吗？人的实在在自身存在中是受磨难的，因为它向着一个不断被一个它所是的而又不能是的整体不断地纠缠的存在出现，因为它恰恰不能到达自在，如果它不像自为那样自行消失的话。它从本质上讲是一种痛苦意识，是不可能超越的痛苦状态。

但是，正确地说，什么是这个在其存在中痛苦意识向着它自我超越的存在呢？我们能否说它不存在呢？我们在其中指出的这些矛盾只能证明它不能够被实现。没有任何东西能够值得反对这个明晰性的真理：意识只有介入这个从各个方向包围它的并从它虚幻的在场中传递出来的存在才可能存在——这是它所是的然而又不是它的存在。我们能说这是一个与意识相关的存在吗？那将把它混同于一种论题的对象。这个存在不是由意识也不是在意识之前被设定的；并没有这个存在的意识，因为这个存在纠缠着（对）自我（的）非正题意识。它作为它存在的意义标示着意识，意识不是对这个存在的意识，更不是（对）自我（的）意识。不过，存在同样不能逃避意识；但是，因为它对于存在犹如（对）存在（的）意识，它在那里。恰恰不是意识赋予这个存在以意义，就像它对这个墨水瓶或这支铅笔所做的那样；但是，若没有这个意识在不是它的形式下所是的存在，意识就会不成其为意识，即欠缺。相反，正是从存在那里意识为自己获取了意识的意义。存在和意识同时既在意识深处又在意识之外涌现，它是绝对内在性中的绝对超越性，它对意识没有优先特权，意识对它也没有优先特权：它们相辅相成。也许，没有自为，存在不能存在，但同样，没有存在，自为也不能存在。意识相对这个存在以是这个存在的方式维持自身，因为，存在就是意识本身，然而，是作为意识不能是的一个存在。存在就是意识本身，它在意识之内并且是在能及范围之外的，这就像一种不在场和不可实现的东西；它的本质就是把其固有的矛盾封闭于自在之中；它与自

128

为的关系是一种完整的内在性,最终以完整的超越性结束。

此外,不应该设想这种存在是与我们的研究已经确立的孤立的抽象特性一起向意识表现。具体的意识在处境中涌现,它是这种处境的特殊的和个体(的)意识,是它在处境中的自身(的)意识。自我正是对这种具体的意识在场,而且意识的一切具体特性在自我的整体中都拥有它们的相关物。自我是个体的,它正是作为它个体的结束纠缠着自为。比如,一种感情是面对某种规范的感情,也就是面对同一类型的、是其所是的感情的感情。这种规范或情感自我的整体是直接地作为在痛苦内中被承受的欠缺在场的。人们承受痛苦,并且因为没有遭受足够的痛苦而承受痛苦。我们所说的痛苦永远不完全是我们感觉到的痛苦。我们称作"美的""善的"或"真实的"痛苦以及使我们激动的痛苦,都是我们从其他人脸上,或不如说在画像、在雕像的面部、在悲剧人物的假面上所察觉的痛苦。这是一种蕴涵存在的痛苦。它像一个紧凑和客观的整体对我们表现,它不曾为了存在等待我们的到来,并且超出我们从存在那里取得的意识:这种痛苦在那里,在这个难以深入而致密的世界中,它就像这棵树或这块石头一样绵延;总之,它是它所是:我们可以这样说它:这种在那里的痛苦是通过咧嘴强笑、通过眉头紧皱而表现出来的。面部表情支持并表现了痛苦,但并不制造它。痛苦置身于面部表情之上,它超出被动性和主动性之外,也超出肯定和否定之外:它存在着。然而,它只能作为自我意识而存在。我们清楚地知道,这个面具并不表示一个睡者的潜意识的怪样,也不表示一个死者的怪笑:它转回到一些可能上去,转回到世界中的某一种处境中去。痛苦是对这些可能、这种处境的意识关系,不过是被凝固的,被沉没于冷酷的存在中的关系;正因为痛苦是这样的,它才使我们心醉神迷;它就像是对纠缠我们自己痛苦的这个自在的痛苦的一种消解了的近似化。我所感觉到的痛苦则相反,它永远不足以是痛苦,因为它通过它在其中自我奠定的活动而作为自在来自我虚无化。它像痛苦一样向着痛苦意识自我逃避。我从不会为之感到惊奇，因为它只是在我感觉到它时才存在。它的半透明性使它失去任何深度。我不能像观察雕像的痛苦那样观察它，因为它是我制造的，我知道它。如果必须受苦，我愿我的痛苦控制我，像暴风雨一样震撼我；但是，我应该在我自由的自发性中把它提高到存在的水平。我要同时是它而且承受它，但是这个巨大而又不透明的痛苦把我载出我之外，它不断用它的翅膀轻掠于我，我不能抓住它，我只找到了我，这个怜悯我的我、呻吟着的我，为了实现这个我所是的痛苦而必须不懈地演出痛苦的喜剧的我。我扭曲双臂，我喊，为的是让自在的存在，声音，手势遍及那由于我不能是的自在的痛苦而变得错综复杂的世界。受苦者的每一声叹息，每一种面部表情都意在雕刻一座痛苦的自在的雕像。但是，这座雕像永远只是通过别人、为着别人而存在的。我的痛苦为那是它所不是又不是它所是的东西而痛苦；它在即将汇合的时刻又逃避开来，通过乌有、通过它是其基础的虚无与自身相分离。它喋喋不休，因为它不足以是它，但是它的理想是沉默。如同这雕像的沉默，如同这个低眉垂首、脸色黝暗、缄默不语、神情沮丧的人的沉默。但这个沉默的人是对我而言才不说话的。他在自身中絮絮叨叨，因为他内心的话语就如同痛苦的"自我"的雏形。正是在我眼里，他被痛苦"压垮"了：他在自身中感到应该对这种痛苦负有责任，这种痛苦，在他不想要时他却要了，而在他想要时又不要它了，而且这种痛苦被一种永久的不在场纠缠着，这种静止的、无言的痛苦的不在场就是自我，即忍受痛苦的自为能及范围之外的具体的整体，也就是痛苦之中的人的实在的肯定方面。可以看出，这种自我－痛苦探访我的痛苦，它永远不是被我的痛苦确定的。而我的实在的痛苦并不是一种要达到自我的努力。但是，它只有作为意识才能成为痛苦，而这种意识是面对完全和不在场痛苦对"不足以是痛苦"这一事实（的）意识。

130

现在，我们能够更加明确地规定何为自我的存在：它就是价值。价值实际上受到无条件地存在与不存在这双重特性的影响，伦理学家曾对这点做过极其片面的解释。实际上，价值既为价值，它就拥有存在，但这个规范的存在作为实在恰恰没有存在。它的存在是要成为价值，就是说不是存在。价值似乎是不可捉摸的：若把它看作为存在，人们就可能完全否定它的非实在性，并且可能像社会学家那样使它变成为在其他行为要求之中的一种要求。在这种情况下，存在的偶然性扼杀了价值。但是，如果相反，人们只看到价值的同一性，人们要把它从存在中收回，由于缺少存在，价值就崩溃了。正如舍勒所指出的那样，我也许能从具体的例证出发到达价值的直观，我能在一个崇高的活动上把握崇高。但是，这样被领会的价值——按照例如把"红色"的本质和特殊的红色相比较的方式——就不会表现为和它使之有价值的那个行为居于同一存在水准上。价值只是作为被观察到的行为之外的一种行为，作为例如崇高行为的无限进化而被给定的。价值是在存在之外。然而，如果我们不是在说空话，那就应该承认这个存在之外的存在，至少以某种方式拥有存在。这些看法就足以让我承认人的实在是价值赖以到达世界之中的存在。那么，价值的意义就是一个存在向着它超越自己存在的东西：任何价值化了的活动都是向着……对其存在的脱离。价值永远并处处都是外在于一切超越的，因而可以把它看作是一切存在超越的不受限制的统一。由此，价值就和那一开始就超越自己存在、而且超越由之来到存在之中的实在，就都和人的实在合二而一了。我们还看到，价值是一切超越的不受限制的彼在，它一开始就应该是超越着的自身存在的彼在，因为这是价值能够用以在一开始就成为一切可能的超越的彼在的唯一方式。如果说，任何超越都应能够自我超越，那实际上就应该使超越的存在先验地被超越，因为它就是超越的根源本身，因此，在其根源获取的价值或最高价值就是超越性的肯定方面的彼在。它是超越的而且是奠定我所有超越的彼在,但是,朝着它我永远不能自我超越,因为恰恰是我的超越设定了它。它是一切欠缺的所欠缺者,而不是欠缺者。价值,就是自我,因为它纠缠着自为的核心,即自为为之存在的肯定方面。意识每时每刻通过自己的存在向着它超越的最高价值,就是自我的绝对存在,连同它的同一特性,纯粹和恒久的特性等等,因为它是自我的基础。这就能使我们设想为什么价值能存在,同时又能不存在。它像任何一种超越的意义和本质那样存在,像纠缠着自为的存在的不在场的自在那样存在。但是,一旦人们关注它,它自己就成为这个自在的存在的超越,因为它表现了这个超越。它处于它自己的存在之外,因为它的存在是属于与自我重合的存在类型的,它同时超越这个存在,超越它的恒久性、纯粹性、坚固性、一致性和它的沉默,并且以对自我在场的名义要求这些性质。反过来说,如果人们开始把价值看作对自我的在场,这个在场马上就会被凝固、固定于自在之中。而且,它在其存在中是一个存在向着它使自己成为存在的所欠缺的整体。它向着一个存在涌现,不是因为这个存在是其所是,是完全的偶然性,而是因为它是其固有虚无化的基础。在这个意义上讲,价值纠缠存在,是因为存在自我奠定,而不是因为它存在:价值纠缠自由。这意味着价值与自为的关系是特别特殊的:价值是自为应该是的存在,因为自为是其存在的虚无的基础。而自为之所以应该是这个存在,并不是由于受到外界压力的影响,也不是因为价值像亚里士多德的第一推动力那样对它产生事实上的吸引力,也不是由于从它的存在中获得的一种特性,而是因为它在其存在中使自己像应该是这个存在那样存在。总之,自我、自为和它们的关系维持在一种无限制的自由的界限之内——在这个意义上讲,除了这种同时使我自己存在的自由,任何东西都不能使价值存在——同时也维持在具体人为性的界限内,自为因为是其虚无的基础,不能够成为自己存在的基础。因而有一种为价值的存在的完整偶然性,然后回到全部道德上去以便传递这种道德并且使之相对化——同时还有一种自由的和绝对的必然性①。

在其原始涌现中的价值并不是自为确立的：价值与它是共实体性的——甚至可以说，不被其价值纠缠的意识是没有的。而且从广义上说，人的实在包含着自为和价值。如果说，价值纠缠自为而不被自为确立，那价值就不是一个正题的对象：为此，自为对自身应该是位置对象，因为价值和自为只有在这一对的共实体性的统一中才能涌现出来。因此，作为（对）自为（的）非正题意识的自为并不面对价值存在，这是从莱布尼茨所说"单子单独地面对上帝"而存在的意义上得出的观点。所以价值在这一阶段并没有被认识，因为认识是面对意识确立对象的。价值仅仅是和自为的非正题的半透明性一起被给定的，自为使自己作为存在的意识而存在。价值无处不在而又处处不在，它在"反映－反映者"的核心中在场而又不可触及，只是作为制造我现在的存在的欠缺之具体意义被体验到的。为了使价值成为一个正题的对象，价值纠缠的自为就必须在反思的注视面前受到质询。反思的意识实际上在其欠缺的本质中确立了被反思的存在，并且同时抽取价值，这个价值就是所欠缺的东西的不可达及的意义。因此，反思的意识严格说来可以叫作道德意识，因为它若不同时揭示种种价值就不能涌现。不言而喻，在我的反思意识中，我总是自由地把我的注意力放在这些价值上面，或者是忽视它们——恰如在这张桌子上要更加注意到我的钢笔或烟盒完全取决

134

---

① 人们或许能够用黑格尔的术语来表示这个三位一体并且把自在变作正题，自为作为反题，为自我的存在或价值作为合题。但是，这里应该注意到，如果自为欠缺自在，自在并不欠缺自为。在这个对立中没有相互性。总之，自为相对于自在总是非本质的和偶然的，而且我们在前面正是把这种非本质性称之为人为性。此外，合题或价值很可能回归于正题，因而就回归于自我，但因为它是不可实现的整体，自为就不是能够被超越的环节。正因如此，自为的本性使它就更加接近于克尔凯廓尔的"暧昧"的实在。我们在此还发现一种单向对立的双重游戏：自为在一种意义上讲欠缺自在，而自在不欠缺自为；在另一个意义上讲，自为欠缺其可能（或欠缺的自为)，而这可能同样不欠缺自为。——原注

于我一样。但是，无论这些价值是不是被缜密注意的对象，它们都存在着。

然而，不应当由此得出结论说，反思的注视是唯一能使价值显现的东西，而且我们通过类比在超越性的世界中谋划我们的自为的价值。如果直观的对象是人的实在的一种现象，它就同时与其价值一起表现出来，因为他人的自为不是一种暗藏的现象，它仅仅表现为通过类比所进行的推理的结论。它从一开始就向我的自为表现，我们甚至还将看到，它的作为为他的在场是如此这般的自为结构的必要条件。价值在为他的涌现中和在自为的涌现中一样被给定，尽管以不同的方式。但是，只要我们还没有阐明为他的本性，我们就不能论述价值在世界中对价值的客观发现。因此，我们把对这个问题的考察放在本书的第三卷里进行。

四、自为和可能的存在

我们已经知道，人的实在是一种欠缺，而且它作为自为欠缺的是与自身的重合。具体地说，每个特殊的自为（存在）都欠缺某种特殊具体的实在，这种实在的同化综合使自为转化为自我。它为……而欠缺……，就像月亮缺了口的月轮欠缺能使月亮完整并使之成为满月的东西。因此，欠缺者在超越性的进程中涌现并且从所欠缺者出发通过回归向着存在者规定自己。这样规定的欠缺者对于存在者和补充物来说是超越的。因此，新月为了成为满月所欠缺的恰恰是月亮的一角，钝角 ABC 为了成为两个直角所欠缺的是锐角 CBD，二者的性质是一样的。而自为为了要与自为合二而一所欠缺的，则是自为。但无论如何，这里涉及的都不是一个陌生的自为，也就是说不会是一个我不是的自为。事实上，既然理想涌现，与自我的重合，欠缺的自为就是我所是的自为。但是，另一方面，如果我以同一性的方式是这个自为，总体就会变成自在。我是以应该是我所不是的自为的方式是欠缺的自为。因此，自为的原始超越关系的雏形的构成是作为对一个它所是的而又欠缺的不在场的自为进行同一化的自为的谋划。作为每个自为固有的欠缺者而表现出来的东西以及被规定为特定自为和任何其他自为所欠缺的东西，就是自为的可能。可能在自为的虚无化的基础上涌现出来。它不是事后被正题地设想为与自我结合的手段。但是，作为自在的虚无化与存在的减压之自为的涌现使可能作为这个存在的减压的一些面貌涌现；就是说作为与人们所是的自我相离的存在方式涌现。因此，自为若不被价值纠缠并朝着其固有可能被谋划，它就不可能显现。不过，一旦自为把我们推向它的诸种可能，我思就以不是自为的方式向着它所是的来把我们驱逐于瞬间之外了。

但是，为了更好地理解人的实在如何既是其固有的可能性同时又不是这些可能性，我们必须回到可能这个概念上来并且力图阐明这个概念。

可能与价值的情况一样：而人们在理解可能的存在时会遇到更大的困难，因为它是先于它是其纯粹可能性的存在而被给定的，然而，至少是作为可能，它必须拥有这个存在。人们不是会说："他可能来吗？"从莱布尼茨开始，人们就乐于把"可能"称作一种并不介入到存在着的因果体系中的事件，就像人们就能够确定地规定它一样，这种事件不包括任何矛盾，既不包括与自身的也不包括与被观察体系的矛盾。这样被规定的可能只有在认识的注视下才是可能，因为我们既不可能肯定也不可能否定我们面对的可能。由此，产生两种对待可能的态度：可以像斯宾诺莎那样，认为可能在我们无知的注视下存在，而且当无知消失时，可能也就消失。在这种情况下，可能只是在获取全知的道路上的一种主观阶段，它只具有心理方式的实在，作为含混不清或经过删减的思想，它具有一个具体的存在，但这个存在不是世界的属性。然而，还可能以莱布尼茨的方式使可能的无限性变成为神的理智的思维对象，这种理智赋予这些可能以一种绝对实在的方式；并且根据神的意志使诸可能之中最优秀的体系能够保留下来。在这种情况下，尽管单子的感知链条被严格规定，尽管一个认识的存在能够从它实体公式出发坚定地确立亚当的决定，说"亚当可能没摘苹果"这句话也并非是荒谬的。这仅仅意味着，以神的理智的名义存在着一种另外的共可能的体系，就像亚当并没有吃智慧树上的果子一样。但是，这种观点与斯宾诺莎的观点是如此不同吗？事实上，可能的实在性唯独是神的思维的实在性，这意味着，它拥有作为并未被实现的思维的存在。也许，主观性的观念在此已导致极限，因为，这里涉及的是神的意识，而不是我的意识；如果人们从一开始就愿意混淆主观性和有限性，那当神的理智变成无限的时候，主观性也就消失了。可能仍然是一种只是思维的思维。莱布尼茨本人似乎要赋予可能以一种自主性和一种固有的重量，因为古杜拉发表的一些形而上学的残篇向我们指出，诸种可能自己组织成为共可能的和最完全的体系，也是最丰富的、倾向于自我实现的体系。但是，这只是一种理论的概述，莱布尼茨并没有进一步论述——也许因为它不再可能深入下去：给予可能以一种朝着存在的倾向，这就意味着，或者可能已经是完全的存在并且它具有与存在相同的存在类型——从人们给予花苞变成花朵的倾向的意义上说——或者，在神的理智内部的可能已经是一种力量－思想，而最大的被组成体系的力量－思想自动地唤起神的意志。但在这后一种情况下，我们没有脱离主观的东西。如果，人们确定可能不是矛盾的，它就只有作为先于实在世界或先于世界纯粹认识的存在的思维才可能拥有存在。在这两种情况下，可能都丧失了可能的本性，并且消融在表象的主观存在之中。

　　但是，可能的被表象的存在无法说明可能的本性，因为它相反摧毁可能的本性。用我们平常习惯的用法，我们完全不能把可能理解为无知的表现，也不可能把可能理解为不矛盾的、属于一个未实现的世界，并且处在这个世界之外的结构。可能向我们显现为存在的一种属性。在看了天空一眼之后，我推断说："可能要下雨。"我并不认为这里的"可能"是"与天空现在的状态没有矛盾的"。这种可能性作为威胁是属于天空的，它代表着我向着雨而对感知到的云的超越，云在自身中载着这超越，这并不意味着超越将要实现，而仅仅意味着云的存在结构是向着雨的超越性。可能性在此是作为一个特殊存在的附属物而被给定的，可能性正是这种存在的一种能力，就像人们无动于衷地谈论他们等待的一个朋友："他可能来"或"他会来的"这件事实表示的一样。因此，可能不能还原为一种主观的实在性。它也不是先于实在的或真实的东西之先。但是，它是一个已经存在的实在的具体属性。要使下雨成为可能，天空上就必须有云。取消存在以在其纯粹性中确立可能是荒谬的企图。人们经常提到的通过可能从非存在过渡到存在的过程并不符合实际。诚然，可能的状态尚未存在，但是，正是某个存在者的可能状态凭借其存在支持可能性和它的将来状态的非存在。

可以肯定，以上几种看法很可能会把我们引到亚里士多德的"潜能"上去。因为陷入一种神妙莫测的观念而避免可能性的纯粹逻辑的观念，那就是才脱龙潭又入虎穴。自在的存在既不能"在潜能中"，也不能"拥有潜能"。它自在地在它同一性的绝对充实中是它所是的。云不是"在潜能中的雨"，它自在地是一定数量的水蒸气，在特定的温度和压力下，它严格地是它所是的。自在是一种活动。但是，人们能够相当清楚地设想它，因为科学的眼光在要使世界非人化的企图中已经遇到作为潜能的可能，而且在把这些可能变为我们的逻辑计算和我们的无知的纯粹主观结果的过程中从中摆脱出来。科学的第一步骤是正确的：可能是通过人的实在来到世界上的。只有当我向着雨超越这些云的时候，这些云才能变成雨，同样，只有当我向着满月超越缺角的月轮时，缺角的月轮才欠缺一个新月。但是，是否应该在后来把可能变做我们心理主观性的一种简单给定物呢？正像只有当欠缺通过一个就是它自己的欠缺的存在来到世界上来，世界上才可能有欠缺一样，只有当可能性通过一个就是它自己的可能性的存在来到世界上，世界上才会有可能性。然而，确切地说，这种可能性本质上是不能与对可能性的纯粹思维同时发生的。如果可能性实际并没有首先被确定为一些存在或某个存在的客观结构，思维就不可能以人们观察它的某种方式把作为其思维内容的可能关闭于自身之中。如果我们实际上把神的理智内部的可能看作神的思维内容，它们就干脆完全变成具体的表象。尽管人们不能够理解这否定的权力是从哪里来到这完全肯定的存在上面，让我们还是通过纯粹假设承认上帝具有否定的权力，也就是说，具有对其表象进行否定判断的权力吧。人们并不因此就理解上帝如何把这些表象变为可能。至多，否定的结果会把这些表象构成为"无对应的实在"。而说半人半马的怪物实际上并不存在，这全然不是说它是可能的。无论是肯定还是否定都不能赋予表象以可能性的特征。如果人们声称这种特性能够被一种否定或肯定的综合给定，那还应该指出，一种综合并不是一种集合，应该以具有自己的意义的有机整体的名义，而不是从这种特性构成其综合的因素出发分析这种综合。与此同时，由于无知我们所做的纯粹主观的否定评价涉及到我们的一个观念与实在之间的关系，这种评价无法说明这种表象的可能性的特性：它只能把我们置于与它针锋相对的无动于衷的状态之中，但是并没有赋予这个状态以这种对于实在的权利，这种权利就是可能的基本结构。如果人们补充说，某些倾向促使我们更愿期待这一个或那一个，那我们会说说这些倾向远不是要解释超越性，相反是要设定它：我们已经看到，它们应是已经作为欠缺存在。而且，假如可能不是以某种方式被给定的，那么这些倾向将能激励我们期待我的表象和实在完全相符一致，而不是赋予我一种对于实在的权利。总之，这样对可能的把握设定了一种原始的超越。从是其所是的主观性出发确立可能的任何努力，即从把自己封闭在自我中的主观性出发确立可能的任何努力，从原则上讲都注定要失败的。

但是，如果可能真的是对存在的选择的话，如果可能真的只有通过一个就是它自己可能性的存在才能来到世界上，这对人的实在来讲就意味着在选择其存在的形式下成为它的存在的必然性。当我作为是我所是的权利存在，而不是纯粹简单地是我所是的时候，就存在着可能性。但是，这种权利本身却使我与我有权利是的东西分离开了。这种所有权只有当我的所有物否定我的时候，只有当这所有物从某种角度看实际上已不再属于我的时候，才能显现出来；对我拥有的东西暗暗自喜，这是一个纯粹简单的事实，而不是一种权利。因此，为了有可能，如此这般的人的实在就必须是异于自身的东西。这种可能是从本质上逃避可能的自为的因素，因为它是自为。可能是自在在自为中的虚无化的一种新形态。

可能之所以真的只能通过一个就是它固有可能性的存在才能来到世界上，是因为自在从本质上讲是它所是，它不能"有"可能。自在与一个可能性的关系只能从外部通过一个面对可能性的存在才能被确立。由于地毯的皱褶而受阻碍的可能性既不属于滚动的弹子，也不属于地毯：它只有通过一个对可能有所领会的存在在弹子和地毯所组成的系统之内涌现出来。但是，这种领会既不能从外部、也就是从自在而来，也不局限于只是一种作为意识的主观方式的思维，它应该与理解可能的存在的客观结构相重合。把可能性理解为可能性或成为这些固有的可能性，对于在其存在中是与其存在有关的存在来说，就是同样一种必然性。但确切地说，是其固有可能性，就是说自己规定自己，那就是通过人们所不是的自身这一部分被规定，就是把自己规定为向着……的自我逃避。一句话，在我要说明我的直接存在仅仅因为它是其所不是又不是其所是的时候，我就向着一个能及范围之外的、不可能以任何方式与内在主观表象相混淆的意义而被抛置于这个存在之外了。如果笛卡尔局限于纯粹瞬间注视把握的东西，那他把我思理解为怀疑也并没有希望把这种怀疑定义为方法论的怀疑，或干脆定义为怀疑。怀疑只有从对它来讲总是开放的可能性出发才能被理解,这是明晰性要"消除"的可能性;只是因为它转回到尚未实现但总是开放的悬搁($\epsilon\pi o\chi\eta$)上去,它才被理解为怀疑。严格说来,任何意识都是这种意识——即使可能像胡塞尔那样相当人为地赋予这种意识以内部结构的伸延,这些伸延在它们的存在中没有任何手段可以超越它们就是其一种结构的意识,它们无可奈何地在自身中日趋削弱,这就酷似那些苍蝇,它们由于不能穿过玻璃而在窗户上碰撞——当我们要把一种意识规定为怀疑、知觉、渴望等等的时候,我们就被意识推向尚未存在的东西的虚无之中。阅读的意识既不是读这个字母的意识,也不是读这个词、这个句子甚至这个段落的意识——而是读这本书(的)意识,这就把我推向全部的尚未读过的书页,推向所有已经读过的书页,这就最终把意识从自我中拔除出来。一种只会是它所是的东西的意识的意识被迫要去拼读。

具体地说,每个自为都是与自我的某种重合的欠缺。这意味着它被为了成为自我它应该与之重合的东西的在场所纠缠。但是,因为这自我中的重合也是与自我的重合,自为欠缺的东西,作为其同化作用会使自为变成"自我"的那个存在,它仍然是"自为"。我们已经知道,自为是"对自我的在场":"对自我的在场"所欠缺的东西只有作为"对自我的在场"才能使自为有所欠缺。自为与其可能之间的决定性的关系是一种与对自我的在场的联系的虚无化着的松弛:这种松弛直至超越性,因为自为欠缺的"对自我的在场"是并不存在的对自我的在场。因此,因为自为不是自我,它就是某种欠缺某一"对自我的在场"的"对自我的在场",它正是作为对在场的欠缺而是对自我的在场。任何意识都为……而欠缺……但是,还应认识到,欠缺并不是像新月对满月的欠缺而从外部来到自为身上的。自为的欠缺是它所是的欠缺。这是作为自为欠缺的东西的"对自我的在场"的最初显露,这就构成了作为其固有虚无基础的自为的存在。可能是意识构成的不在场,因为它是自己造就自己的。比方说,一种干渴,永远不足以是干渴，因为它使自己干渴，它被自我的在场或自我－干渴所纠缠。但是，因为它被这种具体的价值所纠缠，它在其存在中是置身于问题之中，就像某个自为的欠缺者一样，这个自为把价值实现为被满足了的干渴并且赋予价值以自在的存在。这个欠缺的自为，就是可能。事实上，说干渴倾向于作为干渴的消亡，这是不准确的，没有一种意识是追求它的消亡的。然而，干渴是一种欠缺，我们前面已经指出过。正因如此，干渴要得到满足，但是这被满足的干渴，是通过综合同化而实现的，而且是在重合的活动中，在欲望－自为或干渴连同反思－自为或喝的活动中实现的，相反，干渴的满足并没有被看作是干渴的消除。它是向存在的充实的过渡的干渴，是把握并渗入充实的干渴，就像把握和改造质料的亚里士多德的形式一样，干渴变为永恒的干渴。喝水的人是为着摆脱干渴而喝水，就像逛妓院的人是为了满足性欲，这样的观点是非常新近的反思观点。干渴和性欲在未被反思和纯真状态下是想要以自身为快乐，它们寻求就是满足的与自我的重合；或者，在喝满足干渴的时候，在干渴由于喝水、在喝并通过喝使自己成为干渴的过程中失去欠缺的特性的时候，干渴认识到自己是干渴。因此，伊壁鸠鲁是错误的同时也是正确的：在他看来，欲望实际上是一种空无。但是任何未被反思的谋划都不仅是要消除这个空无。欲望由于自身倾向于维持下去，人疯狂地依恋于他的欲望。欲望要成为的东西，就是被填满的空无，然而是赋予其充实性以形式的被填满的空无，就像模子赋予人们倒入其中的铜液以形式一样。干渴的意识的可能，就是喝的意识。人们还知道与自我的重合是不可能的，因为被可能的实现染指的自为将使自己成为自为，也就是说与另一种可能的前景一起存在。因此，经常的失望伴随着充实，人们经常说的"不过如此！"这句话并不追求满足给予的快意，而是追求与自我的重合渐趋消失。由此，我们隐约看到时间性的根源，因为干渴是其可能，同时又不是其可能。这个把人的实在与自身分离开的虚无就是时间的起源。我们还会回过来谈这个问题。现在必须指出的是，使自为与它欠缺的并且就是其固有可能的"对自我的在场"分离开的东西，从一种意义上讲是乌有，而从另一种意义上讲是世界上的存在者的整体，因为欠缺的或可能的自为是作为对世界的某种状态的在场而成其为自为的。在这个意义讲，自为在其之外谋划与自我的重合的存在，就是人在其外与自己的可能汇合的世界和距离。我们把这种自为与自为所是的可能之间的关系称之为"自我性的圈子"——而把存在的整体称之为"世界"，因为这存在的整体是被自我性的圈子穿越的。

从现在起，我们能够阐明可能的存在方式了。可能就是自为为了成为自我而欠缺的东西。因而，说可能作为可能而存在，这是不恰当的。除非人们把存在理解为"被存在"的存在者的存在，因为它并没有被存在，或者可以把存在理解为与我所是的东西相距的存在的显现。可能不是作为纯粹的表象而存在的，哪怕是被否定了的表象，而是作为一个存在的实在欠缺而存在的，这种欠缺以欠缺的名义在存在之外存在。可能具有欠缺的存在，而和欠缺一样，它欠缺存在。只要自为严格地使自己存在，可能就不存在，可能被可能化了，它以简略的轮廓规定自为在自身之外所是的虚无的位置。自然，它并不首先是被正题地确立的：它在世界之外开始显露，并赋予我现在的感知以意义，因为它是在自我性的圈子里被世界把握的。然而，它也不是不为人知的或潜意识的：它勾勒了作为非正题意识的（对）自我（的）非正题意识的界限。（对）干渴（的）未被反思的意识被可欲的水杯所把握，而无须作为欲求目标的自我的向心位置。但是，可能的满足作为自我的非正题意识的非位置的相关物，在"没于世界的杯子"的境域内出现了。

五、自我和唯我性的圈子

在《哲学研究》的一篇文章中，我们已经试图指出，自我并不属于自为。我们不准备再谈这个问题。这里，我们只要指出自我的超越性的原因：作为体验（Erlebnisse）的统一轴心，自我是自在，而不是自为。如果它真的是"意识的一部分"，它本身在其直接的半透明状态中就会是自身的基础了。而这样一来，它就有可能是它所不可能是的而又不可能是它所可能是的，这决不是"我"的存在方式。实际上，我从"我"那里所得到的意识是永远不会穷尽"我"的，并且也不是这种意识使"我"来到世界上：我总是如同已经在那里的东西先于意识而被给定的——同时又是作为必须逐渐被揭示的奥秘的拥有者而被给定的。因此，自我作为超越的自在，作为人的世界的一个存在者而不是作为意识的存在者向意识显现。但是，不应由此而得出结论说，自为是一种纯粹无人称的沉思。只不过，自我远不是一种意识的人格化的极，意识没有它就始终停留在无人称的阶段。相反，自我是在其根本的使自我得以显现的自我性中的意识，在某种条件下就像在这个自我性的超越现象中情况都是一样。我们已知道，实际上不可能说自在是自我。它存在，如此而已。在这个意义上讲，人们错误地使"我"成为意识的寓居者。人们会说，它是意识的"我"，但它不是其固有的自我。因此，由于自为的被反思的存在被实体化为自在，人们就固定并且摧毁了对于自我的反思运动，意识是对自我的纯粹回转，如同对其自身的回转一样。但是，自我并不回转到任何东西上去，人们已经把反思性的关系改造成为一种简单的向心关系，而且中心是一个不透明的纽结。相反，我们曾指出过，自我原则上是不能寓于意识的。可以说，它是无限运动的理性，通过这理性，反映转向反映者，而反映者也转向反映；归根结底，它是一种理想，一种界限。而使它作为界限涌现的，就是在作为存在类型的存在统一之中，存在对于存在在场的虚无化实在。这样，一旦它涌现，意识就通过反思的虚无化的纯粹运动，使自己成为有人称的：因为，赋予存在以个人存在的东西，并不是对自我的拥有——它只不过是个人的标志——而是作为对自我的在场而自为地存在的事实。但是，这反思的第一个运动由此又引起第二个运动或引起自我性。在自我性中，我的可能在我的意识内被反思，而且我的可能把意识规定为它所是的。自我性代表着一种比反思自我的纯粹"对自我的在场"更加深入的虚无化阶段，因此，我所是的可能不是作为反映着的反映的对自为的在场，而是一种不在场的在场。但是，这种作为自为存在结构的回转的存在事实还没有被清楚地指明。自为是此之在的自我，在能及范围之外，在远离其可能性的地方。但正是这个此之在的存在的自由必然性，人们在欠缺的形式下所是的东西才构成了自我性或人的第二种基本形态。那么，如果不是对自我的自由关系，我们如何来定义个人呢？至于世界，也就是存在的整体，因为存在在自我的圈子里存在，那它就只能是人的实在向着自我所超越的东西，或者可借用海德格尔的定义："人的实在由之出发而显示出自己所是的东西。"①可能实际上是我的可能，它自为地是可能，就像面对自在的在场、（对）自在（的）意识一样。面对世界我寻找的，是与我所是的、即（对）世界（的）意识的自为重合。但是，这个对现在的意识是非正题地不在场－在场的可能并不以位置的意识的对象名义而在场，否则，它就是被反思的。被满足的干渴纠缠着我的现时的干渴，它不是作为被满足的干渴的（对）自我（的）意识：它是对被喝的杯子的正题意识，而且是（对）自我（的）非位置意识。它于是向着它就是其意识的杯子而自我超越，被喝的杯子作为这种非正题可能意识的相关物纠缠着作为其可能的满溢的杯子并且把它构成为待喝的杯子。这样，世界从本质上讲是我的世界，因为它是虚无的自在相关物，也就是我在建立自身为在应该是的形式下我所是的东西时所超出的必然障碍的自在相关物。没有世界，就没有自我性，就没有个人；没有自我性，没有个人，就没有世界。然而世界

---

① 在本卷第三章，我们会重提这个定义——我们现在是临时选择了它——所包含的不足和谬误。——原注

与个人之间的这种所有关系决不是在反思前的我思范围内被确立的。说由于世界被认识，因而它是像我的世界那样被认识，那是荒谬的。可是，这个世界的"一半"都是一种稍纵即逝并且始终是如我所见那样显现的结构。世界是我的世界，因为它被我所是的（对）自我（的）可能意识是其意识的一些可能纠缠着，正是这样的可能给予世界以世界的统一和意义。

对否定行为和自欺的考察已使我们可以进入对我思的本体论研究，而我思的存在就像自为的存在一样对我们显现出来了。这种存在在我们的注视下已经向着价值和可能超越了，我们不能使它置于笛卡尔我思的瞬间性的实体论的界限之内。而正是由于这点，我们才不能满足于我们刚刚得到的结果：我思之所以拒绝接受瞬间性，并向其可能超越，是因为它只能存在于时间的超越之中。正是在时间中，自为才以"不是"的方式是它自身的可能；正是在时间中，我的诸种可能才在它们构成我的世界的范围内显现出来。所以，如果人的实在本身被看作是时间的，如果其超越的意义是它的时间性，那么，我们就只能指望自为的时间在我们描述、规定"时间"的意义之前被阐明。只是在这个时候，我们才能着手研究那个我们关注的问题：即意识与存在的原始关系的问题。

第二章 时　间　性

一、三维时间的现象学

时间性明显地是一种有组织的结构。过去、现在、将来这所谓时间的三要素不应当被看作是必须凑合在一起的"材料"的集合——例如作为一个"现在"的无限系列，其中一些现在尚未存在，另一些现在不复存在——而应当被看作是一个原始综合的有结构的诸环节。否则，我们首先就会碰到这样一个悖论：过去不再存在，未来尚不存在，至于瞬间的现在，众所周知，它根本不存在，它是一个无限分割的极限，如同没有体积的点一样。这样，整个系列便都消失了，并且是加倍地消失了。因为，例如将来的"现在"是一个作为将来的虚无并且当它过渡到现在的"现在"状态时自我实现为虚无。研究时间性的唯一可能的方法就是把时间性当作一个整体去加以剖析。这个整体制约着它的次级结构并赋予它们以意义，这是我们永远不应忘记的。虽然如此，假如事先不通过先于本体论的和现象学的描述来澄清时间三维的常常是极为模糊的涵义，我们就还是不能致力于考察"时间"的存在。我们只须把这种现象学的描述看作是一种预备性的工作，其目的仅在于使我们达到对时间性整体的直觉。尤其是必须使被考察的每一维都在时间整体的背景之上出现，同时总不忘记这一维的非自立性（unselbständigkeit）。

A）过去

146　　有关记忆的全部学说是以设定过去的存在为前提的。这些从不曾弄清楚的前提又使回忆的问题和一般意义上的时间性问题变得难以解决了。因此，最终必须提出的问题是：什么是一个过去了的存在的存在？常识在同样含混不清的两种观念之间徘徊不定：人们说过去不复存在。从这一观点来看，人们似乎想要把存在独独归之于现在。这一本体论前提导致了著名的大脑轨迹理论的产生：既然过去不复存在，既然它崩散于虚无之中，如果回忆继续存在下去，它就必须作为我们存在的现在的变化而存在；比如说，它将是目前在脑细胞群上标示的一种印记。这样，一切都是现在的：身体、现在的感知以及在身体中作为现在轨迹的过去；一切都在活动中：因为轨迹并没有一种作为回忆的潜在的存在；它完全是现时的轨迹。如果回忆再生，那就是在现在，在一个现在的过程之后再生，就是说，作为被观察的脑细胞群内的原生质平衡的破裂而再生的。瞬间的和超时间的心理－生理的平行主义在这里是用以解释这个生理过程是怎么和一种严格意义上是心理的然而也是现在的现象相关的：它是想像－回忆在意识中的显象。最近出现的印迹概念除了用伪科学的术语美化这一理论外，并没有做什么更多的事情。然而，假如一切都是现在的，那又怎么解释回忆的被动性，也就是如何解释自我回忆的意识在直观中针对他曾置身的事件来超越现在的事实呢？我们在别处已经指出：如果首先把想像变成一种重新出现的感知，那就没有任何方法能够把想像与感知区别开来。在这里，我们遇到同样不可能办到的事情。而且，我们失去了把回忆和想像加以区别的手段：无论是回忆的"微弱"、"苍白"、"空虚"，还是回忆凭借感知材料所提供的那些矛盾，都无法使它与虚构－想像区别开，因为它提供的是一些相同的性质；而且由于这些性质是现在的性质，它们就不会使我们脱离现在而趋向过去。克拉巴莱德[①]希求对自我的归属和回忆的"我性"，詹姆士讲求"内心"，这些都是徒劳无益的。或者，这些性质只是显露一种现在的气氛，这种气氛包括回忆——而因此，它们总是现在的并且归于现在。或者，这些性质已经成为对原封不动的过去的关系——但那样，它们就预先设定了应该解释的东西。人们曾经认为，如果把认识还原为一种局部化过程的开始，而又把后者还原为通过"回忆的社会范围"而简化的各种智力活动的总体，那这个问题就很容易解决。毫无疑问，这些活动是存在的，而且应该对它们进行一种心理学的研究。但是，如果与过去的关系不以某种方式表现出来，那么这些活动是创造不出这一关系来的。一句话，如果人们开始就把一个人变成一个岛民，禁锢在他现时的暂时孤岛之内，而且当他的全部存在之方式一出现就从本质上注定是一种现时的永恒的话，人们就彻底地失去了任何理解他们与过去的原始关系的方法。"遗传学家"不可能用没有广延的

[①] 克拉巴莱德（Claparède，1873—1940），瑞士心理学家。——译注

因素去构成一个广延，我们也就不可能用纯粹借助于现时的那些因素去组成"过去"的范畴。

更何况，常识极难否认在过去是有一种实在存在。在承认这个首要命题的同时，常识还承认另一个也是不明确的概念，而根据这一概念，过去就好像有一种荣誉性的存在。对某一事件而言，成为过去，这可能就仅仅是已经引退，而且是在不失存在的情况下失去了效力。柏格森哲学重提这个思想：某种事件在转回向过去的时候，并不停止存在，而仅仅是停止活动而已，它仍在"它的位置上"，在它的日期上，直到永远。这样，我们就恢复属于过去的存在，这项工作进行得十分深究，我们甚至确认绵延是错综的复合体，过去与现在是持续不断地组合在一起的。但是，我们并未因此就赋予这种组合和解释以理由；我们不曾解释说过去能够"再生"，并且能和我们相伴而存，简言之是为我们而存在的。如果像柏格森所希冀的那样，过去是潜意识的，那它就是不动的，它又怎么能够寓于我们现时意识的网络之中呢？它有自身的力量吗？然而，是因为它作用于现在，它才是现时的吗？这种力量又是怎样从这样的过去之中衍生出来的呢？人们是否像胡塞尔那样颠倒了问题并且指出在现时的意识之中有一种"滞留"的游戏，而这些滞留又将往昔的意识勾住，它们把意识维持在它们的时日中并且阻止意识自我虚无化？但如果胡塞尔的我思首先是作为瞬间性被给定的，那它就没有任何办法可以从中解脱出来。我们在上一节中已经看到先期紧张徒劳地撞击现在的玻璃而不能够把它撞碎。滞留的情况也是如此。胡塞尔在其全部哲学生涯之中一直受超越性和超越的思想的困扰。但是他所拥有的哲学手段，特别是他的有关存在的唯心主义概念使他无法分析这一超越性：他的意向性只不过是这一超越性的漫画手法而已。胡塞尔的意识实际上既不能朝着世界和未来超越，也不能朝着过去超越。

因此，我们全然不能把存在退向过去，因为根据这种后退，过去对我们而言应是不存在的。不论是柏格森和胡塞尔认为过去是存在着的主张，还是笛卡尔认为过去不复存在的主张，若开始就切断了过去与我们的现在之间的种种桥梁，那就都是无关紧要的了。

实际上，如果人们赋予现在一种"面对世界在场"的优先地位，那就是准备着手研究在世界内部存在的前景中的过去的问题。人们看到，我们首先是作为这把椅子或这张桌子的同代者而存在的，是通过世界表现出时间性的意义的。所以，如果人们置身于世界的中心，那就会失去区别不复存在的东西和并不存在的东西的一切可能性。人们会说，不复存在的东西至少曾经存在过，而不会说不存在的东西与存在没有任何联系。这是对的。但是我们已经看到，世界的瞬间的存在法则可以简单地用这几个字表述："存在存在"，——这几个字表明了诸实证性的实心的充实，在其中凡不存在的东西都不能以任何方式被表现出来，哪怕是通过一丝轨迹、一个空无、一种回顾、一种"错乱"，都不能达到这点。存在着的存在与不复存在的东西没有任何关系。任何否定，不论是彻底的否定还是和缓地用"不再"表达的否定，都不能在这一绝对密度之中找到地位。在此之后，过去就可以它自己的方式存在下去：种种桥梁都被切断了。存在甚至不曾"忘记"它的过去：这可能仍然是一种联系方式。过去犹如梦幻一般从存在那里滑走了。

如果可以说笛卡尔与柏格森的观点是背道而驰的，那是因为它们二者都遭到同样的非难。不论是取消过去还是为过去保留某种家神的存在，两位作者都是把过去和现在孤立起来，单独地研究过去的结局的；但不论他们二人的意识观念是什么样的，他们都赋予这种观念以自在的存在，他们都把这种观念视为它曾经是过的东西。然而人们不能赞同的是他们不能把过去和现在联系起来，因为，他们如此这般所设想的现在将全力摒弃过去。假如当时他们从整体出发考虑瞬时的现象的话，他们就应看到"我的"过去首先是我的过去，就是说，我的过去是根据我所是的某种存在而存在。过去不是乌有，也不是现在，而是属于它自身的根源，就如同与某一现在、某一将来相联系着一样。这种克拉巴莱德常常向我们说起的"我性"并不是破坏回忆的一种主观差异，而是把过去与现在相联系的一种本体关系。我的过去若孤立于它的"过去性"，它就永不会显现，如果认为它可以以这样的状态存在，那也是荒谬的，它原本是这个现在的过去。这一点应该首先说明。

我写道：保尔在1920年曾是综合理工学校的学生。究竟是谁"曾是"呢？当然是保尔：但是哪一个保尔呢？是1920年的那个青年男子吗？但是适合于保尔在1920年情况的动词"是"的唯一时态，当人们称保尔为综合理工学校毕业生的时候，那就是现在时。只因他曾经是综合理工学校学生，所以我们在过去谈到他时才应该说："他现在是。"如果这个已经成为过去的保尔曾是综合理工学校学生，那与现在的一切关系就都断绝了：曾经具有这一资格的人，作为主语就与他的谓语在1920年停留在彼处了。如果我们想使某种回顾依然是可能的，在此种情况下就应该采用一种再认识的综合，它从现在出发为的是与过去保持接触。如果这一回顾不是原始存在的一种方式，那综合就不可能设想了。而由于没有一种类似的综合，我们就必须放弃这个极为孤立的过去。这样一种人性的割裂意味着什么呢？普鲁斯特无疑是承认诸"我"的连续的多元论，但如果我们照字面解释这种观念的话，我们就又陷入结合主义者们在当时已经碰到的那些不可克服的困难之中。人们或许会提出在变化中的某一经常性的命题：曾是综合理工学校学生的那个男人就是1920年就存在着的、现在还存在着的保尔。就是对这个人，人们曾说："他是综合理工学校的学生。"现在人们说："他是综合理工学校的老生。"但是，求助于恒久性仍然不能解决我们的问题：如果没有任何东西能够遏制住"现在"的流驶方向以组成瞬间的系列，并且在这一系列之中又构成种种恒久的特点，恒久性就只能是某种瞬间的内容，并不具有每个单独的"现在"所具有的厚度。必须有一种过去，然后就需要有某事或某人曾经是这一过去——这都是为了有一种恒久性，这种恒久性远不能有助于构成时间，反而需要时间以便在时间中揭示自己，并且与时间一起去揭示变化。我们于是又回到模模糊糊涉及到的那些问题：如果在过去形式下的存在的暂留不是一开始就从我今天的现在中涌现出来，如果我昨天的过去不是作为我今日的现在之后的一种超越性，我们就丧失了旨在把过去与现在相联的一切希望。因此，如果我现在说保尔曾经是过或曾经是综合理工学校的学生，就是说这个保尔现在还存在，我也可以说他现在是个四十多岁的人。曾经是综合理工学校学生的人现在不是个少年。而这个少年只要过去曾存在过，那人们就应该说：他现在存在。现在正是四十多岁的人过去曾是个综合理工学校的学生。真正说来，三十岁的人也可能曾经是综合理工学校的学生。但是，如果没有这个四十多岁的曾经是综合理工学校的学生，那这三十岁的人应该是什么呢？而就是这个四十多岁的人在他现在的极端上"曾是"个综合理工学校的学生。归根结底，正是"经历"存在本身才以曾经是过的方式有成为四十多岁的人、三十多岁的人和少年的使命。人们今天说这个"经历"现在存在，人们在当时也曾说过，四十多岁的人和少年现在存在，今天，他们都是过去的组成部分，而在现在是保尔或这个经历的意义上讲，过去在现在存在着。因此，完成过去时的种种特殊时态指示着种种现在存在着的存在，尽管过去和现在的存在方式不同，前者曾经存在，后者现在存在。过去的特点就像某事或某人的过去，人们有一个过去。正是这个工具、这个社会，这个人拥有它们的过去。不会先有一个普遍的过去，然后再有种种具体的过去。而是相反，我们首先发现的是诸种个别的过去。真正的问题——我们在下章将涉及到——将是理解通过什么样的过程这些个别的过去能够统一形成泛指的过去。

人们可能会反驳说，我们花费大量篇幅选择的例证，都是"曾经存在"的主体现在仍然存在着。人们还可能举出另外一些例子。

比如，谈到已经死去的皮埃尔，我可以说："他曾喜爱音乐。"在这种情况下，主语和表语都已是过去。不会还有一个现在的皮埃尔，即一个能从他身上涌现出这个过去存在的皮埃尔。我们同意这一点。我们甚至可以承认，就皮埃尔而言，对音乐的兴趣从没有成为过去。皮埃尔一直就是曾是他的兴趣的这一兴趣的同代者。他的生体不曾比他的兴趣活的时间长，他的兴趣也没有超过他的生体存在的时间。他的生命与他的兴趣存在的时间是相等的。因此，在这里成为过去的是"爱好音乐的皮埃尔"。我可以提出我刚刚提出的问题：这个过去的皮埃尔是谁的过去呢？这不会是对一个普通的现在而言的，这个现在是存在的纯粹肯定。因此，这是我的现时性的过去。而事实上，皮埃尔曾是为我的，而我曾是为他的。我们将会看到，皮埃尔的存在已经一直达到我的精髓，他的存在曾是一个"在世的、为我的又为他的"现在的组成部分，这个现在在皮埃尔生前是我的现在——一个我曾经是过的存在。因此，已经消失了的具体对象都是过去，因为它们都是某一还活着的人的具体过去的组成部分。"死亡的可怕之处，"马尔罗①说过，"就是它把生命改造成为命运。"由此应该认识到，是死亡把为他的自为还原为简单的为他的状态。在我的自由之中，我是在今天对于死去的皮埃尔的存在唯一要负责任的人。未能够得救而且又转化到某一生者的具体过去之中的那些死者，他们都并没有过去，然而他们和他们的过去都已消失殆尽。

因此，就有一些"拥有"一些过去的存在。刚才，我们已经笼统地提到一种工具、一个社会和一个人。我们是否有道理呢？人们能否从一开始就把一种过去赋予一切完结了的存在者，还是只能赋予它们之中的某些范畴呢？如果我们更为深入地审查"有一个过去"这个十分特别的概念，我们就可能更容易确定这个问题。人们

---

① 马尔罗（Malraux, 1910—1976），法国作家。——译注

不能像"有"一辆汽车或一匹赛马那样"有"一个过去。就是说,过去不会被一个现在的存在所拥有,这个存在严格地说对过去而言是外部的,犹如我对于我的钢笔而言是属于外界一样。简言之,当"拥有"按通常习惯表达拥有者与被拥有者之间的外部关系时,拥有的表达力就不够了。外部的种种关系将能掩盖过去和现在之间不可逾越的鸿沟,过去和现在实际上是没有实在联系的两种给定物。即使过去对于现在有着绝对的错综关系,如同柏格森所设想的那样,那它也解决不了难题,因为这种错综关系是过去与现在的组合,说到底,它来源于过去,而且仅仅是一种寓存关系。过去完全可以被设想为在现在之中的存在物,但是,人们已经没有方法去介绍这种内在性,它完全不同于沉在河底的一块石头的内在性。过去可以不断地纠缠着现在,但它不能是现在,它是那个是它的过去的现在。因此,如果人们从过去出发去研究过去与现在的种种关系,那人们就永远也不可能建立起它们二者之间的内在关系。一个其现在就是其所是的自在将不会"有"过去。舍瓦利埃①为其论点所提到的例证,特别是有关滞后现象的事实都不能在其现实状态之上用物质建立起过去的一种行动。事实上,这些事例中的任何一个都不能用机械决定论的通常方式来表述自己。舍瓦利埃给我们列举了两个钉子的例子:一个钉子是刚刚制好的,但从未使用过,另一个已经弯了,是后来用锤子敲打之后才直了起来,这两个钉子外表十分相似。但只要一击,一个钉子就能直接钉进去,而另一个则会再度弯曲:过去的行动。应该有点自欺才能看见过去的行动;很容易用唯一可能的解释替代对这样一个致密的存在的难以理解的解释:这些钉子的外貌是相似的,但是它们现时的分子结构却有着明显的不同。而现时的分子结构状态在每一时刻都是前一个分子状态的效果,这绝不意味着对学者而言有一种从一瞬间到另一瞬间的向着过

---

① 舍瓦利埃(Chevalier, 1888—1960),法国金属学家。——译注

去恒久性的"过渡",而仅仅是在物理时刻的两个瞬间的内容之间的不可逆转的联系而已。把一块软铁片磁化后的剩磁现象看成为对过去的这一恒久性的证明,这并不是十分严肃的证明:这个例子实际上只涉及一种比其原因更经久的现象,而不是一个原因的实体,因为原因之为原因属于过去状态。长久以来,人们就认为石子入水就沉入水底,而它激起的同心波纹却仍然在水面浮动:人们丝毫也不需要求助于我所不知的过去的行动来解释这一现象:它的机械运动几乎是可见的。现在,我们看不出滞后作用或剩磁现象的种种事实需要一种不同类型的解释。事实上问题很清楚,"有一个过去"这几个字需要设定一种拥有的方式使拥有可能成为被动的,这种方式没有冲突力,这几个字应用于物质而应该被就是其固有的过去的拥有者所代替。只存在对某一现在而言的过去,这个现在如果没有它的过去跟在后面,就不能存在,就是说,只有那些在其存在中与其过去的存在相关的存在才拥有一个过去,而且它们将要成为它们自己的过去。这些意见使我们可以先验地向自在否定过去(这也并不意味着我们应该把过去寓存于现在之中)。我们解决不了存在者的过去的问题,我们只能使人们观察到,如果必要的话——这绝非是肯定之言——把过去赋予生命,这只是证明了生命的存在是包含一个过去的存在。应该事先证明,活着的物质是异于物理-化学体制的。逆行力——即舍瓦利埃之力——即给予过去以更强大的即时性,作为生命起源的组成部分,这就是一种毫无意义的"前后"($\upsilon o\iota\varepsilon\rho\delta\upsilon\ \pi\rho\delta\varepsilon\rho o\nu$)。对于人的实在而言,它显露出来的只是某种过去的存在,因为过去的确立决定了人的实在将要是的和现在所是的东西。正是通过自为,过去到达世界,因为自为的"我是"是以一种"我跟随我"的方式而存在的。

那么,"曾是"意味着什么呢?我们首先看到,这是一种过渡。如果我说:"保尔是累了",人们也许可以看到,这个系词有着一种本体论的价值。人们可能只愿意从中看到一种内在的指示。但是,当我们说"保尔曾经是累的","曾经是"的本质性意义就跃入眼帘。现在的保尔对于过去曾经有过倦意的事实负有责任。如果他不与其存在一起维持这疲倦的话,他就甚至不曾忘却这一状态,但那就会有一种"不复是",严格来讲是与"不是"同一的"不复是"。那疲倦就会消失了。现在的存在因而就是它自己过去的基础;这一基础的特点是由"曾是"表现出来的。但是,不应该认为"曾是"是以不相干的方式并且没有经过深刻变化就奠定了这一特点:"曾是"意味着:现在的存在在其存在中应是其过去的基础,而且它自己就是这一过去。这意味着什么呢?现在怎么能是过去呢?

问题的症结显然是在"曾是"这个提法上,"曾是"作为现在和过去的中介,它本身既不完全是现在,也不完全是过去,实际上它既不能成为现在也不能成为过去,因为在此情况下,它将是表明其存在的时间内涵。因此,"曾是"一词就表明了现在在过去中的本体论的跳跃,而且代表着时间性的这两种方式的一个原始的综合。那又该如何理解这个综合呢?

我首先看到,"曾是"一词是一种存在的方式。在这个意义上讲,我现在是我的过去。我现在没有我的过去,而我现在是它:人们向我所说的涉及到我昨天进行过的一个活动、我曾有过的一种情绪都并不能使我无动于衷:我郁郁寡欢或洋洋自得,我怒火中烧或是俯首帖耳、五内沸然。我并不与我的过去脱节。无疑,长此以往我可能与之脱节,我可能借口有某种变化、某种进步而宣布"我不再是我曾经是过的东西。"但问题在于这是一个第二性的反应而且就是这样表现的。若否认我的存在与我的过去在这个或那个特定的点上的相互联系,那就是在我的整个生命之中肯定着这个联系。极而言之,在我死亡的一刹那间,我才会仅仅是我的过去。只有死亡能对我盖棺论定。这就是索福克勒斯在《塔西尼娜》中所要表达的意思,当他让德日尼尔说:"长期以来,人们之中流传着这样的至理名言:即人们对迟早要死亡者的生命不能评论,在死亡之前,不能够说他们曾是幸福的还是不幸的。"这同样也是我们在上面所引用的马尔罗这句话的意义所在："死亡将生命改变成命运。"这使教徒感到震惊，因为他惊恐地发现，在死亡之时，木已成舟，再也没有一张牌可打了。死亡把我们与我们自身联结起来，如同永恒已把我们改造为我们自身一样。在死亡的时刻，我们存在，就意味着在他人的判决面前，我们束手无策。实际上，人们可以决定我们所是的，我们则不再有任何机会逃脱一种正在认识着的知所能够造成的整体。最后一个小时的悔恨是一种整体的努力，为的是使这整个存在破裂，这个存在曾缓缓地在我们身上形成并巩固下来；这一悔恨也是使我们脱离我们现在所是的东西的最后一次跳跃。但那是徒然的：死亡用余下的一切把这一跳跃固定住了，这一跳跃只是和先于它的东西组合起来，如同是其它因素中间的一个，如同是只有从整体出发才能理解的一种单个的决定。通过死亡，自为一直向着自在变动着，直到全然滑进了过去时才为止。因此，过去就是我们所是的自在之不断增长的整体。然而，只要我们不死，我们就不是以同一的方式成为这一自在。我们需要成为这一自在。通常，仇恨只有到死亡才会停止：这是因为人与其过去又聚合起来，成为过去，并不因此而对过去负责。人只要活着，他就是我仇恨的对象，就是说我之所以指责他的过去，不仅是由于他是过去，而且因为他每一时刻都在重新夺取过去，都在支持他成为过去，因为他对其过去有责任。仇恨并非是把人固定于他所曾是的东西之中，而是在死亡之后犹存：仇恨是针对在自己的存在之中自由地是他曾经是的东西的活人而发的。我是我的过去，如我不是的话，那对我而言，对任何人而言，我的过去将不复存在了。过去也就与现在没有任何关系了。这绝不意味着我的过去可能不存在了，而是说它的存在可能显现不出来了。我是我的过去由之来到世界上的人。但应该正确理解的是，我并没有把存在赋予我的过去。换句话说，我的过去并不是作为"我的"表现而存在的。这并非是由于我自己"代表"着正在存在的我的过去，而是由于在我的过去进入世界时，我就是我的过去而且正是从它"在世的存在"出发，我才能根据某种心理过程去表现我的过去。我的过去是我要成为的东西，然而从本质上讲，它是与我的诸种可能相区别的。我同样要成为可能，这种可能同我的具体可能一样，仍然如许，它的反面也是可能的——虽然这可能实现的程度很低。相反，过去就是没有任何一种可能性的，是消耗它的诸种可能性的。我需要成为绝不再依附于我的能存在的东西，成为已经自在地是它所能够是的东西。我所是的过去是我要是的，没有任何不能成其所是的可能性。我对此负有全部责任，宛然是我可以改变这个过去，然而我又只能成为它所是的东西。在下面我们还会看到：我们将继续保留着改变过去之意义的可能性，因为过去是具有某种前途的一种先-现在。然而对于这样的过去之内容，我既不能减，也不能加。换句话说，我曾经是的过去就是它现在之所是；就像世界上的诸事物一样，这是一种自在。我必须要支持的存在与过去的关系是一种自在类型的关系，即是一种自我同一化的关系。

然而另一方面，我并不是我的过去。我现时不是我的过去，因为我曾经是它。他人的仇恨使我惊讶并且一直使我愤慨：人们怎么能够在我所是的人中恨我曾经是的呢？先哲们曾经极力坚持这一事实：我对于我是不能做出任何陈述的，因为我陈述它的时候，它已经是虚假的了。黑格尔没有轻视对这一论据的使用。不论我做什么，不论我说什么，当我要成为过去的时候，我已经在制造着它、在谈论着它了。让我们更进一步地审议一下这个难题：这就是说，我对于我的一切判断，当我进行判断的时候，它已经是虚假的了，就是说我已经成为另外的事物了。但是，另外的事物又该如何理解呢？如果我由此认识到人类现实的一种方式，这种方式同人们所否定的现在的存在的方式具有同样的存在性质的形式，那就等于宣称我们在谓语归属于主语而且另一谓语依然有归属性质方面犯了一个错误：问题仅仅在于在最近的未来中去审视这种方式。一个猎人以同样的方式在看见一只鸟的地方瞄准它射击而未击中，这是因为子弹射到这个地方的时候，鸟已经不在该处了。相反，如果猎人略微提前一点瞄准，对着鸟还没有到达的地方，那他就会射中鸟。鸟之所以不复在这个地方，那是因为它已经在另一个地方了；不论怎样，它总是在某一个地方。但是，我们将会看到，这样一个埃利亚学派的运动的观念是根本错误的：如果人们真正可以说箭头是在AB处，那么运动就是一连串的不动性。同样，如果人们设想曾经有过的一个现已不复存在的瞬间，在这个瞬间曾经是我现在不复是的东西，人们对我的确立是通过一系列如同魔灯的种种形象一样接踵出现的固定状态。如果我不是这样，那并不是因为有某种判断性的思想与存在之间的微小差异，或是因为在判断与事实之间的一种延误，而是因为从原则上说，在我的直接存在中在我现在的表现中，我并不是这样。一句话，这并不是因为有一种变化和一种被设想为把我现在不是我曾经是的存在之同质向异质转变的过渡；但是，如果相反，可以存在一种生成，那是因为从原则上说，我的存在对我的存在方式而言是异质的。若把世界当做存在和非存在的综合来设想，那很容易就用生成对世界进行解释了。但是，人们已经考虑过，正在生成的存在要是能够成为这一综合的话，那就只能在奠定其固有虚无的活动中对自身而言成为这一综合。如果我不复是我曾经是的东西，那我就应该反过来在我本人要支持的一种虚无化的综合统一中成为我曾是的，否则我就同我不再是的没有任何种类的关系，而且我充分的实验性将全部是朝着生成发展的实质性的非存在。生成不能是一种数据，不能是存在的一种直接存在的方式，因为如果我们设想这样一个存在，那么在其中心，存在与非存在就只能是并列而存的，而且任何一种强加的或外界的结构都不能使两者融合在一起。存在与非存在的联系只能是内部的：非存在应该在非存在之中脱颖而出，这不能是一个事实，一个自然规律，而是存在的一种涌现，这种涌现是其自身的存在虚无。因此，如果我不是我自身的过去，那这不能是以转化的原始方式进行的，而是由于我需要成为我的过去以便不成为它，也是由于我需要不成为它以便成为它。这一表述应该使我们从根本上明白"曾是"之方式：如果我现在不是我曾是的，这并不是因为我已经发生了变化，那将设定业已确定的时间；却是因为我以"不是"的内部联系的方式相对我的存在而言而是。

因此，由于我是我的过去我才能不是我的过去；甚至正是这种成为我的过去的必要性才是唯一可能的基础，因为我并非是我的过去。如果不是这样，那在每一时刻，我就会既不是也并非不是我的过去，然而在一个完全是局外的见证人眼中看来那就是另一回事了。这个见证人他自身就应该以非是的形式成为他的过去。

这些意见能够使我们懂得起源于赫拉克里特的怀疑论的不准确之处何在，怀疑论坚持的仅仅是我不复是我所声称的。也许，我并不是人们所说的我所是的一切。但是，肯定我已不复是的说法是不对的，因为我从来就不曾是它，如果人们以此理解成"是自在"的话；而另一方面，也不能由此就得出结论说，我因为说了存在就犯了错误，因为正需要我成为它以便不成为它：我是以"曾是"的方式在现在成为它的。

因此，人们从自在的存在的意义上能够说的我所是的一切，连同一种充分致密度（他性格易怒、他是职员、他感到不满），这永远是我的过去。是对过去而言，我是我所是的。但是，从另一方面说，这样一个存在的沉重的充实体是在我之后的，有一个绝对的距离将它与我割裂开，并使这充实体落在我能及范围之外，没有接触，也没有联系。如果我以前一直是或曾经是幸福的，那是说我现在并不幸福。但这并不是说我现在是不幸的；而仅仅是说我只有在过去才能是幸福的：这并不是因为我有一个将我的存在置于我之后的过去；然而过去恰恰仅是这一本结论的结构，它迫使我成为我后面所是的。这就是"曾是"的意义所在。从定义上说，自为是在必须担当其存在的情况下得以存在的,而且它只能是自为而不能是任何其它的东西。但是,自为恰恰只有恢复其存在,才能承担这个存在,然而这个存在却使自为与其存在相离。由于确定我是以自在的方式存在,我就背离着这一确定,因为这个确定就其本质而言包含有一种否定。因此,自为总是在其所是之外,唯一的原因就是因为它是自为,而且它必须是自为。但同时,正是自为的存在而不是某种别的存在,居于自为之后。这样,我们就理解了"曾是"的意义之所在,"曾是"仅仅是自为的存在类型的特征,即自为与其存在之间关系的特征。过去,就是我作为被超越物所是的自在。

  现在,余下的问题就是要研究自为用以"曾是"其固有的过去的方法了。人们知道,自为在原始活动中显现,自在通过这原始的活动自我虚无化而使自身得以成立。自为是其自身的基础,因为它造成了自在的失败,为的是成为这种失败。但是它不因此就能够从自在中解脱出来。被超越的自在依然存在着,并且作为原始的偶然性出没于自为。它永远也达不到自为,而且也永不能被把握为这个或那个,然而它同样也不能阻止自己相距于它所是的自我。自在永远成不了这种偶然性,这种远离自为的累赘然而它却应该成为被超越了的并且保存在超越之中的累赘,这就是人为性,然而也就是过去。人为性和过去这两个词表明的是同一件事。事实上,过去犹如人为性一样,就是我应该成为的、没有任何可能不成为的自在之无懈可击的偶然性。这是事实的不可避免的必然性,不是作为必然性而是作为事实。事实的存在不能确定我诸种动机的内容,但它都使这些动机既不能取消它,也不能改变它,相反,它都是这些动机为了改变它而随身所携之物,它是这些动机为了逃避它而保留的东西,它是这些动机为了不是它而努力应该成为的东西。这就是使我在每一时刻都不是外交家和海员,而是教授的东西,虽然我仅仅能够扮演这个存在,而永远也不能与之聚合。我之所以不能返回去,这并不是由于什么魔术使它置于能及范围之外,这仅仅是由于它是自在，而我是自为；过去，就是我所是的而我不能够体验的东西。过去，就是实体。在此种意义上说，笛卡尔的我思理应以下面的方式表述尤佳："我思，故我曾在"。使人受骗的是过去和现在表面上的相似之处。因为昨天我感觉到的羞耻，当我感觉到它的时候，它曾经是自为。因此，人们相信这一耻辱在今天仍然是自为的，于是人们就错误地得出结论说，如果我不能返回到过去，那是因为羞耻现在不复存在。然而为了达及真理都应该把这种关系颠倒过来：在过去与现在之间，有着一种绝对的异质性，我之所以不能进入其中，那是因为过去存在。我可能成为过去的唯一方式，就是自己成为自在，以便使我自己以同一的方式消失于过去之中：这从本质上讲是我所不接受的。事实上，昨天我感受过的羞耻，当时曾是自为的羞耻，它现在还是羞耻，而就其本质而言，它还可以被作为自为来描述。但是在其存在之中，它已不复是自为了，因为它不再像是反映-反映物了。它仅仅是作为自为而成为可以描绘的。过去表现为变成了自在的自为。这个羞耻，只要我经历了它，它就不是它所是的。如果说我曾感到过这种羞耻，我就可以说：这曾是一个羞耻；它现在在我身后已变成了它曾经是的；它具有自在的经常性和持久性，就其时日而言，它是永恒的，它完全是自在地归属其自身的。因此，在一种意义上说，过去既是自为同时又是自在，这与我们在前面一章中所描述的价值或自我类似，和价值一样，过去代表着存在的某种综合，与是其所是的过去比较而言，这个存在是其所不是，又不是其所是。在这种意义上说，人们则可以谈及一种过去的逐渐消失的价值。因此，回忆就向我们表现了我们曾经是的存在，连同赋予回忆某种诗意的充实的存在。我们曾经有过的这种痛苦，由于它固定在过去，它就不停地表现一个自为的意义，然而它是自在存在的，便以他人的一种痛苦，以塑像式的一种痛苦默默地固定化。它不再需要在自我面前进行比较以求得自身的存在。这一痛苦相反都是它的自为的性质，而这不是其存在的存在方式，它仅仅成为存在的一种方式,一种性质。正是由于对过去的心理进行了观察,心理学家们就认为意识是一种性质,它无须在意识的存在之中去改变过去,就能或不能影响意识。过去的心理状态是第一位的,继而它是自为的,这正像皮埃尔的头发是金黄色的,这棵树是橡树一样。

然而,正因为如此,过去类似于价值,但并不是价值。在价值中,自为通过超越并且奠定其存在的过程,自在又一次被自为所捕捉。因此,存在的偶然性就让位于必然性。相反,过去首先是自在。自为由于自在的支持而存在,自为存在的理由不再在于它是自为:它已经变成了自在而且主动地向我们显现为纯粹的偶然性。没有任何理由使我的过去是这是那:我们过去在其系列的总体之中显现为应该加以考虑的事实,即是事实,就应当把它作为无根据的东西加以考虑。总的说来,它是颠倒了价值,是被自在捕捉并凝固起来的自为,它被自在的充分的浓度所渗透所障目,它被自在充实得不能再作为对反映物而言的反映而存在,对反映而言也不能再作为反映物而存在,而仅仅作为反映物-反映对偶体的一种自在的暗示而已。因此,过去完全可以成为被一个自为所追求的对象,这个自为意在实现价值并逃避焦虑,正是焦虑使自为永远缺乏自我。但是它从本质上又根本不同于价值:它恰恰是直陈式的,从中推断不出任何命令式来,它是每一个自为的事实本身,是我曾经是的偶然的却又不可易移的事实。

因此,过去就是一个受自在捕捉又被自在淹没的自为。这又是怎样形成的呢?我们已经描述过对于某一事件而言"业已过去"意味着什么,"有一种过去"对于人类实在而言意味着什么。我们已经看到,过去是自为的一种本体论的规律,就是说,一切可以成为自为的东西应该回到那里,在自我之后,且在其领域之外。正是在这个意义上,我们可以接受黑格尔的这句话:"Wesen ist was gewesen ist."我的本质是属于过去的,这就是其存在的法则。但是我们还不曾解释为什么自为的一个具体事件在变成过去。曾经是其过去的一个自为怎么能变成需要成为一个新的自为的过去呢？向过去进行的过渡是存在的变化。这一变化是什么呢？为了理解这些问题，那就必需首先把握住现时的自为与存在之间的关系。这样，如同我们可以预测的那样，对过去的研究就把我们推向了对现在的研究。

B) 现在

与自在的过去不同，现在是自为。现在的存在是什么呢？这里有一个属于现在的二律背反：一方面，人们乐于用存在给它下定义；这是相对于尚未存在的将来，相对于已不复存在的过去而言的。但是另一方面，也有一种严格的分析，企图把现在从非现在的一切中分离出来，就是说从过去、从最近的将来中分离出来，这样的分析将可能仅仅得到一个极其短暂的时刻，即如胡塞尔在《时间内在意识的教程》一书中所指出的那样，一种被推至无限分裂的理想极限就是虚无。因此，每当我们用一种新观点来研究人的实在的时候，我们都会发现不可分割的一对：存在与虚无。

现在的意义是什么呢？很清楚，现在存在着的东西，就其现时的性质而言，是区别于其它一切存的。当点名的时候，士兵或学生回答说："到！"其意义就是"Adsum"（在）。而这个"到"字是与不在场，也是与过去相对立的。因此，现在的意义，就是面对⋯⋯在场。所以，我们就该问一问，现在面对什么在场，谁又是现在的？这大概能使我们去廓清现在的存在的意义。

我的现在，就是在场。面对什么在场呢？是对这张桌子、这个房间、对巴黎、对世界，简言之，是对自在的存在而言的。但是，反过来说，自在的存在是否面对我在场、对它所不是的自在的存在在场呢？假定是这样的话，那就成了各种在场的一种相互关系了。然而很容易看到，它全然不是那样的。面对⋯⋯的在场是存在的一种内在关系，这存在是与它对之在场的诸种存在同在的。在任何情况下，这都不会是一种简单的外部接近的关系。面对……在场意味着自我之外的与……接近的存在。凡是可以面对……在场的东西，就应当这样地在其存在之中，在其存在之中有一种存在与其它诸种存在的关系。我只有通过一种综合的本体关系与这把椅子联结起来，只有当我在那里，在这把椅子的存在中是以一个不是这椅子的身份而存在着的情况下我才能够面对这把椅子在场。面对……在场的存在因此不能是静止的"自在"，自在不能是现在的，也不能是业已过去的：它存在，如此而已。关键不在于一个自在与另一自在的某种同时性，除非从某种存在的观点来看此问题；这一存在将与两个自在同在，而且在其本身中有在场的能力。因此，现在只能是自为对自在的存在的在场。这在场不是一偶然事件或一伴随事件的结果；相反，它是以一切伴随事件为前提的，而且应是自为的一种本体论的结构。在人的实在作为一种显现而出没的世界中，这张桌子应该面对这把椅子在场。换句话说，人们不会设想有那么一种存在，它首先是自为以便继而面对存在在场。然而自为在使自己成为自为的过程之中就使自己面对存在在场了，而且当它停止成为自为的时候也就停止了它的在场。这种自为被定义为对存在的在场。

那么，自为是使自己面对何种存在在场的呢？回答是明确的：自为是面对整个的自在存在在场的。或者毋宁说，正是自为的在场使得自在的存在作为总体存在。这是因为，恰恰是通过面对存在之为存在的在场的方式，没有任何可能可使自为面对一个特殊的存在的在场胜过于面对所有其它存在的在场。即使其存在的人为性使得此之在优于在别处，此之在也并非是现在的。此之在的存在仅仅决定一种角度，根据这个角度实现着面对自在之整体的在场。因而自为就使得诸存在都是为着同一个在场。诸存在被揭示为在一个世界上的共同在场；在这个世界上，通过名为在场的自我的全部出神的牺牲，自为把这些存在与它自身的融为一体。在自为做出牺牲"之前"我们既不可能说诸种存在共同存在着的，也不能说它们是分别存在着的。但是，自为是现在赖以进入世界的存在。世界的诸种存在实际上都是共同在场的，因为同一个自为同时又面对所有的存在在场。因此，人们通常称之为现在的东西，对于诸自在而言，是与它们的存在迥然相异的，尽管除此以外它什么也不是：这仅仅是在一个自为向诸存在显现时自为与诸存在的共同在场。

我们现在知道了谁在场，以及现在是对什么而言才是现在。然而，在场又是什么呢？

我们曾经看到，这不可能是两种存在的纯粹的共存，如同外在性的一种简单的关系，因为它需要第三项才能确立起这种共存。这个第三项存在于世内诸事物的共存之内：正是因为在使自身与一切事物共同在场的过程中建立了这种共存。但是，在自为面对自在的存在在场的情况下，那就不会有第三项。没有任何证人，即使上帝也不能建立它，自为本身只有这种在场业已存在时才能认识它。尽管如此，在场不能以自在的方式而存在的。这意味着，自为从一开始就面对存在在场，因为就其自身而言它就是共同在场的证明。我们该如何理解这一点呢？人们知道自为是以作为其存在的证人的方式而存在的。因此，如果自为是蓄意要在自我之外趋向这一存在的话，那自为就面对这个存在在场。自为应该尽可能紧密地和存在结合起来，然而又不与之同一化。我们将在下一章中看到这种结合是现实性的，因为自为是在与存在的原始联系之中诞生于自我的：它是对自身而言的自我见证，犹如它不是这一存在那样。鉴于此，自为是脱离自身的、趋向存在，寓于存在之中却又不是这一存在。进而言之，这就是我们能够从在场的意义本身所推断出来的东西：对某一存在的在场意味着人们用一种内在性的关系同这一存在相联，否则，在场和存在的任何联系都将是可能的；但这种内在性的联系是否定性的，它否认现时的存在是它面对其在场的存在。若非如此，内在性的联系就会消散成纯粹的同一性了。因此，自为对存在的在场意味着自为是面对存在的自我见证，又好像并非是存在；对存在的在场就是自为的在场，因自为并不存在，这是由于否定并不是有关把自为与存在区分开来的一种存在方式的差异，而是有关一种存在的差异，这就是当人们说"现在不存在"的时候所要表达的。

那么，现在和自为的这个非存在又意味着什么呢？为了把握这一点，就必须再回到自为及其存在方式的问题上来并且简略地描述它与存在之间的本体论关系。人们永远不可能谈论真实的自为：例如当人们说现在是九点钟了，从这个意义上讲，自为存在着，这意思就是说，在此时存在与自身完全相合，它提出并取消着自我而且提供出被动性的种种外表。这是因为自为有着一种与反映的见证相联袂的表面之存在，这种反映又回到某种反映物上去，尽管它没有任何对象可使其反映成为反映。自为没有存在，这是因为它的存在总是与它有距离的，如果您考虑显象的话，它就在那里的反映物中，仅仅对于反映物而言是显象或反映；而如果您考虑反映物不再是自在，而仅仅是一种把这一反映反映出来的纯粹功能的话，它就在彼处的反映之中。但此外，自为在其自身中并不是存在，因为它自身潜在地成为自为，而又好像并非是存在。它是对……的意识，如同是对……的内在否定。意向性和自我性的基础结构，就是否定，如同自为对于事物的内在关系一样；从作为这一事物的否定的事物出发，自为从外部自我确立；因此，自为与自在的存在的最初的关系就是否定；它以自为的方式"存在"，就是说如同分散的存在物那样，因为它并不对自己把自己揭示为存在。它以内在的分解和明确的否定加倍地逃脱存在。现在恰恰就是存在的这种否定，就是存在的这种逃遁，因为存在是作为人们由之逃脱出来的地方，而在那里的。自为是以逃遁的方式对存在显现的；对于存在而言，现在永远是一种逃遁。这样我们就明确了现在的最初意义：现在不存在；现在的瞬间源于自为的一种正在实现的、物化的概念；正是这种概念导致以一种是其所是的方式表现自为并且自为面对其在场。比如说，以表面上的指针的方式表现自为。在这种意义上说，对自为而言，说现在是九点钟，那将是荒唐的；但是，自为可以面对指着九点钟的分针在场。这就是人们谬称为现在的东西，就是现在面对其在场的存在。以瞬间的方式去把握现在是不可能的，因为瞬间是现在在其中存在的时刻。然而现在不存在，它以逃遁的方式现时化。

但是，现在并不仅仅是对自为进行现时化的非存在。作为自为，它有着在其前后的脱离自身的存在。在其后，是说它曾是其过去，而在其前，则是说它将是它的未来。它逃脱于与之共同在场的存在之外，还逃脱于它曾经是的又朝着它将要是的存在的存在。因为它是现在，它并不是它所是的（过去），而它又是它所不是的（将来）。这样我们就被推到将来的问题上来了。

C）将来

首先要指出自在不能成为将来，也不能包含将来的某一部分。当我注视新月的时候，圆月只有在向着人的实在进行自我揭露的"在世界之中"，才是将来；将来是通过人的实在来到世界上的。新月自在地是它所是的。在这新月之中没有任何东西是潜在的。它是活动。因此，将来的数量并不胜于作为自在的存在的原始时间性现象的过去。如果自在的将来是存在的话，那它就是自在地存在，它像过去一样是与存在相割裂的。即使人们像拉普拉斯那样认为有一种可预见到将来状态的完全决定论，那还是应该使这一将来的情形在真实的将来的预先昭示的基础上面，在世界的一个将要来到的存在上面显出轮廓，或者说，时间是一种幻觉，编年史掩盖着可扣除性的一种具有严格逻辑性的次序。如果未来在世界的地平线上展现出轮廓，这仅仅是由某个就是它自身固有的未来的存在所致，就是说，这个存在对其自身而言是要到来的，这个存在的存在是由其存在的一个"达到自我"所构成的。我们在这里又发现了类似于我们在描述过去时所提到的那些令人出神入化的结构。只有一种存在，可能拥有一个未来，那就是要成为其存在的存在，而不是仅仅是存在的存在。

但是，准确地说，它的未来是什么呢？何种类型的存在拥有未来呢？首先不能认为未来是作为表象而存在的。首先要指出，未来"被再现"是罕见的事情。当未来成为表象时，那就像海德格尔所说的被主题化了，而且为了成为与我的表象相异的对象，它不再是我的未来。其次，即使它再次被表现出来，它也不能成为我的表象的"内容"，这是因为这一内容，即使有的话，也应该是现在的。人是否能说这一现在的内容是受一种"未来化"的意图所推动的呢？这是毫无意义的问题。即使这种意图存在，那么它自己也必须是现在的，——那么，未来的问题不能得到解决，——或者这种意图超越现在进入未来，那么这种意图的存在是将要到来的，就必须承认未来之中有一个不同于简单的"被感知"的存在。进而言之，如果自为囿于其现在，那么它怎么能够自我表象未来呢？它怎么会有对未来的认识和预感呢？任何虚构的思想都不能为它提供一种等同物。如果人们首先把现在局限于现在之中，那当然现在就永远也不会从现在之中解脱出来。即使把自为视为"未来最重要的部分"，那也是无济于事的。或者这种表现毫无意义，或者它表明着一种现在的当前的有效性，或者它把自为的存在规律表示为是其固有将来的东西，在最后一种情况之下，它仅仅标明着应该描绘和解释的东西。自为若成为"未来最重要的部分"、"未来的期待"或"未来的知识"，就只有在一种自我与自我之间的原始和先决的关系之上才能有可能：人们不能为自为设想出一种主题性预见的最小可能性，哪怕是预见科学世界的种种特定状态的可能性，除非自为是从未来出发而来到自身的存在，除非它是作为其自身之外朝着未来的存在而存在。我们举一个简单的例子：我在网球场上所摆开的跃跃欲试的架势如果要有意义，那就必须通过我继而用球拍从网上打回去的动作。但是我并不服从未来举动的"清晰的表象"，也不服从于要完

164

成这一动作的"坚强的意志"。表象和意志是心理学家们发明的一些偶像。未来的动作甚至还未作为一个主题被提出来就退回到我所取的种种位置上,以便阐明它们,把它们联结起来并改变它们。我在网球场上首先是一个投击,把球击回去就好像是离开了我的自身,而我所取的那些中介位置都只不过是使我接近这一未来状态并与之融合的一些方式而已,而这些位置中间的每一个都是因为这未来的状态获有其意义。我的意识的任何一个环节,都是由一种对于将来的内部关系确定的;不论我在写字、在吸烟、还是在喝水或在休息,我的诸种意识的意义总是有距离的,彼处的、外部的。在此种意义上说,海德格尔言之有理,他说"此在"如果被人们局限于其纯粹的现在之中的话,那它就永远"是"无限地多于它所是的。更确切地说,这种限制是不可能的,因为那样的话,人们就说对了;合目的性是颠倒了的因果性,即未来状态的有效性。但是人们却经常忘却如实地运用这个公式。

不应该把将来理解成为一种尚未存在的"现在"。那样我们又会陷入自在之中,尤其是会把时间视作是某种特定静止的内涵。将来是我要成为的东西,正因为我可以不是它。我们还记得:自为在存在之前现时化着,犹如不是这个存在,然而在过去又曾是它的存在一样。这种在场就是逃遁。这里所涉及的不是在存在附近的一种延缓和静止的在场,而是一种超出存在朝着……的逃遁。这种逃遁是双重的,因为当它逃离了它所不是的东西的时候,在场就避开它曾经是的存在。那它逃向何处呢?我们不能忘记:自为是一种欠缺,因为它是为了逃避存在而在存在中现时化。"可能"则是自为为了成为自我而欠缺的东西,或者不如说,是相距于我所是的东西的在场。人们由此就把握了身为在场的逃遁的意义;它是朝着自己的存在而逃逸的,就是说是朝着因与其所欠缺的东西偶合将要成为的自我而逃遁的。将来是欠缺,这欠缺既是欠缺,就把逃逸从在场的自在中解脱出来。如果在场一无所缺,那它就会再度堕入存在之中并且将失去面对存在的在场以换取完全同一性的孤立状态。如此欠缺使存在成为在场，这是因为在场是脱离出自身趋向那超乎世界之外的某一欠缺者，而且鉴于此，在场才能脱出自身，作为面对它不所不是的某一自在来在场。将来，就是自为应该在存在之外所成为的有决定意义的存在。将来之所以存在是因为自为要成为其存在，而不仅仅是简单的存在。自为要成为的这一存在不能够以共同在场的自在之方式存在，否则它就无须被存在过；因此，人们不能将它设想为一种完全被确定的状态，而这种状态缺少的是在场。正如康德所说，存在并不给观念的对象添加任何东西。然而，它也不可能会存在，否则，自为就只能是个已定物。它是自为自身造成的，同时自为不断把自己看作对己未完成的自为。它从远处出没于反映－反映物这成对的东西，是使得反映被反映物理解为（反之亦然）一种尚未存在的东西。但是，这种欠缺物恰恰应在与欠缺着的自为一同涌现的统一之中表现出来，否则自为就不会对任何东西把自己把握为尚未存在的东西。将来对于自为被揭示为自为还不是的东西，因为自为非正题地自为地自我构成为一种从揭示的角度来讲尚未存在的东西，还因为它使自己成为一个在现在之外趋向它还不是的东西的谋划。当然，如果没有这种揭示，将来就不能存在。而这种揭示自己就要求面对自我而被揭示，就是说，它要求自为对它自己揭示，否则整体的揭示便陷入无意识，即自在之中了。这样，只有一种面对自身而被揭示的存在，即一种它的存在给自己提出问题的存在，才会有一个将来。但反过来说，这样一个存在只能在某个尚未存在的前景之中才能成为自为，因为它自己把自己看作一个虚无，就是说看作一个其存在的补足部分是远离自我的存在。远离之意，就是超乎存在之外。因此，自为超乎存在之外而是的一切就是未来。

这个"超乎……之外"意味着什么呢？为了理解这一点，应该指出，将来具有自为的一个本质特征：它是对存在的在场（将来)。在这里特指的自为的在场中的自为指的是其将来是这个"超乎……之外"的自为。当我说：我将是幸福的，就是说这个现在的自为将是幸福的，也就是说现在对它曾经是的一切以及在它在身后拖曳着的一切的"erlebnis"（体验）都将是幸福的。这个存在作为对存在的在场将如上所述，就是说作为自为对一个与它共有将来的存在的将来的在场。因此，对我表现为现在的自为之意义的通常是与我共有将来的存在，因为它面对将来的自为被揭示为这个自为将面对其在场的东西。因为自为以在场的方式是对世界的正题意识，而不是对自我的正题意识。如此，通常向意识作自我揭示的，就是将来的世界，而意识没有注意到这是向着一种意识显现的世界，这是通过某一将要来临的自为的在场而被确立为未来的世界。这个世界具有将来的意义，那只是因为我以另一种形体上的、有感情的社会性的等等的地位将作为另一个人而在这个世界中。但是，这个世界是在我现在的自为之后并且是超乎自在的存在之外的，因此，我们就倾向于首先把将来作为世界的一个状态来介绍，继而在这个世界的背景之下把我们自己表现出来。我在写作，那是因为我意识到这些字，把它们视作可写之物，作为应被写出的东西。而就是这些字表现出在期待着我的那个将来。然而，我所是的可能性唯一的事实是：这些字作为要写的字意味着写，是作为（对）自我（的）非正题意识。这样，将来，作为某一自为对于某一存在将来的显现使得自在的存在与它一起进入了将来。自为将要面对其在场的这个存在，就是与现在的自为共同在场的自在之意义，犹如将来是自为的意义一样。将来对于一个与它共有将来的存在显现，因为自为要能存在必须是接近存在而脱离自我，因为将来是一个将来的自为。但这样一来，通过将来，一个未来来到世界上，就是说自为是它的意义，如同面对某一超乎存在之外的存在的在场那样。通过自为，一个对存在的"超乎其外"被揭示出来，在这个"超乎其外"附近，自为要成为它所是的。根据这著名的公式，我应该"成为我曾经是

171

的",但是,正是在一个已经被生成的世界之中我才应该成为我曾是的而且这个世界的生成是从它所是的东西出发的。这意味着从我对这个世界把握的状态出发,我向世界提供了种种可能性:决定论是在对我自己将来化的谋划的背景下出现的。这样,将来就将区别于想象中的事物,而将来我同样也是我所不是的,我也同样能在我要成为的存在之中找到我的意义,然而这个存在中,我要成为的这个自为,靠近存在的世界,从世界的虚化的背景下显露出来。

但是,将来并不仅仅是自为面对一个超乎存在之外存在处境的在场。它是某种期待着我所是的自为到来的东西,这某种东西就是我自己:当我说我将会是幸福的,显然就是说是我现在的"我",在将是幸福的自我之后拖曳着它的过去。因此,将来就是我,因为我期待着我,就如同期待一个对超乎存在之外的某一存在的在场那样。我将我自己投向将来是为了与我所欠缺的东西一起融合于将来之中,就是说对我的现时的综合添加物会使得我成为我之所是。这样,作为面对超乎存在之外的存在的在场,自为所要成为的,就是它自己的可能性。将来就是理想之点,在其中,人为性(过去)、自为(现在)及其可能(未来)急剧的无穷的紧缩使得作为自为的自在存在的自我最后涌现出来。而自为向着它所是的将来的谋划就是趋向自在的计划。在这个意义上说,自为是要成为其将来的,因为只有在自我之前而且在存在之外,自为才能成为它所是的东西的基础:自为的性质就是应该成为"一个永是将来的空洞"。因此,对现在而言自为将永远不会在将来成为它曾经是的东西。现在的自为之全部将来与这个自为本身一起像将来一样落在过去之上。将来将要成为某个自为的过去了的将来或是先将来。这个将来并不是在实现着的。正在实现着的是一个被将来指定的自为,这个自为是与它将来的联系之中而自我构成的。比如:我在网球场上的最后的姿势从未来的深处而言决定了我所有的中介姿势,最后,一个最终的姿势相聚合,这个最终姿势同一于作为我各种运动的意义的它相对未来曾经是的东西。但是这个"聚合"纯粹是理想的,实际上是行不通的:将来是不能达到的,它如同先前的将来一样滑向过去,而现在的自为则在它全部的人为性中被揭示出来,如同是它自身虚无的基础,因之也就如同是对一个新的未来的欠缺一样。所以,这个本性论的失落就在将来之中随时期待着自为:"在帝国统治之下的共和国是何等美好啊!"即使我的现在在其内容方面是与我自己投身的将来严格同一的,那这也并非是我曾投身过的现在因为我是投身于将来的,就是说,投身于作为我之存在的聚合点、作为自我涌现之处的将来之中。

现在,我们更可以对将来的存在作些考察了,因为我要成为的这个将来仅仅是我超乎存在之外面对存在在场的可能性。在这个意义上说,将来是与过去严格对立的。过去实际上是我在我之外所是的存在,且是我不可能不是的存在。这就是我们曾经称为"在自我之后成为其过去"的东西。相反,我所变成的将来在其存在中的存在致使我仅仅能够成为它:因为我的自由在其存之中从下面侵蚀着它。这意味着将来把我现在的自为的意义确立为其可能性的谋划,但是它全然不能预先决定我未来的自为,因为自为总是被抛入成为其虚无之基础的虚无化的职责之中。将来只能先勾勒出一个轮廓使得自为在其中把自己变成趋向另外一个将来的对存在进行现时化的逃逸。如果我不是自由的,那将来就会是我所是的,并且只因为我是自由的将来才能够成为我应该是的。与此同时,将来出现在地平线上为的是向我宣布从我可能是的东西出发我所是的("你在做什么?""我正在钉地毯,正在把这幅画挂在墙上。"),将来由于具有现在 - 自为的特性而自我解体,因为将要是的自为将是以自我决定为是的方式存在的;而且已成为过去的将来,如同这个对自为的将来的预先勾画那样,只能够以过去的名义激励自我成为它要使自己成为的东西。一句话,在不是将来的经常可能性的前景下,我是我的将来。因此,我们在前面所描述的焦虑是来源于我要成为的而又未足以为是的这个将来，它把其意义赋予我的现在：这是因为我是一个其意义始终未定的存在。自为想把自身与其可能相环结，那是徒劳的，这就如同想把自身与在它自身之外或至少肯定是在它自身之外的存在联系起来的企图一样，都是徒劳的：自为永远只能够不定地成为它的将来，因为它是被它所是的一个虚无同其将来所分离：一句话，它是自由的，而它的自由本身就是它自己的界限是自由的，就是说命定是自由的。这样，将来既是将来，就没有存在。将来不是自在的，它同样也不是以自为之存在的方式存在，因为它是自为的意义。将来不存在，它自我可能化。将来是诸种"可能"的持续的可能化，如同现在的自为之意义那样，因为这个意义是未定的，而且它完全要彻底地逃离现在的自为。

这样描绘的将来，并不符合于按时间顺序排列的一些未来时刻的谐和的系列。当然，我的诸种可能是有等级的。然而这种等级不符合于普遍的时间性的顺序，此顺序将在原始的时间性的各种基础上建立起来，我就是无穷的可能性组成的，因为自为的意义是复杂的，而且不会拘泥于一种公式。但是，这样的可能性较之更接近于普遍时间的其它的可能性来说，对于自为的意义而言则更有决定性。举例而言，我真的是一种可能，这种可能性就是在两点钟去看望我两年未见的一位朋友。但是那些离我更近的可能性——乘出租车、汽车、地铁或步行去看朋友的种种可能性——依然是未定的。我并不是这些可能性中的任何一个。因此在我的诸种可能性的系列之中有一些空洞。这些空洞在认识的次序之中，通过一个均匀的无空隙的时间结构——在由意志而决定的行动次序中将会被填充起来，就是说，通过理性的主题化的选择，根据我的诸种可能，根据那些现在不是而且永远也不可能是我之可能的那些可能性，而且我将以全然无关的方式去实现这些可能性以便与我所是的一个可能性相聚而把这些空洞填满。

二、时间性的本体论

A）静态的时间性

对时间的三种出神的现象学描述现在应该使我们可以把时间性视为整体结构，这整体结构在其自身中组织着次要的出神的种种结构。但是这种新的研讨应该从两种不同的观点出发进行。

时间性经常被视作是一种不可定夺的东西。然而，每个人又都认为时间性首先是个系列。系列反过来又可以作为一种次序而自我确定下来，这次序的排列原则就是前－后的关系。按前－后排列的一个复合，这就是时间的复合。因此，从研究"前"与"后"这两个词的组成及其种种要求入手是适宜的。我们将要称之为时间的静止，因为前与后这些概念的研究可以严格按照它们的顺序而完全撇开所谓的变化。但是，对于一个已定的复合而言，时间不仅仅是固定的次序：若对时间性进行更深入的观察，我们就看到系列之事实，就是说，这样一个后在变成一个前，现在正变成过去，而将来则变成先将来。这就是我们随后要在时间动力学名下研究的问题。毫无疑问，我们正是应该在时间的动态之中来探索时间的静态结构的奥秘。然而，将这些难题分开来研究更为有利。实际上，在一种意义上说，人们可以认为时间的静态可以单独地加以研究，可以把它看作时间性的某种形式结构——即康德所说的时间的顺序——还可以说动态符合于物质的流逝，或者可以按康德的术语说，符合于时间的进程。因此，人们就有兴趣依次研究这个顺序和这一进程。

"前－后"顺序定义的确定首先是取决于不可逆转性。人们之所以把一个系列称作连续的，是因为人们只能一个一个地考察其中诸项，并且只能从一个方向上去考察这些项。但是，人们曾希望在之前和之后里看到分离的形式。这恰恰是因为系列中诸项是逐个地显示自己的，而且每一项对其他项都是排斥的。比如，实际上正是时间把我与我各种欲望的实现分离开。我之所以不得不期待着这种实现，那是因为这种实现是处于其它一些事件之后的。要是没有若干个"之后"的系列，那我就会立即成为我要是的，那么我与我之间的距离就没有了，行动与梦想之间的分离也就没有了。从根本上说，小说家和诗人们所强调的正是时间的这种分离性，他们同样强调一种属于时间动力学范围的相近的观念：即一切"现在"都注定要变成为一种"过去"。时间在消蚀着、具有分离性，它在分离，在逃逸。而正是以分离者的身份——在把人与其障碍相分离或是把人与其障碍的对象相分离的过程之中——时间消除着人们的障碍。

"对时光听之任之吧！"国王对唐·罗德里克是这样说的。一般说来，人尤为感到震惊的是：一切存在都必然需要分解成——相继的无穷的"之后"系列。即使是那些经常性的东西，即使是这一张在我改变时它不改变的桌子，也应该在时间的分散之中显示并折射它的存在。时间把我与我自身分开，与我曾经是的东西分开，与我要成为的东西和我要做的事情分开，与事物和他人分开。时间被选择出来是为了作为距离的实际量度：人们到某一城市需一个半小时，到另一城市则需要一个小时，完成某一项工作需要三天时间等等。从这些前提中就会得出：世界和人们的一种时间的观念必将消散成为之前和之后的一种碎屑。这一碎屑的聚合，时间的原子，就是瞬间；瞬间的位置是居于某些已定瞬间之前和某些瞬间之后的中间，而在其自身形式的内部并不包含着前与后。瞬间是不可分的，是非时间的，因为时间性是连续性；然而世界却分崩离析为无穷瞬间的尘埃，举例而言，例如要知道如何能够从一瞬间过渡到另一瞬间，这对笛卡尔来说是个问题；因为所有的瞬间都是并列的，即是由乌有把它们分离开的，它们之间没有关联。与此同时，普鲁斯特就忖度着他的"我"是如何由一瞬间过渡到另一瞬间的，举例来说，他如何在一夜睡眠之后再度找到的是他的前夜的"我"而不是任何其他的"我"；更彻底地说，经验主义者们在否定了"我"之恒常性之后，妄图通过心理生活的诸种瞬间建立一个表面的横向统一。因此，当人们孤立地去考虑消解时间性的能力的时候，那就不得不承认，在某一特定瞬间存在过的事实不能构成在随之而来的瞬间存在的一种权利，甚至也不是对未来的一种抵押或选择。问题就在于要解释有一个世界存在，就是说要解释在时间中的互相联系着的变化和恒久性。

但是，时间性并不仅仅是甚至也不首先是分离。只要更加确切地去研究前和后的概念就足以能够理解它。我们说，A是在B之后的。我们这就在A和B之间建立了一种明确的次序关系，这就需要在这一次序内部设定它们的统一。在A和B之间除掉这种次序关系，而不含有其他的关系，但至少这种关系还是肯定了它们之间联系，这是因为只有它才会使思想从其中的一个过渡到另一个，并且在一个系列的判断之中把它们联结起来。因此，如果时间是个分离，那它至少是一种特殊类型的分离：一种统一着的分割。人们会说：就算是这样吧，然而这种统一的关系特别地是一种外部关系。当联想主义者们意欲证明，精神的印象能够与他互相关联，那只是因为纯粹为外部联系所致，那他们不就是最终把一切联合的关系都简单归结为"毗连"的前-后的关系吗？

事情大概如此。但康德不是指出过，为了使经验联想的任何一种细小联系都可以成立，则要有经验的统一以及由此而来的不同时间的统一。让我们进一步研究一下联想主义的理论吧！与这个理论相辅相成的是存在的一种一元论观念，这种观点认为自在的存在比比皆是。精神的每一印象在其自身中都是它所是的，它在其现在的充实中自我孤立出来，它不包含任何一点未来之痕迹，也无任何欠缺。当休谟发动他著名的挑战的时候，他就是注意到要建立他声称从经验中得出的这项规律：人们可以随心所欲地去检查某一个强烈的或淡漠的印象，但人们在这印象中除了发现印象自身之外，永远发现不了任何别的东西，因此，某一前因和后果之间的任何联系，

171

不论它如何经常发生，也仍是不可理解的。因此，我们设定一个作为自在存在而存在的 A 所具有的时间性内容，设定后于 A 的、以同样方式存在的 B 的时间性内容，就是说，B 也属于同一性的自我范畴。需要首先指出的是这个与自我的同一性迫使 A 和 B 中的任何一个都是与自我须臾不离地存在着的，哪怕是暂时的分离，因此，无论是永恒的还是暂时的结果都一样，因为瞬间完全不是由前-后的联系而从内部确定的，所以它是非时间性的。在这些条件下，人们会问状态 A 如何能够先于状态 B 呢。如果回答说，这并非是状态居先或居后，而是诸种瞬间把这些状态包含起来，那这种回答是毫无用处的：因为诸瞬间都如同状态一样是被假定为自在地存在的。不过，若 A 先于 B，这就在 A（瞬间或状态）的本质之内设定一种对准着 B 的非充足性。如果 A 是先于 B 的，那是因为 A 在 B 中可以得到这种决定。否则，在其瞬间之中无论孤立的 B 的涌现，还是其消亡，都不能给予在其瞬间之中的孤立的 A 以任何一点特殊的品格。一言以蔽之，若 A 应先于 B，那么 A 在其自身的存在之中甚至在 B 中都是对自我的将来。同样，如果 B 应是后于 A 的，那它就应该在 A 中拖曳于自身之后，而这个 A 将赋予 B 以后时间性的意义。因此，如果我们先验地将自在的存在赋予 A 和 B，那就不可能在它们两者之间建立起丝毫的连续关系。这联系实际上是一种纯粹的外在关系，因其如此，那就需要承认这种联系依然是空中楼阁，没有基质，处在一种暂时的虚无之中，既不能影响 A 也不能影响 B。

余下的可能性就是这种前-后关系仅仅是对于建立了这一关系的见证者而存在了。只不过如果这一见证人能够同时在 A 和 B 中，那是因为它自身就是时间性的，对它而言问题就会再度提出来。或者相反，这见证人通过相当于非时间性的一种时间的普遍存在能力可以超越时间。这就是笛卡尔和康德得出的相同解决办法：对他们而言，居先综合关系在其内部被揭示的时间性统一是通过一个逃脱了时间性的存在而被给予了瞬间的多样性。他们二者都是以某一个时间为前提条件出发的，这个时间将成为分割的形式，其自身分解成纯粹的多样性。既然时间的统一不能由时间本身所提供，他们就给予它一种超时间性的存在。在笛卡尔那里是上帝及其连续不断的创造，在康德那里则是"我思"及其综合统一的种种形式。只不过，前者认为：时间的统一是靠其物质的内容，而这物质的内容是通过一种从虚无（Ex nihilo）的永恒创造而维持存在的。相反，后者则认为，纯粹理解的概念正是运用于时间的形式。不论怎么说，正是一种非时间性的东西（上帝或我思）提供了时间性的非时间性的东西（诸瞬间）。时间性在种种非时间性的实体之间成为一种简单的外在抽象关系；人们要用无时间性的物质把时间性重新全部恢复起来。显然，这样一种首先是与时间相违悖的重建不能继而导致时间性的东西。实际上，或者我们悄悄而又隐晦地把非时间性的东西进行时间化，或者，如果我们精心地保持着它的非时间性，那么时间将会变成一种纯粹的人类幻想，一种梦境。实际上，如果时间是实在的，那上帝就应该"等待着糖的融化"；就应该在彼处的未来之中，在昨天的过去之中，以便使诸环节联系起来，因为上帝有必要在它们存在的地方获取它们。这样，其假的非时间性就掩盖着其它的概念，包括时间的无限性的概念和时间普遍存在的概念。然而这些概念的意义仅仅是相对于一种脱离自我的综合形式而言，而绝不再符合于自在的存在。相反，如果人们将上帝的全知性建立在它的超时间性上，那么上帝就丝毫没有必要等待着糖块融化以便看到它将要融化。但是这样，等待的必要性以及因之而生的时间性就只能代表由人类终极性导致的一个幻想，年代的顺序只不过是一种逻辑性的永恒的顺序的混乱概念。这一论据无须加任何改变就符合于康德的"我思"。这个论据丝毫也无助于反对康德的意见：时间既为时间，它就有一种统一，因为它作为先验的形式，是从非时间性的东西之中涌现出来的；因为这里涉及较少的是对时间的涌现的

179

全部统一的理解问题，较多的则是前与后的内在时间性的种种联系。人们将会谈到一种统一的使之过渡到行为的潜在的时间性吗？但是，这种潜在的连续性，比起我们刚刚谈及的实在的连续更不易被人们理解。等待着统一之后能变成连续的连续是什么呢？它属于谁，属于什么呢？但是这种连续性并没有在某处出现，那么非时间性的东西怎么能够在不失去其任何非时间性的情况下分泌出这种连续来呢？这种连续又是怎样从非时间性的东西中产生而又没有粉碎它呢？更何况统一这个观念本身在这里是全然不可理解的。实际上，我们已经假设了孤立于其地点和时间的两种自在。人们如何能将它们统一起来呢？是否涉及一种实在的统一呢？在这种情况下，或者我们空话连篇——这种统一不会有损于这两个孤立的自为的各自的同一性和完整性——或者是需要组成一种新型的统一，恰恰就是出神的统一：每个状态都将在自在之外，在彼处存在，以便先于或后于另外一个状态只不过应该打破它们的存在，使它们的存在减压，简而言之，使它们时间化而不是仅仅使这些状态接近。那么，"我思"的非时间性统一作为思维的简单能力，它怎么可能产生存在的这种减压呢？我们能够说统一是潜在的，即人们通过种种印象之外已经设计了颇与胡塞尔的意识对象相似的一种统一吗？但是，一种要把种种非时间性的东西统一起来的非时间性的东西怎么会设想出一种连续类型的非时间性的东西呢？假定时间的存在因此就是一种感知的话，那感知者又怎么能构成呢？简而言之，一种非时间性结构的存在怎么能够把那些孤立于其非时间性之中的自在理解为时间性的东西（或是将其意向化）呢？这样，时间性因既是分离的形式，同时又是综合的形式，它就既不能由一种非时间性的东西中派生出来，又不能从外部强加于诸种非时间性的东西。

莱布尼茨与笛卡尔、柏格森和康德相反，他们只是企图在时间性中看见内在性和凝聚性的一种纯粹关系。莱布尼茨认为由一瞬间到另一瞬间的过渡问题，过渡的完成以及连绵的创造，是一个有着无益结局的虚假问题:莱布尼茨认为笛卡尔可能忘记了时间的连续性。在确认时间的连续性的时候,我们绝不能把时间看作是由瞬间组成的。而且,如果不再有瞬间的话,那么各瞬间之间的先后关系也就不复存在了。时间是一种广漠的流逝的连续性,人们决不能在用可能自在存在着的原始因素来规定这种连续性。

这就是忘却了前－后也是一个进行着分离的形式。如果时间是某种既定的连续性,它具有着一种不可否认的分离趋向,人们就可以用另一种方式提出笛卡尔的问题:连续性的内聚力由何处而来呢?无疑,在一个连续体之内没有并列的原始因素。但这恰恰是因为连续体首先是个统一过程。正是因为如同康德所言我画一条直线,这条在同一个活动的统一中画出的直线只是一条无限的虚线。那么谁能画出时间来呢?简言之,这种连续性是一个事实,一个必须受到考虑的事实。它并不会是一个中断。让我重温一下彭加勒的著名定义吧:他说,有一个 a、b、c 系列,当人们可以把它写为:a = b、b = c、a ÷ c 时,这个系列就是连续的。这个定义是很精彩的,因为它使我们预感到恰恰有那么一种存在,这种存在是其所不是又不是其所是:这是根据 a = c 这样一个公理得出的,根据 a ÷ c 的连续性本身得出的。这样 a 是 c,却又不等于 c。而 b 既等于 a,又等于 c,它就与其本身是不同的,因为 a 不等于 c。但是,当我们对自在进行展望来研究这个定义的时候,这个绝妙的定义仍然是一个纯粹的精神游戏,而且如果此定义向我们提供了一个同时存在又不存在类型的存在的话,那么这个定义就既没有给我们提供它的原则,也没有给我们提供它的基础。一切都有待于人们去做。特别是在对时间性的研究之中,人们完全可以设想连续性可能会对我们有什么用处;在瞬间 a 和瞬间 b 之间,不论两者关系如何接近,总会插入个中介 b,比如说,根据 a = b、b = c、a ÷ b 这个定理,这个 b 就既不可能与 a 相辨,也不能与 c 相别,而 a 与 c 两者之间却完全是可以辨别的。正是 b 实现着前－后关系,它自身就是在先的,因为它

181

与a和c是不可辨别的。这真是太好了！然而，如此这般的存在能够存在吗？其出神的性质由何处而来呢？自身酝酿着分裂怎么不能自身了结、b如何不能表现为两个端点，其一将化为a，另一化为c呢？怎么能看不见它的统一性的一个问题呢？或许对这一存在的诸种可能性的条件进行一种更为深刻的审议使我们认识到，只有自为才能存在于自我的出神统一之中。但，恰恰是因为这种审议并未进行，莱布尼茨主张的时间的内聚力，归根结底就掩盖着由逻辑的绝对内在性致成的内聚性即同一性。然而显然如果年代的顺序是连续的话，那它就不能象征同一性的顺序，因为连续与同一是不相容的。

同样，柏格森以其作为有韵律的组织和相互交错的多样性的绵延表明，他似乎没看见有一种多样性的组织需要一个组织性的活动。当他否定瞬间的时候，他对笛卡尔持反对意见是有道理的；但是康德与他意见相反也是有道理的，康德认定没有既定的综合。柏格森主义的这种过去，粘附于现在并且深入其中，它只不过是些华丽的词藻而已。而这也正体现了柏格森在其有关回忆的理论中所遇到的困难。因为如果过去像他指出的那样是没有效力的，那就会仅仅留在后面，那它永远也不会以回忆的形式深入到现在中来，除非一个现在的存在已经在过去出神地存在着。无疑，柏格森认为这是同一个绵延着的存在，然而这恰恰仅能使得人们更加感到有必要从本体论观点进行阐述。因为归根结蒂我们并不知道是存在绵延着，还是绵延就是存在。如果绵延是存在，那么我们就必须说出何为绵延的本体结构；而如果相反，是存在绵延着，那就必须向我们表明，在其存在之中，是什么使存在得以绵延。

经过这样一场讨论，我们能得到什么样的结论呢？首先：时间性是一种有溶解力的力量，但是在一个统一性活动之内，它尚不足以成为一个实在的多样性——它不可能随后接受任何统一，所以它甚至不能作为多样性而存在——它更多地是个准多样性，是统一内部的一个解体的开始。对以下两个方面中不能孤立地研究其中一个方面：如果首先把时间的统一性提出来，我们就有可能再也不能理解作为这个统一的意义的不可逆转的连续；而如果把分解性的连续视作时间的原始性质，我们甚至都不能再理解有个时间存在了。因此，如果统一性对于多样性没有任何的优先地位，多样性对于统一性也没有任何优先性，那就应该把时间性看作是一种在多样化着的统一性，就是说，时间性只是在同一个存在之中的一种存在关系。我们不能把时间性视为一种其存在可能是既定的容器，因为这就是永远不想去理解这个自在存在是如何能够自我分解成为多样性的，或者说若干微容器或瞬间的自在如何可以自我聚集到一个时间的统一性之中的。时间性并不存在。只有具有某种存在结构的一种存在在其自己的存在统一之中才可能是时间性的。如同我们已经指出的那样，先与后只能作为一种内在关系才是可以理解的（心智性的）。正是在那边，在后里面，先才使自己确定为先；反之亦然，简而言之，只有当存在先于它自身时，先才是可以理解的。这就是说，时间性只能表明某一个存在的存在方式，这个存在是在自我之外的。时间性应该有自我性的结构。实际上，这仅仅是因为自我是彼处的脱离了自我的自我，在其存在之中它才能是先于或后于自我的，才能在其存在之中一般说来有之前之后。时间性之存在只能是作为一个要成为其自己存在的存在之内部结构，就是说作为自为的内部结构。这并非是说自为对于时间性有一个本体论的优先性。而是说时间性是自为之存在，因为自为要以出神的方式存在。时间性 *176* 并不存在，但自为在存在的过程之中自我时间化。

反过来说，对过去、现在和将来所作的现象学的研究使得我们可以表明，自为只能以时间的方式才能存在。

在存在中，自为作为自在之虚无化涌现出来，同时以虚无化的全部可能自我确立。从某一个侧面来看，人们可以认为，自为仅仅是自身系于一发的存在，或者更加准确地说，存在因其而存在，它是使得虚无化的一切可能范畴存在的存在。在古代人们把犹太人的深深的内聚力和分散性称之为"第亚斯波拉"①。我们可以借用这个字来表明自为的存在方式：它是散居的。自在的存在仅有一个存在维度，但是虚无的显现，作为存在内心的曾经存在过的东西就使得存在性的结构复杂化，同时使自我之本体论的幻影显现。我们将在后面看到：反思、超越性和在世的存在、为他人之存在代表着虚无化之诸种范畴，或者也可以说是代表着存在与自我的诸种原始性关系。因此，虚无就把准多样性引入了存在。这种准多样性是一切世界之中的多样性的基础，因为一种多样性要求有一种原始性统一，多样性是在这种原始统一内部酝酿的。在这个意义上说，梅耶松的看法并不正确，他认为多样化是无稽之谈，而且这种无稽之谈的责任要归于实在性。自在并不是差异，它不是多样性，而为了使它得到作为其"没于世界的存在"的特性的多样性，那就必须出现一个存在，这个存在要同时面对每一个在其同一性中的孤立的自在在场。多样性正是通过人的实在来到了世界上的，正是因为存在内部的准多样性使得数目在世界上显露出来。但是，自为的这些多样的或准多样的范畴的意义是什么呢？这就是它与自己的存在之间的种种不同的关系。当人们是人们所是的时候，那么就其存在而言，就仅仅有一种存在方式。但当人们一旦不复是其存在时，存在的不同方式因为不再是其存在而同时涌现出来。为了使我们进入最初的出神状态——也就是，既能昭示虚无化的原始意义，又代表着最小的虚无化——自为可以而且同时应该：（1）不是其所是；（2）是其所不是；（3）在一种永恒的回归的统一之中，是其所不是，又不是其所是。这就涉及到三个出神的范畴，出神的意义就是与自我的距离。当然不可能设想会有一种不根据这三个范畴而存在的意识。而假定"我思"首先发现三个范畴中的一个，这却丝毫也不是说这个范畴是首要的，而仅仅是由于它比较易于被揭示。然而，就其自身

---

① Diaspora，希腊语，意为犹太人散居国。——译注

而言，它是"非自立的"，它能使其它两个范畴显现出来。自为是一个存在，这个存在应该同时存在于它的所有范畴之中。距离在此是作为与自我之距离的，它毫无实在内容，而且一般说来，丝毫也不同于自在：这仅仅是乌有，是作为分离而"被存在"的虚无。每个范畴都是一种朝着自我徒然进行自我投射的方式，都是在某一虚无之外的成为人们所是的一种方式，是一种不同于作为这种降低的存在的、剥夺自为要成为的存在的方式。让我们现在来逐一地研究它们。

在第一个范畴之内，自为作为其所是的东西要成为在自我之后的它的存在，而它又不是其存在的基础。这样，自为的存在在那里，是与它相对的，但是，一个虚无将它们二者分开，即人为性的虚无。自为作为其虚无的基础，——作为这样的必然性——是与其原始的偶然性相分离的；对于这种偶然性，自为既不能将其摈弃，也不能融于其中。自为是为自身而存在的，但是以不可挽回的和无缘无故的方式存在的。自为之存在是为了自为，但并不是为了这一存在，因为恰恰是反映－反映者的这种相互性使得存在着的东西的原始偶然性消失。正是因为自为是以存在之方式被理解的，所以自为是作为潜入自在之中的反映－反映者的一种游戏而远远的存在在这个游戏里，既不是反映使得反映者存在，也不是反映者使得反映存在。自为所要成为的这个存在因之就表现得如同某种去而不返的东西，这正是因为自为不能以反映－反映者的方式奠定这一存在，而它奠定的仅仅是这一存在与其自身的联系。自为完全没有奠定这一存在的存在，而仅仅是证实了这个存在是可以表现出来的。这里涉及的是一种无条件的必然性：不论所议的自为如何，它总是以某种意义存在着，它之所以存在，那是因为它可以被命名，因为人们可以肯定或否定它的某些性质。但是由于它是自为，它就永远不是它所是的。它所是的是在它之后的，如同是永恒的被超越的东西。我们正是把这种被超越的人为性称之为过去。因此，过去是自为的一个必然结构，因为自为只能作为一种虚无化的超越而存在，而这种超越就需要一种被超越物。因此，当我们在研究一个自为的时候，就不可能把它作为尚未具有过去的东西来把握。不应该认为自为首先是在一个没有过去之存在的绝对新颖的东西之中存在并向世界涌现，以便继而逐渐自我形成一个过去。但是，无论自为是如何出现在世界之中，自为都是以与其过去的某种关系的出神的统一来到世界上的。决不会有一种没有过去而能变成过去的绝对开始，然而，作为自为，因其是自为，就要成为其过去，它是同一个过去一起来到世界上的。这些见解使人们能够以一种较为新鲜的观点来研究产生的问题。实际上，看来有些荒诞不经的是，意识有时显现得是"寓于"萌芽之中，简而言之，在某一时刻里，成形中的生体没有意识，在另一时刻里，没有过去之意识却囿于此生体之中。然而，如果说不存在没有过去之意识的话，那就言之无谬了。但，这不是说一切意识都需要有一种凝于自在之中的先意识。这种现在的自为和业已成了自在的自为之间的关系向我们掩盖了过去性的原始关系，这过去性是自为与纯自在之间的关系。实际上，自为是作为自在的虚无化出现在世界上的，而正是由于这样的绝对事件，过去就自我确立为自为对自在的原始的和虚无化着的关系。最初构成自为之存在的，就是这种与某一不是意识的存在的关系，这种关系存在于同一性的浑噩之中，而自为却必须是在它之外，在它的后面。与这个存在一起人们在任何情况下都不可能带给它自为，与这个存在相比，自为代表着一个绝对的新体，自为感到了一种深切的存在的关联，这种存在的相互关联是用"先"这个词表示的：自在就是自为先前所是的东西。从这种意义上讲，人们就完全有理由设想，我们的过去就绝不会向我们显现为一线相切毫无瑕疵的界限——而如果意识在有一个过去之前就能在世界上出现，那此种情况就会产生——然而相反，它却不断消失在渐趋浑噩直至全黑之中，而这种黑暗却依然是我们自身；人们设想着这种与胚胎有着冲突性联合的

186

本体论意义，这种联合是我们既不能否认也不能理解的。因为到头来这个胚胎就曾经是我，它代表着我记忆事实的界限，但不代表我之过去的权利界限。在我急于要了解我是怎样从那样一个胚胎中诞生出来的时候，就产生一个有关诞生的形而上学的问题，而这个问题可能得不到解决。然而这里不存在本体论的问题：我们并不需要问我们自己为什么可能会有个种种意识的产生问题，因为意识只能作为自在之虚无化过程才能向自我显现，就是说作为已经产生的意识。诞生，作为存在对于它所不是的自在的出神关系，作为过去性之先验的结构，它是自为的存在规律。成为自为，那就是诞生。但是，继而就提不出有关自为由之诞生的自在的一些形而上学的问题，诸如："在自为诞生之前怎么会有一个自在，自为是怎么从这个自在中诞生出来而不是从另一个自在中诞生出来，等等。"所有这些问题都没有考虑到：正是由于自为，过去才能一般说来可以存在。如果有一个"先"，那就是因为自为已经在世界上出现，而正是从自为出发，人们才可以确立"先"。如果自在与自为事实上共存的话，就会出现一个世界，取代了自在的种种孤立状态。在这个世界上就有可能进行命名并且可以说：这个东西，那个东西。从这种意义上说，因为自为在其出现之中要成为存在就使得有着诸多共存物的一个世界存在，它也能使它的"先"表现出来，如同是在一个世界上与种种自在共存那样，或者说，在一个已有过去的世界状态之中。因此，在一种意义上说，作为从世界中产生出来的自为显现着自己，因为产生着自为的自在就在世界之中，犹如一个在许多过去的共存之中的过去的共存一样：在世界上有着涌现，而且是从一个自为的世界出发的，这个自为不是在先的而是在诞生。但是，从另一种意义上说，正是自为使一个"先"得以存在；也正是自为使得在这个"先"之中有着统一在某个过去之世界内部的若干共存之物，这些共存可以一个个被称之为：这个东西。不会首先有一个普遍的时间从中突然出现一个尚不曾有过去的自为。但是，正是从诞生时起，作为自为原始的和先验的存在规律，一个有着普遍时间的世界可以被揭示出来。人们可以从中确定一个时刻，自为在这个时刻中不曾存在，确定一个产生出种种存在的时刻，自为并非从这些存在中产生的，而是从其中的一个存在中产生出来的。诞生是过去性绝对关系的涌现，如同是自在之中的自为的出神存在。由于产生之故，就出现了世界的一个过去。我们以后还要再谈这个问题。我们指出问题足矣：意识或者自为是一种存在，这种存在从一个它所是的不可弥补的东西之外涌向存在，而这不可弥补之物，因为位于自为之后、在世界之中，它就是过去。过去作为我需要成为而且没有任何可能不是的不可弥补的存在，它不能进入"经历"和"反映－反映物"的统一之中：它是在外部的。然而它也并不是如同某个有意识的东西，例如，被看到的椅子就是属于有感知意识的范围。在椅子被感知的情况下，就有个命题，就是说，椅子是作为意识所不是的自在被把握和被确定下来的。意识要以自为的存在的方式成为的东西，就是"不是椅子"。我们将会看到，因为它的"不是椅子"，是以（对）不是（的）意识之方式存在的，即以"不是"的表面形式而存在，以便有一个不在的证人，其作用仅仅在于证明这个非存在。否定因此就是明确无误的，而且构成了被感知的对象和自为之间的存在联系。自为仅仅是对这个半透明的乌有，即对被感知事物的否定。但是，虽然过去是在外部的，联系在此却并非同一类型的，因为自为表现为过去。因此，就不可能有过去之命题，因为人们只能提出人们所不是的。如此，在对对象的感知中，自为自为地把自己承担为不是对象的自为，而在对过去的揭示中，自为并不把自己看作过去，而且仅仅因其自为的性质它才与过去相分离，而绝不能成为其他东西。这样，就不会有过去之命题，但是，过去并非内在地属于自为。在自为并不作为这样或那样特殊事物进行自我表现的时候，过去纠缠着自为。过去并不是自为所注视的对象。这个半透明的注视引向自身，在事物之外，引向未来。

过去，作为不需提出而人们就是的事物，作为不经突出而出没之物，它是在自为之后的，在其主题范畴之外，自为则是作为它所澄清的东西而在过去之前的。过去是被"提出来反对"自为的，表现为它要成为的东西，它既不能被自为肯定，也不能被否定，既不能被自为主题化，也不能被自为吸收。当然，这并不是因为过去不能成为自为为我的命题的对象，甚至也不是因为它不是经常被主题化而致。但这却是因为它是某一项明确研究的对象，而在此种情况下，自为就好像不是它所提出的这个过去。过去不再是居于后面：它不间断地成为过去。然而，我，却不复为过去：按最初的方式，我在不认识我之过去的情况下曾经是我的过去（但决非对过去没有意识）；按第二位的方式，我现在了解我的过去，但是我却不再是它了。人们会问，如果这并非以正题的方式，那怎么有可能使我对我的过去有意识呢？然而，过去是在彼处，经常在彼处，这就是我所注视而且已经看到的对象之意义，是我周围熟悉的那些面容的意义之所在，是现在继续着的这一运动的开端。对此，我不能说它是循环性的。如果我在过去就不曾是其开端的见证人的话，那这就是我的一切行动的起源和跳板，正是这经常表现出来的这个世界的厚度，它能使得我有所趋向，使我找到方向。这就是我自己，因为我是作为一个人存在着的（也还有一种自我结构要出现）。简言之，这就是我与世界，与我自己的偶然无缘无故的联系，因为我把它体验为不断全然弃置之物。心理学家们把它称之为"知"。然而，就这个术语而言，除去他们把它"心理化"了，他们就没有办法去理解它。这是因为"知"是到处存在的，它制约着一切，甚至制约着记忆。一言以蔽之，理智的记忆需要知；如果应该由此理解一个现在的事实，如果这不是一个理智的记忆，那么他们的知是什么呢？这个知是灵活的，暗示性的，变化着的，它把我们的全部思想都加以整理，它充满着千百个空洞的指示和称谓，没有图象，没有词语，也没有命题，这个知就是我的具体的过去，因为我曾经是它，因为它是我的思想和感情之后的不可弥补的深壑。

在其虚无化的第二维之中，自为被把握为某一欠缺。它是这一欠缺，它也是欠缺之物，这是因为它要成为它所是的。喝或是饮者，这就是说从来就不曾停止过饮用，就是说当我是在饮者之外，仍然还要成为饮者。当我"结束饮用"时，我已经饮用了。总体滑入过去之中。现在饮用，因此我就是我成为的但又是的饮者；如果对我自己的一切称呼应该是沉重的、充实的，并且应该有着同一性的密度，那么这些称呼就脱离我而进入过去。如果这些称呼在现在达于我身，那是因为它在"尚未"之中自身四分五裂，是因为它把我视作为一个未完成的也不能完成的整体。这个尚未曾被自为虚无化的自由所消蚀着。这个"尚未"不仅仅是相距的存在：它还是存在的减缩。在此，自为在虚无化的第一维中曾居于自我之先，现时则居于自我之后了。它总是在自我之先或之后，但从来不能恰是自我。这就是过去、未来之两个出神状态的意义，因此，自在的价值就其性质而言，就是自在性的静止，就是非时间性！人们所企求的永恒，并不是绵延的无限性，并不是我自己要对之负责任的自我之后的徒劳过程的无限性：这是自在性的静止，是与自我绝对相吻合的非时间性。

最后，在第三维里，已经消散在反映－反映物绵绵不绝的游戏之中的自为，就在同一个逃逸之统一中逃离自身。在此，存在处处皆在而又无一处可在：无论人们企图在哪里捕捉它，它都与人们相对而在，它都逃遁远离。正是自为内部的这种交叉被逐成为对于存在的在场。

现在、过去和将来同时把自为的存在分散于三维之中，仅就其自我虚无化而言，自为就是时间性的。这三维中的任何一维对于其它维都没有本体论的优先性，若没有二维，单独一维便不能存在。尽管如此，还是应当强调一下现在的出神状态——这不同于海德格尔强调未来的出神状态——因为披露了自身，自为才是它自己的过去，这如同它在虚无化的超越之中有着要自为地成为的东西一样，而且自为正是作为自我揭示才成为欠缺并且被它的将来所缠绕，就是说被遥远的彼处的自为所是的东西纠缠。从本体论观点说，现在并不是"先于"过去或将来，现在受过去和将来的制约，同时也制约着过去和将来，但是，以时间性的全部综合形式而言，它是不可缺少的非存在之空洞。

这样，时间性并不是一个包含一切存在，特别是诸种人的实在的普遍性的时间，时间性也不是从外部强加于存在的一种发展规律。它不是存在，而是构成其自身虚无化的存在之内部结构，即自为的存在所固有的存在方式。自为是要以时间性分散的方式成为其存在的存在。

B）时间性的动力学

根据时间性的三维，自为必然要使自己涌现出来，这对我们了解属于时间动力学的绵延的问题是毫无裨益的。乍看起来，这个问题似乎具有双重性：为什么自为承受使它的存在成为过去的自身存在的改变呢？为什么一个新的自为会从虚无中涌现出来以变成这过去的现在呢？

这个问题长期以来被作为自在的人的存在的一种概念掩盖住了。这是康德抨击贝克莱唯心主义的关键所在，这是莱布尼茨钟爱的一个论据，即变化包含着自我的恒久性。如果我们因此就设定某种非时间性的恒久性可以通过时间而存在，那么时间性就只能归结为变化的尺度和次序了。没有变化，就绝不会有时间性，因为时间不会去捕捉恒常性和同一性。进而言之，如果莱布尼茨主张的变化本身作为对后果与前提的一种关系的逻辑解释表现出来，这就是说作为某一恒常的主语的种种表语的发展，那就没有实在的时间性了。

但是，这一概念的错讹很多。首先，位于变化之侧的某一恒常因素的实体不能使变化这样自我构成，除非有那样一个证人，他本

182

身就是变化着的和不变化的两者的统一体。一句话,变化和恒常的统一对于这样的变化结构是必要的。然而,统一这个术语本身——这是莱布尼茨和康德已屡用不鲜的术语——却没有多大意义。引用这些杂乱无章因素的统一意味着什么?这个统一仅仅是一种纯粹的外界联结吗?那样的话,这统一就没有意义了。应该使它成为存在的统一。然而这种存在的统一却反过来又要求恒常的东西是变化着的。因此,这个统一首先是出神的,继而返入自为,因为自为就本质而言是出神的存在;除此之外,这统一是恒常和变化的自在之性质的破坏者。人们绝不能说,恒常性和变化在此都是作为现象而被捕捉到的而且仅仅只有一种相对的存在:自在像本体那样并不反对现象。以我们的定义的术语而言,当某一现象是它所是的时候,它就是自在的,尽管它同一个主体或与另一个现象相关而存在。进而言之,关系的显现如同是决定着某些现象与另一些现象之间的关系,它先期要求一种出神存在的涌现,这个存在能够成为它所不是的,旨在奠定它者与关系。

  借助于恒常性来奠定变化,那是全然无益的。人们全面表明的是:准确地说一种绝对的变化,就不再是一种变化,因为再也没有任何东西变化了,否则对变化而言就还会有变化。但是,事实上,只要变化着的东西是以过去的方式成为它先前的状态,那就是以使恒常性成为多余之物了;在此种情况下,变化可以是绝对的,可以有一种达到存在之整体的变化:因之自我构成为变化,这变化并不亚于它将在过去以"曾是"的方式所成为的先前状态。过去的联系取代着恒常性的虚假的必然性,绵延的问题可以而且应该就绝对的变化而提出来。即使"在世界上"也不会有其它的绝对变化了。直到某种界限为止,这些绝对的变化都是不存在的,而一旦逾越了这一界限它们就向完全的形式自我扩展着,如同格式塔心理学家们的经验业已表明的那样。

  但除此之外,当涉及到人的实在的时候,纯粹的绝对的变化就是必不可少的。此种变化完全能够成为毫无改变的变化，并且成为绵延本身。举例而言，即使我们承认，对于一种经常性的自在而言，一种自为的绝对空无的显现是作为这一自为的单纯意识，意识的存在本身就意味着时间性，因为意识要不经任何变化，以"曾经是"的方式成为它所是的。因此，就不会有永恒，但是有经常的必然性以使现在的自为成为一个新的现在的过去，而这是按照意识之存在本身而言的。如果人们对我们说，由于一种新的现在而使现在不断地变成过去这意味着自为的一种内在变化，我们将会回答说，是自为的时间性成为变化的基础，而不是变化奠定了时间性。因此，就没有任何东西向我们掩盖这些乍看起来不可能解决的问题：为什么现在变为过去？这个新出现的现在是什么？它由何处而来，它为何出现？应该注意，如同一种"虚空"意识的假设所表明的那样，这里的问题并不是必然有一种恒常性在保持物质上的恒常的情况下使得瞬间绵延不断；而是对于存在而言，不论是何种存在，都有必要同时在形式和内容上整个都发生变化，沉浸在过去中，并同时从虚无出发朝着将来进行自我创造。

但，这里真的有两个问题吗？让我们更深入地研究一下：如果现在不是在变为作为之后而自我构成的某个自为的之前的话，那么现在就不会过去。因此，就只有一个现象：一个新的现在的涌现，这种涌现不断使它曾经是的现在过去化，而且，某一现在的过去化就导致某一自为的显现，而现在对这个自为而言将成为过去。时间生成的现象是一种整体的改变，因为不能成为任何事物之过去的一个过去将不再是过去，因为一个现在应该必然地成为这一过去的现在。进而言之，这种变化不仅触及到纯粹的现在；先过去和将来也都被触及到了。经受过过去性变化的那种现在的过去就成为过去之过去，或过去完成时。在这一点上说，现在和过去的异质之处就一下子消失净尽，因为作为现在而有别于过去的东西已经变成为过去。在变化的过程中，现在仍然是这一过去的现在，然而它变成这一过去的已过去了的现在。这首先意味着，现在是与过去的系列同质的，过去的系列由现在一直追溯到诞生；其次，这意味着现在不再以应该存在的方式而成为它自己的过去，而是以曾经应该存在的方式成为其过去。过去和过去完成之间的联系是一种按自在的方式形成的联系；而且是在现在的自为的基础上出现的。正是现在支持着已融为一体的过去和过去完成的系列。

另一方面，虽然将来似乎也受到变化的影响，但仍不失为将来，即仍在自为之外，在前面，超乎存在之外。但它变成为一个过去之将来，或是先将来。将来可以与新的现在维持着两种关系，这要看是最近的将来还是遥远的将来。在第一种情况下，现在对于过去而言表现为这一将来："我过去一直期待的东西，就是这个。"它是以这一过去的先将来的方式成为其过去的现在的。但是同时，它作为这一过去之将来而成为自为的时候，它是作为自为而自我实现着。因此，就好像它不是将来可能允许成为的东西。有一个两重性的问题：现在成为过去的先将来却又否定它是这个将来。而原始的将来却丝毫没有实现：与现在比较而言，它不复是将来，与过去相对而言，它又不断成为将来。它变成现在的不可实现的共同在场，并且保存着一种完全的理想性。"我过去一直期待的东西就在那里吗？"从观念上讲它依然是与现在共同在场的将来，如同是这一现在之过去的不曾实现的将来。

在将来尚遥远的情况下，将来相对新的现在而言仍然是将来，但是，如果现在没有构成这个将来的欠缺它就失去了它的可能性。在此情况下，先将来就可能与新的现在相互无关，而且并不是它自己的可能。在此种意义上说，它不再自身可能化，但它把自在的存在作为可能接受下来。它成为特定的可能，就是说，是变成自在的某一自为的自在可能。昨天，我有可能——作为我的可能——下星期一出发到乡下去。今天，这个可能已不复是我的可能，它依然是我沉思的主题化对象，这是就作为我曾经是的永久将来之可能而言的。但它与我之现在的唯一联系，那就是我要以"曾是"的方式成为这个变为过去的现在，这个现在不断地超出我的现在之外成为过去的可能。但是将来和过去的现在时都在我的现在的基础上凝聚成自在。这样，将来在时间的进程中，在永远不失去将来性的情况下，转变成为自在。只要现在未达到将来，现在就简单地成为特定的将来；而当它被达到的时候，它就具有理想化的性质；但是这种理想性是自在的理想性，因为它表现为一个特定过去的特定欠缺而不是表现为一种现在的自为要以不是的方式所成为的欠缺。当将来被超越的时候，在诸多过去的系列之外，就永远如同先将来那样：如此过去的先将来变成了过去完成，特定的理想之将来作为一现在的共同在场成了过去。

现在需要研讨现在的自为变为过去的变化，随之出现了与之相关的新的现在。如果认为，由于出现了能够再度恢复业已消失的现在形象的自在的现在，就取消先现在而言，那就错了。在一种意义上，似乎应该把话反过来说才能找到真理，因为先现在的过去化是向自在的过渡，而新的现在的显现则是这一自在的虚无化。现在并不是一种新的自在，它是所不是的东西，是它存在之外的东西；它是人们只有在过去才能称说"它存在"的东西，过去绝未被取消，它是业已成为它曾经是的东西，它是现在之存在。总之，我们已做了相当清楚的说明，现在与过去的关系是存在的关系，而不是表象的关系。

因此，使我们感到震惊的第一个特性，就是存在使自为再次恢复平静，好像它不再有力量支持其自身的虚无。自为要成为的深深的裂隙在自行弥合，应该"被存在"的虚无不复在，当被过去化了的自为的存在变为自在的一个特性的时候，虚无就被逐除了。如果我在过去曾经受过如此的忧伤，那不是因为我使自己感受了它，当我使自己感受到它的时候，它就不复存在了，这种忧伤不再有存在的准确尺度，它只能有一种自身为证的表面；忧伤现在所以存在，那是因为它曾经存在，存在几乎是作为一种外界的必然性来到忧伤之中。过去是一种反向的注定性：自为可以使自己成为自己要成为的，对一个新自为来讲它不能逃脱不可弥补的要成为它曾要是的东西的必然性。因此，过去就是不复面对自在有超越在场的一种自为。过去，就其自身而言，它已堕入世界之中。我要成为的东西，我是把它作为我所不是的面对世界的在场而成为它的。但是，我曾经是的东西，我则是以物的方式，作为世界之内的存在物而曾经是它的。但是自为要在其中成为它所曾经是的这个世界，不能是自为在其中面对其在场的世界。这样，自为之过去自我构成为面对世界的一种过去状态的已过去了的在场。即使世界不曾在自为由现在到过去的"过渡"的过程中发生任何变化，那世界至少也会被把握为承受了刚才在谈到自在的存在时所描述的那样一种形式上的变化。这种变化仅仅是意识内在变化的一种真实的反映。换句话说，作为已成为自在的存在之共同在场的自为堕入过去之中，成为"没于世界"的一个存在，而世界则在已过去的一维中被维持着，如同在其中过去了的自为自在地存在着的东西。犹如美人鱼那样是以人体鱼尾而结束，超出世界的自为最终在世界中是落在自我后面。我愤怒，我郁郁寡欢，我有恋母情结，我有自卑感，一直如此。但是，在过去，那是以"曾是"的方式而产生的情绪，在世界之中，如同我是职员、独臂人或是无产者一样。过去，世界禁锢着我，我消失在宇宙的决定论之中，但是我向着未来彻底地超越着我的过去，只要我"曾经是它"。

　　一个自为，在完全表述了它的虚无之后，被自在再度把握，并在世界中变得日益暗淡，这就是我要成为的过去，就是自为的变形。但是这种变形是与一种自为的出现相联合而产生的，这一自为自我虚无化为面对世界的在场，它还要成为它要超越的过去。这一涌现的意义何在呢？应该留心到其中出现了一个新的存在。这一切都好像现在曾是一个存在的永恒的空洞，一旦填满，又即再生；就如此这般无尽无穷；就好像现在在"自在"的粘滞面前是一种永恒的逃遁，这一粘滞威胁着现在直至自在的最后胜利，这个自在将现在带入一种不再是任何自为之过去的过去。死亡正是这个胜利，因为死亡是通过对整个体系的过去化而实现时间性的彻底终止，或者说是自在对于人类整体的再度捕捉。

我们如何解释时间性的这种有活力的性质呢？如果时间性——我们希望已经表明了这一点——丝毫也不是一种附加在自为之存在的偶然品质，那就应该可以表明，它的活力是自为的一种本质性的结构，这种自为的结构被看作是要成为其自身虚无的存在。看来，我们又回到我们的出发点上来了。

但是真理就是没有问题。如果我们相信在其中可再找到一个问题，那是因为，虽然我们尽力去想象自为的原样，我们还是没有能够阻止我们自己把自为凝固于自在之中。如果我们从自在出发，那实际上是因为变化的显现能够构成一个问题：如果自在是它之所是，它怎么会能不再是了呢？但是相反，如果人们从对自为的一种适当的理解出发，那这就不再是适于解释的变化了：如果恒常性存在的话，毋宁说这是恒常性，实际上如果我们在一切能够在其进程中来到它之中的东西之外观察，我们对时间次序的描述，那么，就明显看到一种被归结为其次序的时间性，当即变成自在的时间性。时间的存在之出神性质在其中将毫无改变，因为这种性质重新出现于过去，它不是作为自为之构成部分，而是作为由自在所支持的性质。如果我们真的把将来作为一种自为的纯粹将来来考察的话，那将来就是某一过去的自为。如果我们认为变化对于时间性的描写而言，是一个新问题，我们就会赋予被设想为这样的将来一种瞬间的不动性，我们就把自为变成一种凝固的品质，人们还能够给它命名，最后，总体成为已完成的整体，将来和过去局限着自为并且构成自为的特定界限。总体如同时间性所是的那样，它僵化地围绕着一个坚固的核心，即自为的现在之瞬间，这样，问题就在于解释从

187

这一瞬间之中如何可以涌现出伴随着过去将来系列的另一瞬间。我们已经避开了瞬间性，这是因为瞬间是唯一受未来的一个虚无和过去的一个虚无所局限的实在，然而我们已陷入其中，我们明白无误地承认有一系列的时间的整体，其中每一个整体都集中于一个瞬间的周围。一句话，我们已把种种出神的范畴赋予了瞬间，然而我们并未因之取消瞬间，这就意味着我们让非时间性的东西支持着时间的整体；而时间，如它存在的话，那它就又成了空想。

但是，变化本质上是属于自为的，因为这个自为是自发性。人们可以这样说这种自发性：它存在，或简言之：这种自发性应由它自己确定其定义，就是说，它将不仅是它自身存在之虚无的基础，而且是其自身存在的基础，同时存在将把这自发性重新把握起来以便使之凝固为给定。一种设定自身为自发性的自发性，它同时又不得不摈弃它所设定的东西，否则它的存在就会是来源于根据，并且依此根据，自发性将会不断地存在下去。而这种摈弃本身是一种结果，是自发性应该摈弃的一种成果，否则自发性就有可能陷入一种存在的无活力的延续之中。人们会说延续和成果的这些概念已经设定了时间性，而这是千真万确的。然而这是因为自发性自身构成了因摈弃而致的成果和因成果而致的摈弃，因为自发性若不自我时间化就不能存在。自发性的固有性质就是只能利用它所构成的成果，即那些在自我构成自发性的过程中所形成的成果。只有将自发性纳入某个瞬间去考虑并因之将其凝聚在自在之中，就是说只有设定一个超越的时间，才可能设想会有自发性。否定以下观点是徒劳的，即：我们只能以时间的形式思考，否则就一无所思，我们的陈述里包含着一个原则的要求，这是因为我们使存在时间化是为了随后使时间从存在之中脱离出来。若援引康德"批判"中的章节是徒劳无益的，康德指出一种非时间性的自发性是不可思议的，然而并非是矛盾的。相反我们倒觉得一种不能逃脱自身的、不能摆脱这一逃脱的自发性，人们可以说：它是"这个"，是一种把自己封闭在某种不能变异的定义之中的自发性，它将恰恰是一种矛盾。总而言之，相当于一种特殊的肯定本质，一个从来不是谓语的永恒的主语。而正是它的自发特性构成着它诸种逃逸的不可逆转性，这是因为自发性一出现恰恰就是为了自我否定，因为"否定位置"的顺序是不能颠倒的。实际上，位置本身是在否定中完成自身的，永远也达不到肯定的充实，否则它就会在一种被瞬间化了的自在之中自行枯竭，而只有以被否定的身份它才能在其实现的整体之中过渡到存在。"被否定的结果"的统一系列对于变化还有一种本体的优先性，因为变化仅仅是系列的物质内容的关系。这样，我们就指出了时间化的不可逆转性对于完全虚空的形式和先验的自发性是必要的。

我们已对我们的论题作了阐述。我们用的是自发性概念，我们觉得这个概念对我们的读者来说是比较熟悉的了。但是现在我们可以用自己的语汇再研究一下自为方面的种种观念。一种不能持续的自为无疑仍然是超越自在的否定，也是其固有存在以"反映－反映物"形式进行的虚无化。但是这个虚无化将变成一个给定物，就是说它将获取自在的偶然性，自为就将不复是其自身虚无的基础；自为要成为此基础，它将不复是任何事物，但在对"反映－反映物"这一对进行虚无化的统一之中，它将会存在。自为的逃遁是对偶然性的否定，这是由将它构成为其虚无基础的那一活动本身所致。但是这一逃遁恰恰把逃逸的东西构成为偶然性：逃遁的自为被留在原处了。自为不会自行消亡，因为我就是自为；但它也不会再作为其自身的虚无而存在，因为它只有在逃遁中才能存在：它自我实现了。适用于作为面对……在场而存在的自为的东西，自然也就适用于时间化的整体。这一整体永远也不会结束，它是自我否定又自我逃遁的整体，它在同一涌现的统一之中脱离自我，它是不可把握的整体，当它自我表现的时候，就已经是自我之能力以外的了。

因此，意识的时间就是在时间化着的人的实在，它是作为对自身来讲未完成的整体，它就是趋向一种作为非整体化因素的整体之中的虚无。这一整体在自我之后奔驰,同时又进行自我否定,它不会在自身之内找到其超越的任何界限,因为它就是它自身的超越,它向着它自己自我超越,在任何情况下,它都不会存在于某一瞬间的界限之中。从来就不会有那样的瞬间使人们能够在其中确定自为存在,这是因为自为恰恰是从来不存在的。而相反,时间性作为对瞬间的否定而完全地自我时间化。

三、原始的时间性和心理的时间性:反思

自为以对绵延的非正题意识的形成绵延着。但是我能够"感知到流驶着的时间",能够把自己把握为连续的统一。在这种情况下,我有对绵延的意识。这种意识是正题的,酷似一种认识,就好似在我的注视下自我时间化着的绵延相当接近于一个认识的对象。我在"正在绵延着"的时候遇见的这种心理的时间性和原始的时间性之间会存在什么关系呢?这个问题随后就会把我们引向另一个问题,因为对绵延的意识是对在绵延着的一种意识的意识;因此,提出绵延的正题意识的性质和种种权限的问题就等于是提出了反思的性质和诸种权限的问题。实际上,时间性正是从心理的绵延的形成而向反思显现的,心理绵延的一切进程都属于反思了的意识。因此,在我们考虑一种心理上的绵延如何能够构成为反思的内在对象之前,我们就应该设法回答这个先决性的问题:对于一个只有在过去才存在的存在而言,反思怎么能够是可能的呢?笛卡尔和胡塞尔把反思看作为一种被赋予特权的直观,因为它是在一种现在的、瞬间性的内在活动中把握意识的。如果它需要认识的存在与它比较而言是过去的话,它是否会保持着它的确定性呢?而因为我们的全部本体论是建立在一种反思经验的基础上的,反思会不会有可能失去其所有的权限呢?而事实上,不正是过去了的存在应该成为各反思性意识的对象吗?而如果反思本身是自为的话,它就应该自己局限

于一种瞬间性存在和一种瞬间性的确定性之中吗？这个问题，我们只有返回到反思的现象以确定其结构的时候，才能做出回答。

反思，就是意识到自身的自为。因为自为已是（对）自我（的）非正题意识，所以人们习惯于把反思作为一种新的、突然出现的意识、一种注视着反思的意识、与反思紧密结合在一起的意识来表现。这就是老生常谈的斯宾诺莎的观念的观念。

但是，这里除了人们难于解释反思意识的虚无的涌现之外，人们还完全不可能分析反思意识与被反思意识之间的绝对统一，这个统一是唯一有权利使得反思的直觉的一切权利和确定性成为可以思议的东西。实际上，我们在此不能把被反思的存在（esse）定义为一种被感知的东西，这恰恰是因为它的存在是这样存在着的：它不需要被人感知。它与反思的最初关系不能是一种表象和一种思维着的主体之间的统一关系。如果被认识的存在物应该具有与认识着的存在物相同的品格，那就应该在素朴实在论的前景之中描述这种存在物。但我们将会遇到实在论的最大困难：两个具有德国人称之为自立的存在的充足整体，怎么会在它们之间维持着联系，特别是会具有人们称之为认识的这一类型的内部关系呢？如果我们首先设想反思是一种自主的意识的话，那我们就永远也不能随之把反思与被反思的意识统一在一起。自主的意识和被反思的意识将永远是两个东西，如果硬说反思的意识能够成为对被反思了的意识的意识，那也只能是这两种意识之间的外在联系，我们充其量也只能想象，孤立于自我之外的反思好像具有一种被反思的意识的形象，我们就会又陷入唯心论；反思的意识而且特别是我思就会失去它们的确定性并且只能相互交换某种或然性，然而是难以定义的或然性。因此反思者应该通过一种存在关系与被反思者统一起来，反思的意识应成为被反思的意识。

但是，另一方面，这里的问题似乎不在于反思者与被反思者之间的完全同一，这种同一将会一下子取消反思的现象，而仅仅使"反映-反映者"这一虚假的二元性留存下来。我们在这里又一次碰到了定义自为的那类存在：反思要求反思者是被反思者，假如反思是断然无疑的明晰事实的话。然而，在反思是认识的情况下，被反思者则必须是反思者的对象，这就意味着存在的分离。因此，反思者同时必须是和不是被反思者。我们已经在自为的深处发现了这种本体论的结构。但那时，它还不具有与现在完全相同的意义。事实上，它在开始显露的二元性"被反映者-反映者"的二项中设定了一种彻底的"非自立性"，即这样一种分离的不可能性，致使二元性不断停留于消逝状态，而每一项向另一项提出时都变成另一项。但是，在反思的情况下，事情就有些不同，因为被反思的"反映-反映者"是为一个反思的"反映-反映者"而存在。换句话说，被反思者是反思者的显象，而且为此不断地成为（对）自我（的）见证，而反思者是被反思者的见证，而且为此不断地使后者成为自身的显象。正是因为被反思者自在地被反映，它就成为反思者的显象，而反思者只有当它是（对）存在（的）意识时才能成为见证，就是说，在它所是的见证成为它仍然也是的一个反映者的反映时才能成为见证。被反思者和反思者二者因而都倾向于"独立性"，而且乌有把它们分离与割裂开来，这种分离与割裂比自为的虚无分离与割裂反映-反映者还要深刻。不过，应该指出：（1）作为见证的反思只有在显现中并且通过显现才可能拥有它的存在，就是说，它通过自己的反思性深入到自己的存在之中，而正因如此，它永远达不到它追求的"自立性"，因为它是从自身的功能获取存在，并且从自为那里获取自身的功能。（2）因为被反思者是（对）自我（的）意识，如同这样或那样的（对）超越现象（的）意识，它就深深地被反思改变了。它知道自己被注视；为了利用一个可感知的形象，它只能更类似于一个伏案写作的人，这个人完全知道有人在他背后注视他。因此可以说，被反思者已经具有（对）自身（的）意识，就像具有一个外表或不如说一个开始显露的外表。这就是说，它使自身成为对……的对象，这就致使它的被反思的意义与反思者不可分离，它在那里、在反思它的意识中与自身相距而存在。在这个意义上说，它并不比反思者本身拥有更多的"自立性"。胡塞尔说过，被反思者"表现出好像在反思前就业已存在"。但我们不应弄错：作为非被反思的非被反思者的"自立性"相对任何可能的反思而言，并没有过渡到反思的现象中。因为，恰恰是现象失去它非被反思特性。对一个意识来说，变成被反思者，就是在其存在中承受一种变化，并且恰好失去它作为准整体拥有的"自立性"。总之，如果说一个虚无把被反思者和反思者分离开，这个不能从自身获取存在的虚无就应该"被存在"。由此可知，只有一种统一的存在结构能够在应该是的形式下是其固有的虚无。事实上，无论是反思者还是被反思者都不能决定这个起分离作用的虚无。但是，反思是一种存在，就如同未被反思的自为，而不像存在的补充物；一个应成为其固有虚无的存在，并不是趋向自为的一种新意识的表象，而是自为在自身中实现的结构间的改变，总之，是自为自身使自己以反思者－被反思者的方式存在，而不是单纯地以反映－反映者的方式存在，这种新的存在方式还使得反映－反映者以原始内在结构的名义得以继续存在。对我进行反思的人，并不是我不知道的非时间的纯粹注视，而就是我，绵延的、介入我自我性圈子的我，就是与我的历史性一起处在世界危险之中的我。简言之，这种历史性和这世界中的存在以及唯我性的圈子，都是我所是的自为以反思的两重性方式所经历的。

我们已经看到：反思者和被反思者被一个虚无分离开。因此，反思的现象是自为的虚无化，这个虚无化不是从外部来到自为之中，自为应该是这个虚无化。这种更加深入的虚无化是从何而来的呢？什么可能是它的动机呢？

在作为面对存在在场的自为的涌现中，有一种原始的分散状态：自为投身向外，靠近自在并且处在时间的三种出神状态中。自为在自身之外，而又在自我最深处，这个自为的存在是出神的，因为它应该在别处找寻它的存在，如果它成为反映，它就应该在反映者中寻找；如果它成为反映者，它就应该在反映中寻找。自为的涌现确定了不能够成为其固有基础的自在的失败。反思始终是作为重新把握存在的自为的永恒可能性。通过反思，投身于自身之外的自为欲求在自己的存在中内在化，这是为了自我奠定的第二次努力，对它来讲，关键在于为了自身是它所是的。如果反映－反映者的准二元性为一个就是它自身的见证集合为一个整体，那么它在自己眼中就是它所是的。总之，关键在于超越在以不是的方式是其所是的时候逃逸的存在，这个存在在成为其固有流逝时流逝，它从手指间逃走，并把它们变成给定物——一种是其所是的给定物；问题在于用注视把这个只是因为它自己是其未完成而被完成的未被完成的整体集合为统一体，问题在于逃避那不断反映的、要成为自身反映的范围，这恰是因为人们逃脱了这种反映的链环；问题还在于使这个存在作为被看见的反映存在，就是说作为它所是的反映而存在。但是，同时，这个重新被把握的存在，这个作为给定物确定的存在，也就是说被赋予存在的偶然性以在奠定偶然性时解救偶然性的存在，它应该是它自己重新把握的、重新奠定的东西，它应该是它从出神的分散状态中解救出来的东西。反思的动机在于一种对象化的和内在化的同时性的双重企图。在内在化的绝对统一中成为对自身来说的自在的对象，这就是反思－存在应该是的。

为了对自身成为其固有基础，为了重新把握和控制自身向内在性的逃逸，为了最终成为这个逃逸而不是把它作为自我流逝的流逝时间化，这种努力应归于失败，而这失败恰恰就是反思。这种消失的存在实际上是自己应该重新把握自己并且应该以就是它自己存在的存在方式，也就是说以自为的因此也就是流逝的方式是这个重新把握。正是以自为的身份，自为企图成为它所是的，或者可以说对自身说来它将成为它自为地所是的。因此，反思或通过对自我的回归重新把握自为的企图导致为了自为的自为的显象。要在存在中奠定的存在只是它固有虚无的基础。总体因此总是被虚无化了的自在。同时,存在对自我的回归只能够使回归的东西与在它上面有回归的东西之间的一种距离显现出来。这种对自我的回归是为了自我回归而对自我的挣脱。正是这种回归使反思的虚无显现。因为自为结构的必然性要求自为只有通过一个在没有自为形式的情况下自己存在的存在才能被恢复。因此,进行重新把握的存在应该以自为的形式被确定,而应该被重新把握的存在却应作为自为而存在。这两种存在应该是同一种存在,但恰恰因为它被重新把握,它使一种绝对距离在自我与自我之间,在存在的统一中间存在。反思的这种现象是自为的永恒的可能性,因为反思的分裂增殖潜在地处于被反思的自为中:实际上只需反映着的自为把为他作为反映的见证提出来,反映的自为把为他作为这反映者的反映提出来就足够了。因此,反思作为要通过一个以不是的方式存在的自为恢复自为的努力是纯粹而简单的自为的存在和为他人的存在之间的虚无化的中介阶段,而为他人的存在是作为通过以不是的方式而不是的自为对自为进行恢复的活动①。

这样描述的反思有可能被自为自我时间化的事实限制在它的诸种权利和意义中吗?我们认为是不可能的。

如果我们要在两种反思与时间性的关系中把握反思现象,我们就应该区分这两种类型的反思:反思可能是纯的或不纯的。纯反思——反思的自为面对被反思的自为的在场——同时是反思的原始形式和理想形式;这种形式是建立在不纯反思由之出现的基础之上

---

① 我们在这里再次发现了那种"与自身等同的分裂",黑格尔把它变成意识的特征。但是这种分裂不像在《精神现象学》中那样导向一种更高的整体化,而只不过是更深入并且更加不可弥补地挖掘使意识与自身分离的虚无,这种意识是黑格尔式的,但这也是他最伟大的幻觉。——原注

的，它同样不是首先被给定的，它是通过一种涤清（Katharsis）获得的。我们下面还要谈到的不纯的或混杂的反思包含着纯反思，但是它超出了纯反思，因为它的要求要比纯反思更加长远。

什么是纯反思对于自明性的资格和权利呢？这显然就是：反思者是被反思者。脱离了这一点，我们就没有任何方法能使反思变得合乎情理。但是，反思者在任何内在性中都是被反思者，尽管是以"不是自在的存在"的方式。这就清楚地指明了被反思者对反思而言并不完全是对象，而是准对象。确实，被反思的意识还不是作为一种外表向反思呈现出来，就是说不是作为人们能够对它"采取一种观点的存在"，人们能够对它实现一种后退，能够扩大或缩小它与反思间的距离。为了使被反思的意识从"外部被看见"，为了使反思能够转向它自己，那反思者就不应该以不是其所不是的方式是被反思者：这种分裂增殖只有在为他的存在中才能实现。反思是一种认识，这没有疑问，它具有方位性；它肯定了被反思的意识。但是我们马上会看到：任何肯定都被一种否定所制约：肯定这个对象，就是同时否定我是这个对象。认识，就是使自己成为别人。然而，反思者恰恰不能使自己成为完全异于被反思者的别人，因为它为了存在而是被反思者。它的肯定在中途就停止了，因为它的否定并没有完全实现。它因此没有完全摆脱被反思者而且不能"用一种观点"与之结合。反思者的认识是整体的，是一种稍纵即逝、没有起伏、没有起点也没有终点的直观。一切都是在一种绝对的接近中一下子确定的。我们通常称之为认识的东西是以鲜明、谋划、次序、等级为前提的。即使是数学本质也用一种相对于其他真理、其他结果的方向向我们展现；这些本质从来不同时揭示自己的全部本质。但是，反思向我们提供的被反思不是作为一种给定物，而是作为我们在没有观点的区别中应该是的存在，反思是由自身流溢出来的、没有解释的认识。同时，它从不对自身感到惊异，它对我们毫无教益，它仅仅提出来问题。在一个超越对象的认识中实际上有一种对于对象的揭示，而且被揭示的对象能够欺骗我们或者使我们惊奇。但在反思者的揭示中，有对在其存在中已经是揭示存在的位置。反思仅限于自为地使这种揭示存在；被揭示的存在并不被揭示为一个给定物，但是却带有"已经被揭示"的性质。反思与其说是一种认识，不如说是一种再认识。它意味着对于它要作为恢复的原始动机来恢复的东西的前反思的领会。

然而，如果反思者是被反思者，如果这种存在的统一奠定并限制了反思的权利，就应该补充说：被反思者自身就是它的过去和将来。毫无疑问，反思者尽管总是不能控制以不是的方式所是的被反思的整体，还是要对这它所是的整体施展其不容置疑的种种权利。因此，笛卡尔的反思成果——我思不应该限制在无限小的瞬间。这就是鉴于思想是介入过去并且使自己被将来所预现的这一事实，人们所能得出的结论。我怀疑，故我在，笛卡尔这样说。但是，如果人们能以瞬间为方法论的怀疑之限制，那这种怀疑还能保留下什么？但是，判断的悬搁并不是一种怀疑，它只是一种必要的结构。为了有怀疑，必须使这悬搁被肯定的或否定的理由的不足——即回归于过去的东西——激发起来，而且这悬搁应该被毫不犹豫地支持直到新的因素的涉入，这就已经是对将来的谋划。怀疑在对认识的前本体论的领会和包含真实的要求的基础上出现。这种领会和要求赋予怀疑其全部意义，它们使人的实在的整体和存在介入到世界中去，它们设定了一个认识的和怀疑的对象的存在，就是说一个在普遍时间中的超越的恒常性的存在，于是这是一种与怀疑相联系的行为，一种代表人的实在的在世的存在的一种方式的行为。发现自己在怀疑，就是在我自身之前已经来到包含这个怀疑的目的、终止和意义的将来之中，就是在自我之后来到包含着构成怀疑及其阶段的动机的过去之中，而且外在于自我来到作为对人们怀疑的对象的在场的世界之中。同样的看法可应用于任意一个反思的事实：我读，我做梦，我感知，我行动。或者，这些看法导致我们对反思的明确无疑的明晰性：那么我对我的原始认识在或然中崩溃，我的存在本身只是一种或然性，因为我的在瞬间中的存在不是一个存在；或者，应该把反思的种种权利向人的整体扩展，就是说，向过去、将来、在场、对象扩展。然而，如果我们的看法正确，反思，就是要把自己作为不断未完成的整体来把握的自为。就是肯定对作为自身揭示的存在的揭示。因为自为自我时间化，因此：（1）作为自为的存在方式的反思应该像时间化一样并且它就是它自己的过去和将来；（2）它实质上把它的权利与确定性扩展直至我所是的可能性和我曾是的过去。反思者并不是由瞬间的被反思者把握，而它自己是非瞬间性。这并不意味着反思者是与其将来一起认识被反思者的将来，也不意味着与其过去一起认识待要认识的意识的过去。相反，这意味着通过将来和过去，反思者和被反思者在它们存在的统一中被区分开来了。实际上，反思者的将来是反思者应该作为反思者而是的固有可能性的总体。这样的反思者，它不可能包含有对被反思的将来的意识。同样的观点也适用于反思的过去，尽管反思的过去最终在原始自为的过去中奠定自己。但是，如果反思从它的过去和将来那里获取意义，那它作为对一种流逝之流逝。在场就已经在流逝的过程中出神地存在。换句话说，以反思二重性的方式使自己存在的自为，它之所以成其为自为，是从它自己的可能性与将来那里获取其意义的，从这种意义上讲，反思是一种第亚斯波拉式的现象，但是作为面对自我的在场，反思是对于一切出神范围的现在的在场。人们会说，还应解释为什么这种所谓确定无疑的反思，恰恰在涉及过去时会犯下如此多的错误，以致使你们把认识的权利给予反思。我的回答是：如果把过去看作以非正题的方式纠缠现在的东西，那就决不会犯任何错误。我们曾指出过，当我说"我读，我怀疑，我希望等"时，我就远远超出自己的现在而趋向过去了。然而，在任何情况下我都不会弄错。只要反思把过去正确地看作是为着应该成为反思的被反思的意识，那确定无疑的反思就不会产生任何疑问。我之所以在以反思的方式回忆我的情感与过去之思想时犯一些错误，那是因为我是处在记忆的范围内：在这个时刻，我不再是我的过去，而我却使过去正题化。于是，我们就不再注意反思的活动了。

因此，反思是对出神三维的意识。它是（对）流逝（的）非正题意识，而且是对绵延的正题意识。对反思来讲，被反思者的现在开始作为一些准外表而存在。因此，这些准外表不仅仅在要成为存在的过程中穷尽它们存在的一个自为的统一中被支持，而且还是为着一个通过一个虚无与它们分开的自为，为着一个尽管在存在统一中与它们一起存在而不应成为它们的存在的自为。还是由于这个反思，流逝趋向于作为在内在性中开始显露的外表而存在。但是，纯粹反思只有在原始的非实体性中，在对自在的存在的否定之中才可发现时间性，它发现被自为的自由冲淡的作为可能的可能，它揭示了作为超越物的现在，并且即使过去对它显现为自在，它还是立于在场的基础上的。总之，它在其分解的整体之中发现自为就是以应是的方式自己存在的不可类比的个体性，发现被反思者尤其是这样一种存在：它永远只作为自我而存在，并且在将来、过去和世界中永远是与自身有距离的。反思因而揭示了时间性，因为它被揭示为一种唯我性唯一的不可类比的存在方式，也就是被揭示为历史性。

但是，我们熟知的并在日常生活中应用的心理绵延是作为被组织起来的时间形式的连续，它是与历史性针锋相对的。这实际上是流逝的心理统一的具体组织。比如说，这种快乐在一次悲伤之后出现，是一种有组织的形式，然而以前，曾经有过一种我在昨天经历过的屈辱。正是在诸种性质、状态、活动的流逝的统一之间，之前和之后的关系一般地建立起来，而且，这些统一甚至能够用于确定日期。因此，在世的人的反思意识在日常存在中是面对心理对象而存在的，这些心理对象是它们所是的，它们在我们的时间性的绵绵不绝的网络之上出现，如同挂毯上的图案和花纹，它们按照世界事

198

物的方式在普遍时间中相继而来，就是说，它们按异于纯粹外在的连续的关系互相取代而又并不互相接触。人们谈到我现在的或曾经有过的快乐，人们说这是我的快乐如同我曾是这快乐的支撑物，它从我这里突出出来，就像以斯宾诺莎所确定的方式突出于属性背景一样。人们甚至说，我经历这种快乐，就像在我的时间化的组织上面打上印记，或者不如说，就像在我之中对这些情感、观念、状态的在场曾经是一种拜访一样。我们不能把由独立所组成的具体流逝，即，总之是由心理的和意识的连续活动构成的心理绵延称之为幻觉：其实正是它们的实在才造成了心理的对象；实际上，正是在心理活动的范围内才建立起人、要求、嫉妒、仇恨、建议、斗争、狡猾之间的具体关系。然而，倘若认为在其涌现中历史化的非被反思的自为自己就是这些性质、这些状态和这些活动，那是不正确的。它的存在统一崩散成为互相外在的存在物的多样性，时间性的本体论问题又出现了，而且这一次我们将没有办法解决这个问题，因为如果自为可能成为它自己的过去，那要求我的快乐成为先于这快乐的那个忧伤就是荒谬的，即使是以"不是"的方式。当心理学家们肯定心理行为彼此是互相关联的，肯定在长长的寂静之后响起的雷声被领会为"在长长的寂静之后的雷声"时，他们描述的是这种出神的存在的日渐趋弱的表象。这真是太妙了，但是，他们就不可能解释因为被剥夺一切本体论基础的连续的相对性。事实上，如果人们在其历史性中把握自为，心理绵延就渐趋消失，种种状态、性质和活动也会消失以让位于如此这般的自为的存在，这自为的存在仅仅是作为其历史化过程是不可分割的唯一个体性而存在。正是这自为的存在流逝着，正是它由于将来而被命名，由于它所曾经是的过去而变沉重，是它把它的自我性历史化，而我们知道，它以原始的或未被反思的方式是对世界的意识而不是对自我的意识。因此，诸种性质、状态并不能成为在自为的存在中的存在（这是在快乐的流逝统一可能是意识的"内容"或"行为"的意义上说的，对自为的存在只存在着一些非位置的内在色彩,这些色彩能够在自为的存在以外得到领会)。

我们现在就面临着两种时间性:我们是其时间化的时间性和心理的时间性,心理的时间性既显现为与我们的存在的存在方式不能并存,又同时显现为一种主体间的存在,科学的对象,人类行动的目的(这是在诸如"我千方百计地要让安妮爱我",为了我而给予她爱这样的意义上讲的)。这种显然是导引出来的心理时间性不能直接来自原始的时间性,后者除了自身以外一无建树。至于心理时间性,则不能被构成,因为它只是一些行为的连续次序。此外,心理的时间性只能对未被反思的自为显现,这未被反思的自为是对世界的出神的纯粹在场:它在反思中被揭示,正是反思应该构成它。但是,如果反思是纯粹、简单的对它所是的历史性的发现,它又怎么能构成心理的时间性呢?

在此,必须把纯反思和不纯的或构成的反思区别开来:因为正是不纯的反思构成心理行为或心理的连续。而在日常生活中最先表现出来的东西,就是不纯的或构成的反思,尽管在它自身中包含作为它原始结构的纯反思。但是,纯反思只有通过它在自身上进行的一系列变革并且是在涤清形式下的变革才能达到。这里还不是描述这种涤清的动机和结构的地方。我们认为重要的是要描述不纯反思,因为它是心理的时间性的构成和揭示。

我们已经看到,反思是一种存在,在这种存在中,自为为了存在对自己是它所是的。反思因此在存在的纯粹冷漠中是一种任性的涌现,但是它是在一个肯定方面的前景中产生的。我们在此实际还看到,自为是在其存在中是一个肯定方面基础的存在。反思的意义因此就是它的为……的存在。特别是,反思者就是自我虚无化着的为了恢复自身的被反思者。从这个意义上讲,因为反思者应是被反思者,它就逃避了它在"应是反思者"的形式下作为被反思者的自为。但是,如果这仅仅是为了是它所应是的被反思者,那它就会逃避自为以再找到它，自为处处并且以某种方式被判处要成为自为。实际上，这正是纯反思所发现的东西。但是，不纯反思是最初的自发的（但不是原始的）的反思者，它为了存在而是作为自在的被反思者。它的动机自身是在一种双重的运动中——内在化的和对象化的：把自在作为被反思者来把握以使人们把握的自在存在。不纯反思因此只有在一种它在其中与它应该是的自为保持直接关系的自我性圈子里才能被被反思者把握。但是，另一方面，它应该成为的这个自在就是被反思者，反思者企图把它领会为自在的存在物。这意味着在不纯反思中有三种形式：反思者、被反思者和反思者应该成为的自在，而这个自在可能是被反思者而且不过是反思现象的肯定方面。这个自在通过穿越被反思者以恢复和建立它的反思，并在自为的被反思者后面预先显露出来，它就像在自为的被反思者的自在中的作为意义的投射：它的存在丝毫不是存在，而是被存在，就如同虚无一样。它是身为为反思者的纯粹对象的被反思者。一旦反思对反思者采取某种观点，一旦反思脱离这种突如其来的、晦暗不明的、在其中被反思者对反思者并没有表现出什么观点的直观，一旦反思作为不是被反思者被提出来，一旦它规定了它所是的，反思就使一个可能被规定、定性的自在在被反思后面显现出来。这种超越的自在或被反思者在存在中的阴影，它就是反思者应该是的东西，因为它就是被反思者所是的。它丝毫不混同于被反思者的价值，这种价值在整体和未分化的直观中向反思表现——它也丝毫不混同于纠缠着像非正题的不在场和反思意识的肯定方面的反思者的价值，因为这种价值是对自我的非位置的意识。这是任何反思的必要对象；为了使它涌现，只需反思把被反思者当作对象来看待；这是一种决定，通过这种决定，反思规定自己把被反思者当作对象来看待，这种对象使自在显现为被反思者的超越的对象化。而反思用以规定自己把被反思者当作对象来看待的活动在其自身中是：(1) 作为不是被反思者的反思立场，(2) 对于被反思者采取的观点。此外，这两个环节事实上合二为一了。因为，反思者使自己成为的对被反思者的具体否定恰恰是在采取观点的过程中并且通过采取观点的行为显露出来。我们看到，进行对象化的活动是在反思的二重性的严格延伸之中，因为这种二重性是由于分离反映和反映者的虚无的深化造成的。对象化重新把反思运动看作为不是被反思者，为的是使被反思者作为为反思者的对象出现。只不过这种反思是自欺的，因为如果它看来割断了被反思者与反思者之间的联系，如果它宣布说反思者以不是人们所不是的方式不是被反思者，而在原始的反思的涌现中，反思者以不是人们所是的方式不是被反思者，那么这就是为了随后再肯定同一性并且以这个自在肯定"我是这个自在"。总之，反思是自欺的，因为它被构成为对我是我这一对象的揭示。其次，这种更加彻底的虚无化并不是一种真实的和形而上学的事件；真实的事件，虚无化的第三个过程，那就是为他。不纯的反思要在保持自我的同时成为他人，这种努力流于失败。在被反思的自为后面显现的超越对象是反思者所能够是的唯一存在，从这个意义上可以说，它不是这个存在。但是，这是一种存在的阴影。它被存在，而且反思者为了不是它而应该是它。心理学家以心理行为的名义研究的正是这种存在的阴影，即与不纯的反思有着必要和经常联系的存在的阴影。心理行为因而是被反思者的阴影，因为反思者以不是的方式要出神地是它。这样，当反思表现为自为在自在中的直观时，它就是不纯的。对反思揭示出来的不是被反思者的时间的历史性，也不是被反思者的非实体的历史性，而是超出被反思者之外的流逝的有组织形式的实体性本身。这些潜在的存在的统一被称作心理生活或心理，是潜在的和超越的、建立在自为时间化基础上的自在。反思从来就只是一种准认识，但是，它在单独的心理中，它可能拥有反思的认识。自然，在每一个心理对象中，人们都会找到真实的被反思者的诸种特性，不过却是退化为自在的特性。对于心理所做的先验的简要描述可以使我们了解这一点。

(1)我们把心理理解为自我，它的状态、性质和活动。"自我"在"Je"和"Moi"①这双重语法形式下代表我们的人称，它是超越的心理统一。我们在别处已经作过阐述。作为自我，我们是行为主体和权利主体——这些行为和权利可能是主动的也可能是被动的——我们是意志的施动者，是一种价值或责任判断的可能对象。

自我的种种性质代表着构成我们特性和习惯的潜在性、潜力和潜能的总体（这是在希腊语 $\varepsilon\xi\tau s$ 一状态的意义上说的）。这就是易怒、勤劳、嫉妒、野心勃勃、色情之类性质。但是，还应该承认起源于我们历史的另外一种性质，我们称之为习惯：我可能是衰老的、疲倦的、乖戾的、退步的或进步的，我可能显现为"在获得成功之后心安理得"或者相反"逐渐养成一些嗜好和习惯，一种病态的性欲"（在一次大病之后）。

和"潜在地"存在着的性质相反，状态是作为在活动中的存在者而表现出来的。仇恨、爱情、嫉妒都是一些状态。一种疾病是一种状态，因为它被病人作为心理－生理的实在来把握的。同样，许多从外部而来的附着于我这个人的特征在我经历它们的时候，能够变成一些状态：不在场（相对确定的那个人而言）、流放、侮辱、胜利都是一些状态。我们看到区分性质和状态的东西：昨天我发火之后，我的"暴躁性情"骤然而来，就如同置我于愤怒之中的单纯潜在的安排一样。相反，在皮埃尔的行动和我因此感到的怨恨之后，我的仇恨像一现时的实在骤然而来，尽管我的思想现在正注意另一个对象。另外，性质是有助于规定我的人格的对先天精神或后天知识的一种安排。相反，状态则更多地是意外的、偶然的：是我碰到的某种事物。然而，在状态和性质之间存在着一些中介物：例如，尽管波佐·第·波尔哥对拿破仑的仇恨在事实上存在并且表示

---

① "Je"和"Moi"在法语中都是"我"，前者用于主语，后者主要用于表语、宾语及重读形式等。——译注

出在波佐与拿破仑之间的一种偶然令人感动的关系,它仍然是构成波佐人格的因素。

应该把活动理解为人格的综合活动,就是说,为了目的安排的手段,这不是因为自为是其固有的可能性,而是因为活动代表着一种自为应该经历的超越的心理综合。例如,拳击运动员的训练是一种活动,因为它超出自为又支持自为,而且自为在这种训练中并通过这种训练实现自己。学者的探索、艺术家的工作、政治家的竞选运动都是如此。在任何情况下,作为心理存在的活动都代表一种超越的存在和自为与世界之间关系的客观面貌。

(2)"心理的东西"唯独对一种特殊范畴的认识活动——反思的自为的活动来表现。在未被反思的领域中,自为实际上是以非正题的方式成为其固有的可能性。但因为它的可能性是在世界的既定状态之外的对世界的可能在场,所以通过这些可能性被正题而不是被非正题揭示出来的东西,就成为与既定状态综合联系着的世界的一种状态。因此,带给世界的种种变化正题地在作为对象的潜在性的在场的事物中表现出来,这些潜在性必须借用我们的身体作为它们自我实现的工具以使自己实现。愤怒的人就是这样在他的对手脸上看到会招致一击的对象性质。"该打的脸","招打的嘴巴"这样的成语就是由此而来的。我们的身体在此仅仅显现为在愤怒状态下的通灵者。正是通过身体,事物(被喝之前的饮料,实施之前的救助,被消灭前的害虫等)的一些潜在性应该实现,在这时涌现的反思才把握了自为与其可能之前的本体论关系,但是这种关系是作为对象的关系。于是,活动作为反思意识的潜在对象涌现出来。我因此不可能在同一范围内同时具有对皮埃尔的意识和对我对他的友谊的意识:这两种存在总是被自为的一个厚度分离开。而这个自为本身是一种隐藏的实在:在非被反思意识的情况下,它存在,但是正题地存在,并且它在世界对象与它的潜在性面前消失了。在反思涌现的情况下,它向着反思者应是的潜在对象被超越了。唯有一种能够在其实在中发现被反思自为的纯反思意识。我们把这些存在的有组织整体称之为"心理",这些存在对不纯反思造成一个恒久的序列,并且成为心理学研究的自然而然的对象。

(3) 尽管对象是潜在的,它们也不是一些抽象物,它们不是被反思者空洞地追求的,但是,它们表现为反思者在被反思者之外应该是的具体的自在。我们用自明性来称呼仇恨、流亡、方法的怀疑对自为的直接在场和"亲自"在场。为使这种在场存在,只需坚信不移地回忆我们个人经验的情况就足够了,在这些情况里,我们曾试图回忆一种死亡的爱情,某种我们过去曾经历过的理智的气氛。在这些不同的情况下,我们曾清楚地意识到空洞地去追求这些不同的对象。我们曾经能够把它们构成特殊的观念,曾经企图对它们进行文字描绘。但是,我们知道它们业已不在。同样,对一个炽热的爱情来说,会有一些中断的阶段,在这些阶段中,我们知道我们爱,但是我们没有感觉到它。普鲁斯特曾出色地描述过这些"心灵的中断"。不过,完全把握一种爱情,沉思爱情并非是不可能的。然而为此必须有一种被反思的自为的特殊存在方式:正是通过我对一种反思意识的已经变成被反思者的时刻的好感,我能够领会我对皮埃尔的友谊。总之,使这些性质、这些状态或活动现时化的手段不是别的,就是通过一种被反思意识去领会它们,而它们则是在自在中的投影与对象化。

但是,这种把一种爱情现时化的可能性比任何论据都更好地证明了心理的东西的超越性。当我猛然发现我的爱情,当我看到我的爱情的时候,我就同时认识到它是在意识之前的。我能够对它采取一些观点,判断它,我并没有像反思者介入被反思者那样介入到爱情中去。由于这个事实本身,我把它领会为不是自为的一部分。它无限地比这绝对的透明性更加沉重、更加晦暗、更加坚固。所以,心理的东西与它一起向不纯的反思的直观表现的自明性并不是确定无疑的。在经常被我的自由吞噬并消耗的被反思的自为的将来和对我的爱情是有威胁的并致密的将来之间实际上存在着差距，而正是我的爱情赋予将来以爱情的意义。如果我实际上没有在心理对象中把它的爱情的将来看成是中断的，那这是否还是一种爱情呢？它是否会沦入短暂爱情的行列之中呢？而如果短暂爱情作为之前总是表现为短暂爱情而且永远不改变成为爱情，那短暂爱情难道就不介入到将来之中去了吗？因此，自为的永远被虚无化的将来阻止对作为爱着或恨着的自为的自为做任何自在的规定；被反思的自为的投影自然拥有退化为自在的并且在规定其意义的过程中与之合为一体的将来。但是，由于与被反思的将来的连续不断的虚无化相关联，有组织的心理总体与它的将来都始终只是保持为或然的。完全不应由此就认为这是一种来自与我的认识之间的关系的外在性质，也不是在必要时能把自己改变为确定性的性质，而是一种本体论的特征。

（4）由于心理对象是被反思的自为的投影，它就拥有渐趋消退的意识的特性。特别是，它显现为一种完成了的或然整体，在那里，自为在分解的整体的第亚斯波拉式的统一中使自己存在。这意味着，通过时间出神三维领会的心理的东西似乎是被过去、现在、将来的综合构成的。一种爱情，一个企业是由这三维组织的统一。其实，说爱情"有"一个将来，就好像将来是外在于它赋予其特性的对象，那是不够的：然而将来却构成"爱情"消逝的组织形式的一部分，因为正是它的未来的存在赋予爱情以其爱情的意义。但是，由于心理的东西是自在的，它的现在不能成为流逝也不能成为其纯粹将来的可能性。在流逝的这些形式中，有一种过去的基本优先性，它就是自为曾是的，并且已经设定自为向自在的变化。反思者投射一种具有时间三维的心理的东西，但是，它独独与被反思者曾是的东西一起构成这三维。将来已经存在：否则我的爱情如何成其为爱情呢？只不过它还不是被给定的：这是一个尚未被揭示的现在。于是它丧失了我应是的可能性的特性：我的爱情，我的快乐并不应是它们的将来，它们在平行的冷漠而又安静的状态中才是它们的将来，就像这支钢笔是笔尖而在那边又同时是钢笔套一样。现在同样是在它的此之在的真实性质中被把握的。不过，这种此之在被构成为已经在那里。现在已经全部构成并且全副武装，这是一个瞬间带来、又带走的"现在"，就像一套现成的服装；这是一张打出又收回的牌。从一个将来的"现在"到现在的过渡和从一个现在到过去的过渡都不能使它发生任何变化，不论怎样，将来或不是将来，它都已经过去了。这就是心理学家们为了区分三种心理的"现在"天真地求助于潜意识所说明的东西：人们把对意识是现在的现在称之为现在。那些过渡到将来的现在恰恰具有相同的特性，但是它们在潜意识的模糊状态中期待着，但如果在这未分化的领域中把握它们，那我们就不可能从它们中间分解出将来和过去：在潜意识幸存的回忆是一种过去的"现在"，而且因为它等待召唤，它同时是一种将来的"现在"。因此，心理形式不是要存在，它已经完成，它早就以"曾是"的方式完全成为过去、现在、将来。对于组合心理形式的那些"现在"来讲，问题不再是在回到过去之前一个一个地承受意识的洗礼。

由此可见，在心理形式中，同时存在着两种矛盾的存在形态，因为，心理形式已经完成，同时又在一个有机体的坚固统一中显现，而且同时还只有通过每一个都企图孤立于自在的那些"现在"的连续中才能存在。比如，这个快乐从这一瞬间到另一瞬间，是因为它的将来已经作为它的发展的最终结果和既定意义而存在，不是作为它应是的东西，而是作为它在将来中早已"曾是"的东西。

心理的东西的内在一致实际上不是别的，而是在自在中的被实体化了的自为的存在统一。一种仇恨根本没有部分：它并不是行为与意识的一种总合，但却通过这些行为和意识表现为它们显现的无部分的时间统一。不过，自为的存在统一是通过它的存在的出神特性来解释的：它应该完全自发地成为它将是的。心理的东西则相反，它是"被存在"。这意味着它不能通过自我规定自己的存在。它面对反思者被一种惰性支持着，而心理学家们经常强调它的"病理"特性。笛卡尔正是从这个意义出发才能谈论"灵魂的激情"，正是这种惰性使得心理的东西虽然是在同一存在范围内仅仅是世界的存在物，却仍然能被领会为是与这些存在物有关系的。一种爱情是由被爱对象确定为"被引发物"的。因此，心理形式的完全一致就变得不可理解了，因为它不应是这种一致，因为它不是自己固有的综合，因为它的统一具有给定物的特性。如果说仇恨是完全现成的和惰性的"现在"的既定连续，那我们就会发现一种无限可分性的萌芽。但是，这种可分性却被遮掩、被否定了，因为心理的东西是自为的本体论统一的客观化。因此，在仇恨的连续的"现在"之间产生一种神奇的一致，这些现在只是为了随后否认它们的外在性才表现为一些部分。正是这种暧昧性阐明了柏格森有关意识的绵延和"相互渗透的多样性"的学说。柏格森在这里涉及的正是心理的东西，而不是被设想为"自为"的意识。"相互渗透"实际上意味着什么呢？它并不意味着在权利方面欠缺一切可分性。实际上为了要有相互渗透，就必须有相互渗透的一些部分。不过，这些部分在权利方面应重新堕入孤立之中，它们通过一种神奇的、全然未被说明的一致彼此互相潜入，现在还很难分析这种彻底的融合。柏格森完全不想把这心理的东西的属性建立在自为的绝对基础上：他把它看成一个给定物；这是一种简单的"直观"，这种直观对他揭示了被内在化的多样性。它存在着，但不是为一个正题或非正题的意识而存在，这就更突出了它的惰性和被动材料的性质。它存在，但不是对存在的意识，因为人站在自然的立场上完全地否认它，而为了把握它必须求助于直观。因此，当我们制造了识别世界的对象的必要工具时世界的对象可能在未被看见的情况下存在并在事后被揭示出来。在柏格森看来，心理绵延的种种性质是经验的一种偶然纯粹的事实：它们之所以如此，是因为人们是如此碰到它们的，如此而已。因此，心理的时间性是惰性的、与柏格森的绵延相当近似的材料，它承受一种内在的一致而并没有制造这种一致，它被不断地时间化而又没有自我时间化，在心理的时间性中，那些不是通过存在的出神关系被统一起来的因素，它们的神奇的、非理性事实的相互渗透只能与远处的魔魇法的神奇行动相比较，并且掩盖了已经完全完成的"现在"的多样性。这些特性并不来自心理学家的错误，也不来自认识的缺陷，它们是心理时间性的构成成分，是原始时间性的实体。心理的东西的绝对统一实际上是自为的本体论的和出神统一的谋划。但是，由于这种谋划在自在中形成，而这个自在在对同一性无距离地接近中就是其所是，出神的统一就分割成无限的"现在"，这些现在就是它们所是的并且恰恰因此它们才企图孤立于它们的自在的同一性中。因此，心理时间性由于同时参与自在与自为就包含一种不可克服的矛盾。这并不应使我们惊奇：心理时间性是产生于不纯的反思，自然它是"被是"它所不是的又不是它所"被是"的。

这就使得对在心理时间内部的心理形式之间所保持的关系进行考察变得更加有必要了。首先应指出，正是相互渗透支配着例如在复杂的心理形式之内的情感联系。每个人都熟知小说家们经常描述的充满欲望的"微妙"的友谊，那些无视任何舆论的"刻骨"仇恨，那些情人般的同志情谊。还可以肯定，我们是以一杯牛奶咖啡的方式把握一种充满欲望的微妙友谊。可能这种类比是粗略的。然而，可以肯定情人般的友谊并不表现为友谊类的单纯特别化，就像等腰三角形是三角形类的特别化一样。友谊表现为被整个爱情全部渗透的友谊，然而它不是爱情，它不"使自己成为"爱情：否则它就失去了它的友谊的自主性。但是它却被构成为一种难以用语言名状的惰性的和自在的对象，在这个对象中自在的和独立的爱情神奇地伸延穿过整个友谊，就像在斯多噶的混沌（$\sigma\mu\iota\chi\mu\sigma\iota s$）中一条腿横跨整个大海一样。

但是，心理的过程还包含着在先的形式对在后的形式进行的远距离的行动。我们不能以例如人们在古典机械论中发现的那种简单因果关系的方式去设想这种远距离的行动，因为这种行动设定了一种封闭在瞬间中的一个运动物体的完全静止的存在；我们也不能以斯图亚特·弥尔设想物理因果关系的方式去设想这种行动，因为它是由两种状态的不受制约的、稳定而又连续确定的，其中每一种状态在其自身的存在中都是排斥另一种的。因为心理的东西是自为的客观化，它拥有日趋渐弱的自发性，被看作是它的形式的内在的和既定的性质，而且是与它的内聚力不可分离。因此，心理的东西不可能如同在先形式的产物那样被严格地给定。但是，另一方面，这种自发性不能规定自己的存在，因为它只是作为一个既定存在物在其他存在物之间的规定而被把握的。随后，在先的形式在远处使一种具有同样性质的形式诞生，这种形式是作为流逝而自发地组织起来的。这里并没有应是其将来和过去的存在，而仅仅有过去、现在和将来的形式的一些连续，但这些连续都是以"曾是"的方式存在的，而且它们有距离地彼此互相施加影响。这种影响或者通过渗透，或者通过动机表现出来。在第一种情况下，反思者把两种首先被分别给定的心理对象看成一个对象。这样，或者它是一个新的、它的每一个特征都将成为其他两个的综合的对象，或者，它是一个在其自身中不可理解的对象，这种对象同时表现为全部的这一个或另一个，而没有改变其中的任何一个。在动机中则正相反，两种对象各自停留在自己的位置上。但是，一个心理对象由于是有组织的形式和相互渗透的多样性，它就只能同时全部地作用于另一个整个的对象。这样，就有一种通过一个对另一个施加的神奇影响而产生的整体的、远处的行动。比如，正是我昨天所受的屈辱全部设定了我今天早上的情绪。这种远处的行动完全是神奇的、非理性的，这就比其他任何分析都更好地证明理智主义心理学家们通过理智分析把它归结为一种可认识的因果性的努力是徒劳的，因为他们停留在心理东西的范围内。普鲁斯特正是这样不断地企图通过理智主义的分析在心理状态的时间连续中发现这些状态之间的合理的因果性的联系。但根据这些分析却只能给我们提供如下的结果：

"每当斯旺能毫无畏惧地想象（奥黛特）时，每当他回想起她的微笑中流露出的柔情蜜意时，当他把她带到一切别的事情上去的愿望不再由于嫉妒而补充到他的爱情之中时，这种爱情就会重新变成对于奥黛特本人给予他的感情的嗜好，对他说来是应该作为戏剧来欣赏的快意、或是作为一种现象来探询的奥黛特的秋波、她的舒展的笑容以及她声调的起伏的嗜好。这种相异于任何其他快意的快意最终在自身中建立了对她的需求，唯有她能够通过她的在场和信件满足这种需求……这样，通过他的痛苦的化学历程，斯旺在用自己的爱情制造了嫉妒之后，又重新开始产生对奥黛特的柔情和爱怜。"①

这段引文显然同心理的东西有关。我们从中确实看到从本质上讲被个体化并被分离的一些感情，它们彼此之间互相发生作用。但是，普鲁斯特企图阐明这些情感的行动并且对它们进行分类，他希望以此使斯旺应该由之通过的抉择变得可以理解。他并不只局限于描述他已能够自己做出的发现（通过"动摇不定"而产生的从充满恨意的嫉妒到温柔的爱情的过渡），他要解释这些发现。

这些分析的结果是什么呢？心理的东西的不可理解性是否消除了呢？很容易看到伟大心理形式有些抽象地归结为更加简单的因素，这种归结相反谴责心理对象之间支持着的关系的神奇的非理性。嫉妒如何把"要从任何一个别人那里夺去爱情的欲望"添加到爱情中去呢？而这种欲望一旦添加到爱情之中（还是牛奶"加入"咖啡的图象）如何能阻止爱情重新变为"一种对奥黛特本人给予他的感情的一种嗜好呢"？快意又怎么能创立一种需求呢？而爱情，

---

① 《在斯旺家那边》：第 37 版第二卷第 82 页。加重号是我加的。——原注

222

它又如何能制造回过来能加深他要把奥黛特从任何一个人那里夺回来这种欲望的嫉妒呢？在摆脱这种欲望之后，他是否能再次制造柔情？普鲁斯特企图在此建立一种象征的"化学历程"，但是他利用的化学形象只不过能够掩盖动机和非理性的行动。人们试图把我们拖向对心理的东西的机械论解释，这种解释并不使问题更加好理解，它完全曲解了心理的东西。但是，人们还情不自禁地向我们指出那些状态之间的奇特的、几乎是人与人之间的（创立，制造，补充）关系，这些关系几乎能设定：这些心理对象是生气勃勃的原动力。按照普鲁斯特的描述，理智主义的分析在每一时刻都标志着它的局限：这种分析只有在完全的非理性的表面并且在这非理性的基础上才能进行分解和分类。不应该缩减心理因果性中的非理性因素：这种因果性是在一个在其位置上就是其所是的自在成为一个相距自我而存在的出神的自为的神奇退化。远处的、由于影响而产生的神奇行动是存在联系松弛的必然结果。心理学家应该描述这些非理性的联系并且把它们看作是心理世界最初的一种给定物。

因此，反思的意识是作为绵延（的）意识而被构成的，心理的绵延由此向意识显现。这种作为在原始时间性的自在中的谋划的心理时间性是一种潜在的存在，这种存在的虚假的流逝不断地伴随着自为的出神的时间化，因为这种出神的时间化是被反思把握的。但是，如果自为停留在未被反思的领域或不纯的反思被纯化了，那出神的时间化就消失了。心理时间性在这点上类似于原始时间性，即它显现为具体对象的存在方式而不显现为一种预制的框架和规则。心理时间只是与时间对象相联系的集合。而它与原始时间的根本区别在于它是存在着，而原始时间自我时间化。这样，心理时间只有与过去和将来一起才能被构成，而且将来只能是在现在的过去之后来到的一个过去，这就是说，先-后的空洞形式被实体化了，并且它理顺了同样过去了的对象之间的关系。同时，这种不能凭自身存在的心理绵延应该不断地被存在。这种时间性不断地在出神的自为的平行多样性和绝对的一致性中摇曳不定,这种时间性是由曾经存在过的"现在"组成的,这些现在坚持在为它们指定的位置上,但是却在它们的整体中彼此有距离地相互影响,这就使这种时间性相当类似于柏格森的神奇的绵延。一旦人们置身于不纯的反思的范围里,也就是说置身于努力要规定我所是的存在的反思的范围里,那一个完整的世界就显现出来,它充满着时间性。这个世界是潜在的在场,是我的反思直观的或然对象,这是个心理世界或就是心理。从一种意义上讲,它的存在是纯粹理想的;在另一种意义上讲,它存在,因为它被存在,因为它面对意识而被发现:它是"我的阴影",它是当我要看自己时被发现的东西,此外,因为它能够成为自为由之出发规定自己是它应是的(我"因为"反感而不去这个人或那个人的家,我在权衡我的恨或爱时决定采取这种或那种行动,我拒绝讨论政治,因为我深知自己的易怒气质,我不愿意冒使自己被激怒的危险),这个虚幻的世界作为世界的实在处境而存在。所谓的"内在"的和"质"的时间性就与这个寓于反历史漠然性的无限生成中的超越的世界一起被构成为存在的潜在统一,这种时间性是原始时间在自在中的客观化。这里有一种"外表"的最初显露:自为以为自己几乎把一个外表置于它自己的目光下;然而这一外表是纯粹潜在的。我们在下面将会看到为他的存在将使这一"外表"的显露成为现实。

第三章 超 越 性

211 为了能尽可能完整地描述自为,我们选择对否定行为的考察作为导引线。我们已看到,其实正是在我们之外和之内的一种非存在的永恒可能性制约着我们能提出的问题,制约着人们能对之作出的回答。然而我们首要的目标并非只是描绘自为的否定结构。在《导言》中，我们曾指出过一个难题，而且我们想解决的正是这个难题：人的实在与现象的存在或自在的存在的原始关系是什么？其实，从导言起，我们就不得不拒绝实在论和唯心论的解决。我们觉得超越的存在完全不能作用于意识，同时意识也不能通过把那些从其主观性中借来的成分客观化来"建造"超越的东西。因此，我们懂得了，意识对存在的原始关系不能是统一两个原本孤立的实体的外在关系。我们指出："存在的各领域之间的关系是一种原始的涌现，并且是这些存在的结构本身的一部分。"我们发现，具体的东西是个综合整体，作为现象的意识只构成它的一些环节。但是，即使在一个意义下说，孤立地被考察的意识是一种抽象；即使现象，甚至是存在的现象，同样是抽象的，就是因为它们不能作为不对意识显现的现象存在，那现象的存在，作为是其所是的自在，也不能被认为是一种抽象。为了存在，只需要存在本身，存在只归结为存在自己。另一方面，我们对自为的描述则向我们指出，在那里现象的存在却完全相反，它是那么尽可能地远离实体和自在；我们看到，自为是它自己的虚无，并且只能在它的各种出神状态的本体论统一中存在。因此，即使自在与自为的关系原本应该是处在关系中的存在本身的构成成分，也不应该认为这种关系能是自在的构成成分，它恰恰是自为的构成成分。我们应该只在自为中寻找联结与诸如所谓认识的存在的关系的关键。自为在其存在中对它与自在的关系负责，或不如说，它原本在与自在的关系的基础上产生。我们把意识定义为"（这样）一种存在，对它来讲，在其存在中，它只关心自身的存在，因为这个存在意味着异于它的一个存在"。当我们这样定义时，我们已经描测到自为的上述性质。但是，从我们做出这个定义以来，我们已获得了新的认识。尤其是我们已把握了作为它自己虚无的基础的自为的深刻意义。难道现在还不到使用这些认识，以规定和解释一般说来能使认识和行动显现出来的那种自为与自在的出神关系的时候吗？我们还不可能回答我们最初的问题吗？

212

为了成为（对）自我（的）非正题意识，意识应该是对某物的正题的意识，这点我们已指出过。然而，到现在为止我们研究的，是作为（对）自我（的）非正题意识的原始存在样式的自为。不正是为此，我们才被引去描绘在与自在的关系本身中的自为（因为这些关系是它的存在的构成成分）吗？从现在起，我们难道不能找到一个答案以回答这类关系的问题：即自在是其所是，自为的存在是怎么又是为什么不得不在其存在中成为对自在的认识？什么是一般而言的认识呢？

一、作为自为与自在关系类型的认识

除了直观的认识之外没有别的认识。把演绎和推理称之为认识是不准确的，它们只不过是导致直观的工具。当人们达到了直观时，用来达到直观的手段在它面前就消失了；在直观不可能被达到的情况下，推论和推理就仍然是指向不可及的直观的指示牌；最后，如果直观已经被达到而又不是我的意识的现在的样式，我所使用的那些公理就仍然是以前进行的活动的结果，就像笛卡尔所谓的"观念的回忆"一样。如果问直观是什么，胡塞尔就会像大部分哲学家一样回答："它是事物（Sache）亲自面对意识的在场。"因此，认识就是我们在前一章中在"面对……在场"的名称下描述的存在的类型。但是我们已确定：自在本身决不能是在场。在场的存在其实是自为的存在的出神的样式。因此，我们不得不把我们的定义翻过来说：直观是意识面对事物在场。因此，现在我们应该重新论述自为的这种面对存在在场的本性和意义。

当我们在导言中使用未阐释明白的"意识"概念时，我们已确立，意识必须是对某物的意识。正是以意识是其意识的那个东西这样的方式，意识才用自己的眼睛把自己区别出来，才能成为（对）自我（的）意识。不是（对）某物（的）意识的那种意识也就是（对）

乌有（的）意识。但是我们恰恰阐释明白了意识或自为的本体论意义。因此我们能用更加准确的术语提问：如果在本体论水平上，就是说按自为存在的观点考察意识的话，说意识必然是对某物的意识能意味着什么呢？我们知道，自为在反映－反映者这一虚幻二元的形式下是它自己的虚无的基础。反映者只为反映出那个反映而存在，而反映之为反映只是因为它归回到反映者。这样，在二元中勾画出的两项是互指的，而且每一项都使它的存在干预另一项的存在。但是，如果反映者只不过是这个反映的反映者，而且如果反映只能通过其"为在这个反映者中反映自己的存在"表现自己的特征，这个准二元的两项在它们的两个虚无彼此靠近的时候就同归于尽了。反映者必须反映某物以便这整体不崩溃为乌有。但是，另一方面，如果反映是某物，它独立于它的"为被反映的存在"，那它就不应该被质定为反映，而应被质定为自在。这是把不透明性引进"反映－反映者"体系，甚而至于是使开始显露的分裂趋于完成。因为在自为中，反映也是反映者。但是如果反映被质定，它就脱离了反映者，而且它的显象就脱离了它的实在：我思变成不可能的。反映只能在它被不同于它的东西质定，或不如说，在它被反映为它和它所不是的外物的关系时，才同时是"要反映的某物"和乌有。把反映定义为反映者的东西，总是它面对其在场的那个东西。甚至在未经反思的东西的水平上把握的喜悦，也只不过是那个面对一欢笑开放，充满幸福前景的世界的"被反映的"在场。但是前面的某些论述已使我们预见到，不存在是在场的本质结构。在场把彻底的否定看成面对我们所不是的东西在场。不是我的东西是面对我在场的。此外我们将看到，这个"不存在"先天地（a priori）被一切认识的理论所包含。如果我们最初没有一种把对象指示为不是意识的否定关系，就不可能构成对象的概念。曾风行一时的"非我"这一表述相当容易地表达出的正是这一点，但在使用非我的人那里没有能发现有谁稍微关心一下给最初规定了外部世界的这个"非"奠定基础。事实上，如果这种否定不首先被给出，如果它不是一切经验的先天的基础，则无论是表象间的联系，还是某些主观总体的必然性，无论是时间的不可逆转性，还是对无限的求助，都不能用来构成对象本身，即都不能用作进一步否定的基础，这进一步的否定会分离出非我并使其与我本身对立。事物，先于一切比较，先于一切构造，它是那个不是意识而又面对意识在场的东西。作为认识基础的在场的原始关系是否定的。但是由于否定是通过自为来到世界上，并且事物在同一性的绝对无差别状态中是其所是，那它就不可能是设定自己为不是自为的那种东西。否定来自自为本身。不应该把这种否定设想为那类对事物本身的而且否定事物是自为的判断：这类否定只有在自为是一个已充分形成的实体时才能设想，而且甚至在那种情况下，它也只能作为从外面建立两个存在的否定关系的第三存在出现。但是正是自为通过原始的否定使自己不是事物。因而我们刚才给意识的定义，从自为的角度看，可以这样表述："自为是这样一种存在，对它来说，它的存在在其存在中是在问题中，因为这种存在根本上是以不存在的方式同时又是设定为不同于它的东西的存在。"因此认识显现为一种存在方式。认识既不是两个存在相撞后确立的关系，也不是这两个存在之一的主动性，也不是一种属性或效能的性质。它是自为的存在本身，因为它是面对……在场，就是说因为自为不得不通过使自身不成为某种它所面对其在场的存在而成为它的存在。这意味着自为只能按使自己被反映为不是某个存在的反映的方式存在。应该质定被反映物的那个"某物"为了使"反映－反映者"这二元不崩溃于虚无之中，它是纯粹的否定。被反映的东西使自己从外面临界于某个存在而被规定为不是那个存在；所谓是对某物的意识指的正是这个。

但是必须明确规定我们理解为这种原始否定的东西。事实上，应该区别两种否定的类型：外在的否定和内在的否定。第一种显然是见证人在两个存在之间建立的纯粹外在的联系。例如，当我说：

"杯子不是墨水瓶"时，这个否定的基础显然既不在这张桌子（table，疑为杯子 tasse 之误。——译者）中，也不在墨水瓶中。这些对象都是其所是，仅此而已。否定像是我在它们之间建立起来的不同范畴间的、理想的联系，而没有改变它们现在的状况，没有增添也没有使它们失去哪怕一点性质：它们甚至不被这种否定综合所触及。由于否定既不用来增添它们又不用来构造它们，就严格地是外在的。但是如果考察诸如"我不富有"或"我不美"这些话，就已经能猜测出另一种否定的意义了。这些用伤感语调说出的话不仅意味着否定了某种性质，而且意味着这个否定本身已影响到被否定的肯定存在的内在结构。当我说"我不美"时，我并不限于否定那个被当作完全的具体，被当作于我保使我的存在的肯定整体不受触动时（诸如当我说"坛子不是白的，它是灰的"，"墨水瓶不在桌子上，它在壁炉上"时）因此成为虚无的某种能力的我：我想要表明的是："不美"是某种否定我的存在的能力，它内在地表现了我的特征，而且，作为否定性，不美是我自己的一种实在性质，而且，这种否定的性质也很好地解释了我的伤感，例如，解释了我人世生活的不成功。我们把内在的否定理解为两个存在间的这样一种关系，即被另一个存在否定的存在通过它的不在场本身，在它的本质内规定了另一个存在。那么否定变成一种本质的存在联系，因为它建立其上的各种存在中至少有一个是指向另一个存在的，这个存在在其内心中把另一个存在当作不在场者。尽管如此，这类否定不适用于自在的存在，这是显而易见的。它本质上属于自为。唯有自为在其存在中能被它所不是的存在所规定。而内在的否定之所以能出现在世界上——就像当人们说起伪造的珍珠，不熟的果子，不新鲜的蛋时那样——是因为像一般而言的一切否定一样，它是通过自为来到世界上的。因此，认识之所以只是属于自为的，是因为只有自为表现出不是它认识的东西。而且由于在这里显象和存在是一回事，因为自为有其显象的存在——就必须设想，自为在其存在中包含了它所不是的对象的存在，因为它在其存在中由于不是这个存在而在问题中。

在这里我们必须摆脱一种幻觉，这种幻觉可以这样表述：为了使自我本身不是这样的存在，必须事先就以无论什么方式拥有对这个存在的认识，因为我不能判断我与我不知道的存在的区别。完全可以肯定，在有日本人或英国人，工人或君主的某种概念之前，我们并不能通过我们的经验存在知道如何区别这些不同存在。但是这些经验的区别在这里不可能成为我们的基础，因为我们着手研究的是这样一种本体论关系，它应该使任何经验成为可能，并追求确证一般而言的对象怎么能作为意识存在。因此在把对象构成对象之前，我不可能以任何方式经验到对象是我所不是的对象。但是，相反，使一切经验成为可能的东西就是对象为主体而先天地涌现，或者，因为这种涌现是自为的原始活动，这东西就是自为作为面对其所不是的对象在场的原始涌现。因此应该把前面的表述颠倒过来：使自为不得不作为不是这个它面对其在场的特殊存在而存在的基本关系，是对这个存在的一切认识的基础。但是如果我们想理解这种原始关系，就必须更确切地描述它。

我们在前一段中关于理智主义幻觉所作的陈述中仍然真实的那点儿萌芽就是，我不能决定我自己不是一个开始就切断了与我的一切联系的对象。我不能否认我是这样的对象，与这个存在保持一段距离。如果我设想一个完全封闭在自我中的存在，这个存在本身就将完完全全是其所是，因此，无论是作为否定还是认识，它在其中都找不到自己的位置。事实上正是从其所不是的存在出发，一个存在才能使自己显示为它所不是的。这意味着，在内在否定的情况下，正是在那里，在它所不是的存在之中和之上，自为表现为不是它所不是的东西。在这个意义下，内在的否定是一种具体的本体论联系。这里涉及的不是这些经验否定中的一种，其中被否定的性质首先由于它们的不在场，或甚至非存在而被区别。在内在的否定中，自为在它所否定的东西上面被压碎。被否定的性质恰恰又是面对自为在场的东西，正是从这些性质那里，自为获得了否定的力量，并且使这力量不断更新。在这个意义下，必须把它们看作构成自为的存在的因素，因为自为应该在自己之外，又在这些性质之上，自为应该是这些性质以便否认它是它们。总之，内在否定的起源的一端是自在，是在那里的事物；而在这事物之外无物存在，除非是一种虚空，一种虚无，这种虚无之区别于事物，只是由于这个事物为其提供真正内容的一种纯粹否定。唯物主义在由对象派生出认识时遇到的困难，来自它想从一个实体出发引出另一个实体。但是这个困难挡不住我们，因为我们断言在自在之外是乌有，除非是对这个乌有的反映，而这个乌有本身是被自在聚集并定义的，因为它恰恰是这个自在的虚无，是这个只因它不是自在才成其为乌有的个别化了的乌有。这样，在构成内在否定和认识的这种出神关系之中，正是自在成为在其充实性中具体的一极，而自为只不过是自在在其中呈现出来的虚空。自为在自在之中是外在于自身的，因为它由它所不是的东西来定义；因此自在与自为的原始联系是存在的联系。但是这种联系既不是一种欠缺，也不是一种不在场。在不在场的情况下，我其实是使自己被一个我所不是的、并且也不存在的、或不在那里的存在所规定：就是说规定了我的东西像是我称之为我的经验充实性的东西中间的一个空洞。相反，在被当作本体论的存在的联系的认识中，我所不是的存在表象了自在的绝对充实性。而相反我是从这个充实出发的，规定了存在的那个虚无，那个不在场。这意味着，在人们称之为认识的那类存在中，人们能碰到的唯一存在，并且永远在那里的存在，就是被认识的东西。认识者不存在，他是不可把握的。他只不过是那种使一个被认识者的此在，一个在场得以存在的东西——因为被认识的东西本身既不是在场的也不是不在场的，它只是存在着。但是被认识的东西的这种在场是面对乌有在场，因为认识者是对一个非存在的纯粹反映，因此这个在场通过被认识的认识者的全部半透明性而表现为绝对的在场。各种迷惑的情况向我们提供了这种原始关系的心理和经验的例证。事实上,在表象了认识的直接活动的那些情况下,认识者绝对只是一种纯粹的否定,它也不会在任何地方自我恢复,它不存在:它能接受的唯一规定,就是它恰恰不是那种迷惑人的对象。在迷惑中,只有一个在荒凉世界中的庞大对象。然而,被迷惑的直观完全不与对象融合。因为迷惑存在的条件,就是对象随着一种绝对突起而消失在虚空的基质之中。就是说我恰恰是对对象的直接否定,仅此而已。我们在泛神论直觉的基础上遇到的正是这种纯粹的否定,卢梭有时把这种纯粹否定描述为他的生平中的一些具体的心理事件。那时他告诉我们,他和宇宙融合了,唯一的世界突然出现,它是绝对的在场和无制约的整体。当然,我们能理解世界的这种整体的和荒凉的在场,它的纯粹的"在此",当然我们完全同意在这个特殊的时刻,除了世界之外什么也没有。但是这并不像卢梭想证明的那样有一种意识和世界的融合。这种融合意味着自为在自在中的凝固化,同时,意味着世界和自在作为在场的不显现。真正说来,在泛神论的意向中,除了世界之外什么也没有,除了那种使自在表现为世界的东西,即纯粹的否定这种作为否定的(对)自我(的)非正题意识之外什么也没有。而且,恰恰因为认识不是不在场而是在场,也就没有任何东西分离开认识者和被认识的东西。人们常把直观定义为被认识的东西直接面对认识者的在场,但很少有人再考虑直接的这一概念的要求。直接性是一切中介的不在场;而且不言而喻,否则中介物就被认识而不是插在中间了。但是如果我们不能设定任何居间者,我们就必须同时否认连续性和间断性是认识者面对被认识的东西在场的类型。事实上我们不承认认识者和被认识的东西之间有连续性,因为连续性假定了同时是认识者和被认识的东西的居间项,在使认识者的存在介入被认识的东西的存在时它取消了认识者在被认识的东西面前的自立性。那么对象的结构就消失了,因为对象要求绝对地被作为自为的存在的自为所否定。但是我们同样不能认为自为和自在的原始关系是间断的关系。当然，两个间断成分的分离是一个虚空，也就是一个乌有，然而这是一个实现了的乌有，也就是说是自在。这种实体化了的乌有就像这样一个不可通导的稠密物，它摧毁了在场的直接的东西，因为它变成了作为乌有的某物。自为面对自在的在场，既不能用连续性这术语，也不能用间断性这术语来说明。它是纯粹被否定的同一性。为了更好地把握这一点，让我们运用这种比喻：当两条曲线彼此同切的时候，它们表现为一类没有居间者的在场。但是这样，眼睛在它们相切的整个长度上把握住的，只是一条直线。甚至如果人们掩盖这两条曲线，如果只能看到它们彼此相切的长度 AB，那么要区别它们就是不可能的。因为分离开它们的东西是乌有：既没有连续性，也没有间断性，而是纯粹的同一性。让我们突然拉开盖住两条线的东西，我们就重新看到它们在整个长度上是两条：这并不是由于事实上在它们之间实现了一种突然的分离，而是由于使我们画这两条曲线以便认出它们的那两种运动把任何一种否定都看成连续的活动。这样，使这两条曲线甚至就在它们相切的位置上分离的东西是乌有，甚至不是距离：这是一种作为构成性综合的对立物的纯粹否定性。这个形象使我们更好地把握了一开始就统一了认识者和被认识的东西的直接性关系。通常，事实上，有时一个否定是建立在先于否定存在并构成其质料的"某物"上的：例如，如果我说墨水瓶不是桌子，桌子和墨水瓶就是已经构成的对象，它们的自在存在成为否定判断的支撑物。但是，在"认识者－被认识者"的关系中，认识者方面没有什么东西能支撑否定："没有"自在地分离认识者和被认识者的任何区别，以及任何区分的原则。但是，在完全无区别的存在中，除了那种连存在都不存在，而又不得不存在的否定，那种甚至不设定自己为否定的否定之外什么也没有。因而，认识和认识者本身最终除了是"有"存在这一事实之外，除了自在的存在给出自身并在崛起时消失于这乌有的基质之外，什么也不是。在这个意义下我们能把认识称为：被认识者的纯粹孤独。认识的原始现象没有给存在增添什么，也没有创造什么，关于这点说得已经够多了。存在并不因认识而增加什么，因为认识是纯粹的否定性。认识仅仅使得有了存在。但是"有"存在这一事实不是存在的内在规定（存在是其所是），而是否定性的内在规定。在这个意义下，对存在的肯定性作的一切揭示都相当于对在其存在中是纯粹否定性的那个自为的本体论规定。例如，正如我们下面还要谈到的，揭示存在的空间性和通过自为本身把自为非正题地理解为非广延的是一回事。自为的非广延性不是肯定隐藏在否定的名称之下的精神性的神秘能力：它根本上是一种出神关系，因为自为正是通过超越的自在的广延并在这种广延中使自己显示出来并实现自己的非广延的。自为不能首先是非广延的而在后来进入一种与广延的存在的关系，因为，按我们考虑它的某种方式，非广延的概念自己不能有意义，它只不过是对广延的否定。如果万一能取消自在的各种被揭示了的规定性的广延，自为就不再是空间的，既不是广延的也不是非广延的，也不可能以相关于广延的任何方式表明其特征。在这个意义下，广延是一种自为恰就其否定自身是广延而言不得不理解的超越的规定性。所以看来最能够表明认识和存在的这种内在关系的术语是"实现"这个词，我们刚才是以本体论和认识论的双重意义来使用它的。我实现了一个计划是因为我给了它存在，但是我也实现了我的处境，因为我经历了我的处境，我以我的存在使它存在，我"实现"了一场灾难的严重程度，一个事业的困难。认识，就是实现这个词的两个意义。在不得不成为对这个存在的被反映的否定时，认识使得存在在那儿：实在的东西就是实现之过程。我们把在规定了在其存在中的自为时揭示了自在的那个内在的而且又实现着的这种否定称为超越性。

二、作为否定的规定

自为面对什么样的存在在场？下面让我们注意一下这个表述得不好的问题：存在是其所是，它在自身中是否能有回答"哪一个"这问题的"这一个"这一规定吗？总之，问题只有在世界之中被设定时才能有意义。因此，自为面对这一个在场而不是面对那一个在场，那是因为正是它的在场使得有了一个"这一个"而不是有"那一个"。然而，我们的例证向我们表明了一个具体地否认了这样一个特殊存在的自为。但是，这是因为在我们想首先阐明其否定性的关系时，我们已描述了认识关系。在这个意义下，正像在这个例证里揭示的，这种否定性已经是第二位的。作为原始超越性的否定性不是从一个"这个"出发被规定的，相反是它使一个这个存在。自为的原始在场是面对存在在场。那么我们能说它是面对整个存在在场吗？那我们就又陷入了我们前面犯的错误。因为整体只能通过自为而成为存在。事实上，整体假定了一个准多样性的各项间的内在的存在关系，以同样的方式，一个多样性为了是这个多样性，假设了它的各成分间整体化的内在关系：正是在这个意义下，相加本身才是一种综合活动。整体之能成为各种存在，只是由于一个不得不在它们的在场中是它自己固有整体的存在。自为的情况恰恰是这样，它是永无止境地时间化着的被瓦解的整体。正是在自为的面对存在在场中，自为使得"有"整个存在。事实上我们当然懂得，这一个存在只能基于整个存在的在场而被命名。这并不意味着一个存在为了存在就需要整个存在，而是意味着自为是在面对大全的实现着的在场的原始基质上实现为面对这个存在实现着的在场。但是反过来说，整体作为种种"这个"的本体论的内在关系，只能在特殊的种种"这个"中并通过它们被揭示出来。这意味着自为作为面对种种"这个"的实现着的在场，自身实现为面对整个存在的实现着的在场；它又作为面对整个存在的实现着的在场，自身实现为面对种种特殊的"这个"的实现着的在场。换言之，自为之面对世界在场只能通过它的面对一个或几个特殊事物的在场来实现；反之亦然，它的面对一个特殊事物的在场只能在面对世界在场的基质上实现，知觉只在面对世界在场的本体论基质上展现，而世界被具体地揭示为每种特殊知觉的基质。剩下要解释的是自为对存在的涌现如何能使得有一个整体和一些这个存在。

  自为面对存在的作为整体的在场源于自为不得不按是其所不是和不是其所是的方式是它自己的作为被瓦解的整体的整体。事实上，既然它在同一个作为整体的涌现中使自己成为不是这个存在的东西，存在在它这个整体面前就总是自为不是的东西。原始的否定其实是彻底的否定。在存在面前总是其自己的整体的自为，由于本身是否定的大全而是对大全的否定。这样，完成了的整体或世界被揭示为整体存在由之而出并进入存在的那个未完成的整体之存在的构成。正是通过世界，自为使自己对自身显示为被瓦解的整体，这意味着，自为通过其涌现本身使自身成为对作为整体的存在之揭示，因为自为不得不按被瓦解方式成为它自己的整体。这样，自为的意义本身在存在中是在外面的，但是存在的意义正是通过自为显现出来的。存在的这种整体化没有添加什么到存在上，它只不过是存在用以揭示自己不是自为的方式，是使得有存在的方式；它在自为之外显现，是不可触及的；它规定了在其存在中的自为的东西。但是，把存在揭示为整体的活动不是触及了存在，正如计算桌子上的两只杯子并没有达到任何一只杯子的存在或本性一样。然而这也不是自为的纯粹主观的变化，因为，相反，正是由于它，一切主观性才成为可能。但是，如果自为确是使得"有"存在的虚无，从一开始它就只能有作为整体的存在。这样一来，认识就是世界；正像海德格尔所说的：世界，除此之外，什么也没有。只是这个"乌有"一开始就不是那个人的实在在其中显露的东西。这个乌有是人的实在本身，是世界由之被揭示出来的彻底否定。而且当然，唯有把世界理解为整体才使得支持并包容着这个整体的虚无在世界方面显现出来。甚至正是这个虚无作为总留在整体之外的绝对乌有才这样规定整体：正是为此整体化才没有添加什么东西到存在上，因为它只作为对存在的限制的虚无显现的结果。但是这个虚无不是任何物，否则人的实在就会认为自己被排除于存在之外，而且永远超乎存在同这个乌有交往。应该再说一遍：人的实在是把存在揭示为整体的那个东西——或者人的实在是使得存在之外"有"了乌有的那个东西。这个乌有是作为"有"一个世界彼在的可能性，这样一来：1. 这个可能性才把存在揭示为世界；2. 人的实在才不得不是这种可能性——与面对存在的原始在场一起，构成自我性的圈子。

但是，人的实在成为否定的不完满整体，只是因为它超出了它不得不是的，作为面对存在的现实在场的具体否定。如果它事实上是（对）混合而未分化的否定（的）纯粹意识，它就不能规定自身，并因此也不能是它的规定的哪怕是被瓦解的具体整体。它是整体只是因为它通过它所有别的否定避开了它现在是的那个具体否定：它的存在是它自己的整体，也只能就其是向着它不得不是的整体来超越它所是的不完全的结构而言。否则，它就是它直接是的东西，而不能被认为是整体或非整体。因此，一个不完全的否定结构应该在我所是的那个未分化的否定（这结构是这否定的一部分）的基质上显现，在这个意义下，我通过自在的存在使自己表现为我应该不是的某个具体实在。我现在不是的存在，由于是在存在整体的基质上显现的，就是这个。这个，就是我现在不是的东西，因为我不得不是存在的乌有；这一个在存在的未分化基质上被揭示出来，以便我表现为在我的诸否定的整体化基质上不得不是的那个具体否定。大全和"这个"的这种原始关系来源于"格式塔理论"阐明的基质和形式之间的关系。"这个"总是在一个基质中显现，就是说在存在的未分化整体中显现，因为自为是对它的彻底而混合的否定。但是每当另一个"这个"涌现时，它总能稀释于这个未分化的整体中去。但是此一这个或此一形式在基质中的显现，由于与那种在一彻底否定的混合基质中的我自己的具体否定显现互相关联，而意味着我同时又是又不是这个整体否定，或不如说，我按"不是"的方式是这个否定，我按是的方式不是这个否定。其实，只是以这样的方式在场的否定才在它所不是的彻底否定的基质上显现出来。否则，它就事实上被完全切断，或者溶化在那彻底否定之中了。这个在大全中的显现是与自为这对自身的否定互相关联的。有一个这个，是因为我还不是我将来的否定，也因为我不再是我过去的否定。对这个的揭示假定：随着另一些否定的后退，在基质的混合消失中"强调"某一个否定，就是说，自为只能作为后退地构成彻底否定的整体的否定而存在。自为不是世界、空间性、永恒性、物质，总之不是一般的自在，它的不是它们的方式是这样的：在否定性的整个基质上它应该不是这张桌子、这个杯子、这间房间。因此，此一这个假设了一个对否定的否定——然而是一个不得不是它所否认的彻底否定的否定，一个不再由本体论线索联到那彻底否定上的否定，一个总是准备好在另一"这个"的涌现处溶合到那彻底否定中的否定。在这个意义下，"这个"被揭示为这个，是通过一切别的"这个""在世界这基质中后退"，它的规定——这是一切规定的起源——是一个否定。我们当然懂得，从"这个"的角度看，这否定完全是理想的。它没有使存在增加什么，也没有使它减少什么。被看作"这个"的存在是其所是，而且永远是其所是，它不变化。因此，它既不能作为整体的一部分在自身之外而在整体之中，也不能以在自身之外而在整体之中来否认自身与整体的同一性。否定只能通过不得不同时面对存在整体而又面对"这个"的在场的那个存在——就是说通过出神的存在——而成为这个。然而由于它使未经触动的这个保持为自在的存在，由于它并不把所有的这个实在地综合为整体，对这个的构成性的否定则成为一种对外在型的否定,"这个"与整体的关系是一种外在的关系。这样,我们看到,规 224定显现为与我所是的那种内在的、彻底的和出神的否定相关的外在否定。这才是对同时被揭示为综合整体和所有"这个"单纯相加而成的集合的世界的暧昧性的解释。事实上,只要世界被揭示为自为在其中不得不彻底地是其自己的虚无的那样一个整体,世界就作为来分化的混合体来在场。但是既然这个彻底的虚无化总因此是一个具体的、现时的虚无化,世界就总显现得像一口箱子一样打开以便让一个或数个"这个"显现,这些"这个"在基质的未分化状态的中心已经是它们现在作为已分化的形式所是的东西。这样,当我们逐步接近通过一大堆东西显现在我们面前的风景时,我们看到,那作为已经在那里的,作为"这个"的间断集合成分的对象显现出来;这样,在格式塔理论的经验中,连续的基质被理解为形式的同时,它又爆裂为大量间断的成分。这样,在世界不是实在的综合,而是乌有对诸多这个之集合的理想限定这个意义下,相关于一个被化整为零的整体的世界显现为一个渐趋消逝的整体。这样,作为基质的形式性质的连续,就使间断显现为这个和整体之间外在的关系类型。所谓空间,恰恰就是整体向着集合,连续向着间断的这种永恒逐渐消逝。空间其实不可能是一个存在。它是相互没有任何关系的各存在之间的一种运动的关系。它是各自在的完整独立性,因为这独立性向面对"整个"自在在场的一个存在揭示为就另一些存在而言的一些存在的独立性;这是一些存在能据以向使关系进入世界的存在表明自己是没有任何关系的唯一方式,就是说空间是纯粹的外在性。然而由于这种外在性不能属于上述诸"这个"中的任一这个,又由于作为纯粹局部的否定性它是对自身的解构,它就既不能是自我地存在,又不能是"被存在的"。空间化存在是同时面对整体和这个的在场的自为;空间不是世界,而是被当作整体的世界的不稳定性,因为它总能被分解为外在的多样性。空间既不是基质也不是形式,而是基质的理想性,因为基质总能分解为形式,空间既不是连续也不是间断,而是由连续向间断的永恒过渡。空间的存在证明自为在使得有存在时没有增加什么到存在上,它是综合的理想性。在这个意义下,就其是从世界获得起源而言,它是整体,而同时又是乌有,因为它导致诸这个的麇集。它不让具体的直观理解自己,因为它不存在而是被连续地空间化。它依赖时间性并在时间性中显现出来,因为它只能通过其存在方式就是时间化的那种存在来到世界上,因为它是存在为了实现存在用以出神地消逝的方式。这个的空间特性并不综合地增添到这个上,空间特性只是这个的"位置",即它与基质的外在关系,因为这种关系能在基质本身分解为大量形式时消解到与别的一些"这个"的大量外在关系中。在这个意义下,设想空间是我们的感性对现象的先天结构提出的形式是徒劳的:空间不可能是形式,因为它什么也不是;相反,它标志着乌有,如果不是否定的话——而且还是作为一类保持其统一的东西的原来状态的外在关系——不能被自为带进自在。至于自为,它之所以不是空间,是因为它恰恰被理解为不是自在的存在,因为自在以所谓广延的外在方式向它揭示出来。恰恰因为它把自己当作出神的而同时又否认自身的外在性,它才空间化为空间。因为自为与自在的关系并非一种并排列置亦非一种未分化的外在性:它与自在的作为一切关系的基础的关系就是内在的否定,而且,只有它才是使自在的存在就别的一些存在于世界中的存在而言成为未分化的外在性的东西。当未分化的外在性被实体化为自在及自己存在的实体时——这只能产生于认识的低级阶段——它成为一种几何学名下的特殊研究类型的对象,并成为关于多样性的抽象理论的一种纯粹规定。

剩下要规定的是哪类存在拥有通过自为来到世界上的外在否定。我们知道,它不属于这个:这张报纸不否认它自身是它在上面出现的桌子,否则它就会是出神地在自我之外而在它否认的桌子上,而且它与桌子的关系就会是一种内在的否定;它甚至因此不再是自在以便变成自为。因此,对"这个"的规定关系既不能属于这个也不能属于那个；它环绕它们而没有触及它们，没有给它们哪怕一点点新特性；它仍让它们是其所是。在这个意义下，我们应该修改斯宾诺莎的有名公式："一切规定都是否定"，黑格尔说这个公式的丰富性是无限的，而且我们应该宁可宣称，一切不属于那种不得不是其自己的规定的存在的规定，都是理想的否定。此外不能想象它会是别样的。即使我们按经验批判的心理主义方式把一切事物都看成纯粹主观的内容，也不能设想主体在这些内容之间实现了内在的综合否定而在那种排除了一切向客观性过渡的希望的彻底的出神状态的内在性中又没有这些内容的存在。我们更不能想象自为在它所不是的各种超越之间进行畸变的综合否定。在这个意义下，如果我们把客观的东西理解为根本上属于自在的东西——或把它理解为以这样那样的方式实在地把对象构成如它所是的那样的东西，那么构成此一"这个"的外在否定就不能表现出事物的客观特性。但是我们不应该由此得出结论说外在的否定有一种像是自为的纯粹存在样式的那种主观存在。这类自为的存在是纯粹内在的否定，外在否定在它之中的存在对它的存在本身似乎作废了。因此，这外在否定不可能是组织，归整这些现象的方式，因为这些现象只是些主观的幻影，这外在否定同样不能使存在"主观化"，因为它的揭示是自为构成的。因此，它的外在性甚至要求它"悬而未决"，像外在于自在一样外在于自为。但是另一方面，恰恰因为它是外在性，它就不能自己存在，它拒绝一切支撑物，它根本上是"非自立的"，然而不能相关于任何实体。它是乌有。正因为墨水瓶不是桌子——也同样不是烟斗或杯子等——我们才能把它当作墨水瓶。然而，如果我说：墨水瓶不是桌子，我就是在想乌有。这样，规定就是一个乌有，这个乌有既不作为内在的结构属于事物，也同样不属于意识，而它的存在是被自为援引的，而这种援引是通过一个内在否定的体系，在这些内在否定中，自在未分化地向一切不是自我的东西揭示出来。既然自为通过自在使自己显示出它所不是的，按内在否定的方式，自在的未分化作为自为应该不是的未分化，就在世界上表现为规定。

三、质与量、潜在性、工具性

当"这个"在与世界或别的"这个"的外在关系之外被构成时，质只不过是"这个"的存在。人们过于经常地把它设想为单纯主观的规定，而那时它的质-存在，已经与心理的主观性混同起来。因而看来，问题尤其是要解释那种被看成诸质的超越统一的对象一极的结构。我们曾指出，这个问题是不可解决的。一种质如果是主观的就不会被客观化。要是假设我们把对象一极的统一体抛到了各种质之外，则任何一种质充其量直接表现为事物作用于我们而产生的主观结果。但是柠檬的黄色不是把握柠檬的主观方式：它就是柠檬。而且说未知的对象显现为把诸消失的质结合在一起的空洞形式也同样是不对的。事实上，柠檬渗透了它的各种质，而且它的任何一种质又渗透到每一种其他的质中。柠檬的酸味，就是黄色的，柠檬的黄色就是酸的；人们吃蛋糕的颜色，而且这块蛋糕的味道是向那种我们称之为饮食直观的东西揭示其形状和颜色的工具；反过来说，如果我把手指伸进果酱罐里，这果酱的粘稠和冰冷便向我的手指揭示了它的甜味。游泳池水的流动、水的温热、水呈现出的蓝色、水的波纹的起伏是一下子互相穿透地表现出来的，所谓这个就是这种整体的互相渗透。一些画家，尤其是塞尚的经验表明的正是这一点：正像胡塞尔相信的那样，说一种综合的必然性无条件地统一了颜色和形状是不对的；而是形状就是颜色和光；画家使这些因素中的任意一种起变化时，之所以另一些也起了相应的变化，并非因为它们被人们不知道的某种法则联系起来了，而是因为它们说到底只是同一个存在。在此意义下，存在的每一种质就是存在的整体；是存在的绝对偶然性的在场，是其未分化的不可还原性；把握质并没有给存在增添什么，无非是说出了有作为这个的存在这一事实。在此意义下，质不是存在的外貌：因为存在没有"内"也不可能有"外"。只不过，为了有质，对根本上不是存在的虚无来说必须有存在。然而，存在并不自在地是质，尽管它不多不少正好是质。而质，就是在"有"的限度内被揭示的全部存在。这全然不是存在的外表，而是整个存在，因为不是对存在而言，而是对使自己不是存在的东西而言才能有存在。自为与质的关系是本体论的关系。对质的直观不是对给定物的被动静观，而且精神不是一种在这静观中总是其所是的，即在与被静观的这个的关系中保持一种未分化的样式的自在。但是自为通过质使自己表明了它不是什么。知觉到红是这本练习本的颜色，就是反映出它自己是对这种质的内在否定。就是说，对质的理解不像胡塞尔想的那样是"充实"（Erfüllung），而是报道一个虚空，一个关于这种质的被规定的虚空。在此意义下，质是不可触及的永恒在场。对认识的描述往往太粗陋了。在认识论哲学中还保留着过多的前逻辑主义，而且我们还没有摆脱那样一种原始的幻觉（我们在下面还要分析它），按这种幻觉，认识，就是吃，就是吞噬被认识的对象，用它充实（Erfüllung）自己，并且消化它（"同化"）。我们将进一步分析知觉的原始现象，同时坚持质（对我们而言）是保持在一种绝对接近的关系中的这一事实——它"在此"，它纠缠着我们——既不表现自己也不否认自己，但是必须补充一点，这种接近意味着有距离，它不是直接可及的东西，它是根据定义使我们称自己为虚空，对它的静观只能增加我们对存在的渴望，就像目睹不可及的食物增强坦塔罗斯的饥饿一样[①]。质指出了我们所不是的，并且指出我们否认的存在样式。知觉到白色

[①] Tantale：坦塔罗斯是希腊神话中大神宙斯之子，因泄露天机被罚永世站在上有果树的水中，水深及下巴，口渴想喝水时，水即减退，腹饥想吃果子时，树枝即升高。——译注

就是意识到自为作为颜色存在这一原则上的不可能性,就是说自为作为其所是而存在是不可能的。在此意义下,不仅存在与它的各种质没有区别,而且对质的任何理解都是对这个的理解。质,不管是什么质,都对我们揭示为一个存在。我闭上眼睛突然闻到的气味,甚至在我把它归为一个散发气味的对象之前,就已经是一个气味存在,而不是一个主观印象;早晨透过我闭着的眼帘刺激我眼睛的日光,已经是一种光线存在。质存在,这点只要略加思索似乎就很明白。作为是其所是的存在,质当然能对一个主观性显现,但是它不能纳入那个是其所不是又不是其所是的主观性的网络。说质是质的存在,决不是赋予它一种类似于实体的神秘支撑物,而只是说,它的存在样式完全不同于"自为"的存在样式。白色或酸味的存在事实上完全不可能被当作出神的。现在,如果有人问,"这个"有"一些"质是怎么一回事,我们就会回答说,事实上,"这个"是作为整体从世界这基质中被解放出来的,并且表现为未分化的统一。正是自为才能以不同的观点面对此一这个来否认自己,并揭示质为事物基质上的一个新的这个。对于任何一个使自为的自由自发地构成其存在的否定活动,都有一个"从一个侧面"对存在的整体揭示。这个侧面只不过是被自为本身实现的事物与自为的关系。这是对否定性的绝对规定:因为无论是自为由于原始的否定不是存在,还是它不是这个存在都还不够,为了使作为存在的虚无的它的这一规定充实,它还必须把自己实现为不是这个存在的某种不可取代的方式;而且这种把质规定为此一这个的一个侧面的绝对规定属于自为的自由;它不存在;它作为"要存在"而存在;对事物的一种质的揭示是那么经常地显现为一种无根据的事实,而这个事实是通过自由把握的;正是鉴于这一点,每个人都能够让自己去表现质。我不能使这个果皮不是绿色的,但是正是我使我把它当做绿色的粗糙物或粗糙的绿东西。只不过基质形式的关系与这个和世界的关系是相当不同的。因为,形式不是在未分化的基质中显现出来的,它完全被基质所渗透，它把基质包容在自身中当作它固有的未分化致密物。如果我把果皮看成绿色的，它的"光泽－粗糙"就被揭示为未分化的内在基质和对绿色而言的存在的充实。在抽象分离了统一的东西的意义下，这里完全没有抽象，因为存在在它的侧面中总表现出完全的整体。但是存在的实现是抽象的条件，因为抽象不是对"悬在空中"的质的把握，而是对内在基质的未分化性在其中趋于绝对平衡的质－这个的把握。抽象的绿色没有失去其存在的致密性——否则它就只不过是自为的主观样式——而是通过它表现出来的光泽、形状、粗糙等消失在单纯团块性的虚无化的平衡之中。然而，抽象是面对存在在场的现象，因为抽象的存在保留着它的超越性。但是抽象只能把自己实现为超乎存在之外的面对存在在场：它就是一个超越。只是在可能性的水平上，并且只是因为自为不得不是它自己的可能性，这种面对存在的在场才被实现。抽象物被揭示为这样一种意义，即质不得不作为面对一个将来的自为的在场的共同在场。这样，抽象的绿色是具体的这个的将来的意义，因为它通过它的"绿色－光泽－粗糙"的侧面向我显露，它是这个侧面的特殊的可能性，因为这可能性是通过我所是的诸种可能性揭示出来的；就是说因为这可能性是被存在。但是这使我们回到世界的工具性和时间性的问题；我们以后还会要谈论这个问题。而现在，我们只需说抽象作为固定在那具体不得不是的自在中的可能性纠缠着具体。无论作为与存在的最初接触的我们的知觉可能是什么，抽象总是在此，但它是将来的，而且我正是在将来中，以我的将来把握了它：它与作为只不过是此一否定的我的当下具体的否定的可能性互相关联。抽象就是这个的意义，因为它通过我的把我不得不是的那种否定固定在自在中的这种可能性在未来揭示自身。假如有人向我们重提对抽象的那些古典的疑难，我们会回答说，它们的产生是因为假设了这个的结构和抽象活动的区别。当然，如果这个不包含它自己的抽象物，就绝不可能在后来把它抽取出来。但是，正是在把这个构成为

230

这个的过程中，抽象作为对我的将来的揭示的一个侧面起作用。自为之所以是"抽象者"，并非因为它能实现抽象这种心理活动，而是因为它作为连带一个将来、即连带一种超乎存在之外的、面对存在的在场突现出来。自在的存在既不是具体的也不是抽象的，既不是现在的也不是将来的：它是其所是。然而抽象并没有使存在充实起来，它只不过是揭示了超乎存在之外的存在之虚无。但是我们只是对那些古典的有关抽象的观点提出诘难而没有要读者脱离把存在认作这个的观点。

诸种这个之间的原始关系既不可能是互相作用，也不可能是因果关系，甚至不可能是在世界这同一基质中的涌现。事实上如果我们假设自为是面对一个这个的在场，别的各种这个就同时"在世界上"存在，但它们是凭着未分化的存在来存在的：它们构成基质，这个在其上突起。为了在一个这个和另一个这个之间建立任意一种关系，第二个这个就必须在因自为不得不是的明确否定而从世界这基质中涌现时被揭示出来。但是同时，每一个这个都应该由于纯粹外在类型的否定而不是别的并与别的保持着距离。这样，这个和那个的原始关系就是一种外在的否定。那个便作为不是这个显现出来。而且这种外在的否定对自为揭示为一种超越的东西，它是外在的，是自在。我们应该如何理解它呢？

这个-那个的显现只能一开始就作为整体产生。最初的关系在这里是不可分解的整体：自为整体地规定自己不是世界基质上的"这个-那个"。"这个-那个"就是我的整个房间，因为我是面对它在场的。这种具体的否定在具体的整体分解为这个和那个时不会消失。相反，它是分解的条件本身。但在在场的这种基质中，并通过在场的这种基质，存在使其未分化的外在性显现出来：这否定对我揭示：我所是的否定是一种多样的统一，或不如说是一个未分化的整体。我向存在中的否定涌现被分成一些除了是我不得不是的否定之外没有别的联系的独立否定，就是说被分成一些从我这里而不是

246

从存在那里获得其内在统一的独立否定。我是面对这张桌子，这些椅子在场的，而且像这样，我把自己综合地构成为一个多方面的否定，不过是纯粹内在的否定，因为它是对存在的否定，被虚无的区域所凝固；它作为否定使自己虚无化，它是被瓦解的否定。存在的未分化通过我作为我自己的否定的虚无不得不是的虚无的这些犁痕表现出来。但是这种未分化，我不得不通过这种否定的虚无实现它，这不是因为我一开始就是面对"这个"在场的，而是因为我也是面对那个在场的。正是在我面对桌子的在场中并通过这种在场，我把椅子的未分化——我恰恰应该不是椅子——实现为没有跳板的未分化，即"不存在"的跳跃的中止，循环的一次中断。在把整体揭示为我决不能用来决定自己不是这个东西时，那个在这个旁边出现。这样，分划是来自存在的，但只有通过自为对整个存在的在场才有区划和区分。对各种否定的统一的否定，由于揭示了存在的未分化及把握了这个对那个及那个对这个的未分化，而揭示出诸种这个之间的原始关系是外在的否定。这个不是那个。这种在不可分解的整体的统一中的外在否定是用"和"（et）这个词来说明的。"这个不是那个"被写成"这个和那个"。外在的否定有两重特性：是自在又是纯粹的理想性。它是自在是因为它完全不属于自为，甚至正是通过其固有否定的绝对内在性（因为我是在审美直观中领会想象的对象）自为发现存在的未分化是外在性。此外，问题决不在于存在不得不是的一种否定，它不属于任何上述的这个；它单纯地存在，它是其所是。但是同时它决不是这个的一种特性，它不是作为它的一种质存在。它甚至是完全独立于这个的，这恰恰是因为它既不属于这个又不属于另一个。因为如果存在的未分化是乌有，我们就既不能思考它又不能知觉它。它单纯意味着那个的虚无化或多样化不能把诸种这个投入于乌有之中；在这个意义下，它只是分离开各个这个的自在的虚无，而且这个虚无是意识能用以实现表现存在特征的同一性聚合的唯一方式。这个理想的、自在的虚无就是量。

232 量其实是纯粹的外在性；它完全不依赖相加的各项，而只是肯定它们的独立性。计数就是在不可分解而又已经给定的整体内造成一种理想的区分。由相加获得的数既不属于任何一个被计数的这个，又同样不属于不可分解的整体，因为它被揭示为整体。这三个人在我面前说话，不是因为我首先把他们当作"交谈的一组"我才计算他们的人数；而是数出他们是三个人的活动完全保留了他们这组人的具体的原封未动的统一。这不是像"三人之群"那样的群体的具体性质。但是这同样不是它的成员的性质。对他们中的任何一个都不能说他是三，也同样不能说他是第三，因为第三这性质只是计数的自为的自由的反映；他们中的任何一个都能是第三，他们中的任何一个又都不是第三。因此，量的关系是一种自在的关系，然而是纯粹外在性的否定的关系。而且恰恰因为量既不属于事物又不属于整体，它是孤立的，而且在世界的表面清楚地表现为虚无在存在上的反映。作为诸这个之间的纯粹外在的关系，它本身是外在于各个这个的，而且，最终，是外在于它本身的。它是存在的不可把握的未分化——只有在有存在时它才能显现出来，并且尽管属于存在，它却只能从自为来到存在，因为这种未分化只能通过应该外在于存在和其本身的一种外在性关系的无穷外在化而被揭示出来。这样，空间和量只是同一类否定。只是由于这个和那个被揭示为对于是我固有关系的那个我没有任何关系，空间和量才来到世界上；因为它们都是没有任何关系的那些事物的关系，亦即被是其自己的虚无的那种存在当作关系的那关系的虚无。正是为此，人们能看到，人们和胡塞尔一起称之为范畴的（整体对于部分的统一－多样性－关系——多和少——在……四周——在……旁边——跟随——第一、第二、等——一、二、三、等——在内和在外——等）只是事物的理想连接，它让事物完全原封不动地保留下来，一丁点儿也没有增添或减少它们，而且，事物只指出了自为的自由能用来实现存在的未分化的方式的无限多样性。

248

我们论述了自为与自在的原始关系问题，犹如自为就成了那类能向着笛卡尔的我思来被揭示的单纯瞬间的意识。真正说来，我们已遇见了自为对自我的逃避，因为它对诸这个和诸抽象的显现来说是必要条件。但是自为的出神性质还只是隐隐约约的。即使我们为了陈述的清晰不得不这样进行讨论，也不应该由此得出结论说，存在向一个最初在场以便后来一下子构成一个将来的存在揭示出来。但是自在的存在正是向着一个作为向自我本身的将来涌现出来的存在揭示的。这意味着，自为在面对存在在场时使自己成为的那个否定有将来这出神的一维：正因为我不是我所是（与我自己的诸可能性的出神关系），我才不得不作为揭示了此一这个的实现而又不是自在的存在。这意味着，我是面对此一这个的在场且又是非整体化的整体的未完成状态。就对这个的揭示而言，这可以得出什么结论呢？

既然我总在我所是的东西之外，是向我本身的将来，我面对其在场的这个就向我显现为我向着我本身所超越的某物。被知觉的一开始就是被超越的，它像是一个在自我性圈子中的引导者，并且在这圈子的限度内显现。就我使自己成为对此一这个的否定而言，我从此一否定逃向一个互补的否定，逃避第二个否定与逃避第一个一样应该使我所是的自在显现；而这个可能的否定和第一个否定之间有一种存在的联结，它不是任意的，而恰恰是对于我面对事物的在场的互补的否定。但是，由于自为作为在场构成自身为（对）自我（的）非位置意识，它就通过存在并在自身之外，显示为它所不是的东西；它以"反映－反映者"的方式重新获得了它外在的存在；因此，它所是的互补否定，作为其固有的可能性，就是在场－否定，就是说，自为作为（对）自我（的）非正题意识和对超乎存在之外的存在的正题意识不得不是这否定。而且超乎存在之外的存在与那在场的这个相关，不是由于任意一种外在性关系，而是由于一种总与自为和其未来的关系保持密切的相互关系的明确的互补联

249

系。而首先，此一这个在对如下的存在的否定中被揭示，这个存在之使自己不是这个，不是作为简单的在场，而是作为是向其本身的将来的那种否定，它是超乎它的现在之外的它自己的可能性。这种可能性因为纠缠着纯粹的在场，而且是作为其不可及的意义和它为成为自在所欠缺的东西纠缠着这在场，它首先就以一个作为干预的当下否定的计划过程来存在。事实上，任何否定，如果超乎它本身之外，在作为走向它及它逃向的可能性的未来中，没有任何干预的意义，它也就失去了其一切否定的意义。自为"以这未来的一维"否定了它否定的东西，问题或许是在于一种外在的否定：这个不是那个，这把椅子不是一张桌子——或许是在于一种建立在自身之上的内在否定。说"这个不是那个"，就是设定"这个"在对"那个"的关系中的外在性，或许是在现在和未来——或许是在严格意义下的"现在"，但是那时否定就有了一种暂时性，这种暂时性把将来构成为相对于表现"这个和那个"的规定而言的纯粹外在性。在这两种情况下，意义都是从将来出发进入否定的；任何否定都是出神的。既然自为以将来否定自己，它使自己去否定的这个就被揭示为从将来进入它自身的。意识作为（对）不能不是这个（的）意识非正题地存在，这种可能性被揭示为是其所是的这个的潜在性。对象的最初潜在性，作为与干预的互相关联，否定的本体论结构，就是恒常性，恒常性恒常地从将来这基质走向它。把桌子揭示为桌子要求桌子的恒常性，这恒常性便从将来走向这桌子，它不是纯粹被建立起来的给定物，而是一种潜在性。此外，这种恒常性也不是从处在时间的无限性中的将来那里走向桌子的：无限的时间还不存在；桌子并不被揭示为有那种无定限地成为桌子的可能性。在这里涉及的时间既不是有限的也不是无限的：只有潜在性使将来这一维显现出来。

但是，否定的将来的意义是要成为自为的否定为变成自在的否定所欠缺的东西。在这个意义下，否定是现在的否定在将来的明确化。作为与我不得不是的严格否定的互相关联,我应该不是的东西的严格意义正是在未来被揭示出来的。对这个(绿色在其中由"粗糙-光泽"整体形成)的多方面否定,只有当它不得不是对绿色的否定,即对一绿色-存在——那个趋向于未分化状态的平衡之基质的否定时,才获得其意义:总之,我的多方面否定的不在场的意义,就是一种把更纯粹绿色的绿色压进未分化基质中去的否定。这样,纯粹的绿色就从作为其意义的将来这基质中进入了"绿色-粗糙-光泽"。这里,我们把握住了我们曾称为抽象的东西的意义。存在者并不拥有其作为现时的质的本质。它正是对本质的否定:绿色决不是绿的。反而是本质作为决没有给出而又总是纠缠着它的意义从将来这基质进入存在者。它是我的否定的纯粹理想性的纯粹相关物。在这个意义下,如果人们把抽象作用理解为一种被构成的精神所进行的选择的心理的和肯定的活动,那就从来没有过抽象作用。人们远不是从事物中抽象出某些质的,相反必须看到,抽象这自为的原始存在方式,对一般意义上说的有事物及世界是必须的。抽象是对具体的涌现必要的世界的结构,而具体之为具体只是因为它走向自己的抽象,因为它通过抽象显示出它所是的:自为在其存在中是"揭示者-抽象者"。人们知道,按这个观点,恒常性和抽象是一回事。桌子作为桌子之所以有恒常性的潜在性,正是就它不得不是桌子而言的。恒常性,对一个"这个"而言,是与其本质相符的纯粹可能性。

在本书第二卷我们已看到,我所是的可能和我逃离的现在都处在欠缺者与所欠缺物之间的关系中。欠缺者以及所欠缺物的理想的融合,作为不可实现的整体,纠缠着自为,并将正在其存在中的自为构成为存在的虚无。我们说,这就是自为的自在,或价值。但是这价值,在未反思的水平上,没有被自为正题地把握,它只是存在的条件。如果我们的推理是正确的,对一种不能实现的融合的恒常指示就不应该显现为未反思意识的结构,而应该显现为对对象的一种理想结构的超越指示。这种结构能很容易地被揭示；由于对多方面否定的一种融合的指示与是其意义的抽象否定互相关联，一种超越而理想的指示应该揭示出来：对存在着的这个与其将来的本质的融合的指示。而且这种融合应该是这样：抽象是具体的基础，而同时具体是抽象的基础；换句话说，"本人"的具体存在应该是本质，本质本身应该作为完全的具体化，就是说带着具体的全部丰富性产生出来，然而我们又不能在其中发现除它本身的全部纯粹性之外的别的东西。或不如说，形式本身应该是——而且完全是——它自己的质料。反之亦然，质料应该作为绝对的形式产生出来。这种不可能的，永远被指示着的本质和存在的融合既不属于现在也不属于将来，不如说它指示着过去、现在和将来的融合，并且表现为时间性整体所进行着的综合。这就是作为超越性的价值；人们称之为美。因此，美表现世界的一种理想状态，相关于自为的理想实现，事物的本质和存在在其中被揭示为与那在这种揭示本身中与它本身一起融合到自在的绝对统一中的存在同一。这正因为美不仅是进行着的超越综合，而且只能在我们本身的整体化中并通过这整体化而实现，正是为此我们需要美的东西，并且就我们把我们本身当做一种欠缺而言，我们认为宇宙是欠缺美的。但是，正如自为的自在不是自为固有的可能性一样，美也不是事物的潜在性。它作为一种不能实现的东西纠缠着世界。就人在世界上实现了美而言，他是以想象的方式实现它的。这意味着，在美学直观中，我由于是在想象中实现我本身，而把一个想象的对象理解为自在和自为的整体。通常，美，作为价值，不是主题地被理解为世上达不到的价值的。它暗含地被理解为在事物上的不在场的东西，它通过世界的不完满暗含地被揭示出来。

　　这些原始的潜在性不是仅有的表明此一这个的特性的东西。事实上，就自为不得不是在它的现在之外的它的存在而言，它揭示了一个特定存在的彼在，这个存在是从存在的基质来到"这个"之中的。既然自为超乎那与将来的满月这超乎存在之外的存在相比较而言的新月,满月就变成了新月的潜在性;既然自为超乎那与花朵相比较而言的花蕾,花朵就是花蕾的潜在性。对这些新潜在性的揭示包含与过去的原始关系。新月和满月,花蕾和花朵的联系正是在过去被逐渐发现的。自为的过去对自为而言是知。但是这知并不总是作为一种惰性的给定。它在自为背后,也许是那么不能把握,那么不可企及。但是,在它的存在的出神统一中,正是从这个过去出发,自为使自己表明它将来是什么。我关于月亮的知作为主题的认识逃避了我。但是我就是这个知,而且我的存在方式就是——至少在某些情况下——在那种我还不是的东西的形式下使那我不再是的东西进入我。我以双重方式是那种对我曾经是的此一这个的否定:以不再是的方式和还不是的方式。我超乎作为对满月的彻底否定的可能性的新月之外,而且,相关于那种从我将来的否定到我的现时在场的回转,满月转向新月以便在这个中把它规定为否定:满月是它所欠缺的东西,而所缺乏的东西使它作为新月存在。这样,在同一本体论的否定之统一中,我把将来这一维赋予作为新月的新月——在恒常和本质的形式下——而且是通过使对它所欠缺的东西的规定回转向它来把它构成新月的。这样,从恒常性的潜能的潜在性阶梯就形成了。人的实在,在向自己的否定可能性超越时,使自己成为那种可使否定通过超越进入世界的东西:正是由于人的实在,欠缺才在"潜能"、"未完成"、"延缓"、"潜在性"的形式下进入诸事物。

尽管如此,欠缺的超越存在在内在性中不可能有出神欠缺的本性。让我们好好看看。自在并非不得不以还不是的方式是它自己的潜在性。揭示自在根本上是揭示未分化的同一性。自在是其所是,它的存在没有任何出神的离散。因此,它并非不得不是它的恒常性,或它的本质,或它所欠缺的欠缺者,就像我不得不是我的将来那样。我在世界上的涌现相应地使各种潜在性涌现出来。但是,这些潜在性被固定在它们的涌现本身中,它们被外在性所侵蚀。在这里，我们遇到了暧昧地产生空间的那种超越的两种外貌：在各种外在性的关系中被离散的一个整体。潜在性从将来这基质回到此一这个上面以便规定它，但是作为自在的这个与其潜在性的关系是一种外在的关系。新月被规定为欠缺者，或失去者——是对满月而言。但是同时，它被揭示为完全是其所是，是天空中那个具体的符号，不需要任何东西而是其所是。对是其所是的这花蕾和这火柴来说也完全一样。它是火柴，这意义对它来说总是外在的，它也许能擦燃，但是现在，它是有黑头的一段白木头。这个的潜在性尽管与这个有确实的关系，却仍表明自己是些自在，并且处于对它而言的未分化状态。这个被扔到壁炉的大理石板上的墨水瓶可能被打碎，但是，这种潜在性完全与它分离开了，因为它只是那种我把它扔到壁炉大理石上的可能性的超越的相互关系。在它本身中，它既不是可被打碎的，也不是不能被打碎的：它存在。这并不意味着我能在任何潜在性之外考察一个这个：只是由于我是我自己的将来，这个就被揭示为具有潜在性的：把火柴当作有黑头的白木棍，这并没有剥去它的全部潜在性，而只是给了它一些新的潜在性（一种新的恒常性——一种新本质）。为了完全剥去"这个"的潜在性，我就必须是纯粹的现在，这是不可想象的。不过，此一这个有各种等价的——即处于对它而言是等价的状态中的——潜在性。因为事实上它并非不得不是它们。而且，我的诸种可能性并不存在，而是被可能化着，因为它们被我的自由从内部侵蚀着。就是说，不管我的可能是什么，它的反面同样是可能的。我能打碎这个墨水瓶，但也能在抽屉里把它摆好；我能超乎新月之外追求满月，但同样也能要求新月作为新月的恒常性。因此，墨水瓶被发现是具有各种等价的可能的：被置放在抽屉里，被摔碎。这弯新月可以是天空中一条开放的曲线，也可以是迟现的月轮。这些潜在性，由于回到此一这个上面而不是通过它被存在并且也不是不得不是它的，我们称它们为或然性，以便指出，它们按自在的存在方式存在着。我的各种可能不存在：它们在可能化。但是各种或然的东西并不"或然化"：它们作为或然的东西自在地存在。在这个意义下，墨水瓶存在，但是它的作为墨水瓶的存在是一个或然的东西，因为墨水瓶的"不得不是墨水瓶"是一个立刻消失到外在关系中的纯粹显象。这些潜在性或或然性超乎存在之外，而是存在的意义，恰恰是因为它们超乎存在之外自在地存在，因此它们是些乌有。墨水瓶的本质，由于与自为可能的否定互相关联，而被存在，但是它不是墨水瓶，而且不是存在：因为它是自在的，它是实体化的、物化的否定，就是说它恰恰是一个乌有，它属于包围并规定着世界的虚无罩子。自为把墨水瓶揭示为墨水瓶。但是这揭示在墨水瓶的存在之外做出，在那个现在不存在的将来做出；存在的一切潜在性，从描述过的恒常性一直到潜在性，都被定义为存在还不是的东西，而决非它真正不得不是它们。在这里，认识还是没有给存在增添什么或减少什么，它没有用任何新的质去装扮存在。它使得有存在，这是由于它超越存在走向一个虚无，这虚无只保持着与存在的一些外在关系：潜在性的这种纯粹虚无的特性充分表现在科学的步骤中，科学由于旨在建立单纯外在的关系，彻底消除了潜在的东西，就是说消除了本质和能力。但是，另一方面，它的必然性，作为知觉的有意义结构，完全清楚地显现出来，因为人们避免坚持它：科学认识事实上既不能突出，也不能消除知觉的潜在化结构；相反它以这结构为前提。

我们曾试图指出，自为对存在的在场如何把存在揭示为事物；而且为了表述的清楚，我们不得不相继指出了事物的不同结构：这个、空间性、恒常性、本质和潜在性。然而，不言而喻的是，这相继的表述并不等于说其中某些环节对另一些环节来说实在地在先，自为的涌现使事物连同它的诸结构整体一起被揭示出来。况且，也没有一个结构不意味着所有别的结构：此一这个甚至没有对本质而言的逻辑在先，相反它以本质为前提，反之亦然，本质是这个的本质。同样，这个，作为质－存在，只能在世界这基质中显现世界就

239

255

是诸这个的集合；而世界对诸这个，诸这个对世界之间的非整合关系就是空间性。因此，这里面没有任何实体的形式，没有任何统一的原则待在现象显现的样式背后：一切都一下子给出而没有任何第一位的东西。出于同样的理由，设想任意一个表象的东西是第一位的那是错误的。我们的描述事实上引导我们去突出世界上的事物，而且，因此，我们就能尽力去相信，世界和事物在一种静观的直观中对自为揭示出来：只是在事后，对象才被互相排列成一个工具性的实践秩序。如果人们想认为，世界在自我性的圈子之内呈现出来，那就会避免这样的错误。世界是使自为和它本身分离的东西，或者，用海德格尔的表述：人的实在由之出发使自己显示他是什么东西。这种构成自我性的自为向着自我的计划完全不是静观式的静止。我们说过，那是一种欠缺，但是并不是给定的欠缺：这种欠缺不得不是它自己的对自我本身的欠缺。事实上，必须懂得，被确认的欠缺或自在的欠缺消失到外在性中；这点我们在前面已指出过。但是一个把自身构成为欠缺的存在只能在是它所欠缺又是它所是的那个那一边规定自己，简言之，通过脱离永恒的自我走向它不得不是的自我来规定自己。这意味着，欠缺只能作为被否认的欠缺而是它自己的对自我本身的欠缺；欠缺什么的东西和它所欠缺的东西之间唯一真正内在的联系，就是否认。事实上，就欠缺什么的存在不是它所欠缺的东西而言，我们在其中把握了一种否定。但是，如果这种否定不应该消失到纯粹的外在性中，——而且对一般而言的一切否定的可能性也一样——，由于它的基础对欠缺什么的存在来说是必要的，这个基础就是它所欠缺的东西。这样，否定的基础就是否定之否定。但是这个作为基础的否定不是给定的，而是那个它就是其基本环节之一的欠缺：它作为不得不存在而存在。自为使自己在"反映-反映者"的幽灵般统一中是它自己的欠缺，就是说它在否认这个欠缺的同时向着这个欠缺自我谋划。只是作为要消除的欠缺，欠缺才能是对自为而言的内在欠缺，而且自为只能因不得不是欠缺而实现它自己的欠缺，就是说因是它消除欠缺的计划而实现它自己的欠缺。这样，自为和它的将来的关系就既不是静止的，也不是给定的；而是将来由自为进入现在以便在它内部规定它，因为自为已经在作为它的消除的将来那一边。自为只有在那里成为欠缺的消除，在这里才能是欠缺；但是它是按不是的方式不得不是这个消除的。正是这种原始关系能随后经验地确认实践的欠缺是痛苦或艰难的欠缺。一般来说，它是情感的基础；人们在使被称为趋向或嗜欲的那些偶像和幽灵进入心理时试图用精神分析法来解释的也正是这种关系。人们强行地放到心理中的那些趋向或力，本身是不可理解的，因为心理学家把它们当作自在的存在者，就是说，它们力的特性本身和它们未分化的内在静止是矛盾的，并且它们的统一散布在纯粹外在的关系中。我们只能把它们当作自为对自我的内在存在关系在自在中的反映，而且这种本体论关系恰恰就是欠缺。

但是这种欠缺不能被非反思的意识正题地把握或认识（同样反思的意识也不能把它理解为心理对象，就是说理解为趋向或情感向不纯及混杂的反省显现）。它只受纯净的反思的影响，我们在这里暂且不谈这个问题。因此，在对世界的意识的水平上，它只能在计划中显现为一种超越的和理想的特性。事实上，如果自为所欠缺的东西是面对一个超乎存在之外的存在的理想的在场，这超乎存在之外的存在就根本上被当作存在所欠缺的。这样，世界被揭示为被要实现的各种不在场所纠缠，并且每一这个都伴随着诸种指向它又规定它的不在场而显现出来。这些不在场和潜在性在本质上讲是没有区别的。不过这些不在场之意义更易把捉。这样，不在场指明此一这个为这个，反之，此一这个又指向不在场。由于每个不在场都是超乎存在之外的存在，即不在场的自在，每个这个也就指向它的存在的另一状态，或指向别的存在。但是，当然，这种指示性复合的组织固定并僵化在自在中，因为这涉及了自在，所有这些无声的或僵化的指示，在涌现的同时重新落入孤立的未分化之中，就都类似于雕像空洞的眼睛中的呆板的微笑。因而，在事物背后显现的不在场并不显现为被事物弄成在场的不在场。同样不能说它们被揭示为被我实现，因为这个"我"是只对反思意识显现的心理的超越结构。正是一些纯粹的需要作为"要填满的虚空"在自我性的圈子中间建立起来。不过，它们的"要由自为填满的虚空"的特性，通过一种直接和个人的急迫感在未反思的意识中表露出来，这急迫感被体验为急迫感而既没有被加给某一个人，也没有被主题化。正是在把它们体验为意图的活动本身中并通过这活动，在另一章中称之为它们的自我性的东西显示出来。这是些任务，而且这个世界是任务的世界。对这些任务而言，它们指示的"这个"同时是"这些任务的这个"——即由它们规定并指示为能填满它们的独一无二的自在——和完全不应是这些任务的东西，因为"这个"是在同一性的绝对统一中存在。这种孤立的联系，这种动态中的惰性关系，就是我们将称为手段与目的关系的东西。这是一种退化了的、被外在性压迫着的为……的存在（être-pour），并且它的超越的理想性只能被设想为与自为不得不是的为……存在互相关联的。既然事物同时处在未分化的无限满足之中而又超出它自己之外指向那对它显示出它不得不是什么的要完成的任务，事物就是手段或工具。事物之间的关系既然是在诸种这个的量的关系的基础上显现出来的，那么它就是工具性关系。而且这种工具性不是后于或隶属于上面指出过的那些结构的：在一个意义下，它以它们为前提，在另一个意义下，它们以它为前提。事物不是首先是事物以便后来是工具；它也不首先是工具以便后来被揭示为事物：它就是事物-工具。尽管如此，说真的，科学家将在今后的探索中发现它纯粹是事物，就是说不具有任何工具性的事物。但是这是因为科学家只关心确立纯粹外在的关系；此外，这种科学探索的结果就是，不具有任何工具性的事物本身消失于绝对外在性之中。于是我们看到，我们应该在什么程度上修改海德格尔的公式：当然，世界在自我性的圈子内显现，但是这圈子是非正题的，对我所是的东西的显示本身不能是正题的。在世界上存在，不是逃离世界走向自身，而是离开世界走向身为将来的世界的世界的彼在。世界向我显示的仅仅是"世界的"。无论如何，既然向工具的无限回归也回不到我所是的自为，工具的整体恰恰就是与我的诸种可能性相关联的东西。而且，由于我是我的可能性，工具在世界中的秩序就是我的可能性的、即我所是的东西被投射在自在中的形象。但是这个世界的形象是我永远识破不了的：我在行动中并通过行动来适应它；为了使我能够成为我自己的一个对象，必须要有反思的分裂生殖。因此，人的实在不是通过非事实性而投身于世界之中的；而是在世的存在，对人的实在来说，就是通过使得有了世界的揭示本身而完全地投身于世界之中的，就是从工具到工具的无休止的推移，甚至不能问"所为之目的"，除了反思的颠倒混乱之外没有别的出路。如果向我们提出责难，说由"为什么"组成的链条在"为谁"（Worumwillen）面前停住了，那是毫无用处的。当然，"为谁"把我们推到一个我们还没有阐明的存在结构：为他。而且"为谁"总是在各种工具背后显现的。但是这个为谁，由于它的结构不同于"为什么"，就没有使这链条中断。它只是其中的一环，而且，当它在工具性的角度下被考察时，也不可能逃离自在。当然，这套工作服是为工人的。但这为的是使这工人在检修屋顶时不把自己弄脏。而为什么他不应该把自己弄脏呢？为的是不花掉绝大部分收入用来购置衣服。这是因为事实上他得到的是使他能够维持生活的最小的一笔钱；而他"维持生活"恰是为能把工作能力用于检修屋顶。而他为什么应该检修屋顶呢？是为让作帐簿工作的职员们所在的办公室里不漏雨。这并不意味着我们总应该把他人当作一种特殊类型的工具，而只是意味着，当我们从世界出发考察他人时，我们并未因此逃避了工具性复合的无限推移。

这样，就自为相关于它向自我的冲动，是作为否认的它自己的欠缺而言，存在于世界这基质中的自为被揭示为用具－事物，而世界作为工具性指示的复合的未分化基质涌现出来。这些推移的总体是不具有意义的。但是正是在这个意义下，甚至没有在这个水平上提出意义问题的可能性。人们为了生活而工作，并且为了工作而生活。"生活－工作"整体的意义的问题："我这个活着的人为什么工作？如果是为了工作，那又为什么活着呢？"只能在反思的水平上提出，因为这问题意味着自为的一种自身发现。

还有待说明的是，作为与我所是的纯粹的否定相关的东西，工具性为什么能在世界中涌现出来。我为什么不是作为纯粹的这个的这个的不结果而又无定限重复的否定呢？如果我只不过是我不得不是的纯粹虚无，这种否定为什么能揭示出作为我的形象的繁多的任务呢？为了回答这个问题，必须记住，自为并不单纯是进入现在的将来。它也不得不在"曾是"的形式下是它的过去。而且时间三维的出神蕴涵是这样的，自为之所以是通过将来使自己显示了它曾是的东西的意义的一个存在，那是因为在同一个涌现中，它也是在某个它正飞逝的"曾是"的背景中不得不是其将是的存在。在这个意义下，必须永远在另一时间维度中，探索在别处的时间一维的意义；这就是我们曾称为第亚斯波拉的东西；因为第亚斯波拉式的存在不是纯粹给定的所有物：这是在那里，在外面，在自我的统一中使自己受到制约的过程中实现第亚斯波拉的必然性。因此，我所是的、揭示了"这个"的否定，就不得不以"曾是"的方式存在。这种纯粹否定作为简单的在场并不存在，它就作为过去或人为性，在自己背后有其存在。因此，必须承认，它决不是无根基的否定。而是相反，它是被规定的否定，如果人们据此认为它带着它背后的它的规定作为它在"曾是"的方式下应该不是的存在的话。否定作为对过去的非正题否定、以内在规定的方式涌现出来，因为它使自己变成了对这个的正题的否定。而且这涌现产生于双重的"为……存在"的统一之中，因为否定为逃避它所是的过去而以反映－反映者的方式，作为对这一个的否定在存在中产生出来，而且它为从这个中摆脱出来而逃避过去，同时在其存在中向着将来逃避过去。我们就是称这个为自为对世界的观点。这种观点，和人为性一样，是对作为与自在的原始关系的否定的出神规定。但是，另一方面，我们也看到，观点按"曾是"的方式，作为出神地属于世界的东西，就是自为所是的一切。我不是在未来重新发现我的现在，因为将来给了我相关于一个将来的意识的世界；毋宁说是我的存在在过去向我显现，尽管是非正题地，在自在的存在的范围内，即在世界中间脱颖而出地显现。无疑，这个存在仍是对……的意识，即自为；但这是一个凝固在自在中的自为，而后，是没于世界的对世界的意识。实在论、自然主义和唯物主义的意义在过去，这三种哲学把过去描述为就像它曾是现在的那样。因此自为是对世界的双重逃避：它逃避那作为面对它所逃离的世界的在场的它自己的没于世界之中的存在。可能是逃避的自由项。自为不能逃向它所不是的超越者，而只能逃向它所是的超越者。正是这消除了中止这种永恒逃避的可能性：如果可以用一个通俗的，然而将使人更好把握我的思想的形象来说明，人们可以想起那头驴子，它身后拖着小车，企图咬住绑在被固定在车辕上的木棍顶端上的胡萝卜。驴子为咬住胡萝卜所作的一切努力的结果，是使整个套车前进，而胡萝卜则始终和驴子保持相同的距离。这样，我们跟着一种可能追跑，而正是我们的追跑本身使这种可能显现出来，这种可能只不过是我们的跑，而且正是因此而被定义为达不到的。我们跑向我们自身，而因此是不能重聚的存在。在一个意义下，跑是没有意义的，因为终点从没有给出，终点是随着我们跑向它而创造和计划的。而在另一个意义下，我们又不能否认它抛出的这种意义，因为无论如何一切可能都是自为的意义；但是还不如说这逃避是既有又没有意义的。

244

然而，在从我所是的过去向我所是的将来的这种流逝本身中，将来在给过去它的全部意义的同时，就过去而言提出自己的形象。将来是作为给定的自在向将是其自己的基础的自在超越的过去，就

261

是说因为我应可能是它而存在的存在。我的可能自由地重新抓住我的过去,因为这重新捕抓在奠定过去时能够拯救它。我逃离我曾是的无基础的存在而走向我只能按将是的方式是的奠基活动。这样,可能就是自为使自己所是的欠缺物,就是说现在的否定所欠缺的东西,因为现在的否定是被质定的否定(就是说在自我之外过去之中有其质的否定)。因此,"可能"是被质定的欠缺本身。它不是作为以自在的方式将是其自己的质的给定物,而是作为对将为自为曾是的出神规定奠定基础的重新捕抓住的指示。这样,渴望是三维的;它是对自为曾是的虚空状态的现时逃避。而且正是这种逃避本身把它的虚空和欠缺的特性赋予被给定的状态:在过去,欠缺不可能是欠缺,因为给定物只有在被一个本是其固有的超越性的存在超越走向……时才能"欠缺"。但是这种逃避是向……逃避,而且正是这"向"把逃避本身的意义赋予逃避。因此,逃避本身就是正在发生的欠缺,就是在过去使给定物成为欠缺或潜在性的那一构成,并且它通过在"反映－反映者"形式下使自己欠缺着的自为,即那个作为对欠缺的意识的自为而自由地重新把握给定物。而且欠缺逃向的那个东西,因为在它的作为欠缺的存在中被它欠缺的东西所制约,它就是这样的可能性,即它是成为将不再欠缺的渴望,就是说满足中的渴望。"可能"是对满足的指示,而价值,作为围绕并一部分一部分深入自为的幽灵存在,是对一种渴望的指示,这种渴望同时是给定物——因为它"曾是可能"——和重新把握——因为"反映－反映者"的作用出神地构成了它。人们看到,这涉及一种本身被规定为渴望的充实。在这种充实的胚芽中,过去－现在的出神关系提供了作为它的意义的"渴望"的结构,而我所是的可能应把致密性本身、它的充实体本身作为反思而提供出来。这样,我的面对把它规定为这个的存在的在场就是对此一这个的否定,因为我也是在此一这个之外被质定的欠缺。而且就我的可能是一种面对超乎存在之外的存在的可能的在场而言,对我的可能的规定把超乎存在之外的存在揭示为这样一种存在,与这种存在共同在场是与一个将来的满足密切相关的共同在场。这样,不在场者在世界上被揭示为要实现的存在,因为这个存在是与我欠缺的那个可能的存在互相关联着的。这杯水显现为被喝之前的样子,也就是与一种被非正题地把握的渴望互相关联的,而且在其存在中甚至显现为被充满以前的样子。但是这些描述,由于全都包含着与世界的将来的关系,如果我们现在指出世界的时间或宇宙的时间如何在原始否定的基础上向意识揭示出来,那就会更清楚了。

四、世界的时间

普遍时间是通过自为来到世界上的。自在不拥有时间性,恰恰是因为它是自在,因为时间性是一个永远和自为的自我保持一距离的存在的统一存在的方式。相反,自为是时间性,而不是对时间性的意识,除非当它本身在"反思-被反思"的关系中产生出来时例外。它按被反思的方式发现关于存在的时间性,就是说外在的时间性。普遍时间性是客观的。

A)过去

"这个"并不显现为随后不得不变成过去及预先成为将来的现在。这个墨水瓶,从我知觉到它时起,在它的实存中就已经有了它的时间三维。既然我把它看作为恒常性,就是说,看作本质,它就已经属于将来了,尽管我在我的现实在场中对它来讲不是现在的,而是向着我本身的将来的。而且,同时,我除非将它当作已经于世界中在此的就不能把握它,因为我本身已经作为在场于世界中在此了。在这个意义下,如果把"认识的综合"理解为逐渐同一化的活动,这个活动通过顺次把"现在"组织起来,给予被知觉的事物一个绵延,则不存在"认识的综合"。但是自为始终用它的时间性照亮自在，把自在揭示出来，就像始终照亮它看不见尽头的高矗单调的大墙一样。相对于是其所是的存在，我按"尚未"和"已经"的方式是我不得不是的那种原始否定。因此，如果我们假定了在不变的世界中涌现的意识，对立于将不变地是其所是的唯一存在，这个存在随着不变性的过去和将来揭示出来，这不变性的过去和将来并不必然会引起综合的"活动"，而只是与它的揭示本身是一回事。活动只有在自为同时不得不保持又构成它自己的过去时才是必要的。但是，只是由于它是它自己的过去，同样可以说是它自己的将来，对自在的揭示只有在时间化中才可能存在。"这个"被时间地揭示出来，并非因为它会通过内在意义的先验形式发生折射，而是因为它面对一个其存在本身就是时间化的揭示被揭示出来。尽管如此，存在的非时间性是在它的揭示本身中被表象的：既然它通过时间化着的时间性并在这时间性中被把握，这个一开始就显现为时间的；但是既然它是其所是，它就否认了是自己的时间性，它只反映了时间；而且它把内在的出神关系——它是源于时间性的——反射为一种纯粹外在的客观关系。恒常性，作为非时间的同一性和时间化的出神统一之间的调和，便因此将显现为自在的瞬间——这些彼此分离而又被单纯外在的关系汇集在一起的小小虚无——在一个保持着无时间的不变性的存在表面的纯粹滑动。因此，说存在的非时间性逃离了我们是不对的，它相反是在时间中被给出的，它是普遍时间的存在方式的基础。

因此，既然自为"曾是"其所是，工具或事物对它就显现为已经在此的。自为就只能作为曾存在的在场而且是面对这个的在场；任何知觉在自身中不经任何活动都是一种认识。然而，通过过去和现在的出神统一表现出来的东西是一个同一的存在。它不是被认为在过去和现在是一个样，而是被认为就是它。时间性只是一种视觉器官。然而，"这个"已经是它现在是的它。这样，它就显得有一个过去。只不过，它否认是这过去，它只是拥有这过去。时间性既然被客观地把握，它就是纯粹的幽灵，因为它既不表现为自为的时间性，也同样不表现为自在不得不是的时间性。同时，由于超越的过去作为超越性是自在的，就不可能是现在不得不是的东西，它孤立地处于"自立性"的幻影中。而且由于过去的每个瞬间都是一个"曾是过的现在"，这种孤立就总是处在过去之内的。因而，不变动的这个是通过幽灵般的自在的一下一下的无限闪现而被揭示出来的。这只杯子或这张桌子正是这样对我表现出来的：它们不绵延，它们存在；时间在它们面上流过。也许有人会说，我没有看见它们的变化。但是这是在这里不适宜地引进了一种科学观点。这种不正当的观点与我们的知觉本身是矛盾的：烟斗，铅笔，所有这些存在都在它们的各种"侧面"中完整地表现出来，并且它们的常态与侧面的杂多性完全不相干，尽管这些存在在时间性中揭示出来，对任何时间性来说它们也是超越的。"事物"是一下子作为"形式"存在的，就是说像一个不受我们能在其中看到的各种表面和寄生的变化中的任何一个的影响的整体。每个这个都伴随这样一种存在法则被揭示出来，这法则规定了它的极限，就是说它在其中不再是那种它仅仅为了不再是而是的东西的变化的层次。而且这种表明"恒常性"的存在法则直接揭示了它的本质的结构，它规定了这个的极限潜在性——从世界上消失的潜在性。我们以后还要谈这个问题。这样，自为把握了存在面上的时间性，把它当作在存在的表面起作用而完全不可能改变它的纯粹反映。这种绝对虚无性或时间的幽灵，科学家把它确定在同质性的观念名下。但是，超越的把握在时间化着的自为的出神统一的自在表面作为对时间统一（没有任何存在由于是这统一而成为它的基础）的一种虚空形式的理解进行着。因此，在现在-过去的平面上，外在时间性这种绝对的分散的奇怪的统一就这样显现出来，在这种时间性中，每个在前和在后都是一个因其未分化的外在性孤立于别的自在的"自在"，然而那些瞬时在其中被汇集到同一个存在的存在统一中，同时这个共同的存在或时间就只不过是这分散本身,这分散被认为是必然性和实体性。这种矛盾的本性只能在自为和自在的双重基础上显现出来。据此,对科学的反思来说,由于它旨在把外在的关系实体化,自在将被当作——就是说被虚空地想作——不是通过时间被追求的超越性,而是从一个瞬间过渡到另一个瞬间的内容;或不如说,是相互外在而又完全相似的内容的多样性。

我们对普遍时间性的描述,到现在为止,还系于这一假说,即从存在中,除了非时间的不动性之外,得不到什么。但是有某物恰恰是来自存在的:这就是我们暂时把它称为取消和显现的东西。这些取消和这些显现是纯粹形而上学的,而不是本体论所要澄清的对象,因为既不可能从自为的存在的结构出发,也不能从自在的存在的结构出发来设想它们的必然性:它们的存在是偶然的、形而上学的事实的存在。我们并不确切知道什么东西从存在进入显现的现象,因为这现象已经是时间化了的这个事实。然而经验告诉我们,存在着各种"这个"的涌现和消失,而且正如我们所知,知觉揭示自在和在之外的乌有。我们能把自在看成是这些涌现和消失的基础。而且我们清楚地看到,同一性原则,像自在的存在法则一样,要求取消和显现完全外在于已显现或已取消的自在;否则自在就会同时是存在和不存在的。取消不能是作为一种目的的那种存在的丧失。只有自为才能认识这些丧失,因为它自己就是它自己的目的。存在这个准肯定,其中肯定者因被肯定物而变粘稠,它没有内在有限性地存在于它的"肯定-自我"的固有紧张中。它的"直至某处"完全外在于它。这样,取消并不意味着必然有一个后来,后来只能在世界中并对一个自为而言才能表现出来,而取消意味着必然有一个"准-后来"。这个准-后来能这样解释:自在的存在不能在它本身和它的虚无之间产生中介。同样,显象不是显现着的存在的偶发事件。这种对自我的在先将以偶发事件为前提,我们只能在自为中发现它,自为显现为目的是些内在的偶发事件。存在是其所是。它存在而没有"开始存在",没有童年,也没有青年:已显现的东西对它自己来说并非是更新的东西,它是一下子存在的,与它不得不以不是的方式所是的"以前"没有联系,在这"以前"之中它作为纯粹不在场而存在。在这里,我们还发现了一种准连续,就是说已显现的东西对其虚无而言的复合外在性。

但是,为使这绝对外在性在"有"的形式下被给出,就已经需要世界;就是说自为的涌现。对自在而言的自在的绝对外在性使虚无本身这涌现的准以前或取消的准后来甚至不能在存在的充实中找到地位。只是在世界的统一中并基于世界,已不存在的这个才能显现出来,外在性的那种关系的不在场的关系才能被揭示出来;存在的虚无就是对一个"已不存在"的已显现的东西而言的在先性,它只能回顾地通过就是它自己的虚无及它自己的在先性来到世界。这样,这个的涌现和消失是模棱两可的现象:通过自为来到世界的东西,在这里仍然是纯粹的虚无,是尚未存在和不再存在。上述存在不是它的基础,也同样不是在以前或后来被把握为整体的世界。但是,另一方面,既然涌现通过就是它自己的以前和以后的自为在世界上被揭示出来,显现就首先表现为一个偶发事件;我们把已显现的这个当作已经作为它自己的不在场于世界中在此的,因为我们本身早已经面对它不在其中的世界在场了。这样,事物能从它自己的虚无中涌现出来。这里涉及的不是对精神的概念的看法,而是知觉的原始结构。格式塔理论的经验清楚地指出,纯粹的显象总是被看作是动力的涌现,已显现的东西在奔赴存在的过程中来自虚无的基质。同时,在这里,我们获得了"因果性原则"的起源。理想的因果性既不像梅耶松①希望的那样是对如此这般的已显现的东西的否定,也不是对两个现象之间外在的恒常联系的肯定。原始的因果性,就是在已显现的东西显现之前把握它,把它当作已经此在于它

---

① 梅耶松(E. Meyerson, 1859—1933),法国哲学家,原籍波兰。——译注

自己的虚无中以便准备它的显现的。因果性只是第一次把已显现的东西的时间性看作一种存在的出神方式。但是，事件的偶发性，作为显现的出神结构，消解到知觉本身之中，以前和以后被凝固在其自在的虚无中，已显现的东西被凝固在其未分化的同一性中，在前一瞬间显现的东西的非存在被揭示为与在这一瞬间存在的存在不相干的充实，因果关系消解到先于已显现的东西的"这个"和已显现的东西本身之间的纯粹外在的关系中。这样，显象和消失的模棱两可性，由于它们是作为世界、空间、潜在性和工具性、普遍时间本身，便以永远处在解体中的整体的面貌表现出来。

因此，这就是世界的过去，它由同质的瞬间造成，并且由一个纯粹外在的关系互相重新连接起来。我们已经指出，通过它的过去，自为消融到自在中。变成自在的自为对过去表现为没于世界而存在的：它存在，它失去了它的超越性。而且，因此，它的存在在时间中过去化了：自为的过去和对它共同在场的世界的过去没有任何区别，否则自为就应该是它自己的过去。这样就只存在一种过去，即存在的过去，或我存在于其中的客观的过去。我的过去是在世的过去，我是它而又逃离它的属于整个过去的存在的东西。这意味着，对时间的某一维来说，存在着我不得不是的出神时间性和作为纯粹被给定的虚无的世界之间的重合。正是由于过去我才属于普遍时间性，正是由于现在和将来我才脱离了它。

B）现在

自为的现在是面对存在的在场，因此，它不存在。但是，它是一种对存在的揭示。对在场显现出来的存在表现为在现在的。正因为这样，当它因被揭示为是其现在所是的而被体验到并且被体验为是存在的唯一尺度时，这现在便二律背反地表现为不存在。并非存在超出了现在，而是存在的这种过剩只能通过过去这理解的器官被把握，就是说作为不再存在的东西被把握。这样，我桌子上的这本书现在存

268

在，并且过去已存在（与它自身是同一的）。这样，现在通过原始的时间性被揭示为普遍的存在，而同时，它什么也不是，——不会是存在之外的任何东西——它是在整个存在期间的纯粹的滑移，纯粹的虚无。

前面的反思似乎指出，除了它的存在之外，没有什么从存在进入现在。这就是忘记了，存在或许是向自为揭示为不动的，或许揭示为在运动中的，而且运动和静止这两个概念是处在辩证关系中的。然而从本体论上讲来，运动既不可能从自为的本性中，也不可能从它与自在的基本关系中，也不可能从我们一开始就能在存在的现象中发现的东西中派生出来。一个运动中的世界是不可想象的。当然，也不能设想一个无变化的世界的可能性，除非设想为纯粹形式的可能性，但是，变化并不是运动。变化是"这个"的质变；我们已经知道，它是通过形式的涌现或瓦解从一个整体中产生出来的。运动却相反，是以质的恒常性为前提。如果这个应该同时从一个地方转移到另一个地方，又在此转移中经受它的存在的彻底变质，此变质就会是对运动的否定，因为不再会有任何东西处在运动中了。运动是在别处也依然不变质的这个纯粹位置变化，正像空间同质性假设充分指出的那样。不可能从在场的存在者的任何本质特性中推出运动，它为埃利亚派的本体论所否认，而在笛卡尔的本体论中，它必然地导致有名的对"小刺激"的求助，因此，运动的真确价值是，这是个事实，它参与了存在的全部偶然性，并且应该作为给定而被接受。当然我们刚才已看到，必须有自为以便"有"运动，这使严格确定在纯粹运动中从存在中得出了什么变得非常困难；但是，无论如何不能怀疑，自为，在这里和在别处一样，都没有给存在添加什么；在这里和在别处一样，它都是纯粹的乌有，运动从这乌有的基质中突起。但是，即使运动的本性本身禁止我们尝试对它进行演绎，至少描述它还是可能的，甚至是必要的。那么应该把运动的意义设想为什么呢？

有人认为，运动只是存在的情感，因为动体在运动之后如同在以前一样存在。人们常常原则上提出，移动并没有使被移动的东西的形状发生变化，因为似乎很明显，运动被加给存在而没有改变存在；而且，我们已知道，此一这个的实质当然仍然没有变。这种概念遇到的阻力也并不比像菲茨杰拉德①关于"收缩"的理论，或爱因斯坦关于"物的多样化"理论遇到的阻力更典型，因为它们似乎更突出地攻击了造成动体的存在的东西。从这里明显得出运动相对性的原理，这原则很容易使人理解运动是否是存在的外在特性，并且是否任何内部结构的变化都没有规定它。运动外在的关系进入它周围的东西，变成了一种关系，这种关系使存在如此外在于它的周围的东西，以致我们说存在在运动中，而它周围的东西是静止的，或反过来说周围的东西是运动的，而上述存在是静止的，这两种说法表达的是同一种意思。按这个观点，运动既不显现为一个存在也不显现为一种存在方式，而是显现为一种完全非实体化的关系。

但是动体在起点和终点是与自身同一的，就是说在运动框住的这两个停滞点中，这一事实丝毫没有预料它在作为动体时曾经是什么。同样可以说，在高压锅中沸腾的水在煮沸期间没有经受任何改变，因为在冷却时和在被冷却后，它表现出同样的性质。能确定动体在运动期间连续的不同位置，并且在每个位置上，它都显得与自身相同，这个事实同样阻挡不了我们，因为这些位置定义的是经过的空间，而不是运动本身。相反，这就是那种数学倾向，即把动体当作沿着一条线移动而未取消它的静止的一种静止存在，这种倾向正是埃利亚学派悖论的起源。

这样，肯定存在在其存在——无论是静止的还是运动的——中都保持不变，在我们看来应该是一条简单的公设，而我们不能无批判地接受它。为了对它进行这种批判，让我们回到埃利亚学派的证

---

① 菲茨杰拉德（Fitzgerald, 1896—1940），美国小说家。——译注

明，尤其是飞矢不动的证明。这派学者对我们说，飞箭，当它经过位置 AB 时，恰恰就"在"那里，就好像一支静止的箭在那儿，箭头在 A 一端，箭尾在 B 一端。如果人们承认运动是被加于存在的，这似乎是不言自明的；而且因此什么也辨别不了存在是运动的还是静止的。总之，如果运动是存在的偶性，运动和静止就是无可分辨的。人们通常用来反对埃利亚学派的最有名的悖论——即阿基里斯和乌龟的悖论的证明，在这里都是没有意义的。其实，指责埃利亚学派确立了空间的无限多样性而没有同样分析时间的无限多样性有什么用呢？这里的问题不是位置或瞬间，而是存在。当我们回答埃利亚学派说他们没有考虑运动而只考虑作为运动前提的空间时，我们就接近了问题的正题概念。但那时我们仅限于指出下面的问题而不是回答：当动体在其存在中有别于一个静止的存在时，为了使它的质总保持不变，动体的存在应该是什么样的？

如果我们企图清理一下我们对芝诺的证明的那些攻击，我们就发现，它们是起源于运动的某种自然概念的：我们同意飞箭"通过" AB，但在我们看来，通过一个地点不能和停留在那个地方画等号，就是说不能和存在于那个地方画等号。不过一般地说，我们造成了一个严重的混乱，因为我们认为，动体只是通过 AB（就是说决没有存在于那里），而同时，我们继续假设它存在于自身之中。因而，它是同时在自身之中而又不在 AB 之中的。这就是埃利亚学派的悖论的起源：箭既然现在在 AB 中存在，怎么会又不在 AB 中存在了呢？换个说法，要避开埃利亚学派的悖论，就必须放弃存在在运动中保持其自在的存在这一普遍承认的公设。只要过 AB，就是过渡的存在。什么是过？就是同时在一个地点又不在这个地点。任何时候也不能说过的存在在这里，否则就会使它突然停下来；但是同样不能说它不存在、或不在那里存在，或在别处存在。它与这地点的关系不是占据的关系。但是我们前面已看到，静止的"这个"的位置说到底是外在的关系，因为当基质本身瓦解为

271

无数形式时,这种关系就消融到无数与别的"这个"的外在关系中。① 因此,空间的基础是交互的外在性,这外在性通过自为成为存在,而且它来源于存在是其所是。总之,正是存在向自为表明自己与别的存在没有差别时规定它的地点。而这种无差别只不过是它的同一性本身,它的出神实在的不在场,因为它是被已经对别的诸"这个"在场的自为把握的。因而只是由于这个是其所是,它才占据了一个位置,它才在一个地点存在,就是说它才被自为置入与别的诸这个的关系中,就像它与它们没有关系一样。空间是被那种就是它自己的关系的自为当作关系的那种关系的虚无。因此,通过一个地点而不在那里存在这一事实只能根据存在来解释。这意味着,由于地点以存在为基础,存在就不再足以为它的地点奠定基础:它只为地点勾勒轮廓,它与别的"这个"的外在关系不能由自为来确立,因为它必须从一个存在着的这个出发确立这种关系。然而这些关系不可能自行消失,因为它们从之出发建立起来的存在不是一个纯粹的虚无。仅在建立起它们的"目前",它就已经外在于它们了,就是说,在揭示它们的多样性中,它们已经被揭示出一些新的外在关系,所说的"这个"是它们的基础,而且它们与前面那些关系一样处于一种外在的关系中。但是,决定着存在的地点的空间关系的这种连续外在性,只能以所说的这个外在于自我这一事实中找到它的基础。而且,事实上,说这个过一个地点,就意味着,当它还在那里的时候就已经不再在那里了,就是说,对它本身而言,它不是在一种存在的出神关系中,而是在一种纯粹外在的关系中。这样,就"这个"被揭示为外在于别的诸"这个"而言,有"地点"。而且,只要存在不再被囊括在这外在性中,而是相反已经外在于这外在性,就有在这地点中的过。这样,运动是一个外在于自我的存在的存在。在运动的情况下而提出的唯一形而上学问题是对自

---

① 参看本书第三章第二节。——原注

我的外在性的问题。我们应该据此理解到什么呢？

在运动中，当存在由 A 过到 B 时，它什么也没有改变。这意味着，它的质只要表象了对自为揭示为这个的存在，就没有变化为另一种质。运动完全不同于生成；它不改变质中的本质，也同样没有使质现实化。质仍然严格保持是其所是，但是它的存在方式变化了。在台子上滚动的这颗红弹子仍然是红色的，但是它不是以在静止时同样的方式是它所是的那个红色：它总是悬在消失和恒常性之间。事实上，既然已经在 B 点，它就外在于它在 A 点曾是的东西，所以红消失了，但这是因为它处在 C 点，在 B 点之外，它就又外在于这种消失本身。这样，它通过消失逃避了存在，又通过存在逃避了消失。因此，世界上出现了一类"这个"，它的特性是永不存在，但它们又并不因此而是虚无。自为关于这些这个一开始所能把握的唯一关系，就是外在于自我的关系。因为外在性既然是乌有，就必须有一种存在，这种存在就是对其自身的固有的关系，以便有"对自我的外在性"。总之，我们不可能用纯粹自在这术语来定义对自为表现为对自我的外在性的东西。这种外在性之能被发现，只是对一个在自我本身中在那里就已经是在这里它所是的东西的存在而言，就是说对一个意识而言的。这种对自我的外在性，由于显现为存在的纯粹疾病，就是说对某些这个来说，不可能同时是自我又是它们自己的虚无，应该通过某物而被指出，这某物是世界上的一种乌有，就是说被实体化了的一种乌有，由于对自我的外在性事实上完全不是出神的，动体与其自身的关系是纯粹未分化的关系，而且只能对一个见证人展现。这是一种不能发生的消失和一种不能发生的显象。衡量并且意味着对自我的外在性的这个乌有是轨迹，它构成了同一个存在的统一性中的外在性。轨迹就是画出的线，即空间中综合统一的突然显现，是那立刻消融到外在性的无限多样性中的伪装。当这个是静止的时候，空间存在，当它是运动的时候，空间产生或生成。轨迹决不存在，因为它是乌有：因为它立即消失到各种地点的纯粹外在关系中，就是说消失到未分化或空间性的单纯外在性中。运动并不更多地存在；它是既不能达到消失也不能达到完全存在的一个存在的最少存在；它是自在内部未分化的外在性的涌现。这种纯粹的存在的动摇是存在的偶然事件。自为只能通过时间的出神和在动体与自我的出神和恒常的同一化中把握它。这种同一化不假设任何作用，尤其是不假设"认识的综合"作前提，对自为来说它不是别的，只不过是过去与现在的出神的存在统一性。这样，动体与自我的时间同一化，通过它自己的外在性的固定位置，把轨迹揭示出来。就是说使空间以一种趋于消失的形式涌现出来。由于运动，空间在时间中产生；运动画下的线，是对自我的外在性的踪迹。这线和运动同时消失，并且空间的时间统一这幽灵连续地消失到非时间的空间中，就是说消失到不是生成而是存在的消散的纯粹多样性中。

现在，自为面对存在在场。但是，恒常的东西的永恒同一性不允许把这种在场当作对各种事物的反映，因为将没有任何东西来区别现在存在的东西和过去常态地存在的东西。因此，如果没有运动，普遍时间的现在一维将是不可把握的。正是运动把普遍时间规定为纯粹的现在。首先，因为它表现为现在的动摇：它在过去早已不再是什么，而是一条渐趋消失的线，消散的轨迹；它在将来根本不存在，因为它不可能是它自己的计划；它就像墙上的壁虎那样顽强不懈地进展。此外，它的存在具有瞬间那种无法把握的模棱两可性，因为既不能说它存在又不能说它不存在；而且，它刚一出现就已经是被超越的，而且已经外在于自我。因此，它与自为的现在一起完满地象征着：既不能存在也不能不存在的存在对自我的外在性，反映给自为一个形象——被投射到自在的平面上的形象——不得不是其所不是和不是其所是的存在的形象。全部差别都在于分离了对自我的外在性——其中存在不存在以便是它自己的外在性，但相反，它通过出神的见证人的同一化而"是存在"——和存在在其中不得不是其所不是的纯粹时间化的出神状态。自为通过运动使自己显示它的现在；它是它自己的现在同时伴随着现实的运动，正是运动将承担起实现普遍时间的任务，因为自为通过动体的现在使自己显示它自己的现在。这种实现将给予诸瞬间的交互外在性以价值，因为动体的现在被定义为——由于运动的本性本身——外在于它自己的过去，又外在于这种外在性的。时间的无限可分性被奠定在这种绝对外在性之中。

C）将来

原始的将来就是那种我不得不是，而又超乎实在的面对超乎实在的自在的那种自在来在场的可能性。我的将来作为将来的共同在场使将来的世界开始显露，正如我们已看到的，正是这个将来的世界而不是自为的可能性本身向我将是的自为显露出来，因为这些可能性只有通过被反省的注视才是可以认识的。由于我的可能是我所是的东西的意义，同时作为我面对其在场的超乎自在之外的一个自在涌现，对我的将来显露出来的自在的将来是与我面对其在场的实在的东西直接密切地联系着的。这是被改变了的现在的自在，因为我的将来只不过是我的面对一个我已改变了的存在的在场之可能性。这样，世界的将来对我的将来揭示出来。它构成潜在性的一级，从事物的单纯常态和纯粹本质直到各种潜能。从我确定事物的本质，把它当作桌子或墨水瓶起，我就已经在将来那一边了，这首先是因为它的本质只能是一种面对我只是这个否定的这进一步的可能性共同在场，然后是因为桌子或墨水瓶的常态和工具性把我们推向将来。在前面几节中我们已充分发挥了这些见解，不用在此多费笔墨了。我们只想指出，任何事物，从它作为事物工具显现起，就一下子把它的某些结构和属性放置于将来了。从世界和"这个"显现起，就有了普遍的将来。不过我们在前边已指出，世界的任何将来"状态"都是外在于它的，几乎总是未分化的交互外在性。有一些世界的将来是被一些机遇定义并来自一些自立的或然性,它们不是被或然化,而是作为或然性存在的,犹如一些"现在",完全由它们被明确规定的内容构成,而还没有被实现。这些将来属于每个"这个"或"这个"的集合,但是它们是外在的。那么,普遍的将来是什么呢?我们必须把它看成各种等价的将来的那种等级系列的抽象框架,各种交互的外在性的容器,而这容器本身就是外在性,作为自在的本身就是自在的外在性。就是说,不管哪一种或然性应该占优势,都有而且将有一个将来,但是,因此,这种与现在不相干并外在于现在的将来,由互不相干又由以前－以后的实体化关系汇集起来的"现在"组成的将来(因为这种缺乏其出神特性的关系只有外在否定的意义),是一系列被分散的统一互相汇集起来的空洞容器。在这个意义下,时而将来显现为一种急迫和威胁,因为我通过对我自己的可能性的谋划把这个的将来和它的现在超乎共同的现在之外紧密地联结起来;时而这种威胁瓦解为纯粹的外在性,并且我只按纯粹形式的容器的样子把握将来,它与填满它的东西不相干并且与空间同质,只是作为外在性的法则,而最后,时而,它展现为一个自在的虚无,因为它是超乎存在之外的纯粹离散。

这样,无时间的这个通过时间各维,以及它的非时间性本身被给予我们,当它们在对象上面显现时,获得了一些新性质:自在的存在,客观性,未分化的外在性,绝对的离散。既然时间对时间化的出神时间性展现出来,它就处处都是对自我而言的超越性,并且从以前推到以后又从以后推到以前。但是,这个对自我而言的超越性,既然时间使自己在自在上把握住自己,就并非不得不是这超越性,这超越性在时间中被存在。时间的内聚力是纯粹的幻觉,是自为对自我本身的出神的谋划的客观反映,是人的实在在运动中的内聚力的客观反映。但是这种内聚力,如果人们按时间本身来考察时间,就没有任何理由存在,它立刻消失到那被分别考察的、而且失去任何时间本性并单纯地还原为这个的非时间性的整体的瞬间的绝对多样性之中。这样，时间是纯粹自在的虚无，要有一个存在，似乎就只能通过自为在其中超过它以便使用它的活动本身。这个存在还是这样一种特殊形式的存在，它在时间的未分化基质中突现，并且我们称之为一段时间。事实上，我们对客观的时间的最初理解是实践：正由于我是超乎共同现在的存在之外的我的诸种可能性，我才发现客观的时间是世界中相关于使我与我的可能分离的虚无的东西。按这个观点，时间显现为在一个无定限的离散内的有限的、被组织起来的形式；一段时间就是把时间压缩到一个绝对减压中，并且正是我们本身对我们的可能性的谋划实现了压缩。这种时间的压缩的确是离散和分离的一种形式，因为它把分离了我和我本身的一段距离压进世界。但是，另一方面，由于我的向着一种可能的谋划只有通过一系列组织起来的相关可能，它们是我不得不是以便是……的东西，而且由于它们的非正题及非位置的揭示是在对我为自己谋划着的较大可能的非位置揭示中被给出的，时间对我被揭示为客观的时间形式，一级级组织起来的或然性：这种客观的或一般的形式就像是我的活动的轨迹一样。 258

这样，时间通过轨迹显现出来。但是，正和空间的轨迹被减压及消失到不动的空间性中一样，时间的轨迹从它不是简单地被体验为那种给我们对自身的期待以基础的东西时起，就同样地消失了。事实上，对我展现的或然性自然地倾向于作为自在的或然性孤立独处，并自然地倾向于占据客观时间中被精确地分割出来的那一部分，一段时间消逝着，时间被揭示为虚无在一个严格说来非时间的存在的表面之上的闪现。

五、认识

对于世界向着自为的揭示所做的这素描使我们可以作出某种结论了。我们同意唯心主义的看法：自为的存在是对存在的认识，但同时补充一点：这种认识是一个存在。自为的存在和认识的同一性不是由于认识是存在的尺度，而是由于自为通过自在而使自己显示为其所是，就是说由于它在其存在中是与存在的关系。认识不是别的，只是存在面对自为的在场，而自为也只是实现这个在场的乌有。这样，认识根本上是出神的存在，并且它因此而与自为的出神存在融合了。自为不存在以便而后进行认识，而且同样不能说它只由于进行认识，或被认识才存在，这会使存在消逝到无数被规整了的特殊认识中。相反，这是自为没于存在的绝对涌现，这个涌现在这存在之外，是从这存在出发，它不是这个存在而是作为这个存在的否定和自我的虚无化，这个绝对的原始事件，就是认识。总之，由于完全推翻了唯心主义的立场，认识被吸收到存在中：它既不是存在的一种属性，也不是存在的功能或偶然性，而是只有存在。按这个观点，完全放弃唯心主义的立场看来是必要的，尤其是，应该能把自为与自在的关系看成基本的本体论关系；在本书的最后，我们甚至能把自为对自在的这种铰接看成我们能称为存在的一个准整体的永远运动着的概貌。按对这种整体的观点，自为的涌现就不仅是对自为而言的绝对事件，而且也是自在中发生的某物，是自在的唯一可能的偶发事件；事实上，一切的发生，似乎是自为通过它的虚无化本身，把自己构成为"对……的意识"，就是说通过它的超越性本身逃避了那种在其中肯定因被肯定的东西而凝固起来的自在的法则。自为通过它的自我否定而变成对自在的肯定。意向的肯定像是内在否定的反面；只有通过是其自己的虚无的存在才能有肯定，并且只能有对一个不是进行肯定的存在的存在的肯定。但是，在存在的准整体中，肯定在自在中发生：它是自在的偶发事件，正像是被肯定的偶发事件一样。这种肯定不能作为对自我的肯定通过自在被产生而又不毁灭它的自在的存在，因而它有时是在自在中被自为实现的；它像是自在的一种被动出神，没有使自在变质，然而却在它之中并从它出发来进行。一切的发生就好像是有一种自为的激情，它自我消失以便肯定（即"世界"）在自在中发生。当然，这种肯定只是为自为而存在，它是自为本身，并且与它一起消失。但是它并非在自为中存在，因为它是出神本身，而如果自为是它的一端（肯定者），那另一端自在就实在地是面对它在场的；正是在外面，在存在上面，有一个世界对我展现。

另一方面，我们将赞同实在论者的看法：正是存在本身在认识中是面对意识在场的，而且自为没有添加什么东西到自在上，除非是有自在这事实本身，就是说除非有肯定的否定。事实上，我们致力要指出的是，世界和事物－工具，空间和量和普遍时间一样，是纯粹被实体化了的虚无，并且丝毫改变不了通过它们表现出来的纯粹存在。在这个意义下，一切都是被给定的，一切都是无距离地并且在其整个实在中面对我在场的；没有任何我看见的东西不是来自我的，在我看见的东西或我能看见的东西之外便是乌有。在我的周围到处都是存在，我似乎能触摸到它，把握它；作为心理事件的复现表象是哲学家们所做的纯粹虚构。但是这个存在所有的部分都"反呈给我"，而且乌有把我与它分开，所以恰恰是乌有把我和它分开，并且因为这个乌有就是虚无，所以是不可越过的。"有"存在，是因为我是对存在的否定，而且物质世界性、空间性、量、工具性、时间性都只因为我是对存在的否定才进入存在，它们没有给存在添加什么，它们是"有"的纯粹必要的条件，它们只是实现了这个"有"。但是这些不是什么的条件把我和存在分开要比棱镜造成的畸变所造成的分离更彻底，通过棱镜造成的畸变我还能希望发现分离。说"有"存在不是什么别的，而就是产生一个完全的变形，因为只对一个自为来说才有存在。存在并非在它固有的性质中才是相对于自为的，也不是在自为的存在中才是如此，据此，我们避免了康德的相对主义；但是这就是在它的"有"中，因为自为在它的内在否定中肯定不能自己否定的东西，原原本本地认识存在，而这"像它原原本本的"东西不可能属于存在。在这个意义下，自为直接面对存在在场，而同时作为一种无限的距离滑到它本身和存在之间。因为认识的理想是达到人们所认识到的东西，而它的原始结构是"不是被认识的东西"。物质世界性、空间性等，只是解释这个不是。这样，我处处作为不是存在的乌有处在我和存在之间。世界是人的。人们看到了意识的非常特殊的位置：存在处处对立于我，包围着我，它压迫着我，它缠绕着我，并且我永远被从存在推到存在，这张在此的桌子不多不少就是存在；这块岩石，这棵树，这幅风景画，就是存在，此外什么也不是。我想把握这个存在而我只是发现了我。因为认识这个存在和非存在之间的中介，如果我希望它是主观的，它就把我推向绝对存在，而当我自认把握了绝对时，它又把我推回我本身。认识的意义本身是其所不是和不是其所是，因为为了认识原原本本的存在就必须成为这个存在，但是有"原原本本的存在"只是因为我不是我认识的存在，而且如果我变成了它，"原原本本的存在"就会消失，甚至不再能被思想。这里既不涉及怀疑主义——它恰恰假设原原本本的是属于存在的——也不涉及相对主义。认识使我们置身于绝对的在场中，并且有一种认识的真理。但是这个真理，尽管不多不少只向我们提供了绝对，仍然严格地是人的。

也许有人会觉得奇怪，我们论述了认识的问题而没有提出身体和感官的问题，我们甚至一次也没有涉及它。我们并没有贬低或忽视身体作用的意图。但是，在本体论中和在一切别的学科中一样，首要的是规定讨论的严格秩序。然而，身体，不管它的功能可能是什么，它首先显现为被认识的东西。因此我们不能把认识建立在它之上，也不能在定义认识活动之前论述它，也不能以无论什么方法或方式从它之中派生出有其基本结构的认识。而且，身体——我们的身体——其特性即本质上是被他人认识的：我认识的东西是别人的身体，而我关于我的身体知道的主要的东西来自别人认识它的方式。这样，我的身体的本性把我推向他人的存在和我的为他的存在。对人的实在来说，我与我的身体一起发现了与自为存在同样重要的另一种存在方式，而我将称之为为他的存在。如果我想以透彻的方式描述人与存在的关系，我现在就必须着手研究我的存在的这种新结构：为他。因为人的实在在其存在中应该以同一个涌现成为"为他的自为"。

第 三 卷

为　　他

第一章　他人的存在

一、难题

我们曾从否定行为和我思出发描述人的实在。顺着这条线索，我们已发现，人的实在自为地存在。这是否把人的实在包览无余了呢？无需离开我们反思式的描述的立场，我们就能重新遇到一些意识的样式，它们似乎完全由于在自身中严格保持为自为，而指出了一种完全不同的本体论结构。这种本体论结构是我的本体论结构，我所关心的正是我的主体，然而对这种"为我"的关心向我揭示了一个没有"为我的存在"的、是我的存在的存在。

例如让我们考察羞耻。它涉及一种意识的样式，它的结构同一于我们前面描述的一切结构。它是（对）作为羞耻的自我（的）非位置意识，并且因此，这是德国人称为"经历"的东西的一个例子，它是容易受反思的影响的。而且，它的结构是意向性的，它是对某物的羞耻的领会，而且这某物就是我。我对我所是的东西感到羞耻。因此，羞耻实现了我与我的一种内在关系：我通过羞耻发现了我的存在的一个方面。然而，尽管羞耻的某些复杂和派生的形式能在被反思的水平上显现，羞耻一开始却不是反思的现象。事实上，不管人们能在孤寂中通过宗教实践从羞耻中得出什么结论，羞耻按其原始结构是在某人面前的羞耻。我刚才作出了一个笨拙的或粗俗的动作：这个动作紧粘着我，我既没有判断它也没有指责它，我只是经历了它，我以自为的方式实现了它。但是这时我突然抬起头：有人在那里看着我。我一下子把我的动作实现为庸俗的，并且我感到羞耻。当然，我的羞耻不是反思的，因为他人面对我的意识在场，哪怕是以催化剂的方式，也是与反省的态度不可并存的：在反省的范围内，我唯一能遇到的意识是我的意识。但是他人是我和我本身之间不可缺少的中介：我对我自己感到羞耻，因为我向他人显现。而且，通过他人的显现本身，我才能像对一个对象做判断那样对我本身作判断，因为我正是作为对象对他人显现的。然而这个对他人显现的对象并不是一个别人的心灵中的一个空幻的形象。这个形象事实上将是完全可归因于他人的，而且不可能"触到"我。在它面前我可能感到不适，感到愤怒，就像在我的一幅画得不伦不类，将我所没有的丑陋或卑劣印象加之于我的肖像面前那样；但是我不可能被彻底地触及：羞耻根本上是承认。我承认我就是他人所看见的那个样子。然而这不涉及我为我所是的东西和我为他所是的东西的比较，就好像我以自为的存在方式在我之中发现了一种与我为他所是的东西等价的东西一样。首先，这种比较并未在我们身上作为具体的心理作用出现：羞耻是一种直接的颤抖，没有任何推论准备地从头至脚传遍全身。其次，这种比较是不可能的：我不能将我在自为的内在性中所是的那没有距离、没有后退、没有角度的东西与这个我为他所是的无可辩解的自在存在联系起来。这里没有相应的标尺和图表。此外，庸俗这概念本身就包含一种单子之间的关系。单独一个人不会是庸俗的。这样，他人不只是向我揭示了我是什么：他还在一种可以支持一些新的质定的新的存在类型上构成了我。这个存在在他人显现之前并不潜在地在我之中，因为它那时在自为中还没有地位；而且即使人们乐于在这身体对别人而言的存在之前给我一个完全构成的身体，也不可能潜在地在其中放上我的庸俗和不得体的行为，因为它们是意义，而且因此，它们超越了身体，并且同时推回到能够理解它们的见证人和我的人的实在的整体。但是，这个对他人显现的新存在不居于他人之中；正像那种旨在使是其所是的孩子们"知耻"的教育体系很好地指出的那样。这样，羞耻是在他人面前对自我的羞耻；这两个结构是不可分的。但是同时，我需要他人以便完全把握我的存在的一切结构，自为推到为他。因此，即使我们想在其整体中把握人的存在与自在的存在的关系，我们也不能满足于本书前面各章那些概略的描述：我们应该回答两个完全不同的令人望而生畏的问题：首先，是他人的存在，其次，是我与他人的存在的存在关系。

二、唯我论的障碍

奇怪的是，实在论者从未真正为他人这问题感到不安。就实在论者"给出一切"而言，也许在他看来，也给出了他人。事实上，在实在的东西之中，还有什么比他人更实在的吗？这是一个和我具有同样本质的思想实体，不可能消散到第二性的质和第一性的质之中，而且我在我身上发现了他的所有本质结构。尽管如此，就实在论企图通过世界对思想实体的作用分析认识而言，它是不关心建立各思想实体之间的直接和交互的作用：他们是借世界为中介互相沟通的；在他人的意识和我的意识之间，我的身体像世界的事物和他人的身体一样，是必要的中介。因此，分离开他人的心灵和我的心灵的，是首先分离开我的心灵和身体，然后分离开我的身体和他人的身体，最后分离开他人的身体和心灵的所有距离。而且，即使自为与身体的关系的确不是一种外在的关系（我们要在后面论述这个问题），至少我的身体与他人的身体的关系明明是纯粹未分化外在性的关系。如果所有心灵都被它们的身体分离开，它们就是有区别的，就像这墨水瓶区别于这本书一样，就是说人们不能设想一个心灵的任何直接面对另一个心灵的在场。而且即使人们承认有我的心灵直接面对他人身体的在场，我要达到他的心灵也还差整整一个身体的厚度。因此，即使实在论把其可靠性建立在时空事物"亲自"面对我的意识的在场上，它也不能要求他人的心灵的实在有同样的自明性，因为，恰恰根据这一认可，他人的心灵并非亲自向着我的心灵给出自身：它是一个不在场，一个意义，身体指向心灵而没有提供出它；总之，在一个立足于直观的哲学中，没有任何对他人心灵的直观。然而，如果不玩弄词汇，这就意味着实在论没有给对他人的直观以任何地位：奢谈什么至少别人的身体是向着我们给出的，并且这身体是他人的或他人的一部分的在场，是无济于事的。真正说来，身体属于我们称为"人的实在"的整体并作为它的结构之一。但是它之所以是人的身体，恰恰只因为它存在于这个整体的不可分割的统一之中，正如器官只有在机体的整体中才是活的器官一样。由于实在论的见解向我们提供的身体并不包含在人的整体中，而是孤零零的，像一块石头或一棵树或一块蜡一样，它肯定是扼杀了身体，就像生物学家的解剖刀把一片肉从活的整体上切下来一样。他人的身体并非是面对实在论者的直观在场：而是一个身体。一个身体，也许有一些特殊的方面和特殊"状态"，然而它们仍属于身体的大家族。如果对一种精神实在论来说，心灵真的比身体更容易认识，身体就将比他人的心灵更容易认识。

　　真正说来，实在论者很少关心这个问题：因为他把他人的存在看作是理所当然的。所以十九世纪的实在论和实证论的心理学，把我之邻人的存在当作既定的，而仅仅致力于确定我有哪些方法认识这个存在及在这身体上辨认出相异于我的一个意识的哪些细微差别。有人会说，身体是一个对象，它的"状态"要求一种特殊的解释。最适宜分析身体行为的假定，就是假定一个意识类似于我的意识，而且身体反映了意识的不同感情。有待说明的是我们是如何做出这种假定的：人们时而对我们说，这是因为它与我从我本身知道的东西相似，时而又对我们说，是经验教会我们辨认，例如，脸上突然变色就是挥拳和狂喊的前兆。人们会愿意承认，这些举动只能给我们关于他人的一种或然的认识：他人只是身体这点总是或然的。如果动物是机器，为什么我看见穿过马路的人不会是一架机器呢？为什么行为主义者的彻底假说不能是好的呢？我在这张脸上把握到的东西只不过是某些肌肉收缩的结果，而接下去，这些肌肉收缩只是我熟知其循环路径的神经冲动的结果。为什么不把这些反作用的总体还原为简单的反映或被制约的东西呢？但是绝大多数心理学家仍然坚持他人的实存是有与他们自己一样的结构的整体实在。对他们来说，他人的存在是可靠的，而且我们对他的认识是或然的。人们看到了实在论的诡辩论。事实上，必须把这一肯定的词颠倒过来，并且承认，如果他人只通过我对他的认识才对我们来讲是可理解的，而且如果这种认识只是臆测的，他人的实存就只是臆测的，而且，正是批判的反思的作用决定它的或然性的精确程度。这样，通过一个莫名其妙的一百八十度大转弯，由于已提出了外在世界的实在性，实在论者在考察他人的存在时便被迫陷入了唯心论。如果身体是一个实在地作用于思想实体的实在的对象，他人就变成纯粹的表象，他人的实存就是被感知，就是说他的实存是由我们对他的认识衡量的。感同身受（Einfühlung）、感应和完形等更近代的理论，只是使我们用以使他人现时化的那些手段的描述更完善，它们并没有把讨论建立在真正的地基上：无论他人是首先被感觉到的，还是他先于一切习惯并没有任何类比推理地在经验中显现为一个特殊的形式，它仍然只是有意义和被感觉到的对象，表现出来的形式仍然单纯推回到其存在仍然单纯是臆测的一个人的整体。

　　如果实在论是这样使我们回到唯心论的，那么，直接把我们置于唯心论的和批判的观点中岂不更深思熟虑些吗？因为他人是"我的表象"，故而在把所有对象还原为联结诸表象的群体，并以我获得的认识来衡量一切存在的那个体系中来考问这种表象不是更好一些吗？

　　然而我们将在康德那里找到一点帮助：康德事实上致力于确立

主体性的普遍法则，这些法则对所有人都是共同的，他并没有涉及个人的问题。主体只是这些个人的共同本质，它不能决定他们的多样性正像对斯宾诺莎来说人类本质不能决定具体的人的本质一样。因此，似乎一开始，康德就把他人的问题归入不属于他的批判的问题之列了。然而让我们好好注意一下：他人作为他人是在我们的经验中给定的；他是一个对象而且是一个特殊的对象。康德立足于纯粹主体的观点来规定的，不仅是一个一般的对象的可能性的条件，而且是各种范畴的对象——物理对象、数学对象、美或丑的对象以及表现出目的论特性的对象——的可能性的条件。按这个观点，已经能指责他的著作有漏洞，并且有希望——例如按照狄尔泰的观点——确定历史的对象的可能性条件，就是说能试图批判历史理性。同样，如果别人真的表象了一类我们的经验发现的特殊对象，在严格意义上讲，康德主义的观点本身中，就必须要问对他人的认识如何可能，就是说确定对别人的经验的可能性的条件。

事实上，把他人的问题和实体实在性的问题混为一谈是完全错误的。当然，如果有一些"他人"存在，而且如果他们和我相像，他们的可认识的存在的问题就可能提出来，就如我的实体性存在的问题对我提出来一样；当然，对他们的回答和对我的回答也会是一样的：这个实体性存在只能被思想，而不能被设想。但是，当我在我的日常经验中盯着他人时，我盯着的完全不是一个实体性实在，同样，当我获得关于我的感情或我的感情思想的认识时我也没有把握或盯着我的理智实在。他人是一个推到别的现象的现象！推到他相对于我感到的愤怒现象，推到作为他的内感觉现象向他显现的一系列思想：我在他人那里看到的东西只不过就是我在我本身中发现的东西。然而这些现象完全不同于别的一切现象。

首先，他人在我的经验中的显象，通过手势、表情、活动和行为等有组织的形式的在场表露出来。这些有组织的形式推回到一个原则上处于我们的经验之外的进行组织的统一体。既然他人的愤怒是出现在他的内感觉中,并且根本上是我觉察不到的,这就造成了意义,并且也许就是我在我的经验中以表情或手势等名称把握的一系列现象的原因。他人,作为对他的经验的综合统一体,作为意志或者激情,就已把我的经验组织起来。这不涉及一个不可认识的实体对我的感性的单纯作用,而涉及在我的经验的范围内,通过一个不是我的存在,把互相联系的现象构成一体。而且这些现象,和别的所有现象不同,并不推回到一些可能的经验,而是推回到一些原则上在我的经验之外,并且属于我无法知道的体系的经验。但是,另一方面,一切经验之可能性的条件,就是主体把它的印象组织成体系。这样,我们在事物中发现的就只是"我们置入其中的东西"。因此,别人不可能无矛盾地在我们这里显现为组织起我们的经验的东西:可能有超规定的现象。在这里我们还能使用因果性吗?这个问题在康德哲学中正是用来指出"别人"的暧昧性的。因果性只能连接一些现象。但是恰恰别人感受到的愤怒是一个现象,而我知觉到的愤怒表情是另一个现象。它们之间能有因果联系吗?这联系可能符合它们现象的本性。而在这个意义下,我没有放弃把保尔的脸变红看成他的愤怒的结果:这成了我通常所做的那些肯定的一部分。但是,另一方面,因果性只有当其他各种现象和同一种经验联系起来,并帮助构成这个经验时才有意义。它能作为两个绝然分离的经验之间的桥梁吗?在这里必须注意,当我把它应用于这个方面时,已使它失去了理想地统一经验显现的本性:康德的因果性以不可逆性的形式统一了我的时间的诸瞬间。怎么认定它会统一我的时间和别人的时间呢?在表现他自身的决心,即在他人的经验网络中出现的现象和表情,与我的经验的现象的表达之间建立什么样的关系呢?同时性?相继性?但是我的时间的瞬间如何能处于与他人的时间的瞬间的同时性或相继性的关系中呢?即使一个前定的,而且照康德的观点是不可理解的和谐使上述两个时间的每个瞬间都相符,它们也仍然是没有关系的两种时间,因为,对任何一种时间来说，统一了瞬间的综合是主体的活动。在康德那里，时间的普遍性，只是概念的普遍性，它仅仅意味着每种时间性都应有确定的结构，时间经验可能性的条件对一切时间性来说都是有效的。但是，时间本质的这种同一性不妨碍时间的不相连属的多样性，正如人的本质的同一性不妨碍人的意识的不相连属的多样性一样。这样，各意识间的关系根本上是不能想象的，他人的概念不可能构成我们的经验：必须把它和目的论的概念一起归入谐调的概念中。因此，他人属于"好像"的范畴。他人是一个先验的假说，除了他允许在我们的经验中起作用的那个统一之外没有别的理由，而且不可能无矛盾地被思考。如果事实上能够把一个理智的实在对我们的感性的作用设想为纯粹认识的诱因，那么相反，却很难想象一个现象，当它的实在在他人的经验中密切相关于它的显象时，会实在地作用于我的经验现象。而且，即使我们同意说一个理智的活动同时作用于我的经验和他人的经验（在那种理智的实在于影响我的同时也影响他人的意义下），在两个自发构成的系统之间建立或甚至要求一种平行论或相符的图表，也仍然是完全不可能的。①

但是，另一方面，谐调概念的性质真适用于他人这概念吗？事实上，问题不在于通过一个纯粹形式的概念在我的经验的各种现象之间建立更有力的统一，这个概念只能在对我显现的对象中做些零星的发现。问题不在于一种先验的假说没有超出我的经验的范围，并引起就在这范围限度内的新探索。对他人对象的知觉归结为一个谐调各种表象的系统，并且这系统不是我的。这意味着，他人不是在我的经验中的一个归结为我的经验的现象，而是它原则上推向一些对我来说处于一切可能经验之外的现象。而且，当然，他人这概念使人能在我的表象系统中作出些发现和预见，收紧了现象的网

---

① 即使我们同意康德的自然形而上学和他提出的原则的图表，从这些原则出发设想各种根本不同的物理学也是不可能的。——原注

289

络：我由于关于别人的假说而能从这种表情出发预见这种姿态。但是，这种概念并不表现得像是一些科学概念（例如想象力），或像是一些进入物理运算过程的工具，而这些概念或工具并不在对问题的经验表述中出现，而且要从结果中消除掉。他人的概念不纯粹是工具的，他存在远非为的是用来统一各种现象。相反，应该说某些现象范畴似乎只是对他而言才存在。一个完全不同于我自己的意义和经验系统的存在，是一些不同的现象系列在它们的流逝过程中指向的那个固定框架。而且这个原则上外在于我的经验的框架被逐步填满。我们不能把握这个他人与我的关系，而且他也从未被给出。我们是逐步把他构成为一个具体对象的：他不是被用来预见我的经验事件的工具，而是我的经验事件被用来把他人构成为他人，就是说我们把他构成为一个具体而不可认识的对象，一个不可达到的表象系统。我通过我的经验经常追求的，是他人的感觉，他人的观念，他人的意愿，他人的个性。因为，事实上，他人不仅是我看见的人，而且也是看见我的人。我旨在把他人看成一个联结各种经验的达不到的系统。在这体系中我也作为各种对象中的一个对象露面了。但是，就我努力规定这个系统的具体本性和我作为对象在其中占据的地位而言，我完全超出我的经验的范围了。我研究一系列原则上我的直观不能达到的现象。因此，我超出了我的认识的权限：我企图把从来不是我的经验的经验联结起来，因此这种构成和统一的工作不能用来统一我自己的经验：就他人是不在场者而言，它逃避了本性。因此，不能以谐调的概念规定他人。而且，当然，诸如世界这样一些观念原则上也逃离了我的经验；但是，至少它们是建立在我的经验之上而且只是通过它才有意义的。相反，在某种意义下，他人表现为彻底否定我的经验的，因为他是这样一种人：我对他而言不是主体，而是对象。因此，作为认识主体，我尽力把否定我的主体性并规定我为对象的那个主体规定为对象。

这样，按唯心论的观点，他人既不能被认为是构成的概念，也不能是谐调我的认识的概念。我把他设想为实在的，然而我却不能设想他和我之间的实在的关系；我把他构成为对象，然而他却不是由直观提供的；我把他确定为主体，然而我却正是在把他设想为我的思想的对象的。因此，对唯心主义者来说，只剩下两种解决方法：或者完全摆脱他人这概念，并且证明它对构成我的经验是无用的；或者肯定他人的实在存在，就是说设定各意识之间的一条实在的、超经验的交通渠道。

第一种出路是在唯我论的名称下被认识的；然而，如果它名实相符地表述为对我的本体论的孤独之肯定，它就是纯粹形而上学的、完全没有理由、没有根据的假说，因为它回到在我之外什么都不存在这种说法，因此它超出了我的经验的确定范围。但是，如果它比较稳妥地表示拒绝离开经验这坚实的地基，表示确实企图不使用他人这概念，它就是完全合乎逻辑的，它仍然处在批判实证论的水平上，并且尽管它与我们最深的存在相对立，它却消除了它的论证中按唯心主义观点考察他人概念的矛盾。一种想要精确和客观的心理学，如华生①的"行为主义"，总的说来只是把唯我论作为工作假说接受下来。问题不在于否认我的经验的范围内我们能称为"心理存在"的对象在场，而只在于实行一种触及一个由主体组织起来的、并且处于我的经验之外的表象系统的存在的悬搁（$\varepsilon\pi o\chi\acute{\eta}$）。

面对这种出路，康德和大部分康德的继承者继续肯定他人的存在。但是他们只能引证良知或我们的根深趋向来为他们的肯定辩解。我们知道，叔本华把唯我论者称为"关在攻不破的堡垒里的疯子"。这是一种多么无力的证明！因为事实上，通过承认他人的存在这种立场，人们忽然炸开了唯心论的框架，并重新落入形而上学的实在论。首先，当我们提出许多封闭的，并且只能从外面沟通的系统时，就暗含地重新建立了实体的概念。也许这些系统是非实体

---

① 华生（Watson，1878—1958），美国心理学家，行为主义创始人。——译注

的，因为它们是单纯表象的系统。但是它们的相互外在性是自在的外在性；这种外在性是在没有被认识的情况下存在的。我们甚至没有以某种方式把握到它的各种结果，因为唯我论的假说总是可能的。我们不限于把这自在的虚无当作一个绝对的事实设定下来：它确实与我们对他人的认识无关，倒不如说，正是它制约着这种认识。因此，即使意识只是现象的纯粹概念性联系，即使意识存在的规则是"感知"和"被感知"，这些相关系统的多样性也仍然是自在的多样性，并且这种多样性直接使这些系统变成自在的系统。而且，如果我设定我对他人的愤怒的经验在另一系统中与对愤怒的主观经验是相对应的，我就重新建立了真实形象的系统，康德曾如此梦寐以求地想摆脱它。当然，关键在于两个现象间的契合，即那种在姿势和手势中被知觉的愤怒和那种被理解为内感觉的现象实在的愤怒间的契合——而不在于现象和自在之物之间的关系。但是在这里，真理的标准仍然是思想与其对象的相符，而非表象间的一致。事实上，恰恰因为在这里通向实体的一切道路都被排除了，感受到的愤怒的现象才属于在它的形象中看到的就是客观实在的东西的那种愤怒的现象。问题正是表象是否相符的问题，因为有一个实在的东西和领会这个实在的东西的方式。如果涉及我自己的愤怒，我其实可以把它的主观表露、心理表露以及可客观表露的东西看成同一原因的两个结果系列，并非一个系列代表愤怒的真理或它的实在，而另一个只代表它的结果或形象。但是，如果一个现象系列在他人中，而另一个在我之中，那一个就作为另一个的实在发生作用，而在这里唯一能适用的就是实在论的真理图式。

这样，我们放弃对这个问题的实在论立场只是因为它必然地导致唯心论；我们曾断然站在唯心论的观点上而一无所获，因为它，在其否定唯我论的假说时，反过来导致一种独断而又完全无可辩解的实在论。让我们看看我们是否能理解那些与这些学说完全相反的学说，并看看我们是否能从这种悖论中吸取某种教益以有助于导出对问题的正确见解。

在他人实存问题的起源中，有一个基本的先决条件：他人，其实就是别人，即不是我自己的那个自我；因此在这里，我们把否定当作他人－存在的构成性结构。唯心论和实在论共同的先决条件就是，构成性的否定是一种外在性的否定。他人，就是不是我和我所不是的人。这个"不"是指一个分离了他人和我本身的特定的成分的、或说在他人和我本身之间有一个进行分离的虚无。这个虚无不是起源于我本身的，也不是起源于他人或他人与我本身的相互关系的；而是相反，它作为关系的最初的不在场，一开始就是他人和我之间一切关系的基础。事实上这是因为，他人在对一个身体的感知之上经验地对我显现，而且这个身体是外在于我的身体的一个自在；统一和分离这两个身体的那类关系有如互相之间没有关系的事物之间的关系，有如由于被给定而是纯粹外在性的那样的空间关系。实在论者相信通过他人的身体把握了他人，因此认为，作为一个身体的他人是与另一个身体分离的，这意味着，包含在"我不是保尔"这一判断中的否定的本体论意义和包含在"桌子不是椅子"这一判断中的否定的本体论意义是同一类型的。这样，由于意识之间的分离是可以归咎于身体的，似乎在不同的意识之间有一种原始的空间，就是说，恰恰有一个给出的虚无，一个绝对而被动接受的距离。当然，唯心论把我的身体和他人的身体还原为一些客观的表象系统。对叔本华来说，我的身体不是别的，只是"直接对象"。但是人们并未因此取消意识之间的绝对距离。一个完整的表象体系——即任何一个单子——由于只能被自我本身所限制，不可能保持与不是它的东西的联系。认识主体既不能限制另一个主体也不能使自己被另一个主体所限制。他被他的实证的充实体孤立起来，然后，在他本身和另一个同样被孤立的系统之间，甚至有一种空间分离可以作为一种外在性的类型保留下来。这样，还是空间暗含地分离了我的意识和他人的意识。还应该补充一点，唯心论者没有注意到这一点，而求助于"第三个人"来使这种外在的否定显现出来。因为，我们已知道，一切外在的关系，既然不是被它的各相同的项构成的，就要求一位见证人来设定这种关系。这样，对唯心论者来说，像对实在论者来说一样，结论只得是：由于他人在一个空间世界中向我们揭示出来，就正是实在的或理想的空间把我们和他人分开的。

这个先决条件得出一个严重的后果：如果我事实上应该以未分化的外在性的方式与他人有关系，那么我在我的存在中受他人的涌现或消失的影响，就不会比一个自在受另一个自在的显现或消失的影响更大。因此，当他人不能以他的存在作用于我的存在时，他能向我揭示的唯一方式，就是向我的认识显现为对象。但是据此应该认识到：我应该把他人构成为我的自发性所强加给各种印象的那种统一，就是说我是在其经验中构成他人的人。因此，他人对我来说只能是一个形象，尽管我建立的整个认识理论旨在消除这种形象的概念；而且唯有同时外在于我本身和他人的见证人才能把形象和原型比较，并决定它是否是真的。况且，这个见证人要成为权威的，就不应该反过来与我本身和处在外在性关系中的他人针锋相对，否则他也只是通过形象在认识我们。在他的存在的出神统一中，他必须同时作为对我本身的内在否定在我这里并作为对他人的内在否定在他那里。这样，人们在莱布尼茨那里发现的那种对上帝的求助，就单纯是求助于内在的否定了：这一点隐藏在创造这神学概念中：上帝同时是又不是我本身和他人，因为它创造了我们。事实上，它应该是我本身以便无中介地并且无可置疑地自明地把握我的实在，然而它又应该不是我，以便保证他作为见证人的公正，并能在那里是又不是他人。创造的形象在这里是最合适的，因为在创造活动中，我一彻到底地看见我创造的东西——因为我创造的东西就是我——然而我创造的东西又与我对立，因为在一种客观性的肯定之中它又对我关闭起来。这样，空间化的先决条件并未给我们留下选择余地：要么求助于上帝，要么陷入向唯我论敞开大门的或然论，二者必居其一。但是，一个是其创造物的上帝这种概念使我们遇到一种新的障碍：正是它表露了在笛卡尔思想中的实体的问题。如果上帝是我又是他人，那么是什么来保证我本身的存在呢？如果创造应该继续下去，我就总是悬在一种分明的存在和那种与造物主之存在的泛神论的融合这两者之间。如果创造是一种原始的活动，而且我已对上帝把自己封闭起来，我的存在就不再有什么保持在上帝之中，因为它只不过是通过一种外在关系与我统一着的，就像雕刻匠和刻好的雕像一样。它只能再一次通过形象认识我。在这些条件下，因为上帝的概念向着我们把内在的否定揭示为各意识之间唯一可能有的联系，就使它的全部不足之处呈现出来：上帝作为他人的实存的保证者既不是必要的又不是充分的；而且，上帝的实存作为我和他人之间的中介已经假设了一个他人在内在的联系中面对我本身的在场，因为具有一个心灵的根本性质的上帝作为他人的精髓显现，并且因为它应该已经能处在与我本身的内在联系中，为的是使他人的实存的实在基础对我也是有效的。因此，一种他人的实存的实证理论似乎应该能同时避免唯我论又不求助于上帝，如果它把我与他人的原始关系看成内在的否定，即看成这样一种否定，这种否定就它以他人规定我又以我规定他人的严格意义而言，设定了他人和我本身的原始区别。按这种观点考察这个问题是可能的吗？

三、胡塞尔，黑格尔，海德格尔

十九和二十世纪的哲学似乎已懂得，如果首先以两个分离的实体的角度去看待我本身和他人，唯我论就是不可避免的：这些实体的完全统一事实上应被认为是不可能的。所以我们在考察近代理论时看出一种在各种意识内部来把握与他人的基本的和超越的联系的努力，这种联系是任何意识在其自身的涌现之中的构成成分。但是即使人们看起来放弃了内在否定的公设,却还是保留了它的本质结论,就是说肯定我与他人的基本联系是通过认识实现的。

事实上,当胡塞尔在《笛卡尔的沉思》和《形式的与先验的逻辑》中致力于驳斥唯我论时,他以为只要指出,求助他人是构成世界的必不可少的条件,就达到目的了。若不深入这个学说的细节,我们就只好限于指出他的主要结论。在胡塞尔看来,世界就像它对意识所表现出来的那样,是单子间的世界。他人不仅作为那种具体的和经验的显现,而且作为统一体和丰富性的恒常条件面对这世界在场。如果我独自或和别人一起看着这张桌子、这棵树或这面墙,他人就总是作为属于我看着的对象本身的一层构成意义而在那里。简言之,是作为他的客观性的真正保证而在那里。而且我们的心理-物理的我与世界同时存在,构成世界的一部分并和世界一起归属于现象学还原法之下,他人对构成这个我本身就显得是必须的。如果我应该怀疑我的朋友皮埃尔的或一般的他人的存在,因为这个存在原则上是超出我的经验的,我就必须也怀疑我的具体存在,我当教师的经验实在性,我有这样那样的爱好、习惯和个性。我的我并没有优先权:我的经验自我和他人的经验自我同时出现在世界上;而且一般意义下的"他人"对构成这些"自我"中的任何一个都是必要的。这样,每个对象都如同康德认为的那样,远不是由对主体的单纯关系构成的,而在我的具体经验中显现为多价的,它一开始就表现为拥有一些对无定限多样的意识的参考系;他人正是在桌子上、在墙上向我展现为被考察的对象永远参照的东西,正像皮埃尔或保尔具体显现时一样。

当然,这些看法对古典学说来说实现了一种进步。无可否认,事物-工具把它的外表反映给各种意识。我们下面还要谈这个问题。可以肯定,"他人"的意义也不能来自经验或来自因经验而起作用的类比推理。正好相反,恰恰是借助他人这概念,经验才被说明。这是不是说他人这概念是先验的呢?我们随后会试着来规定它。但是，尽管胡塞尔的理论有这些无可置疑的优越之处，在我们看来却与康德的理论没有显著的不同。因为，事实上，尽管我的经验自我并不比他人的自我更可靠，胡塞尔还是保留了这个超越的主体，它根本不同于他人的自我，并且很像康德的主体。然而，必须指出，这不是经验自我间的平行论——这一点是无人怀疑的，而是超越的主体间的平行论。因为，事实上，他人决非在我的经验中碰到的经验的个人，而是这个人物根本上归向的那个超越的主体。这样，真正的问题就是，超乎经验之外的超越的主体的联系问题。如果回答说，一开始，超越的主体就是归向别的主体来构成"作为对象的意识"之总体的，也就很容易回答说，它之归向别的主体就是归向一些意义。在这里，他人是作为能构成世界的增补的范畴、而不是作为这世界之外一个实在存在的存在而存在的。而且也许，他人这"范畴"在其意义本身中包含着从世界的另一面对一个主体的归结，但是这种归结只能是假设的，它唯一的价值是统一概念的内容；它的价值在世界中并通过世界表现出来，它的权力限于世界，并且他人从根本上讲是在世界之外的。此外，胡塞尔消除了理解他人之超世界存在的可能意义这种可能性本身，因为他把存在定义为对所实行的活动的无限系列的素朴象征。不可能以认识去进一步衡量存在。然而，甚至承认了一般认识是衡量存在的，他人的存在在其实在中也是被他人从他自身获得的认识来衡量的，而不是被我从他那里获得的认识来衡量的。我要达到的是他人，这不是因为我获得对他的认识，而是因为他获得自我认识，这是不可能的：这将事实上假设我本身和他人的内在同一。因此我们在这里重新发现他人和我之间的那种原则区别，不是由于我们身体的外在性，而只是由于我们每一个都是内在地存在，并且一种内在有效的认识只能在内在性中进行，这就原则上禁止了把他人像他自己认识的那样地认识，就是说，像他是的那样认识。此外，胡塞尔这样理解是因为，他把对我们的具体经验展现的"他人"定义为一个不在场者。但是至少在胡塞尔哲学中，如何有对不在场者的完全直观呢？他人是虚空意向的对象，他人原则上是被拒斥和逃逝着的；保持着的唯一实在因此就是我的意向性的实在；他人，就他具体地出现于我的经验中而言，是相当于我对他人的追求的虚空的"作为对象的意识"；就他作为一个超越的概念出现而言，是统一及构成我的经验的活动的总体。胡塞尔回答唯我论者说，他人的存在像世界的存在一样可靠——通过将我的心理存在包括在世界中；但是唯我论者没有说别的事物；他会说，但别的事物也是同样可靠。他补充说，世界的存在是以我对它获得的认识来衡量的；对于他人的存在不能是另一个样。

过去，我曾相信能通过否认胡塞尔的超越的"自我"的存在来逃避唯我论。①我那时觉得，在我的意识中不会再保留有什么比他人更优越的东西，因为我从他的主体中排除了我的意识。但是，事实上，尽管我一直坚信超越的主体的假说是无用而有害的，抛弃它仍没有使他人存在的问题前进一步。即使在经验的自我之外没有别的，只有对这个自我的意识，就是说一个无主体的超越的领域，我对他人的肯定仍然需要并要求世界之外一个类似的超越的领域的存在；然后，逃避唯我论的唯一方式在这里还是证明我的超越的意识，在其存在本身中，是被别的同类意识的超世界存在影响的。这样，由于已把存在还原为一系列意义，胡塞尔能在我的存在和他人的存在之间建立的唯一联系，就是认识的联系；因此他像康德一样不能逃避唯我论。

如果我们不遵循年代顺序的法则，而依照一种无时间的辩证法法则，在我们看来，黑格尔在《精神现象学》第一卷中对问题的解决相对胡塞尔所提出的解决来说就是一种进步。事实上，他人的显现对构成世界和我的经验"自我"不是必不可少的；对我的作为自

---

① 《自我的超越性》中《哲学研究》，1937。——原注

我意识的意识的存在本身才是必不可少的。作为自我意识，这"我"事实上是自己把握自己的。等式"我＝我"或"我是我"表明的正是这个事实。首先，这种自我意识是纯粹的自身同一性；纯粹的自为的存在。它有自我本身的可靠性，但是这种可靠性还缺少真理性。事实上，这种可靠性仅就它自己的自为存在对它显现为独立的对象而言才是真实的。这样，自我意识首先作为主体和对象——一个尚未客观化，而且就是这主体本身的对象——之间的混合而非真实的关系存在。由于它的冲动就是在变得对自我本身有全面的意识时来实现它的概念，它试图在表现出客观性和清晰的存在时使自身变成外在有效的：关键在于解释这个"我是我"并使自己作为对象产生，以便达到发展的最后阶段——在另一个意义下，是自然地成为意识生成的第一推动者的阶段——并且它是在别的自我意识中被认识到的一般的自我意识，是同一了它们和它本身的。中介就是别人。别人和我本身一起显现，因为自我意识是通过排斥一切别人而与它本身同一的。这样，有多个意识是最初的事实，并且这种多数性是以双重的，相互的排斥关系实现的。现在我们通过我们刚才要求的内在性而面对否定的联系了。没有任何外在的及自在的虚无把我的意识和他人的意识分开，而正是由于我是我这一事实本身，使我排斥了别人。别人是作为是他自己而排斥我的东西，他又是我在是我时所排斥的东西。诸种意识是在它们存在的互相交错中直接互相依持着的。同时，这使我们能定义他人用以对我显现的方式了：它是不同于我的东西，因此它表现为非本质的、具有否定性的对象。但是这个别人也是自我意识。他原封不动地对我显现为一个沉浸在生命存在中的平凡对象。而同样，我也是这样对别人显现为具体的、可感的、直接的存在。黑格尔在这里不是站在从我（通过我思被理解的）到别人的单向关系的基础上，而是站在他定义为"一个在另一个中的自我把握"的相互关系的基础上。事实上，只有当一个人与别人对立起来，他才是绝对自为的；他面对别人，针对别人而肯定了他要成为独立存在的权利。这样，我思本身就不能是通向哲学的出发点；事实上，它只是由于我为我显现为个体性才产生，并且这种显现被别人的认识所制约。别人这问题远非从我思出发提出的，而是相反，正是别人的存在使我思成为可能，如同我在其中被当作对象的抽象环节一样。这样，黑格尔所谓为他的存在的"环节"是自我意识发展的必然阶段；而这条内在性的道路经过了别人。但是，只因为别人是另一个我、一个为我的对象-我，并且反过来反映我的我，就是说，因为我是他的对象，别人才与我有关系。我必然只是在那边的，在别人中的为我的对象，由于这种必然性，我应该是从别人那里获得对我的存在的认识的。但是如果我的自为的意识应该通过另一个意识与自己本身一起被中介化，它的自为的存在——因此也是它的一般存在——就依赖别人。我怎样向别人显现，我就是怎样。而且，既然别人像他对我显现的那样，而且我的存在依赖别人，我用以向自己显现的方式——就是说我对我的意识的发展的环节——就依赖别人用以对我显现的方式。通过别人对我的认识的价值取决于通过我对别人的认识的价值。在这个意义下，就别人把我看作与一个身体相联系的，沉浸在生命中而言，我本身只是一个别人。为了使我被别人认识，我应该拿我自己的生命冒险。拿某人的生命冒险，事实上就是某自身表现为与客观形式无关或与某种被规定的存在无关，表现为与生命无关。但是同时我追逐别人的死。这意味着我想通过一个只是别人的别人，就是说通过一个超越的意识（它的本质特性只是作为一个别人而存在）使自己中介化。这正是在我拿我的生命冒险的时候而产生的，因为我在与别人的斗争中已因拿我的可感存在冒险而造成了对这存在的抽象；另一方面，在这样指出他不能把自己设定为与客观形式无关时，别人更酷爱生命和自由。因此，他保持着与事物的一般关系：他对我显现并对他自己显现为无本质的。他是奴隶而我是主人；对他来说，正是我是本质。这样显现的有名的"主奴"关系对马克思的影响大概是非常深刻的。我们不必要讨论它的细节，只要指出奴隶是主人的真理，对我们就够了；但是这种片面的，不对等的认识是不充分的，因为奴隶的自我可靠性的真理对主人来说是非本质的意识；因此，作为真理的自为的存在并不可靠。为了达到真理，需要有"一个环节，在这个环节中，主人对他自己做的，就是他对别人做的，而且，奴隶对别人做的，就是他对他自己做的"。①在其它别的自我意识中被认识的并且与这些自我意识和自身同一的一般自我意识在这个环节中显现出来。

这样，黑格尔的天才直观在这里使我在我的存在中依赖别人。他说，我是一个只由于一个别人才是自为的自为的存在。因此，别人是渗透到我内心中的：我要是不怀疑我自己也就不能怀疑他，因为"自我意识是实在的只是因为他在一个别人中认识到自己的回声（和反射）"。②而正如怀疑本身意味着一个自为存在着的意识一样，别人的存在制约着我怀疑他的倾向，恰如在笛卡尔那里，我的存在制约着方法的怀疑一样。这样，唯我论似乎最终被打败了。从胡塞尔过渡到黑格尔，我们完成了一大进步：首先，构成他人的否定是直接、内在和相互的；其次，它在其最深的存在中攻击并损害任何意识，问题是在内在的存在，普遍的和超越的"我"的水平上提出的；我正是在我的本质存在中依赖他人的本质存在，并且远不应该把我为我本身的存在与我为他的存在对立起来，为他的存在显现为我为我本身的存在的一个必要条件。

然而，不管这个结论多么广博，不管主人和奴隶的理论充满着的缜密审察多么丰富和深刻，我们能对它满意吗？

确实，黑格尔提出了诸意识存在的问题。他研究的是自为的存

---

① 《精神现象学》，拉松版第148页。——原注（参阅中文版上卷第129页。——译注）

② propedeutik，全集第一版第20页。——原注

在和为他的存在,并认为任何意识都是包含着别人的实在的。但是这个本体论问题仍然确实是用认识的术语表述出来的。意识间斗争的巨大原动力,就是每一个意识要把它的自我可靠性转化为真理性的努力。而且我们知道,这种真理之所以能达到,只是由于我的意识在别人变成对我的意识而言的对象时变成了对别人而言的对象。这样,在保留了唯心论的基础时黑格尔回答了唯心论提出的问题:别人如何能是为我的对象?他认为之所以有作为真理的、别人对他来讲是对象的一个我,是因为有一个别人,我对他而言是对象。在这里,认识仍然是存在的尺度,并且黑格尔甚至并不设想能有一个为他的存在最终不可还原为一个"对象的存在"。因此,按他自己的看法,力图通过所有这些辩证阶段拓展出来的普通自我意识,也是类似于纯粹空洞的形式:"我是我"的。他写道:"这个关于自我意识的命题是完全空无内容的。"①而在另一个地方他写道:"这绝对抽象的过程在于超越一切直接的存在,并导向与自身同一的意识的纯粹否定的存在。"这种辩证冲突的终点,普遍的自我意识,并没有在它的化身中变得丰富起来:相反它完全被打倒了,它只不过是"我知道别人知道我是我本身"。也许这是因为对绝对唯心主义来说,存在和认识是同一的。但是这种一致会把我们带到哪里去呢?

首先,"我是我"这同一性的纯粹普遍表述与我们在本书导言中描述的具体意识毫无共同之处。那时我们已确定,(对)自我(的)意识的存在不能以认识这术语来定义。认识开始于反思,但"反映-反映物"的活动不是一对"主体-对象",哪怕在潜在的状态中也不是,它在它的存在中依赖某一超越的意识,但它的存在方式恰恰对其自身而言是在问题中的。后来,在第二卷第一章中,我们指出,反映和反映者的关系全然不是同一性的关系,而且

---

① propedeutik,全集第一版第20页。——原注

不能还原为黑格尔的"我＝我"或"我是我"的公式。反映产生的不是反映者；那里涉及的是一个在其存在中自己虚无化着的，徒然寻求作为自我消失到自身中的存在。如果这种描述真是唯一能理解意识这原始事实的，就将可以判定黑格尔并未能分析他认为等同于自我意识的那种双倍抽象的我。最后，我们终于消除了超越的我的纯粹未反思的意识，这"我"使那种意识变混杂，而且我们指出，自我性，这一人的存在的基础完全不同于自我或自我对它本身的反射。因此问题不可能是以超越的自我学（egologie）方式定义意识。总之，意识是一个具体的，自生的（sui generis）的存在，而不是一种抽象的，无可辩解的同一性关系，它是自我性的，而不是不透明的，无用的自我的栖身地，它的存在可以被超越的反思所达到，而且有一种依赖他人的意识的真理，但是同时意识的存在本身是独立于在其真理之前存在的认识的；在此基础之上，正如素朴实在论所认为的那样，正是存在衡量了真理，因为反思直观的真理是依照它与存在的一致程度来衡量自己的：意识在被认识之前已在那里。因此，意识之所以面对他人肯定自身，是因为它要求认识它的存在，而不是认识抽象的真理。事实上，人们很难设想主奴间激烈的殊死斗争下的唯一赌注只是认识一个像"我是我"一样贫乏，一样抽象的表述。此外，在这种斗争本身中，有一种骗局，因为最终达到的目的是普遍的自我意识"对自己存在着的自我的直观"。在这里和在别处一样都必须把克尔凯廓尔和黑格尔对立起来，前者表明了追回原本个体的要求。个体要求的正是它作为个体的完成，即对它的具体存在的认识而不是对普遍结构的客观说明。也许，我向他人要求的权利提出了自我的普遍性；对个人的尊重要求把我的个人认作是普遍的。但是我的具体的，个体的存在悄悄进入了这个普遍之中并将它填满了，我正是为这种此在要求权利，特殊在这里是普遍的支撑物或基础；在这个意义下，普遍如果不以个体为目的而存在就不可能有意义。

把存在与认识相混同在这里还将得出许多错误的和不可能性的结论。我们在这里把它们概括为两要点，就是说我们对黑格尔的乐观主义提出两点批评。

首先，在我们看来黑格尔犯了认识论的乐观主义的错误。他事实上觉得自我意识的真理能显现出来，就是说在各意识之间能通过别人对我的认识和通过我对别人的认识的名义实现一种客观的统一。这种认识能够是同时的和相互的："我知道他人知道我是自我本身"，它真实地产生了自我意识的普遍性。但是对他人问题的正确表述使得这种向普遍的过渡成为不可能的。事实上，如果他人使我的自我追回到我，按照辩证法的进展，在我为他而是的东西、他为我而是的东西、我为我而是的东西、他为他而是的东西之间，至少应该有一共同的尺度。当然，这种同质性开始并不存在，黑格尔同意这一点："主奴"关系不是相互的。但是他肯定相互性应该能够确立。因为事实上他一开始就混淆了客观性和生命——这混淆是如此巧妙，以致似乎是有意为之的。他说，他人对我显现为对象。然而，对象就是在别人中的我。而且当他想更明确地定义这种客观性时，他把它分成三个因素：①"这种一个在另一个中的对自我的把握：（1）自身同一性的抽象环节。（2）然而任何一个也都有那种对另一个表现为外在对象，表现为具体和直接可感的存在的特殊性。（3）任何一个都绝对自为而个别地对立于另一个存在……"可见，自身同一性的抽象环节是在对别人的认识中给定的。他和整个结构中的另两个环节一起被给定。但是，黑格尔不问这三个因素是否以构成一个新的不可分析的形式的方式互相作用，这在一种综合的哲学中是件怪事。他在《精神现象学》中表明他的观点是通过描述这样一种情况：别人首先显现为无本质的（这是上面指出的第三环节的意义）显现为一个沉浸在生命存在中的意识。但是这涉及这

---

① propedeutik，第18页。——原注

抽象环节与生命的纯粹共同存在。因此，为了在确是应付危险的活动中实现对生命和意识的分析式的分离，只需我或别人去拿我们的生命冒险就足够了："任何一个意识本身对别人来说是别人对它来说所是的东西；任何意识在其本身中并顺次通过它自己的能动性和别人的能动性来完成自为的存在的这种纯粹抽象化……表明自己是自我意识的纯粹抽象化，就是揭示自己是对自己的客观形式的纯粹否定，就是揭示自己与任何被规定的存在无关，就是揭示自己与生命无关。"①而且也许黑格尔会进一步说，由于冒险和死的威胁的经验，自我意识知道了生命对它像对纯粹自我意识一样是本质的；但是这是从完全不同的观点来看的，并且我仍然总能分离纯粹自我意识的真理和它的生命。这样，奴隶把握了主人的自我意识，他是主人的真理，我们已看到，这种真理还是不完全的。

但是说他人原则上对我显现为对象或说他对我显现为与某个特殊实存有关的，沉浸在生命中的，是一回事吗？如果我们在这里总保持在纯粹逻辑假说的水平上，我们将首先指出，他人完全能以对象的形式给予一个意识，然而这个对象并非恰恰与人们称为生命体的那个偶然存在有关。事实上，我们的经验只向我们表明了一些有意识有生命的个体；但是理论上必须指出，他人之所以是对我而言的对象，因为他是他人而不是因为他以一个身体-对象的方式显现；否则我们将重新落入我们前面说过的空间化幻觉中。这样，对作为他人的他人来说本质的东西是客观性而不是生命。此外，黑格尔就是从这个逻辑事实出发的。但是，即使意识和生命的联系真的使总是在那里沉浸着、总能被发现的"自我意识的抽象环节"在其本性上发生变化，它和客观性就是一回事了吗？换个说法，既然我们知道意识在被认识之前就存在，被认识的意识，由于它被认识就完全不被改变吗？作为对象显现的意识还是意识吗？这个问题很容

---

① 《精神现象学》同前。——原注

易回答：自我意识的存在是在其存在中，它是与它的存在相关的，这意味着它是纯粹的内在性。它永远归向一个它不得不是的自我。它的存在是这样定义的：它按是其所不是和不是其所是的方式是这个存在。因此它的存在是排除一切客观性的：我是对我本身而言不能是对象的人，甚至不能以对象的形式自为地设想存在的人（除非在双重反思的水平上——但我们知道，反思是悲剧：存在不能是对它本身而言的对象）。这不是由于缺少后退，缺少理智的偏见或强加给我的意识的限制，而是因为客观性要求有一种明确的否定：对象，就是我使自己不是的那个东西，而不是我使自己是的那个人。我处处都是我，我不可能逃避我自己，我从后面重新把握我自己，而且即使我能试着使我成为对象，我也已经是在我所是的这个对象内的我，而且我不得不是正从这个对象的中心注视着它的主体。此外，黑格尔说，别人的存在对我成为为我的对象来说是必要的，这时他所预感到的正是上述这个意思。但是，在提出了自我意识要以"我是我"来表述，即把它等同于自我认识时，他却没有得到应从这些前提中得出的结论，因为他在意识本身中引进了某种作为潜在的对象的东西，他人只是不得不消除它然而并没有改变它。但是，如果对象恰恰就是不是我，那么作为一个对意识而言的对象这一事实完全改变了这意识，然而这改变并非在意识自为地是的东西中，而是在它对他人的显现中。他人的意识，就是我仅能静观的东西，因此它对我显现为纯粹被给定的东西，而不是那不得不是我的东西。这就是在普遍时间中提供给我的东西，就是说原始地分散在各瞬间中向我提供出来而不是在它自己的时间化统一中显现给我的东西。因为唯一能在它自己的时间化中对我显现的意识，就是我的意识，而且它只有放弃了一切客观性才能是这样。总之，自为是不能被他人认为是自为的。我在他人的名下把握的对象以彻底异在（autre）的形式对我显现；他人不是自为地像他对我显现的那样，我并不像我为他地是的那样自己显现；我也不能为我地像我为他地是的那样把握我自己,正如不能又从向我显现的作为对象的他出发把握自为的他人是什么一样。因此,如何能确立一个隶属于自我意识,我的为我的意识和(对)我(的)意识及我对他人的认识的名下的普遍概念呢?但是,还有:在黑格尔看来,别人是对象,而且我把自己当作在别人中的对象。然而,这样一个肯定毁灭了别人:为了我能在别人中作为对象自己显现,我必须把别人当作主体,就是说我在他的内在性中理解他。但是既然别人对我显现为对象,我对他而言的客观性就不能对我显现;也许我把握到作为对象的别人通过意向和活动与我联系着,但是仅仅由于他是对象,他人这面镜子就变模糊并且不再反映什么了,因为这些意向和活动是世界上的事物,在时间和世界中被理解,被确认,被静观,并且它们的意义是为我的对象。这样,我只能自己显现为他人的活动和意向归诸的超越的性质;但是,他人的客观性恰恰毁灭了我对他而言的客观性,正是作为内在的主体,我把自己当作这些意向和活动关系着的东西。而且必须正确理解通过我本身纯粹根据意识的术语而不是根据认识的术语对"我"的这种把握:由于不得不是我以(对)我(的)出神意识的形式所是的东西,我把他人当作一个指向我的对象。这样,黑格尔的乐观主义就归于失败了:在他人-对象和主体-我之间,没有任何共同的尺度,正像在(对)自我(的)意识和对别人的意识之间一样。如果他人首先是为我的对象,我就不能在他人中认识自己,而且我同样不能在其真实的存在中,就是说在其主观性中把握他。任何普遍的认识都不能得自诸意识间的关系。我们正是称这为它们的本体论分离化。

但是,在黑格尔那里,还有另一种更基本形式的乐观主义。应该称之为本体论的乐观主义。对他来说,真理事实上是对大全的真理。而且他站在真理的观点上,就是说大全上来考察别人这个问题。这样,当黑格尔的一元论考察诸意识的关系时,他不处在任何特殊意识中。尽管大全还是要实现的,它已经作为一切真实的东西的真理在那里了；而且，当黑格尔写道："任何与自身同一的意识都是不同于别人的"时，他已使自己确立在大全之中而在各意识之外，并且以绝对的观点来考察它们了。因为诸意识是大全的各环节，这是自己存在的，自立的环节，而且，大全是诸意识之间的中介。因此一种本体论的乐观主义与认识论的乐观主义并行不悖：多样性能够而且应该向着整体被超越。但是黑格尔之所以能肯定这种超越的实在性，是因为他一开始就给出了它。事实上，他忘记了他自己的意识，他是大全，而且，在这个意义下，他之所以如此轻易地解决了诸意识的问题，是因为对他来说从未有过这方面的真正问题。事实上，他不提他自己的意识和他人的意识的关系问题，而是把他的意识完全抽象化。他单纯研究他人的诸意识之间的关系，就是说这样一些意识的关系，即这些意识对他来说已经是对象，它们的本性在他看来恰恰就是成为对象的一种特殊类型——主体-对象——而且它们按他所持的观点看是严格等价的，它们之中没有任何一个不是通过特殊的优先权与其他的意识分离开的。但是即使黑格尔忘记了自己，我们可不能忘记黑格尔。这意味着我们回到了我思。事实上，正如我们已确定的那样，如果我的意识的存在完全不能还原为认识，那末我也不能超越我的存在走向一种我能从之出发同时把我的存在和别人的存在看成一码事的交互的和普遍的关系；相反，我应该在我的存在中确定自己，并且从我的存在出发提出他人的问题。总之，唯一可靠的出发点是我思的内在性。由此应该认识到：每个人在从他自己的内在性出发时，都应该能发现别人的存在是一个制约着这个内在性的存在本身的超越性，这必然意味着，意识的多样性原则上是不可超越的，因为我也许正好能超越我自己走向一个大全，但是不能在这个大全中确立自己来静观自己并静观他人。因此，任何逻辑的或认识论的乐观主义都不能使多个意识的纷争停止。黑格尔之所以相信这一点，是因为他从未把握（对）自我（的）意识这存在的特殊一维的本性。一种本体论能给自己提出的任务，就是描述这一纷争，并就在存在的本性之中给它以基础：但是这本体论并无能力超越它。我们还将更清楚地看到，也许人们能排斥乐观主义并指出：他人的存在对我们来说是明晰的和可靠的。但是，甚至当我们已把他人的存在纳入我思——就是说我自己的存在——的必然可靠性时，我们仍没有因此而"超越"别人走向某个单子间的整体。诸意识的离散和斗争仍然是其所是：我们只能发现它们的基础和它们真正的地基。

这个长长的批判带给了我们什么呢？事情很简单：就是我和他人的关系首先并从根本上来讲是存在与存在的关系，而不是认识与认识的关系，如果唯我论应该有可能被摈弃的话。事实上，我们已看到胡塞尔的失败在于他在这个特殊的水平上以认识来衡量存在，而黑格尔的失败则在于把认识和存在同一了。但是我们同样认识到，黑格尔的看法尽管被绝对唯心论的公设弄得混乱，但他擅长于使争论保持其真实的水平。看来海德格尔在《存在与时间》中得益于他的前人们的沉思，而且似乎他对这双重必然性是深信不移的：（1）诸种"人的实在"的关系应该是一种存在关系；（2）这种关系应该使诸种"人的实在"在其本质存在中互相依赖。至少他的理论回应了这两种要求。他在回答这单纯由一个定义提出的问题时使用的方法是武断的并且有些野蛮，与其说他力图解开纽结，还不如说他是快刀斩乱麻。他在表现了人的实在的特征的"在世的存在"中发现了多个环节——此外，这些环节是不可分的，除非是通过抽象。这些环节是"世界"，"在之中"和"存在"。他把世界描述为"人的实在通过它使自己显示他是什么的东西"，他把"在之中"定义为"现身"（Befindlichkeit）和"领会"（Verstand）；还有待说的是存在，就是说人的实在是用以成为在世的存在的方式。它告诉我们，这就是"共在"（Mit-Sein），就是说"与……一起存在"。人的实在的存在的特性，就是他是与别人一起存在的。这里不是一种巧遇；我并非首先存在以便一种偶然性后来使我碰见他人；这里问题在于这是我的存在的本质结构。但是这个结构并非像黑格尔所说是从外面及从一个整体的观点来确立的,当然,海德格尔也不是从笛卡尔意义下的我思,即意识通过自己的发现出发的;而是对自己揭示出来的、他力图通过概念确定其结构的人的实在,就是人自己的结构。他写道:"此在是我的此在"(Dasein ist je meines)。正是在阐明我对我本身的前本体论的理解时,我才把与他人的共在当作我的存在的本质特征了。总之,我发现是与他人的超越的关系构成了我的存在本身,这恰恰是由于我发现是在世的存在衡量着我的人的实在。从那时起,他人的问题只不过是个虚假的问题:他人不再首先是我在世界中碰到的那种特殊的实存——并且这种实存对我自己的存在也不能是必不可少的,因为我在碰到他之前就存在——正是这偏离中心的一项有助于构成我本身。这种对我的存在的考察,由于把我掷于我之外而抛向一些同时逃避我又定义我的结果,一开始就对我揭示了他人。而且,我们应注意,与他人的关系类型已有变化:和实在论、唯心论、胡塞尔、黑格尔一样,意识间的那类关系是为……存在:他人向我显现,并且甚至构成我,因为他为我存在或我为他存在:问题在于互相在场,在世界上互相显现并互相对峙的意识的互相认识。"共在"有一种完全不同的意义:共不是指不同于我的一个人的实在没于世界显现所引出的认识和斗争的相互关系。还不如说它表明一类旨在利用这个世界的本体论的互相关联。他人并非一开始就与作为没于世界、在诸"工具"中间显现的实在,作为一类特殊对象的我联系着的,在这种情况下,他可能已经消失,而且把他与我统一起来的关系决不会获得交互性。他人不是对象。他在他与我的关系中保持为人的实在,他用以决定在存在中的我的存在,就是他的被当作"在世的存在"的纯粹的存在——而且人们知道,应该在"常去"(colo)"居住"(habito)的意义下,而不应该在"偶然出现"(insum)的意义下来理解"之中";在世的存在,就是纠缠着世界,而不是粘在上面——而且它正是在我的"在世的存在"中规定着我。我们的关系不是一种面对面的对立,而毋宁是一种肩并肩的互相依赖:既然我使一个世界作为我用以为我的人的实在服务的工具复合体存在,我就使自己在我的存在中被一个存在所规定,这个存在使同一个世界作为为了它的实在的工具复合体而存在。此外,不应该把这个共在理解为我的存在的纯粹被动地被设想的旁系性(collatéralité)。存在,对海德格尔来说,就是人自身的可能性,就是使自己存在。因此就是我使自己存在的一种存在方式。而且这点是如此真实以致我对我的为他的存在负有责任,因为我是在事实性或非事实性中自由地实现他的。正是在完全的自由中并通过一种原始的选择,我才实现了例如我在"人们"(on)形式下的共存。而且,如果问我的"共在"如何能为我地存在,就必须回答说,我通过世界使自己显示出我是什么。尤其是,当我按不确定的、"人们"的方式存在的时候,世界就按工具和工具复合体的样子反映出我是对我的不确定可能性的无人称反映,而这些工具和工具复合体是属于"所有人"的,并且是属于我的,因为我是"所有人":现成的服装、公共交通工具,公园,花园,公共场所,供任何人藏身用的藏身之地,等等。这样,我使自己通过工具的指示性复合体显示为任意一个人,这复合体指出我是一个"为何之故"(Worum willen)和非事实的状态——这是我通常的状态,因为我还没有实现向事实性的转变——向我揭示出我的"共在"不是唯一的个体性与别的各种同样唯一的个体性的关系,不是更不可替代的各存在的共同关系,而是关系项的完全可互换性。这些项还没有规定,我没有与别人对立,因为我不是我:我们有人们的社会统一。在个别主体的不可沟通性的水平上提出问题,就是犯了一个颠倒先后 $\acute{υ}στερον\ προτερον$ 的错误;使世界成了无本之木:事实性和个体性蔓延开来:只有在意识的呼唤(Ruf des Gewissens)的影响下,我以坚定的决心(Entschlossenheit)冲向死亡时,就像冲向我最固有的可能性一样,我才是我自己的事实性。这时,我对我自己事实性地揭示出来并且我也把别人与我一起带向事实性。

最能象征海德格尔的直观的经验形象，不是斗争的形象，而是队的形象。别人和我的意识的原始关系不是你和我，而是我们，而且海德格尔的共在不是一个个体面对别的个体的清楚明白的位置，它不是认识，而是队员和他的队一起隐约的共同存在，许多桨的起落节奏，或舵手的有规则运动使划桨者感到这种存在，要达到的共同目标，要超过的木船或快艇，和呈现在视野内的整个世界（观众，成绩等）向他们表露了这种存在。正是在这种共同存在的共同背景上，对我的为死的存在的突然揭示使我在一种绝对的"共同孤独"中突然显现了出来，同时也把别人提高直至这种孤独。

这一次，正好回答了我们所问：一个在其存在中包含着他人的存在的存在。然而，我们不能认为这个回答是完满的。首先，海德格尔提供给我们的与其说是这个结论本身，还不如说是对要发现的结论的指示。即使我们无保留地承认"共在"对"为……存在"的那种替换，这种替换对我们来说也仍然是一种无根据的单纯肯定。也许我们认识了我们的存在的某些经验状态——尤其是德国人用"心绪"（Stimmung）这种难以翻译的词语表示的东西——这些状态看来与其说是一种对立的关系，还不如说是揭示了意识的共同存在，但是应该解释的恰恰是这种共同存在。它为什么变成了我们存在的唯一基础，它为什么是我们与别人关系的基本类型，海德格尔为什么自诩可以从共在的这种经验的和本体的确认过渡到作为我的"在世的存在"的本体论结构的共同存在的立场呢？而且这种共同存在有什么样的存在类型呢？在什么范围内它现在就是使他人成为一个别人并把他构成无本质的东西的否定呢？如果完全取消了它，我们不会落入一元论吗？而如果应该坚持它是与他人关系的本质结构，必须使它经受什么变化来使它放弃它在为他的存在中拥有的对立性并使它获得作为共存的结构本身的那种互相依赖的联系性呢？而且在世界上我们如何能由此过渡到他人的具体经验呢，就像我从窗户看见一个行人在街上走过时那样？当然，设想我由于我的自由的冲动，在人这未分化基质上对我独有的可能性的选择而显现出来是很有魅力的——而且也许这种概念包含着一部分重要的真理。但是，在这种形式下，它至少激起了一些引人注目的诘难。

首先，本体论的观点在这里与康德的主体的抽象观点是有联系的。说人的实在本身——即使就是我的人的实在——由于本体论结构而"共在"，就是说它由于本性共在，即是说以本质的和普遍的名义共在。即使这种肯定被证明了，也不能解释任何具体的共在；换言之，显现为我的"在世的存在"的结构的本体的共同存在完全不能成为一个本体的共在的基础，就像例如出现在我与皮埃尔的友谊或我与安妮结成的伴侣中的共同存在那样。事实上，必须指出，"与皮埃尔共在"或"与安妮共在"是我的具体存在的组成结构。但是按海德格尔的观点，这是不可能的。别人在本体论水平上采取的"共"的关系中，与被直接考察的，他人是其另一个我的人的实在相比，并不更能被具体地规定：这是一个抽象的，并因此是不自立的项，其中完全没有变成这个别人——皮埃尔或安妮——的能力。这样，"共在"的关系对我们来说就完全不能用于解决认识他人的心理学的和具体的问题。有两个不能代换的层次及两个问题要求分别解决。人们会说，这只不过是海德格尔在一般地由本体论水平过渡到本体的水平、由一般的"在世的存在"过渡到我与这个特殊工具的关系、由使我的死成为我最本质的可能性的我的为死的存在向我由于与这样那样的外在存在者相遇而拥有的这个"本体的"死过渡时遭遇到的困难的一个方面而已。但是这种困难严格说来在所有别的情况下可能被掩盖起来，因为，例如，正是人的实在使一个在其中一个与之相关的死之威胁消失的世界存在；或更确切地说，世界之所以存在，是因为它在人们说一个伤口是致人死命的意义下是"要死的"。但是，与他人的问题相反，从一个水平过渡到另一

313

水平的不可能性显露出来了。因为，事实上，即使在其在世的存在的出神涌现中人的实在使一个世界存在，人们也不能因此而说它的为他存在使另一个人的实在涌现出来，当然，我是使得"有"（es gibt）存在的存在。可以说我是使得"有"另一个人的实在的存在吗？如果人们由此认为我是这样的存在，即对这个存在来讲有一个为我的另一个人的实在，这就是完完全全的自明之理。如果人们想说我是使得有一般的一些别人的存在，我们就又落入了唯我论。事实上，这个我与之共在的人的实在，它本身是"与我共在于世"的，它是一个世界的自由基础（这是我的东西这点是如何发生的？人们不可能从共在中推出各个人的实在"显于其中"的各个世界的同一性），它是它自己的可能性。因此它对它自己而言存在，无需等待我使它的存在在"有"的形式下存在。这样，我就能使一个世界是"要死的"，但不能使一个人的实在成为是其自己的可能性的具体存在。从"我的"存在出发而把握的我的共在只能被认为是一种基于我的存在的纯粹要求，而且完全不构成他人存在的证明，完全不构成我和别人之间的桥梁。

更进一步说，我和一个抽象的他人的这种本体论关系，正由于一般地定义了我与他人的关系，远没有使我和皮埃尔的特殊的和本体的关系变得容易理解，而是使我的存在和在我的经验中给出的特殊他人的具体联系变得完全不可能了。事实上，如果我与他人的关系是先验的，它就完全消除了与他人关系的可能性。经验的和偶然的关系既不能是它的规范，也不能是它的特殊情况；只有在两种情况下一个法则才有一些规范；或者这法则是从经验的和特殊的事实中归纳抽取出来的。而这里情况不是这样；或者它是先验的，统一了经验，就像康德的概念那样。但是，在这种情况下，它恰恰只在经验的范围内才有意义，我在事物中只发现了我置于其中的东西。然而，将两个具体的"在世的存在"置于关系中并不属于我的经验；因此这种放置是在共在的领域之外的。但是，由于法则恰恰构成它自己的领域，它先验地排除了不是由它构成的一切实在的事实。作为我的可能性的先验形式的时间的实存，先验地排除了我与具有存在特性的实体性时间的一切联系。这样，本体论的"共在"的存在随后先验地使与一个具体人的实在的任何本体联系成为不可能的，这种人的实在作为绝对的超越的东西自为地涌现出来。被认作我的存在结构的"共在"像唯我论的证明一样确定地使我孤立起来。因为海德格尔的超越性是一个自欺的概念：当然，它旨在超越唯心论，并且就唯心论对我们展示出一种本身静止而且静观其自己的形象的主观性而言，它达到了目的。但是，这样被超越的唯心论只是唯心论的一种折衷形式，一种经验批判主义的心理逻辑主义。也许，海德格尔的人的实在"在自我之外存在"。但是这种在自我之外的存在，在海德格尔的学说中，恰恰是自我的定义。它既不同于柏拉图的出神——存在在其中实在地异化了，也不同于马勒伯朗士对上帝的看法，也不同于我们自己的出神和内在否定的概念。海德格尔没有脱离唯心主义：他的逝离自我，作为其存在的先验结构本身，像康德对我们的经验的先验条件的反省一样确定地使之孤立起来；事实上人的实在在不可能达到这种逃离自我的限度内发现的，还是自我：逃离自我就是向自我逃离，世界显现为自我与自我之间的距离。因此，《存在与时间》要同时超越一切唯心论和一切实在论的努力是徒劳的。而且，当涉及建立和我们一样的各具体存在的实存时，（这些存在作为存在是在我们的经验之外的，在其结构本身中又不属于我们的先验性）一般唯心论遇到的困难仍然出现在海德格尔使"人的实在"脱离其孤独状态的意图面前。他似乎逃避了这些困难，因为他时而把"离开自我"当作"离开自我走向自我"，时而又把它当作"离开自我在他人中"。但是他拐弯抹角塞进他的推理中的对"离开自我"的第二种含义严格说来与第一种是不可共存的：人的实在就是在其各种出神中也是孤独的。这是因为——而且这将是我们从批判考察海德格尔的学说中获得的新收获——他人的实存本质上是一个偶然的、不可还原的事实。人们遇到了他人，人们并非构成了他。然而，即使这个事实从必然性的角度看应该向我们显现，它也不能以属于"我们经验可能性的条件"的必然性、或不如说，以本体论的必然性而存在：如果他人实存的必然性是存在的，它也应该是一种"偶然的必然性"，就是说我思非要与之共在不可的一类事实必然性。他人之所以应该能够向我们显现，是因为有一种直接的理解，他在相遇中保持了他的人为性的特征，正像我思本身在我自己的思想中保持了它的人为性，然而又参与了我思本身的必然性，就是说参与了我思的不可怀疑性。

因此，如果我们能确定使他人存在的理论有价值的必要和充分的条件，那对这理论的详尽的表述就不是无用的。

（1）一个这样的理论不应该提供他人的存在的新证明，一种比反对唯我论的其它证明更优越的证明。事实上，唯我论之所以应该被抛弃，也只是因为它是不可能的，或不如说，因为任何人也不真是唯我论者。他人的存在总是在怀疑中才可以取消，至少可以说，人们只在口头上并抽象地以我能写而甚至不能想"我怀疑我自己的存在"的同样的方式怀疑他人。总之，他人的存在不应该是一种或然性。事实上或然性只能涉及在我们的经验中显现的或其新结果能在我们的经验中呈现的对象。只有当一种认可或取消在任何可能的瞬间都能存在时，才可能有或然性。如果他人原则上并不在我的经验之外的他的"自为"中存在，他作为另一个自我的存在的或然性就既不能认可也不能撤销，既不能增添也不能减少，甚至不能衡量；因此就失去了其或然性的存在本身，并变成了小说家的一个纯粹的臆想。以同样的方式，拉朗德①正确地指出②关于火星上有生物存

---

① 拉朗德（A. Lalande 1867—1963），法国哲学家。——译注
② 《归纳和试验的理论》（1930）。——原注

在的假说将永远是纯粹的臆断,并且只要我们不把允许我们使一些被认可或撤销的事实显现出来的工具或科学理论带给这个假说,它就完全不"可能"是真的,也不"可能"是假的。但是他人的结构原则上是这样的:任何新经验都不能被设想,任何新理论都将不同意认可或撤销他的存在的假说,任何工具也将不揭示新的事实促使我肯定或抛弃这个假说。因此,如果它们不是直接面对我在场的,如果他的存在不像我的存在一样可靠,关于他的一切臆测就完全失去了意义。但是我恰恰不是臆测他人的实存:我肯定。因此,一种关于他人的实存的理论只应该在我的存在中向我考问、阐明和确定这一肯定的意义,尤其是说明这种可靠性的基础本身,而不是发明一种证明。换言之,笛卡尔没有证明他的实存。因为事实上我总是知道我在,我总是在实践着我思。同样,我对唯我论的反抗——它们和怀疑我思的意图所能激起的反抗一样强烈——证明了我总是知道他人存在着,我对他的实存总有一种尽管模糊但还是整体的领会,这种"本体论前的"领会包含一种对他人的本性和他与我的存在的存在关系的理解,这种理解比人们能在它之外建立的一切理论都更可靠而且更深刻。他人的存在之所以不是一个空幻的臆测、纯粹的虚构,是因为存在有与他人的存在相关的我思。在说明他人的存在的结构以及规定其含义和权限时,这个我思是必须弄清楚的。

(2)但是,另一方面,黑格尔的失败已向我们指出,唯一可能的出发点是笛卡尔的我思。此外,唯有这我思在他人存在的必然性这一事实必然性的基础上确立了我们。这样,我们故且称之为他人的实存的我思的东西就和我自己的我思融为一体了。这个我思在再一次被考察时,应该把我抛到它之外而且抛到他人之中,正如它已把我抛到它之外的自在上一样;而这不是由于我表现出我本身的一种先验的结构,我指出同样先验的一个他人,而是因为我发现了这个或那个具体的他人的具体的无可置疑的在场,就像他已向我揭示了我的无法比较的、偶然的、然而又是必然的和具体的实存一样。

这样，必须要求自为为我们提供为他，必须要求绝对内在性把我们抛进绝对的超越性：我应该在我本身的更深处发现的，不是相信有他人的理由，而是不是我的他人本身。

（3）我思应该向我们揭示的不是作为对象的他人。人们想必早就思考过这一点，即被称之为对象的东西谓之为或然的。如果他人对我来说是对象，他就使我回到或然性。但是或然性只是建立在我们无数的表象的汇合上的。他人既不是一个表象，也不是一个表象体系，也不是我们的表象的必然统一，他不能是或然的；他不能首先是对象。因此，即使他对我们而言存在，也不能作为我们对世界的认识的构成因素、或作为我们对我的认识的构成因素而存在，而是因为他"涉及"我们的存在，而且，这不是因为他先天地有助于构成我们的存在，而是因为他在我们的人为性的经验具体地并"本体地"涉及我们的存在。

（4）以某种方式说，如果问题在于试图对他人做笛卡尔试图对上帝所做的论证，笛卡尔使用的那种异乎寻常的"通过完满这一观念的证明"是完全由对超越性的直观造成的，那就会迫使我们因把他人理解为他人而放弃我们曾称为外在否定的某种否定类型。他人应该对我思显现为不是我。这种否定能以两种方式来设想：或者它是纯粹外在的否定，并且它像分开一个实体和另一个实体一样把他人和我本身分开——在这种情况下他人是通过不可能的定义来把握的——或者它将是内在的否定，这意味着在互相否定中构成的两项的综合能动的联系。因此，这种关系将是交互的和双重内在的。这首先意味着他人的多数性不能是集合而是整体——在这个意义上，我们认为黑格尔是有道理的——因为任何他人都是在别人中发现自己的存在的。但是同样，这个整体原则上是不可能处在"大全的观点"上的。事实上，我们已看到，对意识的任何抽象概念都不能从比较我的为我本身的存在和我的为他的对象性出发。而且，这个整体——作为自为的整体——是被瓦解的整体，因为为他的存在是对他人的彻底否定，对"他人"的任何整体化及统一的综合都是不可能的。

我们正是试图从这几点看法出发讨论他人的问题。

四、注视

我看见的向我走来的那位妇女，在路上走过的那个人，我隔窗听见他唱歌的那个乞丐，对我来说都是些对象，这是没有疑问的。这样，至少，他人面对我在场的模式之一是对象性，这点是真实的。但是我们已看到，如果这种对象性关系是他人与我本身的基本关系，他人的实存就仍纯粹是臆测。然而，我听到的那个声音是人的嗓音而不是留声机的歌声，这就不仅是臆测的而且是或然的，我看见的行人是一个人而又是装置完善的机器人，这就无限地是或然的。这意味着，我把他人理解为对象，由于没有超出或然性的限度，并且来源于这种或然性本身，本质上就归结为对他人的一种基本把握，其中他人并不对我表现为对象而是表现为"自身的在场"。总之，要使他人是或然的对象而不是对象的幻影，他的对象性就必须不归结为原始的、我触及不到的孤独，而归结为他人在其中以不同于我获得认识的方式表现出来的一种基本联系。古典理论认为被感知的人的整个机体归结为某物，并且它归结到的那个东西是其或然性的基础和保证，这是有道理的。但是它的错误在于相信这种归结指出了一个孤立的存在，一个在可感知的表露背后的意识，就像实体在康德的感觉（empfindung）背后一样。无论这个意识是不是在孤立状态中存在，我都不能把我看见的面孔归结于它，它也不是我感知的或然对象的真理。事实上，向着一种在其中别人是为我在场的孪生涌现的归结，就是向着"与别人比肩共在"的归结；而这是在认识之外被给出的，即使这认识被设想为直观秩序上的一种模糊而又不可言喻的形式，依然如此。换言之，人们一般认为他人的问题好像是他人由之展现出来的原始关系就是对象性，就是说好像他人首先是直接或间接地向我们的知觉揭示出来的。但是，因为这种知觉由于其本性本身归结到与它本身不同的东西上，并且由于它既不能归结为同类显现的无限系列——如同唯心论所说的对桌子或椅子的知觉那样——也不能归结为原则上我触及不到的实体，它的本质就应该是归结到我的意识与他人的意识的最初关系上。在这种关系中他人应该作为主体直接给予我，尽管这主体是在与我的联系中；这关系就是基本关系，就是我的为他之在的真正类型。

尽管如此，这里的归结不可能归结到某种神秘或不可言喻的经验。他人正是在日常的实在中向我们显现出来，并且他的或然性归结为日常的实在。因此问题应这样表述：在日常实在中是否有与他人的原始关系，这他人能经常被注意到，并且因此能对我展现出来，而又完全不归结为一个宗教的或神秘的不可认识物吗？要知道这一点，必须更明确地在我的知觉的范围内考问他人的这可以为常的显现：既然正是这显现归结为这种基本关系，它就应该能够至少作为被注意到的实在向我们展示出它所归结到的那种关系。

我在公园里。离我不远是一块草地，沿这块草地安放着一些椅子。一个人在椅子旁边走过。我看见了这个人，我同时把他当作一个对象和一个人。这意味着什么呢？当我断言这个对象是一个人时，我是想说什么呢？

如果我应该认为他只不过是一具人体模型，我就能把我通常用来给时空"事物"归类的范畴用于他。就是说我把他当作在椅子"旁边"，离草地 2.20 米，对地面有某种压力的，等。他与别的对象的关系是一种纯粹相加的关系；这意味着，我能使他消失而别的对象之间的关系并不因而发生显著的变化。总之，任何新关系也不因他而出现在我的天地中的那些事物之间：这些事物是在我周围聚集并综合成的工具性复合体，它们将因他而分解为许多未分化的关系。相反，知觉到他是人，就是把握了椅子和他的关系是非相加的，就是记住了我的天地中的诸事物无距离地组织在这个特别优越的对象周围。当然，草地仍然距他2.20米；但作为草地，它在一种超越了这距离而同时又保持着这距离的关系中与他又是联系着的。距离的两端并非是毫不相干、可互相置换并在交互关系中的，这距离作为一种同质关系的综合涌现从我看见的人出发扩展到草地。这涉及的是一种没有部分、一下子就确是的联系，并且一种不是我的空间性的空间性从这种关系的内部扩展开来，因为问题不是在于诸对象朝向我的对象之聚合，而是逃离我的一个方向。当然，这种无距离无部分的关系完全不是我探寻的他人与我本身的原始关系：首先它涉及到的只是人和世上的事物。然后，它还是认识的对象，我要表述它，可以说这个人看着草地，或说他不管禁止通行的牌子准备在草地上走走等等。最后，它保持着纯粹的或然性：首先，这个对象是一个人是或然的；其次，即使它确实是一个人，他在我知觉到他时看着草地也仍然只是或然的；他可能沉迷于某件事而并未明晰地意识到他周围的东西，他可能是瞎子，等等。然而，人这个对象和草地这个对象的这种新关系有一种特殊性，它完整向我表现，因为它作为我能认识的对象在那里，在世界中（事实上，这就是我在说：皮埃尔瞥了一眼他的表，让娜凭窗凝视等时所表示的一种客观关系），而同时，它又完全逃避了我；就人这个对象是这种关系的基本项而言，就这关系走向人这对象而言，这关系逃避了我，我不能置身于中心；在草地而人之间展开的距离通过这种原始关系的综合涌现，它否定了我在这两个对象之间建立的作为一种纯粹外在的否定的距离。它显现为我理解的我的天地的诸对象间关系的分解。而且不是我实现了这种分解；它对我表现为一种我徒然地通过我一开始在事物之间确立的距离追求着的关系。它好像是原则上脱离了我并从外面给予事物的事物的背景。这样，在我的天地中的对象之间，这个天地中的一个分解成分的显现，就是我所谓的一个人在我的天地中的显现。他人，首先是事物向着一个端点的逃逸，我同时把这个端点把握为与我有一定距离的对象，又把它把握为由于在它周围展开了它自己的距离而脱离了我的对象。但是这种分解是逐步进行的；如果草地和他人之间存在一种无距离并且创造距离的关系，那末他人和立在草地中间的雕像之间、他人和耸立在林荫道两旁的大栗树之间，也就必然有一种这样的关系，一个完整的空间聚集在他人周围，而且这个空间是和我的空间一起造成的；我处在这聚集体中而它逃离了我，它聚集起充斥于我的宇宙中的一切对象。这个聚集体总在那里，草地是被规定的事物；正是这个绿色的草地为他人存在；在这个意义下，对象的性质本身，它的深而艳的绿色处在与这个人的直接关系中；这绿色把逃离我的一面转向他人。我把绿色和他人的关系当作一种对象的关系，但是我不能把绿色看作是它向他人显现的那样。这样，对象突然好像从我这里偷去了世界。一切都在原地，一切仍然是为我地存在的，但是一切都被一种向一个新对象的不可觉察的和凝固的逃逝扫过了。因此，他人在世界中的显现相当于整个宇宙的被凝固的潜移，相当于世界在我造成的集中下面同时暗中进行的中心偏移。

但是他人还是为我的对象。他属于我的距离，此人在那里，离我二十步，背对着我。既然如此，他就重新离草地 2.20 米，离雕像六米；因此，我的天地的分解就是在这个宇宙本身的范围内被囊括的，不存在从世界向虚无或世界本身之外的离逝。但是不如说世界的存在中间被掘了一个空洞，并且世界不断从这洞里流出。宇宙，流出，空洞，这一切都在对象中被恢复，被重新把握及凝固了：这一切都作为世界的部分结构为我地在此，尽管事实上涉及的是宇宙的完全分解。此外，我通常能把这些分解保持在更狭窄的范围内：例如，这是一个一边散步一边看书的人。他表象的宇宙的分解纯粹是潜在的：他充耳不闻，两眼只看着他的书。在他的书和他之间，我把握了一种无可否认的、无距离的，与刚才联系着散步者与草地的关系同类的关系。但是,这一次,形式被封闭在自我本身之内:我有一个要完整把握的对象。在这世界之中,我可以说"在读书的人",就像说"冰冷的石头"和"毛毛细雨"一样;我把握了一种以阅读为其主要性质的封闭的"完形"(gestalt),它对其余的事不闻不问,让自己被认作和知觉为一个单纯的时空事物,并且似乎与其余的世界处在纯粹未分化的外在关系中。只不过,作为人与书的关系的"在读书的人"这性质本身就是我的天地的一个特殊的细小裂缝;在这确实可见的形式内,他使自己成为一个特殊的空虚,只在表面上他才是块物团,他的真正意义在我的天地中、在离我十步、在这物团内部是一个完全被填塞和定了位的离逝。

因此,这一切完全没有使我们离开他人在其中是对象的这个基础。至多,我们是在同胡塞尔以不在场一词指出的那类特殊的对象性打交道,然而又没有指出他人并不被定义为一个意识对我看见的身体而言的不在场,而是被我在我对这世界的知觉内知觉到的世界的不在场所定义的。在这个水平上,他人是一个让自己被世界定义的世界的对象。但是逃逝和世界对我的不在场之间的这种关系只是或然的。如果是它定义了他人的客观性,那么它归结为什么样的他人的原始在场呢?我们现在能回答说:如果对象-他人在与世界的联系中被定义为看见我看见的东西的对象,那我与主体-他人的基本关系就应该能归结为我被他人看见的恒常可能性。正是在揭示我是为他的对象时并通过这揭示,我才应该能把握他作为主体存在的在场。因为,正如他人对主体-我而言是一个或然的对象一样,我同样只能在变成或然的对象时对一个确定主体展现出来。这种揭示不可能来自我的天地是对对象-他人的对象这一事实,就好像他人的注视在扫视过草地和四周的对象之后,会遵循确定的道路落到我身上似的。我已指出,我不能是对一个对象而言的对象,他人必须作一彻底的转化使自己脱离客观性。因此,我不能认为他人投向我的注视是他的客观存在的可能表露之一:他人不能像他注视草地那样注视我。此外，我的客观性本身对我来说不能来自世界的客观性，因为恰恰是我才是使得有了世界的人；就是说原则上不能是对自身而言的对象的人。这样，我称为"被他人看见"的关系就远非是诸他人之间由人这个词给出意义的一种关系，而是表示一个既不能从作为对象的他人的本质中，也不能从我的作为主体存在的本质中推出的不可还原的事实。但是，相反，即使对象-他人这概念应该有意义，它也只能从这种原始关系的转化和蜕变中获得。总之，我把世界上的他人理解为或然地是一个人所参照的东西，就属于我被他人看见的恒常可能性，就是说对一个看见我的对象来说取代被我看见的对象的恒常可能性。"被别人看见"是"看见-别人"的真理。这样，他人这个概念无论如何也不能涉及我甚至无法思想的那种孤独的超世界的意识：人相关于世界和我本身而被定义：他是规定着宇宙的内在流出、内出血的那种世界对象；他是在我本身向对象化的那种流逝中向我展现的主体。但是，我本身和他人的原始关系不仅是通过在我的天地中的一个对象的具体在场所追求着的不在场的真理；它也是我时刻经验到的具体的日常的关系：他人时刻注视着我；因此，我们很容易通过一些具体例子描述这种应该成为一切他人理论的基础的基本联系；如果他人原则上是注视着我的人，我们就应该能阐明他人的注视的意义。

指向我的一切注视都在我们的知觉领域中与一个可感形式的显现的联系中表露出来，但是和人们可能相信的相反，它与任何被规定的形式无关。无疑，最经常地表露一种注视的东西，就是两个眼球会聚到我身上。但是它也完全可以因树枝的沙沙声，寂静中的脚步声，百叶窗的微缝，窗帘的轻微晃动而表现出来。在军事突袭时，在灌木丛中匍匐前进的人们要逃避的注视，不是两眼，而是对着天空映现的、在丘陵之上的白色村舍。不言而喻，这样构成的对象还只表露为或然的注视。在刚刚摇动过的灌木丛背后，有某个人正潜伏在那里窥视着我，只有这才是或然的。但是现在还不是考察这种或然性的时候：我们下面还要回过来谈这个问题；首要的是定义这注视本身。然后，灌木丛、农舍不是注视：它们只代表眼睛，因为眼睛首先不是被当作视觉的感觉器官，而是被当作注视的支撑物。因此，它们不归结为隐藏在窗帘背后、农舍的窗户背后窥视者的肉眼：单只就它们本身而言，就已经是眼睛了。另一方面，注视既不是在别的对象中造成眼睛的功能的对象的性质，也不是这个对象的完整形式，也不是建立在这个对象和我之间的"世界的"关系。正好相反，远不是知觉到注视到表露了注视的对象，我对转向我的注视的体会才在"注视我"的眼睛结构的基质中呈现：如果我体会到注视，我就不再知觉到眼睛：它们在那里，它们仍然作为纯粹的表象在我的知觉范围之内，但是，我用不着它们，它们被中立化了，退出了活动，它们不再是主题的对象，它们停留在"置于循环之外"的状态，在这个状态中，存在着为一个人会进行胡塞尔确定的现象学还原的意识的世界，并非在眼睛注视着你们时人们才能发现它们是美的或丑的，才能注意它们的颜色。他人的注视掩盖了他的眼睛，它似乎是走在眼睛前面的。这种幻觉的产生，是因为眼睛作为我的知觉对象，保持着在我和它们之间展开的一段确定的距离——总之，我是无距离地面对眼睛在场的，而它们却与我"所处"的地方有距离——然而注视同时无距离地在我身上并与我保持距离，就是说它面对我的直接在场展开了把我与它隔开的距离。因此，我不能把我的注意力引向注视而我的知觉又不同时分裂并过渡到次要地位。这里产生了某种类似于我曾在别处试图对想象物的主体指出的东西[①]；我那时说，我们不能同时知觉和想象，只能要么是知觉，要么是想象。现在我要说：我们不能知觉世界又同时把握盯着我们的注视；必须要么是这个，要么是另一个。因为知觉就是注视，而且把握一个注视，并不是在一个世界上领会一个注视对

[①] 《想象物》，N. R. F. 丛书，1939年。——原注

象（除非这个注视没有被射向我们），而是意识到被注视。不管眼睛的本性是什么，眼睛显示的注视都是纯粹归结到我本身的。当听到我背后树枝折断时，我直接把握到的，不是背后有什么人，而是我是脆弱的，我有一个能被打伤的身体，我占据着一个位置而且我在任何情况下也不能从我毫无遮掩地在那里的空间中逃出去，总之我被看见了。这样，注视首先是从我推向我本身的中介。这个中介的本性是什么？对我来说，被看见意味着什么？

让我们想像我出于嫉妒、好奇心、怪癖而无意中把耳朵贴在门上，通过锁孔向里窥视。我单独一人，并且置身于（对）我（的）非正题意识的水平上。这首先意味着，没有为了占居我的意识的我。因此，没有任何东西我能对之联系上我的活动以便规定我的活动。这些活动完全不被认识，而我就是它们，并且只是因此，它们在自身中才有了全部理由。我是纯粹的对事物的意识，并且事物，受制于我的自我性的圈子中，向我提供出它们的潜在性，这些潜在性是作为我（对）我的固有可能性（的）非正题意识的复制品。这意味着，在这扇门背后，有一个场面被表明是"要看"的，一场谈话是"要听"的。门、锁，同时是工具又是障碍，它们代表"要小心地使用"；锁表明"要贴近并稍稍从侧面去注视"，等。从那时起，"我做着我不得不做的事情"；任何超越的观看都没有赋予我的活动以一个判断能实施于它的给定物的特性：我的意识粘连在我的活动上，它就是我的活动；活动只受要达到的目的和要运用的工具所支配。例如，我的态度没有任何"外表"，它纯粹处于工具（锁眼）和要达到的目的（要看见的场面）的关系中，它是我投身于世界之中的纯粹方式，它使我被事物吸收，就像吸墨纸吸收墨水一样，以便指向一个目的的工具性复合体，综合地在世界这基质上闪现。这次序和因果次序相反，是要达到的目的组织起在它之前的各个瞬间：目的给了手段以理由，手段不是为自身而存在的，不是在目的之外存在的。此外，这总体只相关于我的可能性的一个自由谋划而存在：这恰恰是嫉妒，这个我所是的可能性在超越这个工具性复合体走向嫉妒本身时把这复合体组织起来的。但是，这就是这个嫉妒，而我并不认识它。只有世界的工具性复合能使我知道它，如果我不是造成这复合而只是静观着它的话。正是这个与其双重而相反的规定共存于世界之上的总体，——只因为我是嫉妒的才有了要在门背后看见的场面，但我的嫉妒不是别的什么，只不过是有一个要在门背后看见的场面这简单的客观事实——我们称之为处境。这个处境同时反映着我的人为性和我的自由；由于环绕着我的世界的某种对象结构，它以要自由完成的任务的形式向我反映我的自由；完全没有相反的东西，因为我的自由啃噬着我的可能，这也是因为世界的潜在性相应地只指示并提出自己。因此，我也并不真能把自己定义为在处境中存在的：首先，因为我不是对我本身的位置意识；其次，因为我是我自己的虚无。在这个意义下——而且既然我是我所不是和不是我所是——我甚至不能把自己定义为真正在门后偷听的，我由于我的整个超越性而脱离了对我本身的这个定义；我们看到，这就是自欺的来源；这样，我不仅不能认识自己，而且甚至我的存在也脱离了我——尽管我就是对我的存在的这种脱离本身——并且我完全不是什么；那里只有一个环绕某个在世界上显示出来对象整体并使之突现出来的纯粹虚无，这个虚无还把一个实在的系统、一种为某个目的对手段的配置突现出来。

然而，现在我听到了走廊里的脚步声：有人注视我。这意味着什么？这就是我在我的存在中突然被触及了，一些本质的变化在我的结构中显现——我能通过反思的我思从观念上把握和确定的变化。

首先，现在我作为我对我的未反思的意识而存在。人们最经常的是这样描述我的这种突然闯入的：我看见自己是因为有人看见我，可以这样描述。在这种形式下的描述不是完全准确的。但是让我们进一步考察一下：只要我们孤立地考察过自为，我们就能说：

未反思的意识不能被一个我所占据：这个我只是作为对象对反思的意识表现出来。但是现在是我来纠缠未反思的意识。然而，未反思的意识是对世界的意识。因此，"我"在世界的诸对象的水平上为这意识存在；这仅止是反思意识应起的作用：我的现时化现在属于未反思的意识。只不过，反思的意识直接把"我"作为对象。未反思的意识没有直接地把握个人并把他当作它的对象；个人是面对意识在场的，因为他是为他的对象。这意味着：我一下子意识到我，是由于我脱离了我，而不是由于我是我自己的虚无的基础，因为我有我在我之外的基础。我只是作为纯粹对他人的转移才为我地存在的。尽管如此，这里不应该认为对象是他人，也不应认为面对我的意识在场的自我是次级的结构或是作为他人－对象的意义；我们已指出过，他人在这里不是对象，而且不能是对象，而同时"我"又仍然是为他的对象并且不归于消失。这样，我并不追求作为对象的他人，也不追求我的自我成为我本身的对象。我甚至不能把一种虚空的意向引向这个自我，就像引向一个我显然触不到的对象那样。事实上，这自我和我之间隔着一个我无法填满的虚无，因为我把它当作不是为我地存在的，并且因为它原则上是对别人而言存在的；因此，我追求它，不是因为它有一天能给予我，而是相反，因为它原则上逃离了我，并且决不属于我。然而，我是它，我并不把它当作一个陌生的形象推开它，而它是作为一个我是而又不认识的我面对我在场的，因为正是在羞耻中（另一个情况是在骄傲中），我发现了它。正是羞耻和骄傲向我揭示了他人的注视和这注视终端的我本身，使我有了生命，而不是认识被注视者的处境。然而，我们在本章开头已指出，羞耻是对自我的羞耻，它承认我就是别人注意和判断着的那个对象。我只能因为我的自由脱离了我以便变成给定的对象而对我的自由感到羞耻。这样，我的未反思的意识一开始和我的被注视的自我的关系就不是一种认识的关系而是存在的关系。在我能拥有的一切认识之外，我是别人认识着的那个我。并且我在他人为我异化了的一个世界中是我是的这个我,因为他人的注视包围了我的存在,并且相应地包围了墙、门、锁;我没于这一切工具性事物而存在,它们把原则上脱离了我的一面转向别人。这样,我就是没于一个流向别人的世界、相对别人而言的自我。但是,刚才,我们已能把从我的世界流向作为对象的别人称为内出血;这是因为事实上,这放血仅仅由于我把这世界的血流向的那个他人凝固为我的世界的对象,就被挽回和被圈住了;这样,一滴血也没有失去,一切都被收回、被围住、被圈住了,尽管是被圈在一个渗入的存在中。在这里,相反,流逝是无止境的,它投身于外部,世界流到世界之外,而我流到我之外;他人的注视使我在我的在世的存在之外,没于一个同时是自己又不是自己的世界的存在中。我能与这个我所是的、羞耻向我展现的存在保持什么样的联系呢?

首先,是一种存在关系。我是这个存在。我无时无刻不梦想否认这点,而我的羞耻却对此是个证明。后来,我能以自欺来对自己掩盖它,但自欺也是一种承认,因为它是要逃避我所是的存在的努力。但是,我所是的这个存在,我不是以"不得不是"或"曾是"的方式是它:我不是在它的存在中建立它的;我不能直接产生它,但是它也同样不是我的活动的间接的,严格意义下的结果,就像我地上的影子,镜中的映象随着我做的姿势摇曳时那样。我所是的这种存在保留着某种无规定性,某种不可预料性。并且这些新特性不仅因为我不能认识他人,而且尤其是因为他人是自由的;或者更准确地说,反过来用这些术语,他人的自由就通过我为他所是的存在的令人不安的无规定性向我揭示出来。这样,这个存在不是我的可能,它并不总在我的自由内部的问题中;相反,它是我的自由的限制,在人们说的"底牌"的意义下的我的自由的"底",它对我表现为一种重负,我担负着它而永远不能转过身来对着它以便认识它,甚至不能感觉到它的重量;它之所以能与我的影子相类比,是因为有一种影子投到一种运动着的不可预料的物质上,就像任何参照表都不能计算得自这些运动的形变那样。然而，问题正好涉及我的存在而不涉及我的存在的一个形象。问题在于在他人的自由中并通过他人的自由表现出来的我的存在。一切的发生就好像是我拥有由一个彻底的虚无把我与之分开的一维存在；而这个虚无，就是他人的自由；他人不得不使我的为他的存在存在，因为他不得不是他的存在，这样，我的每一个自由行为都使我介入一个新的中心，在这个中心，我的存在的质料本身是别人的一个不可预料的自由。然而，由于我的羞耻本身，我要求别人的这种自由成为我的自由，我肯定的是各意识间深刻的统一，不是人们有时误认为客观性的那种单子间的和谐，而是一种存在的统一，因为我接受并希望别人向我提供一个我承认的存在。

但是，羞耻向我揭示我是这个存在。不是以曾是或"不得不是"，而是以自在的方式。单独的我不能实现我的"坐着的存在"，至多人们能说我同时是它又不是它。他人注视着我就足以使我是我所是了。当然不是对我本身而言的：我决不能实现这种我在他人的注视中把握的坐着的存在，我总保持为意识，但是是对别人而言的意识。自为的虚无化离逝再一次被凝固，而自在就再一次按自为的样子重新构成。但是，这种变态再一次有距离地实现：对别人来说，我坐着就像这墨水瓶放在桌子上一样；对别人来说，我伏在锁眼上，就像那棵树被风吹歪一样。这样，对别人来说，我剥去了我的超越性。这是因为事实上，对任何充当见证人的人，就是说规定自己不是这个超越性的人来说，这个超越性变成了纯粹被观察到的超越性、被给定的超越性，就是说，它获得一种本性只是由于别人给了它一种外表，这种外表不是通过某种变形或别人通过其各种范畴强加给它的折射，而是通过他的存在本身给它的。只要有一个别人，不管他是谁，在什么地方，他与我的关系如何，甚至非通过他的存在的纯粹涌现而不别样地作用于我，我就有了一个外表，一种本性；我的原始的堕落就是别人的存在；而羞耻——骄傲也一样——

把我本身领会为本性，尽管这个本性本身脱离了我，并且作为本性它是不可认识的。确切地说，这不是因为我感到自己失去了自由才变成了一个事物，而是因为它在那边，在我的被体验到的自由之外，作为我对别人而言所是的那个存在的一种特定的属性。我在我的活动之中把别人的注视当作我自己的可能性的物化和异化。事实上，我所是的、并且成为我的超越性的条件的这些可能性，通过恐惧、焦急或审慎的期待，我感到它们在别处向一个别人表现自己，它们似乎反过来要被别人的诸种可能性超越。而别人作为注视，只是我的被超越的超越性。而且，无疑，按（对）这些可能性（的）非正题意识；我总是我的可能性，但是，同时，注视使我的这些可能性异化了：至此，我在世界上，而且在世界中正题地把这些可能性当作工具的潜在性了；走廊上的黑暗的角落反映出我躲藏的可能性是它的黝暗的简单潜在性，是对其黑暗的要求；对象的潜在性或工具性仅仅只属于它，并表现为一种客观的和理想的属性，同时指出它实在地属于我们曾称为处境的那个复合体。但是，随着他人的注视，各复合体的一种新组织将迭印在前者之上。事实上，把我当作被看见的东西，就是把我当作在世界中并从世界出发被看见的东西。注视没有使我在宇宙中显现，它将到我的处境中寻找我，并且只从我这里把握与各种工具的不可分割的关系：如果我被看成是坐着的，我就应该被看成"坐在椅子上的"，如果我被当作弯着腰的，就是被当作"弯腰伏在锁眼上的"，等。但是，同时，作为被注视的我的异化意味着我组织起来的世界的异化。我被看成坐在这椅子上的是因为我完全没有看见椅子，因为我不可能看到它，因为它逃离了我，为的是在别的一些关系和别的一些距离中与对我同样不露面的别的一些对象一起被组织为一个不同方向的新复合体。这样，由于我是我的可能，我是我所不是和不是我所是，那我现在就是某个人。而且我所是的这东西——并且它原则上脱离了我——我没于世界地是它，因为它脱离了我。因此，我与对象的关系或对象

310

的潜在性在他人的注视之下变质了,并且在世界上向我显现为我使用对象的可能性,因为这种可能性原则上脱离了我,就是说它被别人超越走向它自己的可能性。例如,黑墙角的潜在性变成了我躲藏到墙角中的特定的可能性,这只是由于本人能超越它走向我用电筒照亮墙角的可能性。这种可能性在那里,但是我通过我的焦虑和我放弃这个"不太可靠"的隐蔽处的决定,把它当作不在场的,当作在别人中的。这样,我的可能性因为别人对我的窥视而面对我的未反思的意识在场。如果我看到了他一切都准备好了的架式,他的手放在装有武器的口袋里,他的手指按在电铃上,并且准备好"我稍有动作"即向哨兵发出警报,我就知道了我的可能性是在外面的,而且是依赖他的,同时我就是这些可能性,这有点像人们通过语言客观地学会思想,同时又思考这思想以便使它附着于语言。那种逃跑的意图支配着我,裹挟着我,并且我就是这意图,我在这搜寻的注视和这另一种注视中察觉到了这意图:枪正瞄准我。别人告诉了我这种意图,因为他预见到了它并且已经有了准备。他告诉了我这种意图,因为他超越了它并解除了它。但是我没有把握这超越本身,我只把握了我的可能性的死亡。微妙的死亡:因为我躲藏的可能性还保持为我的可能性;既然我是这可能性,它就总活着;而且黑暗的角落不断在向我示意,把它的潜在性反映给我。但是,如果工具性被定义为"能被超越而走向……"这一事实,那么我的可能性本身就变成了工具性。我躲到墙角去的可能性变成了他人能够向着"发现我"的可能性超越的东西,即向着认出我,抓住我之可能性超越的东西。它同时为他地是一个障碍并且像一切工具一样是一种手段。它是障碍,因为它强迫他人作某些新活动(朝我走来,揿亮他的手电筒)。它是手段,因为一旦发现在绝境中,我就"被抓住"了。换言之,用来反对他人的一切活动,原则上都能为他地成为他用来反对我的工具。而且我之所以把握了他人,恰恰不是因为对他能以我的活动造成的东西有清楚的看法,而是因为一种把我的一切可能性体验成情绪矛盾的恐惧。他人，就是我的可能性的隐藏起来的死亡，因为我体验到这种死亡是躲藏到世界中的。我的可能性与工具的关系，只不过是为了一个脱离了我的目的互相外在地安置下来的两个工具的关系。黑暗角落的黑暗和我躲在那里的可能性是同时被他人超越的，如果那时，在我能做出躲在里面的动作之前，他已用电筒照亮了墙角的话。于是，当我把握到他人的注视时，在一阵激动我的突然颤栗中，就有这样的事发生：突然，我体验到我的一切可能性被安放到远离我的地方，它们与世界的对象一起没于世界，而且微妙地异化了。

　　但是，从这里可得出两个重要的结论。第一个就是，我的可能性变成我之外的或然性。既然别人把它当成被一个他所不是的、他充当其见证人并且计算其结果的自由所侵蚀，那它就是相关于各种可能的纯粹无规定性，而且我正是这样变成它的。以后，当我们通过言语与他人直接相关，并且逐步知道他如何想我们时，这就会同时使我们感到迷惑和恐怖："我向你发誓我要这样做！"——"那感情好啊。你对我说了，我很愿意相信你；事实上，你这样做是可能的。"这个对话本身就包含着这样的意义：他人一开始就处于我的自由面前，就像处于一种给定的无规定性的属性一样，并且处于我的可能面前，就像处于我的或然性面前一样。这就是一开始我在那边为他地感觉到的东西，而且我的存在的这个虚幻的轮廓使我达到我自己的内心，因为通过羞耻、愤怒和恐惧，我不断地这样承担着自己。我是盲目地承担自己的，因为我不知道我承担的是什么；我是它，如此而已。

　　另一方面，我本身面对工具的工具可能性总体，对我显现为被他人超越和组织为世界的东西。由于他人的注视，"处境"脱离了我，或者，用一种平常但很能表明我们的思想的表述：我不再是处境的主人。或者，更准确地说，我仍然是它的主人，但是它有实在的一维，它从那里脱离我，一些意外的颠倒由此而使它不同于它为我显现的那样存在。当然,可能有时,在最低限度的孤独中,我做出一个动作,这个动作的后果是完全与我的预料和我的愿望相反的:我轻轻地抽动一块木板想把这易碎的花瓶拉过来。但是这个动作的结果却使小青铜雕像跌落下来把花瓶砸碎了。不过,如果我更小心一些,如果我注意到物品的排列等等,这里就不会有我不能预料的事情:原则上讲什么也没有脱离我。相反,别人的显象使我并没有希求的面貌在处境中显现,我不是这种显象的主人而且它原则上脱离了我,因为它是对别人而言的。纪德①恰当地把它称为"魔鬼的方面"(la part du diable)。这是不可预料的然而是实在的反面。卡夫卡②在《诉讼》和《城堡》中力图描述的正是这种不可预料性:在一个意义下,K和工地测量员所做的一切都是属于他们自己的,而且既然他们作用于世界,后果就是严格符合他们的预见的:这是些成功的活动。但是,同时,这些活动的真理又总是脱离他们:他们原则上拥有的一种意义是他们真正的意义,而且是无论K还是土地测量员都决不会认识的意义。也许,卡夫卡在这里想达到神的超越性:正是对神来说人的活动才构成为真理。但是上帝在这里只是被推至限制的他人的概念。我们下面还要再谈这个问题。《诉讼》的那种痛苦和不可捉摸的气氛,那种无知和对无知的体验,那种只能通过完全的半透明性表现出来的完全的不透明性,只不过是对我们没于为他的世界的存在的描述。因此,处境在其为他的超越中并通过这超越,把我的周围凝固并组织为形式,在格式塔主义者使用这个词的意义下:那里有一个我是其本质结构的特定的综合;而且这个综合同时具有出神的内聚力和自在的特性。我与我看见的正在说话的那些人的联系是在我之外一下子给出的,它是

---

① 纪德(André Gide, 1869—1957),法国诗人、小说家、评论家、剧作家,1947年曾获诺贝尔文学奖。——译注

② 卡夫卡(Franz Kafka, 1883—1924),奥地利小说家。——译注

我本身建立的联系的不可认识的基质。尤其是，我自己的注视或与这些人的无距离的联系被剥夺了超越性，这仅仅是由于它是被注视的注视。事实上，我把我看见的人们确定为对象，我相关于他们而存在就像他人相关于我而存在一样；在注视他们时，我衡量了我的力量。但是如果他人看见他们并看见我，我的注视就失去了力量：它不可能把这些人变成为他的对象了，因为他们已经是他的注视的对象了。我的注视只表露了对象－我和被注视对象的一种没于世界的关系，像两个物体互相无距离地作用的吸引力之类的某种东西。一方面在这个注视周围，诸对象顺序排列——我和被注视者的距离现在存在着，但是这距离被我的注视抽紧、围定和压缩，"距离－对象"这总体像是注视以世界基质中的"这个"的方式闪现其上的基质——另一方面，我的态度表现为一系列用来"保持"这注视的手段。在这个意义下，我成了一个被组织起来的整体，它就是注视，我是一个注视－对象，就是说具有内在合目的性的工具性复合体，而且它本身能在手段和目的的关系中组织起来以便实现一个面对别的同样的对象无距离的在场。但是距离被给予了我。既然我被注视，我就没有展开距离，而仅限于越渡这个距离。他人的注视赋予我空间性。把自己当作被注视者就是把自己当作被空间化的空间化者。

但是他人的注视不仅被当作空间化：而且还被当作时间化，他人注视的显现通过我原则上不可能在孤独中获得的"体验"——即同时性的体验对我表现出来。对单独一个自为来说，世界不可能以同时性来理解，而只能以共同在场来理解，因为自为总是外在于自身而投身于世界之中。并且以它单独的在场的统一去联系所有的存在。然而，同时性以不被任何别的关系联系起来的两个存在者的时间联系为前提。两个互相进行交往活动的存在者不是同时的，这恰恰是因为它们属于同一个系统。因此，同时性不属于各种世界存在者，它设定了两个被看成面对……在场的在场者对世界的共同在场。皮埃尔面对世界的在场和我的在场一起被同时化。在这个意义下,同时性的原初现象就是:这杯子在为我存在的同时也为保尔存在。因此,这假设了一切同时性的基础都必须是一个时间化的他人面对我自己的时间化的在场。但是,恰恰由于他人时间化了,他就使我和他一起时间化了:既然他向着他固有的时间冲动,我就在普遍时间中对他显现出来。他人的注视,由于我把握了它,将给我的时间新的一维。既然现在被他人当作我的现在,我的在场就有了一种外表;这种为我地现时化的在场为我地被异化为他人使自己为之在场的现在;我被抛到普遍的现在中,因为他人使自己成为面对我的在场。但是,我将在其中获得位置的普遍的现在纯粹是我的普遍现在的异化,物理时间流向我所不是的纯粹的、自由的时间化;在我体验到的那种同时性的领域内呈现的东西,就是一个虚无使我与之分离的绝对时间化。

作为世界的时空对象,作为一种世界上的时空处境的本质结构,我呈现在他人的判断中。这一点我也是通过我思的纯粹实施把握的:被注视,就是把自己当作不可认识的判断,尤其是价值判断的未知对象。但是,恰恰在我由于羞耻或骄傲承认了这些判断的根据的同时,我仍然认为它们是其所是:向着可能性对给定物的自由超越。判断是自由存在的超越活动。这样,被看见使我成了对一个不是我的自由的自由不设防的存在。正是在这个意义下,我们才能认为自己是"奴隶",因为我们对他人显现出来。但是,这种奴隶并不是意识的抽象形式下的一种生活的结果——历史的结果和可能被超出的结果。我是奴隶,这就是说,我在我的存在中,在一个不是我的自由而是我的存在的条件本身的自由内部是奴隶。既然我是要规定我而我又不能作用于这种规定,甚至不能认识它的各种价值的对象,我就是在奴役中。同时,既然我是不是我的可能性的诸可能性的工具,我只是瞥见了这些可能性在我的存在之外的纯粹在场,并且它们否认我的超越性以便把我构成用以达到一些我不知道的目的的手段，我就是在危险中。而且这种危险不是偶然事故，而是我的为他的存在的恒常结构。

我们的描述可以结束了。首先必须指出在我们能用它来发现他人之前，它已经在我思的水平上完全产生了。我们只是说明了对恐惧（在他人的自由面前感到危险的感受）、骄傲或羞耻（我最终是我所是，但此外，是为他地在那里的感觉），对我的被奴役的认识（对我的一切可能性的异化的感觉），即他人的注视的那些主观反作用的意义。而且，这种说明完全不是概念地确定或多或少晦暗的认识。每个人都可以回顾一下他的经验：没有一个人不曾在有一天对一种可受谴责或简直可笑的态度感到惊讶的。那时我们经历的突然变化决不是由一种认识的闯入而引起的。还不如说它本身就是我本身的物化和成层化，它没有触动我的可能性和我的"自为"结构，但却一下子把我推进新的一维存在：不被揭示的一维。这样，注视的显现被我当作一种存在的出神关系的涌现，这关系的一端是作为是其所不是和不是其所是的自为的我，而另一端还是我，但是我触及不到它，作用不到也认识不到它。而且这一端由于恰恰处于与自由的他人的无数可能性的联系中，它本身就是不被揭示的属性的无限和不可穷尽的综合。通过他人的注视，我体验到自己是没于世界而被凝固的，是在危险中、是无法挽回的。但是我既不知道我是什么人，也不知道我在世界上的位置是什么，也不知道我所处的世界把那一面转向他人。

现在，我们可以确定他人在其注视中并通过其注视的那种涌现的意义了。无论如何，他人不是作为对象给予我们的。他人的对象化是他的注视－存在的倾覆。此外，我们已看到，他人的注视是作为表露了注视的他人的眼睛的消失本身，他人甚至不能是我的为他的存在领域内徒然被盯着的对象。我们将看到，他人的对象化是对我的存在的一种护卫，它恰恰使我从我的为他的存在中解脱出来，因为它给了他人一种为我的存在。在注视的现象中，他人原则上是不能成为对象的东西。同时，我们看到，他不可能是我和我本身的关系的一项，这一项使我为我本身作为不被揭示的东西涌现出来。他人同样不可能成为我的注意力的对象：即使在他人注视的涌现中我注意到注视或他人，这也只能是注意到一些对象，因为注意力是意向地指向对象的。但是，不应该由此得出结论说他人是一种抽象的条件，出神关系的一种概念结构：事实上，这里没有一种实在地被思想到的、他人能是其一种普遍的和形式的结构的对象。他人当然是我的未被揭示的存在的条件。但是他是我的存在的具体的和个别的条件。他并没有作为我的存在的一个组成部分介入我的没于世界的存在，因为他恰恰是超越了我作为不被揭示的东西没于其中的那个世界，因此，他既不能是对象，也不能是形成和构成一个对象的成分。我们已看到，他不能对我显现为一个统一或规整了我的经验的范畴，因为他通过相遇来到我这里。那末他人是什么呢？

首先，他是我没有把我的注意力转而向之的存在。他是注视我而我还未注视他的存在，是向我本身表明我是不被揭示的，而本身又没有揭示出来的存在，是面对我在场的存在，这里因为他盯着我，而不是因为他被盯着。他是具体的一极，并且是我的流逝，我的可能的异化，以及世界向另一个相同然而与之不相联属的世界的流动所达不到的一极。但是，他不可能区别于这种异化本身和这种流动，他是它们的意义和方向，他纠缠着这个流动，不是作为实在的或范畴的成分，而是作为一个如果我试图使之"现时化"就会使之凝固并世界化的在场，而且这个在场决不比我没有注意它的时候更现时，更急迫。如果例如我完全处在我的羞耻中，他人就是支撑着这个羞耻并从各方面包围它的巨大和不可见的在场，就是支撑着我的不被揭示的存在的中心。让我们看看是什么表明他人是不能通过我体验到不被揭示的经验而被揭示的。

首先，他人的注视作为我的对象性的必要条件，摧毁了一切为我的对象性。他人的注视通过世界达于我，不仅改造了我本身而且完全改变了世界。我在一个被注视的世界中被注视。尤其是，他人的注视——它是注视-注视者而非注视-被注视者——否定了我与对象的距离并展开了它固有的距离。这种他人的注视直接表现为在一个无距离的在场之内使距离进入世界的东西。我后退了，我被夺去了我无距离地面对我的世界的在场，并且我被给予了一种与他人的距离：我离门十五步，离窗户六米。但是他人来寻找我以便确定我与他有某种距离。既然他人把我确定与他相距六米远，他就必须是无距离地面对我在场的。这样，在我与事物和他人的距离的经验本身中，我体验到了他人无距离地面对我的在场。在这种抽象的描述中，每个人都会认识到常使他充满羞耻的他人的注视的直接和棘手的在场。换言之，既然我体验到自己被注视，对我来说他人超世界的在场就实现了：他人注视我并不像他"没于"我的世界存在而是像他的整个超越性走向世界和走向我；他注视我时，他之所以能与我公开，并不由于任何距离，任何实在的或理想的世界对象，任何世界之中的物体，而唯是由于其他人这本性。这样，他人注视的显现不是世界中的显现：既不是在"我的世界"中也不是在"他人的世界"中的显现；而且，把我与他人统一起来的关系不可能是世界之内的一种外在关系，而是通过他人的注视，我具体地体验到有一个世界之外的世界。他人是作为不是我的超越性的一种超越性而没有任何中介地面对我在场的。但是这种在场不是交互的：为了使我面对他人在场，世界必须是完全稠密的。当我开始体验到他人的注视是注视时，那就意味着：无处不在而又不可把握的超越性，因为我是我的不被揭示的存在而又无中介地加到我身上，并且因为存在的无限而与我分离，因为我被这注视抛进一个被它的距离和他的工具充满的世界。

但是，此外，他人在把我的可能性凝固起来时，向我揭示出我不可能是对象，除非是对另一个自由而言。我不能是为我本身的本身，因为我是我所是；用尽了它所有的办法，反思双重的努力终于失败了，我总是被我重新把握住。而且当我天真地提出我可能是一个客观的对象而又不了解它时，我因此暗含地假设的正是他人的存在，因为如果这不是对一个主体而言我怎么会是对象呢？这样，他人对我来说首先是我是其对象的存在，就是说使我获得对象性的存在。如果我应该只能以对象的方式设想我的一种属性，他人就已经被给定了。而且他不是被给定为我的天地的对象，而是纯粹的主体。这样，我不能通过定义来认识这个主体，就是说不能把他作为对象提出来，当我试图把自己当作对象时他总是在此，触及不到而又没有距离。而且在对注视的体验中，由于我体验到自己是不被揭示的对象性，我就直接地并且和我的存在一起体验到了他人的不可把握的主体性。

　　同时，我体验到他的无限自由。因为正是对一个自由而言并通过一个自由，而且只对这个自由而言并且通过这自由，我的诸种可能才能被限制并被固定。一种物质障碍不可能使我的可能性凝固，对我来说它只是我谋划另外的可能的机会，它不可能给这些可能一个外表。因为下雨留在家中和因为人家不准您离开而留在家中并不是一回事。在第一种情况下，我决定自己留下，是由于考虑到我的行为的后果：我超越"下雨"这障碍而走向我本身，并且我使之成为工具。在第二种情况下，出去或留下作为我的可能性本身对我表现为被超越和被凝固的，而且是一个自由同时预见和预防了的。即使我们经常完全自然地而且毫无怨言地做使我们生气的事情，即使是一个别人指挥我们做的，这也不是任意的。因为秩序和防卫要求我们通过我们自己的奴役来体验他人的自由。这样，在注视中，我的可能性的死亡使我体验到他人的自由；这种死亡只在他人的自由内实现，并且我是对不可达到的我本身而言的我，然而这我本身是被抛到、弃置在他人的自由之中。相关于这种体验，我对普遍时间的依属就只能对我显现为通过一种独立的时间化保持并实现，唯有一个自我时间化的自为才能把我抛入时间之中。

这样，通过注视，我具体地体验到他人是自由和有意识的主体，他在自己向自己的可能性时间化时使得有了一个世界。而且这个主体的无中介的在场是我试图构成的关于我本身的一切思想的必要条件。他人，就是没有任何东西把他与我分离开的这个我本身，绝对没有任何东西，如果不是纯粹和完整的自由的话。就是说唯有他人才不得不为了自我并通过自我成为自我本身的这种无规定性。

现在我们所知道的，已足以使我们尝试解释良知总是用来反对唯我论证明的那些不可动摇的反抗了。这些反抗实际上是建立在这样一个事实上，即他人对我表现为一个具体的、自明的在场，我完全不能从我之中抽出他，而他则既不能被怀疑，也不能成为一种现象学还原或任何别的"悬搁"的对象。

事实上，只要人家注视我，我就意识到是对象。但是这种意识只能在他人的实存中并通过他人的实存而产生。在这一点上黑格尔是有道理的。不过，这别的意识和这别的自由决不是被给予我的，因为，如果它们是这样的话，它们就会被认识，因此就成为对象，而我就不再是对象了。我同样不能从中抽出我自己的基质的概念或表象。这首先因为我既没有"设想"它们也没有"表象"它们：类似的表述还是会把我们推回到"认识"，而认识从原则上讲与之并不相干。但是，其次，我能通过我本身获得的对自由的具体体验都是对我的自由的体验，对意识的任何具体领会都是（对）我的意识（的）意识，意识的概念本身只是归结为我的可能意识。事实上，我们在导言中已确认，自由和意识的实存先于并制约它们的本质，因此，这些本质只能归入我的意识和我的自由的例证说明。第三，他人的自由和意识同样不能是用来统一我的各种表象的范畴。当然，胡塞尔已指出，"我的"世界的本体结构要求它也是为他的世界。但是，就他人把一种特殊的对象性给予我的世界的对象而言，这就是他已经作为对象在这世界中了。如果严格说来皮埃尔在我对面读书时把一类特殊的对象性给予了转向他的那一面书，这是给予了我原则上能看见的一面（即使我们已说过，它脱离了我，这恰恰是因为它被阅读），它属于我在其中的世界并因此是无距离地、并通过一种奇妙的联系而与皮埃尔这对象联系着。在这些条件下，他人的概念事实上能被确定为空洞的形式，并常被用来加强对那个就是我的世界的世界而言的对象性。但是，他人在其注视-注视者中的在场不可能有助于加强世界，相反它会使世界解体，因为它恰恰使世界脱离了我。当世界对我的脱离是相对的，并且是向着对象-他人脱离我时，它加强了对象性；世界和我本身对我的脱离，当它是绝对的，并且走向一个不是我的自由的自由时，它便分解了我的认识：世界蜕变以便在那边重新回复为世界，但是这种蜕变不是被给予我的，我不但不能认识它，甚至只思想它都不行。注视-他人面对我的在场因此既不是一种认识，也不是我的存在的一种投射，也不是一种统一化的形式或范畴。它存在，而且我不能从我这里派生出它来。

同时，我也不能使它落入现象学悬搁的影响之下。事实上，这种悬搁旨在把世界放到括弧中以便发现在绝对实在中的超越的意识。不管这种活动一般说来是否可能，这里说的东西不属于我们。但是，在上述的情况下，它不可能与他人不相干，因为，注视-注视者恰恰不属于世界。我们说，我在他人面前对我感到羞耻。现象学的还原的结果应该是与羞耻的对象不相干，以便更好地使羞耻本身在其绝对主观性中突出出来。但是他人不是羞耻的对象：我在世界上的活动或处境才是它的对象。严格地说只有它们才能被"还原"。他人甚至不是我的羞耻的对象条件。然而，他是我的羞耻的存在本身。羞耻不是以意识用以揭示对象的方式，而是以意识的环节用以单方面地包含另一个环节的方式揭示他人是它的动机。我们似乎通过我思达到了纯粹的意识，而且这种纯粹的意识只会是（对）是羞耻（的）意识，作为不可把握的在场的他人的意识还是会使它感到羞耻，并因此逃避了一切还原。这一切向我们充分表明，不应该首先在世界中寻找他人，而是应该到这样一个意识那里去寻找，在这意识中并通过这意识，意识使自己是其所是。如同我的被我思把握的意识无可怀疑地证明了它自己和它自己的存在一样，某些特殊的意识，例如"羞耻意识"，对我思表现出来并证明了它们自身及他人无可怀疑的存在。

但是，人们会说，他人的注视不就只是我的为我对象性的意义吗？由此，我们会重新陷入唯我论：当我把自己作为对象并入我的表象的具体系统时，这种对象化的意义将被抛到我之外并被实体化为他人。

但是这里必须注意：

（1）我对我而言的对象性完全不是黑格尔"我是我"的表述。完全不涉及一种形式的同一性，而且我的对象-存在或为他的存在大不相同于我的为我的存在。事实上，我们在第一卷中已指出过，对象性的概念要求一个明确的否定。对象就是不是我的意识的东西，因而是没有意识特性的东西，因为对我来说唯一具有意识特性的存在者，就是我的意识这意识。这样，我这个为我的对象就是不是我的一个我，就是说没有意识特性的一个我。他是渐弱的意识；对象化是一种彻底的变化，而且，即使我能清楚明白地看到我是对象，我将看见的东西也不会是对我在我本身之中及对我本身而言所是的东西的，即对马尔罗所说的这个"不可比较而更为可取的妖怪"的完整的表象，而是对我的我之外存在的、对别人而言的把握，就是说对我的异在的对象式把握。我的异在完全不同于我的为我的存在，它也不归结为这种存在。例如，把我当作恶人，不能是把我归属为我对我本身而言所是的东西，因为我不是也不能是对我而言的恶人。首先因为对我来讲，我并不比我不"是"职员或医生时更加坏。事实上我以不是我所是和是我所不是的方式存在。相

320

反，恶人的规定表明我的特性是一个自在。其次，因为如果我应该是对我来说的恶人，我就必须以不得不是他的方式是他，就是说我应该把我当作并希望我是恶人。但是这意味着我应该发现自己希望着对我本身显现为与我的善相反的东西，而且这恰恰因为它是恶或我的善的反面。因此显然我必须希望我在同一时刻和同一关系下希望的东西的反面，就是说我厌恶我自己恰恰因为我是我本身。而且，为了完全在自为的基础上实现这种恶的本质，我必须保证自己是恶人，就是说我通过使我谴责自己的同一活动赞扬自己。人们清楚地看到，这种恶的概念完全不可能起源于我，因为我是我。而且，尽管我把出神推到它的极点，或使之脱离那把我确定为为我的"我"，如果我托付给我自己的才能，我也决不能给自己以"恶"，甚至不能为我地设想它。这是因为我是我对我自己的脱离，我是我自己的虚无；在我和我之间，我是我自己的中介，这就足以使一切对象性消失了。这种把我和作为对象的我分离开的虚无，我不应该是它；因为必须有我所是的对象对我的表象。这样，若没有中介，即一种不是我自己的能力而且我不能虚构和想象的对象化能力的中介，那我是不能赋予我自己以任何性质的。也许这就是说：人们早就说过他人告诉我我是谁。但是另一方面，支持着这个论点的同样的东西肯定说，我通过反思我自己的能力，通过投影和类比从我本身中获得他人的概念。因此它们停留在恶性循环内部而不能自拔。事实上，他人不能是我的对象性的意义，他是我的对象性的具体和超越的条件。这是因为，事实上，"恶"、"嫉妒"、"好感或恶感"等这些性质不是虚妄的梦幻；当我用它们来规定他人时，我清楚地看到我希望达到他的存在。然而我不能把它们体验为我自己的实在：即使是他人把它们给我，它们还是被承认是我为我本身所是的东西；当他人为我描述我的个性时，我完全没有"认识到"自己，而是我知道了"这是我"。人家介绍给我这个陌生人，我立刻就承受下来，然而他仍然是陌生人。这是因为他不是我的主观表象的简单统一,既不是在"我是我"的意义下我所是的一个"我",也不是他人使我变成并且由他单独担负其责任的虚幻形象:这个无法与我不得不是的我比较的我还是我,但是它被一个新的中心所改变并且适应着这个中心,这是一个存在,我的存在,但它带有一些完全新的存在维度及模式,这是被一个不可逾越的虚无与我分离的我,因为我是这个我,但我不是这个把我与我分离的虚无。我通过一种最终的出神而是这个我,并且这个我超越了我的一切出神,因为这不是我不得不是的出神。我的为他的存在是通过绝对的虚空向对象性的堕落。而且由于这种堕落是异化,我不能使自己成为为我的对象,因为无论如何我也不能使我异化为我本身。

(2)此外,他人并不使我成为对我本身而言的对象,而是成为对他而言的对象。换言之,对于我对我本身拥有的认识来说,他充当调节的或结构的概念。因此,他人的在场并不使作为对象的我"显现":我只不过把握了一种向……而对我的逃离。甚至当言语向我揭示出他人把我当作恶的或嫉妒的,我也没有对我的恶或我的嫉妒的具体直观。它们只不过是稍纵即逝的概念,其本性本身是脱离我的:我不会把握住我的恶,但是,由于这样那样的活动,我会脱离我本身,我会感到我异化并流向……。这是一个我仅仅能空洞地思想为恶的存在,然而我不会感到我是这个存在,我会通过羞耻或恐惧有距离地体验到它。

这样,我的作为对象的我既不是认识,也不是认识的统一,而是不适,是体验到的脱离自为的出神统一,是我不能达到然而又正是它的极限。而且,使这个我达到了我的别人,既不是认识也不是范畴,而是一个异在的自由在场这个事实。事实上,我对我自身的脱离和他人的自由的涌现是一回事,我只能同时感受和体验它们,我甚至不能企图分别地设想它们。他人这事实是无可怀疑的,而且直达我的内心深处。我通过不适实现了他：由于他，我在一个就是这个世界、然而是我只能预感到的世界中永远处在危险中；而且他人并不对我显现为一个首先被构成以便后来遇见我的存在，而是显现为一个在与我共在的原始关系中涌现的存在，而且他的无可置疑性和事实必然性就是我自己的意识的无可置疑性和事实必然性。

然而还有许多困难要解决。尤其是，我们通过羞耻给了他人一种无可怀疑的在场。然而，我们看到，他人注视我仅仅是或然的。这个在山岗上似乎注视着突击队战士的农舍，肯定已被敌人占据了，但是敌方士兵现在正凭窗监视这一点并不确实。我听见这个人在我身后的脚步声，他注视着我这点并不确实，他的脸也许转过去了，他注视着地上或注视一本书；最后，按一种一般的方式，他的眼睛凝视着我，它们就是眼睛这点并不可靠，它们也许只是"仿造"实在的眼睛而"做成的"。总之，由于我们总是能自以为被注视，注视不就反过来变成或然的而非存在了吗？而且我们完全确信他人的存在不就因此具有一种纯粹假说的性质吗？

这个困难可以陈述如下：当世界上的某些显现似乎向我表露了一个注视时，我就在我本身中把握了某种"被注视"以及它的把我推向他人的实在存在的固有结构。但是我有可能弄错了：也许我当作眼睛的世界对象不是眼睛，也许只是风在摇曳我身后的灌木丛，总之也许这些具体的对象并不实在地表露一个注视。在这种情况下，我确信我被注视变成了什么呢？我的羞耻事实上是在某人面前的羞耻；但是没有人在那里。因此，羞耻不是在人面前的羞耻，就是说，既然它在没有人的地方提出了某个人，羞耻就是虚假的吗？

如果这个困难无助于我们研究的推进，无助于更纯粹地指出我们的为他的存在的本性，我们就不会用这么长时间去考察它，甚至不会提及它。事实上它混淆了两种不同的认识次序和两类不可比较的存在。我们一直相信在世的对象只能是或然的。这是由于其对象的特性本身。行人是个人，这点是或然的；而且即使他把眼睛转向我，尽管我立即确实地体验到被注视，我也不能使这种确实性进入我的对象－他人的经验。事实上这种确实性只使我发现主体－他人，面对世界超越的在场和我的对象－存在的实在条件。因此，不管怎样，也不可能使我对主体－他人的确信转到引起这种确信的对象－他人上，反之亦然，也不可能把主体－他人显现的自明性贬低成构成对象－他人的或然性的一部分。还不如说，我们已指出，注视是在表露了它的对象的毁灭的基础上而显现的。如果这个臃肿、丑陋的行人蹦跳着向我走来，突然注视着我，造成这注视的是他的丑陋、肥胖和蹦跳；当我感到自己被注视的时候，他是我本身和我之间纯粹中介的自由。因此被注视不可能依赖表露了注视的对象。而且既然羞耻作为可以反思地把握的"体验"，像证实它自身一样证实了他人，我就不会因一个原则上可以被怀疑的世界对象而讨论这羞耻。同样应该怀疑我自己的存在，因为我对我自己的身体的知觉（例如当我看见我的手时）也很容易出错。因此，如果被注视的、其全部纯洁性中被抽了出来的存在、与他人的身体无关，这胜过于我的是意识的、从我思的纯粹实现中被抽出的意识与我自己的身体无关，那就必须认为某些对象在我的经验的范围内的显现，尤其是他人的眼光向我的方向的汇聚，是一种纯粹的告诫，是实现我的被注视的存在的纯粹偶因，对柏拉图来说，正是以这种方式，可感世界的矛盾成为进行一种哲学皈依的偶因。总之，确实的东西是我被注视，而或然的东西仅仅是注视相关于世界中这样那样的在场。况且，这并没有什么使我们感到奇怪的，因为我们已看到，决不是眼睛注视我们；而是作为主体的他人在注视我们。然而，有人会说，我可以发现我弄错了：我正弯腰伏在锁眼上；突然我听到脚步声。我全身通过一种羞耻的颤栗：什么人看见我了。我直起身来，我朝空寂的走廊扫视：原来是一场虚惊。我松了一口气。这里有没有发生过一种自我摧毁的经验呢？

让我们再进一步。这被揭示为错误的东西是我的为他的对象存在吗？完全不是。他人的存在是如此不可怀疑以致这场虚惊也完全能成为那使我放弃我的行动的结果。如果相反我坚持做下去，我就会感到我的心狂跳，并且留神地听着哪怕一点点响动，楼梯上脚步的任何一点咔嚓声。他人远没有随着我的第一场虚惊消失，他现在无处不在，在我的上上下下，在隔壁的房间里，并且我一直深深感到我的为他的存在；甚至可能我的羞耻也没有消失：现在，我伏在锁眼上，脸颊通红，我不断体验到我的为他的存在；我的可能性不断地"死亡"，而且"可能"有人在那边的楼梯上，"可能"有一个人的在场躲在那边的暗角里，而从这些"可能"出发的距离不断地向我展开。更确切地说，我之所以稍有动静就颤栗，之所以任何响动都对我预示一个注视，是因为我已经处在被注视的状态。简言之，在虚惊时，究竟是什么虚假地显现，是什么自我摧毁呢？不是主体-他人，也不是他面对我的在场：而是他人的人为性，就是说他人与一个我的世界中的作为对象的存在的偶然联系。这样，值得怀疑的不是他人本身，而是他人的此在：就是说我们能以"有人在这房间里"这句话来说明的那种具体的历史事件。

这些看法会使我们走向极端。他人在世的在场事实上不可能通过分析而来源于主体-他人面对我的在场，因为这种原始的在场是超越的，就是说在这世界之外存在的。我曾相信他人现在在这房间里，但是我弄错了：他不在那里；他"不在场"。那么这不在场是什么？

若按不在场经验的和日常的用法来进行表述，很清楚，我不会用它来指示任何一类"不在那里"。首先，如果我没有在习惯的位置上找到烟盒，我不会说它不在场，尽管我能宣称它"应该在那里"。这里因为一个物质对象或一个工具的位置，尽管有时能被精确地指出来，却并不是来自它的本性的。它的本性的确可以给它一个位置；但却是由于我一个工具的位置才实现的。人的实在是使一个位置由之进入对象的存在。而且，只有人的实在一开始就能获得一个位置，因为他就是他自己的可能性。但是另一方面，我同样不会说土耳其的可汗和摩洛哥的苏丹不在这栋楼里，而恰恰会说皮埃尔有一刻钟不在这里，因为平常他总在这里。总之，就人的实在本身通过它的在场规定的地点和位置而言，不在场被定义为它的一种存在方式。不在场不是与一个位置的联系的虚无，而是相反，我在宣称皮埃尔不在场时就规定了相对一个已被规定的地点而言的皮埃尔。最后，我也不是就一个自然的地点谈论皮埃尔的不在场，即使他习惯于经过这里。而是相反，我可能因他没有出席在他从未去过的某个地方"举行"的野餐而感到遗憾。皮埃尔的不在场就他应该决定自己在哪里的一个位置而被定义，但是这个位置本身被划定为位置不是通过处所或甚至通过地点同皮埃尔的相互关系，而是通过别的人的实在的在场。正是就别的人而言皮埃尔是不在场的。对泰莱丝而言，不在场是皮埃尔的具体存在方式；这是一些人的实在之间的一种联系，而不是人的实在与世界之间的联系。正是对泰莱丝而言，皮埃尔不在这个地点。因此，不在场是两个或多个人的实在之间的一种存在关系，它必然导致这些实在相互间的基本在场，此外，它又只是这种在场的特殊具体化之一。对于相对泰莱丝而言的皮埃尔来说，不在场就是面对她在场的特殊方式。事实上，不在场只在皮埃尔和泰莱丝的一切关系都是有保障的时候才有意义：他爱她，他是她的丈夫，他保证她的生活来源，等。尤其是，不在场以保持皮埃尔的具体存在为前提：死亡不是一种不在场。因此皮埃尔和泰莱丝的距离没有使他们互相在场这一基本事实发生什么改变。事实上，如果我们从皮埃尔的观点考察这个在场，我们就看到，它或者意味着泰莱丝是作为对象-他人没于世界的存在，或者他感到自己对泰莱丝而言作为一个主体-他人存在。在第一种情况下，距离是偶然的事实，而且就基本的事实而言它丝毫不意味着皮埃尔和泰莱丝一样是使得"有"一个世界的人，而且不意味着皮埃尔作为使距离存在的人面对这世界无距离地在场。在第二种情况下，不管在什么地方皮埃尔都感到自己与泰莱丝无距离地存在：就她远离他并展开她与他之间的一个距离而言,她与他有距离地存在;整个世界把他们分开了。但是他对她而言无距离地存在,因为他是在她使之成为存在的世界中的对象。因此,在任何情况下,远离都不能改变这些本质关系。无论距离是小是大,在对象-皮埃尔和主体-泰莱丝之间,在对象-泰莱丝和主体-皮埃尔之间,都隔有一个世界无限的厚墙;在主体-皮埃尔和对象-泰莱丝之间,在主体-泰莱丝和对象-皮埃尔之间,却完全没有距离。这样,不在场和在场的经验概念是对皮埃尔面对泰莱丝和泰莱丝面对皮埃尔的一种基本在场的两种规定;它们只是以一种方式或另一种方式说明它,并且只有通过这种方式才有意义。在伦敦,在印度,在美国,在一个荒无人烟的小岛上,皮埃尔是面对仍在巴黎的泰莱丝在场的,他只在她死了时才不再面对她在场。这是因为一个存在被规定地位不是通过它与各种地点的关系,通过它的经纬度:它处在人的空间中,"格尔曼特那边"和"斯旺家那边"之间,而且正是斯旺和格尔曼特公爵夫人的直接在场才能展开它处于其中的那个"路径学的"(hodologique)空间。然而这个在场发生在超越性中;正是我在摩洛哥的堂兄弟面对在超越性中我的在场使我能展开我与他之间的、使我处于世界中,而且人们能称为通往摩洛哥的道路的那个地域。事实上,这条道路只不过是我能在联系中知觉到的对象-他人和我的"为"无距离地面对我在场的主体-他人的"存在"之间的距离。这样,我的地点的确定可通过无数条道路,它们在与超越的主体们的直接在场的相互关系中把我引向我的世界的各种对象。而且由于世界和它的一切存在是同时给予我的,这些道路就只表象能使一个已经暗含而实在地保持在世界中的对象-他人显现为世界这基质中的"这个"的各工具性复合体的一个整体。但是可以把这些看法普遍化:不仅是皮埃尔、勒内、吕西安是在原始在场的基础上对我的不在场或在场的;因为不仅是他们有助于给我确定地位:我也被规定为对亚洲人或黑人而言的欧洲人,对年轻人而言的老人,对罪犯而言的法官，对工人而言的资本家，等等。总之，正是对每一个活着的人而言，任何人的实在都是在原始在场的基础上在场或不在场的。而且这个原始的在场只作为被注视的存在或进行注视的存在才能有意义，就是说只根据他人对我而言是对象或我本身是为他的对象才能有意义。为他的存在是我的人的实在的一个恒定的事实，而且我在我关于我本身形成的哪怕一点点思想中以他的必然性把握了他。无论我去哪里，不管我做什么，我都只是改变了我与他人－对象的距离，只踏上了通向他人的道路。远离我，接近我，发现这样一个特殊的他人－对象，都只是得出关于我的为他的存在的基本主题的各种经验。他人总是作为使我变成对象的东西面对我在场的。据此，我关于我刚才在路上遇见的一个对象性他人的经验在场总可能弄错。我很可能以为是安妮正向我走来，结果发现是一个不认识的人：安妮面对我的基本在场没有因之被改变。我原本以为是一个人在暗中窥视我，而结果发现那是被我当作一个人的存在的树洞；我面对一切人的基本在场，一切人面对我本身的在场都没有因之异化。因为一个人作为对象在我的经验的范围内的显现没有告诉我有一些人。我确信别人的存在是不依赖这些经验的，相反，正是这种确信使这些经验成为可能。那时对我显现并且关于它我可能弄错的东西，既不是他人也不是他人与我的实在而具体的联系，而是能表象一个作为对象的人而又同时好像没有表象他的一个这个。那仅仅或然的东西，就是他人的距离和实在的接近，就是说他的对象性和我使之被揭示的他对世界的属性是无可置疑的，这只是因为我通过我的涌现本身使一个他人显现出来。不过，这种客观性作为"世界上某个地方的他人"消失在世界中了：对象－他人当然是与我的主观性的复活相关的显现，但是只有当他人是这个对象时对象－他人才是确实的。同样，我的对一个主体而言的对象－存在这一基本事实，是和反思的自明性同样的一种自明性的东西，但是，在这个确定的时刻，并且对一个单个的他人来说，与其说我是浸没于一个基质的无区分之中,不如说我作为"这个"在世界这基质中突现出来。对无论哪一个德国人来说,我都是作为对象而存在的,这是毋庸置疑的,但是,我是作为欧洲人,法国人,巴黎人在这些集团的未分化中存在,还是作为这个巴黎人——巴黎居民和法国人集团突然在他周围组织起来以便充当他的基质呢?关于这一点,我从来只能获得或然的认识,尽管可能是无限或然的知识。

现在,我们能把握注视的本性了:在任何注视中,都有一个对象-他人作为我的知觉领域中具体的和或然的在场的显现,而且,由于这个他人的某些态度,我决定我自己通过羞耻、焦虑等把握我的"被注视的存在"。这个"被注视的存在"表现为我现在是这个具体的这个的纯粹或然性——这种或然性只能从一种基本态度,即他人因为我总是为他的而总是面对我在场的基本态度中获得其或然的意义和本性本身。我的人的状况、我是一切活着的人的对象,我在无数注视之下被抛上舞台,又无数次脱离我自己,对这些的体验,我是因一个对象在我的天地中涌现而具体地实现它的,如果这个对象向我指出我或然地是现在地作为分化了的这个对一个意识而言的对象的话。我们称为注视的是现象的总体。任何注视都使我们具体地体验到——而且具有我思的无可怀疑的可靠性——我们是为着一切活着的人存在的,就是说有(一些)我为之存在的意识,我们把"一些"放在括弧里以便更好地指出,在这个注视中面对我在场的主体-他人不是以多数的形式表现出来的,此外,同样不表现为单一的(除非在他与一个特殊的对象-他人的具体关系中)。事实上,多数性只属于对象,是通过一个世界化的自为的显现成为存在的。被注视的存在使(一些)主体对我们涌现出来而使我们面对一个不可胜数的实在。相反,从我注视注视着我的人们起,诸种别人的意识就使自己孤立在多数性中。另一方面,如果我离开作为具体体验的偶因的注视而力图空幻地思考人的在场的无限无差别性,并力图在决不是对象的无限主体的概念下把它统一起来,我就获得了一个纯粹形式的概念，它归结为对他人的在场的神秘体验的无限系列，是作为我为之存在的永恒现在的、无限的主体的上帝的概念。但是这两种对象化，具体及可数的对象化和统一的抽象的对象化，也缺少被体验到的实在，就是说缺少他人的先于计数的在场。将使这样一些意见变得更具体的，是人人都能做的这样一种观察：如果我们有时"公开"露面来扮演一个角色或做一次讲演，我们一定会看到我们被注视，并且造成了我们面对注视已做出的动作的总体，进一步说，我们力图为这个注视确立一个存在和一个对象的总体。但是我们不会去数这个注视。只要我们说话，全神贯注于我们想发挥的观念，他人的在场就总是未分化的。在"阶级"，"听众"等标题下把它统一起来是虚假的：事实上，我们没有对一个和一个集体意识一起的具体个别的存在的意识；正是一些形象能在事后用来表明我们的经验，并且一半以上表达得走了样。但是我们同样不会把握一个复数的注视。还不如说涉及的是一个不可触知的、转瞬即逝的、永远现在的实在，它面对我们实现了我们的不被揭示的我，并且与我们协作产生这个脱离了我们的我。相反，如果我想证实我的思想是否被正确理解了，如果我反过来注视听众，我就会突然发现一些头和一些眼睛。他人的先于计数的实在在对象化时解体了，复数化了。但是注视也消失了。正是在这个先于计数的、具体的实在中，比在人的实在的不真实状态中更适合于保留"人们"这个词。无论我在什么地方，总有人们注视我，人们决不可能被把握为对象，因为那样一来，人们立刻就解体了。

这样，注视使我们跟随我们的为他的存在，并且向我们揭示了我们对他而言才存在的那个他人的无可怀疑的存在。但是它不能把我们带到更远处了：现在我们必须考察的，是我和别人的基本关系，就像它向我们展现的那样，或不如说，现在我们应该正题地说明和确定在这个原始关系的范围内被理解的一切，并且询问这个为他的存在的存在是什么。

一个从上述看法中获取的考虑能帮助我们完成我们的任务，这就是，为他的存在不是自为的本体论结构。事实上，我们不能梦想像从原则中抽出结论那样从自为的存在中抽出为他的存在，或反过来从为他的存在中抽出自为的存在。也许我们的人的实在要求同时是自为的和为他的，但是我们现在的探索并不是要建立一种人类学。把一个自为设想为完全不受为他的约束，甚至它存在也无需怀疑有成为一个对象的可能性，这也许并非不可能。不过这个自为就不会是"人"了。在这里我思向我们揭示的，只是一个事实的必然性，它发现——而且这是无可怀疑的——我们那维系着自己的自为存在的存在也是为他的；对反思意识揭示出来的存在是"为他的自为"；笛卡尔的我思只是肯定了一个事实，即我们存在这一事实的绝对真理；同样，我们这里在稍许宽泛的意义下使用的我思把我们揭示为他人的存在和我的为他的存在。这就是我们所能说的一切。因此我的为他的存在，作为我的意识在存在中的涌现，有绝对事件的特性。由于这个事件同时是历史化——因为我作为面对他人的在场时间化——和一切历史的条件，我们就称它为先历史的历史化（historialisation antéhistorique）。而且我们在这里就是把它看成同时性的先历史的时间化。我们完全不把先历史理解为在一个先于历史的时间中——那是没有任何意义的——而是认为它是在使历史成为可能时自己历史化的那种原始历史化的一部分。我们将研究的为他的存在是一个事实——原始的永恒的事实——而不是本质的必然性。

我们前面已看到了分成内在型否定和外在型否定的区别。尤其是我们已指出，对一个被规定的存在的一切认识的基础是使自为在其涌现本身中必得不是这个存在而存在的原始关系。自为这样实现的否定是内在的否定；自为在其完全的自由中实现它，或更确切地说它是这种否定，因为它是作为有限性自我选择的。但是这个否定把自为和它所不是的存在不可分割地联系起来，并且我们可以说自为在其存在中包含着它所不是的对象的存在，因为他在其存在中作为不是这个存在是在问题中的。这些看法无需根本改变就能应用于自为和他人的原始关系。如果有一个一般意义上的他人，我首先就必须是不是这个他人的人，并且正是在这个我对我实行的否定本身中我使自己存在，而他人作为他人涌现出来。这种否定构成我的存在，并且如黑格尔所说，它使我作为"同样的东西"面对他人显现出来，因而在非正题的自我性的基础上把我构成为"我本身"。我们不应该由此认为一个我要寓于我们的意识中，而应该由此认为自我性在作为对另一个自我性的否定涌现出来时使自己得到加强，而且这种加强确定地被当作自我性连续地自己选择自己是同一个自我性和这个自我性本身。一个自为不得不是他的自我而不是自我本身是可以想像的。不过，我所是的自为不得不在否定别人的形式下成为它所是的，就是说，是它自身。这样，在使用适用于对一般非我的认识的表述时，我们能说，自为作为它自身，在它的存在中包含着他人的存在，因为它在它的不是他人的存在中是有问题的。换言之，为了使意识能够不是他人，而且因此，为了能够"有"一个他人而这个"不是"作为自我本身的条件又单纯是由一个"第三个人"的见证确认的对象，意识就必须通过把自己选择为单纯异于别人，又因此被别人汇集到"自我本身"中的一个虚无，而从他人中自由游离和摆脱出来。而且这种摆脱本身由于是自为的存在而使得有了一个他人。这并不意味着它把存在给予了别人，而仅仅意味着它给予他"异在"（l'être-autre）或"有"的本质条件。不言而喻，对自为来说，成为不是他人的东西的方式完全被虚无僵化了，自为按"反映－反映者"的虚无化方式成为不是他人的东西："不是他人"决不是被给定的，而是在一种永恒复活中的永恒的选择，意识能够不是他人只是由于它不是他人而是（对）自我本身（的）意识。这样，内在的否定在这里是处在面对世界在场的情况下，是一种统一的存在关系：他人必须从各方面面对意识在场，并且甚至完全穿过意识以便意识恰恰由于不是什么而能脱离这个很可能粘住他

331

的他人。如果意识突然已是某物，自我本身和他人的区别就消失在一种完全的未分化中。

不过，这种描述应该包含一种会彻底改变其内容的本质的补充。事实上，当意识实现为不是这样那样的世界上的"这个"时，否定关系就不是交互的：被考察的"这个"没有使自己不是意识；意识在它之中并通过它决定自己不是它，但是就意识而言，"这个"仍然在一种未分化的纯粹外在性中；这是因为，它事实上保持了它自在的本性，并且它正是在否定本身中向意识揭示为自在，通过这一否定，自为在否定自我曾经是自在的过程中使自己存在。但是，相反，当涉及他人时，内在的否定关系就是一种交互的关系。意识必得不是的存在被定义为一个必得不是这个意识的存在。因为，事实上，当知觉到世界上的这个时，意识不仅由于其固有的个体性，而且也由于其存在方式而等同于这个。意识是面对自在的自为。在他人的涌现中，意识就其存在方式而言，非但与他人没有区别：他人是意识所是的东西，他是自为和意识，他归结到的那些可能是他的可能，他是排斥别人的自我本身；而且问题不可能是通过一种数字的归定与他人对立起来。这里没有两个或多个意识：计数假设了一个事实上是外在的见证人，并且是单纯外在的确认。只有在一种自发的，先于计数的否定中才可能有对自为而言的别人。别人只是作为被拒绝的自我来为了意识而存在。但是恰恰因为别人是一个自我，他才只能由于他是否定我的自我本身而为我的、并通过我的被否定的自我而存在。我不能把握或设想一个完全没有把握我的意识。唯一完全没有把握或否定我，并且我本身又能设想的意识，不是在世界之外某个地方的孤独的意识，而就是我自己的意识。这样我承认他以便否认他的那个别人，我首先是相对我的自为而存在的那个人。我使自己不是的那个人，事实上不仅由于我否认他是我才存在，而且我使自己不是一个使自己不是我的存在。不过，这个双重的否定在某种意义下自我解体了：或者，我使自己不是某个存在，而且那时这个存在是为我的对象，并且我失去了我对它的对象性；在这种情况下，他人不再是异在的我，就是说不再是由于否认是我而使我成为对象的主体，或者这个存在正是别人而且使自己不是我；但是在这种情况下我变成了对他而言的对象；而且他失去了他固有的对象性。这样，别人本来就是非对象的非我。无论他人的辩证法的最终过程如何，如果别人应该首先是别人，他就是原则上不能在使我否认是他的涌现本身中被揭示出来的人。在这个意义下，我的基本否定不能是直接的，因为没有什么东西能支持它。我最终要否认的，只能是对使别人把我变成对象的那个我的那种否认；或者可以说，我否认我的被否认的我；我通过否认被否认的我把自己规定为我本身；我在使我从他人中脱离出来的涌现本身中把这个被否认的我作为被异化的我提出来。但是，正是为此，我承认和肯定的不仅是他人，而且是我的"为他的我"的存在；这是因为，事实上，如果我不承担我的为他的对象-存在，我就不能不是他人。被异化的我的消失由于我本身的倾覆而导致他人的消失。由于让我的"我"在他手中异化，我脱离了他人。但是由于我自己选择了脱离他人，我就承担并承认这个为我的脱离的异化了的我。我对他人的脱离，就是说我之间我由于其本质结构而假定他人否定的这个我是我的；事情仅此而已。这样，这个被异化和被否定的我就同时是我与他人的联系和我们的绝对分离的象征。事实上，就我是由于肯定我的自我性而使得有了一个他人的那个人而言，那个对象的我是我的，并且我愿意承担它，因为他人和我本身的分离决不是既定的，而且我在我的存在中永远应对它负责。但是，既然他人应对我们的原始分离负责，这个我就脱离了我，因为他是他人使自己不是的那个东西。这样，我愿意承认一个脱离了我的我，它是我的并为我的，并且由于我使自己不是他人，因为他人是和我的自发性一样的自发性，恰恰由于作为脱离我的我，我才要求这个对象的我。当这个对象的我脱离了我时，它就是我所是的我；而如果这个对象的我能与我本身重合到纯粹自我性中，我相反就会否认它是我的。这样，我的为他的存在，即我的"对象的我"，就不是一个与我相割裂的并因在一个异在的意识中的形象；而是一个完全实在的存在，是作为我的面对他人的自我性和他人面对我的自我性的条件的我的存在。这是我的外表存在：不是一个被承受并且本身从外面得来的存在，而是一个作为我的外在而被承担和承认的存在。事实上，我能否认我是他人，只是因为他人本身是主体。我之所以直接否定他人是纯粹的对象——就是说没于世界的存在者——不是因为否定的是他人，而正是因为我否定的是原则上与主观性没有任何共同之处的一个对象；我始终对我与他人的完全同化不加防备，在真正他人的领域没有保持我的防卫，而我依然是主观性，他人的领域也是我的领域。我只能在承认我的主观性有一种限度时才能有距离地抓住他人。但是这种限度既不能来自我，也不能被我所思，因为我不能限制我本身，否则我就会是有限的整体。另一方面，按斯宾诺莎的术语，思想只能被思想所限制。意识只能被我的意识所限制。两个意识间的界限既然是通过进行限制的意识而产生并以被限制的意识所承担的，那它就是我的对象的我。并且我们应该以"限制"一词的两种意义来理解它。从限制者方面看，事实上限制被当作包括着我并拘束我的内容，把我确定为与我不相干的整体的空套子；从被限制的方面看，它属于整个自我性的现象，就像数学的限制属于趋近于它而又达不到它的数列；我不得不是的整个存在属于它的限制，就像一条渐近线属于一条直线一样。这样，我就是一个被解体被定义的整体，包容在一个有距离地拘束着它的有限整体中，并且我在我之外是这个有限整体，但既不能实现它，甚至也不能达到它。彭加勒所说的那个球的温度以中心向表面冷却，为我把握我自己的努力及这些努力的虚幻提供了一个很好的形象：一些有生命的存在力图从这个球的中心直达它的表面，但是温度的降低在它们身上引起持续增强的收缩；它们力图随着它们接近目标而无限地变得扁平，并且因此，它们通过一个无限的距离而与它分开。然而，这个达不到的限制，即我的对象我、不是理想的：它是实在的存在。这个存在不是自在的，因为它不是在纯粹未分化的外在性中产生的；但是它同样不是自为的，因为它不是我在虚无化时不得不是的存在。它正是我的为他的存在，这个存在徘徊于起源完全不同而且意义相反的两个否定之间；因为他人不是他直观到的那个我，而且我也没有对我所是的这个我的直观。然而，这个由一方产生而由另一方承担的我，由于唯有它能分开两个甚至连存在方式都完全相同并且互相直接在场的存在，而获得其绝对的实在性。因为，意识只能限制意识，在它们之间任何中项都是不可设想的。

正是从主体-他人那种面对我的在场出发，正是在我的被承担的对象性中并通过这种对象性，我才能理解作为我与别人关系的第二个环节的他人的对象化。事实上，他人在我的不被揭示的限制之外的在场能充作我重新把自己当作自由的自我性的动因。就我否认自己是他人并且他人首先自己表露出来而言，他只能自己表露为他人，就是说表露为我限制不了的主体，就是说限制我的东西。事实上，除了他人之外，没有任何东西能限制我。因此，他人显现为在他完全的自由中，并且在他对他的可能性的谋划中，由于否认了"共做"（取德语 mit-machen 的意义），而使我不起作用并消除了我的超越性的东西。这样，我应该首先并独独把握两个否定中我不能对之负责的那个，即不是因我而来到我之中的那一个。但是正是在把握这种否定时，作为我本身的（对）我（的）意识涌现出来，就是说我能获得（对）我（的）明确的意识，因为我也对作为我自己的可能性的那种对他人的否定负责。这就是对第二个否定的说明，这否定是由我到他人的。真正说来，这否定已经在那里，但被别的否定掩盖着，因为它是为了使别人显现出来而被丢掉的。但是别人恰恰是新的否定呈现的动因：因为之所以有一个他人在假定我的超越性是纯粹被静观的时候使我不起作用，是因为我在承担了我的限度时脱离了他人。而且（对）这种脱离（的）意识或（对是）和他人一样的东西（的）意识是（对）我的自由自生性（的）意识。通过这种使别人占有了我的限制的脱离本身，我已经使别人不起作用了。因此，既然我获得（对）我本身（的）意识就像意识到我的一个自由可能性一样，而且既然我谋划我本身以便实现这种自我性，那我就是对他人的存在负责：正是我通过对我的自由自生性的肯定本身使得有了一个他人，而不仅仅是一个意识向其本身的无限回归。因此，他人恰好置身于外，他的存在是取决于我的东西，而因此，他的超越性不再是超越我走向他自己的超越性，而是纯粹被静观的超越性，它只是既定的自我性圈子。而且由于我不能同时实现这两个否定，新的否定，尽管有另一个否定为动因，还是反过来掩盖了它：他人对我显现为被减弱的在场。这是因为事实上别人和我共同对别人的存在负责，但是我不能通过这样两个否定，体验一个而不立即掩盖了另一个。这样，他人现在变成了我在我正谋划不是他人时所限制的东西。自然，在这里必须设想这种过渡的动因首先是情感的。例如，如果我恰恰在畏惧、羞耻或骄傲中实现了这不被揭示的东西，就没有什么能使我依然被这个不被揭示的东西和它的外表所迷惑。而且正是这些动因的情感性分析了这些观点变化的经验的偶然性。但是，这些感情只不过是我们情感地体验我们的为他的存在的方式。事实上畏惧意味着我作为被威胁者显现为没有世界的在场者，而不是显现为使得有了一个世界的自为。正是我所是的对象处于世界的危险中，并因此，由于它与我不得不是的存在不可分割的存在统一，而能导致我不得不是的自为与它一起的毁灭。因此，畏惧是因另一个对象在我的知觉领域中的显现而发现我的对象性生存。它回到一切畏惧的根源，即恐怖地发现我的单纯对象性，因为它被不是我的可能的一些可能所超出并超越。正是在我被抛向我自己的可能时，我才就我会认为我的对象性是非本质的而言逃避了恐怖。只有在我由于对他人的存在负责而把握了自己时，这才是可能的。那时他人变成了我使自己不是的东西，并且他的可能性是我否认的、并且只能静观的，因此是僵死的可能性。由此，我超越了我现在的可能性，因为我把它们看成总是能被他人的可能性超越的，但是我也超越了他人的可能性，那是通过按他拥有而又不是他固有的可能性——他的他人的特性本身，只是因为我使得有了一个他人——的唯一性质的观点考察它们，并且通过把它们作为我总能超越的、奔赴新的可能性的、超越我的可能性。这样，我同时作为无数可能性的永恒源泉，通过我（对）我（的）意识重新夺回了我的自为的存在，并且我把他人的可能性改造成了僵死的可能性，那是通过不被我体验到这一特性，就是说单纯既定的特性来影响这全部的可能性。

同样，羞耻只是对我有外表存在的原始体验，这个外表的存在介入到另一个存在之中并因此毫无遮掩，它被从一个纯粹主体发出的绝对光明照亮；这是意识到无可挽回地是我曾经总是的东西："悬而不决"，就是说以"尚未"或"已不再"的方式。纯粹的羞耻不是感到是这样或那样可指责的对象，而是一般来说，感到是一个对象，就是说感到认识到我在我为他地是的那个被贬值、从属的、被凝固的存在中认识我自己。羞耻是对我原始堕落的体验，不是由于我犯下了这样那样的错误，而只是由于我"落"入了世界，没于事物之中，并且由于我需要他人为中介以便是我所是的东西。害羞，尤其是对在裸体状态被碰见时的恐惧，只是原始羞耻的象征性表现：身体在这里象征着我们无遮无掩的对象性。穿衣，就是掩盖其对象性，就要求看见而不被看见的权利，就是说要求成为纯粹主体的权利。所以圣经中犯了原罪之后堕落的标志就是亚当和夏娃"认识到他们是裸体的"这一事实。对羞耻的反应恰恰在于把那个把握了我自己的对象性的人当作对象。事实上，从那时起，他人对我显现为对象，他的主观性变成了被考察的对象的一种简单的属性。这种主观性削弱下去并被定义为"原则上躲避开我的对象属性的总体"。对象－他人"拥有"主观性，就像这个空盒子有"内部"一样。而且，我因此复活了：因为我不能是一个对象的对象。我不否认他人仍然通过他的"内部"与我相关联，但是他关于我是作为对象的意识的意识对我显现为无结果的纯粹内在性：这是这个"内部"的混杂于其他属性中的一种属性，类似于摄影机的暗箱内的感光胶片一样的东西。既然我使得有了一个他人，我就把自己当成了他人从我得出的认识的自由源泉，而且在我看来，他人在他的存在中就通过他关于我的存在的那种认识影响我，因为我影响了他使他有了他人的特性。那时这种认识失去了主观的特性，在"相对的"新意义下就是说它在主体－对象中保持为一种相对于我影响它使它拥有的他人存在的性质。它不再触及我；它是我在它之中的形象。这样，主观性被贬低为内在性，自由意识被贬低为原则的纯粹不在场，可能性被贬低为属性，而那使他人达于我的存在的认识被贬低为我在他人的"意识"中的纯粹形象。羞耻引起的反应超越了羞耻并且取消了羞耻，因为羞耻之中暗含着对主体成为对象存在的能力的一种非正题理解，我就是为这主体成为对象的。而这种理解只是（对）我的"本身存在"（的）意识，就是说对我的被加强的自我性的意识。事实上在"我对我感到羞耻"这一表述的结构中，羞耻假设了一个对别人而言的对象－我，但是同时也假设了一个感到羞耻的自我性，并且这表述中的"我"完整地体现了这种自我性。这样，羞耻是对以下三维的统一领会：我在他人面前对我感到羞耻。

如果这三维中有一维消失了，羞耻也就消失了。然而，如果我设想"人"是我在他面前感到羞耻的主体，因为他不能变成对象而又不离散为多数个他人，如果我假设他是完全不能变成对象的主体的绝对统一体，我就设定了我的对象－存在的永久性，并且我的羞耻就总是持续着。这就是在上帝面前的羞耻，就是说，认识到我在一个永远不能变成对象的主体面前的对象性；同时，我在绝对中实现并实体化我的对象性：上帝的地位引起了我的对象性的一种事物化（chosisme）；进一步说，我把我的"为上帝的对象存在"看作是比我的自为更实在的；我被异化地存在，并且我通过我的外表使自己知道我应该是什么。这就是在上帝面前的畏惧的起源。那些鬼神弥撒，对圣餐的亵渎，魔鬼附身的联想等，都以同样的努力将对象性赋予这绝对主体。我力图通过要为恶而恶静观神圣的超越性——把它看成纯粹既定的超越性并且我超越它而走向恶。于是我"使"上帝"蒙难"，我"激怒它"，等等。这些意向，由于意味着绝对地承认上帝是不能成为对象的主体，而包含着矛盾，并且永远归于失败。

骄傲与原始的羞耻并不是不相容的。它甚至是在基本的羞耻或为成为对象而羞耻的基础上形成的。这是一种暧昧的感情：骄傲时，我承认他人是使对象性进入我的存在的主体，但是我也承认是我对我的对象性负责；我强调我的责任并承担了它。在某种意义上讲，骄傲首先是屈从：为了对是这样而感到骄傲，我必须首先对自己只是这样表示屈从。因此，这涉及了一种对羞耻的最初反应，并且这已经是对逃避和自欺的反应，因此，由于不停地把他人当作主体，我力图把自己当作通过我的对象性影响他人的人。总之，有两种原本的态度：使我认为他人是使我变成对象性的主体的态度——这就是羞耻；使我把自己当作使他人变成他人的存在的自由谋划的态度——这就是自豪或对我面对对象-他人的自由的肯定。但是骄傲——或虚荣——是一种不平衡的、自欺的感觉：因为我是对象，我力图在虚荣中作用于他人；通过一个反冲，我把他人在把我构成对象时给与我的那种美或力量或精神，利用起来，以使他人被动地感到一种赞赏或爱慕的感情。但是这种感情，作为对我的对象-存在的认可，我也要求他人感受到它，因为他是主体，就是说是自由。事实上这是赋予我的力量或我的美以绝对对象性的唯一的方式。这样，我要求他人的那种感情本身就包含着其固有的矛盾，因为我应该使他人感受到它,因为他人是自由的。这种感情以自欺的方式被感受到并且它的内在发展导致它的瓦解。事实上,为了享有我承担的对象-存在,我力图把它恢复为对象,并且由于他人是这种恢复的关键,我力图征服他人以便让他向我提供我的存在的秘密。这样,虚荣促使我去征服他人并把他构成一个对象,以便在这个对象内探寻及发现我固有的对象性。但是这无异于杀鸡取卵。由于把他人确定为对象,我使自己成为他人-对象之中的形象;因而虚荣幻灭了:为了收回我曾希望把握并融化到我的存在中的这个形象,我在其中不再认识到我自己,不管愿意不愿意我都应该把它作为一种他人的主观属性归因于他人,尽管我从我的对象性中解放出来了,我仍然单独地面对对象-他人,在我的不可规定的自我性中,我不得不是这自我性而决不能置它于我的能力之下。

羞耻,畏惧和骄傲因而是我的原始反应,它们只是我用以承认他人是达不到的主体的不同方式,并且它们之中包含着对我的自我性的理解,这种自我性能够并且应该被我用作把他人构成对象的动因。

这个突然对我显现的对象-他人,并不总是一种纯粹对象的抽象化。他在我面前和他的各种特殊意义一起涌现出来。他不仅仅是对象——自由是这个对象的一种作为被超越的超越性的属性。他也是"愤怒的"、"喜悦的"或"专心的",他是"讨人喜欢的"或"令人厌恶的",他是"吝啬的"、"暴躁的"等。这是因为,事实上,在我把自己看作我本身时,我就使对象-他人没于世界存在了。我承认他的超越性,但我并不是承认这超越性是进行超越的超越性,而是承认它是被超越的超越性。因此,这种超越性显现为工具向某些目的的一种超越,这是因为我在我本身的统一谋划中超越这些目的和这些工具,超越工具通过他人向这些目的的那种超越。这是因为,事实上,我决不是抽象地把自己当作我本身的纯粹可能性,而是在向这样那样的目的的具体谋划中体验到我的自我性;我只作为

364

被介入的东西存在,并且只是由于这样我才获得(对)存在(的)意识。正是以这个名义,我才是在超越对象-他人的具体和介入的超越中把握对象-他人。但是,反过来说,他人的介入作为他的存在方式向我显现出来,因为他作为实在的介入、作为根基被我的超越性所超越。总之,既然我为我地存在,我在一种处境中的"介入"就应该在人们说:"我对某某有义务,我保证过还这笔钱",等等意义下来理解。而且正是这种干预表明了主体-他人的特性,因为这是另一个我本身。但是,当我把他人当作对象时,这种被对象化了的干预,在人们说:"刀子深深地插入伤口;军队进入了掩蔽地带"的意义下,就失去了价值并变成一种对象-介入。事实上,必须明白,由于我而进入他人的没于世界的存在,是一个实在的存在。这不是一种纯粹主观的必然性使我认为他是没于世界的存在者。然而,另一方面,他人本身并未在世界中消失。而只是由于他对我来说是我不得不不是的人,就是说仅仅由于我使他作为纯粹被静观并向我自己的目的而被超越的实在保持在我之外。这样,客观性不是通过我的意识对他人的纯粹折射:它作为一种实在的规定通过我进入他人:我使他人没于世界存在。因此,我当作他人的实在特性的东西就是一个处境中的存在:事实上我把他没于世界组织起来是因为他对着他本身组织起世界,我把他当作工具和障碍的对象统一。我们在本书第二卷①中曾指出,工具的整体是我的可能性的严格相关物。由于我是我的可能性,工具在世界中的秩序就是被抛到自在中的我的可能性的形象,就是说我所是的东西的形象。但是我永远不能辨认出这种世界的形象,我在行动中并通过行动使自己适应它。他人同样地介入他的形象,因为他是主体。但是,由于我相反把他当作对象,这个世界的形象就跃出了我的视野:他人变成了被他与所有别的工具的关系定义的工具,他是我的工具的秩序,

---

① 参见第二卷,第三章,第三节。——原注

他被嵌入我强加给这些工具的秩序中：把握他人，就是把握这个嵌入－秩序并把他与一种中心的不在场或"内在性"联系起来；就是把这个不在场定义为我的世界的一些对象向我的天地的一个被定义的对象的被凝固的流逝。而且这种流逝的意义是这些对象本身提供给我的，它是对锤子和钉子、凿子和大理石的安排，因为我超越了这种安排而又不是它的基础，它确定了这种世界内出血的意义。这样，世界就在他人的整体中把他人宣告为整体。当然，这宣告仍然是暧昧的。但这是因为我把向着他人的世界秩序当作某些明确的结构的显现的基础上未分化整体。如果我能说明一切工具复合体是由于这些结构转向他人，就是说如果我不仅能把握锤子和钉子在这个工具性复合中占据的位置，而且还能把握街道、城市、国家等，我就已明确地、整体地把他人的存在当成了对象。我之所以弄错了他人的意图，完全不是因为我把他的手势和一个达不到的主观性联系起来：这种自在的、自主的主观性与手势之间没有任何共同的尺度，因为它是自为的超越性、不可超越的超越性。而是因为我在这手势周围组织起整个世界，事实上它并非自己组织起来。这样，只是由于他人呈现为对象，他就在原则上把我确定为整体了，他作为综合、组织这个世界的世界能力扩展到整个世界。只不过，我不能解释清楚世界本身，我更不能解释这种综合组织。因为这世界是我的世界，主体－他人就是说自为的他人与对象－他人之间的区别不是全体和部分、隐蔽和突现间的区别；因为对象－他人原则上是一个相关于主观整体的全体，没有任何被隐蔽着的东西，而且，既然一切对象都推向别的对象，我就能在无限地阐明他人与别的世界工具的关系时无限扩大我对他人的认识；而且认识他人的理想仍然透彻说明了世界的流逝的意义。对象－他人和主体－他人的原则区别只鉴于这一事实：即主体－他人完全不能被认识，甚至不能被认为是主体－他人；不存在对主体－他人的认识的问题，并且世界的诸对象也不归向他的主观性；它们只作为世界内的流逝的、向着我的自我性被超越的意义，归属于他在世界上的对象性。这样，他人面对我的在场，作为造成了我的对象性的东西，被体验为一个主体-整体；并且如果我转向这个在场来把握它，我就重新把他人理解为整体：一个与世界整体有共同外延的对象-整体。而且这种理解是一下子造成的：正是从整个世界出发我进入了对象-他人。但是这永远只是些作为世界基质中的形式变得模糊不清的特殊关系。在那个我不认识的、在地铁上看书的人周围，整个世界都是在场的。而且在他的存在中定义他的不仅是他的作为世界对象的身体，而且是他的身份证，他乘坐的地铁列车的方向，他戴在手指上的戒指。不是作为他所是的东西的姿势——事实上这种姿势的概念会把我们推向一个我们甚至不能设想的主体性，并且恰恰在这主体性中他什么也不是，因为严格说来他是其所不是又不是其所是——而是作为他的存在的实在特性。不过，如果我知道他没于世界存在，在法国，在巴黎，正在读书，如果不看他的身份证，我就只能假设他是外国人（这意味着：假设他受到监视，登在警察局的那本册子上，必须对他说荷兰语，意大利语以便使他做出这样那样的姿势，国际邮局通过这样那样的途径把贴着这样那样邮票的信件送到他那里，等）。然而，这个身份证原则上是没于世界地给予我的。它不脱离我——从它一做出来起，就注定是为我存在的。不过它以暗含的状态，作为被我看作完成的形式的任意圆点存在；而且必须改变我与世界关系的现时整体来使它呈现为宇宙基质中明确的这个。以同样的方式，对象-他人的愤怒，正像它通过叫喊，跺脚和威胁的手势表现给我们的，不是主观隐蔽的愤怒的标记；它不归结于为什么，只归结为别的手势和别的叫喊。它定义他人，它就是他人。当然，我可能会弄错，把一种佯装愤怒的东西当作真正的愤怒。但是只是就可以作为对象把握的别的手势和别的活动而言我才能弄错：如果我把手的运动当作猛击的实在意向，我就弄错了。就是说，如果我按可以作为对象来察知而又没有发生的手势来解释它，我就弄错了。总之,作为对象把握的愤怒是在世界内一个不在场-在场周围安排世界。这是不是说应该承认行为主义者是对的呢?当然不是:因为尽管行为主义者是从人的处境出发解释人的,他们仍没有看到人的主要特性是被超越的超越性。事实上,他人就是不能限制在他本身中的对象,就是只能以他的目的出发来理解的对象。对锤子和锯子的理解无疑没有什么不同。它们都是通过它们的功用而被把握的,就是说通过它们的目的。但是它们恰恰已经是人的。我能理解它们只是由于它们把我推到一个他人是其中心的工具组织,由于它们是向着我反过来超越了的一个目的被超越的完整复合体的一部分。因此,之所以能把他人和机器相比,是因为机器作为人造的东西,已经表现出被超越的超越性的痕迹,因为纺织厂里的织机只通过它们生产出来的布匹才得到说明:行为主义者的观点应该颠倒过来,而且这种颠倒将无损于他人的对象性,因为首先是对象的东西——我们按法国和英国心理学的方式称为意义,按现象学的方式称为意向,像海德格尔那样称为超越性,或像格式塔主义者那样称为完形——是这样一个事实,即他人只能通过世界的完整组织来定义,并且他是这个组织的关键。因此,我之所以从世界推到他人,不是由于世界使我理解了他人,而恰恰是由于他人-对象不是别的,而只是我的世界的自立的和世界内的参照中心。这样,我们在知觉到对象-他人时能领会到的作为对象的恐惧,便不是我们看到的,或我们用血压计或听诊器测出的慌乱的心理表现的总体:恐惧就是逃脱,就是藏匿。而且这些现象本身提供给我们的不纯粹是一系列姿势,而是被超越的超越性:逃走或藏匿,不仅仅是那种穿过荆棘的狂跑,或笨拙地跌倒在路上的石块上;它是对有一个他人作中心的工具组织产生的全部惊慌。正在逃走的那个士兵,在他刚射击完时还有敌人-他人。敌人与他的距离是用他的子弹弹道来测定的,而且我也能把握并超越这个距离,就像这距离是组织在"士兵"这中心周围的那样。但是现在他把枪抛在战壕里,并且逃跑了。敌人的在场立刻包围了他，压迫着他；以子弹弹道保持距离的敌人，就在道路消逝的那一瞬间向他冲来；同时，他所保卫的，他像依着一堵墙依恃着的作为后方的祖国，突然转过来，像扇子一样打开，变成了前方，变成他躲向的舒适的天宇。这一切，是我对象地观察到的，而且正是这一切就是我当作恐惧的。恐惧不是别的，只是试图凭借咒语消除我们不能有距离地保持的令人害怕的对象的一种神奇行为①。而且我们正是通过这些结果来把握恐惧，因为它对我们表现为一种新的世界的世界内出血：从世界向一种神奇存在的过渡。

然而必须注意，他人只就我能对他而言是对象时才是为我地被规定的对象。因此，他将根据我本身对他而言是"人们"的成分或"可贵的不在场者"或具体的这个人，而客观化为"人们"的非个体化的部分或"不在场者"，这不在场者纯粹是被他的书信和他的叙述表现出来的，或对象化为事实上在场的这个人。在任何情况下决定他人的对象化及规定的类型的东西都同时是我在世界上的处境和他的处境，就是说我们每个人组织起来的工具复合体和在世界的基质中互相呈现的不同的这个。这一切都自然地把我们引向人为性。正是我的人为性及他人的人为性决定他人是否能看见我和我是否能看见这样的他人。但是人为性的问题超出了这个一般描述的范围：我们将在下一章来考察它。

这样，我体验到他人的在场是我的为他的对象存在中诸主体的准整体，并且基于这个整体，我更明显地体验到一个具体主体的在场，尽管不能列数他是这样的他人。我对我的对象性的防卫反应将把他人作为这样或那样的对象呼唤到我面前。因此他人对我显现为"这个人"，就是说他主观的准整体被贬值并变成与世界整体共外延的对象整体。这个整体向我揭示出来而不归属于他人的主观

---

① 见我的《情绪的现象学理论概述》。——原注

性：主体－他人和对象－他人的关系完全不同于人们习惯上在例如物理对象和知觉对象之间建立的关系。对象－他人向我表现出他是什么，他只是他本身。在一般对象性层次上，在其对象存在中对象－他人就只是他对我显现的那样；甚至不能设想我把我对他的任何意识带给了我因注视而体验到的那样的他的主观性。对象－他人只是对象，但是我对他的把握，在我处于另一存在层次上时，包含了对我总是能，并且原则上能使它成为另一种体验的领会；一方面，这种领会的成立是由于知我过去的体验，正如我们所知，应当承认这种知是这种体验的纯粹过去（达不到而且我不得不是的），另一方面，是由于暗含地领会了别人的辩证法：别人，显然就是我使自己不是的东西。但是，尽管我暂时摆脱了他，逃离了他，他在他周围却仍然是他变成别人的恒常可能性。尽管如此，由于这种可能性是在一种造成我面对他人－对象特有的态度的约束和强制中被现时化的，严格说来是不能设想的：首先，因为我不能设想一种可能性不是我的可能性，也不能在不超越这可能性时、就是说在把它当作被超越的超越性时理解一种超越性；其次，因为这种现时化的可能性不是他人－对象的可能性；对象－他人的可能性是归结到他人的其他客观方面的僵死可能性；把我当作对象的固有可能性是主体－他人的可能性；因此，对我来说完全不是个人的可能性；它是一种绝对的可能性，它只从其本身获得来源，它表明，在对象－他人的整体虚无化的基础上，有一种我将通过我的为他的对象性而体验到的主体－他人的涌现。这样，对象－他人是我凭借领会所使用的爆炸工具，因为我在他周围预感到有人使他闪现的恒常可能性，并且，由于这种闪现，我突然体验到世界从我这里逃走了，我的存在异化了。因此，我经常关心的是使他人保持其客观性，而我与对象－他人的关系本质上是由旨在使其保持为对象的诡计所造成的。但是他人的注视足以使这一切诡计消失，足以使我重新体验到他人的变形。这样，我从变形被推向渐逝，从渐逝被推向变形，既不能形成对这两种他人的存在方式的总合的看法,——因为其中任何一种存在方式本身都是自足的而且只归结为其自身——又不能封闭在其中的一种上,——因为任何一种都有其固有的不稳定性并会消失以便另一种从其毁灭中涌现出来:只有一些为了永远是对象而决不变成主体的死者——因为死亡并不丧失其没于世界的对象性:一切死者都在那里,现于我们周围的世界;但是,这就失去了对一个他人揭示自己是主体的一切可能性。

在我们研究的这个新层次上,一旦阐明了为他的存在的本质结构,我们显然要试图提出形而上学的问题:"为什么有别人?"我们知道,别人的存在事实上不是能从自为的本体论结构中得出的结论。确实,这是原始的偶然事件,但首先是形而上学的,就是说属于存在的偶然性的领域。从根本上说,为什么的问题是对这些形而上学的实存提出的。

我们还深知,对"为什么"的回答只能把我们推向原始的偶然性,但还是必须证明我们考察的形而上学现象是不可还原的偶然性。在这个意义下,我们觉得本体论能被定义为对那种被当作整体的存在者的存在结构的解释,并且不如说我们将把形而上学定义为对存在者的存在提出问题。所以,根据存在者的绝对偶然性,我们肯定了一切形而上学都应该完结于"那个存在着",就是说完结于对这个偶然性的一种直接直观。

提出别人的实存的问题是可能的吗?这个实存是一个不可还原的事实还是应该由一个基本的偶然性派生出来?这些就是我们能反过来对提出别人的实存的问题的形而上学家们提出的先决问题。

让我们进一步考察一下形而上学问题的可能性。首先向我们显现的是为他的存在代表着自为的第三种出神。事实上,第一种出神是自为对它以不是的方式不得不是的存在的三维计划。它表示第一条缝隙,自为本身不得不是的虚无化,自为从他所是的一切中解脱出来,因为这种解脱构成了他的存在。第二种出神或反思的出神是从这种解脱本身中解脱出来。反思的分裂生殖相当于一种徒然的努力，这种努力意在获得对自为不得不是的虚无化的观点，为的是使这种作为单纯既定现象的虚无化是存在着的虚无化。但是同时，反思希望通过自在地肯定它是这个存在着的虚无化，恢复它力图看成纯粹给定物的这种解脱。矛盾是明显的：为了能把握我的超越性，我必须超越它。但是，恰恰只是我自己的超越性能进行超越，我就是这超越性；我不能用它来使它成为被超越的超越性；我注定永远是我自己的虚无化。总之，反思是被反思。尽管如此，反思的虚无化与作为单纯（对）自我（的）意识的纯粹自为的虚无化相比是推进了一步。事实上，在（对）自我（的）意识中，"反映者－被反映者"二元性中的两项是如此难以分别表现出来，以致这二元性总是不断趋于消失，而且任何一项在对另一项提出时都会变成另一项。但是，在反思的情况下，事情就不一样了，因为被反思的"反映－反映者"对一个反思的"反映－反映者"而言存在。因此，被反思和反思两者都倾向于独立，把它们分开的乌有倾向于把它们分开，较之自为不得不是的虚无分开反映和反映者更深刻。然而，无论反思还是被反思都不能分泌出这个进行分离的虚无，否则反思就会是一个针对着被反思的自主的自为，这就是假设外在的否定是内在否定的先决条件。如果反思完全不是一个存在，一个不得不是自己的虚无的存在，那就不可能有反思。这样，反思的出神走上一种更彻底的出神道路：为他的存在。虚无化的最终界限，理想的极点事实上应该是外在的否定，就是说一种自在的分裂生殖或未分化的空间外在性。就这种外在否定而言，这三种出神排成我们刚才排定的秩序，但是它们完全不可能完成这秩序，这秩序原则上仍然是理想的：事实上，对任何一个存在而言，自为都不能自己实现一种似为自在的否定，否则它将同时不再是自为的存在。因此，构成为他的存在的否定是一种内在的否定，是自为不得不是的一种虚无化，完全像反思的虚无化一样。但在这里，分裂增殖打击了否定本身：它不再仅仅是把存在分成被反映者和反映者的否定，也不是反过来把被反映者-反映者这一对分成被反映者（被反映者-反映者）和反映者（被反映者-反映者）的否定。而是被分成两种内在的和相反的否定，其中每种否定都是内在的否定，然而它们互相之间被一个不可把握的外在虚无所分开。事实上，任何一个否定都尽力否认一个自为是另一个并且完全介入它不得不是的这个存在，它不再以其自身去自己否认它是相反的否定。在这里，给定物突然显现出来，不是显现为一种自在的存在的同一性的结果，而是一种这两种否定中的每一种都不得不是、然而又分开了它们的外在幻象。真正说来，我们在反思的存在中就已经发现了这种否定的反向的端倪。事实上，作为见证人的反思者，其反思性深深损害了他的存在，因此，既然他是反思者，他就追求不是被反思者。但是，反过来说，被反思者是作为对这样那样超越着的现象的被反思意识的（对）自我（的）意识。我们说过它知道自己被注视。在这个意义下，它从它这一面旨在不成为反思者，因为任何意识都是被其否定性所定义的。但是这种二元分化的倾向被这样一个事实恢复而扼杀的，即无论如何，反思者不得不是被反思者，而且被反思者不得不是反思者。这二元否定总是渐趋消失的。在第三种出神的情况下，我们好像亲临反思的更进一步分裂增殖。这些结论可能使我们吃惊：一方面，既然否定内在地进行，他人和我就不能成为互相外在的。必须有一个"我-他人"的存在，这个存在不得不是相反于为他的分裂增殖，这就正像"反思者-被反思者"整体是一个不得不是自己的虚无的存在一样，就是说我的自我性和他人的自我性都是同一存在整体的结构。这样，黑格尔似乎是对的：整体的观点才是存在的观点，真正的观点。一切的发生就好像我的自我性通过一个把自己的虚无化推到极端的整体面对他人的自我性被产生出来和维持下去一样；为他的存在似乎是纯粹反思分裂增殖的延伸。在这个意义下，一切的发生就好像别人和我本身表示的一个自为整体重新把握自己

373

并包容它以单纯自在的方式不得不是的东西,但这是徒劳的努力;这种重新把自己当作对象的努力,从这里被推到极限,就是说在反思的分裂之外,它会得出与这个整体趋向的目的相反的结果:这自为整体将通过要成为对自我的意识的努力面对自我成为必得不是它是其意识的自我的自我意识;反之亦然,对象-自我为了存在而应该体验到自己是通过一个他如果想存在就必得不是的意识,并对这个意识而言被存在。这样就产生了为他的分化;而且这种二分式分解无限分下去以便使一切意识成为一个彻底爆裂的碎片。"会有"一些别人,因此就会有相反于反思的失败的一种失败。事实上,在反思中,我之所以不能把自己当作对象,而仅仅当作准对象,是因为我是我想把握的对象;我不得不是把我与自己分开的虚无:我既不能脱离我的自我性又不能失去我对我本身的观点;这样,我始终实现不了存在,也实现不了在"有"的形式下对自己的把握,复活失败了,那是因为复活者本身是被复活者。相反,在为他的存在的情况下,分裂增殖不再推向前进,被反映者(反映-反映者)完全不同于反映者(反映-反映者),甚至因此能是它的对象。但是这一次,分裂增殖也失败了,因为被复活者不是复活者。这样,在是其所不是时不是其所是的整体,以完全脱离自我的努力处处产生其异在的存在:一个被粉碎的整体的自在的存在的闪烁,总是在别处,总是有距离的,永远不会在自身之中,然而又总是通过这个整体的不断爆裂保持存在,这就是别人和作为别人的我本身的存在。

但是另一方面,在我否定我本身的同时,他人也否认他是我。这两种否定对为他的存在来说是同样不可缺少的,而且它们不可能被任何综合汇合起来。这完全不是因为一个外在的虚无一开始就把它们分开了,而毋宁是因为自在将就另一个而言重新把握一个,而且只是由于任何一个都不是另一个,而不是因为必得不是另一个。这里似乎有为自为的界限,它来自自为本身,但作为界限,又是独立于自为的;我们又发现了作为人为性的某种东西,而且我们不能设想我们刚才说的整体如何能在最彻底的对本身的脱离之中产生一个它永远不可能是的存在的虚无。事实上,虚无似乎溜进了这个整体以使其解体,就像留基伯原子论中的非存在溜进巴门尼德的存在的整体中来使它爆裂成原子一样。因此,它表示的是对整个综合整体的否定,人们从之出发声称懂得了意识的多样性。也许,它是不可把握的,因为它既不是由别人,也不是由我本身,又不是由一个中介物产生,因为我们已确定,诸意识是无中介地互相体验到的。也许,在我们视野所及的地方,我们所遇到的作为描述对象的东西只是一个单线外在的否定。然而,它在那里,在有否定之二元性这不可还原的事实中。它当然不是意识多样性的基础,因为如果它先于这种多样性存在,它就会使任何为他的存在成为不可能;相反,必须设想它是对这种多样性的经验;它与多样性一起显现。但是,由于没有任何东西能奠定它,无论是个别的意识还是在意识中闪现的整体都不能,它就显现为纯粹不可还原的偶然性,因为事实是我否认我是他人不足以使他人存在,而还必须由他人与我固有的否定一起同时否定他是我。它是为他的存在的人为性本身。

这样,我们得出了这个矛盾的结论:为他的存在只是在通过一个自我消失以便涌现出来的整体而被存在时才能存在,这导致我们去建立精神的存在和激情。但是,另一方面,这个为他的存在要能存在就只有包含一个不可把握的外在非存在,任何整体,哪怕是精神,都不能产生或建立它。在某种意义上讲,意识多样性的存在不能是一个最初的事实,并且这种存在把我们推向一个原始的事实,即脱离自我这精神的事实;这样,"为什么会有一些意识"这形而上学问题就会得到解答。但是,在另一种意义下,这种多样性的人为性似乎是不可还原的,而且如果人们从多样性这一事实出发考察精神,精神就消失了;形而上学的问题不再有意义;我们遇到了基本的偶然性,并且我们只能以"就是这样"来回答它。这样,原始的出神深化了:人们似乎不能分享虚无。自为曾对我们显现为不是其*349*

所是和是其所不是地存在着的存在。精神的出神整体不仅是被瓦解的整体，而且对我们显现为一个人们既不能说它存在，又不能说它不存在的被分解的存在。这样，我们的描述使我们能满足我们对有关他人的存在的一切理论提出的先决条件了；意识的多样性对我们显现为一个综合而不是一个集合；但是这个综合的整体是不可设想的。

这是不是说整体的那种二分特性本身是不可还原的呢？或者，从一种更高的观点来看，我们能使这特性消失吗？我们是否应该提出精神是存在而又不存在的存在，就像我们曾提出的自为是其所不是和不是其所是的那样呢？这问题没有意义。事实上，它会假设我们有可能对于整体获得一个观点，就是说可能外在地考察整体。但是这是不可能的，因为恰恰是我作为我本身，在这个整体的基础上并且就我介入了这个整体而言存在。任何意识，即使是上帝的意识，都不能"看见背面"，就是说把整体看成整体。因为如果上帝是意识，它就是与整体合为一体的。而如果按他的本性，他是超乎意识之外的存在，就是说作为其本身的基础的自在，整体就只能对他显现为对象——那么他就缺少其内在的分解，这种分解是作为自我把握的主观努力，或作为主体——那么，由于他不是这个主体，他就只能体验到它而不能认识它。这样，关于整体的任何观点都是不可设想的：整体无"外"，而且它的"背面"的意义的问题本身也就失去了意义。我们不可能再进一步了。

我们的这个考察即将结束。我们已知道，他人的实存是在我的对象性的事实中，并通过这一事实明确地体验到的。而且我们也已看到，我对我自己的为他人异化的反应是通过把他人理解为对象表现出来的。简言之，他人对我们来说能以两种形式存在：如果我明白地体验到他，我就没有认识他；如果我认识了他，如果我作用于他，我就只达到他的对象存在和他的没于世界的或然实存；这两种形式的任何综合都是不可能的。但是我们不能就此停步：他人为我所是的对象和我为他所是的对象都表现为身体。那么我的身体是什么？他人的身体又是什么呢？

第二章 身　体

身体和它与意识的关系的问题经常由于这样一个事实而变得难于理解，即当人们通过他固有的那类内心直觉达到意识的时候，人们最初是把身体作为有其固有法则并可以从外部被定义的某种物（chose）提出来的。事实上，如果把"我的"意识按其绝对内在性把握了之后，通过一系列反思活动，我又力求把它统一于某种有生命的对象，由一种神经系统、大脑、腺体、消化、呼吸和血液循环器官构成的对象，它的质料本身能被化学分析为氢、碳、氮、磷等原子，我就会碰到难以克服的困难；但是这些困难的产生是因为我不是力图把我的意识统一于我的身体，而是力图统一于别人的身体。事实上，我刚才描述的身体还不是我的为我的身体。我从没有看到也永远不会看到我的大脑，或我的内分泌腺。而只是由于我见过解剖人的尸体，而我就是一个人，又由于我读过几篇生理学论文，我于是得出结论说，我的身体构成完全就是像在解剖台上人们向我指出的所有那些人的构成一样，或像我在一些书中看到的这些人的身体的彩色图象所表示的构成一样。也许人们会对我说，给我治病的医生、为我动手术的外科医生能对我自己不认识的这个身体作直接检查。我不否认这点，也不认为我没有大脑、心脏和胃脏。但是重要的是要首先选择我们认识的次序：从医生能对我们的身体所做的检查出发，就是从没于世界的、作为为他的我的身体出发。我的为我的身体，不是没于世界地向我显现的。无疑，站在 X 光机前我也能看到我的脊椎骨的影像，但那我就恰恰是在外的，是没于世界的；我把握了一个完全作为其他"这个"之中的一个"这个"

而构成的对象；只是通过推理，我才使它再现为是我的：与其说它是我的存在，还不如说是我的属性。

我看见了、我触摸了我的腿、我的手，这是真的。而且没有任何东西阻止我设想一个能感觉的机体，以致当被看见的眼睛把它的注视引向世界时，一个有生命的存在能看见它的一只眼睛。但值得注意的是，还是在这种情况下，我对于我的眼睛来说是他人：我认为它是以这样那样的方式在世界中构成的感觉器官，但是我不能"看见它在看"，就是说，在它向我揭示了世界的面貌时把握它。它或者是混杂于诸物中的一个物，或者是诸物赖以向我显露的东西。但是它不能同时是这二者。同样，我看见我的手触到对象，但是我并不在手触及对象的活动中认识这只手。这就是曼·德·比朗①的有名的"努力感"并没有真实的存在的主要理由。因为我的手向我揭示了对象的反抗，它们的坚硬或柔软，揭示了我的手并不是它本身。于是，我没有看见我的手不同于我没有看见这墨水瓶。我拉开了我和它的距离，而这距离与我建立在世界所有对象间的距离同一了。当我半躺在我的病床上，看着医生抬起我的病腿并检查它时，在我对医生身体的视觉和我对我自己的腿的视觉之间没有任何根本区别。更确切地说，这些视觉只作为同一总体知觉的不同结构而被区别；医生从我的腿那里获得的知觉和我现时自己从我的腿那里获得的知觉之间没有根本区别。也许，当我用我的手指触摸到我的腿时，我感觉到我的腿被触摸到了。但是这双重感觉的现象不是本质的：寒冷和吗啡针能使之消失，这足以说明，关键在于本质上不同的实在的两种秩序。触摸和被触摸，人们能触摸的感觉和被触摸的感觉，是两类现象，人们徒然地试图在"双重感觉"的名称下把它们统一起来。事实上，它们是根本不同的。而且它们是两个互不相关的层次上存在着的。此外，当我触摸到我的腿时，或者当

---

① 曼·德·比朗 (Maine de Biran, 1766—1824)，法国哲学家。——译注

我看到它时，我就超越了它而走向我固有的可能性：例如，这是为了穿裤子或为了重新包扎裹着伤口的绷带。也许我同时还能安排我的腿的姿势使我能更舒服地对它"操作"。但我超越了它走向"康复"的纯粹可能性，并且因此，我对它是在场的，而它并非是我，我也不是它，这个事实却丝毫没有改变。我使之如此的东西是"腿"这物，这不是作为我所是的那有走、跑或踢足球的可能性的那条腿。于是，就我的身体昭示我在世的可能性而言，看见、触摸，就是把是我的可能性的那些可能性改造成为死亡的可能性。对于作为跑、跳舞等活生生的可能性的身体来说，这种改变应该必然带来一种完全的盲目（cécité）。而当然，发现我的作为对象的身体也揭示了它的存在。但是这样向我揭示的存在是它的为他的存在。这种混乱导致某些荒唐的话，这就是人们在关于"颠倒的视觉"的有名问题中能清楚地看到的。人们知道生理学家们提出的问题："我们怎么能使视网膜上颠倒着的对象正过来的？"人们也知道哲学家们的回答："毫无问题，一个对象是正的还是倒的是对宇宙中的其他东西而言的。感知到整个被颠倒的宇宙，是毫无意义的，因为它应该是对某种东西而言而被颠倒的。"但是特别使我们感兴趣的是这虚假问题的起源：那就是人们曾想把我对对象的意识与别人的身体结合起来。这就是蜡烛，作为透镜的晶状体、视网膜底幕上的倒立影像。但是显然，视网膜在这里属于一个物理系统，它是屏幕而且仅仅是屏幕；晶状体是透镜而且仅仅是透镜，这二者在它们的存在中与补充了这体系的蜡烛是同质的。因此我们断然选择了物理学的观点，就是说外部的，外在性的观点以研究视觉问题；我们考察了没于可见世界中的僵死的眼睛来分析这世界的可见性。那么对于作为绝对内在性的意识拒绝使自己与这对象结合又有什么可惊异的呢？我建立在他人的身体和外在对象之间的关系真正是实存的关系，但是它们把为他的存在作为存在；它们假设了一个物质世界交流的中心，它的认识是"有距离的行动"类的一种神奇的属性。从一开始,它们就被放在对象-别人的视野中。因此如果我们想反思身体的本性,就应该建立我们的符合存在秩序的反思秩序:我们不能继续混淆本体论的诸层次,而且我们应该不断考察作为自为的存在和作为为他的存在的身体;为了避免诸如"颠倒的视觉"一类的荒唐话,我们将信守一个观念:身体的这两个处在有区别并且不相干的两个存在层次上的形态,是不可互相还原的。自为的存在完全应该是身体,并且完全应该是意识:它不可能与身体统一。同样,为他的存在完全是身体;那里没有统一于身体的"心理现象";身体后面什么也没有。相反身体完全是"心理的"。我们现在要研究的正是身体的存在的这两种样式。

一、作为自为的存在的身体:人为性

最初看来,我们前面的意见似乎走到了笛卡尔"我思"的材料的对立面。笛卡尔说过"心灵比身体更加容易认识"。由此他要根本区别能够反思的思想的行为和应该通过神明保证其认识的身体的行动。据此,反思首先似乎只向我们显示了意识的纯粹行为。也许,人们是在这个层次上发现了一些现象,这些现象似乎是在自身中理解它们与身体的某种联系:"肉体的"疼痛,令人厌恶、愉快等等。但是这些现象完全不是意识的纯粹行为;因此人们才倾向于使它成为一些征兆,一些意识偶因身体而有的情感,而不了解人们因此才从意识中无可挽回地驱逐了身体,并且没有任何一种联系再能重新联结已是为他的身体的这个身体和人们声称表露了身体的意识。

毕竟不应该从那里出发,而应该从我们与自在的原始关系出发:从我们在世的存在出发。人们知道,完全不是一方面是自为,另一方面是世界,就像两个完全隔绝而又应该随后发现它们如何联系起来的东西。而自为本身就是与世界的关系;由于它自己否认它是存在，它使得一个世界存在，由于它向着它自己的可能性而超越这个否定，它发现那些"这个"是些工具性事物。

但是当我们说自为是在世的，意识是对世界的意识时，应该注意理解，世界是面对意识而存在的，意识就如同相互关系的未定多样性，意识目的地掠过这多样性并且无观点地凝视着它。对我来说，杯子在水瓶左边稍后一点的地方，对皮埃尔来说，它则是在右边稍前一点的地方。甚至不能设想一个意识能遍及这样一种世界，即杯子对它表现为同时在左边又在右边，在前边又在后边的。这完全不是由于严格应用了同一性原则，而是因为左右前后的相混将引起在原始的无区别的内部的"这个"完全消失。同样，如果桌子脚使我看不见地毯的阿拉伯图案，这完全不是由于我的视觉器官的某种极限性和某种不完善，而是因为一张地毯若既不被桌子挡住，也不在它的下面或上面，也不在它旁边，它就与桌子不再发生任何一类的关系，它就不再属于其中有这张桌子的"世界"；按"这个"的样式表露出来的自在，退回到它的冷漠的同一性；空间本身作为一种纯粹外在的关系将会消失。作为相互关系的多样性的空间结构，事实上只能产生于科学的抽象观点；它不可能被体验到，它甚至是不可能表象的；我在黑板上画三角形是为了帮助我进行抽象推理，就它是在黑板上而言，它必然是在与它的一边相切的圆的右边。而我力求超越用粉笔画的图形的具体特性，在这个过程中，我考虑到相对于我的距离并不比线条的厚度或图形的缺陷要多。

于是，只是由于有一个世界，这世界才不能没有相对于我而言的同质的定向（uneorientation univogue）而存在。唯心论正当地坚持是关系造成世界这一事实，但是因为它是建立在牛顿科学的基础上的，它把这种关系设想为相互的关系。于是它只触及到了纯粹外在性的抽象概念、作用和反作用等的抽象概念，并且甚至因此，它欠缺世界并且只是解释了绝对客观性的作为限制的概念。总之，这概念回到"荒漠的世界"或"无人的世界"的概念，就是说回到矛盾之中，因为正是由于人的实在，才有了世界。于是，客观性的概念旨在用表象间的互相契合的纯关系来取代教条式真理的自在，如果人们把它推到极端，它本身就毁灭了。此外，科学的进步导致对这种绝对客观性概念的否定。这就导致布洛格里[①]把"经验"称作这样一种东西：它是一个观察者并不被排除在外的同质关系的体系。如果说微观物理学不得不使观察者回到科学体系之内，那这也不是以纯粹主观性的名义——它并不比纯粹客观性的概念具有更多的涵义——而是作为与世界的原始关系，作为地点及全部被考察的关系所趋向的东西。例如，正是因此海森堡（Heisenberg）的非决定论原则不能被认为是取消或者认可了决定论的公设。只不过客观性概念自在地包括人和事物的原始关系及他在世界中的地位，而不是纯粹事物间的联系。例如：人们不能使运动物体的体积按合比例的量增长而不改变它们的速度关系，这一事实充分说明的正是这点。如果我先只用眼睛，然后用显微镜看一个物体向别的物体移动，那我在第二种情况看似乎要快一百倍，因为尽管运动物体并不更靠近它移向的物体，它在同一时间内还是经过了比用眼看要大一百倍的空间。于是，速度的概念如果不是就运动物体的特定体积而言的速度的话，就没有任何意义。但是正是我们本身通过我们在世界上的涌现本身来决定这些体积，并且我们的确应该决定它，否则它们就完全不存在。于是它们不是相对于我们获得的认识，而是相对于我们对世界内部的原始介入（engagement）的。相对论完美地表述的正是：置身于一体系内部的观察者不能以任何经验决定这体系是静止的还是运动的。但是这种相对性不是相对主义：它不涉及认识；更确切地说，它包含独断论的公设，根据这种公设，认识向我们提供了存在的东西。现代科学中的相对论针对的是存在。人和世界是一些相对的存在，它们存在的原则是关系。因此，原始的关

[①] 布洛格里（Louis de Broglie, 1892— ），法国物理学家。——译注

系从人的实在进入世界：对我们来说，"涌现"就是拉开我与事物的距离，甚至由此造成事物的存在。但是因此，事物恰恰就是"与我有距离地存在的事物"。于是世界把我推向这样一种单义的关系，这种关系就是我的存在，我通过这种关系使得世界被揭示出来。纯粹认识的观点是矛盾的；只有介入的认识的观点。总之，这就是说，认识和活动只是一种原始而具体的关系的两个抽象方面。世界的实在的空间是列文①称为"路径学"空间。事实上，纯粹的认识就是没有观点的认识。但是这是毫无意义的：进行认识的存在只是认识，因为他被他的对象定义，而且他的对象消失在完全无差异的相互关系中。于是认识只能是在人们所是的被决定的观点中介入的涌现。对人的实在来说，存在就是在此之在，就是说"在椅子上"，"在桌子旁"，"在那座山顶上，连同这些维度，这种方位等"。这是一种本体论的必然性。

还应该作更深入的理解。因为这种必然性是在两种偶然性之间显现的：一方面，事实上，如果我在"在此"的形式下存在是必然的，那我的存在就完全是偶然的，因为我不是我之存在的基础；另一方面，如果我介入这样那样的观点是必然的，那我恰恰是在这样的观点中而不是在任何别的观点中，这一事实就是偶然的。我们称为自为的人为性的，正是这紧围着必然性的双重偶然性。我们在第二卷中已描述过它。那时我们已指出被虚无化的并被淹没在绝对事件中的自在始终作为其原始偶然性保留在自为的内部，而这绝对事件乃是基础的显现或自为的涌现。于是，自为是由它自己使之复活并与之同化而又永远不能消除的永恒偶然性，它在任何地方也不可能把握或认识这偶然性，即使是通过反思的我思，因为自为总是超越偶然性走向它自己的可能性，并且它只在自身中遇见它应该是的虚无。然而偶然性不断地纠缠自为，正是偶然性使我同时认为自己

---

① 列文（Lewin, 1890—1947），美国心理学家、社会学家。——译注

是完全对我的存在负责的又是完全无可辩解的。但是世界在这些对我的单向关系的综合统一的形式下，把这种无可辩解性的形象呈现于我。世界有秩序地向我显现，这是绝对必然的。在这个意义下，这秩序就是我，就是我们在第二卷最后一章中描述过的我的形象。但是这个秩序完全是偶然的。于是，它显现为诸存在整体的必然而又无可辩解的安排。这种秩序是世界事物绝对必然和完全无可辩解的秩序，这种秩序乃是我自己，因为我的涌现使它必然地存在并且这秩序逃离了我，因为我既不是我的存在的基础也不是一个这样的存在的基础，就是处在自为层次上的身体。在这个意义下，人们能够把身体定义为我的偶然性的必然性所获得的偶然形式。它不是别的，就是自为；在自为中并没有一个自在，因为那样的话，自为将会使一切都变得僵化。但是自为不是它自己的基础，这是事实，这个事实被存在的必然性表达为介入诸偶然存在间的偶然存在。因此，身体无异于自为的处境，因为对自为来说，存在和处于是一回事；另一方面，它与整个世界同一，因为世界是自为的整个处境，是自为的实存的衡量尺度。但是一个处境不是纯粹偶然的给定物，恰恰相反，处境只就自为超越它而走向自为自身而言才显露出来。因此，自为的身体绝不是我能认识的给定物；它在此处被超越，它只有在我通过自我虚无化而逃避它时才存在；它就是自我虚无化的东西。它是被虚无化着的自为超越的自在，这自在在这超越本身中重新把握了自为。我是我自己的动机而不是我自己的基础，这是事实；事实是我若不应该是我所是，那我就什么也不是，然而，因为我应该是我所是，我就非应该是而是。因此在一个意义下，身体是自为的必然特性；真正说来它不是造物主随意决定的产物，灵魂和身体的统一也不是两个完全不同的实体的偶然结合，而是相反，身体必然来自作为身体的自为的本性，就是说，自为虚无化地逃避存在，这种逃避是在介入世界的形式下进行的。然而在另一意义下，身体正好表露了我的偶然性，它甚至只是这偶然性：笛卡尔派唯理

384

论者理应受到这种特性的打击；事实上，身体表现了我对于世界的介入的个体化。柏拉图把身体设定为使灵魂个体化的东西，这同样没有错。只不过，设想灵魂能通过死或纯思想来与身体分离而脱离这种个体化是白费力气的，因为灵魂就是身体正如自为是它自己的个体化。

如果我欲把这些意见用于感性认识的问题，我们就能更好地把握它们的意义了。

感性认识的问题是当我们称为感官（sens）的某些对象没于世界而显现时被提出来的。首先我们观察到"他人"有眼睛，而随后解剖尸体的科技人员得知了这些对象的结构；它们分离开晶状体和角质，又分离开视网膜和晶状体。他们确定，晶状体这对象属于一个特殊对象的家族：各种透镜的家族，并且人们能把他们研究的有关透镜的几何光学的规律应用于这对象。随着手术器械的日臻完善，解剖工作越来越精确，这使我们得知，一束神经从视网膜伸至大脑。我们用显微镜观察尸体的神经，我们精确地确定了神经通道，它们的起点和终点。因此，这种认识的总体涉及名为眼睛的某一空间对象，这些认识意味着空间的和世界的存在；而且它们还意味着我们能看见这个眼睛，能够触摸到它，就是说，我们本身需要一个感知事物的观点。最后，所有技术的（解剖刀、手术刀的制造工艺）和科学的（例如使制造并使用显微镜成为可能的几何光学）认识插到我们对眼睛的认识和眼睛之间。简言之，作为我通过我的涌现本身而使其出现的东西，插到我和我解剖的眼睛之间。因此，更深入地考察使我们得以确定遍布我们身体的各种神经末梢的存在。我们甚至终于分别地作用于某些神经末梢并对活生生的主体实施了某些试验。那时，我们就面对着世界的两类对象：一类是：刺激物，另一类是：我们刺激的感觉细胞或自由神经末梢。刺激物是物理化学对象、电流、力学的或化学的施动者，我们精确地认识它们的性质，并且我们能使它们按规定的方式发生强烈和连续的变化。因此关键在于两种物质性对象，它们的物质性关系能通过我们自己的感官或通过运用工具而被观察到。对这种关系的认识重新假设了科学技术知识的完整体系，简而言之，重新假设了一个世界的存在和我们在这世界上的最初涌现。而且，我们的经验材料使我们能设想一种在作为对象-别人的"内心"和这些客观观察的总体之间的关系。事实上，我们已得知，通过对某种感官的作用，我们在别人的意识中"引起变化"。我们是通过语言，就是说，通过他人的有意义而客观的反作用而得知这一点的。一个物理对象——粒子，一个生物学对象——感官，一个心理对象——别人，意义的客观表露——语言：这些是我们应该确立的客观关系项。它们中的任何一个都不能使我们脱离对象的世界。我们有时也会被生理学家或心理学家当作研究题目。如果我们参与这样一种实验，我们就会突然处在实验室中并且我们感知到或多或少发光的屏幕，或者感觉到轻微的电击，或者我们被一个对象所触及，我们不能十分精确地规定这个对象，而我们在世界之中并相对我们自己来把握这个对象整个的在场。我们没有一刻独立于世界，对我们来说所有这些事件都是在巴黎中心，索尔本大学南边的大楼实验室里发生的；我们仍然是面对着他人的，经验的体验本身要求我们能通过语言与他人交流。实验者会随时问我们：我们是否多少感到屏幕是被照亮了，还会问我们，我们是否多少感觉到人们施加给我们的压力，而我们回答——就是说我们提供有关在我们的世界之中显现的事物的客观情报。可能有一个笨拙的试验者曾问过我们"我们是否多少感觉到了光的强烈度？"这句话对我们来说没有任何意义，因为我们没于对象之中，我们已在观察这些对象。因此，我们回答说，我们感到光，似乎不够强烈，但是我们由此理解到，屏幕在我们看来是不够亮。而这个"在我们看来"并不与任何实在的东西相符，因为我们事实上认识了屏幕是不太亮的，如果这不是努力不混淆对我们来说的世界的对象性与一个更严格的对象性，即为了得到实验手段和在这些手段向精神谐调的结果的话。我们无论如何不能认识到的，是实验者在此期间观察的对象，即我们的视觉器官或某些触觉神经末梢这样一些对象。因此，在实验结束时所获得的结果只能是处在两个对象系列的关系之中：在实验期间对我们表现出来的一些对象和同时对实验者表现出来的一些对象。屏幕的照亮属于我的世界；我的眼睛作为对象器官属于实验者的世界。这两个系列的联系想成为两个世界之间的一座桥梁；在任何情况下，这种联系也不能成为主观和客观之间交通的跳板（table）。

　　人们为什么事实上在巴黎的二月里的一天，在这个实验室里对我显现的那些发光的、或沉重的、或有香味的对象总体称为主观性呢？如果我应该不顾一切地把这个总体看成是主观的，为什么在这同一个实验室，同一个二月的一天，不承认对于同时对实验者表现出来的诸对象的体系的客观性呢？这里没有两种砝码或两种尺度：我们在任何地方都不会遇到表现为纯粹被感觉到的某种东西的，也不会遇到对我来说没有客观化而被实际体验的某种东西。这里一如既往，我是有对世界的意识的，并且在世界的基础上意识到某些超越的对象。一如既往，我超越对我表现出来的东西而奔赴我应该是的可能性，例如奔赴正确回答实验者的可能性和使实验成功的可能性。无疑，这种对比能够提供某些客观结论：例如，当我把我的手浸入热水后再浸入温水时，我能察觉到温水对我显得是冷的。但是人们夸大其词地称为"感觉的相对性法则"的这种看法与感觉没有任何关系。这里真正涉及的是对象对我表现出来的一种品质：当我把发烫的手伸进温水时，温水是冷的。不过，水的这种客观品质与同样客观的情况——温度计告诉我们的情况——相对比向我揭示了一个矛盾。这个矛盾从我的方面指出了对真正客观性的自由选择。我把我还没有选择的客观性称为主观性。至于"感觉的相对性"这类理由，更深入的观察在我称为格式塔（Gestalt）的某些客观的和综合的结构中向我揭示了它们。缪勒-里耶（Müller-Lyers）错觉，感觉的相对性等都是给予涉及这些完形的结构的一些客观法则的名称。这些法则没有把一些显象告诉我们，但是这些法则涉及一些综合结构。我在这里只是涉足于我在世界中的涌现使得诸对象之间发生关系的范围。它们作为完形表现出来的就是如此。科学的客观性在于分别考察诸种结构，完全孤立的结构，把这些结构从总体之中孤立出来：从那时起，这些结构连同别的特性一起显现出来。但是在任何情况下，我们也没有脱离存在着的世界。人们同样会指出人们称为"感觉的阈限"或感官特性的东西归结为对这样的对象的纯粹规定。

可是，人们曾希望这种刺激物对感觉器官的客观关系向着客观（可感的刺激器官）和主观（纯粹的感觉）的关系自我超越，而这主观的东西是被以感觉器官为中介而刺激我们的行动来定义的。感觉器官在我们看来是受刺激影响的：事实上，在感觉器官中表现出来的原生质的和物理-化学的变化，不是这个器官本身的产物：它们是从外界进入器官的。至少，我们肯定这点是为着继续忠实于把整个本质确立为外在性的惰性原则。因此当我们建立起客观体系——我们现时地感知到的可感的刺激——器官——和对我们来说是对象-别人的内在性质总体这个主观体系之间的互相联系的时候，我们被迫承认，与感官刺激相联系，在这种主观性中刚刚显现的新模式，也是被与不同于它本质的事物产生的。如果这种新样态事实上是自发性地自己产生的，它就会被完全切断了与被刺激的器官的联系，或者可以说人们能在它们之间建立起任意的关系。因此我们设想了一种相应于最小的和最短促的可感刺激的客观统一，并且我们称之为感觉。我们把惰性赋予这种统一，就是说，这种统一是一种纯粹的外在性，因为从"这个"出发设想的统一，它分享有自在的外在性。这种被抛入感觉内部的外在性几乎染指了它的存在本身：外在性存在的理由和它存在的机缘都是在它之外的。因此，它是对它自己而言的外在性。同时，它存在的理由不在于本性与它相同的某种"内在的"事实,而是在于一个实在的刺激的对象,在于作用于一个别的实在对象、感觉器官的变化。然而,仍然不能设想,存在于某一存在层次上的并且不能只通过它自身而自我保持存在的某一存在,它的存在能被一个在根本不同的存在的存在层次上持续的存在物所规定,我为了支持感觉并给它以存在,设想一种与之同质并与它一样被构成外在性的中心。我把这个中心称之为精神,甚至有时称之为意识。但是,这意识,我以为是别人的意识,就是说是一个对象。然而,因为我想建立在感觉器官和感觉之间的诸关系应该是普遍的,我提出,这样设想出来的意识应该也是我的意识,它不是为他的,而是自在的。于是,我规定了一种内在的场所,被称为感觉的某些形象,因外部刺激而在这场所之中被构成。这些场所是纯粹被动的,我声明它承受了它的感觉。但是,我不仅由此认为它是充当感觉的子宫的内在中心。我现在借助于世界的生物学视觉,是向我的被考察的感觉器官的对象概念借用这种视觉,并且我要求这内在场所经历它的感觉。于是"生命"是我建立在被动的中心和这中心的被动样式之间的神妙的联系。精神没有产生它自己的感觉,因此,感觉对精神仍然是外在的:但是另一方面,精神在经历这些感觉过程中把它们化归己有。"被经历的"和"活生生的东西"之间的统一事实上不再是空间并列,也不是内容和容器的关系:它是一种神奇的固有。精神完全是它自己的感觉而同时又总是有别于它们。于是,感觉变成一个特殊类型的对象:惰性的,被动的,仅仅是被经历过的。在这里我们被迫赋于它绝对的主观性。但是应该弄懂主观性这个词。这里,这个词不意味着对一个主体的从属,就是说从属于自发地发生的自我性。心理学的主观性完全是另一种东西:它相反表示着惰性及任何超越性的缺乏。不能脱离自身的东西是主观的。显然,就作为纯粹外在性的感觉只能是就精神中的印迹而言,就它只是自我、只是由一种骚动在心理场所中构成的那种形象而言,它不是超越性,它是单纯被承受的,是我们

389

的易感性的单纯规定：它是主观性，是因为它完全不是表象，也不是复现表象。作为对象-他人，这主观的东西单纯是个封闭的盒子。感觉就在这盒子里。

感觉的概念就是这样。人们可以看到它的荒谬性。首先，这概念纯粹是人造出来的。它完全不适合于我对我本身或对他人经验到的东西。我们只不过把握了客观的宇宙；我们所有的客观规定都设定了世界，并且作为对世界的诸种关系涌现出来。感觉则设定：人已经是在世界上了，因为人具备感觉器官，并且，感觉作为它与世界的关系的纯粹中断在自身之中显现。同时，这种主观性表现为一种必然基础，应该在这个基础上重新建立起这些超越的关系，是主观性的显现刚刚使这些关系消失。于是，我们遇到了这三点思想：(1) 人们应该从某种实在论出发来建立感觉：人们把我们对他人，对他人的感官和对施感工具的知觉看成有效的。(2) 但是在感觉的层次上，这整个实在论都消失了：感觉这纯粹被承受的变化，只向我们提供了有关我们本身的情报，它是"被经历的"。(3) 然而，我正是把感觉当作我认识外部世界的基础。这基础不可能是一种与诸事物的实在联系的基础：它不能使我们去设想一种精神的意向性结构。我们不应该把与存在的直接联系称之为客观性，而应该把某些更多地表示永久性和规则性、或紧密地与我们的表象总体结合的感觉粘连称之为客观性。尤其是，正是因此，我们应该定义我们对他人的感知、对他人的感觉器官的感知和对施感工具的感知：关键在于一种特殊协调的主观结构，这就是一切。在这个水平上，问题不在于以我在他人那里或在我本身中感知到的感觉器官来说明我的感觉，而是正相反，我正是把感觉器官解释为我的诸感觉的某种联合。人们发现了一种不可避免的循环。我对他人感官的感知为我充当了解释感觉、尤其是解释我的感觉的基础；但是反之亦然，如此设想的我的诸种感觉构成了我对他人感官的感知的唯一实在性。在这个循环中，对象是同一个：他人的感觉器官既没有同样的本性也没有对它的任何一个显现来说的同样的真理。它首先是实在，而且恰恰因为它是实在，它奠定了反驳它的学说的基础。表面看来，古典的感觉理论的结构，恰是"说谎者"的犬儒主义论证的结构，在这结构中，正是因为克里特岛人说实话他才感到他在说谎。但是此外我们也曾发现，感觉是纯粹主观性的。人们怎么能希望我们用主观性构成一个对象呢？任何一个综合群体都不能把客观品质给予原则上是被经历过的东西。如果应该有对世界对象的感知，我们就应该是从我们的涌现本身起就面对世界及对象的。感觉，作为在主体和对象之间杂生的概念，作为从对象出发被设想，并且随后应用于主体的东西，是一种人们无法说它是否是事实或正当的存在，感觉是纯粹心理学的幻想，应该根据意识和世界的关系断然把它从所有严肃的理论中驱逐出去。

但是如果感觉只是一个词，感官变成什么了呢？人们也许承认我们绝不会在我们本身之中遇到感觉这个幻想的、绝对主观的印象，人们会承认我只不过把握了这本子，这叶子的绿色本身而绝没有把握对绿色的感觉，甚至也绝没有把握胡塞尔当作意向性在"对象绿色"中复活的材料质料（matière hylétique）提出的这种"准绿色（quasi-vert）"；假设现象学还原是可能的——这点还有待证明——人们毫不费力地声明自己相信这还原将使我们面对被括在括弧里的对象，它们是诸位置活动的纯粹互相关系，而不是诸印象残留的互相关系。但是感官仍然如故。我看见绿色，我触到这光滑的大理石并且是冷冰冰的大理石。一次偶然事件能使我失去整个一个感官：我可能丧失视力，变成聋子，等等。那么一个不为我们提供感觉的感官是什么呢？

回答是容易的。首先让我们指出，感觉到处都是，又到处难以把握。桌子上的这墨水瓶，以一个物的形式被直接向我表现出来，然而它是通过视线向我表现出来的。这意味着它的在场是一个可以看见的在场，并且意味我意识到它对我表现为可以看见的，就是说我有（对）看（的）意识。但是，在视线是对墨水瓶的认识的同时，视线逃避了一切认识：没有对视线的认识。甚至反思也不会给予我们这种认识。我的反思意识事实上给予我的是对我对墨水瓶的反思意识的认识，而不是给予我感觉器官活动的认识。正是在这种意义下，应该援引奥古斯特·孔德的著名公式："眼睛不能自己看见它自己。"事实上，如果说一种别人的器官的结构、我们的视觉器官的偶然组织能使第三者的眼睛在我们的双眼看的时候来看我们的双眼。在我的手触摸的时候我难道不是能看见并触到它吗？但是那时我是用别人的观点对待我的感官：我看到对象－眼睛；我不可能看到在看的眼睛，我不能够触摸到在触摸时的手。因此，在感官是为我的时候，感官是不可把握的：它不是我的感觉的无限集合，因为我遇到的只不过是世界的对象；另一方面，如果我在我的意识之上建立一个反思的视觉，我就会遇到了我对这样或那样的"在世之物"的意识，而不是我的视觉或触觉感官；最后，如果我能看见或触到我的感觉器官，我揭示的是在世的纯粹对象而不是发现或构造的活动。可是感官在那里，存在着视线、触摸、听。

但是，另一方面，如果我考察对我显现的被看见的对象体系，我就会看到这些对象不是按任意的秩序对我表现出来的：它们被定向。因此，既然感官既不能被一个能把握的活动定义也不能被一个被体验到的状态序列所定义，我们还得努力通过对象去定义它。如果看不是视觉感觉的总和，它能是被看见的对象系统吗？在这种情况下，应该重新提出我们刚才指出的定向这个观念，并且应该努力把握它的意义。

首先，让我们注意，定向是事物的一种构成结构。对象在世界的基础上表现出来并在外在性与刚刚显现的别的"这个"的关系中表露。于是它的揭示暗含着整个感知域或世界这未分化基础的补充性结构。形式和基础之间关系的这种形式的结构因此是必然的；总之，视觉或触觉或听觉域的存在是一种必然性：例如寂静是未分化声音的发声域，我们体察的特殊声音则淹没其中。但是这样的"这个"和基础间的物质性联系同时是被选择的和被给定的。它被选择是因为自为的涌现是以世界为基础对这样一个"这个"的明白的、内在的否定：我注视杯子和墨水瓶。它被给定是在这样一个意义下说的：我的选择的进行是诸多"这个"的一种原始安排，这种安排表现了我的涌现的人为性本身。这本书在桌子的右边或左边向我显现是必然的。但是，它恰恰在左边向我显现是偶然的，并且最终我是自由地注视桌子上的这本书或托着这本书的桌子的。我们正是把这种必然性和我的选择的自由之间的偶然性称为感官。这偶然性意味着，对象总是完全同时地向我显现——我看见的就是立方体、墨水瓶、杯子——但是，这种显现总是在一种特殊的背景中发生的，这个背景就是它与世界这基础和别的"这个"的关系。我听见的总是小提琴奏出的音符。但是我必然是通过开着的门或窗户或在音乐厅中听见的：除非对象不再是没于世界的或不再是对一"涌现于世界上的存在者"表露的。但是，另一方面，如果所有的"这个"不可能同时在世界这基础上显现并且这些"这个"与基础溶合是真的，如果任何一个这个都只能以唯一的方式同时表露出来是真的，尽管对它说来有无数显现的方式，显现的这些尺度就不应该被认为是主观的和心理的：它们是严格客观的和来自事物的本性的。如果墨水瓶向我遮住了桌子的一部分，这不是由于我的感官的本性，而是由于墨水瓶和光线的本性。如果对象因离远而缩小了，也不应该用人们所不知道的观察者的某种幻觉而应该用场景的完全外在的法则来解释。于是，通过这些客观法则，客观的精确归属中心被定义为：例如，眼睛就是诸如在场景的图式中所有客观的光线汇集向那里的点。于是，感知域归属于一个被这归属客观地定义并位于围绕着它被定向的场域本身上的中心。只是这个中心，作为被考察的感知域的结构，我们并没有看见它：我们是它。于是，世界对象的秩序永远把一个对象的形象送到我们这里，而这对象原则上不可能是为我们的对象，因为它就是我们应该是的。于是，世界的结构意味着，我们只能是在被看见的时候才能看见。世界之间的诸归属只能被当作世界对象，并且被看见的世界永远定义着一个可见的对象，它的场景和安排推回到的这个对象上去。这个对象在世界之中显现并且是与世界同时显现；它总是附带地与无论怎样一组对象一起表现出来：因为它被这些对象的定向所定义；没有这个对象，就没有任何定向，因为所有这些定向都是等价的；它是给世界定向的无数可能性中间的一个定向的偶然涌现；它是被提升为绝对的这种定向。但是在这个层次上，这个对象对我们来说只作为抽象的指示存在：它是一切向我指出的东西，并且是我原则上不能把握的东西，因为我正是这个东西。事实上，我是的东西，在我是它的时候，原则上不可能是为我的对象，因为我是它。世界上的物所指示着的并且这些物围绕着的那个对象是为它自己存在的，并且原则上是一非对象。但是，由于我的存在的涌现，从一个中心出发扩展距离，所以它通过这扩展活动本身规定了一个当它使自己被世界指示时就是它自己的对象，然而我不能把这个对象直观为对象，因为我就是它，我就是对我自己的显现，而这个显现则作为就是其固有虚无的存在。于是，我的"在世的存在"，只是由于它实现了一个世界而使它本身被它实现的世界指示为一个"没于世界的存在"，并且不可能是别样的，因为除了成为世界的存在之外，不可能有其他用以进入与世界联系的方式。我不可能实现一个我不在其中并作为轻掠而过的凝视的纯粹对象的世界。而且相反，我应该投身于世界中以便使世界存在并且使我能超越它。于是，说我进入了世界，"来到世界"或者说有一个世界或我有一个身体，那都是同一回事。在这个意义下，我的身体在世界上是无处不在的：它在那里，煤气灯遮住了长在人行道旁的小灌木，复折屋顶在第七层楼的窗户之上或者小汽车从右到左奔驰而过、在大卡车后边，或者穿过马路的女子显得比坐在咖啡馆平台上的男子矮小，我的身体就在这些事实之中。我的身体是与世界同一外延的，它完全散布在事物中，同时聚拢在所有事物指示的、而且我无能认识的那唯一的点上。这应该使我们能懂得感官是什么了。

感官不是在可感的对象之前表现出来的；事实上，难道它不是可以作为对象向他人显现吗？它同样不在可感对象之后被表现出来；那样的话就应该假设一个不可言传的诸形象的世界，即实在的简单复制的世界，它们显现的机制都是可以想象的。感官是与对象同时的；它们甚至是在场景中向我们揭示的个人的事物。它们只不过是代表了这种揭示的客观尺度。于是，看并不产生视觉的感觉；它同样不是被光线所影响，而看是所有可见对象的集合，这些对象之间客观的、相互的关系全部归属于某种作为尺度的重大选择——同时也是接受——并归属于场景的某个中心。按这个观点，感官无论如何也不相当于主观性。人们在感知域内能记录下来的所有多样性事实上是客观的多样性。尤其是人们能以"阖上眼皮"来消除视觉，这一事实是一个外在的事实，它不归结于统觉的主观性。事实上，眼皮是混杂在许多别的对象中的一个被感知的对象，并且对我遮掩其他对象，这是由于它与其他对象间的客观关系：不再看见我的房间里的各种东西是因为我闭上了眼睛，这就是看见了我的眼帘；以此类推，如果我把我的手套放在桌子的台布上，不再能看见台布上的这种图案，恰恰就是看见了手套。同样地，影响一个感官的意外事故是属于对象的领域："我看见黄色"，或者因为我有黄疸病，或者因为我戴了黄色的眼镜。在这两种情况下，现象的理由不在感官的主观变化中，甚至也不在器官的变异，而是在于物质世界对象之间的客观关系：在这两种情况下，我们都是"通过"某种事物看见的，并且我们视觉的现实都是客观的。最后，如果按这种方式或另一种方式，视觉的归属中心被毁灭了，（毁灭只可能来自按其固有法则发展的世界，就是说，按某种方式表现我的人为性）诸可见对象不是一下消失了。它们继续为我地存在，但是它们的存在不再有任何作为可见整体的归属中心，不再有任何特殊"这个"的显现，就是说它们在绝对的相互关系中存在。于是，正是自为在世界中的涌现同时使世界作为事物的整体感官作为事物的品质用以表现出来的客观方式而存在。基本的东西是我与世界的关系，并且这关系依照人们所持的观点同时定义了世界及感官。失明、色盲、近视根本表象了使世界为我地存在的方式，就是说它们规定了我的视觉感官是因为后者就是我的涌现的人为性。这就是为什么我的感官能被我、然而空洞地、从世界出发地客观地认识并定义的原因：只需我的理性的及普遍的思想抽象延续诸种昭示，这些昭示是在我的感官上给予我本身的，并且只需这种思想从这些信号出发重新构成感官，就像历史学家按照指示着历史人物的遗迹重新构造历史人物一样。但是在这种情况下，我在纯粹理性的基础上，在通过思想使世界抽象化的过程中重新构造了世界：我飞掠过世界而没有依附于它，我置身于绝对客观的态度中并且感官变成诸对象之中的一个对象，一个相对的归属中心，并且它本身假设了一些座标。而甚至因此，我在思想中建立了世界的绝对相对性，就是说，我提出了所有归属中心是绝对等价的。我摧毁了世界的物质性，我甚至没有怀疑它。于是，由于世界永远指示着我所是的感官并且诱使我重新构造它而使我去消除人差，当我在世界上重新构造世界的归属中心——世界正是为之而安排的——时，我就是这个人差。但是，同时，我逃避了——由于抽象的思想——我所是的感官，就是说我切断了我与世界的联系，我处在单纯飞越的状态并且世界迷失在它的绝对等价的无数可能关系中。事实上，感官就是我们在没于世界的形式下应该是的我们的在世的存在。

　　这些意见能推而广之；它们完全能应用于我的身体，我的身体是诸事物指示着的整个归属中心。尤其是，我们的身体不仅仅是人们长期称为的"五种感官的所在地"；它也是我们行动的工具和目的。甚至不能够按照古典心理学的术语本身来区别"感觉"和"行动"：当我们提请人们注意实在既不对我们表现为物也不对我们表现为工具，而是对我们表现为工具－事物的时候，我们指的正是这一点。这就是为什么我们能把我们揭示感官的真实本性的论证当作研究身体这行动中心的导索。

事实上，人们一把行动的难题表达出来，就很可能落入后果严重的混乱。当我握住笔杆并把它浸入墨水瓶时，我就在行动。但是如果我注视着皮埃尔，他在同一瞬间走近了桌边的一把椅子，我就看到他在行动。于是这里有一种可能犯下一种错误的明显的危险，即我们关于感官暴露出的，就是说从别人的行动出发解释我的为我存在的行动暴露出的错误。因为事实上，我在一个行动发生的同时能够认识的唯一行动，就是皮埃尔的活动。我看见了他的动作并且我同时规定了他的目的：他走近桌旁的椅子以便能坐在桌子旁边写他对我说过要写的一封信。于是我能把椅子和搬动了它的身体的所有中介位置当作工具性的组织：它们是达到被追求的目的的手段。因此在这里，"别人"的身体对我显现为没于别的工具的一个工具，而且还作为掌握一些工具的工具，总之，是作为一种机械工具。如果我在对别人的身体的认识指引下为我的行动解释我的身体的作用，那么就自认是我安排了我能按我的意愿安排的某种工具，而这工具反过来，根据我追求的某种目的将安排别的工具。于是，我们回到了心灵的身体的古典区别上来：心灵使用身体这一工具。平行论再加上感觉的理论就完了：事实上我们已看到，这种理论从认识别人的感官出发，并且随后把严格相同于我在他人那里感知到的感觉器官的感官赋予我。我们也已看到一个类似的理论直接遇到的困难：因为那时我是通过我自己的感官，形变着的器官，只能根据它自己的感受向我提供情况的折射介质来感知世界，尤其是感知他人的感觉器官。于是，这种理论的结论破坏了用来建立这些结论的原则本身的客观性。行动的理论有一种类似的结构，它遇到类似的困难；如果我事实上从他人的身体出发，我就把它把握为一个工具并且同时我自己把它当作一个工具来为我服务；我事实上能够使用它来追求我不可能独自达到的一些目的；我通过一些秩序或一些要求支配着它的活动；我也能通过我自己的活动引起它的活动，同时我应该谨慎对待在使用中特别危险和棘手的工具。我对这工具的态度，就像一个工人在操纵机器的运动并避免被它伤害时所采取的复杂态度一样。再说一遍，为了以最符合我的利益的方式使用他人的身体，我需要我自己的身体这一工具，正如为了感知他人的感觉器官，我需要的是作为我的感觉器官的别的感觉器官。因此如果我按对他人的身体的形象设想我的身体，我应该精心使用的正是这个在世的工具并且正是这工具是操纵别的工具的关键。但是我与这种享有特权的工具的关系只能是技术，并且我需要一种工具来操纵这个工具，这把我们推到无限。那么如果我把我的感觉器官设想为别人的感觉器官，就需要一个感觉器官来设想它们——而如果我把我的身体当作与别人的身体相同的工具，也就要求一个工具来操纵它——而如果我拒绝设想这种对无限的求助，那我们就应该承认被一个心灵操纵的物理工具这个悖论，人们看到，这就使人落入错综复杂的难题之中。毋宁让我们注意，我们是否能在这里像在那里一样尽力为身体恢复其"为我们的本性"。这些对象在它们在其中占据一个被规定的地位的工具性复合体中向我们揭示出来。这个地位不是用纯粹空间座标，而是为着实际参据的一些轴线被定义的。"杯子在板子上"，这意味着如果人们搬动这板子的话就应该小心不要把杯子碰翻。一盒烟草在壁炉上：这意味着如果人们想去抽烟斗的话就应该走过三米的距离，并避开某些障碍物：独脚小圆桌、安乐椅等，它们是安放在壁炉和桌子之间的。在这个意义下，感知和世界中诸存在物的实际组织没有任何区别。每个工具都被推向别的工具：那些是它的关键的工具和那些它是其关键的工具。但是这些推回不是被纯粹沉思的意识把握的：对一个这样的意识来说，锤子不会归结为钉子；它在钉子旁边；况且"在旁边"这种表达如果没有勾勒出从锤子到钉子并且应该被越过的道路，那就完全失去了意义。我所发现的原始空间是路径学的空间；它是道路的纵横交错，它是工具性的并且它是工具的位置。于是，从我的自为刚一涌现起，世界就被揭示为指示着应该进行的活动的，这些活动归结为别的活动，而那些别的活动又归结为另外别的一些活动，以至无穷。尽管如此，还是应该指出，如果按这观点，感知和活动是不可分辨的，行动那时则会表现为超越单纯被感知的东西的某种将来的效力。被感知的东西作为我的自为面对它的在场，向我表现为共同在场，它是直接的接触，现时的依附，它触掠到我。但是，它这个样子呈现出来，我不能现时地把握它。被感知的事物是诱惑人的，矫揉造作的；并且，它可能向我揭示的任何一种性质，它心照不宣地同意的任何一种放弃，向别的对象的任何有意义的推回，都是未来的开始。于是我是面对只被预逃的事物的，在我不能占有的，并且作为事物的纯粹"此在"的不可表达的在场之外的，就是说，我是我的"此在"、我的人为性，我的身体。茶杯在那里，在茶盘上，它连同它在此的底现时地向我表现出来，一切都昭示了这个底，而我却看不见它。如果我想看见杯底，就是说想明确它，使它"在杯子的底上显现出来"，我就应该握住杯子的把，并且把它倒过来；杯子底结束了我的谋划，并且它相当于说杯子别的一些结构指出它是杯子必不可少的部分或说这些结构向我指出它是将以它的意义把杯子最好地化归我有的活动。于是世界，作为我所是的诸可能性的互相关系，从我涌现时起，就显现为我的所有可能行动的巨大蓝图。感知自然地向着行动自我超越；或不如说，它只能在行动的谋划中并且通过行动的谋划表现出来。世界表现为"总是空洞的将来"，因为我们总是我们自己的将来。

然而应该指出，这样向我们揭示出来的这个世界是严格的。诸工具性事物指示着别的一些工具或者和它们一起使用这些工具的客观方式；钉子是以这样或那样的方式"钉入"的，锤子是"被抓着

371 柄"的，杯子是通过"把手被把握"的，等等。事物的所有这些性质被直接揭示出来并且拉丁语的动词变格奇迹般地表达了它们。也许它们是我们所是的诸非正题谋划的相应关系，但是它们仅仅表现为世界的结构：潜在性、不在场、工具性。于是，世界对我显现为客观地逐段连接的："它从不归结为创造性的主观性而是归结到工具的无限复合。"

然而，每一个工具都归结为别的工具，而这些别的工具又归结为另外一些工具，一切都以指出作为它们全体的关键的工具而告结束。这归属中心是必然的，否则，一切工具性将变成等价的，世界将由于动词变格的完全未分化而消失。迦太基对罗马人来说是"誓死要消灭的"(delenda)，但是对迦太基人来说是"要为之服务的"(servanda)。没有与这些中心的关系，它就将一无所是，它恢复了自在的冷漠，因为这两种动词变格消失了。可是恰恰应该看到，这关键绝不是被给予我，而只是"空洞地被指示物"。我在行动中客观地把握的东西，就是互相牵制的工具世界并且任何工具，因为是在使我适应并超越这些工具的活动本身中被把握的，都推回到我应该能去使用的别的工具。在这个意义下，钉子推回到锤子并且锤子推回到使用它的手和胳膊。但是正是只就我叫他人钉钉子而言，手和胳膊才反过来变成我使用的并且向它们的潜在性超越的工具。在这种情况下，他人的手把我推回到使我能使用这只手的工具（威胁－允诺－报酬等）。第一项总是在场的，但是它只是被指示的：我在写的活动中不是握住我的手而只是握住了在写的笔杆；这意味着我使用笔来写信但是没有使用我的手来拿住笔。对我的手与对笔杆来说，我使用的态度是不同的；我就是我的手。就是说我的手中断了推回，并且是推回的结果。手仅仅是笔杆的使用。在这个意义下，它同时是"要写的书——写在纸上的符号——笔杆"系列最后工具所指示的不可认识及不能使用的项，又同时是这整个系列的定向：被印出的书本身归属于它。但是我只能认为手——它至少在活

400

动——是整个系列逐渐消失的回归。于是，在用剑，用棍棒的决斗中，我的眼睛留神的并且我舞动的正是棍棒；在写的活动中，我通过与划在纸张上的字行或格子的综合联系所注意的正是笔尖。但是我的手消失了，它在工具性复合体系统中消失以便使这系统存在。简单地说，它就是这个系统的意义和定向。

于是，我们似乎处在一个矛盾的双重必然性面前：所有工具只有以别的工具为中介才能使用——甚至才能把握，宇宙是从工具到工具地无限定地客观推回。在这个意义下，世界的结构意味着我们只能因我们本身是工具而使我们进入工具性领域，我们不可能不被作用而起作用。不过，另一方面，一个工具性复合体只能通过这个复合体的主要意义的规定被揭示，并且这种规定本身是实践的和能动的——钉一颗钉子，撒一些种子。在这种情况下，复合体的存在本身直接归结到一个中心。于是这个中心同时是一个被归属为它的工具领域规定的客观工具而且是因为我们被推到无限而不能使用的工具。我们并不运用这种工具，我们就是它。除非通过世界的工具性秩序，通过路径学的空间，通过机械的同质的或互相的关系，它才能对我们表现出来；但是它不能够对我的行动表现：我既不必适应它也不必使一个别的工具适应它，相反它就是我对工具的适应本身，我是我所是的适应。这就是为什么如果我们单单根据他人的身体类比式地重建我的身体，就仍会有两种把握身体的方式：或者它被认识并从世界出发，但是空洞地被定义；为此，理性思维从我使用的工具得出的指示出发重新构造我所是的工具就够了，但是在这种情况下基本的工具变成了本身假设了别的一些工具以便使用它的相对归属中心，并且同时，世界的工具性消失了，因为为了被揭示，它需要归属于一个工具性的绝对中心；行动的世界变成古典科学中的被作用的世界，意识飞越了外在的宇宙并且不再能以任何方式进入世界。或者身体具体地并完全地被给定为事物的安排本身，自为超越这安排走向新的安排；在这种情况下，身体在每一行动中出现，尽管是不可见的——因为行动揭示出锤子和钉子，制动器和变速器，而不是在制动的脚或在钉的手——它是被体验到而非被认识的。这说明了曼·德·比朗努力用来回答休谟挑战的有名的"努力感"（sensation d'effort）是心理学的玄想。我们从没有对我们努力的感觉，但是我们也同样没有对人们试图用来代替它的周身神经系统、肌肉、骨骼、腱、皮肤的感觉；我们感知到事物的反抗。当我想把杯子送到我的嘴边时我感知到的东西，不是我的努力，而是杯子的重量，就是说它对进入工具复合物的抵抗，是我使之在世界上显现的。巴什拉①有理由指责现象学没有充分分析他称之为对象"敌对率"（coefficient d'adversité）的东西。这种指责对海德格尔的超越性和胡塞尔派的意向性一样都是正当的和有价值的。但是应该懂得，工具性是第一位的：正是就一个原始工具的复合体而言，事物揭示了它们的抵抗和它们的敌对性。螺丝钉对上进螺母来说显得太粗，支架对支持我想支撑的分量来说显得太脆弱，石块对被举到墙脊上来说显得太重，等。有的对象对已经建立的工具性复合体显现为威胁：风暴和冰雹对庄稼的威胁，根榴蚜对葡萄树、火对房屋的威胁。于是，通过已经建立的一些工具性复合体，它们的威胁逐渐地扩展到所有这些工具指示着的归属中心，并且这威胁反过来通过它们指示着这中心。在这个意义下，所有的手段同时是顺应的又是敌对的，但是，它是在通过自为在世界上涌现而被实现的基本谋划的范围内的。于是我的身体从根本上说是被工具的复合体、其次也是被重建的工具指出的。我在威胁性的工具温顺的工具上都一样体验到我的身体是在危险之中。到处都是这样：毁灭了我的房屋的炸弹同样伤及了我的身体，因为房屋已经指示着我的身体。因为我的身体总是通过它使用的工具扩展；它在我依持的挂着地的棍子的端点；在向我指出星体的天文望远镜后边；在椅子上，在整个房

---

① 巴什拉（Bachelard, 1884—1962），《水和梦》，1942 年 José Corti 版。——原注

屋中，因为它就是我对这些工具的适应。

于是，经过这些叙述，感觉和行动被重新结合起来并且只是一回事。我们已不再首先赋予我们一个身体以便然后研究我们用以把握或改变世界的方式。而是相反，我们把我们与世界的原始关系，就是说，我们没于存在的涌现本身作为把身体揭示为身体的基础。身体对我们来说远非第一位的并且它远非为我们揭示事物，而是这些工具-事物在它们的原始显现中为我们指出我们的身体。身体不是事物和我们之间的一个屏障；它只表露我们的个体性及与工具性事物的原始关系的偶然性。在这个意义下，我们曾把感觉及感觉器官一般地定义为我们按没于世界存在的形式应该是的我们的在世的存在，我们同样能把行动定义为我们在没于世界的工具性存在的形式下应该是的我们的在世的存在。但是，我之所以是没于世界的是因为我以超越存在走向我本身而使世界存在；并且我之所以是世界的工具是因为我通过把我自己向着我的诸种可能的谋划使得一般的工具存在。只有在一个世界中才可能有一个身体，并且一种原始的关系对这世界的存在来说是必不可少的。在一个意义下，身体就是我直接所是的；在另一个意义下我与它之间隔着世界的无限度，它通过从世界向我的人为性的倒流向我表现出来并且这永恒倒流的条件是永恒的超越。

我们现在能够确定我们的身体的为我们的本性了。前边的意见使我们事实上能做出身体永远是被超越的东西这一结论。事实上，身体作为感性的归属中心，是在我所是的东西之外的，因为我直接出现在我感知到的玻璃杯、桌子或远处的树木面前。事实上，感知只能在恰恰是对象被感知的地方并且是没有距离地产生的。但是感知同时扩展这些距离，身体就是这样一种东西：被感知的对象把它对这种东西的距离看成是它的存在的绝对属性。同样，身体作为工具性复合的工具性中心，只能是被超越的东西：它是向着复合物的一个新的组合而超越的东西，不论我到达的是什么样的工具性组合，我都应该不断超越的东西，因为，我的超越刚一固定在它的存在中，任何组合就指出身体是它的被凝固的固定的归属中心。于是，身体既然是被超越物，就是"过去"。它是对诸可感知事物的自为的直接在场，这种在场指出一个归属中心并且指出这个在场已经被超越，或者是走向一个新的"这个"的显现，或者是走向工具性事物的新组合。在自为的每一谋划中，在每一个感知中，身体都在那里，它是与逃避它的"现在"还处在同一水平上的刚刚过去的东西。这意味着它同时的观点又是出发点：我所是的并且我同时向着我应该是的东西超越的观点和出发点。但是这永远被超越并且永远回到超越内部的观点，这我不断地跨越并且就是停留在我后面的我本身的出发点，是我的偶然性的必然性。它是双重必然的。首先因为它是通过自在对自为的连续重新把握，而且它是自为只能是不是它自己的基础的存在这一本体论事实：拥有一个身体，就是是它自己的虚无的基础而不是它的存在的基础：就我所是而言，我是我的身体；就我不是我所是而言我又不是我的身体；我正是通过我的虚无化而逃避了它。但是我没有为此使它成为一个对象：因为我逃避的永远是我所是的东西。身体还必须是一个应该去超越以便在世界中存在的障碍，就是说是我相对我本身所是的障碍。在这个意义下，它就是世界的绝对秩序，这种我使之到达存在的秩序是由于我超越它而走向"将来的存在"(être-à-venir)，走向"存在之外的存在"。我们能明确地把握这两种必然性的统一：自为的存在，就是超越世界并且在超越世界时使之存在。但是超越世界，显然不是轻掠过它，而是介入到它之中以便从中浮现出来，造成超越的这种前景是必要的。在这个意义下，有限性是自为的原始谋划的必要条件。在我使之来到存在之中的世界之外，我成为我所不是又不是我所是的必要条件，就是在我所是的无穷追求内部，永远有一个不能把握的给定物。这我不应该是而是的给定物——除非按不存在的方式——是既不能把握也不能认识的，因为它到处被恢复并被超越，到处被用于我的谋划、被承担。但是另一方面，一切都向我指明它，整个超越物都以它的超越性本身粗略地勾勒它，我决不能返回到它指出的东西，因为我就是被指出的存在。尤其是不应该把被指出的给定物理解为工具性事物的静力学秩序的纯粹归属中心。而是相反，是它们动力学秩序的归属中心，它依赖或不依赖我的行动，按一些规则归属于我的行动，甚至因此，归属中心在它的变化中正如在它的同一性中一样被定义。它不可能是别的样子，因为正是由于否定了我自身我才是存在，我使世界进入存在，还因为，正是以我的过去出发，就是说由于把我抛到我固有的存在之外，我才能否认我本身是这样或那样的存在。按这个观点，身体、就是说这个不能把握的给定物是我的行动的必要条件：事实上，如果我追求的目标能通过纯粹的意愿被达到，如果为了获得，只需希望就够了，并且如果被决定的规则不规定工具的使用，我就决不能在我自身中区别欲望和意志，也不能区分梦幻和活动、可能和实在。我自身的谋划没有一个是不可能的，因为为了实现，设想就够了；因此，我的自为的存在在现在和将来的无区别之中自我虚无化。事实上，行动的现象学指出：活动假设单纯的概念和实现之间的连续性出路，就是说在普遍思想和抽象的思想之间的连续性的出路："汽车的汽化器应该没有被阻塞"和一个操纵以它的绝对体积和绝对位置向我显现的这个汽化器的技术的而具体的思想之间的连续。这个技术思想与他操纵的活动没有区别，这思想的条件是我的有限性，我的偶然性，最终是我的人为性。然而，事实上我存在显然是因为我有过去并且这直接的过去通过诞生并根据我赖以涌现的虚无化把我推回到原始的自在。于是作为人为性的身体是过去，它从根本上归结为诞生，就是说，归结于我从我不应该是而事实上是的自在中涌现的最初的虚无化。诞生、过去、偶然性，观点的必然性，对世界来说是任何可能的行动的条件。这就是身体，这样一个身体是为我的。因此它全然不是附加到我的心灵上的偶然的东西，而是相反，是我的

376

存在的永久结构和作为对世界的意识及作为向我的将来超越的谋划的我的意识的可能性的永久条件。按这个观点，我们应该同时承认，我是残废人，职员或工人的后代，我是暴躁的和怠惰的，这完全是偶然的和荒谬的，而我是这个或别个的事物，法国人、德国人或英国人等，无产者或资产者或贵族等都是必然的。残废的和体弱的或强壮的、个性暴躁的或随和的，显然是因为我不能在世界没有消失时飞越世界。我的诞生，作为制约着对象用以向我表现的方式的东西（奢侈品或基本必需品是或多或少可以得到的，某些社会实在向我显现为被禁止的，在我的路径学空间中有一些障碍或阻碍）；我的家族，作为被他人对待对我的态度所指出的东西（它们表现为鄙视或钦慕，表现为信任或怀疑）；我的阶级，作为通过我在其中显现的社会团体的标志而表现出来的东西，作为我常处的地位与之有关的东西；我的民族、我的生理结构，作为诸工具通过它们据以表现反抗或顺从的方式本身及通过它们的敌对率本身包含着的东西；我的个性，我的过去，作为被世界指示为我对世界的观点的我体验到的一切：所有这一切，作为我在我在世的存在的综合统一中超越了的东西，正是我的身体，它是一个世界的存在的必要条件的偶然实现。我们现在尽其可能明晰地把握了我们在前面提到的"为我们的存在"中的身体的定义：身体是我们的偶然性的必然性采取的偶然形式。这种偶然性，我们绝不能真实地把握它，因为我们的身体是为我们的：因为我们是选择，而存在对我们来说，就是自我选择。甚至我患的这种残疾，恰恰由于我体验到了，我才承担了它，我才超越它奔赴我自己的谋划，我才使它成为对我的存在的必然障碍并且若我不选择我为残疾，我就不可能是残疾人，就是说选择我用以构成我的残疾的方式（如"难以忍受的"，"使人丢脸的"，"隐瞒"，"完全暴露"，"骄傲的对象"，"对我的失败辩解"等等，等等）。但是这个不能把握的身体，它恰恰就是有一种选择的必然性，就是说，我同时不存在的必然性。在这个意义下，我的有限性是我的自由的条件，因为不存在没有选择的自由，正如身体制约着作为对世界的纯粹意识的意识，它使意识成为可能直至其自由本身。

还应设想的是，身体是为我的，因为，恰恰由于它是不能把握的，它不对世界的对象显现，就是说不对我认识和使用的那些对象显现；然而，另一方面，既然我不意识到我所是的东西，我就一无所是，那身体就应该以某种方式向我的意识表现。在一个意义下，当然，它是我把握并且体会的所有工具所指出的东西，我没有在我关于这些工具的感知到的那些指示本身中认识它而领会了它。但是，如果我们局限于这种看法，我们就不能区别，例如，身体和天文学家用来观察天体的天文望远镜。事实上，如果我们把身体定义为对世界的偶然观点，就应该承认观点的概念假设了双重的关系：与事物的关系，它是对这些事物的观点，以及与观察者的关系，它是对观察者来说的观点。当涉及作为区别于身体的客观工具的世界上的观点（望远镜、观景亭、放大镜，等）时，它与第二种是没有真正区别的。一个从一个观景亭凝视着风景的游客，同样清楚地看见了风景和观景亭：他在观景亭的柱子之间看见树木，观景亭的亭顶对他遮蔽了天空，等。然而，他和观景亭之间的"距离"比起他的眼睛和风景之间的距离就太小了。观点能接近身体，直到几乎与它融合，正如人们在例如望远镜、夹鼻镜、单片眼镜同样可以说变成附加的感觉器官的情况下看到的一样。严格地说——如果人们设想一个绝对观点的话——人和对其而言它是观点的那个人之间的距离就消失了。这意味着，不再可能后退来"扩大视野"并在这观点之上建立一个新的观点。我们看到，那恰恰正是表示了身体特征的东西。身体是我不能以别的工具为中介使用的工具，我不能获得对它的观点的观点。因为，事实上，对我明确称之为一个"好观点"的这座山头，在我注视山谷的那一时刻，我获得了一个观点，而对这一观点的那个观点，就是我的身体。但是，若没有对无限的归结，我就不可能获得对我的身体的观点。不过，据此，身体不可能为我地是超越的和被认识的；自发的，不反思的意识不是对身体的意识。毋宁应该说，在把动词存在（exister）当作及物动词使用时，意识使它的身体存在。于是作为观点的身体和事物的关系是一种对象的关系而意识和身体的关系是一种存在的关系。我们应该通过这后一个关系理解什么呢？

首先，很明显，意识只能作为意识使其身体存在。那末，我的身体是我的意识的意识的结构。但是，恰恰因为它是不能有对它的观点的观点，在非反思的意识方面，就没有对身体的意识。因此，身体属于对自我的非正题意识的结构。然而我们能单纯地把它与这种非正题的意识视为同一吗？这同样是不可能的，因为非正题的意识是（对）自我（的）意识，这种意识是作为向着它自己的可能性的自由谋划，就是说意识是它自己的虚无的基础。非位置的意识是（对）身体（的）意识，如同对意识在自我造就为意识的过程中超出并虚无化的东西的意识，就是说，如同对意识不应该是而是的，并且意识在其上通过以便是其应该是的某种事物的意识。总之，（对）身体（的）意识是未经修饰的东西（le négligé），"寂静下的过去"（passé sous silence），然而这正是意识所是的；它甚至除了是身体外不是任何别的什么，剩下的是虚无和寂静。身体的意识可以与姿势（signe）的意识相比较。此外，姿势是在身体方面存在的，是身体的本质结构之一。然而姿势的意识存在着，否则我们不能理解意义（signification）。但是姿势是被超越走向意义的东西，是为了意义的利益而被忽视的东西，是对它自己本身来说从未被把握的东西，是注视由之引出的彼在。对身体的意识是对它不应该是而是的东西的侧面的回顾的意识，就是说对它的不可把握的偶然性的意识，对意识从之出发所进行的选择的东西的意识，是对使意识感动的方式的非正题意识。对身体的意识是与原始的情感混在一起的。还应该很好地把握这情感的意义；为此，一种区别是必要的。

情感，正如内省事实上向我们揭示的那样，已经是被构成的情感：它是对世界的意识。任何仇恨都是对某个人的仇恨；任何愤怒都是对作为可憎的、不公正的、错误的某人的体会；对某人有好感正是感到这个人是可亲的，等等。在这些不同的例子中，一种超越的"意向"被引向世界并把它体会为世界。因此，已经有超越，内在的否定；我们是在超越性和选择的水平上。但是，舍勒明确地指出，这"意向"应该区别于纯粹情感的品质。例如，如果头痛，我就在我之中发现一种趋向我的痛苦的意向性情感以便忍受这痛苦，以便顺从地接受或转移它，以便使之价值提高（例如把它看成为不公正、被需要的、使人净化的、使人感到丢脸的等等），以便来逃避它。这里，情感正是意向本身，意向是纯粹的活动并且已经是谋划，是对某种事物的纯粹意识。能被认作（对）身体（的）意识的只能是它。

但是，显然，这意向不可能是情感的全部。因为它是超越，它假设了一种被超越的东西。此外，正是这证明了鲍德温[①]不恰当地称之为"感情上的抽象"的存在。这位作者事实上确认我们能有情感地在我们之中实现某些感情而不具体地感受到它们。例如，如果人们向我讲述这样一件刚使皮埃尔的生活变得暗淡的痛苦事件，我感叹道："他该是多么痛苦啊！"我并不认识这种痛苦，然而我事实上也没有感受到它。纯粹的认识和真正的情感之间的这些中介，鲍德温称之为"抽象的"。但是一个同样抽象化的机械论仍然是暧昧不清的。谁在抽象？如果按拉波尔特的定义，抽象就是把不能单独存在的结构放在一边去思想，或者我们应该把感情的抽象同化于感情的纯粹抽象概念，或者我们应该承认这些抽象不可能如此这般地作为意识的存在形态存在。事实上，所谓的"感情上的抽象"是空

[①] 鲍德温（James Mark Baldwin, 1861—1934），美国心理学家，社会学家。——译注

洞的意向，是感情的纯粹谋划。就是说我们自己走向痛苦和羞愧，我们自己倾向于它们，意识超越自己，但是是空洞地超越。痛苦在此，它是客观的和超越的。但是它缺少具体的存在。最好还是不要用情感印象的材料称呼这些意义；它们对艺术创造和心理学理解的重要性是不可否认的。但是在这里重要的是，使它们脱离实在的羞愧的东西是"实际体验到的东西"的不在场。因此，有一些通过情感的谋划而被越过和超越的纯粹情感的品质。我们将和舍勒一样对之一筹莫展，人们不知道意识之流卷带去的是什么材料（hylé）；对我们来说，关键仅仅在于意识用以使其偶然性存在的方式；意识正题地但是暗含地构成为对世界的观点的东西，正是意识的结构本身，意识超越这结构走向它固有的可能性，这就是意识自发地并且按正题的方式存在的方式。这可以是纯粹的痛苦，但是也可以是性情，作为非正题的情感整体，纯粹的愉快，纯粹的不愉快；按一般方式讲，这正是人们称为一般机体觉的东西。这一般机体觉的表现大多不被一个自为的超越谋划超越而走向世界；正是这样，很难孤立地对它进行研究。然而，存在某些特别的经验，人们能按它的纯洁性把握它，尤其是人们称之为"肉体的"痛苦的经验。因此我们正是要求教于这种经验以便在概念上确定（对）身体（的）意识的结构。

我的眼睛疼痛，但是我应在今晚读完一本哲学书。我读了。我的意识的对象是书，通过书，还有书意味着的真理。身体本身并没有被把握，它是观点和出发点：单词一个跟着一个在我面前滑过，我使它们滑过，我还没有看的书页下面的单词仍然属于一个相对的基础或"基础-书页"，而这"基础-书页"又是在"基础-书"和绝对基础或世界的基础上面组织起来的；但这些词从它们的无区别的基础那里召唤我，它们已经拥有松脆整体的特性，它们表现为"使这特性在我眼前滑过"。在所有这一切中，身体都只不露声色地表现出来的：我眼睛的运动只在观察者的注视中显现出来。对我来说，我只正题地把握紧跟相随的词的那种被凝固的涌现。然而，单词在客观的时间中的连续序列是通过我固有的时间化而被给出和被认识的。它们静止的运动通过我的意识的"运动"表现出来的；意识的这种"运动"是指出时间进展的纯粹隐喻，对我来说严格地是我的眼睛的运动；我不凭借他人的观点而区别我的眼睛的运动和我的意识的综合进展是不可能的。然而，在我读书的时候我的眼睛疼。首先要注意：这种痛苦本身能被世界的对象所昭示，就是说被我读的书所昭示：单词可能更加难于脱离它们构成的未分化的基础；它们可能颤抖，发花，它们的意义可能很拙劣地表现出来，我刚读过的句子可能两次、三次都没被理解，两次、三次地需要"再读"。但是，这些指示本身可能就缺少某种东西——例如，在我读的书"把我吸引住"了情况下和"我忘记了"我的痛苦的情况下（这完全不意谓着它消失了），因为，如果我刚刚在以后的反思活动中获得了对它的认识，它将表现为永远是在此的；并且无论如何，那并不是我们感兴趣的东西所在，我们力求把握意识用以使它的痛苦存在的方式。但是人们会说，首先，痛苦是如何被表现为眼睛的痛苦呢？那里没有意向性地推回到一个超越的对象，推回到显然是作为外界地，在世地存在的我的身体吗？痛苦包含关于它本身的信息，这是毫无疑义的：不可能混淆眼睛的痛苦和手指的或胃的痛苦。然而，痛苦是完全缺乏意向性的。应该认识到：如果痛苦表现为"眼睛的"痛苦，那里就并没有神秘的"局部迹象"，也同样不再有认识。不过，痛苦恰恰是意识使之存在的眼睛。这样，它以它的存在本身而不是以一种标准也不是以一种外加的乌有区别于任何别的痛苦。当然，可以这样命名：眼睛的痛苦完全设定了整个一种我们应该描绘的构成工作。但是我们此时此刻还不用考察这工作，因为这工作还没有做：痛苦并不是从反思的观点被考察的，它与为他的身体无关。它是"痛苦－眼睛"或"痛苦－视觉"；它与我把握这些超越的单词的方式并无区别。正是我们为了陈述的清晰而把它称为眼睛的痛苦；但是它在意识中并没有被命名，因为它未被认识。只不过是不可言传地并且通过它的存在本身区别于别的可能的痛苦的。

然而，这种痛苦在宇宙的现实对象中间毫无存在之处。它不在书的右边也不在书的左边，既不在通过这本书所揭示出来的真理中间，也不在我的"对象－身体"中（他人看见身体，我能同样触及而且看见的身体）也不在被世界暗暗昭示的我的身体－观点中。同样不应该说它是和"它物同时被感觉的"或作为一个和谐"被迭合"在我看见的诸事物上的。它们在此是些没有意义的形象。因此，痛苦不在空间中。但是它同样不属于客观的时间：它被时间化并且正是在这时间化中并通过这时间化，世界的时间才能显现出来。那么它是什么呢？简单说来，它是意识的半透明的材料，它的此在，它对世界的归并，总之是阅读活动的固有偶然性。它超乎所有期望和所有认识之外存在，因为它溜进任何一个期望和认识的活动中，因为当它以不是它存在的基础而存在时，它就是这种活动本身。

然而，甚至在纯粹存在的水平上，作为依附于世界的偶然的东西的痛苦，只有在被超越的情况下，才能使它非正题地存在。疼痛的意识是对世界的内在否定；但是同时它使它的痛苦——就是说是自我本身——作为对自我的脱离而存在。纯粹的痛苦，作为单纯的体验，是不可能达到的：它是一种是其所是的难以表达和无法形容的东西。但是疼痛的意识是向着一个没有任何痛苦的后来的意识的谋划，就是说它的组织，它的此在都不是痛苦的。表示了痛苦的意识的特征的这种侧面的逃避，这种从自我中的脱离并不就此构成作为心理对象的痛苦：它是"自为"的非正题的谋划；我们只通过世界才熟悉了它，例如这谋划按一种方式被给定，书就是按这种方式作为"面对用紧张的节奏被读"而显现的，单词就是按这种方式在一种可怕的固定的圆圈中互相挤压，整个宇宙就是按这种方式被焦虑所打击。再说——这正是身体性存在的本义——人们想逃避的不可言传的东西处在这种脱离本身之中,正是它行将构成超越它自身的意识,它是偶然性本身和想逃避它的逃避的存在。我们在别的任何地方都没有更近地接触到这种"自为"对"自在"的虚无化和这种滋养虚无化的自在对自为的重新把握。

就算是这样吧,人们会说:但是你们选择一种痛苦恰恰就是起作用的器官的痛苦的情况,选择了眼睛在注视时,手在抓握时的痛苦的情况,你们分析的是过于理想化的一部分。因为最终,我在阅读时能忍受手指的创伤。在这种情况下,很难赞同我的痛苦是我的"读的活动"的偶然性本身这个说法。

首先应注意到,如果我能专心致志地进行阅读,我就因此不断地使世界成为存在;更确切地说:我的阅读是一种活动,在这个活动的本性本身中包含着作为必然基础的世界的存在。这丝毫不意味着我有哪怕一点对世界的意识,而只意味着我有对作为基础的世界的意识。我并非没有看见我周围的颜色、运动,我不断地听到声音,只不过这一切消失在作为我阅读的基础的未分化的整体中。与此相应,世界不断地把我的身体昭示为对物质世界整体的整个观点,但是正是作为基础的世界昭示了它。于是,我的身体,就它是我的意识的整个偶然性而言,总是完全地被存在的。它同时是作为基础的世界整体指出的东西和我在与对世界的客观体会的联系中有感情地存在的整体。但是,就一个特殊的"这个"作为世界这基础中的形式突出出来而言,它相应地指向身体性整体的动能特性,并且同时,我的意识使一个在它使之存在的"整体-身体"上面消失的身体性形式。书被阅读而且就我存在以及就我超越视觉的偶然性或可以说就阅读的偶然性而言,眼睛似乎是身体整体这基础上的形式。显而易见,在存在的层次上,眼睛不是被他人看到的感觉器官,而只是我看的意识的组织本身,因为这种意识是我对世界的更广阔的意识的结构。拥有意识,事实上总是拥有对世界的意识,而因此，世界和身体总是面对我的意识在场的，尽管是以不同的方式。但是这种对世界的整个意识是对作为基础的世界的意识，这是对这样或那样的特殊的"这个"而言的基础，并且，因此，正如意识在它虚无化的活动本身中陈列出来一样，有一种在身体性的整个基础上的身体的特有结构的表现。在我阅读的那一时刻，我永远是一个身体，坐在这张安乐椅中，离窗户三米远，处在特定的温度和时间的条件下。而我的左手食指上的痛苦，我永远使它作为我一般的身体而存在。只不过，我是当痛苦在作为从属于身体性整体的结构的身体性基础中消失的时候使这痛苦存在的。它不是不在场的也不是潜意识的：它仅仅是本身与位置意识没有距离的这个存在的一部分。如果刚才我翻了书页，我食指的痛苦没有为此变成认识的对象，它将进入偶然性的行列，这偶然性是作为在我的身体的一个新组织上面的形式而被存在，而我的身体就是偶然性的整个基础，此外，这些意见符合这样一个经验的观察：因为当人们阅读时，"排遣"食指或腰的痛苦比排遣眼睛的痛苦更容易。因为眼睛的痛苦恰恰是我的阅读，并且我读的单词无时无刻不把我推回到那里，而我手指或腰的痛苦，作为把世界作为基础的领会，并非本身作为部分的结构消失在作为对世界的基础的基本领会的身体中。

但是现在我突然中断了阅读，现在我专注于把握我的痛苦。这意味着我把一种反思意识导向我现时的意识或视觉－意识。于是，我的反思意识的现时组织——尤其是我的痛苦——被我的反思意识领会并提出来。这里应该回顾一下我们说过的反思：这是一种总体的、没有观点的把握，这是一种被它本身超出的认识，并且它力图把自己对象化，有距离地反映被认识物，以便能凝思它和思维它。反思的原始运动因此是为了超越痛苦的纯意识的品质而奔赴一个痛苦－对象的。于是，由于我们坚持我们曾称为共谋的反思的东西，反思力图使痛苦成为一种心理的东西。这种通过痛苦被领会的心理对象，就是疼痛。这对象具有痛苦的一切特性，但是它是超越的和被动的。这是一个有其固有时间的实在——并非外在宇宙的时间也不是意识的时间；而是心理的时间。那末实在能支持各种各样的衡量和规定。这样，它不同于意识本身并通过意识本身表现出来；当意识演进的时候它仍然是恒定的，并且疼痛的不透明性和被动性的条件正是这种恒定本身。但是另一方面，这疼痛，作为通过意识把握的东西，它具有意识所有的、但是渐弱的统一性、内在性和自发性。这种渐弱性没有向它提供心理的个体性。就是说，首先，疼痛具有一种绝对的致密组织而没有部分。此外，它有它固有的绵延，因为它在意识之外并且拥有一个过去和将来。但是，这个绵延只是原始时间性的投影，它是繁纷复杂的互相渗透。这疼痛是"使人强烈感到的"，"温和的"等。这些特性只追求恢复这种疼痛用以在绵延中显出轮廓的方式：它们是有节奏的品质。反思并不认为时断时续表现出来的痛苦是疼痛意识和非疼痛意识的纯粹交替；对有组织的反思来说，短暂的缓解是疼痛的一部分，正如休止成为旋律的一部分一样。总体构成疼痛的节奏和速度。但是在它是被动对象的同时，疼痛由于是通过意识这绝对自发性而被发现的，它是在这种自发性在自在中的投影。疼痛作为被动的自发性是妙不可言的：它表现出是它本身的持续，并完全是它的时间形式的主宰。它不同于时空对象的显现和消失：我之所以不再看见桌子，是因为我掉过头去；但是我之所以不再感到我的疼痛，是因为它消失了。事实上，这里产生了一种类似于完形心理学称为频闪观察的错觉的现象。疼痛的消失，由于欺瞒了反思的自为的谋划，表现后退的运动，几乎表现为意志。有一种疼痛的有灵论：疼痛表现为一个有生命的存在，有它的形式，它的固有的绵延，它的习惯。病人和它有一种无间的亲密：当疼痛显现时，它不是作为一种新的现象，病人说，这是"我下午的发作"。于是，反思没有把同一发作的诸时刻连接起来，而是在整个发作的日子之外，把诸发作连接起来了。尽管如此，认识的这种综合有一个特殊的特性：它不追求构成一个甚至在不被给予意识的时候仍然是存在物的对象（按仍然是"半睡半醒"或处在"潜意识中"的仇恨的方式）。事实上，当疼痛过去了的时候，它真正地消失了，它"不再存在了"。但是由此得出了这种奇怪的结论，即当它再显现的时候，它以它的被动性本身，通过一种自发的普遍化而涌现。例如，人们不知不觉地感到它"来临"了，这就是它"重新产生"，"这就是它"。于是，最初的一些痛苦，和别的一些一样，本身不被领会为被反思意识的简单混一的结构：它们是疼痛的"征兆"或不如说就是疼痛本身，它缓慢地产生，就像火车头在缓慢地启动。但是另一方面，恰恰应该看到，我用痛苦构成了疼痛。这并不意味着，我认为疼痛是痛苦的原因，而是毋宁说，它在任何一个具体的痛苦中，就像音符在旋律中一样：音符同时是整个的旋律和这旋律的一个"拍节"。通过每一个痛苦，我把握了整个的疼痛，然而疼痛完全超越了它们，因为它是所有那些痛苦的综合整体，是用它们并通过它们展开的主题。但是疼痛的质料不同于旋律的质料：首先，它是纯粹被体验的，无论是反思意识和痛苦之间还是反思意识和被反思意识之间都没有任何距离。因此，疼痛是超越的但是没有距离的。它作为综合整体在我的意识之外，并且几乎已经是在别处存在的，但是另一方面，疼痛由于它所有的芒刺，由于它所有就是我的意识的音符而在我的意识之中，渗入我的意识之中。

在这个层次上，身体变成了什么呢？我们要指出，反思投射期间，有一种分裂：对未反思的意识来说痛苦是身体，对反思的意识来说疼痛不同于身体，它有其固有的形式，它来临又离去。在我们所处的反思水平上，就是说在"为他"参与之前，身体并不是被明确地、主题地给予意识的，反思意识是对疼痛的意识。只不过，如果疼痛有它固有的形式并一种把超越的个体性提供给它的旋律节奏的话，它则通过它的质料与自为合一，因为它通过痛苦并作为我的所有同一类型的痛苦的统一被揭示。在我把它的质料给与它这个意义上讲，它是我的疼痛。我把它把握为是被某个被动中心支持并供养的东西，它的被动性是诸种痛苦的偶然人为性在自在中的准确投射并且这中心就是我的被动性。这个中心本身不被把握，除非像雕像的质料在我知觉到它的形式时被把握那样。然而，在那里：它是疼痛折磨着的被动性并且这被动性不可思议地把新的力量给予它，就像大地之于安泰一样。这就是在新的存在水平上的我的身体，即作为反思意识的纯粹对象意识的（noèmatique）互相关联的身体。我们称它为心理的身体。它还全然没有被认识，因为力图把握痛苦意识的反思还不是认识的。痛苦意识在它最初涌现中是情感的。它认为疼痛正好是一个对象，但它是一情感的对象。人们首先走向它的痛苦以便憎恨它，以便耐心地忍受它，以便把它体会为不可忍受的，甚至爱它，对它感到欢欣（如果它显示了一种解除，康复的话）以便以某种方式使之价值提高。并且当然，人们使之增殖的正是疼痛，或更确切地说，正是这疼痛作为这增殖化的必然关联项而涌现。因此，疼痛完全不被认识，它被忍受并且同样，身体被疼痛揭示并且意识同样忍受了疼痛。为了以认识的结构去丰富向反思表现的身体，需要求助于别人；我们现在还不能谈论这点。因为，那就必须要求为他身体的结构已经弄明白了。然而，从现在起，我们能够指出，这心理的身体，作为在自在水平上意识的内在结构的投影，成为心灵的所有现象暗含的质料。这就如同原始的身体被每一个意识当作它固有的偶然性存在一样，心理的身体是作为恨或爱的活动和品质的偶然性被忍受的，但是这种偶然性有一个新的特性：是作为通过意识被存在的东西，它是自在对意识的重新把握；作为被忍受的东西，在疼痛或恨或事业中，它被反思抛进自在。因此，这偶然性在它被外在地分割的奇妙团块之外表现了每一种心理对象的意向，它在统一了诸心理对象的奇妙关系之外表现了每一个对象要从未分化岛屿这一特性中孤立出来的意向；因此它是对应着心理的有节奏绵延的暗含着的空间。由于身体是我们所有心理事件的偶 *387*

417

然的和未分化的质料，所以身体决定了心理空间。这种空间无上下、左右之分，它还没有部分，因为心理的奇妙的团块要克服它未分化的分割的倾向。它仍然是心灵的实在特性：这并不是因为心灵被统一于身体，而是身体在它的富有节奏的组织中是它的实体和它的可能性的永恒条件。正是它在我们给心理的东西命名时就显现出来；我们正是用它来给心灵的事件分类并解释它们的隐含的及机械论化学历程的基础；我们追求的正是这个身体，并且为了追求并现时化这些抽象的感受，我们用我们制造出来的形象（形象意识）赋予身体以形式；最后，正是它引起了，并且按某种尺度判定了像潜意识的理论这样的心理学理论，像记忆的保存这样一些难题。

不言而喻，我们已选择了肉体的痛苦作为例证，并且还选择有上千种本身是偶然的方式，用以使我们的偶然性存在，尤其是，在没有任何一种痛苦、任何一种乐趣，任何明显的不快，并非意识使之"存在"的情况下，自为不断地自身谋划超出纯粹的偶然性之外并且可以说是未被定性的偶然性之外。意识不断地"拥有"一个身体。于是一般机体觉的情感是对一个没有颜色的偶然性的纯粹非位置性的把握，是把自我当作事实的存在的。我的自为有一种无地自容的无味的体味，这种体味甚至在我努力从中解脱时也一直伴随着我，并且就是我的体味，对我的这种自为的不断把握，就是我在别的地方在"恶心"（la Nausée）名下所描绘的东西。一种隐蔽的、不可克服的恶心永远对我的意识揭示我的身体：我们可能有时会遇到愉快的事或肉体的痛苦以使我们从中解脱出来，但是，一旦痛苦和愉快通过意识被存在，它们就反过来表露了意识的人为性和偶然性，并且它们正是在恶心的基础上被揭示出来的。我们远不应该把恶心这个词理解为从我们生理的厌恶中引出的隐喻，相反，正是在它的基础上，产生了所有引起我们呕吐的具体的和经验的恶心（面对腐肉、鲜血、粪便等的恶心）。

二、为他的身体

我们刚才描述了我的为我的身体。在这种本体论的范围内,我的身体就像我们描述过的那样并且它只是如此。人们在其中找寻生理器官的踪迹,解剖学和空间的结构的踪迹是徒劳的。或者它是被世界的工具性对象空洞地指示的归属中心,或者它是自为使之存在的偶然性;更严格地说,存在的这两种样式是互相补充的。但是身体经历了和自为本身一样的灾变(avatars);它具有另外的存在范围。它也是为他存在的。我们现在正是要从这新的本体论角度来研究它。这也就是要研究我的身体向他人显现的方式或他人的身体对我显现的方式。事实上我们已确定我的为他存在的结构是与他人的为我存在的结构同一的。因此为了方便起见,我们正是从他人存在的结构出发确立了为他身体的(就是说他人的身体的)本性。

我们在前边一章已经指出,身体不是首先向我表露他人的东西。事实上,如果我的存在和他人的存在的基本关系归结为我的身体和他人的身体的关系,这关系就会是纯粹外在的关系。但是如果我与他人的联系不是一种内在的否定的话,则这种关系是无法想象的。我首先应该认为他人是我为之作为对象而存在的东西;重新把握我的自我性使他人作为先于历史的历史化的第二个环节中的对象显现出来;因此他人身体的显现不是原始的相遇,而是相反,这显现只是我与他人的关系中的一段插曲,尤其是我们所谓别人的对象化的插曲;或者可以说,他人首先为我的存在,然后我在我的身体中把握他;他人的身体对我来说是次级结构。

他人,在别人的对象化的基本现象中,对我显现为被超越的超越性。就是说,只是由于向着我的可能性自我设计,我越过并超越他的超越性,他的超越性是超然物外的;是对象-超越性。我在世界中把握这种超越性,并且一开始就把它当作我的世界的工具性事物的某种组织,因为这些工具性事物附带地指示着没于世界的而且是我所不是的次级归属中心。这些指示,与指示着我的诸指示不同,不对指示性事物起结构作用:它们是对象的侧面属性。我们看到,他人不可能是构成世界的概念。因此这些指示都有一种原始的偶然性和一种事件的特性。但是,它们指示的归属中心恰恰是作为单纯被沉思或被超越的超越性的别人。对象次级的组织正是把我推回到他人,正如推到这种组织的组织者或得益者,简言之,推回到一个工具,这个工具是为了它本身产生的一种目的而组织一些工具的。但是反过来,我超越这个目的并且使用它,它处于世界的中心并且我为了我固有的目的而使用它。于是,他人首先是被事物指示为工具的。"我"也是如此,事物指出:我是工具,我是身体,这恰恰是因为我使自己被事物指示。因此,诸事物通过它们的侧面的和次级的组织正是指出他人是身体。事实上,我甚至不认识次级的归属于别人的身体的工具。但是我刚才未能获得对事物指示着的我的身体的任何观点。事实上,它是我不能获得任何对它的观点的观点,是我不能以任何工具为手段来使用的工具。当我通过普遍化的思想力图把它空洞地想成纯粹没于世界的工具时,立即就会从中得出作为世界的世界倾覆了的结论。相反,只是由于我不是别人,别人的身体一开始就对我显现为我能在其上获得一种观点的观点,一种我能用别的工具来使用它的工具,它被工具性事物轮流指示,但是,它反过来指示别的对象并且最终溶合到我的世界中并且它指示的正是我的身体。于是他人的身体是根本不同于我的为我身体的:它是我所不是的又是我所使用的工具(或反抗我的工具),这都是一回事。它一开始就以效益或敌对的某种对象系数面向我表现出来。因此他人的身体就是作为工具性超越性的他人本身,同样的看法也适用于作为感觉器官综合总体的他人的身体。我们在他人的身体中并通过他人的身体并没有发现他人所具有的认识我们的可能性。这种可能性在我的为他的对象性存在中并通过我的对象性存在被彻底地揭示出来，就是说它是我的与他人的原始关系的本质结构。而在这种原始关系中，我的世界向着他人的逃逸同样是被给定的。通过重新把握我的自我性，我超越了他人的超越性，因为这种超越性是把我当作对象的永久可能性。据此，超越性变成纯粹被给定及被超越而走向我固有目标的超越性，变成单纯"在此"的超越性，并且他人拥有的对我和世界的认识变成对象－认识。就是说，它是他人特定的属性，是我反过来能认识的属性。真正说来，在我决不会认识认识的活动的情况下，我从中获得的这种认识仍然是空洞的：这种作为纯粹超越性的活动只能被它本身在非正题意识的形式下或被来自它的反思所把握。我认识的东西，只是作为"此在"的认识或者可以说，是认识的此之在。于是，感觉器官的这种相对应向我的普遍理性揭示出来，但是它不能被思想——当涉及我自己的感官时——不规定世界的倾覆，当我把握对象－他人时我首先把握的就是这种相对性，并且我没有危险地把握它，因为他人作为我的宇宙的一部分，他的相对性不可能规定这个宇宙的倾覆。他人的这种感官是被认作进行认识的被认识的感官。人们看到，心理学家们的错误是如何被解释的——他们用他人的感官确定我的感官并且把一种属于为他的存在的相对性给予为我的感觉器官，同时人们还看到这种错误如何变成真理，如果我们在规定了存在和认识的真正秩序之后把这种相对性置于它的存在层次上的话。于是我的世界的对象侧面地指示着他人这个作为对象的归属中心。但是这个中心，反过来按我的没有观点的观点向我显现，它是我的身体或我的偶然性。总之，说我用感官认识他人，是使用了一种不恰当的然而流行的说法。同样，他人是我以我所是的而且是任何工具也不再能使用的工具为手段使用的工具。同样，他是向我的感性认识表现出来的感觉器官的总体，就是说他是对一个人为性显现的人为性。于是，按他人在认识和存在的秩序中所处的真正地位，研究我感性地认识的他人的感觉器官是可能的。这种研究最注重作为认识的这些感觉器官的职能。但是，这种认识反过来是纯粹为我的对象：因此而来的是诸如"视觉颠倒"这虚假的难题。事实上，一开始，他人的感觉器官就全然不是为他的认识工具，它仅仅是他人的认识，是他人纯粹的认识活动，这种认识按对象的方式在我的宇宙中存在。

然而，我们还只是在他人的身体被我的宇宙的工具性事物侧面地指示的时候才确定他人的身体的。真正说来，它完全没有把它的"肌肉和骨头"的此在给予我们。当然，他人的身体便因为提供被它使用和被它认识的工具性事物，而在指示中处处可见。我在客厅里等待房子主人，这客厅以它的整体向我揭示了它的所有者的身体：这安乐椅是"他坐过的安乐椅"，这办公桌是"他在上面写作过的办公桌"，这窗户是"照亮他所看见的对象的光线"所通过的窗户。于是，客厅的所有部分都勾画着它的主人，并且这种勾画是作为对象的勾画；一个对象随时可能到来并以它的质料充实这种勾画。但是房子的主人还是"不在此"。他在别处，他不在场。

但是，我们恰恰看到，不在场是此在的结构。是不在场的，就是"在我的世界中在别处"；就是已经被给定为为我的。我刚一接到我在非洲的堂兄弟的信，他的"在别处的存在"就通过这封信的一些指示本身具体地给予我了，并且这个"在别处""是在某地存在"：这已经是他的身体。人们解释说，被恋女子的信本身使她的情人发生肉体的冲动，对此不可能有别的解释：被恋女子的整个身体是在这字里行间和纸上作为不在场者而在场的。但是，在别处的存在对工具性事物的具体整体而言是一个此在，在一个具体的处境中，它已经是人为性和偶然性，我今天与皮埃尔的相遇不仅仅定义了他的偶然性和我的偶然性；而且他昨天的不在场同样定义了我们的偶然性和我们的人为性。不在场者的这种人为性是在指示着他的那些工具性事物中暗含地确定的；它的突然显现毫无补益。于是，他人的身体就是他人的人为性，它向我的人为性表现为工具及感觉器官的综合。这人为性从他人为我的在世界中存在时起就给予了我，他人的在场或不在场对它都没有任何改变。

但是现在皮埃尔出现了，他进入了我的房间。这种显现丝毫没有改变我与他关系的基本结构：这显现是偶然性，但是，这与皮埃尔的不在场是偶然性是一样的。诸对象对我指示着他：当他推的门在他面前打开的时候，这扇门指示一个人的在场，他坐的安乐椅也是一样，等等；但是诸对象在他不在场的时候仍然还指示着他。当然，他对我说话，我为他而存在着；但是我昨天同样存在，给我送来过电报，这电报现在就在我的桌子上，使我得知他来过。然而，有某种新的东西：那就是他现在在世界的基础上表现为我能直接注视、把握使用的"这个"。这意味着什么呢？首先，这就是他人的人为性，就是说，他的存在的偶然性现在被显明而不是暗含地包括在工具性事物侧面的指示中。这种人为性，恰恰就是他人在他的自为中并且通过他的自为而存在的人为性，就是他人通过恶心对他所是的偶然性的非位置把握及对作为行为存在的自我的纯粹领会，所不断经历的人为性。总之，这就是他的一般机体觉。他人的显现表明把他的存在体味为直接的存在。不过，我并没有像他一样把握了这体味。对他来说，恶心不是认识，而是对他所是的偶然性的非正题领会；恶心是这种偶然性向着自为的真正可能性的超越；它是被存在的偶然性，是被接受和被拒绝的偶然性。我现时地把握的正是这样一种偶然性——而不是任何别的。不过，我不是这种偶然性。我超越它走向我自己的可能性，但是这种超越是一个别人的超越性。这种超越性被完全地给予我并且无所依持；它是不可挽回的。他人的自为摆脱了这种偶然性并且不断地超越它。但是因为我超越了他人的超越性，我固定了它；它不再违抗人为性；恰恰相反，它反过来分有人为性；它是从中流出的，于是，在作为自为的体味的他人的纯粹偶然性和我的意识之间没有任何东西插入。我把握的正是这种被存在的体味。不过，只是由于我的相异性，这种体味显现为一个被认识的并没于世界的、特定的"这个"。他人的这种身体对我表现为它的存在的纯粹自在——在诸自在之中的自在，我，并且我向着我的可能性而超越的自在。因此他人的这种身体通过同样偶然的两个特性揭示出来：它在这里并且可能在别处，就是说，工具性事物对它来说能被组织为别样的，就能别样地指示它，椅子与它的距离能够是别样的——它是这个并且可能是别的，就是说我在客观的和偶然的外形的形式下把握它的原始偶然性。但是，事实上，这两种特性只是一回事。后者只是现实化、只是为我地解释前者。他人的这种身体，是作为此在的他人在我的世界中显现的纯粹行为，而这个"此在"通过作为"这个"的存在而表现出来。于是，作为为我的他人的"他人的存在"本身意味着它被揭示为拥有认识属性的工具并且这种认识的属性与任意一个客观的存在联系着。我们正是把这称作我的偶然存在的为他必然性。从有一个他人之时起，人们就因此应该得出结论说，他是一个具备任意一些感觉器官的工具。但是这些考察只是指出他人拥有一个身体的这个抽象必然性。当我遇到他人的这种身体时，身体就被揭示为这种偶然性的必然性采取的偶然形式的"为我的对象"。任何他人都应有一些感觉器官，但并不是必然有一张面孔并且最终并不必然有这张面孔。但是面孔、感觉器官、在场：所有这些，不是别的，只是他人的必然性的偶然方式，这必然性即他人是从属于一个家族，一个阶级，一种身份等等，因为这种偶然形式被不应该使它存在的超越性所超越。对为他的自我的体味变成别人的为我的肉体。肉体是他人在场的纯粹偶然性。它通常被衣服、脂粉、发式或胡须、表情等掩盖着。但是，在与一个人的长期交往过程中，总会有一时刻所有这些掩盖物都被揭去，并且我面对他的在场的纯粹偶然性。在这种情况下，我在一张面孔上或在身体别的成分上获得了对肉体的纯粹直观。这种直观不仅是认识；它是对绝对偶然性的有感情的领会并且这种领会是恶心的一种特殊类型。

因此，他人的身体就是被超越的超越性的人为性，因为它归属于我的人为性，我决不会把他人当作身体而不同时以不明确的方式把我的身体当作被他人指示的归属中心。但是，同样，人们不可能感知他人作为肉体的身体，这个肉体的他人是与别的这个有着纯粹外在关系的孤立对象。只是对尸体来说这才是真实的。作为肉体的他人的身体，直接地向我表现为一种处境的归属中心，这种处境是在他人的身体周围组织起来的并且他人的身体是与这个处境不可分的；因此，不应该问他人的身体如何能首先是为我的身体然后进入处境的。但是他人原本是作为处境中的身体向我表现出来。因此，例如，并不是首先有身体然后才有行动的。相反身体是他人行动的客观偶然性。于是，在另一层次上，我们发现了一种我们在我的为我的身体存在中指出过的本体论必然性：我们说自为的偶然性，只能在超越性中并且通过超越性被存在，它是自在在原始虚无化的基础上对自为的永远被超越及永远重新把握的重新把握。在这里，同样，作为肉体的他人身体不可能被插入一种事先被确定的处境中，但是它恰恰是处境由之出发而存在的那个东西。他人的身体也只可能在超越性中并且通过超越性而存在。不过，这个超越性首先是被超越的；这超越性本身就是对象。于是，皮埃尔的身体并不首先是一只能在后来拿这杯子的手；一个这样的概念力图使尸体成为有生命的身体的起源。而这就是手-杯子复合体，因为手的肉体指出了这复合体的原始偶然性。身体和对象的关系远不是一个难题，我们绝不在这种关系之外把握身体。于是，他人的身体是有意义的。意义不是别的，只是超越性的被凝固的运动。身体是这样一个身体，它所是的这团肉体是被它注视着的桌子、被它坐的椅子、被它在上面行走的人行道等确定的。但是，若更深入地研究事物，问题也不可能是通过归属于协调的行动，归属于合理使用工具性复合体来穷尽身体构成的意义。身体是对世界有意义的关系的整体。在这个意义下，它也是通过参照它呼吸的空气，它喝的水，它吃的肉所定义的。事实上，身体若不保持与存在物整体之间赋予意义的关系，它就不可能显现。作为行动的生命是被超越的超越性以及意义。被设想为整体的生命和行动之间没有根本区别。生命代表着诸意义的总体，这些意义向着并不被作为在世界基础上的诸"这个"提出的对象而自我超越。生命是他人的作为基础的身体，与作为形式的身体对立，而这作为基础的身体不再能被他人的自为暗含而非位置地把握，而恰恰是能被我明确地作为对象来把握：于是在宇宙这基础上它表现为有意义的形式，但是它仍然是为他的，并且恰恰是作为基础的基础。但是，在这里，应该重视这样一个区别：他人的身体，事实上是"对我的身体"显现的。这意味着有一种由我对他人的观点造成的人为性。在这个意义下，完全不应该把在身体性整体的基础上把握一个器官（胳膊或手）的可能性混同于我对他人的身体或对被他人体验为基础的身体的某些结构的明确体会。只是在这第二种情况下，我们有时能把对他而言的形式当作基础。当我注视他的手的时候，身体的其余部分混同于基础了。但是可能恰恰是他的前额或他的胸脯以基础的形式非正题地存在，而他的胳膊和他的手消溶于这个基础中。

当然，由此得知，他人身体的存在是为我的综合整体。这意味着，(1)除非从指示他人的身体的整个处境出发，我绝不可能把握他人的身体。(2)我不可能单独地感知他人身体的任意一个器官，并且我总是从肉体的或生命的整体出发指出任何一种独特的器官。于是，我对他人身体的感知根本不同于我对事物的感知。

(1)他人在与他的运动直接联系着而显现的一些限制和我从之出发使自己指出这些运动的意义的一些的限制之间运动。这些限制同时是空间的和时间的。从空间观点讲，正是与皮埃尔保持距离的玻璃杯是他的现实动作的意义。于是我正是我在感知"桌子－玻璃杯－瓶子等"的整体时去移动胳膊来使我显示它是什么。如果胳膊是可以看见的而玻璃杯是看不见的，则我从处境的纯粹观点出发，并且从向我掩盖玻璃杯的作为动作意义的诸对象之外空洞地对准的诸项出发感知皮埃尔的运动。从时间观点看,我总是从皮埃尔所趋向的将来一端出发把握他现时向我揭示出来的动作。于是,我通过他的将来,更一般地说,还通过世界的将来使我自己显示了身体的现在。如果人们不首先把握这本质的真理,不理解他人的身体完全不同于感知别的一些物体(corps),人们就不可能理解对他人身体的知觉这心理学的难题;因为为了知觉它,人们总是从在它之外的时空中的东西走向他本身;人们通过一种时间和空间颠倒"逆向地"把握他的动作。感知他人,就是使他自己通过世界显示他是什么。

(2)我绝没有感知一条沿着不动的身体抬起的胳膊:我感知的是抬起手的皮埃尔。不应该由此认为我通过判断把手的运动带到启动它的"意识"中;而是相反我只能把手或胳膊的运动当作整个身体的时间性结构。在这里,正是整体决定了各部分的秩序和运动。为了使自己相信这里关键恰恰在于对他人身体的原始感知,只要忆起那种看见断臂引起的恐惧就足够了,这胳膊似乎并不属于身体;或者只要忆起在随便一种瞬间感知到的恐惧——例如我们看见一只手(胳膊被遮住了)像一只蜘蛛沿着门向上爬的恐惧——就够了。在这些不同的情况下,都有身体的割裂;而且这种割裂被认为是奇异的事。另一方面,人们认识到格式塔心理学者经常推论出的一些实证的证据。事实上,惊人的是,当皮埃尔把双手伸到前面的时候,在像片上,他的手明显地变粗大了(因为照像是按手固有的体积把握它们而没有与身体总体发生综合联系),然而,如果我们仅用肉眼看着它们的话,我们则感知到:同样这双手并没有明显地变粗大,在这个意义下,身体是从处境出发显现为生命和行动的综合整体。

在这样一些考虑之后,不言而喻,皮埃尔的身体与为我的皮埃尔没有任何区别。他人的身体连同它的不同的意义对我来说是唯一存在的东西;是为他的对象或是身体,这两种本体论的模式是自为的"为他的存在"的严格同等的翻版。于是，诸多意义并不在于一种神秘的心理现象：它们是这种作为被超越的超越性的心理现象。也许有一种心理的东西的密码学（cryptologie）：某些现象是"被隐藏的"。但是这一点也不意味着诸意义归属于一种"身体的彼在"。它们归属于世界和它们本身。尤其是那些情感的表露，或者按更一般的方式，不确切地被称为表情的现象不为我们指出被隐藏的并且通过某种心理现象体验到的感受，这种心理现象是心理学探索的非物质性对象：那皱眉、那脸红、那口吃、那手的轻微颤抖，那似乎同时是羞怯和具有威胁性的暗地里的目光，不是愤怒的表情，它们就是愤怒。但是恰恰应该懂得：捏紧的拳头在自身中一无所是并且是毫无意义的。而且我们也从没有感知一个捏紧的拳头：我们感知的是一个在某种处境中捏紧拳头的人。在与过去和可能的联系中被考察的、从"在处境中的身体"这综合整体出发去理解的那种有意义的活动，就是愤怒。它不归结于别的，而只是归结于在世的诸种行动（打、辱骂等），就是说归结于身体的有意义的新态度。我们无法摆脱这种看法："心理对象"完全被提供给感知，并且它在身体结构之外是不可能设想的。人们之所以至此还未有了解它，或者支持它的那些人之所以像行为主义者们那样，自己并没有很好理解他们要说的是什么并且在他们周围发起攻击，则是因为人们乐于相信所有知觉都是同一类型的。事实上，知觉应该直接提供给我们时空对象。它的基本结构是内在的否定；而这结构提供给我的对象是存在着的对象，而不是作为某种达不到的实在的空幻影像。但是，恰恰为此，每一类型的实在都相应于一个新的知觉结构。身体是特殊的心理对象，唯一的心理对象。但是如果人们认为它是被超越的超越性，则对它的知觉根本上不可能与对无生命对象的知觉属于同一类型。不应该由此认为知觉是逐渐丰富起来的，而应该认为，从一开始起它就属另一种结构。于是，求助于习惯或类似的推理来解释我们理解有表现力的行为这一事实并不是必然的：这些行为作为可领会的东西一开始就提供给感知；它们的意义是它们存在的一部分就像纸的颜色是纸的存在的一部分一样。因此，参照别的行为来理解它们，是和应该参照桌子，书页或别的纸张的颜色来感知放在我面前的书页的颜色一样是必然的。

然而，他人的身体作为别人所是的东西直接地向我们表现出来。在这个意义下，我们把它当作通过每个特殊的意义向着一个目标永远被超越的东西。试看一个行走的人。从一开始，我就从一个时空总体（大路－车行道－人行道－商店－小汽车，等）出发理解他的行走，这总体的某些结构代表行走的将来意义。我从将来向现在的回溯中感知这行走，——尽管问题涉及的未来是属于宇宙时间的，尽管这个未来是还不在那里的纯粹"现在"。行走本身，这纯粹不能把握并虚无化着的生成，就是现在。但是这现在是行走着的某种事物向将来一端的超越：在胳膊运动的纯粹而不能把握的现在之外，我们力图把握运动的基质（substrat）。这种基质，除非在死尸中，我们绝不能真实地把握它，然而它总是作为被超越的东西，过去的东西在那里。当我谈及一条运动着的胳膊时，我认为静止着的胳膊是运动的实体。我们在第二卷中曾指出，这样的概念是站不住脚的：自己运动的东西不能是静止的胳膊，运动是存在的病态。心理运动参照两端，作为它的结果的将来的一端和过去的一端：它改变并超越的静止的器官，这种说法仍然是千真万确的。我明显地感到胳膊的运动是永恒而不能把握的向过去的存在的推回。这过去的存在（胳膊、腿、静止的整个身体），我没有看见它，我只不过能通过超越它的、并且是我们面对着它在场的运动隐约窥见它，就像人们通过水的流动隐约窥见河底的碎石一样。然而，这种总是被超越而从不被实现的静止，我永远参照它用以称呼在运动中存在的东西，它是纯粹的人为性，是纯粹的肉体，纯粹的自在——被超越的超越性的永远被过去化的过去。

这种只作为被超越的东西存在的纯自在在这种超越中并通过这

种超越，堕入尸体之列，如果它不再同时被被超越的超越性揭示和掩盖的话。作为尸体，就是说作为一条生命的纯粹过去，作为单纯的遗迹，这种自在甚至只有从不再超越它的超越出发才是真正可以理解的：它是已被超越而走向不断更新的处境的东西。但是另一方面，因为它现在作为纯自在显现，它对别的"这个"而言，是在未分化的外在性的简单关系中存在：尸体不再存在于处境中。同时，在互相支持着纯粹外在性关系的诸多存在之中，尸体自身崩溃瓦解了。对外在性的研究总是以人为性为论据的，因为这种外在性从来只在尸体上才能感知，这就是解剖学。从尸体出发重新综合构成生命，那就是生理学。生理学从开始起就判决自己对生命一无所知，因为它只是把生命设想为死的一个特殊模式，因为它在那里看见了作为第一位的东西的尸体的无限可分性并且因为它不知道"向……超越"的综合统一，为了这个超越，无限可分性是纯粹和简单的过去。甚至对生者的生命的研究，甚至活体解剖，甚至对原生质的生命的研究，甚至胚胎学或对卵的研究，都不能恢复生命，人们观察到的器官是活的，但是它没有融化在一个生命的综合统一中，它是从解剖出发，就是说，从死出发被理解的。因此，如果相信一开始就对我们揭示出来的他人的身体就是解剖-生理学的身体，那将会犯一个极大的错误。若混淆"为我们的"感官和我们为他的感官器官也会犯同样严重的错误。但是，他人的身体是被超越的超越性的人为性，而这人为性永远是诞生，就是说它参照于一个永远被超越的自在的冷漠外在性。

这些考察可以解释我们称之为个性的东西。应该指出，事实上，个性只有作为为他的认识对象才有清晰的存在。意识不认识它的个性——除非从别人的观点出发反思地自我规定——在体验到它是它自己的偶然性时并在它用以认识并且超越了它的人为性的虚无化之中意识纯粹无区别地、非主题地和非正题地使个性存在。这就是为什么对自我的纯粹内省的描述没有提供任何个性：普鲁斯特的英雄没有直接可以把握的个性；在他意识到自己时，他首先表现为一般的、为所有人所共有的反作用的整体，(情感的、感情"机制论"，记忆表现出来的秩序等) 每个人在其中都能自我认识：因为这些反作用属于心理的一般"本性"。我们之所以终于（像阿伯拉罕①在他论普鲁斯特的书中所要做的）规定了普鲁斯特式英雄的个性（例如关于他的懦弱、他的被动性、他与爱人和金钱的独特联系）是因为我们解释了原始的材料：我们对这些材料采取了外在的观点，我们对它们进行比较并力图从中抽取一些永恒的客观关系。但是这必然造成一种后退：当阅读者按阅读的一般看法，与小说中的英雄同一时，"马塞尔"的个性就离开了他，或不如说，他不在这层次上存在了。只有打破了使我与作者合一的同谋关系，只有在我不再把书认作是知心人，而是认作知心话，或更明确地说，认作档案时，他才显现出来。因此这种个性只在为他的水平上存在，并且"道德学家们"，就是说从事过客观的和社会的心理学的法国作家们的警言与描绘正是为这种理性的，它们从来不用主体的被经历的经验来掩盖自己。但是如果个性本质上是为他的，它就不可能区别于我们描绘过的身体。例如，假设气质是个性的原因，"多血质"是脾气暴躁的原因，就是把个性作为一个心理整体提出来，这整体代表客观性的所有方面，然而是主观的并被主体接受的。事实上，他人的脾气暴躁是从外面并且从被我的超越性超越起就被认识的：在这个意义下，它与例如"多血质"没有区别。在这两种情况下，我们把握了同一种中风者的脸红，同一些身体的面貌，但是我们按我们的谋划别样地超越了这些材料：如果我们把脸红认作是作为基础的身体的表露，就是说，切断与处境的联系，我们就会有气质的麻烦；如果我们甚至努力从尸体出发去理解脸红，我们就能从事对它的心理学的和医学的研究；如果相反，我们从总的环境出发谈到

---

① 阿伯拉罕 (Karl Abraham, 1877—1925)，德国精神分析学家。——译注

它来考察脸红，我就可以说这是愤怒本身，我还可以说，是愤怒的预兆，或不如说，是在预兆中的愤怒，就是说与工具性事物的永久关系，一种潜在性。因此在气质和个性之间，只有理论上的区别，而个性与身体是同一的。正是这论证了许多作者把相面术构成个性研究的基础的企图，尤其是论证了克雷奇梅尔①对个性和身体结构的出色研究。他人的个性，事实上是作为综合总体直接给予直观的。这不意味着我们能立即描绘它。为了使不同的结构显现出来，为了解释某些我们有情感地即刻把握的材料，为了把他人的身体这完全模糊不清的东西改造成有机的形式，这都需要时间。我们可能会弄错，应该允许求助于一般的和推论的认识（相关于别的主体建立的经验的或统一的法则）来说明我们看见的东西。但是，无论如何，关键只在于为了预测或行动而说明或组织我们原始直观的内容。重复说"第一个印象不会骗人"的人们想表达的无疑正是这个意思。事实上，从第一次相遇起他人就被完全、直接地表现出来，没有隐蔽，也没有秘密。熟知在这里就是理解、发挥和估价。

尽管如此，他人正是在他所是的东西之中这样表现出来的。个性与人为性没有区别，就是说与原始的偶然性没有区别。然而，我们认为他人是自由的；我们在前面已指出，自由作为无条件地改变处境的能力是他人的客观品质。这能力就是一开始构成他人的能力，并且就是使一个处境一般地存在的能力：能改变处境，事实上恰恰就是想使一个处境存在。他人客观的自由只是被超越的超越性；它是对象-自由，我们已确立了它。在这个意义下，他人显现为应该从一个永恒变化的处境出发而被理解的东西。正是这使身体总是过去的东西。在这个意义下，他人的个性是作为被超越的东西而提供给我的。同样，作为愤怒的预兆的易怒气质总是被超越的预兆。于是，个性表现为他人的人为性，它可以进入我的直观，但又

---

① 克雷奇梅尔（Kretschmer, 1888—1964），德国心理学家。——译注

只是为了被超越。在这个意义下,"处于愤怒中",即使人们同意,那也已经是超越了易怒气质,就是赋予它一个意义;因此,通过对象-自由愤怒而显现为气质的恢复。这完全不是要说我们由此被推回到主观性,而只是要说,这里我们超越的东西,不仅是他人的人为性,而且是他的超越性,不仅是他的存在——即他的过去,而且是他的现在和他的将来。即使他人的愤怒对我总是显现为愤怒的自由(这是明显的,正是由于我判断它)我也总是能超越它,就是说激起或平息它,明确地说,正是在这超越中并且只是因此,我才把握了它。于是,作为被超越的超越性的人为性的身体,总是"指向它本身之外的身体";同时在空间中——就是处境——和在时间中——这就是对象-自由。为他的身体是特别神奇的对象。于是,他人的身体总是"不只是身体的身体",因为他人是没有中介地、完整地在对他的人为性的永恒超越中向我表现出来的。但是这超越没有把我推回到主观性:客观事实是,身体——它是作为组织,作为个性或作为工具的——绝不是没有边际地向我显现的,并且应该从这些边际出发而被规定。他人的身体不应该与它的客观性相混淆。他人的客观性是他的作为被超越的东西的超越性。身体是这超越性的人为性。但是,他人的身体性和客观性确是密不可分的。

三、身体的本体论第三维

我使我的身体存在:这是身体的存在的第一维。我的身体被他人使用和认识的,这是它的第二维。但是因为我是为他的,他人对我表现为我对其而言是对象的主体。我们看到,在这里关键正在于我与他人的基本关系。因此我作为被他人认识的东西而存在——尤其是在我的人为性本身中。我作为被身为身体的他人认识的东西而为我地存在。这是我的身体的本体论第三维。我们现在要研究的正是这一维,我们以此完成对身体的存在方式问题的研究。

433

由于他人的注视的显现，我揭示了我的对象－存在，就是说，揭示了我的作为被超越的东西的超越性。一个对象－我对我表现为不可认识的存在，表现为一种向我所是的、我对之负有完全责任的他人中的逃遁。但是，如果我不能认识，甚至不能设想在其实在中的这个我，至少我并非没有把握它的某些形式结构。尤其是，我在我实际的存在中感觉自己被他人伤害；我正是对我的"为他的定在"负有责任。这定在恰恰就是身体。于是，与他人的相遇不仅在我的超越性中伤害我：在他人超越的超越性中并通过这种超越性，我的超越性所虚无化了并超越了的人为性为他而存在；并且就我意识到我是为他的存在而言，我也不仅不是在它的非正题的虚无化中，也不是在存在者中，而是在它向着没于世界的存在的逃遁之中把握了我自己的人为性。与他人相遇而产生的冲突，就是为我空洞地把我的身体这外表的存在揭示为为他的自在。于是，我的身体并不是简单地表现为单纯被体验的东西；相反这种被体验的东西本身，在他人的存在这偶然的，绝对的事实中并通过这种事实，按逃离我的逃避的一维，向外延伸。我为我的身体的存在深度，就是我的最内在的"内部"（dedans）的这种永恒的"外部"。就他人的无所不在这个基本事实而言，我的此在的客观性是我的人为性恒定的一维；在我超越我的偶然性走向我的诸种可能的时候，在我的偶然性悄然离我而走向无可挽回的东西时，是我使得我的偶然性存在的。我的身体不仅作为我所是的观点在此，而且还作为一个观点在此，我绝不能获得的关于这观点的一些观点现在被获得了；我的身体的每一部分都逃离我。这意味着，首先，本身不可能自我把握的这个感官总体把自己确定为在别处并通过他人把握的东西。这样被空洞地表露出来的把握没有本体验证的必然性，人们不可能从我人为性的存在本身中派生出它来，但是这是一个明显的、绝对的事实；这种把握具有事实必然性。因为我的人为性是纯粹的偶然性并且非正题地向我表露为事实必然性，这人为性的为他的存在便来增加这种人为性的偶然性：我的人为性在逃离我的无限偶然性中消失并且脱离我。于是，在我体验到我的诸感官是这种内在的观点，而我不能对之采取任何观点的时候，它们的为他的存在纠缠着我；它们存在着。对别人来说，它们就像这张桌子或这棵树一样为我地存在的，它们是没于某个世界之中；它们在我的世界向着他人的绝对流动中并且通过这种流动而存在。于是，我们感官的相对性，我不可能不摧毁我的世界抽象地思想它，这种相对性永远同时被他人的存在对我表明；但是，这是一个纯粹的，不能把握的非表象。按同样的方式，我的身体对我来说就是我所是的并且不能被任何工具使用的工具；但是就他人在原始的相遇中超越我的此在走向他的可能性而言，我所是的这种工具对我被表明为，是被投浸于工具的无穷系列之中的工具，尽管我不能以任何方式获得对这个系列俯瞰的观点。我的身体既是被异化的东西，逃离我而走向混于诸工具中间的工具性存在，走向一个被感觉器官把握的感觉器官的存在，与此相随的是使我的流向他人的世界异化的毁灭，是这个世界的具体的崩溃，而且是他人在他的世界中将重新把握的我的世界。例如，当医生给我听诊时，我感知他的耳朵，并且就世界的诸对象把我指示为绝对的归属中心而言，这被感知的耳朵指出某些结构是我在我作为基质的身体上使之存在的形式。这些结构显然——而且在我的存在同样的涌现中——是纯粹的体验，是我使之存在并且使之虚无化的东西。于是，我们首先在这里获有指明和体验的原始联系：被感知的事物指明"我"主观地"使之存在"的东西。但是，从我根据感觉对象"耳朵"的倾覆而认为医生在听我的身体的声音用他的身体感觉我的身体时起，被指明的体验就变成作为我的主观性之外的被指明的东西，没于不是我的世界的世界之中。我的身体被指明为被异化的东西。我的异化的经验在情感结构中并且通过情感结构成为害羞。"感到脸红"、"感到汗颜"等等都是害羞的人用来说明他的状态的不恰当的表述：他据此理解的是，他生动而又经常地意识到他的身体不是为他自己的而是为别人的。一种恒常的不适把我身体的异化当作不可挽回的，这种不适能够规定一些心理是赧颜恐怖；这些心理不是别的，只是对我的"为他的身体"的存在之形而上学和令人震惊的把握：人们乐于说，害羞的人"被他自己的身体困扰"。真正说来，这个说法是不恰当的：我不可能被我使之存在的我的身体所困扰。正是我的为他的身体应该困扰我。同样，这种表述还是不中肯的，因为我只能被一个在我的宇宙之内出现的具体事物所困扰，而这事物妨碍我使用别的工具。这时困扰变得更加微妙，因为妨碍我的东西是不在场的；我从未遇到我的为他的身体这一障碍，相反正是因为它从未此在，因为它始终不能把握，它才可能是妨碍人的。我力图触及它，支配它，把它作为一种工具使用——同样因为它表现为在一个世界中的工具——以便给予它适当的模式和态度；但是显然，它原则上是能及范围之外的并且我为了使它化归己有而进行的所有活动反过来逃离我并且作为为他的身体相距于我而凝固了。于是我应该永远"盲目地"活动，按照判断采取活动，而绝不知道我的谋划的结果。这就是为什么害羞者在他认识到这些企图的虚浮之后，将要努力消除他的为他的身体。当他希望"不再有身体"成为"看不见的"……的时候，他想消灭的不是他的为他的身体，而是"被异化的身体"的不可把握的那一维。

404　　因为事实上，我们赋予为他身体的实在性与赋予为我们的身体的是一样的。或不如说，为他的身体就是为我们的身体，但它是不能把握的和被异化了的。那么在我们看来，他人为我们履行了我们无能履行然而又落到我们身上的职责：看见我们所是的。因语言向我们揭示了——空洞地——我们的为他身体的主要结构（而被存在的身体是不可言传的），促使我们把我们的所谓使命完全推卸给他人。我们被迫用别人的眼看我们自己；这意味着我们努力通过语言的指示来知晓我们的存在。于是，出现了一种相应的文字体系，通过这个体系，我们使我们的"为他的存在"被揭示出来，并运用这

436

些揭示来命名我们的"为我们的身体"。正是在这个层次上他人的身体和我的身体的类比同化产生了。事实上，必然的是——为了使我能思考"我的身体是为他的就像他人的身体是为我的一样"——我在他人的客观化了的主观性中遇见他人，然后把他当作对象；为了使我能把他人的身体判断为类似于我的身体的对象，他人的身体应对我表现为对象，并且我的身体反过来应该是对我揭示了对象的一维。类似或相象绝不可能首先构成他人的身体-对象和我的身体的客观性；而且相反，这两种客观性应该事先存在以便使类比原则能够起作用。因此在这里，正是语言使我熟悉了我的身体的为他的结构。尽管如此，应该设想：语言连同它的意义正是不能在未经思索的水平上在我的身体和我的使之存在的意识之间滑动。在这个水平上，身体向他人的异化和它的存在的第三维只能被空洞地体会到，它们只是被体验的人为性的延续。没有任何概念、任何认识的直观能够依附于它们。我的为他身体的客观性并不是为我的对象，并且不可能把我的身体构成对象：这客观性被体验为对我使之存在的身体的逃逸。为了使他人对我身体的认识及他人通过语言传达给我的认识能够给予我的"为我的身体"一种特殊类型的结构，这些认识应该用于一个对象，并且我的身体应该已经是为了我的对象。因此，正是在反思意识的层次上它们能够发挥作用：它们不把人为性定性为非正题意识的纯粹被存在，而是恰恰把人为性定性为被反思领会的准对象。正是这个概念层，由于插入准对象和反思意识之间，完成了心理的准身体的客观化。我们看到，反思领会了人为性和向非实在的超越，这非实在的存在是纯粹的被感知并且我们称之为心理的。这心理的东西是被构成的。我们从我们的历史中获得的并且给我们带来与他人的一切交往的认识将产生心理身体的结构层。总之，因为我们反思地接受了我们的身体，我们用同谋的反思——也就是来自我们本身的观察把它构成准对象。但是我们刚一认识它，就是说我们刚一在纯粹认识的直观中把握它，我们就通过这直观本身用对他人的认识构成了它，就是说把它构成为对我们来说决不可能是它本身的样子。因此我们的心理身体的可以认识的结构仅仅而且空洞地指出它的永恒异化。我们在超越被体验到的人为性走向心理身体这准对象时，我们在再次超越这被接受的准对象走向原则上不可能被给予我，并且仅仅是被赋予意义的存在的诸特性时，我们是在空洞地构成这种异化，而不是在经历这种异化。

例如，让我们回想一下对"肉体的"痛苦的描述。我们曾看到遭受痛苦的反思如何把它构成"疼痛"。但是那时我们不得不中断了我们的描述，因为我们缺少进一步描述的手段。现在，我们能够继续了：我们遭受的疼痛，我能在它的"自在中"，就是说，恰恰能在它的为他的存在中追求它。在这个时刻我认识了它，就是说，我按它逃离我的存在的一维在它转向他人的一面中追求它，我的追求充满了语言提供给我的知识，就是说我使用我得自他人的工具性概念，我在任何情况下也不可能独自构成或设想我本身操纵我的身体。正是通过他人的概念我认识了我的身体。但是结果是在反思本身中，我获得了他人对我的身体的观点；我力图把握我的身体就像我对它而言是"他人"一样。显然，那时我应用于疼痛的那些范畴空洞地构成了它，就是说按逃离我的一维构成了它。那么为什么要谈及直观？因为，不管怎样，遭受痛苦的身体由于超越了它的异化着的意义而被当作了核心：正是这"疼痛"逃离了我而走向我确定为限制及机体的空洞图式的新特性。例如，正是因此，我的作为心理的东西的所遭受的"疼痛"，对我反思地显现为胃的疼痛。我们应好好理解，"胃的"痛苦是作为痛苦地体验的胃本身。这样，在认识的异化层参与之前，痛苦既不是局部的迹象，也不是同一。胃痛就是胃对意识表明是痛苦的纯粹品质。这样，我们看到，疼痛本身区别自身——而且是没有鉴别或区别的理智作用地区别于所有别的痛苦，所有别的"疼痛"的。只不过在这个层次上，"胃"是无法表达的，它不可能被命名或被思想：它只是消失在被存在的身体这基

438

础上的这种遭受痛苦的形式。现时超越了被忍受的疼痛走向被命名的胃的客观化的知,是对胃的某种客观本性的知:我知道它有风笛的形状,这是一个袋子,它产生胃液、酶,它被平滑的纤维被囊肌所包裹,等等。我也能知道——因为一个医生告诉我——它发生了溃疡。再进一步说,这溃疡,我能或多或少清楚地对我自己表象它。我能认为它是一种侵蚀,一种轻微的内部腐烂;我能类比地用一种发烧引起的脓肿,脓疮,甚至下疳等来设想它。所有这些,原则上讲,或者是来自我获得的对别人的认识,或者来自别人拥有的对我的认识。这无论如何都不可能构成我身受到的、但是又逃离了我的疼痛。胃和溃疡变成为逃离的方向,变成为对我享受的对象的异化的前景。于是存在的一个新地带显现出来:我们已超越了被体验到的痛苦走向被忍受的疼痛;我们超越疼痛走向病态。病态,作为心理的东西,当然不同于被医生认识和描述的疾病:这是一种状态。这里既不涉及微生物,也不涉及组织损坏的问题,而是破坏的综合形式的问题。这种形式原则上逃离我;它在有的时候通过"阵发的"痛苦,通过我的疼痛"发作"表现出来。但是,在其余的时间,它仍然在能及范围之外而又没有消失。于是,对别的一些人来说,这形式是客观地可觉察的:别人使我知晓了它,别人能诊断它;甚至当我对它没有任何意识的时候,它对别的一些人来说也是在场的。因此从它的根深本性上说,它单纯地为他而存在。而当我不难受时,我就谈论它,我让自己趋向它就像趋向一个原则上触及不到的对象,而这个对象的占有者是他人。如果我有肝痛病,我就不喝酒以免再引起我的肝的痛苦。但是,我的目的是明确的:不再引起我的肝痛,并且这个目标与另一个目标毫无区别:听从向我揭示了这些痛苦的医生所嘱咐的预防措施。于是,一个别人对我的疾病负责。然而通过别人来到我身上的这个对象保持了日趋渐弱的自发性特征,这些特征来自我通过我的疼痛把握的东西。我们的意图既不是描述这个新对象,也不是强调它的不可思议的自发性和破坏

439

性的目的以及为恶的能力这样一些特性，也不是强调它与我的亲密以及与我的存在的具体关系（因为首先它是我的疾病）。我们只想使人注意，是在疾病本身之中，身体表现出来；同样它支持了疼痛，它现时地是疾病的实体，是被疾病破坏的东西，即破坏性的形式用以扩展的东西。于是，被损害的胃通过胃疼表现为胃痛是其产物的质料本身。胃在那里，它向直观表现，并且我通过遭受的痛苦领会到它，连同它的特性。我认为它是被侵蚀的东西，是"样子像风笛的口袋"，等。当然我没有看见它，但是我知道它是我的痛苦。由此这些现象被错误地称呼为"内窥镜检查法"。事实上，痛苦本身没有告诉我任何有关我的胃的事情，这正与索立叶（Sollier）宣称的东西相反。但是，在痛苦中并且通过痛苦，我的知识构成一个为他的胃，它对我显现为一个具体的并且恰是用我所能认识的所有客观特征所定义的不在场。但是原则上，这样被定义的对象是我的痛苦异化的极点；它原则上就是我不应该是并且没有能力超越它走向别的事物而是的那东西。于是，同样，一个为他的存在纠缠着我的被非正题地体验的人为性，同样，一个为他的对象的存在，作为逃离我的心理身体的一维，纠缠着构成对共谋的反思而言的准对象的人为性。同样，纯粹的恶心能够被超越而走向异化的一维：那时它以它的"姿态"，它的"外形"，它的"外貌"把我的为他的身体提供给我；那时它表现为对我的脏的恶心，对我的过于白皙的肉体、对我的过于呆板的表情等的恶心。但是，应该把这些词颠倒过来；这还不是我厌恶的一切。相反，恶心就是作为非正题地被存在的所有这一切。正是我的认识使恶心向它为他的所是的东西延伸。因为他人正是凭借整个肉体令人恶心的特性把我的恶心作为肉体来把握。

上述意见还未能穷尽对我的身体的显现的描述。还要描述的是我们称为显现的反常类型的东西。事实上，我能看见我的手，摸到我的背，闻到我的汗味。在这种情况下，例如我的手，就向我显现为混于诸多别的对象中的一个对象。它不再被周围的东西指示为归属中心；它和周围的事物一起组织为世界，并且它像周围的事物一样，把我的身体指示为归属中心。它成为世界的一部分。同样，它不再是我不能和一些工具一起来使用的工具；相反，它是我在世界之中发现的诸工具的一部分；我能通过我的另一只手来使用它，例如，像当我用右手打我的抓着扁桃或核桃的左拳那样。那时我的手归入一个被使用的工具的无限体系。在这个能使我们忧虑或使我们回到前面的考察的新的显现类型中没有任何东西。尽管如此，应该指出它。在人们按身体显现的秩序把它置于它的地位上的条件下，就是说，在人们最后地考察它的条件下，它应该是很容易被解释的。事实上，我的手的这种显现仅仅意味着，在某些已被明确定义的情况下，我们能够获得他人对我们自己身体的观点，或者，如果人们愿意的话，可以说它还意味着，我们自己的身体能对我们显现为他人的身体。从这种显现出发来创造关于身体的一般理论的思想家完全颠倒了这难题的诸项，并且暴露出自己全然没有弄懂这问题。事实上，应该特别注意，看见我们的身体这种可能性是一个纯粹的事实材料，绝对偶然的材料。它不能从"有"一个为自为的身体的必然性、也不能从为他的身体的事实结构那里演绎出来。人们很容易设想不能获得任何对它本身的观点的身体；某些昆虫的情况似乎正是如此，这些昆虫，尽管具有一种已分化的神经系统如感觉器官，仍不能利用这系统和器官来认识自己。因此在那里关键在于我们应该提出而又不企图去推演出的一类特殊结构。有一双手，有能够互相触摸的双手：这是处在同一偶然性水平上的两个事实，而且作为事实，它们或是属于纯粹解剖学的描述，或是属于形而上学的描述。我们不能把它们作为研究身体性的基础。

此外，应该指出：身体的这种显现没有向我们提供在行动并在感知的身体，而是被作用和被感知的身体。总之，我们在这一章的开头就已指出，人们能设想一个使眼睛能看别人的视觉器官的体系。但是被看见的眼睛是作为事物被看见，而不是作为归属的存在被看见的。同样，我抓住的手不被当作在抓的手而是被当作可把握的对象。于是，我们的为我们的身体的本性就我们能对它获得他人的观点而言完全逃离了我们。此外应该指出，即使感觉器官的组织能允许把身体看成为它向他人显现的那样，作为工具性事物的身体的这种显现在孩子那里也是来得太迟了；在任何情况下，这种显现严格说来都是在（对）身体（的）意识和对作为工具性复合的世界的意识之后的；它是在对他人的身体的感知之后的。在很长时间中，孩子，当他学习抓他的手，看他的手时，就知道去抓、去拉它、去推、去拿它。反复地观察已指明，两个月的孩子不把他的手看成他的手。他注视着它，并且如果他把手从他的视野里移开，他就会转动他的头并且用目光去找他的手，好像他的手重新处在他的目光下是不取决于他的一样。正是通过这一系列的心理活动、同化综合和认识，他终于确立了被存在的身体和被看见的身体之间归属的诸种跳板。尽管他应该首先开始熟悉他人的身体。于是，感知我的身体，按照年代顺序是在感知他人的身体之后开始的。

　　按它的地位和日期，在它原始的偶然性中被考察的感知，人们没有看见它能是新难题的契机。身体是我所是的工具，它是我超越之走向我的"在世的存在"的我的"没于世界存在"的人为性。当然，获得对这人为性的一个总体的观点对我来说是完全不可能的，除非我不再是它。但是，若我的身体的某些结构，不断地成为世界对象的归属中心；它们按一个完全不同的观点，把自己组织为一些别的对象，为的是用这些对象把我们的这样或那样的感觉器官指示为部分的归属中心，并且作为形式消散在作为基础的身体中，这难道有什么可奇怪的吗？我的眼睛自己看见自己是根本不可能的。但是我的手触摸我的眼睛，这难道有什么可奇怪的吗？人们之所以表现出对此感到意外，是因为人们已把握了自为作为对世界的具体观点而涌现的必然性，这种必然性严格说来，是理想的责任，这责任可还原为对象间的可认识的关系，并且还可还原为我的认识发展的单纯规则，而不是从中看到世界中的一个具体而偶然的存在的必然性。

第三章　与他人的具体关系

到此为止我们所做的，只是描述我们与他人的基本关系。这种关系使我们能阐明我们身体的存在的三维。尽管与他人的原始关系就我的身体与他人的身体的关系而言是第一位的，我们还是很清楚地看到，对身体本性的认识对于研究我的存在和他人的存在的特殊关系是必不可少的。这些关系事实上彼此假设人为性，就是说把我们的存在假设为没于世界的身体。身体不是工具，也不是我与他人关系的原因。相反身体构成了它们的意义，指出了它们的限制：我正是把别人的被超越的超越性当作处境中的身体，我为了别人的利益在我的异化中感受到自己正是处境中的身体。我们现在能考察这些具体关系了，因为我们知悉了我们的身体是什么。这些关系不是基本关系的简单的细则说明——尽管每个关系都在它之中包含着与他人的原始关系，这种原始关系作为每种关系的本质结构和基础——它们是自为的一些全新的存在样式。事实上，它们表象了在有别人存在的世界中自为所持的不同态度。因此任何一个具体关系都以它的方式表现了双边的关系："自为－为他"，"自在"。因此，如果我们能够阐明我们与在世的别人之间的原始关系的结构，我们就完成了我们的工作；我们事实上在这部著作的一开头就向我们自己考问过自为与自在的关系；但是现在我们得知，我们的工作是更复杂的：还有一个在面对别人的在场中的自为与自在的关系。当我们描述了这具体事实的时候，我们将能够就存在的这三种样态的基本关系作出结论，并且我们也许能诱导出一个关于一般存在的形而上学理论。

自为作为自在的虚无化被时间化为"向……流逝"。事实上，它超越它的人为性——或是被给定的或是过去的或是身体的——走向它所是的自在，假如它能是它自己的基础的话。这就是人们用已经是心理学的术语所表达的东西——并且，尽管也许会清楚一些，但还是不确切的——人们说自为力图逃离它事实上的存在，就是说逃离他的此在，即它全然不是其基础的自在，人们还说，这流逝向着实现永远被追求着的将来，在这个将来中，自为将成为"自为的自在"，就是说一个对自身而言是其固有基础的自在。于是，自为同时是流逝和追求；同时，自为逝离自在又追求自在；自为是被追求的追求。但是，为了减少前面指出的心理学解释的危险，我们提醒一下，自为不是首先去要求然后才达到存在的；总之，我们不应该设想它是具有意向的存在者，就像这玻璃杯具有某种特殊的品质一样。这种进行追求的流逝不是外加地增补"自为的存在"的一种材料，而是自为是这流逝本身；这流逝与原始的虚无化是一回事，说自为是被追求的追求或说它按应该是它的存在的方式存在，或说它不是其所是并且是其所不是，都是一回事。自为不是自在并且不可能成为自在；它是对于自在的关系；它甚至是与自在的唯一可能的关系，被自在团团包围，它逃离自在只是因为它是乌有，并且乌有使它与自在相分离。自为是所有否定性和所有关系的基础，它就是关系。

正是这样，他人的涌现触及了自为的正中心。进行追求的流逝被他人并且为了他人固定在自在中。自在已经逐渐地抓住了这流逝，这流逝已经同时是对事实的根本否定和价值的绝对立足点，并且还同时是人为性的通体僵化：至少人为性通过时间化消失了；至少它的被分解的整体性会赋予它一个永恒"彼在"。但是他人正是使这个整体本身面对他而在场，并且他人正是超越这整体本身走向他自己的彼在。正是这个整体被整体化：对他人而言，我不可挽回地是我所是并且我的自由本身是我的存在的特定的特性。于是，自在重新抓住我一直到将来并且把我整个地固定在我的流逝本身中，这流逝变成被预见和被沉思的流逝，被给定的流逝。但是这个被固定的流逝绝不是我为我的所是的流逝：它是外在地被固定的。我的流逝的这种客观性，我把它体会为我既不能超越也不能认识的异化。然而，只是由于我体会到它并且它把它逃离的这个自在给予了我的流逝，我应该转向它并且应该针对它持有某些态度。这就是我与他人的具体关系的起源：这些具体关系完全是由我针对我为他人所是的对象的态度所左右的。因为他人的存在向我揭示我所是的存在，而我既不能把这个存在化归己有甚至也不能设想它，所以这个存在引起了两种对立的态度：他人注视我，而这样，他掌握了我的存在的秘密，他知道了我是什么；于是，我的存在的深刻意义是在我之外的，是被限制在我不在场的情况之中的；故他人是胜我一筹的。因此，因为我逃离我所是的自在而没有给它以基础，我能够尽力否认这个从外界给予我的存在；就是说，我能转向他人以便我能反过来把对象性给予他，因为他人的对象性是我的为他的对象性的毁灭。但是，另一方面，因为身为自由的他人是我的自在的存在的基础，我能努力恢复这个自由并且控制它而不是取消它的自由的特性：如果我事实上能使自己与这个自由，即与我的自在的存在的基础同化，那我本身就是我自己的基础。超越他人的超越性，或相反，把这超越性吞没在我之中而没有消除它的超越的特性，这就是我针对他人所采取的两种原始态度。还有，理解这些词时应该谨慎：我首先存在，然后"力图"对象化他人或把他人同化，这种说法是完全不对的；就我的存在的涌现是面对他人的涌现而言，就我是进行追求的流逝和被追求的追求而言，从我的存在的根基上说，我是对他人进行对象化或同化的谋划。我是对他人的体验：这是个根本事实。但是这个对他人的体验本身就是对待他人的态度，就是说，我不能面对他人存在而不在应该是的形式下不是这种"面对"。于是，我们还描述了自为的存在结构，尽管他人在世界上的

412

在场是一个自立的绝对明显的事实,但这个事实又是偶然的,就是说不可能从自为的本体论结构推出的事实。

我所是的这两种企图是对立的,二者都致对方于死地,就是说,一者的失败引起另一者的采纳。于是,不存在我对待他人关系的辩证法,而存在一种圆圈——尽管一方的任一企图都加剧了另一方的失败。因此,我们将要依次地研究这两种企图。但是应该指出,在一者的内部,另一者始终是在场的,这恰恰是因为二者之中的任何一方都不能在没有矛盾的情况下被抓住。或不如说,二者中的任何一方是在另一方之中并且致对方于死地;于是我们不可能离开这个圈子,在进行有关他人的基本态度的研究时不应忘记以上这几点意见。对这两种在圆圈中产生和消灭的态度的研究可以从这一种开始也可以从另一种开始。尽管如此,因为应该选择,我们就首先考察自为为使他人的自由与自己同化所取的态度。

一、对待他人的第一种态度:爱、语言、受虐色情狂

一切对我有价值的都对他人有价值。然而我努力把我从他人的支配中解放出来,反过来力图控制他人,而他人也同时力图控制我。这里关键完全不在于与自在对象的那些单方面的关系,而是互相的和运动的关系。相应的描述因此应该以"冲突"为背景被考察。冲突是为他的存在的原始意义。

如果我们一开始就把他人揭示为注视,从这种看法出发,我们就应该承认我们是在占有的形式下体会到我的不能把握的为他的存在。我被他人占有;他人的注视对我赤裸裸的身体进行加工,它使我的身体诞生、它雕琢我的身体、把我的身体制造为如其所是的东西,并且把它看作我将永远看不见的东西。他人掌握了一个秘密:我所是的东西的秘密。他使我存在,并且正是因此占有了我,并且这种占有不是别的,只是意识到占有了我。而我,在认识到我的对

象性时，我体会到，他有这种意识。作为意识，他人对我来说同时是盗用了我的存在和使一个存在——即我的存在"存在"的人。于是，我理解了这个本体论结构：我对我的为他存在负有责任。但是，我不是它的基础。因此，它在偶然的然而我对它负有责任的给定物的形式下向我显现，并且他人奠定了我的"有"的形式下的存在；但是他不对我的存在负责任，尽管他在自由的超越性中并通过这种超越性完全自由地奠定了我的存在。于是，我对自己表明我是对我的存在负有责任的，对此而言，我要求的是我所是的这个存在；就是说，我想收回它，或用更确切的话说，我就是收回我的存在的谋划。这存在并不对我表现为我的存在，而是与我有距离的，就像坦塔罗斯的食物一样，我要伸手去拿取它并以我的自由本身去奠定它。因为，如果在一个意义下我的对象-存在由于别人而成为难以忍受的偶然性和纯粹对我的"占有"，那在另一种意义下，这个存在指示着我应该收回并且应该奠定以便成为我的基础的东西。但是这恰恰只有在我把自己同化于他人的自由时才能设想。于是，我之收回我的谋划从根本上讲是一个收回他人的谋划。尽管如此，这个谋划应该原封不动地保留他人的本性。就是说，（1）我因此不断地肯定他人，就是说不断地否认我是别人：他人既是我的存在的基础，他非要我的为他存在消逝才能够消解于我之中。因此，如果我计划实现与他人的统一，这就意味着我计划原封不动地把别人的相异性作为我固有的可能性而与我自己同化。事实上，对我来说，关键在于使我获取他人对于我采取观点的可能性。但是关键却不在于取得认识这纯粹抽象的权力。我计划化归己有的不是别人的纯粹范畴：这范畴既没有被设想甚至也不能设想。相反，别人忍受并体验到具体的考验的时候，我正是要在别人的相异化中与这个具体的作为绝对实在的别人结合为一体。（2）我想同化的别人完全不是对象-别人。或者可以说，我与别人合一的计划完全不相当于把我的自为重新当作我本身，并且也不相当于向着我固有的可能性而对别人的超越性的超越。对我来说，关键不在于通过把别人对象化而消除我的对象性，这会相当于把我从我的为他的存在中解脱出来，而是正好相反，我是作为另一个注视者而要同化别人的，并且这同化的谋划意味着对我被注视的存在的进一步承认。总之，我完全同一于我的被注视的存在以便保持在我面前注视着我的别人的自由，并且，由于我的对象-存在是我与别人唯一可能的关系，我正是使用这单独的对象-存在以进行别人的自由与我的同化。于是，自为作为对第三种出神的失败的反作用，想要作为奠定了它的自在的存在的东西而同一于他人的自由。成为对他自身而言的他人——这是在成为对他自身而言的他人的形式下总被具体地追求的理想——就是与他人关系的原始价值；这意味着我的为他的存在被对一个绝对存在的指示纠缠着，这个绝对存在是作为别人的自我和作为自我的别人，并且它因自由地把其自我的存在表现为别人，又把他的别人的存在表现为自我，而成为本体论证明的存在本身，即上帝。我若不克服我与他人关系的原始偶然性，这理想就不可能实现。就是说事实是，他人赖以成为我的异在的否定和我赖以成为别人的异在的否定之间没有任何内在的否定性的关系。我们已看到：这种偶然性是不可克服的；它是我与他人的关系的事实，正如我的身体是我的在世的存在的事实一样。与他人的统一因此事实上是不能实现的。在法律上讲也是不能实现的，因为自为与他人在同一超越性中的同化必然地引起他人的相异性消失。于是，使我能够谋划让他人与我同一的条件，就是我坚持否认我是别人。最后，这种统一的谋划是冲突的来源，因为，当我被体验为为他的对象时，当我谋划在这个体验中并通过这体验与之同化时，他人就把我当作了没于世界的对象并且完全不打算把我同化于他了。因此，由于为他的存在包含双重的内在否定，所以作用于那种他人用以超越我的超越性并使我为他而存在的内在否定是必然的，就是说，作用于他人的自由是必然的。

这个实现不了的理想，因为出没于我面对他人的谋划而不能与爱情同化。爱情是一种事业，即向着我的固有可能性而谋划的有机总体。但是，这种理想就是爱情的理想，是爱情的动机和目的，是爱情真正的价值。爱情作为与他人的原始关系是我用以实现这个价值的谋划的总体。

这些谋划使我置于与他人自由的直接联系之中。正是在这个意义下，爱情是冲突。事实上我们曾指出，他人的自由，是我存在的基础。但是恰恰因为我通过他人的自由而存在，我没有任何安全感，我处在这种自由的威胁之中；这自由把我的存在和"使我存在"糅合在一起，它给予我价值又取消我的价值，我的存在由于自由得以永远被动地逃离自我。我介入其中的，但又不负责任并不可到达的这种变化多端的自由，它反过来能使我介入成千种不同的存在方式。我恢复我的存在的谋划，除非在我控制了这个自由并且只在我把这自由还原为顺从我的自由的自由存在时才能实现。同时，这是我用以干涉内在的自由否定的唯一方式，别人正是通过这否定把我构成别人，就是说，我能以这否定准备开辟将来使别人和我同一的途径。也许，如果人们思考"恋人为什么要被爱？"这个纯粹心理学方面的问题的话，问题就更清楚了。事实上，如果爱情是纯粹肉体占有的情欲，在很多情况下，它就很容易得到满足。例如，普鲁斯特的主人公把他的情妇安置在他家里，他能整天地看见她并占有她，并且已经能够把她完全置于物质性的附属地位，他想必似乎应该是无忧无虑。然而人们知道，他相反，却忧心内焚。阿尔贝蒂（Albertine）从马塞尔（Marcel）手中逃脱，正是由于他的意识，甚至是当他在她身边的时候，而这就是为什么只有在她睡着的时候凝视着她，他才可暂松一口气。爱情肯定要去征服"意识"。但是它为什么要征服意识呢？又怎么样去征服呢？

人们如此经常地用来解释爱情的"占有"这个概念事实上不可能是最根本的。如果恰恰只是他人使我存在，为什么我想把他人化归己有呢？但是这正好包含某种化归己有的方式：我们想占有的正是别人的如此这般的自由。这并非出自于权力欲：暴君不在乎爱情，他满足于恐惧。如果他寻求臣民对他的爱，那是通过政治，如果他找到了更经济的方式奴役他们，他早就采用了。相反，想被爱的人不愿意奴役被爱的存在。他不想变成一种外露的，机械的情感的对象。他不想占有一个自动机，并且如果人们想羞辱他，只需把一种像心理决定论的结果那样的被爱者的情感向他表现出来就够了：恋爱者感到自己在他的爱情和他的存在中贬值了。如果特立斯丹（Tristan）和伊瑟① （Isenlt）被媚药弄得神魂颠倒，他们相互间的兴趣却减弱了，并且被爱的存在若完全处于被奴役地位有时就会扼杀恋爱者的爱情。目的被超越了：若被爱者被改造成自动木偶，恋爱者就又处于孤独之中。于是，恋爱者不想像人们占有一个物件那样占有被爱者；他祈求一种特殊类型的化归己有。他想占有一个作为自由的自由。

但是，另一方面，他不可能满足于作为自由的和自愿的义务的这种自由的卓越形式。谁能满足于那种被当成是对海誓山盟的纯粹忠实的爱情呢？因此谁会愿意听见说："我爱你，因为我是自由地被诺言约束来爱你的并且我不想反悔；我由于忠实于我本身而爱你"呢？于是恋爱者要求誓言而被这誓言所激怒。他想被一个自由所爱并且祈求这个自由不再是自由的。他希望别人的自由自我决定去变成爱情——不仅仅是在恋爱的开头，而且是在每时每刻——同时希望这自由被其自身捕获，自由返回自由本身，犹如在狂热的时

---

① 中世纪的传奇，曾被认为是最好的爱情小说之一。特立斯丹·德里奥诺阿被差去爱尔兰看他的叔叔马尔克（Marc），戈诺耶的国王，伊瑟·德·布龙德的保护人。由于一个命定的错误，特立斯丹和伊瑟喝了有魔法的媚药，它在他们那里引起一种无法遏制的长久的激情，沉湎于他的爱情之后，特立斯丹努力忘掉伊瑟而未达目的。这受到致命伤害的人要求她到他床上来，由于一个误会，他来得太早了，以为伊瑟抛弃了他而把她杀了。——译注

候、在梦幻的时候一样,以便期望它被征服。而这种被征服的自由在我们手中应该是一种自由的卸任,同时又是一种被禁锢物。我们期望于他人,期望于爱情的,不是情感的决定论,也不是能及范围之外的自由;而正是一个自由使情感决定论起作用并且扮演它的角色。对他本身而言,恋爱者不希望是自由的这种彻底变化的原因,而是希望是自由的唯一的、幸运的偶因(occasion)。事实上,他不可能希望是自由的原因而不同时把被爱者当做人们可以超越的工具,把他浸没于世界之中。爱情的本质不在这里。相反,在爱情中恋爱者希望自己对被爱者来说是"世界上的一切"。这意味着他与世界为伍;他概括并象征着世界,他是一个包含着所有别的"这个"的"这个",他是并且愿意是对象。但是另一方面,他又希望是这样的对象;他人的自由愿意在这个对象中消失,别人愿意在这个对象中把他的存在和存在的理由看作为从属的人为性,这个对象是对超越性限制的对象,就是他人的超越性向着它超越一切别的对象的对象,但是他人的超越性又不能超越它的对象。恋爱者处处欲求他人自由的圆圈;就是说,在任何时刻,在他人的自由把对其超越性的限制接受下来的条件下,这种接受已经表现为恋爱者愿意接受的动力。正是作为已被选择的目的,他想被选择为目的。这使我们完全把握了恋爱者要求于被爱者的是什么:他并不要求干涉别人的自由,而是想先天地作为对别人自由的客观限制而存在,就是说想与这自由一起并在它的涌现本身中同时表现为一种限制,别人的自由为了成为自由应该接受这种限制。正是因此,恋爱者要求的东西是一种胶质,一种他人的自由本身的稠化:这种结构的限制事实上是一种被给定物而这作为自由的限制的被给定物的唯一显现意味着自由由于自己禁止超越这给定物而使自己在这给定物内部存在。而这种禁止同时被恋爱者认为是被体验到的,就是说被接受的——总之被认为是一种人为性——并且是被自由地允诺的。这种禁止之所以能自由地被允诺,是因为它应该与那自我选择为自由的一个自

417

451

由的涌现是一回事。但是它之所以应该仅仅是被体验的,因为它应该是一个总是在场的不可能性,一种一直回溯到别人的自由核心的人为性;从心理学观点讲,这是通过要求表明:被爱者以前要爱我的自由决心作为十分迷人的动力钻进它现时自由的介入内部。

人们现在把握了这种要求的意义:这种人为性应该成为为他的活动并且应该最终是它自己的人为性,这种人为性,就是我的人为性。正是因为我是他人使之成为存在的对象,我才成为他人的超越性本身的固有限制。因为在存在中涌现的他人使我成为不可超越的和绝对的东西,不是成为虚无化着的自为,而是成为没于世界的为他存在。于是,想被爱,就是用他人固有的人为性影响他人,就是想迫使他人永远把你再现为屈服了的和介入的自由的条件;就是同时希望自由奠定行为,这行为对自由占有优势。如果这结果能达到,那么首先我是完全地处在他人的意识中。首先因为我的焦急和我的羞耻的动机就是我在我的为他的存在中把自己当作并体验为总能向着另一事物被超越的,是价值判断的纯粹对象、纯粹手段,纯粹的工具。我的忧虑来源于这样一个事实:我必然地并自由地担当别人使我置身于绝对自由之中的那个存在:"上帝知道我对他来说是什么!上帝知道他是怎么想我的。"这意味着"上帝知道他如何使我存在"并且我被我害怕有一天在小道的拐角碰到的那个存在所纠缠,他对我来说如此陌生,然而他还是我的存在,我还知道不管我怎样努力,我绝不会遇见他。但是,如果别人爱我,我就变成了不可超越的,这意味着我应该是绝对目的;在这个意义下,我从工具性那里被解救出来;我的没于世界的存在变成了我的"为我的超越性"的严格关联项,因为我的独立性被绝对地保住了。别人应该使我成为的对象是一个超越性对象,是一个绝对的归属中心,在这个归属中心的周围世界上所有的工具性事物都作为纯手段排列就绪。同时,作为自由的绝对限制,就是说,作为所有价值的绝对来源的绝对的价值,就我担当了我的为他的存在而言,我防御任何偶然的非价值化，我就是绝对的价值。于是，想被爱，就是想置身超乎于被作为所有增值的条件和作为价值的客观基础的他人提出的整个价值体系之外。这种要求成为恋人之间谈话的通常主题，或者如在《狭窄的门》(《La Porte Etroite》) 中①，想被爱的恋人与超越了自我的苦行主义道德同一，并且想使这超越的理想性限制肉身化——或者更平常的情况是，恋爱者要求被爱者在他的活动中把传统道德贡献给自己，处心积虑地想知道被爱者是否会为他背叛了自己的那些朋友，是否会为他去"偷"，"去杀人"等。按这个观点，我的存在应该逃避被爱者的注视；或毋宁说，它应该是一个别的结构注视的对象：我不再应该被看作是在世界这基础上的许多别的"这个"中间的一个"这个"，相反世界应该从我出发表现出来。事实上，就自由的涌现使得一个世界存在而言，我作为这涌现的限制性条件应该是一个世界涌现的条件本身。我应该是这样一个人：其职能是使树木和水、城市和田野以及别的人存在以便随后把它们给予把它们组织为世界的别人，完全就像在以母系姓氏为源的社会中，一个母亲接受了爵位和名称，不是为了保住它们，而是为了直接转交给她的孩子们一样。在某种意义下，如果我应该被爱，我就是那间接地使世界成为为他的存在的对象；而在另一种意义下，我就是世界。我不是摆脱了世界这基础的这个，而是世界从中摆脱的作为基础的对象。于是我放心了：别人的注视不再使我转变为有限性 (finitude)；我不可能作为丑人，小人，卑怯的人被注视，因为这些个性必然代表着对我的存在的活动的限制，并把我的有限性领会为有限性。当然，我的可能仍然是被超越的可能性，僵死的可能性；但是，我有这一切可能；我是世界所有僵死的可能性；由此我不再是从别的一切存在出发或从它们的活动出发被理解的存在；但是，在我要求的爱情直观中，我应该表现为一个绝对的整体，

---

① 纪德的小说。——译注

从这个整体出发，所有存在和所有它们固有的活动应该能够被理解。稍微改动一下斯多葛派的有名公式，人们就能说，"被爱者能三次被击败"。哲人的理想和想被爱的哲人的理想事实上是在这点上不谋而合了，即二者都想成为总体直观可达到的对象-整体，这总体直观把被爱者和哲人在世界上的行动当作是从整体出发被解释的特殊结构。正像哲人自认是被绝对的变形（métamorphose）触动的状态一样，正像他人的自由应该被绝对地变形以便使我进入被爱的状态一样。

至此为止，这种描述与黑格尔关于主奴关系的著名论述还是一致的。恋爱者希望对被爱者所成为的就像黑格尔的主人对奴隶所是的一样。但是它们之间的相似之处仅此而已，因为在黑格尔那里，主人只是单方面地要求，可以说，暗含地要求奴隶的自由，而恋爱者却首先要求被爱者的自由。在这个意义下，如果我应该被别人爱，我就应该自由地被选择作为被爱者。人们知道，在流行的爱情术语中，被爱者是用当选者这术语表示的。但是这个选择不应该是相对的和偶然的：当恋爱者认为被爱者在许多别的人中选择了他时，他被激怒并觉得被贬低了。"那么，如果我不进入这个城市，如果我不经常与一些"某某人"相来往，你就不会认识我，难道你就不爱我了？"这种想法使恋人悲伤：他的爱情变成许多人中间的爱情，被被爱者的人为性及他自己的人为性所限制，同时被相遇的偶然性所限制：它变成在世的爱情，它变成为假设了世界并且能反过来为其他人而存在的对象。他通过一些"物化论"（chosisme）的笨拙的而且是被玷污了的词来表现他要求的东西；他说："我们对他人而言被造成一体"，就是归属到一个原始的选择。这选择可能是上帝的选择，正像是作为绝对选择的存在的选择一样；但是上帝在这里只是表示向绝对要求的最大可能过渡。事实上，恋爱者要求的，就是被爱者已把他变成为绝对的选择。这意味着被爱者在世的存在应该是恋爱者的存在，被爱者的这种涌现应该是恋人的自由选择。因为别人是我的对象-存在的基础，我要求他的是：他的存在的自由涌现的唯一和绝对的目的就是他对我的选择，就是说，他选择存在是为了奠定我的对象性和我的人为性。于是，我的人为性"得救"了。它不再是我所逃避的不可想像和不可克服的那种给定物；它是别人为之使自己自由存在的东西；它是别人提供的目的。我用我的人为性影响别人，但正是因为别人是作为自由而受到我的人为性的影响，他又把这人为性作为被收回和被认可的人为性送还给我；他是这人为性的基础以便人为性成为他的目的。从这种爱情出发，我因而别样地把握了我的异化和我固有的人为性。我的人为性——作为为他的——不再是一个事物，而是一种权利。我的存在是因为它被召唤。我担当起的这个存在变成纯粹的慷慨。我存在因为我竭力表现自己。我手中的这些因被爱而暴出的血管正是由于善良。我的好处在于我有眼睛、头发、眉毛，并且坚持不懈地慷慨无度地把它们奉献于他人要使自己自由地存在的坚持不懈的欲望。在被爱之前，我们并不为作为我们的存在的、莫名其妙的、不可辩解的这种突起而着急；我们也并不觉得"多余"，而现在，我们感到，这种存在被一种绝对的自由恢复并且要求着，直至最小的细节，而同时，这种存在又制约着这自由，我们本身因我们自己的自由而需要这种绝对的自由，当爱情的快乐存在时，它的基础正在于此：我们感到我们的存在被证实了。

　　同时，如果被爱者能爱我们，他就是完全准备好了与我们的自由同化：因为我们希求的这个被爱的存在，已经是被用于我们的为他存在的本体论证明。我们的对象本质包含着别人的实存并且反之亦然，正是别人的自由奠定了我们的本质。如果我们能使整个体系内在化，我们就是我们本身的基础。

　　因此，这就是恋爱者的实在目的，因为他的爱情是一个事业，就是说，是它自己本身的谋划。这谋划应该引起一种冲突。事实上，被爱者认为恋爱者是混在一些别人中间的一个对象-别人，就是说，他在世界的基础上感知了恋爱者，超越他并使用他。被爱者是注视,因此,它不可能使用他的确定了他的超越的最后限度的超越性,也不能使用他的自由自我捕捉。被爱者不能希望去爱。因此恋爱者应该诱惑被爱者;并且他的爱情与诱惑的事业是一回事。在诱惑中,我完全不是要向他人表现我的主观性;此外,我只能在注视他人时才可表现出我的主观性;但是通过这注视我使他人的主观性消失了,并且我正是希望与他人的主观性同化。诱惑就是整个地担当我的对象性并且如同是为了他人而拿我的对象性去冒险,这就是置于他人的注视之下并且使我被他注视,就是冒着被看见的危险来造成一个新的出发点并且在我的对象性中并通过我的对象性把他人化归我有。我拒绝离开我在其中体验到我的对象性的地位;正是在这地位上我希望通过使我成为有迷惑力的对象而投入战斗。我们曾在第二卷中把迷惑定义为状态;我们说,它就是非正题地意识到面对存在的乌有。诱惑旨在诱使他人意识到他面对施诱惑对象被虚无化。通过诱惑,我欲求把自己构成一个存在的充实并且使自己认识到是存在的充实,为此,我把自己构成为能赋予意义的对象。我的活动应该指向两个方向,一方面,指向人们错误地称为主观性的东西并且毋宁是在对象存在的深处被掩藏的东西,活动的造成不是仅仅为它本身的,而且它指示着一个无穷的并且尚未与别的实在及可能的活动分化出来的系列,而我认为他人的这些活动构成我对象的并且未被察觉的存在。于是我力图引导这超越我的超越性,并力图把它推回到我的无数僵死的可能性,这恰恰是为了成为不可超越的,并且为了置身于这样一个范围内,在其中这唯一不可超越的东西恰恰是无限。另一方面,我的任何一个活动都力图指向更广阔的可能世界,并且应该表现出我是与世界的最广阔的领域联系着的,或者我把世界向被爱者表现出来,并且我力图把自己构成他和世界之间的必要中介,或者,我只是通过活动表露出我对世界的无限多样的能力(金钱、权力、关系等)。在第一种情况下,我力图把自己构成为无限深藏的东西;在第二种情况下,我力图使自己与世界同一。通过这不同的举动，我要设定自己为不可超越的东西。这种设定本身不可能满足自身，它只是对别人的投资，它不可能不赞同别人的自由而获得行为的价值，别人的自由应该热衷于承认自己是面对我整个的绝对存在的虚无。

人们会说，这些表情的各种企图假设了语言。我们不同意这种看法；更确切地说：这些企图就是语言，或者可以说是语言的基本样式。因为，如果有涉及这样一种特殊语言的存在、学习和使用的心理学的和历史的问题，那就没有任何涉及人们称之为语言的发明的特殊问题。语言不是附加在为他的存在上的现象：它原本就是为他的存在，就是说，是一个主观性作为它的对象而被体验到的这一事实。在一个纯粹对象的宇宙中，语言在任何情况下也不可能被"发明"，因为它一开始就假设了一种与一个别的主体的关系；在为他的主体之间，发明主体不是必然的，因为它已经在承认别人时被给定了。只是由于，不管我做什么，我的被自由设想及实施的活动，我对我的可能性的谋划都从外边具有了一种逃离我并且被我体验到的意义，我就是语言，正是在这个意义下——并且只在这个意义下——海德格尔说的有理：我是我所说的东西①。事实上，语言不是被构成的人类创造物的本能，它同样不是我们的主观性的发明；但是同样不应该把它归并到此在的纯粹"自我之外的存在"中。它是人类条件的一部分，它原本是一个自为从他的为他的存在造成的体验，而后来超越了这种体验和它的工具走向作为我的可能性的可能性，就是说走向为了他人而成为这个或那个的可能性。因此它和承认他人的实存是一回事。作为注视的别人面对我而涌现，这涌现使语言

---

① 这公式是瓦施朗（A. de Wachlens）的，见《马丁·海德格尔的哲学》，卢汶，1942，9，99；也见海德格尔题名为："Diese Bezeugung meint nicht hier einen nachträglichen und bei her laufenden Ausdruck des Menschseins, sondern sie macht des Dasein des Menschen mit usw."的文章。(Hölderlin und das wesen der Dichtung. p. 6.) ——原注

作为我的存在的条件涌现出来。这种原始的语言并不非是诱惑；我们将看到它的别的一些形式；此外，我们曾指出，没有任何面对他人的原始态度，它们是循环交替的，任何一个态度都包含另一个。但是，相反，诱惑不假设任何语言以前的形式；它完全是语言的实现；这意味着语言能完全地，并且通过诱惑一下子被揭示为表情的原始存在方式。不言而喻，我们通过语言理解到的是表情的所有现象而不是派生的和次级的流通的言语，这言语的显现能使一种历史研究成为对象。尤其是在诱惑中，语言不追求使人认识，而追求使人体验。

但是，在这种想要发现有诱惑力的语言的原始企图中，我是在摸索着前进，因为我只把自己引到我的为他的对象性的抽象而空洞的形式上去。我甚至不能想象我的那些姿态和态度会有什么结果，因为它们总是被一个将超越它们的自由重复并且奠定的，还因为它们只有当这个自由把一个意义给予它们时，它们才能有意义。于是，我的表情的意义总是逃离我；我永远不能准确地知道我是否赋予了我想赋予意义的东西以意义，甚至也不知道我是否是赋予意义者；在这样一个时刻，我应该察看别人，原则上说，这是不可想象的，而且由于不知道事实上我为他的表情是什么，我把我的语言构成为逃向我之外的不完整的现象。我一有所表情，我就只能猜测我的表情的意义，一句话，就是只能猜测我所是的东西的意义，因为在这个背景下，表情和存在只是一回事。他人总是在那里，作为把其意义给予语言的东西在场并被体验。在我看来，任何表情，任何动作，任何词都是对他人的异化实在的具体体验。不仅仅是精神变态者能说——正如在易受影响的精神病①的情况下——"人们剽窃

---

① 此外，易受影响的精神病，像一般的精神病一样，独独被形而上学的一大事实——这里是异化这一事实——一些神话验证并表述出来。一个疯子除了按他的方式实现人的条件之外绝对做不了什么。——原注

我的思想"。而表情这事实本身是一种对思想的剽窃，因为思想需要一个异化的自由帮助以把自己构成对象。这就是为什么语言的这第一种面貌——在我为他地使用语言时——是神圣的。事实上，神圣的对象是在世界之外指示着超越性的世界对象。世界向我揭示了安静地倾听着我的人的自由，就是说他的超越性。

但是，同时，对别人来说，我仍然是给出意义的对象——即我总已经是的东西。它全然不是从我的对象性出发，能对别人指出我的超越性的途径。态度，表情和词永远只能对他指出别的一些态度，别的表情和别的词。于是，语言对他人来说仍然是一个神奇对象的单纯性质——及神奇的对象本身：它是他人与之有距离地准确地认识其结果的行动。于是，词，当我使用它的时候，它是神圣的，当别人听见它的时候，是神奇的。于是，我对我的语言并不比我的为他的身体知道得更多。我不能听见自己说话，也不能看见自己微笑。语言的问题与身体的问题是并行不悖的，并且在某种情况下有效的描述在另一情况下也有效。

然而，迷惑，即使已经在他人中引起一种被迷惑的存在，也不能自己引起爱情。人们能被一个演说家、一个演员、一个杂技演员迷惑：这不意谓着人们爱他。当然人们不能从他那里移开眼睛；但是，他还是消失在世界这基质中，并且迷惑没有把使人迷惑的对象当作超越性的终项提出来；恰恰相反，迷惑是超越性。那末，被爱者什么时候反过来变成恋爱者呢？

回答很简单：当他谋划着被爱的时候，自在的对象-他人，永远没有足够的力量引起爱情。如果理想的爱情是把作为他人的他人，就是说把作为进行注视的主观性的他人化归己有，那谋划这个理想就只能从我与主体-他人而不是从我与对象-他人的相遇出发。诱惑只能以矫揉造作的应被"占有"的对象的特性来装点企图诱惑我的对象-他人，诱惑也许将决定我去冒大险来征服他；但是，这把没于世界的对象化归己有的欲望不能与爱情混淆。因此，

459

在被爱者那里，爱情只能从对他造成的他的异化和他向别人的流逝的体验中产生。但是，如果事情就是这样，被爱者只有在他谋划被爱时才可被改造为恋人，就是说，只有在他想征服的东西完全不是一个身体而是别人的如此这般的主观性的时候。事实上，他能设想来实现这种化归己有的唯一方法，就是使自己被爱。于是，对我们来说，爱就其本质来说就是使自己被爱的谋划。由此产生了这样一个新的矛盾和新的冲突：任何一个恋爱者当他要排除一切他人使自己被一个别人爱的时候，都完全是这个别人的俘虏，但是同时，每个人都向别人要求一种不能还原为"被爱之谋划"的爱情。事实上，他要求的就是别人一开始就不企求使自己被爱，这个别人具有对他的被爱者同时是沉思的和情感的直观，这个直观是作为对他的自由的客观限制，作为他的超越性的不可避免的被选择的基础，作为存在的整体和最高的价值。从别人那里被这样强求来的爱情不能要求任何东西：它是纯粹不互惠的介入。但是，显然，这种爱情如果不是作为恋爱者的要求就不可能存在；而正是完全相反，恋爱者被征服：他是他的要求本身的俘虏，事实上就爱情是被爱的要求而言，他是一个要求自己身体并需要一个外在的自由，因此是一个摹拟向别人逝离的自由，一个作为自由而祈求他的异化的自由。恋爱者努力要使自己作为对象被别人爱，他的自由，在溜进为他的身体时被异化了，就是说，以流向别人的一维被造成为存在；这种自由永远拒绝作为纯粹的自我性被提出，因为这种对作为自身的自我的肯定引起作为注视的他人的倾覆和作为对象的别人的涌现，因此引起一种事物的状态，在这个状态中，被爱存在的可能性消失了，因为别人归结为它的对象性一维。因此这种拒绝把自由构造成依靠别人的自由，而作为主观性的别人变成了自为的自由的不可逾越的限制，掌握着它的存在的要害的最高目标和目的。我们在这里又遇到了理想的爱情事业：被异化的自由。但是正是想被爱的人，因为他希望人们爱他而使的自由异化了。我的自由面对奠定了我的对象性的别人的纯粹主观性而异化。在这种形式下，恋爱者梦想的被爱者的异化事实上是矛盾的，因为被爱者只能通过原则上超越恋爱者走向别的一些世界对象才能奠定恋爱者的存在；因此这种超越性不能把它超越的对象同时构成为被超越的对象和限制了所有超越性的对象。于是，在一对恋人中，任何一方都想成为这样一个对象，即别人的自由对他而言在原始的直观中被异化；但是真正说来，这就是爱情的直观，它只是自为的矛盾的理想，因此，任何一方也只就他要求他人的异化而言被异化。每一方都希望另一方爱他，而并不分析一下爱就是希望被爱，并且这样，在希望别人爱他时，他只希望别人希望他爱那个别人。于是，恋人们的关系，在"爱情"骗子所创造的理想条件下，是一个类似意识纯粹的"反映-被反映"无限定的推移体系，就是说，是溶合了那互相保持其相异性来奠定另一方的诸意识的体系。因为，这些意识事实上被一个不可克服的虚无隔开了，因为这虚无同时是互相的内在否定和在这两个内在否定之间造成的虚无。爱情是要以保持内在的否定来克服事实的否定的矛盾努力。我要求别人爱我并且我埋头苦干以便实现我的谋划；但是如果别人爱我，他就由于他的爱情本身完全使我失望了；我要求他的是，他通过自己保持为对我的纯粹主观性而把我的存在奠定为享有特权的对象；并且他一旦爱我，他就体验到我是一个主体并且沉没到他面对我的主观性的对象性中了。因此，我的为他的存在的难题仍然没有解决，恋人们的每一方仍然是在完全的主观性中的自为；没有任何东西去恢复他们的使自己自为地存在的权力；没有任何东西去消除他们的偶然性或把他们从人为性中解救出来。至少恋人中的每一方已争取到不再置身于别人的自由的危险中——而除非他相信这危险：事实上，这不是因为别人使他成为限制了他的超越性的对象，而是因为别人把他体验为主观性并且只想把他体验为这个。还有，胜利永远是调和；首先，在任何一个时刻，任何一个意识都能从他的锁链中解脱出来并且突然把别人当作对象来凝视。当魔魔法中断的时候,别人变成许多手段中的一个手段,他于是成为一个为他的对象,因为他欲望他人,但是工具-对象是永远被超越的对象;幻想,使爱情成为具体实在的一套冷冰冰的东西一下子中断了。然而,在爱情中,每个意识都企图把他的为他的存在躲藏于别人的自由中。这假设了别人作为纯粹主观性,作为世界赖以来到存在之中的绝对是超乎世界之外的。但是,要使恋人的任何一方都体验到不仅仅是它自己的,而且是别人的对象化,只需他们在一起被第三者注视就够了。同时,别人不再在我的存在中为我奠定了我的绝对超越性,相反,他不是被我,而是被一个别人超越的超越性;而且我与他的原始关系,就是说我的被爱与恋爱者的关系被固定在僵死的可能性中。这不再是限制了所有超越性的对象和奠定了它的自由之间被体验到的关系:而是向着第三者自我异化的对象-爱情。这就是恋爱者们寻求孤独的真正理由。不管这第三者是什么人,因为他的显现,都是他们的爱情的毁灭。但是事实的孤独(我们独自在房间里)完全不是真正的孤独。事实上,即使没有任何人看见我们,我们还是为所有意识而存在,并且我们意识到是对所有意识而存在的:因此,爱情作为为他的存在的基本样式,其解体的根源在于其为他的存在之中。我们刚才定义了爱情的三重可毁灭性;首先,它本质上是一种骗局并且推置无限,因为爱就是希望人们爱我,因此就是希望别人也希望我爱他。对这种骗局的先于本体论的领会在爱恋的冲动本身中被给定:恋爱者永远的不满足就是由此而来的。这种不满足,正如人们特别经常说的,不是来自被爱存在的卑下,而是由于对作为基础-直观的爱情的直观是能及范围之外的理想这一事实的暗含的理解。人们越爱我,我就越失去我的存在,我就越免除了我自己的责任,越免除了我自己的存在的能力。其次,别人的觉醒总是可能的,他随时可能使我作为一个对象到案;恋爱者永远的不安全感就是由此而来的。第三,爱情是永远被一些别人相对化的绝对。应该单独和被爱者在世界上以便爱情保持它绝对归属轴心的特性。恋爱者永远的羞耻(或傲视——在这里是一样的)就是由此而来。

于是我曾徒劳地想要在对象的东西中消失:我的情感不起任何作用;别人把我推回到了——或者以他本身,或者以一些别人——我的无可辩解的主观性。若要实现他人和我本身的同化,这种看法可能引起一种完全的失望和一种新的企图。这种看法的理想是要和我们刚才描述过的那个理想相反:不是因为要保持别人的相异性而谋划吞并别人,而是我谋划着使自己被别人吞并,并且在主观性中消失以便使我摆脱我自己的主观性。受虐色情狂的态度将在具体的水平上表述这种事业:因为他人是我的为他的存在的基础,如果我小心地信赖使我存在的他人,我就只不过是被一个自由在其存在中被奠定的自在的存在。这里,正是我自己的主观性被认为是他人将在我的存在中用来奠定我的最初活动的障碍;关键首先在于用我自己的自由否认的是我自己的主观性。因此我力图完全介入我的对象-存在中,我拒绝成为对象之外的任何东西,我在别人中憩息;并且因为我在羞耻中体验到这个对象-存在,我需要并且我爱我的羞耻这我的对象性的深刻信号;并且因为他人通过现实的欲望把我看作对象,我想被欲望,我在羞耻中①使自己成为欲望的对象。这种态度很是类似于爱情的态度,如果不力求为别人来作为限制了别人的超越性的对象而存在,我就不热衷于使我作为别的对象中的一个对象,作为要使用的工具;事实上关键在于要否认我的超越性,而不是别人的超越性。这一次,我不应该谋划征服他的自由,而是相反我希冀这个自由是自由的而且它完全希望自己是自由的。于是,我越感到我向着别的目的而被超越,我就越享受放弃我的超越性的快乐。极端地说,我谋划除了成为对象就不再是任何什么别的东西,就是说完全是一个自在。但是因为一个要吞并我的自由的自

---

① 见下一节。——原注

由将是这个自在的基础，我的存在重新变成了自我本身的基础。受虐色情狂，像性虐待狂一样是有罪假定。事实上，只是由于我是对象，我才是有罪的。对我本身是有罪的，因为我同意了我的绝对异化，对他人是有罪的，因为我提供给他一个犯罪的机会，就是说完全失去我的作为自由的自由。受虐色情狂是一种企图，这种企图不是要用我的对象性诱惑别人，而是要用我的为他的对象性使自己被诱惑。就是说使我自己构成一个对象，因而通过他人，面对着我在他人眼中代表的自在，我非正题地把我的主观性当作一个乌有。受虐色情狂表现出一种晕眩的特性：这晕眩不是在石崖或土崖面前，而是在他人的主观性这深渊面前所表现出来的晕眩。

但是受虐色情狂是而且本身应该是一种失败：为了使我自己被我的对象-我所诱惑，事实上，我应该能实现对这为他的对象的直观领会，这在原则上是不可能的。于是，我甚至永远不能在这被异化的我上面开始使自己迷惑，这个我在原则上仍然是不能把握的。受虐色情狂徒然地跪着爬行，用一些可笑的姿势表现自己，使自己作为一个简单的无生命的工具被使用，他正是为了别人而是猥亵的或仅仅是被动的，他为这个别人忍受这些姿势；对他来说，他永远被判定自己要表现出这些姿势。正是在他的超越性中并且通过这个超越性他把自己安排为一个要被超越的存在，他越是企图领略他的对象性，他就越是被他的主观性的意识所淹没，直至淹没于焦虑之中。尤其是，为了使一位女子鞭打他而酬报她的受虐色情狂，他把这个女人当作工具对待，并因此他是置身于这女人的超越性之中的。于是，受虐色情狂最终把别人当作对象看待并且超越别人走向他自己的对象性。例如，人们记得萨舍·马佐克①的磨难，他为了使自己被轻贱，被辱骂，被归结到卑贱的地位，被迫使用女子们带给他的伟大爱情，就是说当她们把自己体验为是为他的对象时，他

---

① 萨舍·马佐克 (Sacher Masoch, 1836—1895)，奥地利作家。——译注

被迫作用于她们。于是，无论如何，受虐色情狂的对象性都逃离他并且甚至可能——最经常的可能是，在力求把握他的对象性时，他发现了别人的对象性，这就是并不顾及他而把他的主观性解救出来的东西。因此受虐色情狂原则上是一种失败。这没有什么可奇怪的，如果我们认为受虐色情狂是一种"恶癖"并且这种恶癖原则上是失败的爱情。但是我们在这里无须描述恶癖的真正结构。我们只需指出，受虐色情狂是一种希望在使主观性被别人重新同化的过程中消除主观性或主体的永恒努力，而且这种努力伴随着对失败的令人精疲力竭和令人快乐的意识，以致这种失败本身正是主体最终要追寻的目的。①

二、对待他人的第二种态度：冷漠、情欲、憎恨、性虐待狂

对待别人的第一种态度的失败对我来说可能是采取第二种态度的契机。但是真正说来，这两种态度中的任何一种也不真正是第一种：二者都是作为原始处境的为他的存在的基本反应。因此，由于我甚至不能以我对别人而言的对象性为中介与别人的意识同化，就可能导致我断然地转向别人并去注视他。在这个意义下，注视他人的注视，就是把他自己本身置于他自己的自由中并且基于自己的自由，力图与别人的自由对立。于是，我们要研究的冲突的意义就在于阐明了这两种身为自由的对立自由的斗争。但是这种意图马上就会使人失望，因为只是由于我面对他人加强了我的自由，我才使别人成为被超越的超越性，就是说成为一个对象。我们现在要描述的

---

① 在描述的各项中，裸露癖是至少应该被归入受虐色情狂态度的一种形式，例如当卢梭对一些洗衣妇炫耀"不是猥亵的东西，而是可笑的东西"时。见《忏悔录》第二章。——原注（中文版，人民文学出版社 p.106。——译注）

正是这种失败的历史。人们把握了它的主要图式：我以我的注视反过来凝思注视我的他人。但是一个注视不能自己注视：我刚一注视一个注视，它就消失了，我只不过看见了眼睛。在这个时刻，他人变成了我所占有的并且承认了我的自由的存在。我的目标似乎达到了，因为我占有了这样一个存在，他掌握着我的对象性的钥匙，并且我能以成千种方式使他体验到我的自由。但是事实上，一切都土崩瓦解了，因为在我手中留下的存在是一个对象-他人。因此，他已失去了我的对象-存在的钥匙，并且他占有了我的单纯的形象，这形象不是别的，只是他的一种客观情感并且这形象不再涉及我；他之所以体验到我的自由的结果，我之所以能以上千种方式作用于他的存在，并且用我的一切可能性来超越他的可能性，是因为他是在世的对象，并且因此，他是在承认我的自由这种状态之外的。我的失望是彻底的，因为我力图把他人的自由化归己有，而我突然领悟到我只有在他人的自由在我的注视下崩溃的时候，我才能作用于他人。我后来企图通过他人为我的对象去探求他人的自由，要发现一些能通过把他人的身体完全化归己有而把他人的自由化归我有的享有特权的行为，对于这些企图，上面谈到的失望将是一种动力。像人们猜想的，这种企图原则上讲是注定要失败的。

但是也可能"注视注视"是对我的为他存在的原始反作用。这意味着，在我对于世界的涌现中，我能把自己选择成为注视别人的注视的人，并且能把我的主观性建立在别人的主观性的崩溃之上。我们正是把这种态度称为对他人的冷漠。那么关键在于对别人的盲目。但是应防止"盲目"一词使我们犯错误：我不是把盲目作为一种状态而承受下来；我是我自己针对别人的盲目，并且这盲目包含着对为他的存在的隐含的领会，就是说把他人的超越性领会为注视。这种领会只不过是我本身决心去掩盖的东西。于是我实践了一种行为的唯我论；别人，就是在路上走过的那些形式，就是那些不可思议的对象，这些对象能相距而行动，并且我能通过被规定的行为作用于他们。我几乎没有注意到他们,我就像是独自一人在世界上那样行动;我擦着"人们"就像我擦着墙一样,我躲避他们就像躲避障碍物一样,他们的对象-自由对我来说只是他们的"敌对系数";我甚至没有想象到他们能注视我。也许他们对我有某种认识;但是这种认识没有触及我;关键在于他们存在的纯粹分殊,这些分殊不从他们那里传递到我这里,它们被我们称为"被接受的主观性"或"对象-主观性"的东西所玷污,就是说,这些分殊表达了人们是什么,而并非我是什么,并且这些分殊是我对他们作用的结果。这些"人"是一些职能:车站的检票员不是别的,只是剪票的职能;咖啡馆侍者不是别的,只是为顾客服务的职能。从这点出发,如果我掌握能启动他们的机械性的钥匙和"关键词语",那么,最大限度地为我的利益而使用他们是可能的。由此十七世纪的法国人向我们提供了这种"道德主义"心理学,由此十八世纪的论著,贝罗阿德·德·维尔维叶①的"成功之路";拉旭(Lacios)的"危险的交往";希罗特·德·瑟舍尔②的"野心的条约"等向我们提供了对别人实践的认识和作用于他的艺术。在这种盲目的状态中,我与他人一样不知道别人的绝对主观性是我的自在的存在和我的为他的存在、尤其是我的"为他的身体"的基础。在某种意义上说,我是平静的;我"脸皮厚",就是说我完全没有意识到别人的注视能凝固我的可能性及我的身体;我是处于与人们称为羞怯的状态相对立的状态之中。我怡然自得,我并不为我本身而感到窘迫,因为我不是外在,我没感到自己被异化。这种盲目状态能长时间地延续下去,由于合乎我基本的自欺的愿望,它可能延伸许多

---

① 贝罗阿德·德·维尔维叶(Béroalde de Verville,1558—1623),法国小说家,历史学家,戏剧家。——译注
② 希罗特·德·瑟舍尔(Hérault de Sechelles,1759—1794),法国法官。——译注

年,甚至整个一生:有些人到死都没有感到别人是什么——除了在发生短暂和可怕的感悟的时候。但是,即使人们完全沉浸在盲目中,人们也会不断地体验到自己的缺陷。并且,像所有自欺一样,正是别人给我们提供了脱离他的动机:因为对于别人的盲目同样使我的对象性的所有被体验的领会消失了。然而,别人作为自由,我的对象性作为被异化的我都在那里,它们尚未被觉察,未被主题化,而是在我领会了世界和我的在世的存在时表现出来。车站的检票员,即使他被认为是纯粹的职能,由于他的职能本身还是把我推回到一个外在的存在,即使这外在的存在没有被把握,也不能被把握。由此产生了一种永远觉得欠缺和不适的感情。因为我对待他人的基本谋划——无论我采取什么态度——是双重的:一方面在于防止我受到我"在他人的自由中的外在存在"的威胁,而另一方面则在于使用他人以最终使我所是的被解体的整体整体化,以封闭开放的圆圈并最终使我成为我本身的基础。然而,一方面,作为注视的他人的消失把我重新抛入我的无可辩解的主观性并且把我的存在还原为那种永远向着不可把握的"自为的自在"的被追求的追求;没有别人,我便完全地认识到赤裸裸的自由的存在的那种可怕的必然性是我的命运,就是说,认识到我只能信赖关心使我自己存在的我这一事实,即使我没有选择存在,即使我出生了。但是另一方面,尽管对他人的盲目使我表面上摆脱了对于在别人的自由中存在的危险的恐惧,这盲目无论如何还是暗暗包含着对这种自由的领会。因此,在我能相信我是绝对的和唯一的主观性的那一时刻,这盲目置我于对象性的最低点,因为我被看见而甚至不能体验到我被看见,也不能用这种体验防止我的"被看的存在"。我被占有而不能转向占有我的人。在把他人直接体验为注视时,我因检验了别人而保卫了自己,而可能性则保证我把别人改造为对象。但是,如果当别人注视我时,它是为我的对象,那么,我就处于危险中而毫无察觉。于是,我的盲目是不安,因为它随时意识到不可把握的"游移不定的注视",这种注视有在我不知道的情况下使我异化的可能。这种不安应该诱发一种要夺取他人的自由的新企图。但是这意味着我将转向擦我而过的"他人-对象",并且力图把它作为工具来使用以触动他的自由。不过,恰恰因为我是对"他人"这对象讲话,我不能用他的超越性责问他,同样,我本身在他人的对象化的水平上,我甚至不能设想我能化归己有的是什么。于是我针对我考察的那种对象持有一种令人恼怒的和矛盾的态度:我不仅不能从它那里获得我希望的东西,而且这种搜寻弄得我甚至不再知道我希望的是什么;我介入了对"别人"的自由的毫无希望的探索。在这个过程中,我感到我介入的是一个失去了意义的探索——我本希望赋予探索以意义,而为此我做的一切努力的结果,事实上只是使它更多地失去意义并且引起我的惊奇和不安,这正像当我试图回忆起一个梦的时候,这回忆却给我留下一种对整个认识而且是没有对象的认识模糊的和令人恼怒的印象,而且从我的手指之间溜走的情况一样;正好像当我力图解释一种错误的回忆的内容时,我的解释本身却使这回忆变成半透明性的情况一样。

我的通过他人为我的对象性自己去把握他的自由主观性的原始企图是性欲。当人们看到,在仅仅表露了我们实现"为他的存在"的原始方式的原始态度的层次上,概括一种通常归入"心理-生理学反应"的现象,也许会感到吃惊。对大部分心理学家来说,事实上,情欲作为意识的行为紧密地与我们性器官的本性相关;并且只有联系对性器官的深入研究,人们才能理解情欲。但是身体是已分化的结构(哺乳动物的,胎生动物的等),从而性别的特殊结构(子宫、输卵管、卵巢等)属于绝对偶然性的领域并且完全不属于"意识"或"此在"的本体论范围,对性欲来说,似乎也是如此。性器官是如何成为我们身体的特殊和偶然的信息,相应于它们的情欲就如何是我们的心理生活的偶然模式;就是说它只可能在基于生物学的经验心理学层次上被描述。人们留给情欲和所有与之相关的心理结构的性本能的名称充分表露的正是这一点。事实上,本能这术语总是表示心理生活的偶然组成,这些组成具有双重特性,它既与这种生活的整个绵延同外延存在——或者说,无论在什么情况下,都不是由我们的"历史"引起的——然而它们又并非不能作为属于心理本质本身的东西而被推演出来。这就是为什么存在哲学家认为并不应该注重性征。尤其是海德格尔,在他对存在的分析中一点也没有涉及性征,以致他的"此在"对我们显现为无性欲的。也许人们事实上可以认为,"人的实在"表现为"男性"或"女性"是偶然的,也许人们可以说,性的分化的问题与存在的问题毫不相干,因为男人和女人一模一样地"存在"。

这些理由还不能完全说服人。性的差别应该属于人为性的领域,我们是被迫接受它的。但是,这是否就应该意味着,"自为",由于有身体这样一个纯粹偶然性而"碰巧"是有性别的吗?我们能够承认性生活这无穷的乐事是附带地成为人的条件的吗?然而最初看来,似乎情欲和它的反面性恐惧,都是为他的存在的基本结构。很明显,如果性征是起源于作为人的生理学的偶然规定性的性别,那它对为他的存在就不可能是必不可少的。但是人们没有权利自问说,是否碰巧问题不是我们在对感觉和感觉器官进行研究时所遇到的那一类问题。人们会说,人是性别的存在因为他有性别。事情是否可以相反呢?性别是否只是工具以至说是基本性征的形象呢?人有性别是否只是因为他原始地并且基本上是性别存在,而且这样一个存在是在与别人的联系中存在于世的呢?儿童的性征先于性器官的生理成熟;太监并不因为是太监而不再有情欲,许多老人也一样。能拥有有能力授精并能获得快感的性器官这一事实只表示我们性生活的一个阶段和一个方面。有一种"连同满足的可能性"的性征样式并且被构成的性别表示这种可能性并使之具体化。但是还有不满足类型的别的性征样式,并且如果人们考虑到这些模式,就应该承认,与生俱来显现出来的性征,只会随着死亡而消失。此外,阴茎勃起或任何别的生理现象都永远不能解释也不能引起性的欲望——正如瞳孔的血管收缩或扩张（或对这些生理变化的单纯意识）也不能解释或引起恐惧。在上述两种情况下，尽管身体有重要的作用，为了很好地理解，我们还是应该回到"在世的存在"和"为他的存在"：我对一个人的存在有情欲，而不是对一个昆虫或软体动物有情欲，并且我对他有情欲是因为他存在，我在世界的环境中存在，并且因为对我来说他是一个别人而我对他来说也是一个别人。因此性征这基本问题能够这样表述：性征是与我们的生理本性相关的偶然事故还是"为他的自由存在"的必然结构呢？只是由于问题能用这些术语提出，对人的存在的情欲的问题才又归于本体论。显然，除非这个问题致力决定及确定为他的性别的存在的意义，它是不能归为本体论的。事实上，"是有性别的"意味着——用我们在前一章中试用过描述身体的术语——对一个为我而有性别地存在的他人而言，有些别的存在——显而易见，这他人不是一定或首先为我的，而我也不一定或首先是为他的——即一个异性的存在，只是一个一般的性别的存在。若按自为的观点来考察这种理解，那种对他人性征的理解不能成为对他人的第一或第二性征的最恰当的思考。他人对我来说首先不是有性别的，因为我是从他的毛发系的分布中，从他粗糙的手和他声音的音色，他男性的力量中得出结论的。关键在于要参考一个原始状态而做出结论。对被体验和接受的他人性征的最初体会，只可能是情欲；正是在对别人的情欲中（或我发现不能欲望他时）或在把握了他对我的情欲时，我发现了他的性别存在；并且情欲同时向我显示我的性别存在和他的性别存在，我的和他的作为性别的身体。因此，我们被推回到对情欲的研究以便决定性别的本性及其本体论地位。那么，情欲是什么呢？

首先，为什么会有情欲？

我们首先应该放弃情欲是对快感的情欲和使痛苦中止的情欲这

种观念。人们看不到主体将如何从这种内在的状态中走出来以便把他的情欲系于一个对象。所有主观和内在解释我们是欲望一位女子而不是仅仅欲望我们的满足这一事实时,所有主观和内在的理论都失败了。因此应该用情欲的超越的对象来定义它。尽管如此,如果在这里人们把占有理解为与……做爱的话,说情欲是要"肉体的占有"被欲望对象的情欲,是完全不合适的。也许性行为在某一时刻失去了情欲,并且可能在某种情况下它被作为情欲所希望的结果明确地提出来——当例如情欲是痛苦的和令人厌倦的时候。但是那情欲本身应该是人们提出来"要清除"的对象,并且这是只可能通过反思意识为手段来造成的。然而,情欲不被自我本身反思;因此它本身不可能作为要消除的对象提出来。只有放荡者才表现他的情欲,把它作为对象来对待、激起它,使其放慢速度,推迟它的满足等等。但是,那就应该注意,正是情欲变成可欲的东西。这里的错误在于人们已习惯于认为性行为消除了情欲。因此人们把认识和情欲本身结合起来,并且,为了它的本质的一些外在理由(生育、母性的神圣性、通过射精引起的愉快的异常力量、性行为的象征性价值等)人们从外面把它与作为一般满足的快感连结起来。同样,平庸的人由于精神怠惰和因循守旧,不能设想他的情欲除了射精之外还有别的目标。正是这使得我们可以把情欲设想为一种本能,这种本能的起源和目的严格地是生理学的,因为,例如,在男人那里,情欲以阴茎勃起为原因,以射精为终点。但是情欲自己不意味着性行为,它并不主动地提出这行为,甚至也不设计它,正如当涉及幼童或不懂得性爱"技术"的成年人的情欲时人们所看到那样。同样,情欲不是对任何一个特殊的恋爱实践的欲望;正是这足以证明了这些随着社会集团而改变的实践多样性。按一种一般的方式分析,情欲不是对作为的欲望。"做"在事后介入,从外部添加入情欲之中并且必然招致一种尝试:有一种有其固有目标和手段的恋爱技术。情欲是不能以消除自身作为它的最高目的,也不能把一个特殊的活动选定为最终目标,因此,情欲只不过是一个超越着的对象的纯粹的欲望。这里我们又发现了我们在前几章谈论过的并且舍勒和胡塞尔也已描述过的情感意向性。但是情欲是对什么对象而言呢?可以说情欲是对一个身体的情欲吗?在某种意义下人们不能否认这点。但是还应该再仔细考虑一下。当然,正是身体使人心绪不宁:一条手臂或隐约看见的乳房,也许还会是一只脚。但是首先应该看到,我们从来只基于作为器官总体的全身的在场对一条手臂或裸露的乳房有情欲的。身体本身作为整体,能够被掩盖;我能够只看见一条裸露的手臂。但是,身体在此;它是我由之把手臂当作手臂的东西,身体是在场的,附着在我看见的手臂上,正像桌腿掩盖的阿拉伯地毯面对我看见的阿拉伯地毯在场并与它是一体一样。我的情欲在这一点上并没有弄错:它不是与生理成分的总和对等而是与一个完整的形式对等,或不如说,与一个处境中的形式对等。我们将在后面看到,态度用极大的努力来激起情欲。然而,周围的东西,并且最终是世界,与态度一起表现出来的。但是,我们一下子远离单纯的生理瘙痒症:情欲确立了世界并且从世界出发欲望身体,从身体出发欲望一只美丽的手。严格说来,我们只需按我们在前一章表述的推理步骤,从他人的在世的处境出发来把握他人的身体。此外,这丝毫没有什么可奇怪的,因为情欲不是别的,只是能揭示他人身体的重要形式之一。但是恰恰为此,我们并没有把身体作为纯粹的物质对象来欲求;纯粹物质的对象事实上不是在处境中的。于是,这个直接面对情欲在场的器官总体只有当它不仅揭示了生命而且还揭示了相应改变了的意识时,才是可欲的。尽管如此,我们将看到,情欲揭示的这种他人在处境中的存在是一个完全原始的类型。此外,上述的意识还只是被欲望的对象的属性,就是说,它不是别的,只是世界诸种对象分泌出的意义,恰恰这种分泌被围住,被固定并且是我的世界的一部分。当然,人们能欲望一个睡着了的女子,但是这是就这睡眠在意识的基础上显现而言的。因此,意识仍然总是处在所欲望的身体的范围内；它造成这身体的意义和它的统一。一个有生命的身体，是作为在处境中包括意识在内的器官总体；这就是情欲与之对话的对象。情欲从这对象中希望得到什么呢？我们要确切回答这个问题时不能不先回答这个问题：是谁在欲望呢？

无疑，欲望的人就是我，并且情欲是我的主观性特有的形式。情欲是意识，因为它只能是对它本身的非位置的意识。尽管如此，不应相信情欲中的意识只是由于它的对象的本性才有别于认识的意识。自我选择作为情欲，对自为来说，并不是产生一个仍然是未分化的、未变质的情欲，就像斯多葛派的原因产生它的结果那样；而是处在一种存在的范围内，这存在有别于例如自己选择作为形而上学存在的自为的存在。人们已看到，任何意识都保持与它自己的人为性的某种关系。但是这种关系能使意识的一个样式变化。例如，痛苦意识的人为性，是在一种永恒逃避中发现的人为性。情欲的人为性并非如此。情欲中的人以一种特殊的方式使它的身体存在，并且，因此，他处于存在的特殊层次上。事实上，任何人都会承认情欲不仅仅是嫉妒，通过我们的身体追求某个对象的清楚的和若明若暗的嫉妒。情欲被定义为是混浊的。这种混浊的表现使我们能更好地规定它的本性：人们把混浊的水和透明的水对立起来，混浊的目光和清澈的目光对立起来。混浊的水总是水；它保持水的流动性和水的诸种本质特性；但是它的半透明性是被一种使物体与之共存的不可把握的在场"弄混浊了"。这在场无处不在又无处可在，它通过自身表现为水的稠化。当然，人们能用悬在液体中的固体小颗粒的在场来解释它；但是这种解释是学者的解释。我们对混浊水的原始把握把它作为看不见的某种事物的在场所改变的东西提供给我们，这种事物与它本身没有区别，并且自己表露为事实的纯粹反抗。情欲中的意识之所以是混浊的，是因为它显得与混浊的水类似。为了明确这种相似，应该把性欲与别的形式的情欲相比较，例

474

如与饥饿相比较，饥饿和性欲一样，假设了身体的某种状态，在这里被定义为血液减少，大量的唾液分泌，腹膜的收缩等。而这些各种各样的现象是按他人的观点被描述和归类的。它们对自为来说表露为纯粹的人为性。但是这种人为性没有危害自为的本性本身，因为自为直接逃离它走向它的可能，就是说走向被满足的饥饿的某种状态，我们在本书第二卷曾指出这种状态是饥饿的"自为的自在"。于是，饥饿是对身体人为性的纯粹超越，并且就自为在非正题的形式下获得对这人为性的意识而言，正是直接作为被超越的人为性，自为才获得了对它的意识。在这里身体恰好是过去，是被超越的东西。当然，人们在性欲中能遇到与所有食欲共有的那种结构：即身体的状态。别人能指出各种各样的生理变化（阴茎勃起，乳头凸起，血液循环状态的改变，温度升高等等）。情欲中的意识使这种人为性存在；正是从这人为性出发——我们通常说，通过这人为性——被欲望的身体呈现为可欲的东西。尽管如此，如果我们只限于这样描述，性欲就会作为干巴巴的、明白的情欲而显现出来，可以与吃喝的欲望相比较。情欲是向着别的可能从人为性那里的纯粹流逝。然而任何人都知道，一道鸿沟分开了性欲和其他的欲念：人们知道这脍炙人口的公式："人们在需要时与一个漂亮的女人做爱，那就像在口渴时喝到一杯冰水一样"，而人们也完全知道她在精神上是不能满足人们的，并且甚至是不知羞耻的。人们不是完全处在情欲之外欲望一个女子，情欲危害了我，我与我的情欲同谋。或毋宁说，情欲完全堕入与身体的同谋关系中。对任何人来说它都只听从他的经验：人们知道在性欲中意识是变稠了的东西，似乎人们听任被人为性占满，人们不再从这人为性那里逃离并且滑向对情欲的被动允诺。在别的时刻，人为性似乎在逃离中侵占了意识并且使意识本身成为不透明的。像事实上的糊状物的翻腾。因此，人们用来说明情欲的表述充分地指出了它的专一性。人们说他占有你，他吞没你，他变成你。人们是否想象到用一些同样的词来说明饥饿呢？人们有一个"要吞没"的饥饿观念吗？严格说来，这只在分析虚幻的印象时才有意义。但是相反，最弱的情欲也已经是吞没。人们不能像饥饿那样有距离地抓住它，并且不能通过把情欲这非正题意识的未分化色调保持为恰恰是一个作为基础的身体的征象来"思想另一事物"。但是情欲是对情欲的服从。昏昏沉沉的意识滑向一种类似睡眠的疲惫。此外，每个人都已能观察情欲在他人那里的显现：情欲中的人一下子变得异常惊人地安静：他的眼睛呆滞地半开半闭，他的动作显出笨重而又粘滞的柔情，而且许多动作都显得他似乎入睡了。当人们"与情欲斗争"时，人们反抗的显然正是疲惫。如果人们的反抗获得成功，情欲在消失之前就将变成干巴巴的和清楚的了，它类似于饥饿；然后将有一种"苏醒"；人们将感觉到清醒但是伴随而来的是头昏和心跳。自然，所有这些描述都是不确切的：毋宁说它们是指出了我们用以解释情欲的方式。然而，它们指示着情欲的原始事实：在情欲中，意识选择了在另一种水平上使其人为性存在。它不再逃避人为性，它力图服从于它自己的偶然性，即它把一个别的身体——就是说一个别的偶然性——把握为可欲的。在这个意义下，情欲不仅仅揭示了他人的身体而且揭示了我自己的身体。而这不是因为这身体是工具或观点，而是因为它是纯粹的人为性，就是说我的偶然性的必然性的单纯偶然形式。我感觉到我的皮肤、我的肌肉和我的呼吸并且我感觉到它们不是为了超越它们走向某种感情或欲念的事物，而是要走向一种活的和惰性的材料（datum），它不仅仅是我作用于世界的温顺而不引人注目的工具，而是一种使我介入世界并处在世界的危险中的情感。自为不是这种偶然性，它继续使偶然性存在，但是它承受它自己身体的晕眩，或者可以说，这晕眩恰恰是它用以使它的身体存在的方式。听任自己走向身体的非正题意识希望是身体并且只是身体。在情欲中，身体不只是自为走向其固有的可能而逃避偶然性，而是同时变成自为的最直接的可能；情欲不仅仅是对他人身体的情欲；在同一活动的统一中，它是陷入身体的被非正题地体验到的谋划；于是情欲的最后一级能够像被允给身体的最后一级一样是昏迷。正是在这个意义下，情欲对别的身体而言能够被说成是一个对身体的情欲。事实上正是对别人身体的渴望被体验为自为面对他自己身体的晕眩；并且情欲中的存在，就是正在把自己变成身体的意识。

但是，如果情欲真的是正在把自己变成身体的意识，以便把作为处境中的器官总体的他人的身体连同刚诞生的意识一起化归己有，那情欲的意义何在呢？就是说，为什么意识要使自己变成——或徒然地努力使自己变成——身体？它希望从自己欲望的对象那里得到什么呢？如果人们经过思考就很容易回答说，在情欲中，我变成面对他人的肉体以便把他人的肉体化归己有。这意味着，重要的不仅仅在于把握双肩或两胁或吸引相对于我的身体：还应该使用使意识稠化的身体这特殊工具来把握它们。在这个意义下，当我把握了双肩时，人们就不仅能说我的身体是接触这双肩的手段而且能说他人的双肩对我来说也是一种手段，它把我的身体显示为对我的人为性的令人迷惑的揭示。也就是说是肉体。于是情欲是要把一个身体化归己有的情欲，而这化归己有把我的身体揭示为肉体。但是这个我想化归己有的身体，我是想把它作为肉体化归己有的。然而，对我来说，首先并不是他人的身体显现为活动中的综合形式；我们已看到，人们不可能把他人的身体感知为纯粹肉体，就是说，是和别的一些"这个"有外在关系的孤立对象。他人的身体从根本上说是在处境中的身体；肉体则相反，它显现为在场的纯粹偶然性。肉体通常被脂粉、衣服等掩盖着；尤其是被运动掩盖着；没有任何东西比舞女的"肉感"更差的了，即便她是裸体的。情欲企图把身体从它的运动中剥离出来就像把身体从它的衣服中剥离出来一样，并且使身体作为一个纯粹的肉体存在；情欲是使他人的身体肉身化的企图。正是在这个意义下爱抚是将他人的身体化归己有；显然，如果爱抚应该只是轻触、轻抚，那么在它们与它们声称要满足的强烈

440

477

情欲之间就不可能有关系；它们仍然停留在表面上，正像注视一样，并且不可能把别人化归我有。人们知道这句名言是多么让人泄气："两人皮肤的接触"。爱抚并不是要求单纯的接触；独自一人似乎能把爱抚还原为接触，并且似乎接触就缺乏它真正的意义。因为爱抚不单纯是轻抚：它是造就。在爱抚他人时，我通过我的爱抚使他的肉体在我的手指之下诞生。爱抚是使他人肉身化的整套仪式。但是，可以说，他不是已经肉身化了吗？恰恰没有。他人的肉体并不是明显地为我存在的，因为我是在处境中把握他人的身体的；肉体同样也不是为他人存在的，因为他人超越肉体走向他的可能性和对象。爱抚使作为为我和为他人本身的肉体的他人诞生。我们不是把肉体理解为身体的一部分，如同真皮，结缔组织或恰恰如同皮肤是身体的一部分那样；同样，问题并不必然涉及"休眠的"或半睡的身体，尽管这样的身体通常更清楚地揭示了它的肉体。但是爱抚通过把身体从它的行动中剥离出来，把身体分成一些包围着它的可能性而揭示了肉体：进行爱抚是为了在活动下面发现惰性的基质——就是说纯粹的"此在"——它支持着活动；例如通过抓住和抚摸别人的手，我由于这手首先所是的攫握，发现了一个能被抓住的肉体和骨骼的广延；当我的注视在舞女的首先是跳动的双腿之下发现了大腿月色的广延时，它同样是爱抚。于是爱抚与情欲没有任何不同：爱抚一双眼睛或欲望只是一回事；情欲通过爱抚表达出来就像思维通过语言表达出来一样。显然，爱抚把他人的肉体揭示为对我本身和对他的肉体。但是爱抚以十分特殊的方式揭示了这种肉体：捕抓住他人正好向他人揭示了他的超越的超越性的惰性和被动性；但是这并不是爱抚的存在。在爱抚中，并不是我的身体这行动中的综合形式爱抚他人；而是我肉体的身体使他人的肉体诞生。在我的身体使自己变成肉体以便用它自己的被动性触摸它——就是说，与其说是触摸他人的身体毋宁说是他人的身体上被触摸——的情况下，爱抚旨在通过取悦使他人的身体作为被触摸的被动性对他

478

人和我诞生出来。这就是为什么恋人们的动作有一种人们几乎可以说它是考究的说法：关键完全不在于获取别人身体的一部分，而是用自己的身体贴在别人的身体上。从积极的意义上讲关键不是推和摸，而是靠上去把我自己的胳膊当做一个无生命的东西那样并且我把它靠在被欲望的女子的一侧；似乎我滑动在她的胳膊上的手指在我的手末端是惰性。于是，我自己的肉体揭示了他人的肉体；在情欲和表现了它的爱抚中，我为了实现他人的肉身化而自我肉身化；正在实现别人的肉身化的爱抚向我显示了我自己的肉身化；就是说，我使自己变成肉体以便带动别人自为地并为我地实现他自己的肉体，并且我的爱抚为我地使我的肉体诞生，因为这肉体对他人来说是使他诞生为肉体的肉体；我使他通过他的肉体体味到我的肉体以便迫使他自己感觉到肉体。这样，占有真正显现为双重的互相肉身化。于是，在情欲中，意识有一种为实现别人的肉身化而要肉身化的企图（我们刚才正是把这称为意识的稠化，被弄混浊的意识，等）。

还应决定什么是情欲的动机或可以说情欲的意义是什么。因为，如果人们接受我们在这里尝试进行的描述，人们早就理解到，对自为来说，存在就是在他的此在这绝对偶然性的基础上选择它的存在方式。因此情欲到达意识完全不像温度从靠近火焰的铁块那里到达我那样。意识自己选择情欲。为此，当然，意识应该有一个动机：我不是在随便任何时候欲望任意什么样的人。但是在本书的第一部分中我们曾指出，动机从过去中引发出来并且在意识转向过去的过程中意识给予它的重量和价值。因此对情欲动机的选择和使自身进行欲望的意识的涌现——在绵延的出神三维中——的意义之间没有任何区别。这情欲，和情感及想象的态度、或一般地说，自为的所有态度一样，有一种构成情欲并超越它的意义。我们刚才进行的描述，如果不是应该引导我们去提出："为什么意识在情欲的形式下自我虚无化？"的问题的话，那是没有任何意义的。

一个或两个先决的意见将帮助我们回答这个问题。首先，应该指出情欲中的意识不是在未改变的世界这基础上欲望它的对象的。或者可以说，关键不在于在世界这基础上使可欲者表现为某种在一个世界基础上的"这个"，这个世界保持它与我们的工具性关系并保持它工具性复合的组织。情欲和感情都是这样：我们在别处[①]曾指出，感情不是对在未改变的世界中的一个运动着的对象的把握；相反，因为它相当于意识和他与世界关系的总变化，它通过世界的彻底变异而表达出来。情欲同样是自为的彻底变化，因为自为是在另一个存在的水平上使自己存在，它决定自己使它的身体异变地存在，决定以其人为性使自己变稠。世界相应应该按一种新的方式为他存在：有一个情欲的世界。如果事实上我的身体不再被感觉为不能被任何工具使用的工具，就是说，被感觉为我在世界中的活动的综合组织；如果它被体验为肉体，那么我就是把诸世界对象当作推回到我的肉体的。这意味着，我对这些对象而言，我使自己变成被动的，而且它们正是按这被动性的观点，在它之中并通过它，向我揭示出来（因为被动性是身体并且身体不断地成为观点）。那么对象是向我揭示了我的肉身化的超越着的整体。接触是爱抚，就是说我的感知不是对象的使用和为了一个目的对在场的超越；相反，在情欲的立场中感知一个对象，就是面对它爱抚我自己。于是，不只是在对象的形式中并且不只是在它的工具性中，而且在它的质料中（粗糙的，光滑的，温暖的，滑润的，粗涩的等）都是可感觉的，并且我在我欲望的感知中是把某种事物揭示为诸对象的一个肉体。我的衬衣摩擦着我的皮肤并且我感觉到了它；通常，它对我来说是最远的对象，现在却变成直接可感觉的，气温、风的吹拂，太阳的光线等都以某种方式向我表现为无距离地贴靠在我身上并通过它的肉体揭示我的肉体。按这个观点，情欲不仅仅是由于人为性而

---

① 见我们的《情绪的现象学理论提纲》。——原注

造成的意识的变稠，它相应地通过世界粘附身体；并且世界变成粘滞的；意识陷入一个陷入世界的身体中①。于是，在这里被提出的理想，就是没于世界的存在；自为力图把没于世界的存在实现为它在世界的存在的最终计划；这就是为什么快感如此经常地与死相联系——死也是一种化身或"没于世界的存在"——人们知道，像"假死"这样的主题，在所有文学中被如此丰富多彩地发挥。

但是情欲首先或尤其不是与世界的关系。世界在这里只表现为与别人的明显关系的基础。通常正是别人在场之际，世界才显示为是情欲的世界。在这个别人不在场之际或甚至所有别人不在场之际，它能附带地显示为是情欲的世界。但是我们已经指出，不在场是在为他的存在的原始基础上显现的别人与我之间的具体存在关系。当然，当我在孤独中发现我的身体时，我能突然地感觉到自己是肉体，感到情欲使我"窒息"并且感到世界是"使人窒息的"。但是，这独自的情欲是召唤一个别人，或召唤一个未分化的别人的在场。我欲望通过别的肉体并对这个别的肉体把自己揭示为肉体。我试图迷惑别人并使他显现；并且情欲的世界空泛地指示着我召唤的别人。于是情欲完全不是一种生理学的偶性，不是一种能使我们不期而然地固定在别人肉体上的我们肉体的瘙痒症。而是正好相反，为了有我的肉体和别人的肉体，意识应该首先悄悄溜进情欲的模子里。这情欲是与他人关系的原始样式，它在情欲世界的基础上把别人构成为激起情欲的肉体。

我们现在能够解释情欲的深刻意义了。在对他人的注视的最初反作用中，事实上，我被构成注视。但是如果我注视注视，为了防

---

① 当然，这里像别处一样应该分析事物的敌对系数。这些对象不仅仅是"爱抚的"。而且，在爱抚的一般表现中，它们也能显然为"反爱抚"，就是说，粗野的，吵闹的，生硬的，它们显然因为我们是在情欲的状态中，而以一种令人不能忍受的方式伤害了我们。——原注

范他人的自由并把他人的自由作为自由而超越，自由和他人的注视就崩溃了：我看见眼睛，我看见一个没于世界的存在。从此，别人逃离了我：我想作用于他的自由，把他的自由化归我有，或至少，使他的自由承认我是自由。但是这自由是僵死的，它绝对不再现于我在其中与对象-别人相遇的世界中，因为它的特性就是对世界而言是超越的。当然，我能把握别人，抓紧他，推倒他；如果我拥有权力，我就能够强迫他这样或那样地活动，说这样或那样的话：但是这一切的发生，就像我要控制一个把他的大衣留在我手中然后逃走了的人一样。我占有的正是这件大衣，正是这张蜕下来的皮；我控制的永远只不过是一个身体，没于世界的心理对象；并且尽管这身体的一切活动都能用自由这术语来解释，我还是完全失去了进行这种解释的钥匙：我只能作用于一个人为性。如果我保持了对他人超越的自由的知，这知徒然地刺激我，因为它指出了我原则上触及不到的一个实在并在每一时刻都向我揭示：我欠缺实在，我所做的一切都是"摸索着"做的并且在我原则上被从中排除出的存在的领域内获得它另外的意义。我能让他人请求宽恕或要求原谅，但是，我永远不知道这种顺从对别人的自由和在别人的自由中意味着什么。此外，与此同时，我的知变质了：我失去了对被注视的存在的准确领会，人们知道，这种存在是我得以体验别人的自由的唯一方式。于是我介入了一种我甚至忽略了它的意义的事业。面对这个我看见的、我触摸的、我不再知道把他变成什么的别人，我迷失所向。这是完全正确的说法，如果我保留了对某种我所看见的和我触摸到的东西的彼在的记忆的话，而我知道这彼在恰恰是我想要化归己有的彼在。正因如此，我变成情欲，情欲是一种迷惑的行为。因为我只能在别人的对象人为性中把握别人，关键在于使他的自由粘滞于这种人为性中：人为性应该使自由"被占据"，就像人们说一块奶油被占据一样，关键就在于他人的自为去与他身体的外表对等的方式，他人的自为通过他的身体延续，并且由于触到这身体，我最终触到了别人的自由主观性。以上就是"占有"这词的真正意义所在。当然，我想占有别人的身体；但是我想占有是一个本身是"被占有者"的身体，就是说与别人的意识同一的身体。这是情欲不可能实现的理想：占有别人的作为纯粹超越性的并且又是身体的超越性，把别人简单归结为他的人为性，因为他那时是没于我的世界的，但要使这人为性永远表现他的虚无化的超越性。

但是真正说来，别人的人为性（他的纯粹此在）不可能在不深刻改变我固有存在的情况下而表现于我的直观。当我超越我个人的人为性走向我固有的诸种可能性的时候，当我在流逝的冲动中使我的人为性存在时，我也超越了别人的人为性，此外，也同样超越了诸事物的纯粹存在。在我的涌现本身中，我使它们在工具性存在中浮现出来，它们单纯的存在被构成了它们的方便性和可用性的复杂指示性推移所掩盖。抓住一支笔杆，这就已经是超越了我的此在走向写作的可能性，但是也就是超越了作为单纯存在物的笔杆走向它的潜在性，而且顺此类推也就是超越潜在性而走向某些将来的存在物，即"将要被写出的词"并且最终是"马上要写成的书"。这就是为什么存在者的存在通常被他们的职能所掩盖。别人的存在也是一样：如果别人对我显现为仆人，雇员，职员或干脆显然为我应该躲避的行人或在隔壁房间里发出的我力图理解的那种声音（或者，相反，因为妨碍我睡觉我想忘掉的声音）这就不仅仅是逃离我的超世界的超越性，而且也是他的作为没于世界中间的纯粹偶然存在的"此在"。因为恰恰在我像对办公室的仆人或雇员那样对待他的时候，我就通过我赖以超越我自己的人为性并使之虚无化的计划超越了他而走向他的潜在性（被超越的超越性，僵死的可能性）。如果我想回到他的单纯在场并把这在场就体味为在场，我就应该努力把自己还原为我固有的在场。对我的此在的任何超越事实上都是对别人此在的超越。如果世界是作为我超越它而走向我自身的包围着我的处境，那么我就从别人的处境出发把握住别人，就是说已经把他当作归属中心了。当然，被欲望的别人也应该在处境中被把握了；我欲望的，正是一位在世的女子，站在桌子旁边，裸露身体站在床上，或坐在我旁边。但是，如果情欲从处境退向处境中的存在的话，正是为了解除处境并瓦解他人在世界中的关系：从"周围"走向欲望的个人的情欲运动是孤立的运动，它破坏了周围并包围了被考察的个人以便使他的纯粹人为性突出出来。但是这只有在把我们归结为个体的任何对象固定在它的纯粹偶然性中才有可能，与此同时每个对象都向我指出这点，并且因此，这种回归于别人的存在的运动就是回到作为纯粹此在的我的运动。我破坏了我的可能性以便破坏世界的可能性并把世界构成为"情欲的世界"，就是说构成为结构被破坏的世界，这世界已失去了它的意义并且在这个世界中的事物明显的是纯物质的碎块，原生质。并且因为自为是选择，这就只有在我自己计划一种新的可能性时才有可能："这就是把我自己归结为我的纯粹此在的可能性。这计划，因为它不仅仅是从主题出发被设想和被提出的，而且还是被体验的，就是说，因为它的实现与它的概念是同一的，它就是混乱。事实上不应该这样理解前面的描述，即好像我因打算重新发现别人的纯粹此在而断然处在混乱的状态中。情欲是不假设任何事先的深思熟虑的被体验的计划，但是它在自身中包含着它的意义和它的解释。我刚一把自己抛向别人的人为性，我刚想排开他的活动和他的职能以便触及他的肉体，我就使我本身肉身化了，因为如果不是在我自己的肉身化中并通过我自己的肉身化我就既不能希望甚至也不能设想别人的肉身化；并且甚至空洞地设计情欲（如当人们"漫不经心地"以注视来剥脱一位女子的衣服时）就是混乱的空洞的设计，因为我只是以我的混乱而欲望，我只通过使我本身裸露而使别人裸露，我只有以设计我自己的肉体来粗拟并设计别人的肉体。

但是我的肉身化不仅仅是别人在我眼前显现为肉体的先决条件。我的目的是使他在自己的眼中肉身化为肉体，我应该把他带到纯粹人为性的地基上,他应该只对他本身归结为肉体。于是我在一种能在任何时候从各方面超越我的超越性的那些永恒的可能性:前面是宁静的肉体只不过是"这个";它仍然没有超出对象的范围;而且因此我能触及它,摸到它,占有他。因此,我的肉身化的另一意义同样——就是说我的混乱的意义——是因为肉体是一种迷惑人的语言。我使自己变成肉体以便用我的裸体迷惑他人并且引起他对我的肉体的情欲,正是因为这情欲在别人那里不是别的,只是一种类似于我的肉身化的肉身化。于是情欲是对情欲的劝诱。唯有我的肉体能够找到他人的肉体之路,并且我把我的肉体贴靠于他的肉体之上以便在肉体的意义下唤醒他。事实上,在爱抚中,当我慢慢地把我惰性的手滑向别人的胁下时,我已使他摸到了我的肉体,并且他本身在惰性地依从时所能做的只是这一点;那时传遍他全身的快感的战栗显然唤醒了他对肉体的意识。把我的手放平,推开它或握紧它,就是使身体重新变成活动;但是,同时就是使我的手消解为肉体。听任手顺着他的身体缓慢地移动,把它还原为几乎没有感觉的轻抚,还原为纯存在,纯粹的有点光滑、有点柔软、有点粗糙的物质,对他自己来说就是不再是建立了定向和拉开了距离的人,就是使自己成为纯粹粘滞性的。在这个时刻,情欲的联合被实现了:每个被肉身化了的意识,都实现了别人的肉身化,每种混乱都使别人的混浊诞生并且同样使之剧增。通过每一下爱抚,我感觉到我自己的肉体并且通过我自己的肉体感觉到别人的肉体。我意识到,我感觉到并且通过我的肉体化归己有的这个肉体是"被别人感觉到的肉体"。并且情欲追求整个身体的情欲不是偶然的,它特别是通过最未分化的,最明显地被神经支配的,最少自发运动能力的肉体团块而到达身体的,即通过乳房,臀部,大腿,肚腹:这些纯粹人为性的形象来触及它。也正是为此,真正的爱抚就是两个身体的最肉感部分的接触,腹部和胸部的接触;手在爱抚时无论如何是最敏锐的,最接近臻于完善的工具的。但是,肉体的互相对抚和互相使用的快乐是情欲的真正目的。

尽管如此，情欲本身是要归于失败的。事实上，我们看到，性交通常是情欲的完结，而不是它的真正目的。当然，我们的性组织的一些成分是情欲本性的必然表达。尤其是阴茎和阴蒂的勃起。事实上，这勃起不是别的，只是肉体被肉体所肯定。因此这勃起不是自愿地造成的，就是说，我们不能像使用一个工具那样来使用它，而是相反，关键在于一种生物学的独立现象，它的独立而非自愿的快感伴随并意味着使意识陷入身体之中，这些都是绝对必然的。应该很好理解的是，任何敏感的有攫握力的及和横纹肌联系着的器官，都不能成为性器官和性别；性别，如果应该显现为器官，就只能表露植物性的生命。但是，如果我们认为，正好有性别而且是这样一些性别的话，偶然性就重新出现了。尤其是雄的进入雌的，尽管情欲希望的这种彻底肉身化一致，（事实上人们注意到性交时性器官的被动性：正是整个的身体前进或后退，带着性器官前进或使它退出；正是手帮助阴茎进入；阴茎本身显现为人们用以触摸，插入、退出、使用的工具，并且同样的，阴道的张开和润滑也不可能是自愿地获得的）它仍然是我们性生活的完全偶然的模式。严格意义上的性快感同样是纯粹的偶然性。真正说来，意识粘附于身体有其结果，这是很普通的事，就是说，有一种特殊的出神，意识在其中只是（对）身体（的）意识，并且因此是对身体性的反思意识。快乐，事实上——像铭心刻骨的痛苦一样——引起一种作为"期望快乐"的反思意识的显现。只是，快乐是情欲的死亡和完结。它是情欲的死是因为它不只是情欲的完成并且是它的终点和它的目的。此外"这个"只是一个器官的偶然性：它使得肉身化通过阴茎勃起表露出来而且使勃起因射精而终止。但是此外，快感是情欲的闸门，因为它引起对快感的反思意识的显现，它的对象变成享乐，就是说它期望被反思的自为的肉身化并忘记别人的肉身化。"这个"不再属于偶然性的领域。也许向被迷惑反思的过渡因快感这肉身化的特殊样式而被造成,仍然是偶然的——反正有许多有向反思的过渡而没有快感参预的情况——但是情欲要肉身化的企图遇到的永恒危险就是正在肉身化的意识再也看不见别人的肉身化并且它自己的肉身化吸收别人直到变成他最后的目的。在这种情况下,爱抚的快感被转化为被爱抚的快乐,自为所要求的东西,就是感到它的身体充分享受快乐直到恶心。接触一下子中断了并且情欲失去了它的目标。甚至情欲的失败经常可能成为向受虐色情狂过渡的动机,就是说,意识在其人为性中被把握,它要求作为"为他的身体"而被别人的意识把握并且超越:在这种情况下对象-别人瓦解崩溃,并且注视-别人显现出来,而我的意识是在别人的注视下在他的肉体中痴狂的意识。

但是,情欲相反是它自己的失败的起源,因为它是获取和化为己有的情欲。事实上,混乱不足以造成别人的肉身化:情欲是把这被肉身化的意识化归己有的情欲。因此它根本不是通过爱抚而是通过攫握和插入的活动延续的。爱抚的目的只在于以意识和自由充满别人的身体。现在,应该获取、抓紧、进入这被充满的身体。但是,只是由于我现在企图抓住、拖拉、抓紧、撕咬,我的身体就不再是肉体,它重新变成我所是的综合工具;并且同时,别人不再是肉身化:他重新变成我从他的处境出发把握的没于世界的工具。他的意识会掠过他肉体的表面,并且我企图用我的肉体去体味它①,这意识在我的目光下消失:在他的内心中,只留下与对象-形象同在的一个对象。同时我的混乱消失了;这不意味着我不再欲望,而是情欲失去了它的质料,它变成抽象的了;它是掌握和获取的情欲,我热衷于获取,但是我的热衷本身使我的肉身化消失了:现在,我重新超越我的身体走向我自己的可能性(这里是获取的可能性),同样,被超越而走向其潜在性的他人的身体,从肉体的行列落入纯粹

---

① Donia Prouhéze(缎子鞋,第十一天):"他不知道我的鉴赏力"。

对象的行列。这种处境意味着情欲的真正目的恰恰是与肉身化的相互性一刀两断：别人能继续是混乱的；他仍然能够是对他来说的肉体；我能理解他；但是这是我不再能用我的肉体把握的一个肉体，一个只不过是对象－别人的性质而并非一个作为意识的别人的肉身化的肉体。于是，我是面对一个肉体的身体（在处境中的综合整体）。我几乎又置身于我恰恰企图通过情欲从中摆脱出来的处境中，就是说，我试图使用他人－对象来要求他清算他的超越性，并且恰恰因为他完全是对象，他以他整个的超越性逃离了我。我甚至又一次失去对我寻求的东西的明确领会，然而我介入这个寻求之中。我获取并且我发现我正在获取，但是我获取在手的东西和我想要获取的东西不是一回事；我感觉到它，我承受它，但是不能说出我想抓住的东西是什么，因为由于我的混乱，对我的情欲的领会本身逃离了我；我就像一个睡眠者，醒来时发现自己正用手抓着床的边缘而想不起来是什么恶梦导致这样的动作。正是这种情况是性虐待狂的起源。

　　性虐待狂是激情，冷酷和凶猛。它是凶猛的，因为它是一个自为的状态，这自为被认为是介入的而不知道它介入的是什么，并且它坚持它的介入而没有明确地意识到它自己规定的目的，也没有明确地回忆起他给予这介入的价值。它是冷酷的，是因为当情欲不再是混乱的时候它才显现出来。性虐待狂把他的身体重新当作综合整体和行动的中心；他被重新置于对他自己的人为性的永恒逃避中，他面对别人被体验为纯粹的超越性；他厌恶对他来说的混乱，认为混乱是一种卑贱的状态；简单说，他不能在他之中实现混乱。就他热衷于冷静而言，就他同时是凶猛的和冷酷的而言，性虐待狂是富于情感的。他的目的，像情欲的目的一样，在于把握并奴役不仅是对象－别人、而且是作为被肉身化的纯粹超越性的别人。但是在性虐待狂中，重点在于被肉身化的别人的工具性的化归己有。性虐待狂的这个"环节"，在性欲中，事实上就是被肉身化的自为超越它的肉身化来把他人的肉身化化归己有的环节。因此，性虐待狂拒绝自己肉身化并同时要逃离任何人为性，同时还努力控制别人的人为性。但是，因为他既不能也不愿用他自己的肉身化来实现别人的肉身化，鉴于这个事实本身他除了把别人看成工具性对象之外没有别的办法，他力图把别人的身体作为工具来使用，以便使别人实现肉身化的存在。性虐待狂是用暴力使他人肉身化的努力并且这"强迫的"肉身化应该已经是把别人化归己有和对别人的使用。性虐待狂力图把别人从掩盖他的活动中剥离出来——正像情欲一样。他力图在行动之下发现肉体。但是情欲的自为在它自己的肉体中消失来向他人揭示它是肉体，而性虐待狂则与此相反，他在使用一些工具以便迫使自己向他人揭示自己的肉体的同时否定他自己的肉体。性虐待狂的目的是直接的化归己有。但是性虐待狂是处境危险的，因为他不仅享受了他人的肉体，而且在与这肉体的直接联系中享受了他固有的非肉身化。他希望的是性关系的非相互性，他面对一个被肉体征服的自由享有化为己有和自由的权力。这就是为什么性虐待狂想表现不同于意识的他人的肉体；他想通过把他人表现为一个工具来表现肉体；他通过痛苦来表现肉体。事实上，在痛苦中，人为性漫及意识并且最终，反思意识被非反思的意识的人为性所迷惑。因此恰好有通过痛苦的肉身化。但是同时，痛苦是通过工具得到的；折磨人的自为的身体只不过是给出痛苦的工具。于是自为从一开始就能表现工具性地征服了别人的自由的错觉，就是说用这肉体来表达这自由的错觉，而不断成为诱发、抓紧、把握的自为。

至于性虐待狂想实现的肉身化的类型，恰恰就是人们所谓的猥亵。猥亵是一种为他的存在，它属于粗鄙的类型。但是粗鄙并不都是猥亵。在优雅中，身体显现为处境中的心理。它首先把它的超越性揭示为被超越的超越性；它在活动中并且从处境和被追求的目的出发被理解。因此每种运动都是在从将来被带向现在的知觉过程中被把握的。按这种看法，优雅的活动一方面拥有一种装配良好的机器的精确；另一方面，又拥有心理的完全不可预测性，因为我们已看到，心理对他人来说是无法预测的对象。因此优雅的活动在每时每刻都是完全可以领会的，因为人们观察考虑过在他那里流出的是什么。更明确地说，活动流出的部分被一种来自其完美适应性的美学必然性扩张开了。同时将来的目的使整个活动变得明了了；但是活动的整个将来部分仍然是无法预料的，尽管人们根据活动着的身体本身感到，这活动刚一过去就将显现为必然的和应变的。正是运动的这种必然和自由的形象（作为别人－对象的属性）构成了严格意义上的优雅。柏格森对它进行过出色的描述。在优雅中身体是表露自由的工具。优雅的活动，因为它使身体表现为精确的工具，所以它在每时每刻都给为身体存在的合理提供了证明：手是为着去拿，这首先就表露出它"为去拿的存在"。因为手是从要求攫握的处境出发被把握的，它在它的存在本身中显现为被要求的，它是被召唤的。因为它通过它的动作的不可预测性表露了它的自由，它从一开始存在起就表明：似乎它是在处境的正当要求下产生它本身的。因此优雅呈现了一种存在的客观形象，这个形象是为着某种东西而成为它自身的基础。因此人为性是被优雅遮蔽和掩盖着的：肉体的赤裸完全是在场的，但是它不能被看见因而优雅、最高雅的姿态和最高极限的挑战是出示被揭示的身体，除非优雅本身没有穿任何别的衣服，没有遮以任何别的帷幕。最优雅的身体是它自己的活动用这看不见的衣服包裹着的赤裸裸的身体，同时完全遮蔽了它的肉体，尽管肉体在目击者眼中完全是在场的。相反，当优雅的一种成分在它的实现过程中受阻时，粗鄙就显现出来。运动能变成机械的。在这种情况下，身体总是为它辩解的总体的一部分，然而是作为纯粹的工具；它的被超越的超越性消失了，并且同时这被超越的超越性迷失在我的世界的工具性对象这作为侧面的复因决定的处境中。这些活动也可能是被触犯的并是强暴的：在这种情况下，正是对这处境的适应被破坏了；处境仍然在，但是在它和处境中出现了一个虚空，一个间隙。在这种情况下，别人始终是自由的，但是这自由只被当作纯粹的不可预测性，它和伊壁鸠鲁的原子的偏斜（clinamen）相似，即和一种非决定论相似。同时，目的仍然是肯定的并且我们总是从将来出发来感知别人的姿势。但是与这结论不合的是，通过将来感知的解释总是太泛或太窄：这是一种大致的解释。因此，动作的和别人的存在的证明并没有完美地实现；极端地说，笨拙的人是无法证明的；他介入处境的整个人为性被处境吸收了，并退回到他身上。笨拙的人不恰当地解放他的人为性并且突然把它置于我们的目光下：我们在其中期望把握处境的关键，这是自发地出自处境本身的，我们突然遇见一个不合时宜的在场者的无可证明的偶然性；我们面对一个存在者的实存。尽管如此，如果身体完全在活动中，人为性就还不是肉体。当身体接受了以它的活动完全脱去它的衣服并且揭示了它的肉体惰性的一些姿态的时候，猥亵就显现出来。看见赤裸裸的身体和背部并不是猥亵。但是臀部的某种无故左右摇摆就是猥亵。因为那时在步行者那里只有腿在活动而臀部似乎是腿带着的孤立坐垫，并且它的摆动纯粹是服从重力的规律的。它不可能用处境来辩解；相反，它完全是整个处境的毁灭，因为它有事物的被动性并且因为它作为事物而使自己被腿带着。它一下子作为无可辩解的人为性显示出来，它作为任何偶然的存在而是"多余"的。它在这个身体中孤立出来，其在场的意义就是行走，它是赤裸裸的，尽管某种织物掩盖着它，因为它不再分有活动着的身体的被超越的超越性，它的摇摆运动，不是从将来出发被解释，而是从过去出发作为肉体事实被解释和认识的。这些看法自然能应用于这样一些情况，在这些情况中，整个身体都变成肉体，或者是由于我不知道哪些姿势的柔软不能用处境来解释，或者是由于它的结构的改形（例如，脂肪细胞的繁殖），就一个处境要求的确实在场者而言，这改变向我们展示了过多的人为性。这被揭示的肉体当它被某个不在情欲状态中并且没有激起他的情欲的人发现的时候特定地是猥亵的。一种在把握了处境的同时破坏了处境的特殊失配，一种把肉体的惰性快感作为在那掩盖着它的运动的薄纱下的粗俗的呈现提供给我——而这时我又不处在对这肉体的情欲状态中——的特殊的失配，这就是我将称之为猥亵的东西。

从这时候起，我们看到性虐待狂之要求的意义：优雅把自由揭示为对象-别人的性质，并且，像在柏拉图式的回忆的情况下，感性世界的矛盾造成的那样，它难以觉察地推回到超越的彼岸，我们又保持了对它的混乱记忆，并且只能通过我们存在的彻底改变达到它这个超越的彼岸，就是说，通过果断地担当起我们的为他的存在。同时，优雅揭示并掩盖了别人的肉体，或者还可以说，优雅揭示别人的肉体以便立即掩盖它。在优雅中，肉体是难以接近的别人。性虐待狂者旨在摧毁优雅以便实在地构成别人的另一综合：他要使他人的肉体表现出来；在他的显现本身中，肉体是优雅的毁灭，而人为性则使别人的对象-自由消失了。这种消失不是虚无化：对性虐待狂者来说，正是自由-别人自己表露为肉体；对象-别人的同一性不是通过这些灾变毁灭的；而是肉体和自由的关系被颠倒了：在优雅中，自由包含并掩盖人为性；在应进行新的综合中，正是人为性包含并掩盖了自由。因此，性虐待狂旨在粗暴地和强制地使肉体表现出来，就是说不是通过他自己肉体的协作，而是通过他作为工具的身体的协作使肉体表现出来。他旨在对别人采取一些态度和姿态，就像他的身体是在猥亵的样子下表现出来一样。于是他仍然是在工具性地化归已有的水平上，因为他在把强力施于别人身上的过程中使肉体诞生——并且别人变成他手中的工具——性虐待狂者揉搓（manie）别人的身体，摁住它的肩膀，以使别人的身体向地上弯下去，并且使腰突出来，等。并且另一方面，这样使用工具的目的对使用本身是内在的：性虐待狂使别人转化为工具以便使别人的肉体表现出来；性虐待狂是把别人领会为工具的存在，这个工具的功能就是其固有的肉身化。因此，性虐待狂的理想是达到这样一种时刻：即别人已经是肉体，它不断地成为工具，这肉体是使肉体诞生的肉体；在这个时刻中，如，大腿已经在一种猥亵的和欢悦的被动性中呈现并且还是人们揉搓、叉开、弯曲，以便使双臀更加突出并反过来使双臀肉身化。但是我们没有弄错：性虐待狂如此热衷地追求的东西，就是他想用他的手揉搓并且用他的拳头去折服的东西，这就是别人的自由：它在那里，在这个肉体中，别人的自由就是这肉体，因为有别人的人为性存在；因此性虐待狂企图化归己有的正是这个自由。于是，性虐待狂的努力就是通过把他人的身体作为要用肉体使之诞生的肉体而把这他人的身体化归己有，并通过暴力和痛苦把他人诱入他的肉体中；但是，这种化归己有超越了它化归己有的身体，因为它只在把别人的自由诱入自身的时候才要占有这个身体。这就是为什么性虐待狂需要通过别人的自由肉体明确地证明这种奴役：他旨在使人要求宽恕，他通过酷刑和威胁使别人卑躬屈膝，否认他所拥有的更珍贵的东西。人们曾说，这是由于统治癖，由于权力意志。但是这种解释是含糊的荒谬的。首先应该解释的正是这统治癖。显然，这种癖好不可能是先于作为它的基础的性虐待狂的，因为它同他一样并且与他在同一水平上，产生于面对别人的不安。事实上，施虐待狂者之所以喜欢用折磨消除一种拒绝，是由于一种与能解释爱情意义的原因类似的原因。我们事实上已经看到，爱情并不要求取消别人的自由，而是要求他的作为自由的奴役，说是说通过自由本身的奴役。同样性虐待狂并不力图消除他所折磨的人的自由而是力图强迫这种自由自由地与被折磨的肉体同一。这就是为什么对施虐者来说是快乐的时候，就是受虐者拒绝的或卑躬屈膝的时刻。事实上，不管施于受虐者的压力是什么，拒绝仍然是自由的，这拒绝是一种自发的产生，是对处境的反应；它表露了人的实在；不管受虐者曾有过什么样的反抗，不管受虐者在求饶之前等了多长时间，无论如何；他还能再等十分钟，一分钟，一秒钟。是受虐者决定了不再能忍受痛苦的时刻。受虐者将体验其拒绝，随后感到悔恨和耻辱，这就是证明。于是这完全归咎于受虐者。但是另一方面，性虐待狂同时被认为是受虐者的原因。如果受虐者反抗并拒绝求饶，游戏就只会更增加快感：把螺丝再紧一圈，格外拧紧，而反抗则以屈从而结束。性虐待狂"有的是时间"。他是平静的，他不着急，他像一个技术人员那样安排使用工具，他一个接一个地试它们，就像一个锁匠试用各种钥匙去开锁；他享受这种模棱两可的矛盾状况：一方面，事实上，他在普遍决定论内部为一个被自动地达到的目的造成了一个耐心地使用工具的人——正像当锁匠找到了"合适"的钥匙时锁自动地启开一样——另一方面，这被决定的目的只能通过一个别人的自由而又完全的协作而实现。因此，这目的保持到最后，而且它同时既是可预见的又是不可预见的。对性虐待狂来说，要实现的目的是模棱两可的、矛盾的、并且是不平衡的，因为他同时是决定论的技术使用的必定结果又是不被制约的自由的表露。在性虐待狂那里呈现的情景就是与肉体的快感争斗的自由的情景，并最终，它自由地选择使自己被肉体淹没。被寻求的结果在拒绝的时候达到了；身体完全是抽动着的和猥亵的肉体，它保持着施虐者让它做出的姿势，不是它本身要取的姿势，捆着它的绳子把它作为一种惰性的事物来承受，并且因此，它不再是自发运动的对象。自由通过拒绝而选择的恰恰就是要与这个"此在的身体"同一；这被扭曲的气喘吁吁的身体是被粉碎的，被奴役的自由的形象本身。

这样一些看法不是要穷尽性虐待狂的问题。我们只是想指出在情欲本身中性虐待狂作为情欲的失败还只在萌芽中。当我力图去占有我通过我的肉身化而导致的他人的肉身化的身体，我就冲破了肉身化的相互性，我就超越我的身体走向它自己的可能性并且使自己趋向性虐待狂。于是性虐待狂和受虐色情狂是情欲的两块暗礁，或者我超越混乱趋向把他人的肉体化归己有，或者我陶醉于自己的混乱，我只注意我的肉体并且我不再向别人要求任何东西，除非要求他成为注视以帮助我实现我的肉体。正是由于情欲的这种无定见以及它在这两个暗礁之间的永恒摇摆,人们才习惯以"施虐—受虐狂"的名称来称呼"正常"的性欲。

尽管如此,性虐待狂本身,像盲目的冷漠和情欲一样,包含着它失败的原则。首先,在把身体领会为肉体和对它的工具性使用之间有一种深刻的不可共存性。如果我把肉体变成一个工具,它就把我推回到别的工具和潜在性上面去,即推到将来。它部分地被在我周围创造的处境证明为此在,正如钉子和钉在墙上的台布的在场证明锤子的存在一样。它的肉体本性,即它的不能使用的人为性本性一下子让位给工具性事物的本性。性虐待狂曾企图创造的"肉体-工具"复合瓦解了。这种深刻的瓦解之所以能被掩盖,是因为肉体是揭示肉体的工具,也因为我按内在的目的构成工具。但是当肉身化完成时,当我面前正好有一个气喘吁吁的身体时,我不再知道如何使用这肉体。再也不能赋予它什么目的,因为我恰恰使它的绝对偶然性表现出来了。这偶然性"在此",并且它"毫无理由"地在此。在这个意义下,我不可能支配作为肉体的偶然性,我不可能把它归入工具性的复合体系,而它的物质性,它的"肉色"又不立即逃离我。在沉思的惊异状态中,我在偶然性面前只能是呆若木鸡,或者反过来使我自己肉身化,听任混乱的摆布,以便至少使自己重新处于这样的地位,即肉体在其中以它的完全的肉色向肉体显露出来。于是,性虐待狂正是在它的目标行将达到时,让位于情欲的。性虐待狂是情欲的失败而情欲是性虐待狂的失败。人们只能通过满足和所谓的"肉体占有"来脱离这个循环。事实上,在所谓的肉体占有中,性虐待狂和情欲的一种新综合表现出来了:性器官的勃起表露了肉身化,"进入……"或被"穿透"这一事实象征性地实现了性虐待狂和受虐色情狂的化归己有的企图。但是快乐之所以使离开这循环成为可能,是因为它同时消除了情欲和性虐待狂的激情而又没有满足它们。

与此同时，并且在一个完全别样的水平上，性虐待狂包含着一个新的失败的契机。事实上，他企图化归己有的正是受虐者的超越的自由。但是显然这自由原则上仍然是触及不到的。性虐待狂者愈是热衷于把别人当作工具来对待，这自由就愈是逃离他。他能干涉的自由只是对象－别人的对象性质，即作用于没于世界的自由以及它的僵死的可能性。但是他的目的恰恰是恢复他的为他的存在，他原则上欠缺这种存在，因为他感兴趣的唯一的他人就是这样一个在世的别人，这个别人对狂热于他的性虐待狂只有"头脑中的形象"。

当性虐待狂的受虐者注视他时，就是说，当他在别人的自由中体验到他的存在的绝对异化时，他发现了自己的错误：那时他实现的不仅是不曾恢复他"外表的存在"，而且还做到了：使他赖以力图恢复"外表的存在"的活动本身作为体型和性质连同他的一系列僵死可能性被超越并被固定在"性虐待狂"中，他还做到了：这种改造是通过他想奴役的别人并对这个别人而发生的。于是他发现他甚至在强制别人卑躬屈膝和求饶的时候，也不能作用于别人的自由。因为恰恰正是在别人的绝对自由中并通过这自由，一个世界成为存在，在这个世界中有一个性虐待狂和折磨的工具以及一百个要人谦卑和否认自己的借口。没有任何人会比福克纳[①]在《八月的阳光》的最后部分所描述的能更好地表现被虐者的注视的威力。一些"有教养的人"挑逗黑人基斯玛斯并且把他阉割。基斯玛斯处于弥留状态：

"但是这人，躺在地上一动不动！他睁着双眼躺在那里，眼睛里除了一点知觉外空无所有，有某种东西，一片阴影罩在他的嘴周围。他用安静而深邃的，使人难以忍受的目光长久地注视着他们。然后，他的脸，他的身体似乎崩溃了，缩成一团了，从裹着他的髋

[①] 福克纳（Faulkner, 1897—1962），美国小说家。1949年获诺贝尔奖。——译注

和臀的破衣服里，被压抑的活黑的血流像突然断气那样涌出……从这肮脏的爆发中，这人似乎会在他们的记忆中超升和漂游。无论他们在什么地方沉思看古老的安宁平静的小溪，像孩子般的面庞，他们是永远不会忘记这些的。这将永远在那里，好幻想的，平静的，稳沉的，永远不会褪色的，永远不曾表现出有威胁力的，而自己是安详的，洋洋自得的。①汽笛的鸣叫再次在城市里升向难以置信的高空，墙壁使之稍稍减轻了强度，消失在人们的听觉之外了。"②

于是这种在世的他人对性虐待狂的注视的这种爆发，使性虐待狂的意义和目的倾覆了。同时性虐待狂发现：他想奴役的正是这些在的自由，并且同时，他明白他的虚浮。现在我们再一次从进行注视的存在被推回到被注视的存在，我们没有脱离这个循环。

我不曾想用这样一些意见来穷尽问题，尤其是对待他人态度的问题。我们只是想指出，性的态度是对待他人的原始行为。这种行为在他人那里必然地包括为他的存在的原始偶然性以及我们固有的人为性的原始偶然性，这是不言自明的。但是我们不能同意说它一开始就服从于生理的和经验的结构。从有身体并有别人开始，我们就通过情欲、爱情及我们提出过的各种派生的态度对之有了反作用。我们的生理结构只是象征性的在绝对偶然性的基础上表示了我们互相采取这些态度的永恒可能性。于是我们能说，自为在他面对他人的涌现本身中是有性别的，并且，由于他人，性征出现在世界上。

我们当然不是说对待他人的态度被归结为我们刚才描述的那些性的态度。我们之所以首先长篇大论谈这些态度，是出于两个目

---

① 着重点是我加的。——原注
② 福克纳：《八月的阳光》（《Lumière d'août》），N. R. F. 丛书，1935年版，第385页。——原注

的：首先因为它们是基本的。最终因为，人们互相采取的所有复杂行为只不过是丰富了这两种原始态度（而第三种态度，憎恨，我们马上就要谈到）。也许，具体的行为（合作、斗争、竞争、竞赛、介入、服务①等）是要更细致地无限地描述的，因为这些行为取决于历史处境和自为与别人的每种关系的一些具体的特殊性。但是，这些行为关闭了它们身上的一切性关系，就像对待它们的骨骼一样。这不是由于某种到处起作用的性欲的存在，而只是因为我们描述过的态度是自为用以实现它的为他的存在及努力超越这事实的处境的基本谋划。这里不是指出怜悯、仰慕、厌恶、羡慕、感激等能包含爱情和情欲的态度的地方。但是每个人都能通过参考他自己的经验，也像参考那些各种各样本质的遗觉直观一样来决定这一点。自然，这不意味着这些不同的态度是被性征借用的单纯伪装。而是应该懂得，性征作为这些态度的基础与它们合一，它们发展了性征并且超越了它，就像圆圈的概念发展并超越了总是确定地绕着它的一端转的环节的概念。这些基础态度能够始终被掩盖着，就像被肉体包围着的骨架；甚至这就是通常发生的事情，身体的偶然性，我所是的原始谋划的结构，我的历史化的历史，这些都能决定通常总是暗含在更复杂事物内部的性态度；尤其是人们明确欲望"同性别"的别人是不常见的。但是，在道德的禁令和社会的禁忌背后，至少在人们称之为性厌恶这种特殊形式的混乱之下，情欲的原始结构仍然存在。不应该认为性谋划的这种永恒性好像应该总是以潜意识状态"在我们之中"。自为的谋划只能在意识的形式下存在。只是它是与它溶合其中的特殊结构合一地存在的。当精神分析学家们认为把性的易感性变为抽取对个体历史的所有决定的"白板"时，他们感觉到的正是这点。不过不应该相信，性征是一开始就被决定的：事实上，它是从自为在有别人的世界中涌现时起就包含它的所

---

① 还可见物质的爱情、怜悯、仁慈等。——原注

有那些决定的。被决定的东西和应该被任何一个人的历史确定的东西，就是与他人关系的类型（情欲－爱情、受虐色情狂－性虐待狂）即性态度在它的纯正表现中表露出来的与别人的关系的类型。

显然因为这些态度是原始的，我们才选择了它们用以指出与他人关系的循环。因为它们事实上是与所有对待别人的态度合一的，它们把对待他人的所有行为带进了它的循环。正像爱情在它自身中发现其失败，而情欲从爱情的死亡中涌现以便反过来自己崩溃瓦解并让位于爱情一样，对待对象－别人的所有行为都意味着一种暗含的并被掩盖的对主体－别人的归属，并且这种归属就是这些态度的死亡；一种新的态度在对待对象－别人的行为的死亡之上涌现出来，这种态度旨在征服主体－别人，并且这种态度反过来揭示主体－别人的不可靠，并自己崩溃瓦解以便让位于相反的行为。于是我们无穷地从对象－别人被推回到主体－别人，反之亦然；这种过程永不停息，并且正是这个过程方向的突然倒转，构成我们与他人的关系。在人们考察我们的某一时刻，我们是处在一种或另一种这类态度中——我们对这种或那种态度都不满意；我们按照我们的自欺或我们的特殊历史境况，能够在相当长的时间内保持相适应的态度；但是这态度自身永远不是自足的；它总是不露声色地指向别人。因为，事实上我们对他人采取的态度是不可能永恒不变的，除非他人对我们同时揭示为主体和对象，同时揭示为进行超越的超越性和被超越的超越性，而这在原则上讲是不可能的。于是，我们不停地由注视的存在向被注视的存在摇摆，并由于交替的变革而从这二者中的一个落入另一个，我们总是在对他人而言的不稳定状态中，不管我们采取的是什么样的态度；我们追求同时理解他的自由和他的客观性这不可能实现的理想；援用让·华尔[①]的表述就是，在与别人的关系中，我们时而置身于超越性的状态中（当我们把他

---

① 让·华尔（Jean Wahl, 1888—1974），法国哲学家。——译注

理解为对象并且使他与世界合一时），时而又置身于超升的状态（当我们把他体验为超越我们的超越性时）；但是这两种状态中的任何一种都不是自足的；我们永远不能具体地置身于平等的水平上，就是说置身于承认他人的自由导致他人承认我们的自由的水平上。他人原则上是不可能把握的：当我寻找他时他逃离了我，而当我逃离他时他又占有了我。我甚至希望按康德的道德箴言，以别人的自由作为不受制约的目标而行动，这种自由只是由于我把它当作我的目的而变成了被超越的超越性；另一方面，我只能在把对象-别人当作工具使用时在他的侧面行动来实现这个自由。事实上，我恰恰应该把处境中的别人当作工具性对象；因此，我唯一的权力是改变对别人而言的处境和对处境而言的别人。于是我被引向作为所有自由政治的障碍的悖论，并且卢梭曾以一句话来定义它：我应该"强迫"别人是自由的。尽管这种强迫避免永远或十分经常地以暴力的形式实施，它仍然支配着人与人之间的关系。我之所以安慰别人，安抚别人，是为了使他人的自由从使之神伤的恐惧或痛苦中解脱出来；但是安慰和使人安心的证据是一种方法体系的组织，目的是为了作用于别人，并且因此作为工具性事物使别人与这系统合一。更有甚者，安慰者造成自由和悲痛间的一种任意的区别，安慰者使自己与使用"理由"和寻求"善"相同化，而悲痛于安慰者似乎是一种心理决定论的结果。因此他行动以便把自由和悲痛分离开，正如人们把化学产品的两种成分互相分离那样。只是由于他以为自由是能被选择的，他才超越了自由并诉诸暴力，并且他所处的地位使他不可能把握这种事实：因为正是自由本身变成悲痛。并且，因此，为了使自由从悲痛中解放出来而行动就是为反对自由而行动。

然而不应该相信，一个"听任"（laisser-faire）和宽容的道德更多地是尊重他人的自由：一旦我存在着，事实上我就给他人的自由设置了一个界限，我是这个界限，并且我的每一谋划都围绕别人勾画出这种界限：仁慈、听任、宽容——或所有弃权的态度——是我本身的自我约束并以他人的誓言约束他的谋划。对他人实行普遍宽容，就是用强力把他人抛进一个宽容的世界。这就是从原则上夺去了他们勇敢反抗，不屈不挠，独断独行之类的自由的可能性。过去在一个不宽容的世界中，他们是有机会发挥这些可能性的。如果人们考察教育的问题，这一点就会更加清楚：严厉的教育把孩子们当成工具来对待，因为这种教育企图用强力使孩子折服于他没有接受的价值；但是，一种自由化的教育，由于使用了别的方法，仍然是先天地选择了一些对付孩子的原则和价值。以温和的说明态度对待孩子，这仍然是强迫他。于是，尊重他人的自由是一句空话；即使我们能假定尊重这种自由的谋划，我们对"别人"采取的每个态度也都是对于我们打算尊重的那种自由的一次践踏。在他人面前所表现的完全冷漠的极端的态度同样不是解决办法：我们已经被抛进面对别人的世界，我们的涌现是别人的自由的自由限制，没有任何东西，甚至自杀，都不能改变这种原始处境；不管我们的活动是什么样的，事实上，我们总是在这样一个世界里完成这些活动的，在这个世界里别人业已存在，并且我对别人而言是多余的。

有罪和罪孽的概念似乎正是从这种独特的处境中获得其起源的。我正是面对别人才是有罪的。首先是当我在他的注视之下，把我的异化和我的裸体体验为我应该担当的羞耻时，我是有罪的；正如圣经所说的"他们知道他们是裸体的"这句名言的意义所在。此外，当我反过来注视他人，因为我肯定了我本身，我把他构成为对象和工具，并且我使他进入异化，而他是应该承担这个异化的。于是，原罪，就是我在有别人存在的世界上涌现，并且不管我与别人的关系是什么样的，这些关系也只是我有罪这原始主题的多样化。

但是，这种有罪附带着一种无能，这种无能并没能够洗去我的罪。我们已看到，无论我为别人的自由做了什么，我的努力都要沦为把别人作为工具来对待，并且把别人的自由作为被超越的超越性提出来；但是另一方面，不管我施用的是什么样的强力，我也只不过能触及到他的对象的存在。我永远只能提供给他的自由以自己表露的种种机遇，永远不能增大或缩小它，引导或控制它。于是，我在我的存在本身中是对他人有罪的，因为我的存在的涌现无论如何给他一维新的存在，并且另一方面，无能利用或补救我的过错。

一个自为在它的自我历史化过程中，经验到那些不同的灾变，由于它完全认识到了它以往努力的虚浮，而能决定自己置别人于死地。这种自由决定被称为憎恨。它包含着一种基本的屈从：自为放弃了它要实现与别人统一的要求；它不再把别人作为工具来使用以便恢复他的自在的存在。它只想找到一种不限制行为的自由；就是说，只想从它的不可把握的"为别人的对象存在"中挣脱出来，并且消除他异化的一维。这就相当于要谋划着实现一个别人在其中不存在的世界。憎恨的自为愿意仅仅是自为；它通过各种各样的经验得知它不可能使用它的为他的存在，它宁愿只是它的存在的自由虚无化，只是瓦解的整体、对自己目的的追求。憎恨中的自为谋划完全不再是对象，憎恨表现为一种自为面对别人的自由所采取的绝对立场。这就是为什么憎恨并不首先贬抑被恨的对象。因为它提出了对那对象的真实基础的讨论：我所憎恨的别人的东西，并不是这样的面貌，这样的怪癖，这样的特殊行动，而就是它的一般的存在，作为被超越的超越性的存在。这就是为什么憎恨意味着承认别人的自由。不过，这种承认是抽象的和否定的：憎恨只认识对象－别人，并且只依附于这个对象。它想毁灭的正是这个对象，以便同时消除纠缠它的那个超越性。这超越性只作为不可能接近的彼在，作为憎恨中的自为异化的永恒可能性而被预感到。因此，它本身永不被把握。此外，它不变成对象就不能存在，但是我把它体验为逃避他人－对象的永恒性，体验为它最可接近的经验品质中的"非既定的"、"非现成"的方面，体验为一种提醒我"问题不在那里"的不断告诫。这就是为什么人们是通过被揭示的心理，而不是通过这心理本身而憎恨的；这也是为什么通过我们习惯称为他的罪恶或他的美德的东西来憎恨别人的超越性是无关紧要的。我憎恨的东西，就是把我推回到别人的超越性上去的整个的心理整体：我不至于低下到憎恨这样的特殊客观细节。憎恨和厌恶的区分就在于此。憎恨似乎并不必然地因我刚才遭受的疼痛而表现出来。相反，它能在人们有权希望感激的地方产生，就是说在行善之机产生：激起憎恨的契机，这只不过是他人的活动，我通过它而处在承受他的自由的状态。这种活动本身是使人羞耻的，它所以令人羞耻因为它具体揭示了我面对他人自由的工具性客观性。这种揭示立刻变模糊了，融进过去并变成不透明的。但是显然，它留给我一种感觉，即有某种为了解放我而要摧毁的"事物"。此外，正是如此，感激是如此接近于憎恨：感激一个善行，就是承认别人在行动时完全是自由的，因为他已经完成了善行。没有一个强迫——即使是义务的强迫——是在这其中规定去行善。他对他的活动及主导这活动完成的价值负有完全责任。我只是成为了借口；只成为了他的活动据以实施的质料。从这种认识出发，自为能够按它的选择去谋划爱或恨：他再也不能不理睬别人。

这些看法产生的第二个结果，即憎恨是把所有其他人当作一个人来憎恨。我想通过要把这个别人置于死地而象征地到达的东西，就是他人存在的一般原则。我所憎恨的别人，事实上代表一些别人。我要消灭他的谋划是消灭一般他人的谋划，就是说夺回我的自为的非实体性自由的谋划。在憎恨中，已知体会到我被异化的一维是一些别人对我的实在征服。我谋划着要消除的正是这征服。这就是为什么憎恨是一种阴暗的感情，即旨在消灭一个别人。并且作为谋划，它自觉地谋划去反对别人。我反对这别人对于给另一个别人的憎恨，这种憎恨使我担心，并且我力图消除它，因为尽管它并不是明确地针对我的，我却知道它与我有关，并且它的实现是对抗我的。事实上，它旨在毁灭我，这不是因为它力图消灭我，而是因为它原则上祈求我的反对以便能继续下去。就憎恨相当于不安地承认憎恨者的自由而言，憎恨祈求被憎恨。

503

但是，反过来，憎恨是一种失败。它最初的谋划事实上是消灭别的一些意识。但是即使这谋划实现了，就是说，即使它能在现在的一刻消灭别人，它也只能使别人已不存在了。甚至可以说，为了把消灭别人体验为憎恨的胜利，这种消灭就意味着明确承认他人曾存在。从那时起，我的在过去行动的"为他的存在"变成了我本身不可救药的一维。这一维是我作为曾经是的而且应该是的东西。因此我不可能从中解脱出来。人们会说，至少，我现在正在逃避它，将来我将逃离它；但，事情不是这样。只要有一次曾是为他的人，尽管他完全都被消灭了，在其余的日子里，他在他的存在中就都被污染了；他不断地把他的为他的存在的一维当作他存在的永久可能性。他不可能夺回他已异化了的东西；他甚至丧失了所有干涉这种异化并使这异化转向有利于他一方的希望，因为被毁灭的别人已把这种异化的钥匙带到坟墓中去了。我为他人所是的东西被别人的死凝固了，并且我在过去无可挽回地是这东西；按同样的方式，我现在也是它，如果我坚持那些已经被别人判处了的态度，谋划和生活方式的话。别人的死把我构成为无可挽回的对象，准确地说，就是构成我自己的死。于是，憎恨的胜利在它的涌现本身中转化为失败。憎恨不可能离开这个循环。它仅仅代表一种最后的企图，绝望的企图。在这个企图失败后，自为只有重新进入这循环并无限定地任凭自己在这两种基本态度中来回摇摆。①

三、"共在"(mitsein)和"我们"

人们也许会注意到，我们的描述是不全面的，因为它没有保留某些具体经验的地位，我们凭借经验不是在与他人的冲突中，而是

---

① 这些考虑不排斥解脱和拯救的道德的可能性。但是这种可能性应该经过彻底改宗而达到，我们在此还不能讨论这个问题。——原注

在与他人的联合中发现我们自己的。我们经常说"我们",这是千真万确的。存在本身和这种语法形式的应用必然归结为共在的实在经验。"我们"能是主体,并且在这种形式下,"我们"相当于"我"的复数。当然,语法和思想的平行论在许多方面也是令人生疑的;也许甚至应该重新修改问题,并在一种全新的形式下研究语言和思想的关系。有一种说法认为,如果主体"我们"至少不归属于众多主体的思想,而这种主体又同时并依次相互被当作主观性,就是说,作为进行超越的超越性而不是当作被超越的超越性,则主体"我们"就是不可想象的。如果"我们"一词不应该单单是"有声的气息",那它就表示一个容纳了无限多样的可能经验的概念。这些经验先天地显得与对我为他的对象-存在的经验或与他人为我的对象-存在的经验相矛盾。在主体"我们"中,个人不是对象。我们包含互相承认为主观性的众多主观性。尽管如此,这种承认不是一种明确论题的对象:被明确提出的东西,是一种共同的行动或一个共同感知的对象。"我们"反抗,"我们"向上冲,"我们"判处罪犯,"我们"观看这样或那样的表演。于是,承认诸主观性类似于承认非正题的意识本身;或不如说,这种承认应该是侧面地被一种非正题的意识引起的,这种非正题意识的正题对象是世界上的这样或那样的景象。看戏剧表演的观众能给我们提供"我们"的最好说明,他的意识竭力要把握虚构的表演,要通过预先的图式预见情节,要把虚构的存在当作英雄、叛徒、俘虏等,然而,在使他成为对表演的意识的涌现本身之中,他被非正题地构成(对)是表演的共同观众(的)意识。事实上,任何人都知道那种在一个半空的大厅里压抑着我们的隐隐的拘束感、或相反在一个充满人的,兴奋的大厅里爆发出来的和压抑着的兴奋。当然,另一方面,对主体-我们的经验在无论什么情况下都表露出来。我在咖啡馆的露天座上:我观察着别的顾客并且我知道我也被观察。我们在这里仍然置身于与他人冲突的最平常情况中(别人为我的对象-存在)。但是现在，突然，马路上发生了随便一件什么小事：例如，一辆三轮送货车和出租汽车轻轻地撞了一下。立刻，在我变成这事故的观众的那一瞬间，我非正题地体验到我介入了我们之中。竞争，先前的轻度冲突消失了，而提供给这我们的质料的诸意识恰恰是所有顾客的意识：我们注视事件，我们表态。一个古罗马人想以"共同生命"或"城邦的白酒"描述的正是这种一致主义（unanimisme）。我们于是又回到海德格尔的共在上去了。那么，我们在前面进行的批判值得吗？①

我们这里只是要指出，我们没有打算怀疑我们的经验。我们只限于指出这种经验不能成为我们对他人意识的基础。事实上很清楚，这种经验不可能构成人的实在的本体论结构：我们已证明，自为在别人之中的存在一开始就是形而上学的和偶然的事实。此外，很清楚，这个我们不是主体间的意识，也不是一个以社会学家们所说的集体意识的方式作为一个综合整体超越并包括意识各部分的新存在。我们是通过特殊的意识体验到的；露天座上的所有顾客都意识到是我们，以使我体验自己是介入一个与他们共在的我们之中，这并不是必然的。人们知道这种平常的对话格式："我们非常不满。""噢，不，我亲爱的，请替你们自己说话"。这意味着有对"我们"畸变了的意识——作为意识，这些意识仍然是完全正常的意识。如果事情是这样，为了使一个意识能意识到自己介入到一个我们中，另一些与这意识联合为一体的意识就有必要首先以某种别的方式已对它表现出来了；就是说，表现为进行超越的超越性或被超越的超越性。这个我们是在一些特殊情况中，在一般的为他存在基础上产生的某种特殊经验。为他的存在先于并奠定与别人的共在（l'être-avec-l'autre）。

此外，想要研究"我们"的哲学家应该采取一些预防措施并应

---

① 指第三卷第一章。——原注

该知道说什么。事实上,不仅仅只有一个主语-我们;语法告诉我们还有一个补语-我们,就是说宾语-我们。然而,按到此为止所说的,很容易理解:"我们注视他们"的这个"我们"与"他们注视我们"的这个"我们"不可能在同一本体论水平上。这里关键不可能在于从主观性到主观性。在"他们注视我们"这句话中,我想指出我体验到自己是为他的对象,是被异化的"我",被超越的超越性。如果"他们注视我们"这句话应该指明一种实在的经验,我就应该在这种经验中体验到我与别人一起介入被异化"我"的"被超越的超越性"的联合体中。这个我们在这里归结为一种对共同的对象-存在的经验。于是,有两种完全不同的"我们"的经验的形式,并且这两种形式严格地相当于"进行注视的存在"和"被注视的存在",这两种存在构成了自为与别人之间的基本关系。我们现在应该研究的,正是"我们"的这两种形式。

A) 对象-"我们"

我们以考察这些经验中的第二种开始我们的研究:事实上把握它的意义更容易,并且这意义也许可给我们当作研究"别人"的手段。首先应该指出,对象-我们把我们投入世界;我们通过羞耻把它体验为一种团体性异化。摇船苦役犯,因一位盛装的美丽女子来访问他们的船,看见他们的破衣服,他们的苦役和贫困,这些苦役犯会感到愤怒、羞耻以致兴奋得说不出话来。这件有意义的小事正是指出了上面这点。这里涉及的恰恰是共同的羞耻和共同的异化。那么,在与别人共在的团体中如何把自己体验为一个对象呢?为了弄明白这个,应该回到我们的为他的存在的基本特性。

到此为止,我们已考虑了一种简单的情况,那就是我面对单个别人独自存在的情况。在这种情况下,我注视他或他注视我,我力图超越他的超越性或我把我的超越性体验为被超越的,并且我感到我的可能性是僵死的可能性。我们构成一个对子,并且我们其中的一个对另一个而言都是在处境中的。但是这处境只有为这一个或另一个才拥有对象的存在。事实上并没有我们互相关系的颠倒。不过在我们的描述中，我们没有分析这一事实：即我们与别人的关系是在我与所有别人的关系和他与所有别人的关系这无限基础上表现出来的。就是说在我和他与意识的准整体的关系中。只是由于这一事实，我刚才把我与这个别人的关系体验为我的为他的存在的基础，或在任何一个瞬间，别人与我的关系，按照起作用的动机，都能被体验为一些为他的对象。这正是在一个第三者显现的情况下清楚地表露出来的东西。例如，假定别人注视我。在这个瞬间，我体验到自己是完全被异化的，并且我把自己作为完全被异化的东西来担当。第三者突然出现了。如果他注视我，我通过我的异化把"他们"共同体验为"他们"（主体－他们）。我们知道，这个"他们"趋向于"人们"。这"他们"丝毫没有改变我被注视这一事实，它没有加强——或者是勉强地加强——我的原始异化。但是如果第三者注视着注视我的别人，问题就更复杂了。我事实上能够不是直接地，而是在（通过第三者）变成被注视的别人的别人那里来把握这第三者的。于是第三者的超越性超越了我的超越性，而因此协助解除这超越性。第三者在这里成为一种立即要分解的不稳定状态，或者我联合第三者来注视那时被转化为我们的对象的"别人"——并且在这里我造成了对主体－我们的经验，我们后边还将讨论它——或者我注视第三者并且我同样超越了这超越了"别人"的第三者的超越性。在这种情况下，第三者在我的宇宙中变成对象，他的可能性是僵死的可能性，他不能使我从别人中解脱出来。然而他注视着注视我的别人。一个我们称之为未定的，而非终结的处境随之产生了，因为我是对别人而言的对象，这别人是对第三者而言的对象，这第三者是对我而言的对象。建立在这种互相关系上的独自的自由能提供给这个处境一种结构。

但是，第三者注视着我所注视着的"别人"也同样是可能的。

在这种情况下，我能注视他们这两个人，于是，能消除第三者的注视。第三者和别人那时对我显现为对象－他们。就没有看见第三者时我在别人的行为中知道他知道自己被注视而言，我能在别人那里把握第三者的注视。在这种情况下，我在"别人"那里并且通过别人体验到第三者的进行超越的超越性。他把别人体验为别人的完全、绝对的异化。他逃离了我的世界；我不再属于我，他是另一个超越性的对象。因此，他没有丧失他的对象特性，而是变成模棱两可的；他不是通过他自己的超越性，而是通过第三者的超越性逃离了我。不管现在我能在他那里并且通过他把握了什么，他总是"别人"；为了感知他和思想他，有一个别人和许多别人是一样的。我为了重新把别人化归己有，应该注视第三者，并且应该给他以对象性。一方面，这并不总是可能的，而另一方面，第三者本身能被另外一些第三者注视，就是说它能被我没有看见的不确定的别人注视。由此可知对象－别人的原始不稳定性及力图把这对象性重新化归己有的自为的无限途程。我们看到，这正是恋人们离群索居的理由。当我注视别人时，我能通过第三者把自己体验为被注视的。在这种情况下，在我设定他人的异化的同时，我非位置地体验到我的异化。我把别人作为工具来使用的可能性被我体验为僵死的可能性，而我的准备超越别人走向我真正目的的超越性则重新落入被超越的超越性之中。我放松了捕获物。别人并不为此变成主体，而我不再感到自己有对象性的地位。别人变成处于中立地位的；成为单纯在此的、我们不能把它造成任何别的什么的某种事物。例如，如果人们当场看到我正在殴打欺侮一个弱者时，情况就是这样。第三者的显现使我"脱离接触"了；弱者不再是要"挨打"或"受欺侮"的，他只不过是一个纯粹的存在，不再是任何什么东西，甚至不是"弱者"；或者，他之所以重新变成弱者，是由于第三者的使用，我从第三者那里得知这是一个弱者；（"你不知羞耻，你欺侮一个弱者"，等），弱者的品质通过第三者把自己提供给我的眼睛；这品质不再属于我的世界,而是属于一个我与那对第三者来说是弱者的人共在其中的宇宙的一部分。

这终于把我们带进与我们紧密关联的情况:我们介入了与别人的冲突之中。第三者突然出现并且以他的注视使我们互相结合。我相应地体验到我的异化和我的对象性。对他人来说,我是"外",是在一个不是"我的世界"的世界之中的对象。但是,我注视着的或注视着我的别人,接受了同样的变化并且我发现别人的这种变化与我体验到的变化是同时性的。别人是没于第三者的世界的对象。此外,这种对象性不是与我经受的变化平行的他的存在的单纯变化,这种对象性是通过对处境的彻底改变而到我和别人身上的,而这个处境就是我在其中、别人也在其中出现的处境。在第三者的注视之前,有一个被别人的可能性限制着并且我以工具的身份存在其中的处境,以及被我自己的可能性限制并包括着别人的相反的处境。这样一些处境中的任何一个都意味着别人的死亡,并且我们只能在把别人对象化时把握其中的一个处境。在第三者显现的同时我体验到我的可能性被异化了,同时我体验到别人的可能性是僵死的可能性。处境并没有因此消失,相反,处境逃到我的世界和别人的世界之外,它在第三者的世界中构成为对象的形式:它在这第三者的世界中被观察、被判定、被超越、被使用,但是这世界一下子拉平了两个相反的处境:由我到别人或反过来由别人到我,哪一个也不存在有优先的结构,因为我们的可能性相对第三者而言都同样是僵死的可能性。这意味着,我突然在一个对象的处境-形式这第三者的世界里体验到了:在这个世界中,我和别人一起以对等的和互相关联的结构表现出来。在这个对象处境中,冲突不从我们的超越性的自由涌现中涌现出来,而是一个被第三者当作确定我们的并使我们互相制约的已定事实,同时这个冲突被这第三者超越。别人打我的可能性和我进行自卫的可能性,远不是互相排斥的,对第三者来说,这些可能性作为僵死的可能性是互相补充、互相带动、互相包含的，并且这恰恰是我非正题地体验到的但对之并没有认识的东西。于是，我体验到的东西就是一个"外表的存在"（un être-dehors），我在其中与别人共同组织为一个不可分割的对象整体，一个我在其中不再与别人有根本区别，而是与别人协同一致使其构成的整体。就我原则上担当起我对第三者而言的外表存在而言，我同样应该担当起别人的外表存在；我所担当的东西，就是我借以介入一个我像别人一样促进它构成的形式而存在的对等团体。总之，我担当起作为外表地介入别人的我，并且我担当起外表地介入我的别人。我正是把对这种介入的基本假定带到我自己面前而并没有把握住这种介入，正是这种自由地把我的责任看作是包括了对别人的责任的看法，是对"对象－我们"的体验。于是，在例如一个反思向我们提供对我们的"我"的认识的意义下，对象－我们永远未被认识；在一个感觉向我们揭示一个具体对象，诸如讨厌的东西，可恨的东西、使人不安的东西等的意义下，对象－我们永远未被感觉到。它同样不是单纯被体验到的，因为被体验的东西就是与别人联合一致的纯粹处境。对象－我们只能通过我由这个处境出发所做的假定而显示出来，就是说，通过我所属的必然性，在担当我自己、也担当别人的自由之中，由于处境的内在相互性而显现出来。于是，在第三者不在场时，我能够说"我与别人相争"。但是只要他一出现，别人的可能性和我自己的可能性就被拉平为僵死的可能性，关系变成相互的，并且我被迫体验到"我们相争"。事实上，"我打他和他打我"这叙述显然是不充分的：事实上，我打他正是因为他打我，并且反之亦然；互打的谋划正像在我的精神中萌发一样在他的精神中萌发，并且，对第三者来说，这谋划被统一成一个谋划，这个谋划是第三者目光所看到的"对象－他们"所共有的，并且这个计划甚至构成了这个"他们"的统一综合。因此，正是因为我被第三者领会为"他们"的组成部分，我应该担当我自己。而这被一个主观性当作它的为他意义担当的"他们"变成了"我们"。

反思意识不可能把握这个"我们"。相反它的显现与"我们"的倾覆同时发生；自为表现出来并确定了它的自我性来反对一些别人。事实上应该设想，原来就附属于对象-我们上的东西使人感到它是一种自为的更加彻底的异化，因为这自为不仅仅是被迫担当起它为他的所是的东西，而且还是一个它所不是的整体，尽管它是其组成部分。在这个意义下，这"我们"是把人的身份作为介入到一些别人中间的身份的体验，因为这身份是一个被确认的客观事实。即使对象-我们在一个具体的协同一致的时机被体验到了，并且处在这协调一致的中心（我非常明显地感到羞耻，因为我们突然发现我们在相互争打），这对象-我们还是拥有一个超越了特殊处境的意义，它在这处境中被体验，并且企图把我作为对象归并到同样被作为对象而被把握的人的整体（除去对第三者的纯粹意识）中去。因此，它符合侮辱和无能的经验：被体验为构成了一个与别人共在的"我们"的人，感到自己混杂到无数陌生的存在中间，他无可救药地被彻底异化了。

　　某些处境看上去比别的一些处境更适宜于体验到我们。尤其是团体的工作。在几个人协同一致地作用于同一个对象而体验到自己是被第三者体会的时候，被加工对象的意义本身归结到工作的集体，就像归结到我们身上一样。我做出的、并且被蒙太奇召唤而实现的动作，只有在我的邻人的这个动作先于它并且又被另一个别的劳动者的另个动作连续下去的时候才有意义。这就得出了一个更容易理解的"我们"的形式，因为正是对象本身的要求，及其作为敌对系数的潜在性归结于劳动者们的对象-我们。因此我们通过应该"要创造"的物质对象体验到自己是作为我们被体会的东西。这物质性确认了我们协同一致的团体并且我们被显现为一个手段的工具性技术性组织，而这手段中的任何一个都有被一种目的确定的地位。但是如果某些处境经验地表现得更利于这我们的涌现，就不应该放弃这样的看法，即一切人（作为介入诸别人中间的人）的处境只要第三者一显现,就被体验为我们。如果我在街上走,在我只看得见他的背的那个人后面,我与他有一种人们能设想出来的最低限度的技术的和实践的关系。然而,只须一个第三者注视我,注视马路,注视他,就足以使我通过我们的协同一致把我和他联系起来:我们在七月的一个早晨,一个接一个的在布洛蒙大道上走。总有这样一个观点,各种自为能从它出发,被一个注视统一到这个我们中来。反之亦然,注视如何只是具体表露了我的为他存在这原始事实,我就如何在一个注视的完全独特的显现之外被体验为为他的存在者,同样一个具体的注视固定我们并且刺伤以使我们能把我们体验为外在地归并于一个我们,这就并不是必然的。"人类"这松散整体存在就足以使大多数任意个体体验到自己是相对全体或部分其余的人而言的我们,足以使这些人"亲自"在场,或足以使他们实在但不在场。于是,在第三者在场或不在场时,我总能把我自己当作一个纯粹的自我性,或归并于一个我们之中。这把我们引向某些特殊的"我们",尤其是引向人们称为"阶级意识"的"我们"。显然,"阶级意识"是在一种比平常更明显地是构造起来的集体处境的情况下假定了一个特殊的我们。在这里,定义这个处境于我们是无关紧要的;我们所关心的,仅仅是这个假定的"我们"的性质。如果一个社会,由于它的经济和政治结构,分成被压迫的阶级和压迫的阶级,压迫阶级的处境向被压迫阶级提供了一个以其自由考察并超越它们的永恒第三者的形象。这无论如何不是说被压迫的集体构成阶级的是工作的艰辛、生活水平的低下或难以忍受的苦难;事实上,工作的协同一致能够——我们将在下一节讨论它——把劳动集体构成主体-我们,因为这劳动集体——不管此类事物的敌对系数是什么——被体验为超越物质世界中的对象走向它真正的目的;生活水平是完全相对的东西,并且随着不同情况对其估计也不同(它能以共同理想的名义被忍受或被接受或被要求);如果人们按照他们所遭受的痛苦本身去考察,那么,与其说这些痛苦使人们联合起来，不如说它们会使这些人孤立起来，一般说来，它们是冲突的来源。最后，被压迫集团的成员在他们条件的艰辛与压迫阶级享受的优裕之间所能进行的单纯比较，无论如何不足以构成阶级意识；这种比较充其量引起一些个人的嫉妒和一些个人的绝望；它不具有通过任何团结造成统一及协同一致的可能性。但是这些特性的总体因为构成了被压迫阶级条件的东西，并不是单纯地遭受或接受。然而，如果说这总体一开始就被被压迫阶级当作压迫阶级强加给它的东西，同样也是错误的；相反，需要很长时间来构成，来传播压迫的理论。这种理论只有说明的价值。原始的事实是：正是被压迫集团的成员，作为单纯的个人，介入了与这个集团别的成员的基本冲突（爱、恨、利益的竞争等），他把他的身份和这个集团别的成员的身份当作被一个逃离他的意识注视和思想的东西。"奴隶主"、"封建主"、"资产阶级"或"资本家"，不仅表现为有支配权力的人，而且还首先表现为第三者，就是说，处在被压迫集团之外的第三者，并且这个集团正是为他们而存在。因此，正是对他们而言并且在他们的自由中，被压迫阶级的实在性才得以存在。他们用他们的注视使这实在性产生。我的身份和别的被压迫者的身份的同一性正是通过他们并在他们之中被发现的；正是为了他们，我在与别人一起组成的原始处境中存在，并且我的诸种可能作为僵死的可能性严格对等于别人的可能；我正是相对他们而言而是一个工人，并且正是通过他们的作为注视的他人的表现并在这表现中，我被体验为别人之中的一个。这意味着在我在第三者的注视中发现了我被归并其中的我们或外在的"阶级"，并且在说"我们"的时候承担的正是这集体的异化。按这个观点，第三者的特权和"我们的"负担，"我们的"苦难首先只有一种意义的价值；它们意味着第三者对我们而言的独立；它们向我们更明确地表明了我们的异化；因为它们仍然被忍受，尤其因为我们的劳动，我们仍然遭受着疲劳，正是通过这种遭受着的劳苦我体验到我的"作为介入诸事物整体中的事物被注视的存在"。正是从我的苦难,从我的贫困出发,我与别人一起集体地被第三者把握,就是说从世界的敌对出发,从我的条件的人为性出发。没有第三者,不管世界的敌对性是什么,我就仍然会把自己当作胜利的超越性;由于第三者的显现,我体验到我们是从事物出发被把握并且是被世界征服的事物。于是,被压迫阶级在压迫阶级对它的认识中发现它的统一,并且在被压迫者那里,阶级意识的显现相当于在羞耻中假定一个对象－我们。在下一节中,我们将要看到,对压迫阶级的一个成员来说,"阶级意识"能是什么。无论如何,对我们来说,重要的是,并且我们刚才选择的例子充分指明的就是:体验到对象－我们假设了对为他的存在的(只是其更复杂的模式的)体验。因此,它作为特殊情况重新回到我们前面的描述的框框之中。此处,它本身之中包含一种瓦解的能力,因为它在羞耻中体验到自己并且因为一旦自为在面对第三者并反过来注视这第三者时要求他的自我性,这个"我们"就倾覆了。此外,这对自我性的个体要求,只是取消对象－我们的可能方式之一。对"我们"的假定,在某些牢固结构化了的情况下,例如,如果阶级意识不再意味着通过个别地恢复自我性而从我们中解脱出来的谋划,而是意味着通过对象性,在把"我们"改造成主体－我们时把整个我们解脱出来的谋划,这时候,情况就是如此。说到底,关键在于已经描述过的各种各样把注视改造成被注视的谋划;这就是为他人向别人过渡的通常两大基本态度之一。事实上,被压迫阶级只能对压迫阶级而言并依赖压迫阶级,就是说,只有通过反过来把它改造为对象－他们才能自我确定为主体－我们。只不过,客观地介入阶级中的个人,旨于在他回归的谋划中并通过这谋划驱动整个阶级。在这个意义下,对对象－我们的体验归结为对主体－我们的体验,正如对我的"为他人的对象存在"的经验一样。同样,我们在人们称为"人群心理学"(布朗热主义等)之中遇到集体迷恋,这心理是爱情的一种特殊形式:言必称"我们"的这个人,在人群内部恢复了爱情的原始谋划，但是他并不打算如此；这个人把他的自由奉献给集体而要求第三者把整个集体在其对象性本身之中解救出来。这里，如前所述，失望的爱情导致受虐色情狂。这正是人们在集团变成奴隶并且要求作为对象被对待的情况下所看到的情况。那里，还涉及人群中众人复杂的个别谋划：人群已被首领或发言人的注视构成为人群；它的统一是作为对象的统一，这个统一中的每个成员都在支配着统一的第三者的目光中察觉到这种对象-统一，并且每个成员都谋划着在这对象性中消逝，完全放弃他的自我性以便使自己仅止成为首领手中的工具。但是他想融合其中的这个工具，不再是他单纯个人的"为他"，而是人群的对象整体。人群这畸形的物质性和它的根深实在，（尽管只是被体验的）对每一个成员来说都是有迷惑力的；每个成员都要求被首领的注视淹没在这作为工具的人群中。①

在这些不同的情况下，我们总是看到对象-我们是从一种具体的处境出发而被确立的"人类"的一部分松散整体排他地陷于这个处境中。我们只在别人眼中是我们，并且正是从别人的注视出发，我们才把我们作为我们承担起来。但是这意味着可能存在一个自为对它本身和对所有别人的绝对整体化的一种抽象而又不可实现的谋划。这种恢复人的整体的努力若不确立一个第三者的存在，是不可能发生的；而这第三者的存在原则上是与人类有区别的，在第三者的眼里，整个人类是对象。这非实在的第三者，只是异化了的极限概念的对象。它是就所有可能的集团而言的第三者，它在任何情况下都不可能成为与任何人的集团的联合，对这第三者来说，任何别人都不能被构成第三者，这概念与那种绝对不可能被注视的注视的存在的概念，即上帝的观念是一回事。但是上帝的特性是完全不在场，是要把人类实现为我们的努力，这种努力不断更新并不断地归

---

① 见拒绝自我性的多数情况。自为拒绝在我们之外的苦恼中浮现。——原注

于失败。于是，人类的"我们"——作为对象-我们——在每个个体的意识中都自己规定为一个不可能达到的理想，尽管每个人都保持一个幻想，即能够逐渐扩大他所属的那些团体的圈子来达到这理想；这个人类的"我们"仍然是个空洞的概念，纯粹是指出通常使用"我们"的外在可能。每当我们在这个意义下使用这个"我们"时（以便在认为人是发展了其潜在性的对象时指出人的苦难和罪恶，并决定历史的客观意义）我们只限于指出面对绝对第三者，就是说面对上帝所遭受的某种具体体验。于是，人类的终极概念（整个对象-我们）和神的终极概念互相包含并且互相联系着。

B）主体-我们

正是世界向我们宣告我们属于一个主体-团体，尤其是属于被制造对象的世界中的存在。一些人为了主体-他们而把这些加了工，就是说为了一个非个体化的、不可数的超越性，这个超越性是与我们上面称为"人"的那个未分化的注视邂逅相遇，因为劳动者——有工作的或没有工作的——面对一个未分化和不在场的超越性工作，他只限于空洞地根据加工的对象勾勒这超越性的自由可能性。在这个意义下，不管劳动者是什么人，他在劳动中都体验到他是为别人的工具存在；当劳动并不是严格地针对劳动者的真正目的的时候，劳动就成为一种异化的样式。异化着的超越性在这里是消费者，就是说，是劳动者限于预见其谋划的那个"人"。因此当我使用一个被制造对象时，我在它那里发现我自己的超越性的蓝图：它向我指明应做的动作，我应该转、推、拉或压。此外这涉及一个假定的命令；它把我推回到一个同样也是世界的目的：如果我想坐下，如果我想打开一个匣子等。这个目的本身在对象的结构中，作为被任意一个超越性所确定的目的，是已预先料定的。它现在作为其最真实的潜在性从属对象。于是，真正说来，被制造的对象把我作为一个"人们"显示给我本身，就是说，把我的超越性的形象作为任意一个超越性的形象推回给我。而如果我任凭这样构成的工具引导我的可能性，我就自己把自己体验为任意一个超越性：为了从托卡笛罗地铁车站到"赛维·巴比伦"站去，"人"在拉莫多-比盖换车。这换车是预先料定的，是在地图上指明的，等等；如果我在拉莫多－比盖换车，我就是换车的"人"。当然，无论是由于我的存在的个别涌现还是由于我追求的遥远目的，我都不同于地铁的每次使用。但是，这些最后的目的只是我的活动的最远界限，我就近的目的是"人"的目的，并且我把自己当作可以与我邻近的任意一个人互换的。在这个意义下，我们失去我们实在的个体性，因为我们所是的谋划，恰恰就是别人所是的谋划。在这地铁的通道中，只有绝无仅有的一个谋划，这谋划长期以来铭刻在物质中，并且一个活生生的、未分化的超越性悄悄溜了进去。就我在孤独中实现为任意一个超越性而言，我只经验到未分化的存在（如果，我独自在我的房间里用专用罐头刀打开罐头盒）；但是，如果这个未分化的超越性把它与其他一些被体验的超越性相关的任意一些谋划谋划为实在的在场，并且这超越性同时被吸收到任意一些同一于我的谋划中去，那么我就把我的谋划实现为被同一个未分化的超越性谋划同一的上千种谋划中的一个，那么我就经验到一种共同的、走向一个统一目标的超越性，我只是这超越性的暂时的特殊化，我混入一个巨大的人流中，这人流不疲倦地，并且自从地铁存在以来，就在拉莫多－比盖车站的通道中流动。但是应该指出：1. 这种经验是心理学而非本体论范畴的。它完全不相当于上述自为的实在统一。它同样不是来自于对那些自为的超越性的真实体验（像在被注视的存在那里那样），而毋宁是通过对在团体中的被超越对象和对围绕着我的身体的那些身体的双重客观领会所引起的。尤其是，我与别人共同介入到使其产生的共同节奏中，这一事实是特别能引起我把自己当作介入一个主体－我们之中的动因。这就是士兵们有节奏行进的意义，这也是有节奏的装配工作的意义。事实上，应该指出，在这种情况下，节奏从我这里自由地发出；这是我通过我的超越性而实现的谋划；它把将来，现在和过去综合在一个有规则的重复的景象中；正是我创造了这节奏；但是同时，这节奏与我周围的具体团体的劳动或步伐的一般节奏融合了；它只通过这团体获得它的意义；例如这正是当我采用的节奏是"不合拍的"时所体验到的。然而，我的节奏被别人的节奏所包含是"从侧面"被体会到的；我不把集体的节奏作为一个工具来使用，我同样不凝视它——在例如我凝视舞台上的舞者的意义下——集体的节奏包围着我，裹挟着我而不是为我的对象；我没有超越它走向我真正的可能性，而是使我的超越性流向它的超越性，并且我真正的目的——进行这样的工作，达到这样的地方——是与团体的固有目的没有区别的"人"的目的。于是，我使其产生的节奏在与我的联系中并从侧面作为集体的节奏而产生；就它是他们的节奏而言它是我的节奏，反之亦然。这恰恰就是经验到主体-我们的动因：它最终是我们的节奏。但是人们看到，只有事前由于接受了一个共同的目的和共同的工具，我们才能在把我个人的目的抛到集体明确追求的目的之外时，把自己确定为未分化的超越性。于是，在为他的存在的体验中涌现出的具体、实在的存在的一维涌现并非是这体验本身的条件，而主体-我们的经验在个人的意识中是一个纯粹心理学的和主观的事件，它相当于这个意识结构的内在变化，但是它不在与别人具体的本体论关系的基础上显现，并且不实现任何"共在"。关键只在于我在别人之中感觉到我自己的方式。也许，这种经验能被作为所有超越性的那种绝对的、形而上学的统一象征而得到研究；事实上，这经验似乎在使诸超越性汇向世界时消除了这些超越性之间的原始冲突；在这个意义下，理想的主体-我们是一个把大地占为己有的人类的"我们"。但是对我们的经验仍然停留在个体心理学的基础上并且仍然不过是诸超越性的可望统一的象征；这经验事实上全然不是通过单个的主观性对诸主观性侧面和实在的领会；这些主观性仍然是不可达到的,并且是完全分立的。但是,正是这些事物和身体,正是我的超越性的一些物质渠道,使得我准备把我的超越性看作是被别的超越性延续和支持的,而我并没有脱离自身,别人也没有脱离他们自身;我知道我由于世界而是"我们"的一部分。这就是为什么我对主体-我们的经验丝毫不包括一种与别人经验相类似并与别人经验相关的经验。这也是为什么这经验是如此不稳定,因为它假设了在世界之中的特殊组织,并且与这些组织一起消失了。真正说来,在世界上,有把我指示为随便什么人的人群系:首先所有的工具,从严格意义上讲的工具一直到房屋,连同房屋的电梯装置、水气管道、电,这其中还包括运输手段、商店等。每个店面、每个橱窗都把我的形象作为未分化的超越性反射回来。而且,别人与我的职业技术关系还把我显示为随便一个人:对咖啡馆的侍者来说,我是顾客,对车站的检票员来说,我是地铁的乘客。最后,在我就座的咖啡馆露天座前的街上突然发生的事件也指出我是一个不知名的观众和纯粹"使这事件作为外界而存在的注视"。我在剧场里观看的戏剧或我参观的油画展览指出的正是匿名的观众。当然,当我试靴子的时候或拔瓶塞的时候或走进电梯的时候或在剧场中笑的时候,我就使自己成为随便一个人。但是,对这种未分化超越性的体验是只与我有关的内心的偶然事件。来自世界的某些特殊情况能加强成为"我们"的印象。但是在任何情况下也只能涉及纯粹主观的印象,并且这印象只与我有关。

2. 对主体-我们的经验不可能是原始的,它不能确立对待别人的原始态度,因为它相反假设事先对他人存在的双重承认来实现自身。事实上,首先被制造的对象,除非推回到制造它的生产者,并且推回到被别人确定的使用规则,它才能是被制造的对象。面对一个无生命的未被加工的事物,我本身确定它的使用方式,并且我自己把一种新的用途指定给它(例如,如果我把一块石头当锤子用的话),我就有了对我个人的非正题意识,就是说,对我的自我性,

520

我的真正目的和自由创造性的非正题意识。使用被制造对象的规则，"应用的方式"（像一些禁忌一样同时是严格的和理想的），以其本质结构使我面对别人；而正是因为别人把我当作未分化的超越性对待，我才能这样实现我本身。我只想举这样一个例子，置于车站和候车室大门之上的那些大的告示牌，人们在上边写着"出口"和"入口"字样，或者还有在布告牌上画出指示方向的手指，它们指示着一个大楼或一个方向，还涉及假定的命令。但是在这里表述出来的命令显然透露了说话的或直接向我讲话的别人。印在上面的句子正是针对我的，它恰恰表示了别人与我的直接联系：成为了目标。但是别人之所以针对我，正是因为我是未分化的超越性。从那时起，如果我取标着"出口"的道口，我就没有在我个人谋划的绝对自由中使用它：我没有通过创造来确立一种工具，我并没有超越事物的纯粹物质性走向我的可能。但是，人的超越性已经溜进了对象和我之间，它指引着我的超越性；对象已经是人性化的，它意味着"人的统治"。"出口"——把它认作纯粹是面向街道的开口——是与入口绝对等同的；并不是它的敌对系数或它可见的使用把它指示为出口。当我把对象当作"出口"来使用的时候，我并不是屈从于对象本身：我是迁就人的秩序；我用我的活动本身认识了别人的实存，我建立了与别人的对话。所有这些，海德格尔已经非常出色地阐述过了。但是，他忘记从中得出一个论断，即为了使对象显现为被制造的，别人应该首先以某种别的方式表现出来。谁不曾有对别人的经验，谁就不可能区别被制造的对象和未加工过的事物的纯粹物质性。甚至如果他应该根据厂主预先规定的使用方式使用过 *479*
它，他仍然是重新创造这种使用方式，并且因而实现了把自然事物自由地化归己有。从被指定为"出口"的通道走出而没有看指示牌，或不认识上面的字，这就像斯多葛派的疯子在大白天说"天亮了"，他不是由于一个客观验证，而是依照他的疯念头的内在力量一样。因此如果被制造的对象推回到别人，并由此推回到我的未分化的超越性，这是因为我已经认识了别人。于是，主体－我们的经验建立在对他人的原始体验上而只可能是第二级的、从属的经验。

但是，此外，我们已看到，把自己当作未分化的超越性，就是说，说到底，把自己当作"人类"的纯粹例证，这还不是把自己领会为主体－我们的局部结构。事实上，为此，应该把自己显露为任意一个人流内部的任意一个人。因此应该被别人包围。我们也已看到，别人在这种经验中完全不被体验为主体，也同样不被体验为对象。他们根本没有被确定：当然，我是从他们在世的事实存在和感知他们的活动出发的。但是，我不是位置地把握他们的人为性或他们的姿势：我对他们与我的身体相关的身体以及他们的活动有一种侧面的和非位置性的意识，他们的活动是与我的活动联系着进展的。因而，我不能决定是我的活动使他们的活动产生，还是他们的活动使我的活动产生。这些看法已足以使人理解，对我们的经验不可能根本上把我作为别人——我们的一部分的别人——来认识。正好相反，首先应该具有对是别人所是的某种知，以便使我与他人关系的经验能在"共在"的形式下被实现。共在，对那种并不事先认可别人之所是的单独的某个人来说是不可能的：即便可以说"我与……共在"，却与谁共在？而且，如果即使这种经验从本体论观点讲是原始的，人们也不知道人们如何能完成一种彻底的转变——从对一种完全未分化的超越性的那种经验转入对特殊个人的体验。如果别人不在别处被给出，那么对"我们"的经验由于自身被粉碎，便只在我的超越性所限定的世界中使得对纯粹工具性对象的领会产生。

以上这些考察并不打算去穷尽"我们"这个问题。这些考察只是要指出，对主体－我们的经验于形而上学的发现并没有价值；这种经验密切地随着"为他"的各种不同的形式而转移并且只以经验充实了其中的某些形式。显然，应该把这种经验的极端不稳定性归结于此。它任意地产生和消失，它使我们面对对象－别人或者面对注视我们的一个"人"。它显现为一种在冲突本身之内确立的暂时平静而不显现为这冲突的最后结果。人们徒劳地希望一种人类的我们，即在这"我们"之中，主体间的整体意识到它本身是一种被统一的主观性。这样的理想只能是由一种在零碎的、严格心理经验的基础上向着极点和绝对的过渡而产生的梦想。此外，这理想本身意味着把对超越性的冲突看作是为他的存在的原始状态。正是这解释了一种悖论的出现：被压迫阶级的统一，由于它体验到自己是面对一个未分化的、身为第三者的"人"的对象－我们，人们被要求相信，压迫阶级象征性地把自己当作面对被压迫阶级的主体－我们。然而，压迫阶级的脆弱在于，尽管它组织起精确、严密的压迫机器，这阶级在其自身中的无政府根源是根深蒂固的。"布尔乔亚"不是仅仅被定义为在某种类型社会内部组织起明确的权力和特权的某种"经济人属"（homo oeconomicus）；它被内在地描述为不承认它附属于一个阶级的一种意识。事实上，它的处境并不允许它把自己当作是在与资产阶级别的成员的共通中介入对象－我们之中的。但是，另一方面。主体－我们的本性本身意味着，它只短暂地经验到它，并且没有形而上学的意义。"布尔乔亚"共同地否认有阶级，它把无产阶级的存在归因于煽动者的行动、不幸事件，能用一些琐细的措施补救的不公正；资产阶级肯定资本和劳动之间存在共同利益；他以更广泛的团结，即工人和老板在其中统属于一个压抑了冲突的"共在"的国家团结——来反对阶级团结。那里关键不在于操纵或愚蠢地否认明明白白看见了的处境，这已是老生常谈了：相反，压迫阶级的成员在他面前看见了作为"主体－他们"这对象总体的被压迫阶级的整体，而并没有互相联系地实现他与压迫阶级别的成员共在的联合：这两种经验不是互补的；事实上，只需单独面对被压迫的集团就是以把它当作工具－对象并把他自己当作对这集团的内在否定，或干脆可以说，当作公正的第三者。而这一切只有当被压迫阶级通过反抗或它的权力的突然膨胀，面对作为注视的

480

481

人的压迫阶级的诸成员而确立时,只有当压迫者体验到自己是我们时才是可能的。但是,这是在恐惧和羞耻中,并且作为对象－我们而发生的。

于是,对对象－我们的体验和对主体－我们的经验之间完全不对称。前者揭示实在存在的一维并相当于单纯充实着对为他的原始体验。后者则是被历史的,沉浸在加工过的宇宙和特定经济类型的社会中的人所实现的心理经验;它不揭示任何特殊的东西,这是一个纯粹主观的经历。

因此,似乎对"我们"的经验,尽管它是实在的,却不能够改变我们前面探索所做出的结论。关键在于对象－我们吗?它是直接依赖第三者的,就是说,依赖我的为他存在的,并且正是在我的为他的外表存在的基础上它才被构成。关键在于主体－我们吗?正是一种心理经验按一种或另一种方式设定:在我们面前被揭示的,是别人的存在。因此人的实在无法摆脱这两难处境:或超越别人或被别人所超越。意识间关系的本质不是"共在",而是冲突。

经过这种对自为和别人关系的详尽描述,我们因而确信:自为不仅仅是作为它所是的自在的虚无化以及它所不是的自在的内在否定而涌现出来的一个存在。这种虚无化的逃避完全被自在重新抓住,并且从别人一显现起就被固定在自在中。单独的自为对世界来说是超越的,它是事物由之而存在的无。正是涌现的别人把一种作为混于诸事物中间的一个的没于世界的自在存在赋予自为。这种在别人的注视之下的自在的僵化就是"麦杜莎"神话的深刻含义。因此,我们的探索已有了进步:事实上,我们想规定自为和自在的原始关系。我们首先知道了,自为是虚无化和对自在的彻底否定;现在,我们看到,只是由于别人的同时出现而没有任何矛盾地出现,自为也是完全自在的,它在自在中间出现。但是,自为的这第二个形态代表他的外表 (dehors):自为,根本上说,是不能与他的自在的存在同时发生的存在。

这些看法能用于建立作为我们所追求的目标的存在的一般理论。尽管如此，现在开始建立这种理论还为时太早：事实上，把自为描述为超乎自在的存在之外简单地谋划它的可能性，那还是不够的。对这些可能性的这种谋划不是静止地规定世界的外形：它每时每刻地在改变世界。例如，如果我们按这种观点读海德格尔的书，我们就会对他的解释学描述的缺陷感到震惊。若采用他的术语，我们可以说，他把"此在"描述为超越一些存在者走向它们的存在的存在者。而存在在这里意味着存在者存在的意义或方式。真正说来，自为是诸存在者由之揭示它们的存在方式的存在。但是，海德格尔偷偷地过渡到一个事实，即，自为不仅是构成存在者的本体论的存在，而且它还是诸多本体的改变由之来到的作为存在者的存在者的存在。行动的永恒可能性，就是说在其本体论的物质性中，在其"肉体"中改变自在的永恒可能性，显然应该被看作是自为的本质特性；因此，这可能性应该在我们还没有弄明白的自为和自在的原始关系中发现它的基础。这行动是什么？为什么自为行动？它能如何行动？这些都是我们现在应该回答的问题。我们已拥有回答这些问题的一切要素：虚无化、人为性和身体，为他的存在、自在的固有本性。我们应该重新对之进行考问。

第 四 卷

拥有、作为[1]和存在

　　拥有、作为和存在是人的实在的基本范畴。它们把人所有的行为综合在它们名下。例如，认识就是拥有的样式。这些范畴之间不是没有联系的。好几位作家强调过这些关系。当德尼·德·鲁日芒[2]在他的论唐·璜的文章中写"他不足以拥有"（Il n'était pas assez pour avoir）这样的话时阐明的正是这样一类关系。当人们指出一位修道者有所作为以便造就自己，而造就自己以便存在时指出的也正是一种类似的联系。

　　然而，由于反实体论倾向在近代哲学中已然克服，大部分思想家就力图在人类行为的基础上模仿他们前辈的思想家，按物理学方式以单纯的运动来取代实体。长期以来，道德的目标就是把存在的方法提供给人。这就是斯多噶派的道德或斯宾诺莎的伦理学的意义。但是如果人的存在应该消解在他的活动过程中，道德的目的就不再是把人尊崇到本体论的最高尊严上去。在这个意义下，康德的道德是第一部伟大的伦理体系，它以作为取代存在而成为行动的最高价值。《希望》一书的大部分英雄是处在"作为"的水平上的，而马尔罗向我们指出了那些仍然致力于存在的西班牙旧民主主义者与共产主义者之间的冲突，共产主义者们的道德已蜕变为一系列明确详尽的义务，每项义务指向一种特殊的"作为"。谁有道理呢？人的能动

---

　　[1] faire，此词在法语中应用意义广泛，直译就是"做"。在句子行文中，中文很难体现这个词在句中的出现和作用。文中作为，造就，做，活动，有时活动结果的"事实"，使动中的"使"，及许多泛指一般的动作中都含有这个词的意味。——译注
　　[2] 德尼·德·鲁日芒（Denis de Rougement），瑞士作家。——译注

性的最高价值是"作为"还是存在呢？不管我们同意什么结论，"拥有"到哪里去了呢？本体论应该能为我们就这些问题提供一些消息；此外，这也就是它的一个根本任务，如果自为是由行动定义的存在的话。因此，我们应该扼要地概述对一般行动的研究以及对作为，存在和拥有的本质关系的研究来结束这本书。

第一章 存在与作为：自由

一、行动的首要条件便是自由

人们尚未努力事先去解释行动这观念本身内含有的结构就居然能对决定论和自由意识论进行无穷无尽的推理，为了一个或另一个论点举出一些例子,这真是件奇怪的事。事实上，"活动"（acte）这个概念包含着许多我们将进行组织并分等的从属概念：行动（agir），就是改变世界的面貌，就是为着某种目的而使用某些手段，就是造成一个工具性的、有机的复合，例如，邻近一个链环的变化由于链条和链子而在整个链条中引起一些变化，并最终造成预定的结果。但是，对我们来说，重要的还不是这个。事实上，应该首先指出，一个活动原则上是意向性的。一位笨手笨脚的抽烟者不留神打翻了烟灰缸，他并没有行动。反之，当一个受命炸开一处采石场的工人服从命令引燃了预定的爆炸的时候，他是行动了的：他实际上知道他所做的事，或者可以说他意向性地实现了一项有意识的谋划。当然这并不意味着，人们应该预测其动作的一切后果：君士坦丁大帝在建立拜占庭时并未预见到将建立一座希腊语文化城，而这座城的出现后来导致了基督教会的分立，并起到了削弱罗马帝国的作用。然而就他毕竟实现了他为皇帝们在东方创立一处新行宫的计划而言，他进行了活动。在这里，结果和意向的一致性已足以使我们谈论行动。但是，如果说应该是这样的话，那么我们看到行动必然意味着它的条件是承认欠缺（desideratum），也就是说，承认对象的欠缺甚或否定性。引起君士坦丁大帝要与罗马对抗的意向只能由于把握了对象的欠缺：罗马缺乏抗衡力量，应当有一座在当时缺少的基督教城与这座还完全是异教的城邦对立。只有当一座新城市的概念先于行动本身，或者至少这个概念成为组织后来的所有步骤的主题时，创立君士坦丁堡才能被理解为活动。但是，这概念不能是这座可能的城市的纯粹表象。它在这城市的作为欲求而非实现了的可能存在的本质特征中把握它。这意味着，从动作这概念开始，意识就能退出他意识到的整个世界并脱离了存在的地基以便明确地靠向非存在的地基。只要存在的东西在它的存在之外被考察，意识就永远从存在返回到存在，而在存在中不可能找到发现非存在的动机。以罗马作为首都的帝国制度肯定地，按某种很容易被揭示的实在的方式行使职能。人们会说那时税收困难，会说罗马不能防御外来入侵，会说它作为一个受到蛮族威胁地中海帝国而不具备建都的地理环境，会说道德的堕落使基督教在这里很难传播吗？为什么不看到所有这些考察都是否定的，就是说它们针对的是不存在的东西而不是存在的东西呢？说预定捐税的百分之六十已征收入库了，最严格地说来可以看作是对处境原原本本的肯定的估价。说捐税收进不好，这就是通过一种作为绝对目的而确定的并且恰恰是不存在的处境来考察处境的。说道德的堕落在这里阻碍了基督教的传播，并不是把这传播看作它所是的东西，就是说看作按教士的讲道能使我们得以决定的节奏的蔓延；而是假定这种传播本身是不充分的，就是说受到了隐秘的虚无的损害。但是，除非超越这传播走向先天地假定为价值的作为限制的处境——例如走向某种宗教皈依的节奏，走向群众的某种道德，它才显现为这样，这种作为限制的处境从对事物实在状态简单考察出发是不可想象的，因为世界上最美的姑娘也只能提供她拥有的东西；同样，最悲惨的处境本身只能表明它存在着而不涉及任何理想的虚无。既然人被投入到历史处境中，他有时甚至会不设想被决定的政治经济组织的缺陷和欠缺。这并不像有人愚蠢地说的那样，是因为人"习惯于"这样做，而是因为人在其整个存在中把握处境，并且他甚至不能想象他是别样的。因为，这里应该把一般的看法颠倒过来并承认，并不是处境的冷酷或者它强加的苦难引起人去设想事物的另一种状态，在这种状态中，任何人都会过得更好一些；而事情正好相反，就从人们能够设想事物的另一状态的那天起，一束新的光线就照在了我们的艰难和痛苦之上，我们就决定这些艰难和痛苦是不堪忍受的。一个一八三〇年的工人，如果降低了他的工资，他就会起来反抗，因为他轻而易举地就能设想他的可怜的生活水平比人们想要强加给他的那一种处境要好一些；但是他并不感到他的痛苦是不可忍受的，他适应这种痛苦并非因为他逆来顺受，而是因为他缺乏教养和必要的反思来设想一种在其中将不存在这些痛苦的社会状态。于是，他便没有行动。进行了一场骚动之后，里昂的主人——棕十字架（Croix-Rousse）的工人们不知道他们取得胜利后怎么办，他们各自回家，毫无组织领导，所以政府军毫不费事地就把他们镇压下去了。他们的痛苦在他们看来不是"习惯的"，毋宁是自然的：这些痛苦存在着，如此而已，它们构成了工人的条件；它们还没有被摆脱，没有被光明照亮；因而工人把它们和他的存在视为一体了，他忍受而不是考察他的苦难并且没有给它以价值；对他来说，受苦和存在是一回事；他的痛苦是他的非位置意识的纯粹情感的内容，但是他却不凝思痛苦。因此这种痛苦本身便不能是他的活动的动力。而是正相反，正是在他要谋划改变痛苦的时候，痛苦才对他表现为不可忍受的。这意味着，他应该退后一步，相离痛苦一定的距离，并造成了一个双重的虚无化：一方面，他事实上应该把理想事物状态确定为纯粹在场的虚无；另一方面，他又应该把现实的处境确定为对这种事物状态而言的虚无。他应该设想一种与他的阶级密切相关的作为纯粹可能——即从当下来说是一种虚无——的幸福,另一方面,他又将回到现时的处境,以便在这虚无的启示下弄清楚它,并反过来以宣告:"我不是幸福的"来把它虚无化。由此引出这样两个重要结论:(1)任何事实的状态,不管是什么样的(社会政治,经济结构,心理"状态",等等),本身都不可能引起任何一个活动。因为,一个活动就是自为向着不存在的东西的投射,而存在的东西完全不能自己规定不存在的东西。(2)任何事实的状态都不能规定意识把它当作否定性或欠缺。更确切地说,任何事实的状态都不能规定意识来给它下定义和给它划定范围。因为,正如我们所知,斯宾诺莎"一切规定都是否定"的公式仍然是正确的。然而,一切行动的直接条件不仅是发现事物的一种状态就是"欠缺……",即否定性,而且还是——事先地——把所考察的事物的状态构成为独立系统。只有通过自为的虚无化能力,才有事实的状态——不管这种状态是否令人满意。但是,这种虚无化能力不能局限于实现一种对世界而言的简单后退。事实上,因为意识被存在所"包围",因为意识仅仅忍受存在着的东西,它应该被包含在存在之中:正是组织起来的形式:"发现了他自然的痛苦的工人"应当被克服并被否定以便它能成为揭示性凝思的对象。很明显,这意味着工人正是由于完全摆脱了自我本身和世界而能将他的苦难确定为不可忍受的,并因而将它变成他的革命活动的动力。因此这就意味着意识与他自己的过去绝裂的永恒可能性,也意味着从中摆脱出来以便能够在非存在的启示下考察它并且能够从对一个他所没有的意义的谋划出发给予过去自身他所拥有的意义的永恒可能性。无论在什么情况下及采用什么方式,过去本身都不能产生一个活动,这就是说,转向过去以便弄清楚它的一个目的的设立。这是黑格尔说"精神是否定物"时已隐约见到了的,尽管当他应该陈述他特有的行动和自由的理论的时候,他似乎忘记了这句话。事实上,从人们将这种否定世界和意识本身的权力赋予意识时起,从虚无化全面参与一个目的的位置的设立时起,就必须承认一切行动的必要和基本的条件就是行动着的存在的自由。

于是，我们开始能把握决定论者和冷漠自由的支持者之间那些令人讨厌的争论的缺陷了。冷漠的后者忙于寻找没有任何事先动机的决定的情况，或者忙于找到涉及两种同样可能、其动机（和动力）也完全相等的对立活动的决断。针对这一点，决定论者便大可回答说不存在任何没有动机的活动，一个最没有意义的姿式（不举左手而举右手，等等。）也要归结到给予它意义的动机和动力。事情不能是别样的，因为一切活动都应该是意向性的：它事实上应该有一个目的，而这目的反过来又归属于一个动机。事实上，这是三种时间性出神的统一：我将来的目的或时间化意味着一种动机（或动力），也就是说指向我的过去，而现在是活动的涌现。谈论一个没有动机的活动，就是谈论一个欠缺一切活动的意向性结构的活动，而自由的支持者在正进行的活动的范围内去寻找意向结构，这只能使意向结构变得离奇荒诞。但是，决定论者反过来却自作聪明地一味单纯地寻求指明动机和动力。事实上，本质的问题超乎一个复杂的"动机——意向——活动——目的"的组织之外的，我们确实应该想一想，一个动机（或一个动力）何以能成其为动机。然而，我们刚才说过，即使没有无动机的活动的话，这也完全不意味着人们可以说没有无原因的现象。事实上，为了成为动机，动机就应该被体验为动机。当然，这决不意味着这种动机应该被主题地设想和解释，就像在深思熟虑的情况下一样。但是，这至少是意味着，自为应该把动力或动机的价值赋予它。我们刚才讲过，动机的这种构成不能再归结为另一实在的和肯定的存在物，就是说不会归结于在前的动机。否则，活动的意向性地介入非存在的本性就会消逝。动力只能通过目的来理解，就是说通过非存在物来理解；因此，动力本身是一种否定性。如果说我接受低工资待遇，这也许是由于恐惧——而恐惧就是一种动力。但这是对饿死的恐惧；也就是说，这种恐惧只有在恐惧本身之外、在保持我认为处于"危险"中

531

的生命而想确定的目下才有意义。反过来，这种恐惧也只有相对于我暗含地赋予这种生命的价值而言才能被理解，就是说，它归结为把作为价值的理想对象分成等级的那个体系。于是，动力就被认为是依赖"不存在"的存在，理想的存在及将来而存在的。将来是如何回到现在和过去来弄清楚动机，我的所有计划就如何退回来以便把动力的结构给予动力。仅仅因为我在自己虚无化走向我的诸多可能性时脱离了自在，这自在才能取得动机或动力的价值。动机和动力只能在一个恰恰是非存在物的总体即被谋划的整体内部才是有意义的。而这个总体，最终就是作为超越性的我本身；就是应该在我以外成为我自身的那个我。如果我们还要提及我们刚才确定的原则，即：正是把革命看作可能的这种理解赋予工人的痛苦以动力的价值，我们就应该由此得出这样的结论：正是在向着改变一种处境的可能性而逃离这个处境的过程中我们把这种处境组织为动机和动力的复合。我们赖以在处境面前后退的虚无化和我们借以谋划改变这种处境的出神合二而一了。由此就使寻找一个没有动力的活动实际上是不可能的，但是不能因此下结论说动力是活动的原因：动力完全是活动的一部分。因为，正如坚决地要谋划一种改变与活动有区别一样，动力、活动和目的都是在同一个涌现中形成的。这三者中的任何一个结构都要求另外两项作为它的意义。但是，由这三者组成的整体不再以任何单一的结构来解释，它的涌现作为自在的时间化的纯粹虚无化和自由是同一回事。正是活动决定它的目的和动力，活动是自由的表现。

然而，我们不能停留在这些肤浅的分析上面：如果活动的基本条件是自由，那么我们就应当试图更加准确地描述自由。但是我们首先就会遇到一个严重的困难：通常，描述是针对某种特殊本质的结构进行解释的活动。然而，自由没有本质。它不隶属任何逻辑必然性；正是在谈及自由时，我们应该重复海德格尔在概括地谈到此在时所说的话："在自由中，存在先于并支配本质。"自由变成活动,在一般情况下,我们通过由自由,用动机、动力以及活动所包含的目的组成的活动来取得自由。但是恰恰因为这种活动有某种本质,它对我们显现为被构成的东西;如果我们想追溯到构成能力,就必须放弃为它找到某种本质的希望。事实上,这种本质会要求得到一种新的构成能力,如此以至无穷。那么,究竟怎样描述这个不断地形成、拒绝被封闭在一个定义之中的存在呢?"自由"这个词的名称本身也是不保险的,如果人们像一般情况下运用字词那样要让这个词归结为某种概念的话。无法给它下定义,无法为它命名的自由会不会是不可描述的呢?

我们在打算描述现象的存在和虚无的时候,遇到过同样的困难。它们并没有使我们停步。因为事实上,可以有并非对本质而是单独对存在本身的描述。当然,我不能描述别人和我本身所共有的自由;所以我亦不能考察自由的本质。恰恰相反,自由才是所有本质的基础,因为人是在超越了世界走向他固有的可能性时揭示出世界内部的本质的。但是,这其实涉及的是我的自由。此外,同样,当我描述了意识的时候,涉及的不能是某些个体的共同本性,而是涉及我的独有的意识,正如我的自由一样,这意识是在本质之外的,或者——就像我们多次指出的那样——对这意识来说,存在就是已存在。我恰好已拥有一种特殊的经验:我思来达到这种意识的存在本身。加斯东·贝尔热①曾指出②,胡塞尔和笛卡尔要求我思给他们提供一种本质的真理:在一个人那里,我们达到了两种简单本性之间的联系,在另一个人那里,我们把握了意识的本相结构。但是,意识在它的存在中应该先于它的本质,那么,他们两人便都犯了一个错误。我们能要求于我思的,仅仅是使我们发现事实的必

---

① 加斯东·贝尔热(Gaston Berger, 1896 — 1960),法国哲学家和心理学家。——译注
② 见加斯东·贝尔热的《胡塞尔与笛卡尔的"我思"》1940年版。——原注

然性。同样，我们是向我思求救以便把自由规定为我们的自由，规定为纯粹事实的必然性，就是说偶然的，但我不能不体验到的存在物。事实上，我是一个通过活动而知晓自身自由的存在者，而我同样是一个以其个别及单独的存在作为自由时间化的存在者。这样，我就必然是（对）自由（的）意识，因为意识中什么也没有，除非是对存在的一种非正题意识。于是，我的自由在我的存在中便永远是在问题中；它不是一种外加品质或者我的本性的一种属性，它完完全全地是构成我的存在的材料；由于我的存在在我的存在中是在问题中，我就应当必然拥有对自由的某一种领会。我们现在需要阐明的正是这种领会。

能够帮助我们深入研究自由的是本书对这个问题所提出过的和现在在这里要概述的看法。事实上，我们从第一章起就已确定：如果否定是通过人的实在来到世界上的，人的实在就应该是一个能实现与世界以及它自身的虚无化脱离的存在；我们也已确定，这种脱离的永恒可能性和自由是一回事。但是，另一方面，我们还发现这种把我在"已存在"形式下所是的东西虚无化的永恒可能性给人带来了一种特殊的存在类型。我们于是能够从类似对自欺的可能性的分析出发，决定人的实在就是他自己的虚无。存在，对于自为来说，就是把他所是的自在虚无化。在这些情况下，自由和这种虚无化只能完全是一回事。正是由于虚无化，自为才像脱离其本质一样脱离了它的存在，正是由于虚无化，自为才总是异于人们论及它时所说的东西，因为至少它是脱离这个名称本身的存在，是已经在人们给它取的名字和人们所承认的它的属性之外的存在。说自为应是其所是，说它在不是其所是时是其所不是，说实存先于本质并是本质的条件，或反过来按黑格尔的公式说"本质是过去的存在"，其实说的都是同样的一件事，即人是自由的。事实上，只是由于我意识到促使我活动的一些动机，这些动机对我的意识来说就已经是超越的对象，它们是外在的；我要把自己和它们联在一起的企图是徒劳的；我由于我的实存本身而脱离了它们。我命定是为着永远超出我的本质超出我的动作的动力和动机而存在：我命定是自由的，这意味着，除了自由本身以外，人们不可能在我的自由中找到别的限制，或者可以说，我们没有停止我们自由的自由。就自为想掩盖自己的虚无，并加入作为他真正的存在方式的自在而言，他也企图掩盖他的自由。决定论深刻的意义在于在我们之中确立了一种没有自在的存在断层的连续性。被设想为心理活动的动力，就是说被设想为完全的实在和既定的动力，在决定论者看来，它们与决定和活动的相接是没有中断的，这决心和动作同样地被设想为心理的材料。自在已经占有了所有这些"材料"（data），动力导致了活动，就像原因导致结果那样，一切都是实在的，一切都是充实的。于是，对自由的否定只能想象为要把自己当作自在的存在来把握的企图；这两者是同时并存的；人的实在是一种在他的存在中与他的自由有关的存在，因为他永远企图拒绝承认自由。从心理角度来讲，这使我们每个人都重新试图将动力和动机当作事物。人们企图由此赋予它们永恒性；人们试图不承认它们的本性和分量在每一时刻都取决于我赋予它们的意义，人们把它们当作恒量；这就又回过来考虑我刚才或者昨天给予它们的意义——这种意义是无法挽回的，因为它是过去——并且从中推论出直到现在还是固定的特性。我试图说服自己坚信动机是作为它曾经存在而存在着的。于是，它从头到尾地从我过去的意识过渡到我现在的意识；它就寓居于意识中。这又重新企图赋予自为一种本质。人们用同样的方法把目的作为超越性提出来，这并不是一个错误。但是，人们从中不是看到在它们的存在中被我自己的超越性提出和支持的那些超越性，而是会假设我在涌现于世界时碰见它们：它们来自上帝，来自本性，来自"我的"本性，来自社会。因此这些现成的、先于人的目的甚至在我设想之前就将确定我的活动的意义，同样，动机作为纯粹的心理材料会在我没有察觉它之前就诱发出我的活动的意义。动机、活动、目的构成了一个"连续体"(continum)、一个充实体。这些在存在的重压下要扼杀自由的失败企图——它们在焦虑面对自由突然出现时崩溃了——充分表明自由说到底是和处在人的内心中的虚无相吻合的。这是因为人的实在是不足够地存在着即他是自由的,这是因为他不断脱离他自身,还因为一个虚无把他过去所是的东西和他现在所是的以及他将要是的东西分离了。最后则是因为它现在的存在本身就是在"反映-反映物"的形式下的虚无化。人是自由的,因为他不是自我,而是自我在场,是其所是的存在不可能是自由的。自由,显然就是在人的内心中被存在的、强迫人的实在自我造就而不是去存在的虚无。我们已经看到,对人的实在来说,存在就是自我选择:他所能容纳和接受的任何东西都不是从外部,也不是从内部而来的,人的实在完全孤立无援,他被完全地抛置于连最小的细节都变成存在这难以忍受的必然性中。于是,自由不是一个存在:它是人的存在,也就是说是人的存在的虚无。如果人们首先想象人是充实的,那么接着要在人身上寻找人在其中是自由的时刻或者心理范围就将是荒谬的:也可以说就像在一个预先就装得满满的容器中去寻找虚空一样。人不能时而自由时而受奴役:人或者完全并且永远是自由的,或者他不存在。

　　如果我们善于利用这些看法,它们能够把我们引向新的发现。它们将使我们能首先明确地处理自由和被人们称为"意志"的东西的关系。事实上,最常见的倾向是力求把自由的动作同化于意志的动作,力求把决定论的解释留给激情的世界。总的来说,这是笛卡尔的观点。笛卡尔的意志是自由的,但是还有"灵魂的激情"。笛卡尔还企图用生理学来解释这些激情。后来,有人企图创立一种纯粹心理的决定论。例如,普鲁斯特其人就企图对嫉妒和冒充高雅进行理智主义的分析,这些分析能够为激情的"机械论"这个概念增光。那么,应该把人设想为是自由,同时也是被规定的;而主要问题是这种不受制约的自由和心理生活的被规定过程之间的关系问题：自由是怎样控制激情，又怎样地为自己的利益而利用激情的呢？有一条很古老的格言——斯多葛的格言——教导人们向他的激情妥协以便能控制它们，简言之，人们将建议针对情感性行事，就像人在一般意义上的自然面前行事那样，那时服从自然是为了更好地驾驭它。因此人的实在显现为被一个被规定的过程整体包围着的自由能力。人们将区分完全自由的动作，自由意志据以发挥能力的被规定过程以及原则上避开人的意志的过程。

人们看到，我们决不会接受这样的概念。但是让我们进一步去理解使我们否定这样的概念的理由。我们的反对意见是不言自明的，我们不准备花很多时间去展开它：因为这样一种被切断的二元性在心理统一内部是不可想象的。事实上，如何想象，一个存在能是一，然而，一方面，它能被确立为一系列互相规定的事实，因而是外在的存在物，而另一方面，又能确立为规定自己存在并只从属于自身的自生性呢？这种自生性先天就不能接受任何根据一种已确立的决定论的活动：那它根据什么行动呢？根据对象本身（现时的心理事实）？但是它怎么能改变根据定义只是并且只能是其所是的自在呢？是根据过程的法则本身么？可是它又回过来根据现时的心理事实行动来在自身中改变这个事实或者根据它的行动来改变其结果。而在这两种情况下，我们都会碰到我们在上面指出过的同样的不可能性。此外，这种自生性运用的是什么样的工具呢？手之所以能抓，是因为它能被抓。根据定义，在能及范围之外的自生性自己不能去触及：它只能自己造就自己。而如果说它应当支配某种专门工具的话，那么就应该把这工具设想为在自由意志和被规定的激情之间的一种中介的本性，这是不能接受的。当然，换个说法，激情全然不能控制意志。事实上，一种被规定的过程是不可能作用于自生性的，准确地说，这就和对象不能作用于意识一样。因此，两种类型的存在物的任何综合都是不可能的：它们不是同质的，它们中的每一个都固守于它们不可交流的孤独之中。虚无化的自生性与诸多机械过程之间可能有的唯一联系，就是自生性从这些存在物出发，通过内在否定自己造成自己。但是恰在这个时候，自生性只能自己否认自己是这些激情。从此，被规定的激情（$π\acute{α}θos$）的整体就必然会被自生性作为一种纯粹超越物来把握，也就是说被当作必然外在的东西，当作不是它的东西。因此，这种内在的否定性将只作为把"激情"融入世界的结果，而对于一种同时是意志和意识的自由自生性而言，激情是作为隐世的某种对象存在的。这种讨论表明有两种，而且只有两种可能的结论：要么人是完全地被规定的（这是不能接受的，特别是因为一种被规定的即被外在地产生的意识将成为纯粹的外在性本身，而不再是意识了）；要么人是完全自由的。

但是，这些看法还不是我们特别关心的。它们只具有否定的意义。相反，对意志的研究应该使我们得以更深入地领会自由。所以，首先使我们吃惊的是，如果意志应当是自治的，便不可能认为它是既定的心理事实，即自在。它不能属于被心理学家定义为"意识状态"的范畴。在这里和在其他任何地方一样，我们认为意识状态是一种纯粹实证的心理学的偶像。如果意志应当是自由，那它就必然是否定性和虚无化的能力。但是我们也就不明白为什么人们还把自治性留给它。事实上，人们很难设想这些虚无化的洞孔能是意志力，并且能在激情和一般意义上的热情的那种致密和充实的网板（trame）中涌现。如果意志是虚无化，那么心理整体也同样应该是虚无化。此外，——我们将很快回到这问题上——人们是在何处发现激情的事实或者单纯的欲望不是虚无化的？激情首先不是谋划和事业么？它不是恰恰把一种事物的状态作为不可忍受的东西提出来了么？它难道不受对状态而言的后退以及在孤立这一状态并在一种目的即非存在的启示下考察这一状态的时候把状态虚无化的这一事实所限制么？激情难道没有它固有的目的，这些目的是在激情将它们作为非存在物提出来时得到确认的么？而如果虚无化恰恰是自由的存在，那么，怎么能为使它和意志协调一致而否认激情的自治呢？

498

538

然而更有甚者：意志远远不是自由唯一的、或至少是享有特权的表露，相反，它作为自为的完全的事件假设了原始自由为基础以便能将自己构成意志。意志事实上是作为相对某些目的而言的反思决定被确立的。但是意志并未创造这些目的。它毋宁是一种对意志而言的存在方式；它宣告这些目的的追求将是反思的和有意识的。激情可以提出同样的目的。比如说，在某种威胁面前，由于对死亡的恐惧我能够撒腿逃跑。这种激情的事实还是暗含地把生命的价值作为最高的目的提出来。与此相反，另外一个人在同样情况下可能会认为应该留在原地，尽管乍看起来抵抗要比逃走更加危险；他"坚持下去"。但是他的目的尽管被更清楚地理解并且被更明确地提了出来，它仍然和在激情反应的情况下是一样的。只是，为达到此目的的手段更明确地被设想，其中某一些方法作为可疑的或无效的弃置一旁，另一些则被更牢固地组合起来。在这里，差别表现在手段的选择及对反思和解释的程度上，而不是表现在目的上。然而，逃跑者被称作"激情的人"，而我们把"意志的人"的称号留给了那个进行抵抗的人。这里涉及的是主观态度与一个超越的目的之间的区别。但是，如果我们不愿意陷入我们上面指责过的错误，不愿意把这些超越的目的当作先于人的和先天地是对我们的超越性的限制，我们就不得不承认它们是我们的自由的时间化的投射。我们看到人的实在不会从外部也不会从所谓的内部"本性"那里获得它的目的。他选择这些目的并通过选择本身，将一种作为其谋划的外在限制的超越的存在给予它们。根据这种观点——如果人们把"此在"的存在理解为先于并支配他的本质的——人的实在在他的涌现中，并通过这种涌现决定按照他的目的来给他固有的存在下定义。因此，正是我的最终目的的地位决定了我的存在的特点，并与我的自由的原始爆发同一化了。而这种爆发是一种存在，它没有任何与一种观念联姻而产生的存在的本质或者属性。于是，与我的存在同化了的自由是我或者通过意志或者通过情感的努力力图达到的目的之基础。因此它不可能局限于自愿的活动。而是相反，意志力和情感一样，是某些我们据以到达原始自由提出的目的的主观态度。当然，我们不应该把原始自由理解成一种先于意志或激情的活动的自由，而应该理解成与意志或激情完全同时的，而且意志和情感各自以其方式显露出的一个基础。也不应该像柏格森把"深层自我"与"表层自我"对立起来那样把自由与意志或激情对立起来：自为完全是自我性，而且不可能有"深层自我"，除非人们并不将这理解成心灵的某些超越的结构。自由只不过是我们的意志或激情，因为这种存在是人为性的虚无化，即一个以应是自己的存在的方式是自己的存在的存在的虚无化。我们以后还要谈这一点。我们无论如何要记住，意志是在动力和由自为在其自身向着他的可能的超越的谋划中已提出的目的的框架中被规定的。否则，人们怎么能理解决断是对相关于已经存在着的目的所采取的手段的估价呢？

如果这些目的已经被提出，剩下需要随时决定的，就是我借以通向目的的方法，换句话说就是我将来采取的态度。我将是意志的还是激情的？除了我还有谁能决定它呢？事实上，如果我承认对我来说这是境况决定的（例如，我在微小的危险面前能够是意志的，但是如果危险在增加，我就将陷入激情了），那我们就将因此取消整个自由了：事实上，宣称意志在显现时是自治的，而外界的境况严格地规定了它显现的时刻，是荒谬的。但是，另一方面，怎样说明还不存在的意志能够突然决定打碎激情的链条突然涌现在这链条的碎片上呢？一个同样的概念会导致把意志当作一种能力，它时而在意志中表露，时而又隐而不见，但无论如何，还拥有某种属性的永恒性和"自在"的存在。这恰恰是不能接受的，可是，通常的看法的确是把道德生活设想为意志－物和激情－实体之间的斗争。这里面有一种绝对站不住脚的心理学的善恶二元论（manichéisme）。实际上，单纯地要是不够的，还应该要去要。比方假设一个特定的处境：我能在其中情感地抵抗。我们在别处已指出过，情感不是一种生理性的爆发①，而是适应处境的一种反应；正是这种其意义和形式都是意识的意向对象的行为用一些特殊的方法以求达到一种特殊的目的。在害怕时，昏迷，神经错乱（cataplexie）都是要力求以消除危险的意识来消除危险。有一种企图丧失意识以便取消那个意识介入其中并通过意识来到存在之中的可怕世界的意向。因此这牵涉到那些激起我们欲望的象征性满足并同时揭示了世界的不可思议的底层的不可思议的行为。与这些行为相反，意志的和理智的行为将用技术的眼光看待处境，它将否认不可思议的东西，将致力于把握住能解决问题的被规定的系列和那些能够解决诸多问题的工具复合性。它将在工具的决定论基础上建立一个方法系统。同时，它将发现一个技术世界，也就是说，一个在其中任何工具性复合都会归结于另一个更广泛的复合世界，如此连续不断。但是，谁来决定我是选择世界不可思议的一面呢，还是技术的一面呢？不可能是世界本身——它等候着被发现以便表露自己。因此，自为就应该在他的谋划中选择使世界被揭示为不可思议的或是理性的人，也就是说，他作为自我的自由谋划，应该或表现为不可思议的存在，或表现为理性的存在。他对不可思议的存在和对理性的存在都同样负有责任；因为他只有被选择了才能存在。因此，他显现为他的情感的自由基础，正像是他的意志的基础一样。我的恐惧是自由的，并表露了我的自由，我把我的整个自由置于恐惧之中，我在这样或那样的处境下自我选择成为是恐惧的，在另外的一种处境下，我将作为意志的和勇敢的人而存在，我将把我的整个自由置于我的勇敢之中。对自由而言，没有任何享有特权的心理现象。我所有的"存在方式"都同等地表露了它，因为这些方式无例外都是使我成为自己

---

① 让—保尔·萨特：《情绪的现象学理论纲要》（"海尔曼"出版社，1939年版）。——原注

固有的虚无的方式。

正是这点将更清楚地描述人们所谓的行动的"动机和动力"。我们在前面已经概述过这种描述；现在，最好回到这问题上来并更加准确地重新讨论它。事实上，人们不是说激情是活动的动力——或者甚至说激情的活动是有激情作为动力的活动吗？意志不在动力和动机的主体中显现为随深思熟虑而至的决心吗？那么，什么是动机呢？什么是动力呢？

人们通常把动机理解成为活动的理由；也就是证明活动正确的理性考虑的总体。如果政府决定进行一次公债折换，它就提出它的动机：削减公债，整顿金库。同样，历史学家们也习惯于用动机来解释廷臣或君王的行动；人们在战争宣言中寻找动机；时机是有利的，被进攻的国家由于内部混乱而四分五裂，必须结束有可能无限期延续下去的经济冲突等等。克罗维斯①之所以在许多蛮族国王还信奉阿里乌斯教②的时候皈依了天主教，是因为他从中发现了取得高卢最强有力的主教团的恩宠的机会，等等。人们会提醒说动机的特征因此表现为对处境的客观领会。克罗维斯皈依天主教的动机，就是高卢的政治和宗教状况，是主教团、大领主和平民诸力量之间的关系；引起公债折换的动机，就是公债的状况。尽管如此，这种客观领会只有在预先设定的目的指引下，在自为向此目标的谋划的限制下才可能形成。为了使主教团的力量作为一次皈依的动机向克罗维斯揭示出来，也就是说，为了使他能考虑到这次皈依可能会引起的客观后果，他首先应该把征服高卢当作目的提出来。如果我们为克罗维斯设想另外一些目的，他就能在主教团的处境中得出要成为阿里乌斯教徒或成为不信教者的动机。他甚至也可能在对宗教状

---

① 克罗维斯（446—511），法兰克国王。他约于 496 年为取得罗马居民的支持而受洗为天主教徒。——译注

② 阿里乌斯教：在相当一个时期内能和天主教相抗衡的"异端"教派。——译注

况进行考虑时，找不到任何用这样或那样方式行动的任何动机：因此他在这方面便什么也不会发现，他任凭主教团的处境处于"未揭露"的状态，对它一无所知。我们因此将把动机叫做对被规定的处境的客观把握，因为这种处境在某种目的指引下被揭示，表明能作为达到这目的的工具。

相反，动力通常被看作一种主观的事实。它是欲望、情感和激情的总体，促使我去完成某个活动。历史学家只有在动机不足以解释被考察的行动时，不得已才去寻找动力并造成它的状态。比如，当费尔狄纳·罗特①在指出了人们通常所提出的君士坦丁皈依的理由是不足的和错误的之后写道："既然已证实君士坦丁选择基督教有百弊，而且表面上看并无一利，那么就只有一个可能的结论，就是他向反常的或神的命令的突然冲击，让了步，正如人们所愿意的那样。"②他不用在他看来是不说明问题的动机去解释君士坦丁，而较喜欢用动力去解释他。那么，这种解释就应当到有历史因素的心理状况中去寻找——甚至到"心智"状况中去寻找。其结果自然是这件事完全成了偶然的，因为换一个人带着另外的激情和欲望就会有不同的行动。与历史学家相反，心理学家宁愿首先寻找动力：事实上，他通常假定动力包含在导致活动的意识状态中。理想的理性活动因此将是完全不承认动力作用的活动，它仅仅是受到对处境的客观领会启发的。非理性的或激情的活动则具有相应的相反的特性。还要解释在其中同时存在着动机和动力的平常情况下二者之间的关系。例如，我能加入社会党，因为我认为这个党是为正义和人类的利益服务的，或者因为我相信它在我入党后的年代中会成为主要的历史力量，这就是动机。而我同时又能有动力：对某些领域的

---

① 费尔狄纳·罗特（Ferdinand Lot, 1866—1952），法国历史学家。——译注
② 见费尔狄纳·罗特：《远古时代的结束和中世纪的开始》第35页。书的复兴出版社（Renaissance du livre）1927年版。——原注

被压迫者的怜悯或慈善之心，像纪德所说的为站在"优越的一边"而感到耻辱，或者甚至是复杂的自卑感，想惹恼周围的人的欲望，等等。当人们肯定我是由于这些动机和这些动力而加入社会党时，人们能希望说些什么呢？很明显，这里涉及到两个完全不同的意义层次，如何将它们加以比较？如何决定它们在上述的决定中各自占的部分呢？这个困难无疑是由通常情况下对动机和动力所进行的区分而引起的困难中最大的，这个困难从来就没有得到过解决；甚至只有几个为数不多的人注意到这个问题。因为，它又以另一种形式提出了意志和激情之间冲突的存在。但是，如果说，在动力和动机争先要施行同一决定的简单情况下，古典的理论显得没有能力规定它们在其中的固有影响，它将完全可能解释甚至想象动机和动力之间的冲突，每一个动机和动力的组合都将引出一种特殊的决定。因此，一切又重新开始。

当然，动机是客观的：作为向意识揭示的东西，它是同时性的事物状态。它是客观的：罗马的平民和贵族在君士坦丁时代是奢侈腐化的，或天主教势力准备支持一个在克罗维斯时代帮助它击败阿里乌斯教派的君王。尽管如此，这种事物的状态只能对自为表现出来，因为一般说来，自为是使得"有"一个世界的存在。甚至可以说，这种状态只能对以这样或那样的方式自我选择的自为——自我造就其个体性的自为——表现出来。它应该按这样或那样的方式自我谋划以便发现工具性事物的工具的内涵。从客观上讲，刀子是以一个刀刃和一个刀柄构成的工具，我能够客观地把它把握为切、割的工具；但是，在没有锤子的情况下，我又可以把它翻过来而当作敲东西的工具：我可以用刀柄敲进一颗钉子，而这种用法也并非是不客观的。当克罗维斯重视基督教会能够向他提供的帮助时，一个高级教士团或甚至某一位主教是否向他打开大门，甚至教士团的成员是否会明确地想与一个天主教君主联盟都不确定。仅有的一些严格客观的事实，任何一个自为都可以观察到的事实，就是教会对高卢居民的巨大权力以及教会对于阿里乌斯异端邪说所引起的焦虑不安。要使这些发现构成皈依的动机,就必须把它们从总体中孤立起来——并为此将它们虚无化——就必须超越它们而奔赴它们固有的潜在性:被克罗维斯客观地掌握了的教会的潜在性就是支持一位皈依了的国王。但是,这种潜在性只有在人们超越处境奔赴还不存在的事物的状态,简言之,奔赴一个虚无时才会表现出来。总之,只有当人们向世界考问时世界才提出建议,而人们只能是为了一个已被规定的目的向世界进行考问。因此,远不是动机决定行动,动机只是在行动的谋划中并通过这个谋划显现出来的。正是在打算统治全高卢的谋划中并通过这个谋划,西方教会国家才客观地对克罗维斯显现为皈依的动机。换句话说,把动机整个地从世界中分离出来的意识已经拥有他固有的结构,他为自己制定了目标,他向着自己的可能而自我谋划,他还有其固有的推迟其可能性的方式:这种保持自己的可能的固有方式在这里就是情感性。意识在非位置的自我的意识的形式下给予自己的这种内部组织与动机在世界中的区分有着非常紧密的联系。然而,如果人们仔细思考一下这个问题,人们就应该承认,如果按"非理性的"这个词历史上的意义来讲,行动的动机赖以在世界上涌现出来的自为的内在结构是一种非理性的。实际上,我们完全可以在假设克罗维斯已经谋划要征服高卢时,理智地理解他对皈依的技术性的利用。但是关于他的征服计划,我们不能用同样的方法去理解。它是不能被"解释的"。应当把它解释为克罗维斯野心的一种结果吗?那么,究竟什么叫野心呢,如果它不是征服的意图的话?克罗维斯的野心怎样区别于征服高卢的确切计划呢?因此,设想这个原始征服计划被也许就是野心的那种先前存在的动力所"推动",是徒劳的。野心是一种动力,因为它完全是主观性的,这一点是千真万确的。但是由于它与征服计划并没有区别开来,那么我们就可以说,克罗维斯借以发现了皈依动机的他的可能性的原始计划就恰恰是动力。这样,一切都明白了,我们就 *504*

可以想象动机,动力,目的三者之间的关系了。这里,我们需要讨论一下"在世的存在"的特殊情况:同正是自为的涌现使得有了一个世界一样,在这里,也正是他的存在本身——因为这存在是纯粹对一个目的的谋划——使得在这目的的指引下有了某种无愧于动机这个名称的世界的客观结构。因此,自为是对这个动机的意识。但是对动机的这种位置的意识原则上是对作为指向一种目的谋划的自我的非正题意识。在这个意义上讲意识是动力,就是说他在确立自己是把世界组织为动机的揭示性意识那一刻,非正题地体验到自己是向着一个目的的或多或少激烈的,或多或少激情的谋划。

于是,动机和动力是相关联的,正像自我的非正题意识是与对象的正题意识有本体论关联一样。正如对某事物的意识是自我的意识一样,动力同样只是对动机的把握,而不能是别的,因为这种把握是自我的意识。但是,由此可见,动机、动力和目的,是向着自己的可能性自我谋划,并通过这些可能性使自己得到规定的活生生的自由的意识爆发时不可分割的三项。

那么为什么动力对心理学家显现为一种意识行为的情感内容而这内容决定了另一意识行为或决定呢?这是因为,动力只不过是对自我的非正题意识,它与这种意识本身一起悄悄溜回到过去,同时不再像意识那样是活生生的了。当一个意识被过去化时起,它就是我在"曾是"的形式下应是的东西。从此时起,每当我回到我昨天的意识上时,它都保持着它的意向性意义和主观性意义,但是我们已经看到,它被凝固了,和物一样是外在的东西,因为"过去"是自在的。于是动力变成了具有动力意识的东西。它能够以"知"的形式对我显现;实际上,我们在前面已看到,死去的"过去"以"知"的面目经常纠缠着现在;我也可能又转向过去以便在使自己知道它现时是为我的同时阐明它并把它表述出来。在这种情况下,它是意识的对象,它是我对其有意识的这种意识本身。因此过去——像我一般的回忆那样,——显现为我的过去,同时又显现为超越物。在一般情况下，我们被我们"不再涉入"的那些动力包围着，因为我们不但要具体地决定完成这样或那样的活动，而且要完成我们先前决定了的行动或者继续进行我们已经介入的事业；一般说来，意识在它被把握住的某一时刻，会体会到自己被介入，而这种领会本身意味着对介入的动力的一种知或者甚至是对动机的正题的和位置性的理解。不言而喻，对动力的把握将把其对应物立刻送还给动机，因为动力，即使是在被过去化和固定化为自在的动力也至少仍然意味着曾经是对动机的意识，就是说发现世界的一种客观结构。但是，由于动力是自在的，而动机是客观的，它们是表现为没有本体论差异的一对；实际上人们已发现我们的过去迷失在世界之中了。所以我们就将它们同等对待，并且可以谈论一个行动的动机和动力，就好像它们可以进入冲突或互相协同来下相应的决心。

不过，如果动力是超越的，如果它仅仅是我们按"曾经是"的方式应是的不可挽回的存在，如果它完全作为我们的过去，一层厚厚的虚无把我们与它分隔开，它就只有被复活才能行动；它本身是没有力量的。因此，正是通过介入的意识的爆发本身，一种价值或一种分量才能被赋予先前的动力和动机。这种爆发并不依赖动力和动机所曾经是的意识，而且意识负有为它们保持过去的存在的任务。我曾要过这个或那个：这就是总是不可挽回的东西和甚至构成我的本质的东西，因为我的本质是我曾经是的东西。但是，当我现时地向着我的将来自我谋划时，只有我自己才能决定这种欲望，这种害怕，这种对世界客观的考虑对我来说所拥有的意义。而我恰恰只能通过我据以向着我的目的自我谋划的活动来决定这种意义。复活过去的动力——或抛弃它们或重新评价它们——与我据以确定新目的谋划以及我在这些新目的的启发下据以认为我发现了靠世界支撑着的动机的谋划没有区别。过去的动力，过去的动机，现在的动机和动力，将来的目的通过存在于动机、动力和目的之外的自由的爆发本身而组成一个不可分割的统一体。

547

由此得出的结果是，自愿的深思熟虑总是虚幻的。事实上怎样评价我在整个考虑之前并通过我的自我选择赋予它们以价值的动机和动力呢？这种幻觉来自于人们努力把动机和动力当作一些完全超越的事物，我把它们作为重量来掂量，而它们拥有一种作为永久的属性的重量。然而另一方面，人们希望在这里面看到意识的内容；这就是矛盾的所在。事实上，动机和动力的力量只是我的谋划，即目的和要求实现的活动的自由产物提供给它们的。当我思考时，决心业已下定。而如果说我必须去思考它，那也仅仅因为它进入了我通过思考而不是通过这样或那样的发现（比如通过激情或仅仅通过行动——这行动就像我的语言让我得知了我的思想那样揭示出动机和目的的有组织的总体）去分析那些动力的。因此，有一种作为过程的对深思熟虑的选择将向我预告我所谋划的东西并随后向我预告我所是的东西。对深思熟虑的选择是被自由的自生性用动力-动机以及目的的总体组织起来的。当意志参预此事时，决心已经形成，除了预示的价值外它再没有其他价值。

意志的活动是有别于非意志的自生性的，因为非意志的自生性是通过活动的单纯的谋划对动机的纯粹非反思的意识。关于动力，在非反思的活动中，它并不是它自己的对象而仅仅是（对）自我（的）非位置意识。相反，意志的活动的结构要求有一种反思的意识显现，这种意识要将动力当作准对象，或甚至有通过被反思的意识将动力当作心理对象的意向。对被反思的意识来说，以它为中介而被把握的动机与被反思的意识是分离的；让我们重提胡塞尔的著名公式：单纯意志的反思，通过其反思性的结构，而对动机实行悬搁，他把动机存而不论，把它置于括号内。因此，由于一种更加深刻的虚无化把反思意识和被反思意识或动力分离开，由于动机是存而不论的，动机就能使自己表面看起来像估价性的深思熟虑。尽管如此，人们知道，即使反思的结果是扩大了把自为与它自身分开的裂缝，它的目的也并不因此就是这样。我们看到反思的分裂生殖的目的在于构成"自在－自为"这样一个不可能实现的整体的方式以恢复被反思的东西，这个整体就是自为在他的存在的涌现本身中提出的基本价值。那么如果意志本质上是反思的，它的目的便不是如此决定哪一个是要达到的目的，因为无论如何，决心业已下定，意志的深刻意向毋宁说是建立在达到这种已经确定的目标的方式上。存在的自为以意志的方式要求恢复自身，因为他决定，他行动。他不仅要求被带向一个目的，也不仅仅是要求成为自己选择为被带向一个这样的目的的人；他还要求作为自发地向着这样或那样的目的而形成的谋划而自我恢复。意志的理想就是作为对某个目标的谋划而成为"自在－自为"：这很明显是一种反思的理想，正是一种满足的体验伴随着"我做了我要做的事"这样一个判断。但是显而易见，一般的反思分裂生殖置其基础于一个比它本身更深刻的谋划中，我们在本书第二卷第三章中由于没有找到更好的叫法而称之为"动机的启动"。现在，我们已经给动机和动力下了定义，那就应该将这个把反思作为其基础的谋划命名为意向。因此就意志是反思的一种情况而言，为了行动而处于意志的范围内的事实，要求有一个更深的意向作为基础。对心理学来说，把这种主体描绘为以意志性反思的方式实现他的谋划是不够的；还应该能够给我们提供使主体用这种意志的方式而不是用其它方法实现他的谋划的深刻意向性，此外，当然，一旦目的由一种原始谋划所确立，任何意识方式都会带来同样的实现。于是我们便达到了一种比意志更为深刻的自由，只不过是与此同时自由对我们显得比心理学家更加苛求，即提出为什么的问题，然而心理学家们在这个问题上仅仅局限于将意识的样式看作意志力的。

以上简单的研究并不打算穷尽意志的问题，相反，或许应当尝试对意志本身作一种现象学描述。但这还不是我们的目的；我们仅仅希望我们已经指明意志不是自由的享有特殊地位的表现，而是一种固有结构的心理事件，它和其他结构在同一水平上形成，它不多不少和其它结构一样由原始的和本体论的自由所支持。

同时,自由表现为一种不可分析的整体:动机、动力和目的,就和人们用以把握动机、动力和目的的方式一样,统一地被组织在这种自由的范围内,并且应该从自由出发被理解。这是不是说应当把自由表现为一个任意中断的系列,类似于伊壁鸠鲁的原子偏斜呢?我在任何时候都能自由地欲求任何事物吗?当我想解释这种或那种谋划时,我应该随时碰到自由和偶然的选择这非理性的东西吗?看来只要对自由的承认有这种危险的、同经验完全矛盾的概念作为结果,那么一些好的心灵就离开了对自由的信仰:人们甚至已能肯定说:决定论——如果人们注意不让它与宿命论相混的话——是比自由意志论"更有人情味"的理论。实际上,如果它突出了对我们动作的严格调节,或至少给每一个动作提供理由,如果它严格地把自己限制在心理的范围内,如果它放弃在宇宙总体中寻找一种调节,它就是指出了,我们动作的理由就在我们之中:我们行动,就像我们存在一样,我们的活动有助于造就我们。

然而,让我们进一步考察一下我们的分析使我们能获得的某些确切的结论。我们指出过,自由和自为的存在是一回事:人的实在严格地就他应该是其固有的虚无而言是自由的。我们说过,人的实在在许多领域中应该是这种虚无:首先在时间化中,就是说总是和他本身保持着距离,这意味着它永远不能听任他的过去来规定这样或那样的活动——其次在作为对某物的意识或(对)自身(的)意识的涌现中,就是说自我在场并不仅仅是自我,这就意味着除了对存在的意识外,意识中没有任何别的东西,并且因而没有任何意识外的东西能引发意识——最后,他是超越性,就是说他并不是首先存在以便随后和这种或那种目的发生联系的某物,而是相反,他一开始就是谋划的存在,就是说是由他的目的所确定的存在。

因此,我们并不准备在这里多谈独断或者任意:我们称之为自由存在者的,是这样一个存在者,他作为意识,必然独立于别的一切存在者，因为别的一切存在者只就他们为他存在而言，才与他有联系，他在他的将来的启示下以传统的形式决定自己的过去，而不是简单地让自己的过去决定自己的现在，他通过异于他的事物让人知道他是什么，也就是说通过他所不是的、从世界的另一边来谋划的目的。这丝毫不意味着我自由地起立或者坐下、进来或出去、逃走或迎战危险，如果人们把自由理解成为纯粹任性的，无法无天的，无缘无故的和不可理解的偶然性的话。当然，在我们刚才明确过的意义上，我的每一个活动，哪怕是最小的活动，都是完全自由的，但是这并不意味着它可以是任意的，甚至也不等于说它是不可预测的。然而有人会说，如果人们既不能从世界的状态出发也不能从我的被当作不可挽回的事物的全部过去出发来理解这活动，那么它怎么可能不是无缘无故的呢？让我们进一步探讨这个问题。

流行的看法认为，是自由的并不仅仅意味着自我选择，选择是在它曾经能够是它现在所不是的情况下才被说成是自由的。我和同伴们出去远足：走了几个小时的路以后，我越来越累了，最后变得寸步难行。我开始还坚持着，可是接着，我突然忍受不住了，我让步了，我把旅行袋往路边一丢，听任自己躺倒在旅行袋旁边。有人会责备我的活动，并据此理解我是自由的，这不仅仅是说没有任何东西也没有任何人决定了我的活动，而且是说我本来是可以顶住疲劳和我的同伴们一样走到宿营地去的。我为自己辩护说我实在太疲乏了。究竟谁有理呢？或者不如说，这种争论不是建立在错误的基础上的吗？毫无疑问，我本来是可以不这样做的，但是问题不在这里。问题最好是这样来表述：我本来是否能另辟蹊径而不明显地改变我所是的谋划的有机整体性？或者，"抗拒我的疲乏"这个事实，倘若不再是我的行为的纯粹局部和偶然的一种变化，就只能借助于我的在世的存在的彻底变化——不过是可能的变化——而产生。换句话说，我本可以不这样做，那好吧，可是以什么为代价呢？

对这个问题，我们将首先用一种使我们能把握我们论点的原则的理论说明来回答。然后我们再来看具体的实在是否表现得并不更为复杂,看看在不与我们的理论探索的结论相矛盾的情况下具体实在是不是会使我们的理论结论更加灵活并更加丰富。

首先我们要看到,疲劳本身是不会诱发出我的决心的。它只是——我们在论及肉体的痛苦时已经看到——我使我的身体存在的方式。首先它不会是一种位置意识的对象,而是我的意识的人为性本身。那么,如果我在野地里行走,这时在我面前所被揭示的是周围世界,它正是我的意识的对象,我正是超越它而奔赴我自己固有的可能性——比如今天晚上我到达我预定的地点的可能性。我用能预测距离的眼睛、用能爬高下低的腿来把握自然风光并且由此,我的眼睛与腿和我背旅行袋的肩膀一起使新的景色和新的障碍显现并消失,只是就此而言,我就在疲劳的形式下有了(对)这身体(的)非位置意识——这意识支配我和世界的关系,它意味着我介入了世界。客观地并从相应于这种非正题意识的关系的角度讲,道路才显得无穷无尽,陡坡才显得更加艰险,太阳才显得更加灼热,等等。然而,我还没有想到我的疲劳,我还没有把它当作我的反思的准对象。可是,我力图考虑它并消除它的时刻到来了:应当给这种意向本身一种解释。我们仍然将它当作它所是的来看,它并不是对我的疲劳的凝思的领会,而是——我们在谈到痛苦时提到过——我忍受我的疲劳。就是说一种反思的意识被引向我的疲劳以便体验它,并赋予它一种价值以及和我本身的实际关系。仅仅在这个范围内疲劳才会对我显得可忍受或不可忍受。疲劳本身永远不是这样的,正是反思的自为在涌现中忍受不堪忍受的疲劳。这里,根本问题便提出来了:我的同伴和我一样健康;他们受的训练也和我差不多,因此,尽管不可能将这些在各种不同的主观性中发生的心理事件做一番比较,我仍然可以一般地下结论说——而目击者是根据对我们的"为他的身体"的客观考察来下结论的——他们几乎"和我一样疲劳"。那么他们为什么以不同于我的方式忍受他们的疲劳呢。人们会说我和他们的不同之处是由于"我娇气"而他们不娇气。但是尽管这种评价有其不可否认的实际意义，人们甚至可以在决定是否要邀请我参加另一次远足时依靠这评价，然而这种评价在这里仍然不能使我们满意。事实上我们讲过，野心勃勃，就是谋划着去获得王位或荣誉，它不是一种促使人去获取的材料，而就是获取本身。同样，"是娇气的"也不能是一种事实的材料，而仅仅是一个按我忍受我的疲劳的公式而提出的名称。那么如果我想弄明白我在什么样的情况下才能忍受不堪忍受的痛苦，就不应该诉诸于只是表现为一种选择的所谓事实的材料，而应当尽力考查这种选择本身，看它在一个它只作为次要结构融合进去的更广泛的选择的前景下是不是不可解释的。实际上，如果我询问这些同伴中的一个，他肯定会向我说明他疲劳了，但他喜欢他的疲劳：他会像沉湎于浴池中一样沉湎于疲劳，疲劳对他来说似乎是某种用以发现他周围世界的特殊工具，是用来适应粗石子路以发现山坡的"山的"价值的工具；甚至，正是那射在他头上的微弱的日光和这轻微的耳鸣使他得以实现与太阳的直接联系。最后，这种努力对他来说就是战胜了疲劳的感觉。但是，由于他的疲劳不是别的，只是一种激情，即为了道路上的尘土，太阳的灼热，道路崎岖的存在他最大限度地做出的努力，也就是说，这种以他所喜欢使自己沉湎于其中的然而仍然尽力控制着的疲劳组成的温柔亲切感表现为将山化归己有，忍受着它直至最后战胜它的方式。我们在下一章将要论及，"拥有"这个词的实际含义和作为这个词在什么范围内是"化归己有"的手段。于是，我的同伴的疲劳是在这样一种广泛的谋划之中被体验到的，这是对深信不疑地沉于本性，对为使疲劳在完全的强力中存在而生的激情的谋划，同时又 *511* 是对温情统治和化归己有的谋划。只有在这个谋划中，并且只有通过这个谋划，这疲劳才是可以理解的，疲劳才对谋划有一种意义。但是，这种意义和这种更广泛更深刻的谋划本身仍然是"非自立的"（Unselbstständig）。它们不是自足的。因为它们恰恰一方面假设了我的同伴和他的身体之间的特殊关系，另一方面假设了他与事物之间的特殊关系。事实上，有多少自为就有多少使其身体存在的方式，这是很容易理解的，尽管在本性上某些原始结构是不变的而且把人的实在构成了每个人：我们将在别处研究人们所不恰当地称为个体和类的关系的以及普遍真理的诸多条件的东西是什么。目前，我们能根据成千上万有意义的事件设想例如在人为性面前有某种逃避的类型，这种逃避恰恰在于沉醉于这种人为性，总之，就是说恢复对这种人为性的信赖，并去爱它，为的是重新恢复它。这种原始的恢复谋划便是自为本身面对存在的问题所做的某种选择。它的谋划仍然是一种虚无化，但是这种虚无化又回到它所虚无化了的并通过人为性的一种特殊增值表现出来的自在上面，成千上万所谓放弃的行为尤其说明了这一点。沉湎于疲劳、炎热、饥饿和干渴，任自己舒舒服服地倒在一把椅子、一张床上，放松自己，尽量听凭自己用自己的身体而不是像在受虐狂中一样在别人的目光之下喝点什么东西，但是在自为的原始孤独中，所有这些态度并不使得自己限制它们本身，我们感到了这一点，因为在另一个人身上，这些态度是刺激性的或诱惑性的，它们的条件是一种恢复身体的最初的谋划，就是说解决绝对（自为的自在的绝对）问题的企图。这种最初形式本身可以限制在对人为性的深刻的容忍中：那时"变成身体"的谋划意味着向许多小小的贪欲，向许多小愿望，向许多小小的弱点愉快地让步。人们应当记得，在乔伊斯[①]的《尤利西斯》(Ulysse) 一书中，布鲁姆先生[②]在满足某些自然需要时，满心欢喜地嗅着"他身下发出的亲切的气味儿"。但是也可能出现这样的情况，这是我的同伴的情况——通过身体或通过取悦于身体，自为力图恢复非意识的整体，也

---

① 乔伊斯 (Joyce, 1882—1941)，英国诗人兼小说家，他善于运用各行各业的语言和方言土语。他常被人与拉伯雷相提并论。——译注
② 乔伊斯的《尤利西斯》中的主人公（即尤利西斯）。——译注

就是作为物质事物总体的宇宙。在这种情况下，被追求的自在与自为的综合将是自在和恢复自在的自为的整体之泛神的准综合。在这里，身体就是综合的工具：比如，它陷入疲劳以便这自在更加强有力地存在。因为自为使得身体作为它自己的身体而存在，身体的这种激情为了自为而和"使自在存在"的谋划相重合了。这种态度的总体——这种态度就是我的一位同伴的态度——可以通过对某一种使命的模糊体验而表现出来：他进行这次远足，是因为他将要爬的山和将要穿过的森林存在着，他则负有使山和森林的意义显露出来的使命。于是，他就力图成为在这些山和森林的存在本身中奠定它们的人。我们在下一章还要讨论这个自为和世界之间化归己有的关系，我们现在还没有具备必要的论据以全面阐明这种关系。无论如何，经过我们的分析后已经比较明显的是，我的同伴用以忍受他的疲劳的方式为了被理解必然地要求一种把我们一直引向最初谋划的溯逆式分析。我们概述过的这种谋划这一次还是非自立的吗？当然——而且很容易确信这样的观点：事实上，我们越来越少触及自为选择的与其人为性以及与世界的原始关系。但是，这种原始关系只不过是自为的在世的存在本身，因为这种在世的存在是选择，就是说，我们达到了自为借以成为他应是的固有的虚无的虚无化的原型。从这里出发，不可能期待任何解释，因为任何解释都暗含地假设自为的在世存在，正如任何欧几里德公设的证明都暗含地假设了对这种公设的接受一样。

那么，如果我运用同一方法来说明我忍受我的疲劳的公式，我首先就会在我身上把握一种对我的身体的怀疑——比如——一种不愿意"用它做"……的方式，一种把身体看得无所谓的方式，它仅仅是许多我使我的身体存在的可能样式之一。我将毫不费力地发现一种对自在的同样的怀疑，例如，通过他人为中介，为恢复我所虚无化了的自在的而定的原始谋划，这使我回到我们在前一卷中所列举过的最初谋划之一。从此，我的疲劳就不再是"轻松地"忍受，而将是

555

作为一种我想摆脱的令人讨厌的现象的"硬挺着的"体会——这仅仅是因为疲劳使我的身体及我没于世界的原始偶然性降生,那时我的谋划就是通过他人的注视使我的身体和我在世的在场得救。我也被推回我的原始谋划,就是说我的在世的存在,因为这种存在是选择。

我们不否认这种分析的方法多少是有待改进的。因为一切都应该在这个范围里做;事实上,问题在于要一个活动——任何一个活动——所包含着的意义揭露出来,由此达到更丰富更深刻的意义,直至人们发现再不含有别的意义而只归结为自身的那个意义为止。这种溯逆的辩证法被许多人本能地实践,人们甚至可以指出,在认识自身或在认识他人时,一种自发的领会是由阐明的层次中给出的。一个手势归结到一种"世界观"(Weltanschaung),而我们感觉到了这手势。但是,没有人尝试过系统地获取一个活动包含的意义。只有一种学派是和我们出自同一原始自明性的:这就是弗洛伊德学派。弗洛伊德和我们一样,认为一个活动不会仅限于它本身:它直接归结到更深的结构。而精神分析是能够阐明这些结构的方法。弗洛伊德像我们一样自问:在什么条件下这样的人才可能完成这样一个特殊的行动呢?他和我们一样拒绝以在前的时刻来说明行动,就是说拒绝设想一种横向心理决定论。在他看来活动是象征性的,也就是说他觉得这个活动表示了一种更深的欲望,这种欲望本身只能从主体里比多(libito)的一种最初规定出发来说。只不过弗洛伊德力求这样来建立一种纵向决定论。而且,他的概念必然将这样迂回地返回主体的过去。情感对于他来说是在心理-生理意向性的形式下的活动的基础。但是,这种情感在我们每个人身上一开始都是一种白板:是外界环境,换句话说,是主体的历史来决定是否有这样或那样的倾向作用于这样那样的对象上。是孩子在他家庭中的处境决定了在他身上产生了俄底蒲斯情结:在另一些以别的类型的家庭组成的社会里——比如像人们在太平洋上珊瑚群岛上的原始人那里所了解到的那样——这种情结就不可能形成。而且,如果到了结婚年龄，这种情结"被清除"了或者相反，依旧存在，那就还是外界处境将决定性生活的极（la pôle）。弗洛伊德的纵向决定论就这样并以历史为中介仍然转向横向决定论这轴心。诚然，这样一个象征性的活动表达了一种深层的和同时的欲望，同样这种欲望显露了一种更深的情结，并且这是在同一心理过程的统一体中的情结：但是，这种情结仍然先于它的象征性显露而存在，并且正是过去根据传统的连接、移情、凝聚等把这种情结确立为现在这样的，我们不但在精神分析学中，而且在所有要重建心理生活的决定论企图中都发现这些连接。因此，对于精神分析学来说，将来的一维是不存在的。人的实在丧失了他的出神之一，它应当只通过从现在出发向过去的倒退来得到解释。同时，被活动所指的主体的基本结构对主体来说并无意义，而是对一个使用推论方法来解释这些意义的客观见证人包含有意义。任何一种对其活动的意义的前本体论的理解和主体都不一致，这是很容易理解的，因为不管怎样，这些活动仅仅是过去的一个结果——它原则上是能及范围之外的——而不是力图将它们的目的登录于将来。

于是，我们应该满足于从精神分析的方法中得到启示，就是说，我们应该企图根据一个原则来揭露一个活动的诸多意义。这个原则就是：一个行动，无论它怎样无意义，它都不是在前的心理状态的简单结果，不属于线性决定论的范畴，而是相反，它作为次级结构融合在总结构中，并最终融合在我所是的整体中。否则，我在事实上就应该认为自己或者是现象横向的流，这些现象中的每一个都被它的前一个现象外在地制约着——或者是一个实体，承担着它的样式的没有意义的流出。这两个概念将使我们混淆自为和自在。但是，即使我们接受精神分析学的方法——我们将在下一章里详尽地讨论这个问题——我们也应该在相反的意义下去运用这种方法。事实上，我们设想每一个动作都是可以理解的现象，我们并不比弗洛伊德更加承认决定论的"机遇性"。但是，我们不是从过去出发来理解上述现象，而是设想理解的活动是从未来返归回现在的。我用以忍受疲劳的方式完全不取决于我偶然在爬坡或我已经度过的或多或少令人烦躁的夜晚：这些因素可以有助于构成我的疲劳本身，而并非是我用以忍受疲劳的方式。但是，我们拒绝和阿德勒（Adler）的一位弟子一起在疲劳里看到一种自卑情结的表现，例如在这种情结已经先构成的意义上讲。但愿某种狂怒强硬的与疲劳作斗争的方法能够说明我们称之为自卑情结的东西，我们不否认它。但是自卑情结本身是我在世固有的自为为对付他人而做的谋划。因此，它就总是超越性的。也因此，它总是自我选择的方法。我一开始就选择了这种我与之斗争然而又承认它的自卑；也许它是由我的各种"失败的行为"赋予意义的，但恰恰，作为被谋策的计划，作为我的存在的预测表，它只不过是由我的失败的行为组织成的整体，而每个失败的行为本身都是超越性的，因为每一次我都超越了实在而奔赴我的可能性；比如向疲劳让步，就是在超越要走的路的同时确立"太难走的路"这个意义。严肃地考察自卑感而不从将来和我的可能性出发去规定它是不可能的。甚至诸如"我丑"，"我笨"之类的估计从根本上讲都是一些预测。问题不在于关于我的丑的纯粹看法，而在于把握妇女或社会对我的举动所表现出的敌对系数。而这只有通过对这些举动的选择并在这些举动的选择中才能被发现。于是，自卑情结就是我自己的自由而完整的谋划，作为在他人面前的自卑，它是我选择承担我的为他的存在的方式，是我给予别人的存在的自由的答案，这是不可逾越的丑事。于是，应该从我的自卑的自由雏形出发将我对自卑的反作用和我失败的行为理解为我在世界上对自己本身的选择。我们同意精神分析学家关于人的任何反作用都先天地是可以理解的看法。但是，我们指责他们，当他们企图以在前的反作用解释上述反作用时恰恰低估了这种最初的"可理解性"，这就又引出了因果的机械论：理解这个词应该另下定义。任何一个作为自我本身向着一个可能的谋划的行动都是可以理解的。它之所以是可以理解的，首先是由于它提供了可以直接把握的理性内容——我把旅行袋丢在地上以便休息一会儿——也就是说，由于我们直接把握了这行动的谋划的可能和它追求的目标。它之所以是可以理解的，还由于上述可能回归于另外一些可能，这另外一些可能又回归于另一些可能，如此延续不断一直到我所是的最后的可能性为止。而理解是在两种相反的意义上形成的：人们借助于溯逆或精神分析法重新回到上述活动，一直到我的最后可能——人们通过一种综合渐进，从这种最高的可能一直重降到面对的活动，并在整体的形式下把握住它的整合作用。

这种我们称之为我们的最后可能性的形式不是其他诸可能中的一个——而是如海德格尔所希望的那样，是死亡或者"不再实现在世的显现"的可能性。事实上，每一个特殊的可能性都是一个环接于一个总体之中。相反，应该设想这种最后的可能是我们所有现实可能的统一综合：其中的每一个可能都在未分化的状态下存在于最后的可能性之中，直到一种特殊的处境来突出某一种可能而并不为此取消它在整体中的隶属关系。事实上，我们在第二卷①中已指出，对任何一个对象的感知领会都是基于世界的。我们由此认识到心理学家通常称为"感知"的东西不能局限于在某一时刻单纯"被看见"或"被听见"等的对象中，而是，上述对象由于各种不同的蕴涵和意义回归于它们由之出发被领会的自在存在者的整体，于是，我并不真是从这张桌子逐渐地走到我所在的房间，然后在出来时又从那里再走到衣帽间、下台阶、最后到街上，也并非为了最终地把作为所有存在物总合的世界设想为向极限过渡的结果。而是恰恰相反，如果不是从所有存在物的绝对整体出发，我就不能感知任何工具性事物，因为我的原始存在是在世的存在。于是，由于"有"事物，我们便在其中发现一种对人而言的向着整体化的永恒要求，这

---

① 本书第二卷第三章。——原注

种整体化使我们从整体和直接实现的整体化下降直至一种只有相对这个整体才能被说明的特殊结构来把握这些事物。但是另一方面，之所以有一个世界，是因为我们是一下子整体地涌现于世界的。实际上，我们在研究超越性的一章里就已经指出，自在单单依靠自己是不能够取得物质世界的任何统一性的。但是在我们自失于虚无化中以便使一个世界存在的意义下，我们的涌现是一种激情。于是，在世的存在的原始现象就是自在的整体或世界同我固有的被解体的整体之间的原始关系：我在整个世界中进行整个的自我选择。我从世界来到一个特殊的"这个"，同样我从作为被瓦解的整体的我本身来到我的一个特殊可能性的蓝图之中，因为我只能利用我自己的特殊谋划的机会以世界为基础把握特殊的"这个"。但是在这种情况下，同样，我只能以世界为基础，在超越这个世界而奔赴这样或那样的可能性的同时把握这样的"这个"，我也只由此以我最后和完整的可能性为基础，才能够在"这个"之外自我谋划以奔赴这样或那样的可能性。于是，作为我的全部特殊可能的原始整体化的我那最后的、完整的可能性和作为通过我对存在的涌现而来到存在物之中的整体的那个世界是两个紧密相联的概念。我只能以世界为基础设想锤子（也就是说开始显露"锤"的世界）；而反之亦然，我也只能以我本身这个整体为基础并从这个整体出发开始显露这个"锤"活动。

于是，自由的基本活动就被找到了；正是这个活动把它的意义赋予那个我能被引去考察的特殊行动：这个经常更新的活动与我的存在没有区别；它是对在世的我本身的选择，同时又是对世界的发现。这就可以使我们避免精神分析法开始时碰到的潜意识的障碍。如果在意识中除了存在的意识以外再没有别的东西，那人们实际上便可反驳说这基本的选择应当是有意识的选择；然而正好，您是否能肯定说当您向疲劳让步时，您已意识到了这个活动设定的所有蕴涵了呢？我们将回答说我们完完全全地意识到了。只不过这意识本身应当以一般意识的和我们所做的选择的结构作为极限。

关于我们所做的选择，应该注意到，问题不在于一种有意识的选择。这倒不是因为这选择不如一种深思熟虑那样地有意识，也不如它那样地明确，而是相反，因为它是一切深思熟虑的基础，因为正如我们讲过的那样，一种深思熟虑要求一个从原始选择出发的说明。因此应该防止一种错觉，即先把原始自由放在作为对象的动机和动力的位置上，然后又从这些动机和动力出发把它变为决心。而是恰恰相反，从有了动机和动力时起，也就是说有了对事物和世界结构的评价时起，就已经有了目的的地位，因此就已经有了选择。但是这并不意味着因此深在的选择便是无意识的。它和我们对我们本身所拥有的意识是同一回事。人们知道，这种意识只能是非位置的；它是意识－我们（consience-nous）是因为它和我们的存在没有区别。另外，由于我们的存在恰恰就是我们的原始选择，那么（对）选择（的）意识就和我们拥有的（对）我们本身（的）意识是同一的。为了选择就必须是有意识的，为了是有意识的就必须选择。选择和意识是同一同样的东西。这就是许多心理学家在宣布意识"是选择"时所感觉到的。但是，由于没有把这种选择重新放回它的本体论基础上去，这些心理学家还据守着一个地盘，选择在其中显现为一种意识——然而是实体性的意识——的无动机的功能。这就是人们特别可以指责柏格森的地方。但是，如果确定意识是虚无化，人们就可设想拥有对我们本身的意识和我们的自我选择是同一回事。正是这解释了诸如纪德那样的伦理学家在打算给纯粹的感觉下定义时所碰到的困难。"在有意的感觉和被体验的感觉之间有什么区别呢？"纪德这样问道。①真正说来，没有任何区别；"要爱"和 *518* 爱只能是一回事，因为爱就是在获取爱的意识的过程中自己选择去爱。如果激情是自由的，它就是选择。我们已经充分指出过——特别是在关于时间性的那一章里——笛卡尔的我思应该被延伸。事实

---

① 见《伪币制造者的日记》。——原注

上我们讲过，获得（对）自我（的）意识决不意味着获得对瞬间的意识，因为瞬间只是精神的一瞥，即使这瞬间是存在的，在这瞬间里被把握住的意识也将不再会把握住任何东西。我只能意识到我是介入了这样或那样的事业，期望得到这样或那样的成功，为这样或那样的出路担忧并通过这一系列预测的总体完全勾画出自己面貌轮廓的这样一个人。并且正是这样，我在我写的时刻把握住了自己；我并不是我在纸上书写符号的手的简单的感知意识，我在生活中远远超出了这只手而直至书的写成、直至这本书——也可以说是一般意义下的哲理活动——所蕴涵的意义上面去；某些对更细微的可能性的谋划，比如用这样或那样的方式表明这样的观念，或停笔一会儿，或翻一翻某本著作以便在其中找到这样或那样的参考资料等等，正是镶嵌在这个谋划的框架中，就是说在我所是的东西的框架中的。只是，如果相信一种分析的和已分化的意识与这种总的选择相符合，那是错误的。我的最终的和最初的谋划——因为这个谋划同时是最终的和最初的——永远勾勒出存在这难题的结论，我们下面还要谈这个问题。但是这个结论并非先构想好然后才实现的：我们就是这个结论，我们通过我们的介入本身使它存在，我们因而只能在体验到它的时候把握它。于是，我们就永远整个地面对我们本身在场，但是正因为我们整个地在场，我们便不能期望有一种对我们所是的东西的分析的和详尽的意识。此外，这种意识只能是非正题的。

但是，另一方面，世界用它的逐条列举的事实本身把我们是的东西的形象归回于我们。这并不是因为我们能够——我们已经多次谈到这点——辨认这个形象，就是说能够将它拆开来进行分析——而是因为既然我们存在，世界就必然地对我们显现；事实上，正是在超越世界奔赴我们本身时，我们才能使世界显现为它所是的。我们是通过选择我们自己来选择世界的——不是从选择创造了自在，而是从选择给予自在意义的角度论。因为，在我们否认我们是世界时，我们赖以使世界表现为世界的内在否定只有当它同时是对一种可能的谋划时才能存在。这就是我把自己托付给无生气的东西、把自己的全部投入我的身体的方式——或者相反,是我对抗无生气的东西和身体的方式——这方式使我的身体和无生气的世界连同它们固有的价值一起显现了出来。因此,我在那里也同样具有一种对我本身的和对我的基本谋划的完全意识,而这一次,这种意识是位置的。只不过,恰恰因为它是位置的,它向我提供的才是我所是的东西的超越的形象。事物的价值,它们的工具性作用,它们实在的接近和远离(这和它们的空间接近和远离没有关系)只不过是勾勒我的形象即我的选择。我的服装(制服或整套西装,柔软的或上了浆的衬衣)——随便的或考究的,讲究的或普通的——我的家具、我居住的街道、我定居的城市、我周围的书、我进行的各种娱乐,这属于我的一切归根结底也就是说我对它永远地拥有意识的世界——至少作为由我注视的或运用的对象所包含的意义——这一切都使我得知我的选择,就是说我的存在。但是,这就是位置意识的结构,我不能将这种认识重新引回到对我自身的主观把握上去,它还将我推回到我在与在前的对象秩序的联系中造成的或组织成的另一些对象上面去,却不能使我发现我是在一步步地塑造我在世的形象。于是,我们就完全地意识到了我们所是的选择,而如果有人提出异议说,根据这些意见,应该不是对被选择的我们而是对我们自我选择的意识,我们将回答说这种意识是由对焦虑和责任这双重"体验"表现出来的。事实上,焦虑、孤立无依和责任悄悄地或突然地组成了我们的意识的质,因为我们的意识是单纯的自由。

刚才我们提过一个问题:我们说我向疲劳让了步,而我们也许能够不这么做,但是以什么为代价呢?我现在能够回答这个问题了。事实上,我们刚才的分析向我们表明这种活动并不是无动机的。当然,它不是由一种被设想为在前的意识的一种"状态"的内容的动力或者动机来解释的;而应该从它是其组成部分的一个原始计划出发得到解释。从此,很明显,人们不能假设动作已能被改变而不同假设一种我对我本身的原始选择的基本改变。我向疲劳让步和任凭自己躺在路边的这种方式，表明一种对我的身体及无生气的自在相抗的某种最初时期的僵持。这种方式被寓于对世界的某种看法的框架中，根据这种看法，那些艰难能够显现为"不值得被忍受"，恰恰也是根据这种对世界的看法，由于动力是纯粹非正题的意识，而且因此是自我向着一个绝对目的（自在－自为的某种面貌）的最初谋划，所以动力就把世界（炎热、远离城市、虚浮的努力等等）把握为停止我的行进的动机。于是，我停止行进的这种可能就只能在我从最终和最初的可能出发所是的可能的阶梯中，并通过这阶梯才能在理论上获得它的意义。这并不意味着我必然应当停止行进，而仅仅意味着我只能通过彻底改变我在世的存在、就是说通过突然改变我的最初谋划、也就是说通过另一个对我本身和我的目的的选择才能拒绝停止行进。此外，这种改变永远是可能的。当焦虑被揭示出来时，它对我们的意识表露了我们的自由，它就是我们最初谋划的这种永恒可改变性的证据。在焦虑中，我们不仅把握了这样一个事实：我们的谋划的可能永远被我们将来的自由侵蚀着，我们还把我们的选择，也就是说我们本身理解为不可辩解的，也就是说我们把我们的选择当作是离不开任何在前的实在的，而且它相反应该作为构成实在的诸意义的整体的基础。不可辩解性不仅仅是对我们的存在的绝对偶然性的主观认识，而且还是对内在化的和对恢复我们对这种偶然性的领会的主观认识。因为选择——我们以后还要谈到——来自它虚无化了的自在的偶然性。选择把这偶然性移植到自为自己的无动机决定的范围内。于是，我们永远介入我们的选择，并且永远意识到我们本身能够突然倒换这种选择并来个急刹车，因为我们通过我们的存在本身谋划将来，而且永远用我们的存在的自由来侵蚀它：选择向我宣告我们在未来所是的，却没有控制这种总是保持为可能而决不进入实在的东西之列的未来。于是，我们就永远地受我们现实选择的虚无化的威胁，永远有选择异于我们所是的自我的危险——因而受到生成的威胁。只是由于我们的选择是绝对的，它才是松脆的，也就是说，在我们通过选择确定了我们的自由的时候，也就同时确定了它为了我将是的那一个彼岸变成过去化了的此岸的永恒可能性。

尽管如此，我们要知道，我们现实的选择是这样一种选择：它不会向我们提供任何通过后来的选择使它过去化的动机。事实上，正是它一开始就创造了所有能将我们引向局部行动的动机和动力，正是它以它的意义，它的工具性复合和它的敌对系数来组织世界。这种从我们一出生起直到我们死亡为止都威胁着我们的绝对变化永远保持为不可预见的和不可理解的。即使我们把其它的基本态度看作是可能的，我们也只不过外在地认为它们是别人的行为。而如果我们力图在其中加进我们的行为，我们的行为也不会因此丧失其外在性和被超越的超越性的特征。实际上，"理解"它们，就是已经选择了它们。我们还要回过头来谈论这个问题。

此外，我们不应该想象原始选择是"随时产生的"，如果是那样的话，就重新回到了胡塞尔陷在其中不能自拔的意识的瞬间性的概念上。既然是意识自我时间化，那就应该设想原始选择展开了时间，并且和三维出神的统一合为一体。我们自我选择，就是我们自我虚无化，也就是说一个将来在把一个意义赋予我们的过去的时候来告诉我们，我们是什么。于是，没有笛卡尔学说里那样的被虚无分离了的瞬间的连续，比如我在 t 瞬间的选择不能对我在 t_1 瞬间的选择产生影响。选择，就是因我的介入使某种限定了具体、持续的绵延的广延涌现出来，这种广延正是那种将我们和我的原始可能的实现过程分离开的广延。于是，自由、选择、虚无化、时间化便只是同一回事。

然而，瞬间并不是哲学家们的空幻的虚构。当然，当我介入我的任务中去的时候，并没有主观的瞬间；比如，当我在写作而试图把握我的观念并且依次整理它们的时候，对我来说，就不存在瞬间，而只有向着那些规定着我的目的（对应该作为这部著作基础的

565

观念的阐述）对我自己的永恒的"被追求的追求"，不过，我们永远受着瞬间的威胁。就是说，由于我们的自由的选择本身，我们就成了总能够使瞬间显现为切断我们出神的统一的。那么，瞬间是什么呢？瞬间在一个具体的谋划的时间化过程中是不会被切断的：我们刚才已经指出过这一点。但是，它也不会贯穿于这个过程的开端与尾端（如果它应该存在的话）。因为这两端中的任何一个都内在地集合到这个过程的整体之中并作为它的组成部分。因此它们就都只有瞬间的某一种特点；开端事实上集合到它是其开端的过程之中，作为过程的开始。但是，另一方面，作为一个开始，它又受到一种在前的虚无的限制。尾端集合到它结束的过程中，作为过程的结尾：最后一个音符是属于旋律的。但是，由于它是一个结尾它后面又跟随着一个限制它的虚无。瞬间，如果它应当在一切时间化过程之前被给定，这就是完全不可理解的了，我们已经指出过这一点。但是，如果某些过程是在在前的过程的崩溃瓦解之上而涌现，我们就可以在时间化的发展本身中制造出一些瞬间。瞬间于是就将是一个开头和一个结尾。一句话，如果一个谋划的结尾与另一个谋划的开头相吻合，一个两边失透的、时间性的实在就会涌现，它由于是开头而受到一个在前的虚无的限制，由于是结尾而受到一个在后的虚无的限制。但是，这个时间结构只有当开头自己表现为它过去化了的过程的结尾时才会成为具体的结构。开头表现为一个在前的谋划的结尾，瞬间应该是这样。因此只有当我们本身把同一个活动的开头和结尾统一起来时，瞬间才会存在。然而，这恰恰是在彻底的改变了我们的基本谋划的情况下产生的。的确，通过这种变化的自由选择，我们使我们所是的谋划时间化，并且我们通过将来显示了我们选择的存在；于是，纯粹的现在属于作为开始的新的时间化，它从刚刚涌现的将来那里得到开始的固有本性。事实上，只有将来才能重新回到纯粹的现在以便把它描述为开头。否则，这个现在就只不过是一种任意的现在。于是，选择的现在作为被合并的结构已经属于已经开始的新整体。但是,另一方面,这种选择的规定是不可能和它应该是的过去相联系着的。原则上说,它甚至是要把它要取代的选择把握为过去的决定。一个皈依了的无神论者不仅仅是一个信教徒,他在自身中把作为无神论者的谋划过去化了。于是,新的选择当它是一个结尾时,它表现为开头,而当它是一个开头时,它又表现为结尾;它以双重虚无为界限,因此它在我们存在的出神统一中实现了一种断裂。然而,瞬间本身只是一种虚无,因为,无论我们的目光往哪里看,我们也只能抓住一个持续的时间化过程,根据我们注视的方向,这个时间化过程或者是刚刚过去的已完成和封闭的系列,这系列连带着它的尾端——或者是刚刚开始的活生生的时间化过程,其开端被将来的可能性粘连并连带着。

于是,任何基本的选择在自我时间化的同时都决定被追求的追求方向。这并不意味着它提供了最初的冲动,也不意味着有某种我在这选择的限制内可以利用的已获得的东西。虚无化不断地持续进行,而相反,因此,自由不断的重新选择是必不可少的。只不过,只要我自由地重新选择,这种重新选择就不是一个瞬间一个瞬间进行的:因为那时还没有瞬间;重新选择和过程的总体是那么密不可分,以至于这种选择既没有也不可能有任何瞬间的意义。但是,正是因为这种选择是自由的并且是永远被自由重新进行,我的选择才作为自由本身的限制;也就是说受到了瞬间这幽灵的纠缠。只是我重新进行我的选择,过程的过去化就会和现在一起成为本体论的完满连续体。过去化了的过程以知的形式与现在的虚无化保持有机的联系,也就是说,是以被体验到的和内在化的意义的形式,而决不是作为向着自己固有目标自我谋划的意识来说的对象。但是,恰恰是因为我是自由的,我便总是有可能将我最近的过去确定为对象。这就意味着,当我在前的意识是(对)过去(的)非位置的纯意识时,由于它将自己本身构成为对共同在场的实在的东西的内在否定,由于它使自己的意义被作为:"重新进行"而提出的目标显示

567

出来，在新的选择出现时，意识便把它自己的过去当作对象提出来了，也就是说，它评价过去，它相对于过去来定自己的方位。这种最近过去的对象化活动和对其他目的的重新选择是一回事：这有助于将瞬间作为时间化过程的虚无性断裂爆发出来。

如果把通过这种分析而获得的结论和另一个关于自由的理论比较，比方说和莱布尼茨的自由理论作比较，那么，读者理解这些结论就会容易很多。莱布尼茨和我们一样都认为，当亚当吃苹果时，他不吃它是完全可能的。但是，我们和莱布尼茨都认为，这个动作的内涵是如此纷繁复杂，以至于到了最后，宣布说亚当不吃苹果是可能的就等于说另一个亚当是可能的。于是，亚当的偶然性和他的自由是一回事，因为偶然性意味着这个实在的亚当是被无数可能的亚当包围着的，而相对这个实在的亚当来说，这些可能的亚当中的每一个都是以他所有的属性，说到底就是他的实体的一种轻微或深刻的变化为特征的。那么，对于莱布尼茨来说，人的实在所要求的自由是三个不同的概念的组合：自由的人是这样的人：（1）他理智地决定去进行一个活动；（2）这样的活动是通过进行这个活动的人的本性本身而被完全理解的；（3）他是偶然的，也就是说他的存在使得在同样的处境下进行其他活动的其他个体也是可能的。但是，由于可能性之间的必然联系，亚当的另一个活动只有对另一个亚当并通过另一个亚当才是可能的，而另一个亚当的存在又意味着另一个世界的存在。我们和莱布尼茨一样承认亚当的活动在另一个亚当的个性的朦胧光照下，在另一个亚当个性的范围内被理解。但是，当莱布尼茨起初把对亚当的实体表述为一种导致作为其局部结论之一的亚当的活动为前提的时候，也就是说，当他将编年的秩序还原为只是一种逻辑秩序的象征性表现时，他便重新陷入一种与自由观念完全对立的必然论。一方面，这事实上导致活动由于亚当的本质本身而完全是必然的这一结论，而按照莱布尼茨的观点，提供了自由的可能的偶然性也完全处于亚当的本质的内容之中。而这个本质不是由亚当本人选择的，而是由上帝选择的。于是，真正说来，由亚当做出的动作必然地是从亚当的本质中引出的，而据此它是取决于亚当本身，而不是取决于任何别人，这当然成为自由的一个条件。但是，亚当的本质对亚当本身来讲是被给定的：亚当没有选择它，他不能够选择成为亚当。因此，他对他的存在不承担任何责任。因此，当他一旦被给定，人们能否赋予他相对于这个动作的责任则是无关紧要的。我们认为正相反，亚当不是通过一种本质来定义自己的，因为对人的实在来说，本质是后于存在的。他是通过对其目的的选择来定义自己的，也就是说通过一种与逻辑秩序毫无共同点的出神的时间化的涌现来定义自己的。于是，亚当的偶然性表现了他从自身作出的最终的选择。但是，从那时起，向他显示他这个人的是将来而并非过去：他通过他为之谋划的目的——也就是说通过他的趣味、癖好、仇恨等等而选择使别人了解他是什么，因为有一个主题的构造和对这个整体的一个意义。当我们对莱布尼茨说："当然，亚当选择了吃苹果，但他没有选择成为亚当"的时候，我们并不会陷入我们对他提出的反对意见之中。事实上，我们认为，自由的问题正是处在亚当自己选择的水平上，也就是说在存在决定本质的水平上。而且，我们同莱布尼茨一样承认亚当的另一个动作意味着另一个亚当，意味着另一个世界，但是我们并不想说另一个可能的亚当在其中找到自己的位置的一种诸可能的共同组织是"另一个世界"。世界的另一个面目的揭示仅仅是与亚当的另一个在世的存在相符。最后，对莱布尼茨来说，由于另一个亚当的可能的活动是组织在另一个可能的世界中的，所以它作为可能永远先于偶然的和实在的亚当的实现而存在。这里，对于莱布尼茨来说本质仍然先于存在、编年秩序取决于逻辑的永恒秩序。对于我们来说则相反，只要可能不被亚当向着新的可能性的新谋划作为可能而被存在，可能性就只是成为另一个存在的纯粹的和未成形的可能性。于是，莱布尼茨的可能永远停留在抽象的可能上面，而不是像我们认为的那样，可能只是在自我可能化时显现出来，也就是说在去告诉亚当他是什么的时候表现出来。因而，在莱布尼茨那里，心理学说明的顺序是从过去到现在，甚至在这个序列表明本质的永恒顺序的范围内也是如此；一切都最终地固定在逻辑的永恒性中，唯一的偶然性是原则的偶然性，这就意味着，亚当是神的理智的公设。我们则相反，认为解释的顺序完全是编年的，它丝毫不企图将时间还原为纯粹逻辑（理性）的或者逻辑-编年的（原因，决定论）连接。因此，它是从将来出发被说明的。

但是，特别值得强调的是，以上所有的分析都纯粹是理论性的。仅仅是在理论上讲，亚当的另一个动作只有在亚当用以选择成为亚当的目的的一种完全混乱的界限内才是可能的。我们已经介绍过这一类的东西——我们似乎还可以因此是莱布尼茨派——以便首先尽量简明地阐述我们的看法。实际上，现实还要更加复杂。因为实际上，解释的顺序是纯粹编年的，而并非是逻辑的：从被自为的自由提出的原始目的出发，对一个活动的理解不是一种理智活动。诸可能的下降等级，从最终和最初的可能一直到人们想要理解的派生出来的可能，都与从一个原则到其结论的推论系列毫无共同之处。首先，派生的可能（坚强地顶住疲劳或者向它妥协）与基本的可能之间的联系不是推论性的联系，而是整体与局部结构之间的联系。对整个谋划的了解使人能"理解"上述独特的结构。但是，格式塔心理学者们告诉过我们，完形的完整倾向不排斥某种次级结构的变异性。我能够在一个已知的图形上加上或减去某一些线条而不改变其特性。相反，几根别的线条的增加会使得这图形立即消失，并且引起另一个图形的出现。关于次级的可能和基本的可能或我的可能的完形之间的关系也同样如此。上述次级可能的意义当然总是归结到我所是的整个意义上去。但是其他的可能性本来能够在整个意义不改变的情况下代替这一个可能性，也就是说，它们总是而且同样明确地指出了这个整体是使人能理解它们的形式——或者，在实现的本体论秩序里，它们本来完全能够作为达到整体的方法和在这个整体的启示中被谋划出来。一句话，理解是对一种事实的联系的解释，而不是对必然性的把握。于是，对我们的活动的心理学解释应该经常地回到"无所谓"这斯多噶式的概念上去。我是坐在路边还是再坚持走一百步以便到我从远处发现的旅栈去歇息，这对于我减轻疲劳是无所谓的。这意味着，把握了我选择来作为我的最终可能的复杂和完整的形式不足以说明我为什么要选择这一个可能而不选择另一个。这里，并不是有一个缺乏动力和动机的活动，而是有一个对动力和动机的自发的发明，这发明在将自己置于我的基本选择框框内时，同样多地丰富了我的基本选择。同样，每个"这个"都应该以世界为基质并且在我的人为性这背景上显现，但是，无论是我的人为性还是世界都不能使我理解现在为什么把这个玻璃杯而不是把这只墨水瓶作为形式从基质中突出出来。就这些无所谓而言，我们的自由是完整的和无条件的。况且选择一个无所谓的可能，然后放弃它以便得到另一个，这个事实是不会使瞬间作为绵延的断裂涌现的；而是相反，这些自由选择全部归并入——即使它们是相继的和矛盾的——我的基本谋划的统一体中。这丝毫不意味着人们应当把它们当作无动机的：事实上，无论它们是怎样，它们总是从原始选择出发被解释的，而且就它们丰富了原始选择并使原始选择具体化而言，它们总是会附带着自己的动力。也就是说附带着对它们的动机的意识，或者也可以说，附带着对用这样或那样的方式依次连接起来的对处境的领会。

此外，对次级的可能和基本的可能之间的联系的精确估价变得特别微妙，这是因为不存在任何先验的计算表使人们在对这种联系作出决定时能够加以参考。而是相反，正是自为本身选择了把次级的可能看作为是基本可能的意义。这样，我们有了这样的印象：自由的主体是与他的基本目的背道而驰的，我们经常引起观察者的误差率，也就是说，我们运用我们固有的天秤来衡量预计的活动与最终目的之间的关系。但是，自为在他的自由中不仅仅拟想了他原始的和次级的目的：他还同时拟想了能使这些目的互相连接的整个解释系统。因此，在任何情况下，建立一套从原始可能出发普遍理解次级可能的系统不会成问题；但是，在每一种情况下，主体都应当提供他的试金石和他个人的标准。

　　最后，自为可以在同他已经选择的基本目的相对立的情况下做出自愿的决定。这些决定只能是自愿的，也就是说反思的。事实上，它们只能来自一种在我追求的目的上真诚地或自欺地犯下的错误，这种错误只能在我所是的全部动机都被反思的意识揭示为对象时才可能造成。作为自我向着他的可能性而定的自发谋划的非反思意识永远不能自己欺骗自己；事实上，应当避免将关于自我的错误称作为涉及客观处境的估价错误——后者能够在世界上导致绝对地与人们希望达到的结果相反的后果，然而不会产生对被提出的目的的无知。而反思的态度则相反，它带有无数错误的可能性，这不是就它把纯粹动力——也就是说反思意识——当作准对象而言的，而是由于它力图通过这个反思意识构成真正的心理对象，这种心理对象只是一些或然的对象，正如我们在第二卷第三章中讲过的那样，这些心理对象甚至可能是一些虚假的对象。按照有关我本身的错误，我便可能反思地——也就是说在自愿的水平上——强加给自己一些和我起初的谋划相矛盾的谋划，然而却不从根本上改变起初的谋划。比如，如果我最初的谋划旨在选择自己成为在其他自卑者中间的一个（人们称之为自卑情结），如果说口吃是一种可以从原始谋划出发被理解并被解释的话，我便能够出于社会的理由并通过对我自己对自卑性的选择的无知，决心矫正我的口吃。我甚至可以在仍然感觉自卑并愿意自己自卑的情况下还是达到矫正口吃的目的。事实上，为了取得一个结果，我只需利用一些技术手段就够了。这就是人们通常称之为自愿的自我改造。但是，这些结果只能转移我承受的弱点；另一个弱点将会在它的位置上产生，这另一个弱点将会以它的方式表达我追求的整个目的。由于这个引向自我的自愿活动深刻的无效是可能突然出现,我们要去进一步分析选定的例子。

应该首先指出,对所有目的的选择尽管是完全自由的,但是并不是必然地、甚至也不是经常地快乐地进行的。不应当把我们在其中是自我选择的必然性与权力意志相混淆。选择可能是在屈从或不安中进行的,它可以是一种逃避,它可以在自欺中得以实现。我们可以自我选择为逃遁的、不可把握的、犹豫不决的等等;我们甚至能选择不进行自我选择;在这些不同的情况下,目的就在事实的处境之外提出来了,而对这些目的的责任就落到了我们身上:不论我们的存在是什么,它都是选择;把我们选择为"伟大"和"高贵"或"低贱"和"受辱"的人,这是取决于我们自己的。但是,如果我们恰恰选择了受辱作为我们存在的质料,我们就会自我实现为受辱的、乖戾的、自卑的等等。问题并不在于没有意义的材料,而是在于自我实现为受辱的人由此把自己确立为一种为达到某些目的而采用的手段。比方说,被选择的受辱能够像受虐色情狂一样与一种使我们脱离自为的存在的工具相似,这受辱能够成为一个谋划,这个谋划为他人的利益而使我们脱离令人焦虑的自由,我们的谋划能够使得我们的自为存在全部被我们的为他的存在吸收。无论如何,"自卑情结"只能当它建立在我们的为他存在的自由领会之上才能涌现出来。这个为他存在作为处境,将是以动机的身份行动的。但是,为此,这为他存在应当是被动力发现的,而这动力只不过是我们的自由谋划。于是,感觉到并体验到的自卑是被选择来使我们与一件物件相似的工具,也就是说被选择来使我们作为没于世界的纯粹的外在而存在的工具。但是,不言而喻,自卑应当按照我们通过这选择——也就是说在羞耻中,在愤怒和在悲伤中——赋予它的本性而被体验到。于是,选择自卑不意味着惬意地满足于一种"平庸的声望"(aurea médiocritas),而是产生并担当揭示这样的自卑的反抗和失望。比方说,我能坚定不渝地以某种工作和作品来表现自

573

己,因为,我在其中是自卑的,然而在另一个这样的领域内,我可能毫无困难地达到中等水平。我选择的正是这毫无结果的努力,因为它是毫无结果的:或者是因为我宁愿成为最后一名——也不消失在群众之中——或者是因为我选择了气馁和羞耻作为达到存在的最好手段。但是,不言而喻,我不能把我在其中是自卑的领域选择为行动的范围,除非这选择包含成为优越的被反思的意志。选择成为一个自卑的艺术家,就是必然选择想成为一个伟大的艺术家;否则,自卑就既不会被忍受也不会被承认:事实上,选择成为一个普通的艺术家丝毫不意味着追求自卑,这是选择结局的一个简单的例子。与此相反,选择自卑意味着有意识地实现由意志追求的目的和已获得的目的之间的差距。一个要成为伟大而又自我选择为自卑的艺术家故意地保留这种差距,他就和珀涅罗珀①一样,把白天做好的东西在夜里摧毁。从这个意义上说,在他的艺术实现过程中,他经常地保持在自愿的水平上并由此展示出一种绝望的才能。但是,他的意志本身就是自欺的,也就是说,它避而不承认被自发意识所选择的真正目的,它把一些虚假的心理对象构成为动力以便能够对这些动力进行思考并从它们(比如爱荣誉,爱美等等)出发做出决定。在这里,意志一点儿也不和基本选择相对立,而是正好相反,只有从自卑这基本选择的背景下,意志才是可以在其目的和原则的自欺中被理解的。更确切地讲,如果作为反思意识的意志自欺地把虚假的心理对象构成为动力,则相反,作为非反思和非正题的自我(的)意识的意志就是(对)自欺的(的)意识,并因此又是(对)被自为追求的基本谋划(的)意识。于是,自发意识和意志之间的分离并不是一种纯粹观察到的事实的材料。相反,这种两重性开始是由我们的基本自由来谋划和实现的;这两重性只有在把我们选择为自卑者

---

① 珀涅罗珀 (Pénélope),希腊神话中奥德修斯的妻子。奥德修斯去特洛伊远征时,她一直守在宫里,拒绝无数的求婚者,终于等到丈夫归来。——译注

这基本谋划的深刻统一中并通过这统一才能被设想。但是，确切地说，这种分离意味着自愿的思考自欺地决定用我们的作品去补偿或者掩盖我们的自卑，这些作品的根深目的却相反地使我们能够衡量这种自卑性。于是，人们已看到，我们的分析使我们能够接受阿德勒据以确定自卑情结的两个方面：我们和他一样，也基本承认这种自卑性，我们和他一样，也赞同用于补偿或掩盖这深刻感觉的行动、著作和表现的杂乱而且缺少平衡的发展。但是，（1）我们禁止自己将深刻的认识设想成潜意识的，它如此远离潜意识，以至于它甚至构成了意志的自欺。由此，我们不在上述两个方面之间确立潜意识与意识之间的差别，而是要确定非反思的基本意识与依靠它的反思意识之间的差别。（2）自欺的概念——我们已经在第一卷里确立了它——对我们来说，似乎应该取代阿德勒所使用的潜意识压抑力、压抑和无意识的概念。（3）对我思所表现出的那样的意识的统一，使我们在这个统一没有通过一个更深刻的综合意向重新把握时就不能承认这个一分为二的分裂，而这个综合意向把其中一方面引向另一方面中并且把这二者统一起来。因此我们在自卑情结中又找到了一种意义：自卑情结不仅被认识了，而且这种认识就是选择：意志不仅企图通过一些不稳定的和脆弱的肯定来掩盖这种自卑，而且，一种更深的意向贯穿了那种恰恰选择了这种表现的脆弱性和不稳定性的自卑，这是为了使我们希望逃避的、并且在羞耻和失败的感觉中体验到的这种自卑更加敏感。于是为平庸（Minderwertigkeit）所困扰着的人选择的是自己折磨自己。他选择了羞耻和痛苦，恰恰相反这并不意味着，他在羞耻和痛苦最强烈地出现的时候应该体验到快乐。

但是，为了自欺地由在我们起初的谋划中产生的意志所选择，这些新的可能仍然是在某种和起初的谋划相对抗的范围内实现的。就我们正是为创造我们的自卑而想对自己掩盖它而言，我们能够指望消除我们的羞怯和口吃这些在自发的水平上表露我们自卑的原始谋划的东西，那时，我们就将进行一种有系统的和深思熟虑的努力，以便使这些表露消失。我们是在那些前来寻找精神分析学家的病人们的精神状态中进行这种尝试的。也就是说，一方面，我们致力于一种实现，另一方面，我们又拒绝它：于是病人自愿决定前来找精神分析学家，以便治愈他再也无法掩饰的某些烦扰；而且，仅仅鉴于重新置入医生的掌心，他冒着被治愈的危险。但是，另一方面，他之所以冒这个险，是为了使自己相信他为被治愈已做的一切努力都是徒劳的。因而他自己是不可救药的了。因此他带着一种自欺的相信和意志去接触精神分析治疗。他的所有的努力的目的就是使治疗失败。同样，雅奈①研究过，精神衰弱者忍受着他们故意坚持的难以摆脱的烦恼，并且希望从中解脱。但是，恰恰是他们那从中解脱的意志的目的把这些难以摆脱的烦恼确定为要忍受的，因而是完全强制地实现它们的。剩下的事人们是知道的；病人不能够认可那难以摆脱的烦恼，他在地上爬着，哭泣着，然而又不下决心做人们所要求他做的忏悔。在这里，奢谈意志对抗疾病的斗争是徒劳的：这些过程在一个是其所不是和不是其所是的存在那里是在自欺的出神统一中进行的，同样，当精神分析学家即将把握住病人的原初谋划的时候，这病人就放弃治疗或者开始撒谎。人们用潜意识的抗拒或忧虑来解释这些反抗将是徒劳无用的：除非潜意识是一种意识，否则潜意识怎么能得悉精神分析调查的进展情况呢？但是，如果病人将此戏做到底，他就应当得到部分的治愈，也就是说，他应当在自身中消除那些引起他要求医生帮助的病态现象。于是他就可能会选择最轻微的病症：他来找医生就是为了使自己相信自己是不可救药的，他被迫——为了避免完全清楚地把握他的谋划，并因此使这个谋划虚无化和自由地变成另一个人——装作已痊愈而离去。同样，我为战胜口吃和羞怯而使用的那些方法已能自欺地被试用。

---

① 雅奈（Janet，1859—1947），德国神经科医生和心理学家。——译注

我仍然能够被迫承认它们的效力。在这种情况下，羞怯和口吃便都消失了：这就是最轻微的病症。一种矫揉造作的，滔滔不绝的保证便来取代了它们。但是，病症的消除就像用电疗消除歇斯底里的症状一样。人们知道这种治疗措施能够使大腿上的歇斯底里痉挛消失，但是，人们将会看到，过了不多久，痉挛会在胳膊上重新出现。这是由于歇斯底里的治愈只能完整地产生，因为歇斯底里是自为的一种整体谋划。局部的治疗措施只是将它们的表露换了个地方而已。于是，羞怯或口吃的治愈是在一个去实现另一些困扰的谋划中，例如，恰恰是在去实现一种徒劳的和同样精神失常的保证的谋划中得到允许和选择的。事实上，由于一种自愿的决心的涌现在对我的诸目的的自由基本选择中发现其动力，那么这决心便不能达到这些目的本身，除非是表面上的；因此，仅仅是在我的基本谋划的范围内意志才能够有其效力；此外，我也只能通过彻底改变我的谋划才能将我从我的"自卑情结"中"解脱"出来，我的这种谋划完全不会在在前的谋划中，甚至不会在我体验到的痛苦和羞耻中发现其动机和动力，因为，这些痛苦和羞耻被用来实现我的对自卑情结的谋划。这样，只要我"在"这自卑情结"之中"，我便不可能想象我能够从中解脱出来，因为，即使我梦想从中解脱，这梦想也有其明确的职能，那就是使我甚至更多地体验到我状态的卑劣，因此这梦想只能在自卑的意向中并通过这意向被解释。然而，我每时每刻都将这最初的选择当作偶然的和无可辩解的，因此，我每时每刻都准备好突然对象地看待这选择，然后超越它，并在使自由的瞬间涌现时使它成为过去。我担心自己突然被拔除，即彻底地变成另外的人，这样的焦虑和恐惧就是由此而来的；可是，使我完全改造了原始谋划的"皈依"经常也是从那里涌现出来的。这些尚未被哲学家研究过的皈依相反却经常启发那些文学家。人们可回想一下纪德的斐洛克代特甚至放弃了他的仇恨，他的基本谋划、他存在的理由和他的存在的瞬间；人们应回想一下哈斯科尔尼科夫决定自首的瞬间。在这些奇特而微妙的瞬间，在前的谋划由那个在它的废墟上涌现出来，并且仍然只是初露端倪的新谋划指引溶于过去，受辱，焦虑，快乐和希望在这些瞬间紧密地结合在一起，我们在这些瞬间放松是为了抓紧，而抓紧又是为了放松，这些瞬间似乎经常给我们的自由提供出最明晰和最生动的形象。但是它们只是我们的自由的在其表现中的一种表现。

这样一讲，自愿的决心之无效的"悖论"就显得更加无害了：这又等于说，我们能够通过意志完全地建造我们自己，但这也等于说，支配这种建造的意志自己在它似乎能够否定的原始谋划中发现它的意义；这还等于说，其次，这种建造有了一种与它所显出的职能完全不同的职能；就是说，最终，意志只能够影响到派生的结构，而永远不会改变它从中脱胎出来的原始谋划，这就和一种定理的结论不能够反过来对抗和改变这个定理一样。

通过这详细的讨论，我们似乎已经能够明确一些我们对自由的本体论理解。现在，我们应该全面地重复已获得的不同结果了。

（1）对人的实在的初步观察告诉我们，对于他来说，存在被归结为作为。十九世纪的心理学家已指出了意向，关注，知觉等等的主导结构，他们是有道理的。只不过，运动本身就是活动。于是，从气质，个性，激情，理智的原则都会成为一些以事物的方式存在的后天的或天赋的资料的意义上说，我们是不可能在人的实在中发现任何给定物的。人的存在的唯一的经验论看法指出人的存在是一种由行为或"举止"构成的统一体。是野心勃勃、还是胆小怕事或暴怒不安的，只不过是在这样或那样情况下用这样或那样的方式来表现自己。行为主义者们有理由认为唯一积极的心理学研究应该是在精密定义的处境下对行为的研究，同样，雅奈和格式塔心理学家们的工作使我们能够发现情感的行为；同样，人们应该谈及知觉的行为，因为知觉从来不是在对世界的态度之外形成的。海德格尔指出：甚至学者中立的态度，也是对对象采取的一种中立的立场，而且因此是混杂于其它行为中的一种行为。于是,人的实在不是首先为着行动的,而存在对人的实在来说,就是行动,而停止行动,就是不再存在。

(2)但是,如果人的实在是行动,这就明显地意味着他对行动的规定本身就是行动。如果我们否认这条原则,如果我们承认人的实在能通过世界和他本身的在前的状态来决定活动,这就是又回过来在系列的起源里放进了一个给定物。那时这些活动作为活动为了应付一系列的运动而消失了。于是,在雅奈和行为主义者看来,这就是行为的概念本身的毁灭。活动的存在包含着它的自律。

(3)此外,如果活动不是纯粹的运动的话,它就应当被意向所定义。不管人们用什么方法看待这种意向,它也只能是超越给定物而奔赴要获取的结果。事实上,这给定物作为纯粹的在场不可能脱离自我,恰恰是因为这给定物存在,它才完全地,仅仅地是其所是。因此它不可能解释从要达到的结果中,即从一种非存在物中取得其全部意义的现象。比方说,当心理学家们将意向当作一种事实状态的时候,他们没有看到,他们就去掉了它的全部欲念(adpetitio)特征。事实上,比方说,如果性的意向能够区别于瞌睡的意向,那也只能通过它的目的才有可能,而恰恰这目的却不存在。心理学家们也许会问,一种现象,比方说,让由于某种还不存在的事物而存在的东西来显示自己的现象的本体论的结构能是怎样的呢。因此作为人的实在的基本结构的意向在任何情况下都不能通过一个被给定的东西来解释,尽管人们硬说意向是从这给定物中分出的。但是,如果人们想通过它的目的来解释它,就应该注意不要给予这个目的一种给定物的存在。事实上,如果人们能够承认目的为了达到结果而事前被给定的话,就应该给这目的一种在其虚无内部的自在的存在和一种真正不可思议型的吸引力。况且,我们最终关于一种给定的人的实在和一种在别处给定的目的之间的联系所获得的,不会比关于实体性意识与实体性实在之间在这些实在的正题中的联

579

系所获得的更多。意向或者活动之所以应当通过它的目的来解释，是因为意向就是在自我之外设定它的目的的结构的。于是，意向在选择显示它自己的目的时使自己存在了。

（4）由于意向是对目的的选择而且世界通过我们的行为被揭示，因而，正是对目的的意向性选择揭示了世界，而世界则是根据选定了的目的而揭示为这样或那样的（按这样或那样的秩序）。照亮了世界的目的是一种要获得但尚未存在的世界的状态。意向是对目的的正题的意识。但是，它只能在使自己非正题地意识到它固有的可能性时才能成为这种意识。于是，如果我肚子饿了，我的目的就会是一顿美餐。但是，这顿在我正在走的尘土弥漫的道路之外谋划出来的美餐，作为这路的意义（它通向一座旅社，那里，桌子已经摆好，饭菜已经准备好，人们已在等着我，等等）只能相应于我非正题地谋划我自己吃顿美餐的可能性而被把握。于是，意向由于一种双重然而统一的涌现就从一种尚未存在的目的出发照亮了世界，并且通过对其可能的选择而自我定义。我的目的是世界的某种对象的状态，我的可能是我的主观性的某种结构；一个是向正题的意识显露，另一个则返回到非正题的意识上以便显示其特点。

（5）如果给定物不能解释意向，那么意向就应该通过它的涌现本身去实现和给定物的分裂，无论这给定物是什么样的。这个给定物不会是别样的，否则，我们就会有一种不断地跟在完全的现在后面的完全的现在，我们就不能预兆未来。此外，这种分裂对评价给定物是必要的。事实上，如果给定物没有得到评价，它便永远不会是一个行动的动机。但是，这种评价只能通过相对给定物的后退、即把给定物置于括号之内才能实现，而这后退恰恰是假设了一种连续性的中断。另外，如果评价不应当是无动机的，那么它就应该在某种东西的启发下形成。这种用于评价给定物的某种东西只能是目的。可是，意向从一个同样的统一的涌现出发提出了目的，从目的出发而自我选择并评价给定物。在这些条件下，给定物是根据尚未

580

存在的某种东西来被评价的；自在存在正是被非存在的光明照亮的。这就导致了给定物双重的虚无化色彩：一方面，它在它的分裂使它对意向的全部效力丧失的时候被虚无化；另一方面，它由于人们从一种虚无出发将这效力还给它而经受着一种新的虚无化，也就是评价。人的实在作为活动，在其存在中只能被设想为与给定物的分裂。他是在与给定物分裂时，在尚未存在者的光明照亮它的时候使得世界上有了给定物的存在。

（6）这种对只在揭示给定物的虚无化的范围内显现的给定物的必然性和我们在第二卷中描述的内在否定是一回事。把意识想象为能够在没有给定物的情况下存在是徒劳的：那时意识将是作为对乌有的意识也就是说作为对绝对虚无的意识的（对）其本身（的）意识。但是，如果意识从给定物出发而存在，这绝不意味着给定物制约着它：意识是对给定物单纯的否定，是作为从某种存在着的给定物那里的脱离和对某种尚未存在的目的的介入而存在的。但是另一方面，这种内在否定只能是一个永远处于对自身的后退中的存在的事实。如果这事实不是对它自己的否定，它就将是其所是，也就是说单纯的给定物；因此，它与任何其他"给定物"也就不会有任何联系，因为从根本上讲，给定物只是其所是。这样，一个世界显现的任何可能性就会被排除。为了不是一个给定物，自为就应该永远把自己确定为相对自我的后退，也就是说让自己处在作为他已经不再是的一个给定物的自我的后面。自为的这种特征意味着他是这样一个存在，他在他曾是的东西上面找不到任何救助，任何支撑点。而是相反，自为是自由的，他可以使一个世界存在，因为他是在他将要是的东西的启示下应该是他所已经是的存在。因此自为的自由显现为他的存在。但是，由于这种自由不是一种给定物，或一种属性，它只能在自我选择中存在。自为的自由总是在介入；这里的问题并不涉及一种将作为不被决定的权力和可能先于它的选择而存在的自由。我们从来只不过把自己理解为正在进行中的选择。但是，

581

自由之为自由却仅仅是因为选择永远是无条件的。

(7) 这样一种选择由于它毫无支撑点，由于它向自己规定着自己的动机，所以可能表现为荒谬的，并且事实上也的确是荒谬的，这是由于自由是对其存在的选择，但不是其存在的基础。在本章中，我们还要回到自由和人为性的这种关系上来。目前，我们将只须说，人的实在能够按照他所希望的去进行自我选择，但是不能不进行自我选择，他甚至不能拒绝存在：自杀事实上是选择和肯定：对存在的选择和肯定。通过这个被给予他的存在，他参与了存在的普遍偶然性，甚至因此，参与了我们所谓荒谬的东西。这个选择是荒谬的，不是因为它是无理性地存在的，而是因为它没有不选择的可能性。不管这选择是什么样的，它也是被存在奠定和重新把握的，因为它是存在着的选择。但是，在这里应该提起注意的是，这种选择在这样一个意义下不是荒谬的：即在一个理性的宇宙中，一种并不是通过理性与其他现象重新联系起来的现象涌现出来；它在这种意义上才是荒谬的，即它是使所有的基础和所有的理性都成为存在的东西，使荒谬的概念本身得到一种意义的东西。它是荒谬的，由于它在所有的理性之外。于是，自由便不单纯地是偶然性，因为它转回其存在以便用它的目的的光明照亮存在，它是对偶然性永恒的逃离，它是偶然性的内在化、虚无化和主观化，这种偶然性被这样改变后，完全过渡到了一种无动机的选择之中。

(8) 对自由的谋划是基本的，因为它就是我的存在。无论是野心、被爱的激情还是自卑情结都不能被看成是基本的谋划。相反，它们是从原始的谋划出发被理解的，这原始谋划肯定自己不再能从任何别的谋划出发被解释，并且是完整的。一种专门的现象学方法对解释这个原始谋划是必要的。这就是我们所谓的存在的精神分析法。我们将在下一章里谈及这个问题。从现在开始，我们能够说，我所是的那个基本谋划是一个与我和世界的这样或那样的特殊对象之间的关系无关的谋划，而是我整个的在世的存在，我们还能说——因为世界本身只由一个目的照亮才被揭示出来——这个谋划将以与自为想保持的那个存在的某种类型的关系作为目的提出来。这个谋划不是即时的，因为它不能"在"时间里存在。它也同样不是时间化的以便在后来"把"时间给予自己。所以我排斥康德的"心智特征的选择"。选择的结构必然意味着选择是在世的选择。一种从乌有出发并对抗乌有的选择，不是对乌有的选择，而是会作为选择自我虚无化。世上只有现象性的选择，如果人们真正懂得了在这里现象是绝对的话。但是，在选择的涌现本身中，它就自己时间化了，因为它使得一个将来照亮了现在，并且在把过去性的意义给予自在的"材料"时将现在构成为现在。然而，不应该因此认为基本谋划是和自为的整个"生命"共存的。由于自由是没有支撑点又没有跳板的存在，所以谋划为了存在就应该不断地更新。我永远在进行自我选择，而且永远不能作为已被选择定的存在，否则，我就会重新落入单纯的自在的存在中去。永远进行自我选择的必然性和我所是的被追求的追求是一回事。但是，恰恰因为涉及到选择，这个选择就它正在进行的范围内讲，一般地指明其他的选择是可能的。这些其他选择的可能性既不明朗也不确定，而是在对无可辩解性的感觉中被体验到的，这可能性是通过我的选择的，因此又是我的存在的荒谬性这个事实来表述的。于是，我的自由就侵蚀着我的自由。事实上，由于我是自由的，所以我谋划着我的全部可能，但是我因此提出我是自由的，我总是能够将这原始谋划虚无化并使之过去化。于是，在自为想自我选择并通过一种被谋划的虚无来显示他是什么的时刻，它就逃避了自己，因为他甚至据此肯定他能够成为异于他的东西。为了使瞬间涌现，也就是使一个新谋划在旧谋划的崩溃上面显现，他只消说明他的不可辩解性就够了。尽管如此，由于这新谋划的涌现是以旧谋划的虚无化作为明确条件的，所以自为不能给予自己一个新的存在：从他把旧谋划推入过去时起，他就应该在"曾经是"的形式下是这个谋划——这意味着，这个旧谋划将从此属于它的处

537

境。存在的任何法则都不能先验地给我所是的不同谋划规定一个数目：自为的存在事实上制约着他的本质。但是，应该参考一下每个人的历史，以便给每一个特殊的自为形式以一个特殊的观念。我们的那种触及到特殊目的的在世界中的实现的特殊谋划与我们所是的那个整体谋划合成一体了。但是，正是由于我们完全是选择和活动，这些部分的谋划便不被整体谋划所规定：它们本身应该是选择，而偶然性、不可预见性和荒谬性之外的某种东西便为它们之中的每一个保留了下来，尽管每一个谋划，作为自己筹划的谋划，由于是处境的特殊成份而成为整体谋划的说明，总是相对我整个在世的存在而被理解的。

通过这些观察，我们希望已阐明了在其原始存在中的自为的自由。但是，人们可能指出这种自由要求给定物并不是作为它的条件，而是要求它作为其名称以外更多的东西：首先，自由只被设想为给定物（§.5）的虚无化并且就它是内在否定和意识而言，它加入到（§.6）把意识规定为是对某物的意识的必然性之中。此外，自由是选择的自由，而不是不选择的自由。不选择，实际上就是选择了不选择。因此选择是被选择的存在的基础，而不是选择的基础。自由的荒谬性（§.7）盖源于此。也就是由此自由把我们推回到给定物，这给定物只不过是自为的人为性本身。最后，尽管整体谋划在其整体中照亮了世界，它却只能因处境的这样或那样的因素，因而也就是因世界的偶然性而自我说明。因此所有这些看法将我们推到一个难题中：即自由与人为性的关系问题。自由和人为性还将人们必然会向我们提出的具体反对意见重新聚在一起：如果我是小个子的话，我能够选择成为大个子吗？如果我是独臂的话，我能选择有两个胳膊吗？等等，这些问题恰恰都提出我的处境事实上给我本身的自由选择带来的"限制"。因此应该考查一个自由的另一方面，它的"背面"：它和人为性的关系。

二、自由和人为性：处境

常识用来反对自由的决定性论据在于使我们想起我们的无能。我们远远不能按照我们的意愿来改变我们的处境，似乎我们自己也不能改变我们自己。我不能自由地逃避我的阶级、民族和我的家庭的命运，甚至也不能确立我的权力或我的命运，也不能自由地克服我的最无意义的欲念或习惯。我生于工人家庭、法国人、遗传性梅毒或者遗传性肺痨患者。一个生命的历史，无论它是怎样的，都是一部失败的历史。事物的敌对系数是如此之大以致需要耐心地等待好多年来得到一个最微不足道的结果。还需要"服从自然以便支配自然"，也就是说将我的行动插入决定论的网络之中。尽管人看起来是"自己造就"的，然而他似乎仍是通过气候和土地、种族和阶级、语言、他所属的集团的历史、遗传、孩提时代的个人境况、后天养成的习惯、生活中的大小事件而"被造成的"。

这种论据从来没有彻底地使赞成人的自由的人们感到为难：笛卡尔是第一个同时承认意志是无限的并应该"先努力克服我们自己而不是命运"的人。因为在这里应该做一些区别；决定论者陈述的许多事实在考察时是不会被采用的。特别是，事物的敌对系数不可能是反对我们的自由的论据，因为是由于我们，也就是说由于目的的先决地位，这种敌对系数才涌现出来。这有如一块岩石，如果我想搬动它，它便表现为一种深深的抵抗，然而当我想爬到它上面去观赏风景时，它就反过来成为一种宝贵的援助。从它本身来看——如果甚至有可能观察它本身能是什么的话——它是中性的，也就是说它等待着被一个目的照亮，以便表露自己是一个对手还是一个助手。甚至，它只能在一种已经确定了的工具性复合内部才能以这样或那样的方式表露自己。如果没有十字镐和冰镐、没有已经踏出的山路，不掌握攀登的技术，要爬上岩石便不容易，也不艰难；问题可能还没有提出，岩石和攀登技术还不保持任何类型的任何关系。于是，尽管天然的东西（海德格尔称之为"天然存在物"）一开始就能够限制我们行动的自由，然而正是我们的自由本身应当事先构成它们对之表露为限制的框架、技术和目的。甚至如果岩石被揭示为"难以攀登"的，如果我们打算放弃攀登，我们也要注意，只是由于一开始就已被当作"可攀登的"，它才被揭示为这个样子；因此正是我们的自由构成了它后来将碰到的限制。当然，经过这些分析后，仍然有一种不可称谓的而且是不可设想的属于上述自在的剩余（residum），它在被我们的自由照亮了的世界里使得这一块岩石更利于攀登而另外一块则不是这样。但是，这种残留物远非一开始就是自由的限制，正是多亏了它——也就是说多亏了如此这般的天然的自在——自由才作为自由涌现出来。事实上，常识与我们一起同意被称为自由的存在是能够实现其谋划的存在，但是，为了使活动能够包含实现，对一个可能的目的的简单谋划就应该先验地和这个目的的实现有所区别。如果为了实现只须设想就够了，那么，我现在就沉入了一个与梦相似的世界，这个世界里，可能与实在就不再有任何区别了。从那时起我就命定要看到这个随我的意识的变化而变化的世界，就我的概念而言，我不能实施"放在括号里"并把能够区别一个单纯的虚构和实在的选择的判断存而不论。从仅仅被设想时起显现出来的对象将不再被选择或仅仅被希求。单纯的愿望、我可能选择的表现和被取消的选择之间的区别将和自由一起消失。当我们赖以显示我们所是的最后一项是目的的时候，也就是说不是实在的存在物的时候，就象在我们已经假设过的前来满足我们的愿望的存在物那样，而又只是一种尚未存在的对象的时候，我们是自由的。但是，从那时候起，这个目的就只有当它与我们是分离的同时又是可达到的时候才有可能是超越的。只有一种诸实在存在的总体能使我们和这个目的分开——同样，这个目的只能被设想为与我分离的实在的存在的未来状态。这目的只不过是存在物的次序的提纲,也就是说是一系列在现实关系的基础上被固着在存在物上的安排的提纲。事实上,自为通过内在的否定在存在物的相互关系中通过他提出的目的照亮了存在物,并且他是从他在存在物中把握的决定出发来谋划这个目的的。我们看到,没有循环,因为自为的涌现是一下子形成的。但是,如果他是这样的,存在物的秩序本身对自由本身来说便是必不可少的。正是通过存在物,自由既与其追求的并且显示出它是什么的目的分离又可达到这目的。因此,自由在存在物中发现的抵抗对自由来说远非一种危险,而只是使自由作为自由涌现。只能有介入到抵抗的世界之中去的自由的自为。在这种介入之外,自由、决定论、必然性这些概念都会失去它们的一切意义。

　　此外,应该和常识相反,明确地说明"是自由的"这种表述不意味着"获得人们所要求的东西",而是"由自己决定(按选择的广义)去要求"。换言之,对自由来讲,成功与否是无关紧要的。在这里,用常识来反对哲学家的那种争论产生于一个误会:"自由"的经验的和通俗的概念是历史情况、政治情况和道德情况的产物,相当于"达到被选择的目的的能力"。我们在这里考察的关于自由的技术的和哲学的概念则只不过是这样一个概念,它意味着:选择的自主。不过应当指出,同一于"作为"的选择设定了实现的开端以便区别于梦幻和愿望。于是,我们不说一个俘虏有随时出狱的自由,这将是荒谬的,我们同样不说他有随时希望被释放的自由,尽人皆知这是没有意义的,但我们可以说他随时都有企图越狱(或企图使自己得到自由)的自由——也就是说,不管他的处境如何,他都能谋划他的越狱和通过一个活动的开始使他本人知道他的谋划的价值。我们对并没有区别选择和作为的自由的描述迫使我们同时抛弃了意向和活动之间的区别。人们不能把意向和活动分开,就像不能把思想和表达思想的语言分开一样,如同我们的话语有时把我们的思想告诉我们一样,我们的活动也把我们的意向告诉我们,也就是说使我们能获取意向、将它们模式化并把它们造成对象而不是仅仅局限于去体验它们，也就是说从中获得对它们的非正题意识。这种选择的自由和获取的自由之间的本质区别无疑被笛卡尔继斯多噶主义之后注意过。自由作为一个词在所有讨论中用于直到今天还在使支持自由的人和反对自由的人对立的"愿望"和"能力"上。

541　　一点不假，自由由于它超越的或虚无化了的给定物而遇到或者似乎遇到限制。指出事物的敌对系数和其障碍的特点（与其工具的特点相融）对一个自由的存在是必不可少的，这就是使用一个会有正反两面结果的论据，因为如果有可能确定自由不是被给定物所取消的，这就在另一方面指出了某种事物是本体论地制约着自由的。人们会不会像某些现代哲学家那样建立一种理论说没有障碍就没有自由呢？由于我们不能承认自由自己为自己制造障碍——这对任何已经理解了什么是自发性的人来说都是荒谬的——这里似乎有一种自在对自为的本体论在先。因此应当把前面的意见看作是清扫地基并重新提出人为性问题的简单尝试。

　　我们已确立自为是自由的。但这并不意味着他是他自己的基础。如果是自由的意味着是自己的基础，那自由就应当决定他的存在的实存。而这种必然性可以以两种方式理解。首先，自由应该决定他的自由的存在，就是说不仅仅是对目的的选择，而且还是对作为自由的对他本身的选择。因此，这就是设定自由的可能性和不是自由的可能性在自由选择其中一个可能性之前，也就是说在对自由的自由选择之前是平等地存在的。但是，由于一个先决的自由必须选择为是自由的，也就是说，归根结底选择是它已经是的东西，我们就可能会被推到无限，因为自由将需要另一个在前的自由来选择它，以此类推。实际上，我们是进行选择的自由，但是我们并不选择是自由的：我们命定是自由，正如我们在前面说过的，我们被抛进自由，或者像海德格尔说的那样是"被遗弃的"。正如人们看到的，这种遗弃的根源只是自由的存在本身。因此，如果人们将自由定义为逃避给定物，逃避事实，就有一种逃避事实的事实。这就是自由的人为性。

但是，自由不是自身的基础这一事实还能以另一种会引出同样结论的方式来理解。事实上，如果自由决定它的存在的实存，那么不仅作为非自由的存在应当是可能的，而且我的绝对非实存也应当是可能的。换句话说，我们已经发现，在自由的最初谋划中，目的转向动机，以便确立这些动机；但是，如果自由应该是它自己的基础，目的就也应该回到实存本身上去以便使实存涌现。人们看到由此而得出的结果：自为本身将会从虚无中挣脱出来以便达到他自己规定的目的。这种被其目的认可的实存将是权利的而不是作为（fait）的实存。在自为用以从原始偶然性中挣脱出来的千百种方法中，果真有一种是企图使自己被他人承认为权利的实存。我们只在一个力图从我们担负的职责出发把实存归属于我们的广义的谋划的范围内才重视我们的个人权利。这就是为什么人如此经常地企图和自己的职务相符并力图只在自己身上看见"上诉法院主席"、"国库主计官"等等的原因。事实上，这些职务中的任何一个都有其被他的目的判定的存在。同一于这些职务中的一个，就是将他自己的存在看作是从偶然性中脱身的。但是，这些逃避原始偶然性的努力只是为了更好地确立这原始偶然性的实存。自由不可能通过自己提出的目的来决定自己的实存。无疑，它正由于它从一个目的出发所作出的选择才能存在，但是它不是主人因为有一个通过其目的使自己显示出自己是什么的自由。一个使自己本身成为实存的自由就会丧失其自由的意义本身。事实上，自由不简单是一种不被决定的能力。如果它是这样的，它就会是虚无或自在；正是通过自在和虚无的一种反常的综合，人们才得以将它设想为一种赤裸裸的能力并且在其选择之前就存在了。自由是在"作为"时通过它的涌现本身自我决定的。但是，我们看到作为设定给定物的虚无化。人们把某物变成为某物。于是，自由是相对一个给定物的存在而言的存在的欠缺，而不是一个充实存在的涌现。而如果它是这种存在的洞孔即我们刚才说过的这种存在的虚无，它就设想了整个存在以便作为一个洞孔在存在内部涌现出来。因此它不是从虚无出发决定自己存在，因为所有从虚无出发的产物都只能是自在的存在。此外，本书第一卷中已证明如果虚无不是在存在内部，它是无法显现的。这里，我们与常识的要求不谋而合了。从经验的观点来讲，我们只有就事物的一种状态而言，并且不顾及这种事物的状态才能够说是自由的。人们可以说，当一种事物的状态不限制我的时候，我对这种状态而言是自由的。于是，自由的经验的和实践的概念是完全否定的，它从对处境的考虑出发，认为是这种处境让我自由地追求这样或那样的目的。人们甚至可以说，这种处境从它在那里以便不约束我的意义上说，制约着我的自由。把在宵禁令发出后禁止通行的禁令除掉吧——对于我来说，在夜里出外散步的自由（比方说使用安全通行证而给予了我的自由）究竟能意味着什么呢？

于是，自由是一个设定了存在以便逃避存在的更低的存在。它既不能自由地不存在也不能自由地不是自由的，我们将同时把握这两个结构的联系：事实上，由于自由是对存在的逃避，它不可能在存在之外就好像侧面地并在一个粗略的谋划中产生：人们逃不出人们并未被关禁在其中的一个监狱。在存在之外自我的投射完全不能把自己确立为这个存在的虚无化，自由是逃避介入存在，它是它所是的存在的虚无化。这不意味着人的实在是首先存在以便后来是自由的。后来和首先是由自由本身所创造出来的两端。自由的涌现只是通过他所是的存在和他没于其中的存在的双重虚无化而形成的。自然，在自在的存在的意义下自由并非是这个存在。自由使属于它的又在它之后的那个存在存在，而同时在自由的不足状态中，由于它选择的目的的启示而照亮了这个存在：自由应该在它之后是它并没有选择的那个存在，并且正是在它转向这个存在以便照亮它的时候，自由使这个属于它的存在显示为与存在的充实相关，即在没于世界的存在的联系中显现出来。我们说自由没有不是自由的自由，也没有不存在的自由。因为实际上，不能够不是自由的这一事实就是自由的人为性，而不能够不存在这一事实就是它的偶然性。偶然性和人为性是一回事：有一种自由在不存在的形式下（也就是说在虚无化的形式下）应该是的存在。作为自由的行为而存在或者应该是没于世界的存在，这也是同一回事，而这意味着自由一开始就是与给定物相关的。

但是，和给定物的关系是什么呢？是否应该因此而认为给定物（自在）制约着自由呢？我们应该更进一步观察：给定物不是自由的原因（因为它只能产生给定物），也不是自由的理由（因为所有的"理由"都是通过自由才来到世界上的）。它同样不是自由的必要条件，因为我们是在纯粹偶然性的地基上。它也不是自由必须使用的必不可少的质料，因为这将是设定自由完全作为亚里士多德的形式或斯多噶的普纽玛存在，而且寻找一种质料来加工。给定物丝毫不进入自由的构成之中去，因为这种构成使自己内化为对给定物的内在否定。只不过，给定物是自由在做自我选择时竭力否认的那种纯粹的偶然性，它是存在的充实，自由在尚未存在的目的的光辉照亮它时给它染上了不足和否定的色调，它在自由存在时就是自由本身，无论自由做什么，都不能脱离它的存在。读者已经懂得，*544* 这个给定物只不过是被那个应成为它的自为虚无化了的自在，只不过是作为对世界的观点的身体，只不过是作为自为曾经是的本质的过去：这是同一个实在的三个名称。通过其虚无化的后退，自由使得一个关系的体系根据目的的观点在"这些"自在中建立起来，也就是说在这时，在被揭示为世界的存在的充实和它应该是的没于这个充实并被揭示为一个存在、被揭示为一个它应该是的存在的存在之间建立起来。于是，自由通过对一个目的的谋划本身把一个它应该是的特殊给定物构成为一个没于世界的存在。自由不选择这给定物，因为这将是选择它自己的存在，然而它却通过自己根据目的所做的选择使得这给定物以这样或那样的方式，在这样或那样的光照下在与对世界本身的发现的联系中被揭示出来。于是，自由的偶然性本身和以自己的偶然性包围着这个偶然性的世界只是在它自己选择的目的的光照下才能对它显现，也就是说，不是作为天然的存在，而是在同一个虚无化的光照的统一体中显现。而自由永远不能再将这个总体把握为纯粹的给定物了，因为那是应该在一切选择以外，因此自由应该不再是自由。我们将称之为处境的就是自由在世界存在的充实中的偶然性，因为这个只是为了不约束自由才在此的给定物只对这个自由表现为已经被它选择的目的照亮了的。于是，给定物从来不对自为显现为天然的和自在的存在，它总是作为动机被发现，因为它只是在一个照亮它的目的的光亮下被揭示出来。处境和动机是一回事。自为被发现是介入存在的，是被存在包围、受到存在威胁的；他发现了由于一种防御或进攻的反作用而作为动机包围着他的事物的状态。但是，他之所以能有这种发现只是因为他自由地提出目的，相对这种目的来说，事物的状态才是具有威胁性的或者有利的。这些看法应该告诉我们，处境这个自在的偶然性和自由的共同产物是一种模棱两可的现象，自为不可能在这种现象中分辨出自由所带来的东西和天然存在所带来的东西。同样，事实上，自由就是一种对它为了逃避而应该是的偶然性的逃避，同样，处境是一个不允许随意定性的天然给定物的自由调整和自由定性。现在我就在那块对我显现为"不可攀登"的岩石的脚下。这意味着这块岩石是在谋划攀登的光照下对我显现——对攀登的谋划是从一种我在世的存在这最初谋划出发现其意义的次级谋划。于是，这块岩石是以世界为基础通过我的自由的最初选择的作用而显现出来的。但是，另一方面，我的自由所不能决定的东西，就是"要攀登的"岩石是否合于攀登。这是岩石的天然存在的一部分。尽管如此，岩石只能在它被自由纳入到一种其一般主题是攀登的"处境"中时才能表露出它对攀登的抵抗。一个不仅只是作为散步者的人从

592

这路上走过，他的自由谋划只是纯粹的从美学观点出发欣赏风景，对他来说，岩石不表现为可攀登的或不可攀登的：它只是表现为美的或者丑的。于是，不可能在任何特殊情况下决定属于自由的东西和属于自为的天然存在的东西。作为抵抗或作为帮助的自在给定物只有在谋划中的自由的光照下才表现出来。但是，谋划中的自由组成了一种光照，自在因之被显示为它所是的，也就是说显示为抵抗的或者是有利的，因为显而易见，给定物的抵抗并不直接作为给定物的自在性质而仅仅是作为一种征象，成为可接受的。而这些都是通过一个不可捉摸的怎么办的自由光线和自由折射。因此，只有在自由的自由涌现中并通过这个涌现，世界才发展和揭示了能使被谋划的目的的不可实现的抵抗。人只是在其自由的领域里才碰到障碍。或不如说：先验地决定属于天然存在物的和属于自由的这样的特别存在物障碍的特性是不可能的。事实上，对我来说是障碍的东西可能对别人来说就不是障碍。没有绝对的障碍，障碍是通过自由发明的、自由获得的技术揭示了其敌对系数；它也是根据通过自由提出来的目的的价值揭示敌对系数的。如果我愿意不惜代价地到达山顶，这岩石便不成其为障碍；相反，如果我自由地限制我计划攀登的欲望，它就会使我丧失信心。于是，世界通过敌对系数向我揭示了我达到我自己规定的目的所使用的方法；因而我永远不能知道世界是否会给我关于我或者它的情报。此外，给定物的敌对系数永远不简单地是与我的作为一种纯粹虚无化的喷射的自由的关系：它是被自由照亮的岩石所是的给定物和我的自由应该是的给定物之间的关系，也就是说是我的自由所不是的那种偶然性和它的纯粹人为性之间的关系。在同样欲求攀登的情况下，攀登岩石对于一些登山运动员来说是轻而易举的，而对另一些新手、训练得很差和身体虚弱的人来讲就是困难的。但是，身体反过来只是在相对一种自由的选择时才表现为是训练有素还是缺乏训练。正是因为我在那里而且我使我成为我所是的，岩石才相对我的身体而展现出一种敌对系

546 数。对于一个长期住在城市里从事诉讼的、身体藏在律师服下面的律师来讲，这块岩石既不容易攀登也不很难攀登；它溶合在"世界"这整体中，并未显露丝毫。在某种意义下，正是我在使我的身体与我使之（登山运动员、犬儒主义、体育）产生的困难对峙时，选择了我的身体是虚弱的。如果我没有选择去进行体育运动，如果我留在城里，如果我完全地从事交易事业或脑力劳动，我的身体就丝毫不会从这个角度去被定性。于是，我们开始瞥见关于自由的悖论：只有在处境中的自由，也只有通过自由的处境。人的实在到处都碰到并不是他创造的抵抗和障碍；但是，这些抵抗和障碍只有在人的实在所是的自由选择中并通过这种选择才有意义。但是，为了更好地理解这些看法的意义和从中获得它们包含的益处，现在应该在它们的启发下分析几个明确的例子。我们曾称之为自由的人为性的东西，就是自由应该是的并且以其谋划照亮了的给定物。这给定物以几种不同的方式被表露出来，甚至在同一种光照的绝对统一中表露出来，这就是我的位置，我的身体，我的过去，我的已经被他人的指示决定的立足点，最后是我与他人的基本关系。我们将依次根据一些明确的例子来考察处境的这些不同的结构。但是，永远不应当忘记这些结构中的任何一个都不是单独地表现出来的，不应当忘记，当人们孤立地考察一个处境的时候，人们就限于使它在其他处境的综合基础上出现。

A）我的位置

我的位置是由空间秩序和在世界的基础上向我揭示的诸多"这个"的特殊本性定义的。它当然是我"居住"的地方（我的国家，包括其土地，气候，宝藏，山川地貌），但是，更简单地说，它也是现在显现在我眼前的对象的布局和次序（一张桌子，在桌子的那一边是一扇窗户，窗户的左边是一个大衣橱，右边是一把椅子，窗户后面是街道和大海）。这些对象指示出我是它们的次序的理由本身。我不可能没有一个位置，否则相对世界来说我就是处在悬空的状态，世界也就不再以任何方式向我表露，这些我们在前面就已经研究过了。此外，尽管这个现实的位置能够通过我的自由（我已"来到"这里）规定我，我却只能根据我先前占据的位置并根据对象本身踏出的道路来占据这个位置。而这个先前的位置把我送到另一个位置，这另一个位置又把我推至另外一个位置，以此类推，一直到我的位置的纯粹偶然性，也就是说，一直推到不再把我推至任何地方的我的诸多位置中的那个位置上去：即诞生为我确定的那个位置。事实上，要通过我母亲在把我送到世界上时占据的那个位置来解释这最后一个位置是毫无用处的：链条已断，我的父母自由地选择下的位置对解释我的位置是完全无用的；而人们之所以在其与我的原始位置的连系中来考察一个位置——比如当人们说：我生在波尔多，因为我父亲在那里为官——我生在图尔，因为我的外祖父母有产业在那里，我的母亲在他们身边栖身，当她怀孕时候，有人告诉她说我父亲去世了——是为了更好地证明对我来说出生和出生为我确定的位置是多么偶然的事情。于是，出生，就是在其他的特征之间取得其位置，或者不如按我们刚才说的，接受这个位置。而由于这个原始位置将是我从之出发并根据已定的规则占据新位置的位置，所以这里面似乎就有一种对我的自由的强制的限制。况且，从人们对此加以思考时起，这个问题就变得混乱了：事实上，赞同自由意志的人们指出，从现在占据的整个位置出发，无数其他的位置可供我选择；反对自由的人们坚持一个事实，即无数位置因此拒我于门外，而且，一些对象把我没有选择的和排斥所有其他面的一面转向我；他们还说，我的位置和我的存在的其他条件（供养体制，气候，等等）连结得太深了，以致不协助造就我。在赞同或反对自由的人们之间作决定似乎是不可能的。因为争论还不是在它真正的基础上进行。

事实上，如果我们愿意得体地提出问题，就应该从这种二律背反出发：人的实在一开始就接受了其没于事物的位置——人的实在就是某种作为位置的事物赖以来到事物中间的东西。没有人的实在，就不会有空间或位置——然而这个使位置来到事物中间的人的实在在事物中接受其位置，而它完全不是这位置的主人。真正说来，这并没有什么神秘；但是，描述应当从二律背反开始，正是这二律背反将向我们提供自由和人为性的精确关系。

548 　　几何学空间，也就是说空间关系的纯粹相互性，是纯粹的虚无，这点我们已经讨论过了。唯一能够向我揭示的具体位置，就是绝对广延，也就是说恰恰是由我的被视为中心的位置来定义的，并且对它来说，距离被绝对地理解为由对象到我的距离，而不是相互的。唯一的绝对广延就是从我绝对地存在的那个地方出发展开的那个广延。没有任何另一点能够被选择为归属的绝对中心，除非立即被带到普通的相对性中。如果有一种广延，在这种广延的界限内，我就把自己当作自由的或不自由的，而且这种广延对我表现为协助的或敌对的（分离的），这只能是因为首先是我使我的位置存在，没有选择，也没有必然性，就如同我的此在的绝对的纯粹事实一样。我此在：不是在这里，而是在那里。这就是绝对的和不可理解的事实，这种事实起源于广延，因此也是起源于我和事物（和这些事物而不是和那些事物）的原始关系。这是纯粹的偶然性事实——荒谬的事实。

　　不过，另一方面，我所是的这个位置是一种关系。也许是同质的关系，但毕竟是关系。如果我仅限于使我的位置存在，我便不能同时在别处来建立这基本关系，我甚至不能对我的位置相对于它而被定义的对象有模糊的理解。我只能在我不知道的情况下，使诸种内在规定存在，这些规定是那些包围着我的，不可捉摸又不可思议的对象所能够在我身上激发起的规定。与此同时，绝对广延的实在本身就消失，而且我就从类似一个位置的全部东西里解脱出来了。另一方面，纯粹存在物不是自由的，也不是不自由的——毫无约束,却也没有任何办法否认约束。为了某种作为原始地被定义为我的位置的广延的东西来到世界上,同时严格地规定我,我不仅应该使我的位置存在,也就是说,我不仅应该在此;而且我还应该能够完全不在这里,以便能够在那里,在我放在离我十米的对象旁边,而且从这种对象出发,我使自己显示出我的位置。定义了我的位置的同质关系事实上表述为我所是的某种东西与我所不是的某种东西之间的关系。这种为揭示自己的关系应该被确立。因此它假设我能够进行如下活动:(1)逃离我所是的东西,并使之虚无化,以至于尽管是被存在,我所是的东西仍然能够被揭示为关系项。这种关系事实上不是在对对象的简单的凝思中(如果我们企图使空间从纯粹的凝思中派生出来,人们可以反驳我们说对象是以绝对的维,而不是以绝对距离被给出的)被直接给出的,而是由我们直接的行动("他朝我们走来","我们躲开他吧","我去追他",等等)被直接给出的,因此它包含着对我作为此在所是的东西的理解。但是同时,应该很好地从别的"这个"的此在出发定义我所是的东西。作为此在,我是人们向之跑去的那个人,是还需要一个小时才能登上前面山顶的那个人,等等。所以例如,当我注视山顶的时候,伴随着我从山顶出发向着我的此在为确定我的位置而进行的逆向溯源已有了对我的脱离。于是,仅仅由于脱离了我,我就应该是"我之不得不是"。为了使我能通过我的位置来被定义,我首先应该脱离我本身,以便设置座标,根据这些座标,我将会更加直接地把自己确定为世界的中心。应该指出,我的此在丝毫不能规定将要固定和确定事物位置的超越,因为我的此在是纯粹的给定物,是不可能谋划的,还应该指出,为了直接地自我定义为这样或那样的此在,对返程的连续的超越就应当已将我的此在确定了。(2)通过内在的否定脱离——没于——在我所不是的并使我显示我之所是的世界之中——"这个"。发现这些"这个"并从中脱离,我们已经知道是同一个否定的结果;也是在那里,相对除去了遮蔽物的"给定物"

549

来说，内在否定是第一位的和自发的。人们不会同意说给定物引起了我们的感知；而是相反，为了有一个显示了到我所是的此在的距离的"这个"，我恰恰应该通过纯粹否定从中逃离出来。虚无化，内在否定，决定向我所是的此在回归，这三个行动是一回事。它们在使我虚无化时仅仅是朝向一个目的的原始超越性的环节，为的是使我显示出我之所是。于是，正是我的自由来向我提供了我的位置并把它定义为我所处的位置，我只能完全被限制在我所是的那个此在内，因为我的本体论结构就是不是我所是而又是我所不是的。

　　另一方面，完全假设了超越性的对这个位置的决定只有在相对一个目的时才能发生。正是在目的光照下我的位置才获得其意义。因为我从来不会简单地在那里。但是，显然，我的位置被当作流放地，或相反被当作那种自然的，安逸的，有利的地方，莫里亚克在将其比作受伤的野牛总要回到其中的那个位置时称之为 querenci①：正是相对我所计划做的——相对整个世界，由此又相对我的整个在世的存在，我的位置对我显现为一种协助或者一种阻挠。在位置上首先就是远离……或者靠近……——也就是说，位置相对某个人们想达到又尚未存在的某种存在而具有一种意义。正是这个目的的可接受性或不可接受性给位置下了定义。因此正是由非存在和未来的光照下，我的处所才能现实地被理解：此在就是只要走一步就能拿到茶壶，就能够伸出胳膊在墨水瓶里浸湿羽毛笔尖，如果我想看书又不致使眼睛受累就应该转身背靠窗户，如我想看我的朋友皮埃尔，就需要骑着我的自行车忍受下午两小时的炎热和劳累，如果我想去看安妮，就应该坐上火车，熬一个通宵。对一位移民来说，此在就是在法国待二十天——更确切地说：如果他是一位官员，他希望免费旅行，此在就是在波尔多或爱塔布尔待六个月另七天。对于

---

① 莫里亚克作品中的主人公常常是一个作恶的人通过一系列事件而变善，回到"人"的位置，像斗兽场上受伤的野牛总要冲回斗兽场中心一样。——译注

一个士兵来说，此在就是在训练营里待一百一十天或一百二十天；未来——一种被谋划的未来——无处不渗入：它就是我在波尔多，在爱塔布尔的未来生活，士兵未来的退伍，我用浸满了墨水的笔将写下的未来的字，正是所有这些对我来说意味着我的位置，并且我在精神紧张中或急躁中或思乡中使它存在。相反，如果我脱离了人群或公众意见，我的位置便会被这些人为在我所未栖身的村庄深处发现我并到达这个村子等等所需要的时间所定义。在这种情况下，这种离群索居便为我显示了我有利的位置。在这里，在位置上，就意味着躲藏起来。

　　对我的目的的这种选择一直滑到纯粹空间的关系之中（高和低，右和左，等等），以便赋于这目的一个存在的意义。山是"要战胜的"，如果我停留在山脚下，山就显得是不可战胜的；反之，如果我在山顶上，它就被我的自尊的谋划本身所征服，就象征着我自己比其他的人优越。河流的位置，与海的距离等等都是相关因素，都具有了一种象征意义：在我的目的光照下而形成的我的位置象征性地提醒我这个目的，无论是在所有它的细节中还是在它总体联系中都是一样。当我们以后要进一步定义对象和存在的精神分析的方法的时候，我们还要来谈这个问题。距离和对象的天然关系永远不能在就是我们确立它们的方法的意义和象征之外使自己得到理解。因为这个天然的关系本身只相对度量并走完这些距离的技术的选择才有意义。那座离我的村子二十公里并通过有轨电车联结的城市离我比一个处于四公里外的满是石头可是有海拔二千八百米高的山顶更近。海德格尔曾指出日常的成见是怎样将位置给予那种和纯粹几何学的距离毫无共同点的工具的：他说，我的眼镜一旦架在了我鼻子上，它对我就比我透过它看到的对象远得多。

　　于是应该说，我的位置的人为性只在我以我的目的造成的自由选择中并通过这种选择才向我揭示出来。自由对发现我的人为性是必不可少的。我是从我所谋划的未来的所有的点上知晓这个人为性

551

的。正是从这个被选择的未来出发，这人为性向我显示其无能性、偶然性、脆弱性和荒谬性。正是相对我梦想看见纽约，我在玛尔桑高原的生活才是荒谬的和痛苦的。但是反之亦然，人为性是自由所能发现的唯一实在，是自由能够通过一个目的的立场所能虚无化的唯一的实在，也只有通过这个实在，提出一个目的才有意义，因为目的之所以能够照亮处境，是因为目的被确立为对这种处境的改变的谋划。位置是从我谋划的变化出发而显现出来的。但是，改变恰恰包含着某种就是我的位置要改变的某种事物。于是，自由是对我的人为性的领会。企图在自由回到人为性以便把它当作被决定的缺陷"之前"给这个人为性的"怎么办"下定义并且描绘它是绝对徒劳的。在自由将我的位置作为某种空间的欠缺来限定之前，我的位置严格地说来什么都"不是"，因为一切位置由之出发而被理解的广延本身——是不存在的。另一方面，问题本身是不可理解的，因为它包含一个没有意义的"之前"：事实上，正是自由本身依照之前和之后的方向使自己时间化。这种天然的和不可设想的怎么办仍然是这样一种东西，没有这个东西自由就不成其为自由。它就是我的自由的人为性本身。

仅仅是在使自由发现了人为性并将其理解为位置的活动中，这个被这样定义的位置才表露为对我的欲望的束缚和障碍等等。位置怎样可能不是障碍的呢？是对什么的障碍呢？强迫做什么呢？人们将这个词用于在其政党失利后将离开法国去阿根廷的移民：如有人告诉他说阿根廷是"很远的"："距离什么远呢？"他会问道。而当然，如果说阿根廷对在法国的人来说显得"远"，那也是相对一个使他们在法国人中的位置增值的暗含的对国家的谋划而言的，对于一个国际主义的革命者来说，阿根廷是世界的中心，就像任何其他国家一样。但是，恰如我们首先通过一个原始谋划，以法国的土地确立为我们的绝对位置——亦如某种灾祸迫使我们流亡——这也是相对那个最初谋划而言阿根廷才显现为"很遥远"，显现为"流亡地"的；正是相对它而言，我们才有流亡的感觉。于是，自由本身创造了我们遭受的障碍。正是自由本身在提出目的时——并在选择了不可达到的或很难达到的目的时——使我的位置对我们的谋划显现为是不可克服的或很难克服的抵抗。还是自由在建立作为工具性关系的原始类型的对象之间的空间联系时，构成了它固有的克制。但是，恰恰只有克制的自由，因为自由是选择。我们将看到，任何选择都假设排除和淘汰；任何选择都是对有限性的选择。于是，自由只有在将人为性构成它自己的克制时才可能是真正自由的。所以，我说我并不能自由地去纽约是毫无用处的，因为我是蒙·德·玛尔桑的一个小官员。相反，正是相对我去纽约的谋划而言我才使自己置身于蒙·德·玛尔桑。我现在置身于世界的位置，蒙·德·玛尔桑与纽约的关系和与中国的关系一样都完全是另一回事，如果例如我谋划成为蒙·德·玛尔桑的一个富有农户的话。在第一种情况下，蒙·德·玛尔桑以世界为基础在和纽约、梅尔布尔纳和上海的有机联系中显现；在第二种情况下，它从未分化的世界的基质上脱颖而出。至于我到纽约去的谋划的实在重要性，是我独自一人决定的：这正好能够是一种将我选择为对蒙·德·玛尔桑不满意的方式；而在这种情况下，一切都集中到蒙·德·玛尔桑，只是我感到需要不断地将我的位置虚无化，需要在相对我住的城镇的永远后退中生活——这也能够是一种我完全介入其中的谋划。在第一种情况下，我把我的位置当作不可克服的障碍，我也许仅仅用一种迂回的方法在世界上间接地定义它；相反，在第二种情况下，障碍将不再存在，我的位置将不是一个聚焦点，而是一个出发点：因为，为了去纽约，必须有一个出发点，不管这出发点是什么样的。于是，无论在什么时候，我都将认为自己在我的偶然位置上介入了世界，但是，恰恰是这种介入将其意义给了我的偶然位置，而这个偶然位置就是我的自由。当然，在诞生时，我获得位置，但是我对我占据的位置是负有责任的。这里，人们更加清楚地看到了自由和人为性在

601

处境中的错综复杂的联系,因为没有人为性,自由便不会存在——作为虚无化和选择的能力——而没有自由,人为性便不会被发现,甚至不会有任何意义。

B) 我的过去

我们有一个过去。也许,我们能够确定,这个过去并不像在前的现象决定在后的现象那样决定我们的活动,也许,我们已指出,过去没有力量确立现在和预知未来。逃向未来的自由仍然不可能为了迎合自己的任性而停留于过去,尤其不会在没有过去的情况下自己制造自己。自由应该是它自己的过去,而这个过去是不可挽回的;乍一看来,甚至自由也似乎不能用任何方法改变它:过去是不可触及的东西,它在一段距离外纠缠着我们,我们甚至不能回头面对面地考察它。即使它不决定我们的行动,至少它是我们不从它出发就不能做出新决定的东西。如果我准备了航海学校的考试,成了一名海军军官,在任何一个重新开始和考虑自己的时刻,我都是被介入的,就在我把握了自己那一瞬间,我正在我任大副的船只的甲板上值班。我能够突然奋起反抗这个事实,提出辞职,决定自杀:这些极端措施是就属于我的过去而采取的;它们之所以旨在摧毁过去,是因为过去存在,而我最彻底的决心只能发展到对我的过去采取否定的态度。但是,说到底这是承认纲领和观点的无限重要性;所有注定要从我的过去之中挣脱的行动都首先应该从在此之过去出发被设想,也就是说应该首先承认行动是从它想要摧毁的这个特殊的过去出发诞生的;有句谚语说:活动随人。过去是现在的,它不知不觉地溶化于现在中:这是我六个月前选择的服装,我请人建造的房屋,我去年冬天完成的书,我的妻子,我对她许下的诺言,我的孩子们;我所是的这一切,我应该以曾经是的形式是它。于是,过去的重要性就不可能被夸大,因为对我来说,"本质就是曾经是",存在就是曾经存在。但是,我们在这里重新发现前面指出过的悖论:没有过去,我便不能设想自己,或不如说没有过去我不可能思考有关我的任何东西,因为我思考的是我所是的东西并且我是属于过去的;但是另一方面,我是一个使过去成为自我本身和世界的存在。

让我们更仔细地考查一下这个悖论:作为选择的自由就是变化。自由被自己谋划的目的所定义,也就是说被它应该是的将来所定义。但是恰恰因为将来就是存在的东西的还不存在的状态,所以它只能在与存在着的东西的密切联系中设想。存在的东西不可能照亮还不存在的东西:因为欠缺着存在的东西只能从它所欠缺的东西出发才能被设想为欠缺的。正是目的照亮了存在的东西。但是,为了去寻求将来的目的以便通过这目的显示存在的东西是什么,就应当已经在存在的东西之外,已经在使它清楚地显现的虚无化后退中,在孤立系统的状态中。因此,存在的东西只有当它向着将来被超越时才能获得其意义。因此存在的东西是过去。人们同时看到,过去作为"应该被改变的东西",对于未来的选择是多么地必不可少,因此,任何自由的超越若不是从过去出发将如何地不可能形成,——另一方面,人们又看到过去的这种本性本身又是如何地从一种对将来的原始选择中来到过去的。特别是,不可挽回性从我对未来的选择本身来到过去之中:如果过去就是我由之出发来设想和谋划的新事物在将来的一种状态的东西,它本身就是被留在位置上的东西,因而它本身就是在任何变化的前景之外的东西。于是:为了使将来成为可实现的,过去就应该是不可挽回的。

我完全可以不存在;但是如果我存在,我便不可能没有一个过去。这就是"我的偶然性的必然性"在这里采取的形式。但是,另一方面,我们讲过,两种存在的特性首先给自为定了性:

(1)在不是对存在的意识的意识中是空无所有的。

(2)我的存在在我的存在中是在问题中——这意思就是说,没有任何不被选择的东西可来到我身上。

事实上，我们已经说过，只成其为"过去"的"过去"将跌入一种名义上的存在，在这种名义上的存在中，它会失去和现实的一切联系。为使我们"拥有"一个过去，我们就应该通过我们对将来的谋划本身将它保持为存在：我们不是接受我们的过去，而是我们的偶然性的必然性意味着我们不可能不选择它。这就意味着"应该是他自己的过去"——人们看到，这种必然性，在这里是从纯粹时间性的观点考虑的，说到底与自由的原始结构没有区别，而自由应当是它所是的存在的虚无化，并通过这个虚无化本身使得世上有它所是的存在。

但是，如果自由是根据过去对一种目的的选择，与此相应，过去便只相对被选择的目的才是其所是。在过去中有一种恒定的因素——我五岁时曾经患过百日咳——还有一种极其可变因素——就我的存在的整体而言的天然事实的意义。但是，另一方面，过去的事实的意义一点一点地渗透到我的存在中（我不能在确定我孩提时代的百日咳的意义的明确谋划之外"回忆起"它来），我最终不可能区别恒定的天然存在和它包含的可变意义。说"我五岁时患了百日咳"这句话假设着千百种谋划，特别是采用日历作为我的个人存在的定向系统——因此是采取一种对社会的原始态度——在第三者造成的和我的童年的关系中决定的信仰——而这肯定将和一种对我父母的尊重或感情并存，这构成了它的意义，等等。天然事实本身是：在他人的见证之外，它的日期之外，疾病的技术名词之外——取决于我的谋划的全部意义——它能是什么呢？于是，这个天然存在，尽管是必然存在的恒定的，仍然表现为理想的目的，并在包含在记忆中的所有意义的系统解释范围之外表现出来。也许，在柏格森谈及纯记忆的意义上说，有一种记忆的"纯"质料：但是，这种质料的表露永远只能是在一个包含着这种质料的纯粹显现的谋划中并通过这个谋划才有可能。

然而，过去的意义紧密地依赖我现在的谋划。这丝毫不意味着我能随心所欲地改变我以前活动的意义；而是相反，这意味着我所是的基本谋划绝对地决定我应该是过去对于我和别人来说所能拥有的意义。事实上，只有单独的我才能每时每刻决定过去的意义：不是在任何情况下讨论，磋商和评价以前这样或那样的事件的重要性时，而是在我谋划我的目的时，我拯救了过去和我，并且通过行动决定它的意义。谁来决定这个我十五岁时的神秘的危机"是过去了的"青春期的纯偶然事故，还是相反地是未来转变的第一个征候呢？是我，根据我——在二十岁时，在三十岁时——是否决定改变而定。转变的谋划一下子就将我未曾重视的一种预感的价值赋予一个少年时的危机。谁来决定在一次偷窃之后我被囚于监狱里的日子是有收益的还是可悲的呢？是我，根据我是不再偷窃还是变本加厉地去偷而决定。谁能决定一次旅行的教育价值？谁能决定一个爱情誓言的可靠性？谁能决定一种过去了的意图的纯洁性呢？等等。是我根据我用来照亮它们的目的来决定的。

于是，我的全部过去在那里，它是现在的刻不容缓的，不可推却的，然而我选择它的意义以及它通过我对目的的谋划本身所给予我的秩序。也许，这些已进行的介入压迫着我，无疑，我承担的过去的配偶关系，去年买下的和配齐了家具的房屋限制了我的可能性，左右了我的行为；但是，正是因为我的计划是我重新担当起的配偶关系的计划，也就是说正是因为我不计划抛弃配偶关系，因为我并没有把它当成一种"过去的、被超越了的、已经死亡的配偶关系"，而是相反，因为我的谋划、由于包含着对已进行的介入的忠诚或决心过一种值得尊敬的丈夫和父亲的生活，这都必然会来启示过去的配偶誓言并给予它永远现实的价值。于是，过去的即刻性是来自未来的。若我突然用希卢蒙贝尔热①的丑角们的方法彻底改变我的基本谋划，若我企图，比方说，自己从持续的幸福中脱身出

---

① 希卢蒙贝尔热（Schelmberger）：《一个幸福的人》。N. R. F. 丛书。——原注

来，我先前的介入便失去了其全部即刻性。我先前的介入只是如同那些人们不可能否认的除了回忆的意义外毫无别的意义的中世纪的箭楼和城墙那样存在，如同一个过去了的时期，一种文化和一个在今天已经过时的和完全死亡了的政治和经济的存在阶段那样存在。正是将来决定过去是活着还是死去。事实上，过去一开始就是一种谋划，就和我的存在的现实涌现一样。而正是就它是一种谋划而言，它是一种预测；它的意义是从它预先描绘的将来中得来的。当过去完全地滑到过去中去的时候，它的绝对价值便取决于对它曾经是的那种预测是确认还是否认。但是，过去正是取决于我的现实自由，才确认这些预测的意义，并且同时为了它的利益重提这些预测，也就是同时反过来预测这些预测所预测的将来或者在仅仅预测另一个将来时肯定这些预测。在这种情况下，过去便沦落为被缴了械的和受骗的期待；它是"无力"的。因为过去唯一的力量来自于将来：无论我以怎样的方式生活或评价我的过去，我都只能在我对将来的谋划的启示下去生活、去评价。于是，我对未来的选择的秩序将规定我的过去的秩序，而这种秩序没有任何编年性。首先将会有总是活的和总被确认的过去：我的爱情的介入，某种生意合同，某种我对之忠实的我自己的形象。然后会有不再使我喜欢的，我间接地记得的模糊的过去：比方说，我穿的这身衣服——是在我尚有兴趣赶时髦的某个时期买的——而现在我极端地厌恶它，因此，我在其中"选择"了它的那个过去是真正死亡了。但是另一方面，我现实的节约谋划却使我应该继续穿这套衣服而不是去买另一套。从那时起，这套衣服便既属于一个死亡了的过去又属于活着的过去，就像这些为确定的目的而被建立起来的社会机构一样，这些社会机构在创建它们的制度死亡后仍然活着，因为人们用它们服务于完全不同的，有时甚至是对抗的目的，活着的过去，半死的过去，遗迹，模糊，二律背反：过去性的这些层次的总体是通过我的计划的统一而组织起来的。正是通过这个谋划，这个推移的复杂系统才建立起来了，它将我的过去的某种残存部分并入分成等级的和有多种价值的组织，在这种组织中，就和在艺术作品中一样，每个部分的结构都用不同的方式指出了另一些不同的部分的结构和总的结构。

此外，这种涉及我们的过去的价值，秩序和本性的决定总的来说仅仅是一种一般的历史性选择。如果人类诸社会是历史性的，这也并不仅仅是由于人类社会有一个过去，而是由于它们将过去看作是纪念性的。当美国资本主义由于看到了一个获利的机会而决定参与1914—1918年欧洲战争的时候，它便不是历史的：它只不过是实用的。但是在实用的谋划之光的照耀下，它恢复美国和法国以前的关系并赋予这些关系一种美国人偿还法国人的一笔损失债务的意义，它就成为历史的了，特别是，它通过这句著名的口号"拉法耶特①，我们来了！"而被历史化了。自然，如果对他们的现实利益的不同看法使美国人站到德国人一边，他们不会缺乏在纪念性的水平上复活的过去的因素：比方，人们满可以做出一种基于"血缘关系"的宣传，这主要是考虑到十九世纪移居美洲的移民中的德国人的比例。将这种历史的推移看作纯粹的广告性举动是徒劳的：事实上，本质的事实是，这些举动对吸引群众来参加是必要的，还因为群众要求有一个照亮他们的过去并为之辩解的政治谋划；此外，过去自然是这样被创造的：就这样有了一种法国和美国共同的过去的结构，这种结构一方面意味着美国人巨大的经济利益，另一方面意味着两个民主资本主义的现实姻亲关系。人们同样看到，新的一代在1938年即将来临时，由于对正在酝酿的国际事件感到担忧，他们突然用新的光明照亮了1918—1938年这个时期，并甚至在1939年战争爆发前就把这个时期命名为"两次大战之间的时期"。因此上述时期就被构成有限的、被超越的和被否认的形式，而那些在用自己的现在及其最近的过去而谋划了一个连续的将来时经历了这个 *558*

---

① 拉法耶特（La Fayette, 1757—1834），法国将军，政治人物。——译注

时期的那些人却把它体验为一种连续和无限的进展的开端。因此现实的谋划决定一个过去的确定的时期和现在是否连续，或者决定它是不是一个人们从中浮现的并与之脱离的片断。于是，就将需要一种完结了的人的历史以便诸如攻占巴士底狱这样的事件能取得一种决定性的意义。事实上，没有人否认巴士底狱是于 1789 年被攻占的：这就是恒定的事实。但是，人们是否应该在这个事件中看到一种没有后果的骚乱呢？是否应该从中看到民众反对一座半倒塌的城堡的狂热呢？是否应该从中看到致力为自己创造一种广告性过去的"国民议会"已知道把这个事件改造为一种光辉的行动？或者应该把它看成是民众力量的最初表露吗？通过这种表露，民众力量增强了，有了信心，甚至开始向"十月的日子"的凡尔赛进军。今天想决定这些的人可能忘记了历史学家本身是历史的，也就是说，他在他的谋划和他的社会的谋划的光照下阐明"历史"时使自己历史化了。于是应该说社会的过去的意义永远是处于"延期的"状态。

然而，恰恰与社会一样，一个个人也有一个纪念碑似的和处在延期状态的过去。贤者们很早就感觉到了这种对过去的不断地质疑，希腊悲剧家也对此有过表现，例如在他们所有的剧中都出现这样的谚语："没有任何人在死前被认为是幸福的"。自为的永恒历史化是对其自由的永恒肯定。

这就是说，不应该相信过去的"延期的"特性是在其以前历史的模糊或未完成的面貌的形式下向自为显现出来的。相反，正像它用自己的方式所表述的自为的选择一样，过去的自为的选择每时每刻都被自为把握为被精确地规定的东西。同样，提杜斯圆门或特拉加纳柱，不管在别人那里它们的意义发生了什么历史变化，在罗马人或考察它们的旅游者面前都显现为一些完全个体化了的实在。而在照亮过去的谋划的启示之下，过去被揭示为完全克制的。过去的延期性事实上丝毫不是一种奇迹，而只是在过去化和自在的水平上表现了人的实在在转向过去之前所具有的谋划的和"期待中"的面貌。正是因为这种人的实在曾经是一种被不可预见的自由折磨着的自由谋划，他才会"在过去中"依靠起自为后来的谋划。他期望从将来的自由那里得到的那种认可在过去化的过程中迫使自己永远期待这将来的自由。于是，过去是无限期地延期的，因为人的实在永远"曾经是"并永远是"将在"期待中的。而期待和延期一样，只不过是更加明确地肯定自由是它们的原始构成部分。说自为的过去是延期的，说他的现在是期待，说他的将来是一种自由谋划，说若没有将要是的东西他就什么也不可能是或者说他是一种被瓦解的整体，这些都说的是同一回事。但是，明确地说，这不意味着在现时对我显示的我的过去中有任何未规定性：这仅仅是要对我对应该规定的我的过去的现时发现提出疑问。但是，如同我的现在是期待着一个任何东西都不能使人预见到的肯定或者否定一样，包含在这种期待中的过去仅就这期待是明确的而言才是明确的。但是其意义尽管完全个别化了，它仍是完全地依赖于这种期待的，这种期待本身又依赖一种绝对的虚无，也就是说依赖一种尚未存在的自由计划。我的过去因而是一个具体和明确的命题，这个命题作为命题，期望得到认可。这显然是卡夫卡在《诉讼》一书中企图弄清楚的意义之一，这是人的实在的永远好诉讼性。是自由的，就是永远即将自由。无论如何，过去——应该坚持着我现实的自由选择——一旦这个选择决定了它，就是我的谋划的不可分割的一部分和必要的条件。有一个例子可使它更明了易懂。在王朝复辟时期，一个领一半军饷的军官的过去就是曾经是从俄国退役回来的英雄。到此为止，我们已经解释过了的东西使我们能懂得这个过去本身是对将来的自由选择。正是在选择了不与路易十八政府及新风尚合流时，正是在选择了希望皇帝最终复辟时，正是在选择了共同促进这种复辟和宁要半饷也不要全饷时，拿破仑的老兵才为自己选择了一种贝利日那的英雄的过去。而谋划着要与新政府联合的人当然不会选择这样的过去。但是，反之亦然，他之所以只有半饷，他之所以在勉强过得去的贫困中生活,他之所以变得日益激烈,他之所以希望皇帝复辟,是因为他是从俄国退役回来的英雄。我们可确认:他的这个过去在完全恢复宪制会议之前是没有任何作用的,而且它与任何决定论无关;但是一旦"王朝军人"的过去被选择了,自为的行为就实现了这个过去。在选择这个过去和通过其行为来实现这个过去之间几乎没有任何区别。于是,自为在极力将其光荣的过去变成主体间的一个实在时,这就在别人面前把这实在构成了为他的对象性(比方省长做的关于这些老兵所代表的危险的报告)。由于受到别人这样的对待,此后他的行动就是为了使自己无愧于他选择来补偿他现在的穷困潦倒的过去的荣誉。他表现为誓不妥协,他失去了领取抚恤金的一切机会:这是因为他"不能"毁了他的过去。于是,我们在某种目的的启示下选择我们的过去,但是从这时起,它就变成必要的并把我们吞没了:这并非因为它有一种自我的并与我们应该是的存在相异的存在,而仅仅是因为:(1)它是我们所是的目的现实地被揭示出来的物质化;(2)对我们和对别人来说它都没于世界而显现;它永远不是孤单的,而是深入到普遍的过去中并因此规定自己受他人的评价。同样,几何学家可以自由地画一个他所喜欢的那样的图形,但是他不能设想其中的任何一个图形会不马上处于与其他可能的图形的无限关系中,同样,我们对我们本身的自由选择在使我们的过去的某种评价的秩序涌现时,会使这种过去与世界、过去与他人的关系的无限性显现出来,这种关系的无限性对我们表现为要坚持的行为的无限性,因为我们正是为了将来才评价我们的过去本身。就我们的过去出现在我们的本质谋划的范围内而言,我们是被迫坚持这些行为的。要求这个谋划,事实上就是要求过去,要求这个过去,就是要求通过许多次级的行为来实现它。从逻辑上说,对过去的要求是一些假设的命令:"如果你希望有这样的过去,那你就这样或那样地行动吧"。但是,由于第一项是具体的和直言的选择,所以命令式也就成为直言的命令了。

但是，由于我的过去的强迫力量是从我的自由的和反思的选择中借来的，是从这种选择表现出来的能力本身借来的，所以就不可能先验地决定一个过去的强迫能力。我的自由选择不仅决定过去的内容和这个内容的秩序，而且还决定我的过去和我的现在之间的牵连。如果，在我们还不应该决定的一种基本前景中，我的原则谋划之一是发展，也就是说在我前天夜里或前一小时还未踏上的某条道路上永远不惜代价地向前进，那么这个发展的谋划就引起了一系列相对我的过去而言的脱离。过去于是便成了我从我的发展的高处以某种有些蔑视的同情所注视着的东西，就严格地成了道德评价和判断的被动对象了——如"我那时真傻！"或"我曾经多么坏啊！"——这些只有在我能够从过去中脱离出来的时候才存在。我不再进入其中，也不愿意再进入其中。当然这不是因为过去不再存在，而是因为它仅仅作为我不再是那个我而存在，也就是说我应是的作为我不再是的我的那个存在。它的功能就是成为我根据我而选择的东西，为的是使我和它对立，这使得我能够衡量自己。因此这样一个自为在与自我没有关联的情况下自我选择，这意味着，他不是取消他的过去，而是为了与过去脱离关系而提出它，同时，也正是为了肯定他的完全自由（过去了的东西就是某种对过去的介入和某种传统）。相反，它来自自为，这自为的谋划意味着对时间的否定，也意味着与过去的紧密联系。由于想找到一块坚实的地基，有些人相反把他们的过去选定为是他们所是的东西，其余的人只是无限定地和可鄙地逃避传统。他们首先选择了拒绝逃避，也就是说拒绝拒绝；过去继而就把要求他们忠实作为自己的功能。于是，人们将看到前一种人倨傲地和轻描淡写地对他们犯下的错误进行忏悔，而这同一种忏悔对别的人来说却是不可能的，除非他们断然地改变他们的基本谋划；他们于是将运用对世界一切自欺和他们所能发明的一切脱身之计以避免在存在的东西中损害这种信念，而这些脱身之计构成他们计划的一种本质结构。

611

于是，和位置一样，当自为通过对未来的选择赋予其过去的人为性一种价值、一种等级的秩序和一种人为性从之出发而导致自己的活动和行为的即刻性时，过去就和处境溶为一体了。

C）我的周围

我们不应当把我的"周围"和前面讨论过的我占据的位置相混淆。周围是包围着我的工具－事物连同它们的敌对和工具性的固有系数。当然，在我占据了我的位置时，我为发现周围奠定了基础，而在改变位置时——正如我们研究过的，这是我自由地实现的活动——我为新的周围的显现奠定了基础。但是反之亦然，周围也能够改变，或者被别人改变而我并不是毫无结果地处于它们的改变之中。的确，柏格森在《物质与记忆》一书中明确指出过，我们位置的变化引起了我的周围的完全的改变，于是必须考察我的周围的完全的和同时发生的变化以使人们能够谈论我的位置的变化；然而，周围的这种完全改变是不可想象的。但是，我的行动场所仍然永恒地被对象的显现和消失所穿越，我并不是毫无结果地进入其中的。总的说来，复合的敌对和顺从系数不唯一地取决于我的位置，也取决于工具固有的潜在性。于是，从我没于那些异于我的存在而存在时起我就已经被奠定了，这些不同的存在在我周围或是为了我或是反对我而发展了它们的潜在性；我想尽快地骑车到达邻近的城市。这个谋划包含着我的个人目的，对我的位置和城市与我的位置间的距离的估价以及为达到目的所采用的方法（努力）。但是，一只轮胎漏了气，太阳光太毒，又是顶风，等等，我事先并未预料到这一切：这就是周围。的确，周围是在我的原则谋划中并通过这个谋划显露的；正是由于我的主要谋划，风才可能显现为顶风或者"顺"风，正是通过它，太阳的光热才表现为有利或令人讨厌。这些永恒的"偶性"的综合构成形成了我的被德国人称为我的"环遇"（umwelt）的东西，而这个"环遇"只能在一个自由的谋划，也就是说在我所是的那些目的的选择的范围内才能发现。然而如果只限于我们的分析，那问题就过于简单化了。如果我周围的每一对象果真都在已经揭示的处境中显示自己，而且这些对象就只能作为唯一一个总合构成一种处境；如果每个工具消散于在世处境的基质中，那么一个工具的突然改变和突然显现仍然能够有助于处境的彻底改变：我的车轮胎漏了气，我与邻村之间的距离就突然起了变化；现在，这是一段要用步子而不是用车轮的周长来丈量的距离了。这个事实使我能确信我想见到的人在我到达他家之前就已经坐火车离开了，这种确信能够导致我这方面的另一些决定（回到我的出发地，发一份电报，等等）。比方说由于不能和这一个人确定那笔计划过的交易，我甚至可能回头找另一个人并签定另一个合同。甚至，我还有可能完全地放弃我的意图，应该使我的计划完全归于失败么？在这种情况下，我会说我没有能够及时地通知皮埃尔让他等着我，等等。这种对我的无能的明确承认，不是最明确地证明了我的自由的限制么？我们已经讨论过，无疑，我的选择的自由，不能同我获得的自由混为一谈。但是，难道这里不正关系到我的选择本身么？因为在许多情况下，周围的敌对性正是改变我的谋划的契机。

在接触讨论的实质之前，应该先确定它并限定它。如果出现在周围的那些改变能够引起我的谋划的变化，这也只能是在两种情况之下才有可能。第一种情况：那些改变不能导致我放弃原则谋划，而正是这原则谋划反过来衡量了这些变化的重要性。如果，事实上，它们被当作放弃这样或那样的谋划的动机，那也只是在一个更加基本的谋划的启示下才有可能；否则，它们便丝毫不会是动机，因为动机是通过即为对目的的自由选择的动力－意识所理解的。布满天空的乌云之所以能够使我放弃郊游的计划，是因为它们在一种自由谋划中被把握住了，在这种自由谋划中，郊游的价值是和天气的某种状态相关联的，这又逐步地归结于郊游的一般价值，归结于我与自然的关系和这种关系在我与世界之间保持的总关系中占据的那个位置。第二种情况：显现的和消失的对象在任何情况下都不能引起对一个计划的放弃，即使是部分地放弃。事实上，这个对象应该被理解为原始处境中的一种欠缺；因此，属于它的显现或者消失的给定物必须被虚无化，我就应该"相对它"采取一种后退行动，因而我又应该面对它来自我决定。我们已经指出，就连刽子手的屠刀也没有免除我们的自由。这并不意味着绕过困难、弥补损失永远是可能的，而仅仅意味着继续向某一个方向前进的不可能性本身应该是自由地构成的；通过我们的放弃自由这种不可能性来到事物之中，而并非要坚持的行为的不可能性导致我们的放弃。

这就是说，应该承认，给定物的在场在这里还远不是我们的自由的障碍，而是为其存在本身所需要的。这个自由是我所是的某一种自由。但是，我如果不是对自在的内在否定，又是什么呢？没有这个我所否定的自在，我将消失而为虚无。在导言里，我们指出过，意识能用来作为对一个自在的存在的"本体论证明"。事实上，如果有对某种事物的意识，这"某种事物"一开始就应该有一个实在的存在，也就是说，不是相对于意识的存在。但是，现在我们看到，这个证明有一个更加广泛的意义：如果我应该能够做某种一般的事物，那么我就应该在一些其存在是不依赖于我的一般存在的存在上面、特别是那些不依赖于我的行动的存在上面进行我的活动。我的活动能够向我揭示这种存在；它并不制约这种存在。是自由的，就是为了改变而"是自由的"。因此自由包含着要改变的那些周围的存在，要越过的障碍，要使用的工具。的确，正是自由将它们揭示为障碍。但是，自由只能通过其自由选择来解释它们的存在的意义。它们仅仅应当在那里，完全是天然的，以便能有自由。是自由的，就是为了作为而是自由的，就是"自由地在世"。但是，如果事情是这样的话，自由在承认自己是改变的自由时，就暗含地在其原始谋划中承认并预示了不依赖于它作用的给定物的存在。正是内在否定将自在揭示为独立的，又正是这种独立性构成了自在物的特点。但是，从此，自由通过其存在的简单涌现提出的，就是它在与异于自身的东西打交道。作为，恰恰就是改变那个为了存在除了自身不需要任何别的什么的东西，就是作用于原则上对行动漠不关心，能够没有行动地继续其存在和生成的东西。若没有自在这种外在性的漠不关心，那么作为这概念本身就会丧失其意义（在前面的关于愿望和决心的内容中，我们已经讨论过这一点），自由本身亦随之而崩溃。于是，一种一般的自由的谋划本身是一种含有预测和接受任何别的抵抗的选择。这不仅仅因为是自由构成了使别的漠然的自在表现为一些抗拒的那种范围，还是因为其计划本身，一般来说，就是在一个抗拒的世界中通过战胜其抵抗而有所作为的谋划。整个自由的谋划在自我设计时由于事物的独立性而预见不可预测性的空白，这正是因为这种独立性就是自由由之出发构成自己的东西。从我计划去邻村会见皮埃尔时起，轮胎的破裂、"逆风"，数不清的可预测的和不可预测的事故就在我的计划中被给定并构成了我的计划的意义。于是，意外地影响了我的计划的轮胎的漏气在我的选择事先设计出轮廓的世界中来占据它的位置，因为我从来没有停止将它作为意外的事情来等待，如果我能这样说的话。而同样，如果我的路被某种事物比方说洪水或者塌方阻断，而这时我还有一百里路要走，在某种意义上说这个不可预测的事物已经被预测：在我的计划中，某种留给不明确性的余地已经"作为不可预测的东西"被造成了，就像古罗马人在他们的庙宇中为陌生的神们留下一个位置一样，这不是由于"突然打击"的经验和毫无根据的谨慎所致，而是因为我的谋划的本性本身所致。于是，按某种方式，人们能够说人的实在不对任何东西感到吃惊。以上这些看法使我们能够将明确自由选择的一个新特点：一切自由的谋划都是开放的谋划，而不是封闭的谋划。尽管谋划完全个别化了，它在自身中仍然包含着它今后变化的可能性。任何计划在其结构中都包含着对世界的事物的自立性的理解。正是这种对不可预测性的永恒的预测——就和

615

我所是的谋划不确定的空白一样——使人懂得，事故或者灾祸不是因是从未出现过的和意外的而使我吃惊，而总是由于某种"已经见过——已经预见到"的面貌由于其自明性本身和一种我们用"这是注定要发生的"这句话来表述的宿命的必然性来压倒我们。在世界上，没有任何使人惊讶的和使人诧异的东西，除非我们自己决定自己对某事物要惊讶。而惊讶的原始主题不是这样或那样特殊的、存在于世界的限制中的事物，而毋宁说有一种一般的世界，也就是说我应被抛到一种和我根本不相干的存在者的整体中间。这是因为在选择一个目的时，我就选择了要拥有和这些存在者的关系，而这些存在者相互之间又有关系；我为了显示我所是的而选择要它们组合起来。于是，事物向我证实的敌对性是被我的自由作为它的条件之一事先描述了的，又正是根据一般意义上的被自由谋划的意义，这样或那样的复合才能显露其个别的敌对系数。

但是，就和每次涉及到处境的问题时一样，应该强调已经描述过的事物的状态有一个反面这样一个事实：即使自由预先描述了一般的敌对性，也是把它描述为承认自在冷漠的外在性的方法。也许，敌对性是通过自由来到事物中的，但是，这是因为自由把他的人为性阐述为"没于冷漠的自在的存在"，自由将自己给定为作为敌对物的事物，也就是说给予事物一种使事物成为事物的意义；但是，这都是在承担那个将是有意义的给定物本身时，也就是说在承担他的没于冷漠的自在的放逐以便超越那个意义时才有可能发生。而且，反之亦然，被承担的偶然给定物甚至只能在自为的自由假定中并通过这种假定来支持这原始的、支持着所有其他意义的意义，支持这"在冷漠之中的流放"。事实上，处境的原始结构就是这个样子；它在这里异常清晰地显现出来：自由正是由于他超越了给定物而走向其目的，才使给定物作为这一个给定物存在——以前，没有这个，没有那个，也没有这里——而被这样地指定的给定物不是用随便哪种方法构成的，它是天然的存在物，它被承担为的是被超越。但是，在自由是对这一个给定物的超越的同时，它自我选择为对给定物的这一个超越。自由不是对随便哪个给定物的随便哪一个超越；而是在承担天然的给定物和给定以意义时一下子自我选择的；它的目的正是要改变这一个给定物，同时，给定物在被选择的目的的光辉下显现为这一个给定物。于是，自由的涌现通过一个给定物凝聚了一个目的，并在一个目的的启示下发现一个给定物；这两种结构是同时和不可分割的。事实上，我们看到被选择的目的的普通价值远不是只有通过分析才能显示出来的；任何选择都是选择应给予一个具体的给定物的具体改变。任何处境都是具体的。

因此，一般而言的事物的敌对性和潜在性是被所选择的目的照亮的。但是，只存在对于一个把自己作为被抛弃在冷漠之中的东西来承担自己的自为来说的目的。通过这种假定，自为没有带给这种偶然的和天然的抛弃任何新的东西，除了意义之外；它从此使得一种弃置存在，使得这个弃置作为外境被发现。

我们在第二卷的第四章中讲过，自为通过其涌现，使自在来到世界上；按更加一般的方式说，他是自在，即事物由之而在此的虚无。我们还讲过，自在的实在在此在手下面，连同它的性质，没有任何减少或增添。只是，我们通过我们的涌现本身创立的虚无化的各种不同的花样而和自在的实在分离开了：世界、空间和时间，潜在性。我们还特别地讲过，尽管我们是被在场的东西（这个杯子、这只墨水瓶、这张桌子等等）包围着，这些在场物作为在场物是难以把握的，因为它们只在我们的一个姿势或在我们谋划的活动之后，就是说在将来提供给它们任何一点什么东西。现在，我们能够理解事物的这种状态的意义了：除了我们的自由，没有任何东西把我们从事物中分离出来；正是自由使得世上有了事物连同它们的冷漠，它们的不可预测性和它们的敌对性，也正是自由使得我们不可避免地和事物相分离，因为，它们正是在虚无化的基础上显现并被揭示为互相关联的。于是，我的自由的谋划不会在事物中补充任何东西；它使得世上有了事物，确切地说，也就是说使得世上有了具有一种敌对和顺从系数的实在；它使这些事物在经验中被发现，也就是说以世界为基础在一种时间化的过程中连续地显现；最后，它使事物表露为不可触及的，独立的，被我发出的和我所是的虚无本身分离于我的。这是因为自由命定是自由的，也就是说只能自我选择为自由才有事物，也就是说才有一种自由本身在其内部就是偶然性的"偶然性的充实"，正是通过假定这种偶然性和它的超越，这里才能同时有一种选择和处境中的事物的结构；又正是自由的偶然性和自在的偶然性通过周围的不可预测性和敌对表明自己在处境中。于是，我绝对是自由的并对我的处境负有责任。但是，同时，我永远只在处境中才是自由的。

D）我的邻人

在一个受到我的邻人纠缠的世界中生活，这不仅仅是说在所有道路的拐弯处都能碰到他人，而且也是说介入到一个世界中，这个世界的工具性复合能够拥有一种并非我的自由谋划所首先给予它们的意义。这也就是在没于已经具有意义的这个世界中和属于我的然而又不是我给我自己的意义有了关联，我才发现我已经是"所有者"。因此，当我们自问对于我们的"处境"来说，在一个还有他人存在的世界中存在这一原始和偶然的事实能够意味着什么的时候，这样提出的问题要求我们依次研究为了组成我的具体处境而起作用的三个层次的实在：已经有意义的工具（火车、火车时刻表、艺术作品、征兵动员告示），我发现的已经属于我的意义（我的国籍、我的血统、我的健康状况），最后是这些意义归结到的作为参照中心的他人。

事实上，如果我属于一个其意义仅仅是在我固有的目的的启示下被发现的世界的话，一切就都很简单了。事实上，我将在我自己对我本身的选择的范围内把事物组织为工具或工具的复合；正是这个选择或者使它成为欣赏田野风光的观点,等等。问题将不在于知道这座山能够自在地拥有什么样的意义,因为我是意义由之来到自在的实在中的那个人。如果我是一个既没有门也没有窗户的单子,如果我仅仅以某种方式知道别的单子是存在的或者是可能的,而它们中的任何一个都给予了我看到的事物以新意义,这个问题将会更加简单化。在这种被哲学家们过于经常地考察的情况下,我只消坚持其他意义是可能的就够了,最后,与纷繁众多的意识相当的纷繁众多的意义将仅仅是对我来讲而与把我本身变为另一个选择的总是开放的可能性相吻合。但是,我们讲过,这种单子的概念包含一种暗藏着的唯我论,这恰恰是因为它将要把我能给予实在的纷繁众多的意义与其中每一个都返回到我所不是的意识之中的纷繁众多有意义的系统相混淆。 此外,在具体经验的范围内,对这种单子的描述显得不够充足。事实上,在"我的"世界里,除了纷繁众多的可能的意义外还存在着别的事物;存在着作为并没有被我发现的而对我表现出来的对象的意义。我使意义来到事物中,我介入一个已经具有意义的世界中,这个世界思考着我还没有弄清的我的意义。比方说人们应该去想象能有多少不依赖于我的选择的意义,如果我是在一个城市中生活,我就会发现街道、房屋、商店、有轨电车和公共汽车、指示牌、预警笛声、无线电的音乐,等等。的确,在孤独中,我将会发现天然的和不可预测的存在物。例如,这块岩石。总之,我局限于要使一块岩石存在,也就是说要使这一个存在,而除它之外便什么也没有。但是,我至少给了它"要攀登","要绕过","要观看"等等的意义。当我在一条街道的拐弯处看到一座房子时,我不仅仅是在世界上揭示一个天然存在物,也不仅仅使得街上有了一个以这样或那样的方式定性了的"这个":那时表现出来的对象的意义对抗着我并总是独立于我的:我发现这建筑物是出租的房屋、煤气公司的事务所或者监狱,等等,在这里,意义是偶然的,独立于我的选择的,它与自在的实在本身一样冷漠地出现:它使自已成为事物而和自在的性质没有区别。同样，事物的敌对系数在我体验到它之前就向我显露出来了：大量使我提高注意力的指示："减速、拐弯危险"，"注意、学校"，"生命危险"，"百米前有沟横道"，等等。但是，这些意义在深深地被烙印在诸事物中并且参加到它们的冷漠外在性中的时候——至少是在表面上——也不失为一些对与我直接有关的要采取的行动的指标。我将穿过人行横道，我将走过这样的商店买这样的工具，这些工具的使用方法都在人们给顾客的说明书上讲得很清楚了，我接着就要使用这些工具，比方说使用一支铅笔，以在某种规定的条件下填好这样或那样的表格。我是否将在那里发现对我的自由的严格的限制？如果我不是丝毫不差地按照别人向我提供的指示行动，我将不再认识那里，我将会走错街道，我将会误火车，等等。而且，这些指示最经常是命令式："从那里进！"，"从那里出！"这就是写在门上的进口和出口这些词所包含的意思。我服从了这些指示；它们在我使之产生于事物之中的敌对系数中又加上了一种纯粹人类的敌对系数。此外，如果我服从于这种结构，我就依赖于它：它给我的好处是可能尽绝的；一场内乱，一场战争，那里有变得稀少了的最必须的产品，我不是白白在那里面的。我被剥夺，我中止我的谋划，失去了为达到目的所必要的东西。我们尤其注意到，使用方法、商品说明、秩序、防卫设施、指示牌都是对着我的——作为任意一个人的我的；就我服从，我遵循某种手续而言，我屈服于任意一个人的实在的目的；而我就通过任意一个人的技术来实现这些目的；因此，我的存在本身被改变了，因为我就是我已选择的目的和实现这些目的的技术；我屈服于任意一个人的目的，任意一个人的技术，任意一个人的人的实在。同时，既然世界只是通过我所使用的技术才向我显现，世界也就同样被改变了。我在自行车上，在汽车上，在火车上看到的那个世界向我显露了一种与我所使用的手段密切相关的面貌，因此是一种它向所有的人提供的面貌。人们会说，这明显地说明，我的自由全面地离开了我，不再有在我的自发性的自由选择周围的作为有意义的世界组织的处境，而是有一种人们强加给我的状态。这就是现在我们应该研究的东西。

毋庸置疑，我对一个有人居住的世界的从属具有一种事实的价值。这价值事实上归结于他人的世界上的在场这一原始的事实，我们讲过，这个事实不能从自为的本体论结构那里推演出来。而尽管这个事实只会使我们的人为性的根扎得更深，它也不是来源于我们的人为性的，因为我们的人为性表达了自为的偶然性的必然性，但是，毋宁应该说：自为实际上存在、也就是说他的存在既不可能同化于按照一个法则而酿成的实在，也不可能同化于一种自由选择；在这种"人为性"的事实的特点之中，也就是说也不能自我演绎或自我证实，而仅仅是在"听凭人看"的特点之中，有一种被我们称为"面对别人的在世的存在"。这种事实上的特点是否应该被我的自由重新采取以便以某种方式成为有效的，这将是我们以后要再讨论的东西。仍然是在把世界化归已有的技术水平上，他人的存在这事实本身导致了技术的集体性这一事实。因此，人为性在这个水平上通过我在一个世界中的显现而表现了自己，这个世界只有通过集体的和已经形成的技术才对我揭示出来，这种手段旨在按一种其意义已经在我之外被定义的样子使我把握世界。这些技术将决定我属于一些集体：属于人类、国家集体、职业和家庭团体。甚至应该强调这一点：在我的为他的存在之外——我们以后还要谈到这点——我所拥有的、事实上使我对于这集合性的归属存在的唯一方式，就是我经常使用隶属于这些集体的技术。事实上，对人类的归属是用非常基本的和一般的技术来定义的：会走，会拿，会判断所察觉到的对象的形状和相对的大小，会说话，会区别一般的真假，等等。但是，我们不是在这种抽象的和普遍的形式下占有这些技术的：会说，并不是只会称呼和理解一般的字词，而是会说某种语言，由此表明了他属于国家集体层次上的人类。此外，会说一种语言，并不是具有一种由字典和学院式的语法学家们所定义的语言的抽象的和纯粹的知识；而是通过地方的，职业的，家庭的筛选和改造而将它变成自己的。于是，人们可以说我们属于人这一实在就意味着我们的国籍，可以说我们的国籍这一实在就意味着我们属于家庭，地区，职业，等等，这是从言语这一实在是语言、是语言的实在、是方言、是行话和土话等等的意义上说的。反之亦然，方言的真理是语言，语言的真理是言语；这意味着，使我们的属于家庭和地方表露出来的具体的技术推回到更抽象和更一般的结构，这种结构把它们构成意义和本质，这意义和本质又归属于其他的更加一般的结构，直到人们达到使任何一个人的存在把世界化归己有的任何一个人的技术的单纯普遍完满的本质。

于是，比方说，是法国人，只不过是萨瓦人的真理。然而是萨瓦人，这就不仅仅是居住在萨瓦的高山河谷；而是寓于无数其他的事情中，在冬天里滑雪，将雪橇作为运输工具。确切地说，就是用法国式的方法滑雪，而不是用阿尔贝格式和挪威式①的方法滑雪。但是，既然山头和雪坡只有通过一种技术才能被领会，这就恰恰暴露了滑雪场的法国意义；事实上，根据人们是使用更适用于平缓雪坡的挪威式的方法，还是使用更适用于陡坡的法国式，同样一个坡将表现得或更崎岖或更平缓，恰如一个骑自行车者面前的坡显得陡峭还是缓和取决于这位骑者"用中速还是慢速"一样。于是，当法国滑雪者用一种法国"速度"滑下雪坡时，这个速度向他展示了一个特有的坡度类型，而不管他在哪里，也就是说不论是瑞士境内还是巴瓦尔瓦斯内的阿尔卑斯山，特尔玛克山或汝拉山总是要向他提供一种纯粹法国式的意义：困难、工具性复合或敌对性。同样，值得指出的是，大多数企图给工人阶级下定义的尝试重新要把新生

---

① 我们简单点说：有技术的影响和干涉，阿尔贝格的方法曾在若干时间内在我国占优势。读者将很容易就能明白这些事实的复杂性。——原注

产、消费或某种属于低级复合范畴的某种类型的"世界观"作为准则来对待（马克思－哈尔贝瓦赫①－德·曼②），也就是说，在任何情况下，通过制造世界或将其化归己有的某些技术，这准则提供了我们将能称为"无产阶级面貌"的东西以及它的激烈对抗，它的团结的然而和沙漠一样广大的群众，它的蒙昧地带和光明地带，以及照亮了它的那简单而又急迫的目的。

然而，很明显——尽管我对这样的阶级和这样的民族的归属不是来自作为我的自为的本体论结构的人为性——我的事实的存在，即我的出生和我的位置，通过某种技术引出了我对世界和我本身的领会。然而，这些我并没有选择的技术给了世界以意义。似乎不再是我从我的目的出发来决定世界是否连同"无产阶级的"世界的简单明了的对抗向我显现出来，或者连同与"资产阶级"世界的不计其数的奸诈举止向我显现出来。我不仅被抛到了天然存在物的面前，我还被抛到了一个工人的、法兰西的、洛林的或南方的世界中，这个世界向我提供了它的意义，而我并未对要发现这些意义做过任何事情。

让我们再进一步。刚才我们指出我的国籍只是我对于一个省，一个家庭，一个职业集团的归属的真理。但是应该就此为止吗？如果语言只是方言的真理，那末方言是绝对具体的实在么？"人们"所讲的职业行话，像某种语言和统计研究所使人能决定其法则的那种阿尔萨斯土语，是原始现象，它是在纯事实中、在原始偶然性中发现其基础的吗？语言学家们的研究在这里可能进行了欺骗：他们的统计将一种既定类型的语音的或语义的一些恒常的东西和畸变公诸于世，它们使一个既定时期内的音素和词素变化得以重新形成，因此似乎词或句法规则是带有其意义和历史的个别的实在。而其实，

---

① 哈尔贝瓦赫（Halbwachs，1877—1945），法国社会学家。——译注
② 德·曼（De Man，1885—1953），比利时政治理论家。——译注

572 诸个体似乎对语言进化的影响不大。诸如侵占，交流的广泛渠道，商业关系等社会事实似乎是语言变化的本质原因。但是，这是由于人们并未处于具体的东西的真正基础上：所以人们只根据自己的要求而得到报偿。很久以来，心理学家们就使人注意到词不是语言的具体元素——甚至方言的词，甚至带有特殊畸变的同族词也不是——语言的基本结构是句子。事实上，正是在句子之中，词才能获得一种指示的实在功能；在句子之外，当它不是一种旨在集合绝对不一致的意义的标题时，它恰恰具有命题功能。在词孤零零地出现在讲话中的地方，它获得了一种"一词表达一整句的"特点，人们经常强调这一点；这并不意味着它能自己把自己限制在一种明确的意义中，而是意味着它像一个次级形式溶合到原则形式中一样溶合到上下文中去。因此，词只在使它一体化的复杂和活跃的组织之外才有一种纯粹潜在的存在。因此它不可能在由此形成的运用之前在一种意识或者一种潜意识"中"存在：句子不是用词造成的。不应该局限于此：波朗①在《达尔贝斯之花》中指出：完整句严格作为诸词的"共同场所"，并不在先于词的使用而存在。如果读者外在地考察句子，一个句子向一个句子过渡而组织出段落的意义，那么句子就是词的"共同场所"，如果人们处于作者的观点，通过产生一种指示或者再创造的活动，而不停留在考察这种活动的要素本身，看到了要表达的事情并且最急切地去表现，这些句子就失去了它们平常和俗成的特性。如果是这样的话，无论是词，句法，还是"现成的句子"都不能在人们使用它们之前存在②。有意义的句子是语言单位，句子是一个只能通过向着一个目的超越一个给定物并使之虚无化而被设想的构造活动。在句子的启示下理解词，这严格说来恰

---

① 波朗 (1884—1968)，法国作家。——译注
② 我们有意地简化了：有一些影响和干扰。但读者很容易重新确立复杂情况下的事实。——原注

恰就是从处境出发理解任何一个给定物，并且在原始目的启示下理解处境。理解和我说话的对方所说的一句话，事实上就是理解他所"要说"的东西，也就是赞同他的超越性的运动，就是把我连同他一起抛向一些可能，抛向一些目的，随后又回到为了通过它们的功能和目标来理解的这些被组织起来的诸种手段的整体。而且，口头语言总是从处境出发来了解的。对时代、时间、位置、周围以及对城市、省份、国家的处境的参照是在说话之前就已确定了的。我只需读完报纸并看见皮埃尔的好气色和忧郁的神态来理解他今天早上对我说的"事情不妙"这句话就够了。这不是说他的健康"不佳"，因为他的脸色很好，不是说他的生意不妙，也不是说他的家里情况不佳；而是说我们的城市或者国家的处境不妙。我已经知道了；在问他"怎么样？"时，我已经勾勒了对他的回答的说明，我已经投身于天涯海角，准备好重新回到这皮埃尔的问题上以理解他。听人讲话，就是"与之说话"这不仅因为人们摹仿以去理解，而且还因为人们一开始就向着诸多可能去自我设计，人们应该从世界出发去理解。

但是，如果句子先于词而存在，我们就被推回到作为演讲的具体基础的演讲者身上。这个词满可能由他自己来注入"生命"，如果人家是从不同时代的句子中收集到这个词的话，这个借来的生命就和幻想电影里的自己飞插到梨子上的刀子的生命相似；它是用瞬间的并排列置造成的，它是电影术的和宇宙时间里形成的。但是，如果诸词在人们放映词义的或形态学的电影时显现为有生命的，它们不会发展到构成句子；它们只是一些句子通过时留下的痕迹，就像道路只是进香者和沙漠商队通过时留下的痕迹一样。句子是一种只能从给定物的虚无化出发（人们想指出的那个给定物本身）被解释的谋划，只能从一个被提出的目的（它的指出本身假设了另一些目的，相对这些目的，它只是一种手段）出发来解释的谋划。如果说给定物也和词一样不能规定句子，而相反，如果说句子对照亮给定物和理解词是必要的话，句子就是对自我本身的自由选择的一个环节，也就是这样句子被和我对话的人理解。如果言语是语言的实在，如果方言和行话是语言的实在，方言的实在则是我用以进行指示的自我选择的那种指示的自由活动。这个自由动作不可能是词的堆积。的确，如果这活动是纯粹的按照技术方式（语法规则）组织起来的词的堆积，我们便能够谈论一种强加给讲话者的自由的事实上的限制；这些限制将由词的质料和音响的本性、所使用语言的词汇、讲话者的个人词汇（只有他才用的词）,"语言天才"，等等所标示。但是，我们刚才讲过，事情并不是这样。现时①人们已能够认为正如有一种词汇的，言语动态法则的有生命的秩序一样，有一种逻各斯的非人格生命。总之，言语是一种自然，人应该服从言语以便在某些地方使用它，就像对待自然那样。但是这是因为一旦言语死去，就是说它一旦被说出，人们就已通过给它注入从正在说话的自为的人格自由借来的亲合力和排斥力等非人格的生命和力量，考察了言语。不管是对言语还是对一切别的技术来说，这都是不应该犯的错误。如果人们使人没于一些完全独自应用于自己的技术涌现，没于一种自己说的语言，一种自己形成的科学，一座按其固有法则自己建成的城市而涌现，如果人们通过把人的超越性保留给意义而使意义凝固在自在中，那么人们就将把人的作用还原为利用风的、浪的、海潮所决定的力量来驾驭航船的舵手的作用。但是，渐渐地，每一种技术为了被引向某些人的目的都会要求另一种技术：例如，为了指挥一艘船，就要讲话。于是，我们就可能会达到技术的技术——这种技术反过来将完全是孤立地应用于自己——但是，我们却永远失去了遇见应用技术者的可能性。

与此完全相反，如果正是在说话的同时我们使得词存在，我们便不会因此取消必然的和技术的联系或者在句子内部依次连结的事

---

① 贝尔斯·巴兰：《论柏拉图的逻各斯》。——原注

实的联系。或更明确地说：我们建立了这种必然性。但是为了使这种必然性显现，确切地说，为了使词保持其相互间的关系，为了使它们相互亲合——或者相互排斥——它们就应当统一于一种并非出自它们自身的综合中；你一取消这个综合统一，"言语"堆集就会分裂；每个词就回到自己的孤独中，同时还在离散各种不可交流的意义时失去其统一性。于是，正是在句子的自由谋划内部，言语的规则才形成；我正是通过讲话造成语法；自由是语言规则的唯一可能的基础。此外，对于谁来说才有语言的规则呢？波朗提供了答案的基本要素：并不是对讲话者而是对听话者而言才有语言规则，讲话者只不过是对一种意义的选择，他把握住词的秩序，只是由于他造出了它①。他将在这种组织好的复合之中所把握的唯一关系是特定地他所建立起来的关系。如果人们因而发现两个或好几个词相互之间保持着不是一种而是好几种确定的关系，发现从中产生了一种自分等级或对于同一个句子相互对立的意义的多样性，简言之，如果人们发现了"奇怪的地方"，这只能在以下两种条件下：（1）词应该已经被一种有意义的自由靠近集合并表现出来；（2）这个综合应当是从外面看到的，也就是说被他人和在假设地了解这种靠近的可能意义的过程中看到的。在这种情况下，事实上，每一个首先当作意义的交汇处而被理解的词都和另一个同样被理解的词相连。而这种接近将是多义的。对真正的意义的把握，也就是说讲话者所要求的表述能够把其他意义重新扔进暗处或者服从于它们，它不会取消其他意义。于是，语言这个为我的自由谋划具有为他的一些专门法则。而这些法则本身又在一种原始综合内部才能起作用。因此，人们就把握了"句子"这事件和自然事件之间的区别。这自然的事实是按照它表露出的法则而产生的，但是，这种法则是生产的纯粹外

---

① 说简单点：人们也可以通过其句子知道其思想。但这是因为有可能采取某种措施从它获得他人的观点，正和关于我们自己的身体一样。——原注

在的规则,上述事实只是它的一个例子。句子作为事件,在其本身中包含着其结构的法则,正是在指示的自由谋划内部,词之间法定的关系才能涌现出来。事实上,人们说话之前在句子中是不可能有说话的法则的。而所有的讲话都是一种指示的自由谋划,这个谋划属于个别自为的选择,并应当从这个自为的整体处境出发来说明。首先重要的是处境,我从这处境出发理解句子的意义,这个意义本身不应被当作一种材料来考察,而应被当成在手段的自由超越中选择了的目的。这就是语言学家的工作所能够碰到的唯一实在。从这种实在出发,一种逆退分析的工作能够将某种法定图式般的更一般、更简单的结构阐述清楚。但是,这些譬如作为方言的法则而有价值的图式本身就是抽象。它们远没有支配句子的构成,它们远不是句子在其中消逝的那种模型,它们只在这个句子中并通过这个句子而存在。在这个意义上说,句子显现为对其法则的自由发明。这里,我们只不过重新找到一切处境的原始特点;正是通过对这样的给定物(语言工具)的超越本身,句子的自由谋划将使给定物显现为这个给定物(这些方言的组织和发音规则)。但是,句子的自由谋划正好是担当这一个给定物的打算,它不是任意一种假定,而是通过它正好给予了它们手段的意义的存在着的手段追求尚未存在的目的的假定。于是,句子是一些词的组合,这些词变成为这些词只是通过它们的组合本身。这正是语言学家们和心理学家们感觉到了的东西,他们的困惑在这里能够为我们提供反证:事实上,他们相信在讲话的组合中发现了一种循环,因为,为了讲话,就必须了解其思想。但是,如果不在实际中说出思想,怎么认识作为以概念来阐明和确定的实在的这个思想呢?于是,言语归结到思想,而思想又归结到言语。但是,现在我们明白了,没有循环,或者毋宁说,这个循环——人们以为通过发明纯粹心理的偶像从这个循环中脱身出来了,就像语言形象或者没有形象和没有词的思想那样——尤其不是属于言语的:它是一般处境的特征。它除了意味着现在,将来和过去的出神的联系并不意味着任何其他东西，也就是说意味着通过尚未存在的东西对存在者的自由决定和通过存在者对尚未存在的东西的自由决定。这之后，就可以发现一些表现为句子法定的真理的抽象的操作的图式：方言图式——民族语言图式——一般语言图式。但是，这些远不是在具体的句子之前就存在的图式，它们是被它们本身规定为不独立的并且永远只在它们的肉身化本身中被自由肉身化和支持而存在。当然，言语在这里只是社会和普遍的技术的例证。对所有其他技术也将是这样；斧头在砍时才显现为斧头，锤子在锤的时候才显现为锤子。很容易在一种特殊的滑雪过程中显示法兰西式的滑雪方法，在这种方法里，滑雪的一般技艺是作为人的可能性的。但是，这种人的技艺若单靠自己则永远什么也不是，它并不潜在地存在，它在滑雪者的现实的和具体的技艺中肉身化并且显露出来。这就使我们能够粗略地得出个人和人类的关系的答案。若没有人类，便不会有真理，这是当然的；那将只有一大批个人选择的非理性的和偶然的东西，没有任何法则能够为之确定。如果有某种作为真理的事物存在，它可能统一个人的选择，这正是人类才能向我们提供的。但是，如果人类是个人的真理，它也不可能是没有深刻矛盾地在个人之中的一种给定物。由于语言的法则是被句子具体的自由谋划支持和肉身化的，所以，人类——作为定义了人的能动性的固有技术的总体——永远不是在一个将它表露为一种举例说明了身体的堕落的那种特殊堕落的个人之前存在的，而是被个人的自由选择支持的抽象关系的总和。自为，为了自我选择成为个人而使一个内在构造存在，并且向着自身超越这结构，而这个内在技术组织在其自身中是民族的或者人类的。

就算是这样吧，有人会说，但是，你们回避了问题。因为自为并没有创造这些语言的或技术的组织来达到自身：他从他人那里重新获得它们。分词的配合规则是不存在的，为了一种特殊指示的目的，我非常希望这配合在具体的分词的自由接近之外。但是，当我利用这个规则的时候,我是从别人那里学到它的,这是因为别人在其个人的谋划中使它成为我用之于我自身的东西。我的言语因此从属于他人的语言,最终从属于民族语言。

我们不企图否认这一点。况且对我们来说问题不在于指出自为是其存在的自由基础:自为是自由的,然而是在处境中,我们企图在处境的名下表明的正是这种处境与自由之间的关系。刚才我们确立的事实上只是一部分实在。我们已经指出,不来自自为的意义的存在不能构成对其自由的内在限制。自为并非首先是人然后成为自我,他不是从先验地给定的人的本质出发把自己确立为自我本身;而是完全相反,正是在他要自我选择为个别自我的努力中,自为才保持某些使他成为一个人的社会的和抽象的特点的存在;而追随人的本质的因素而来的必然联系只能在一个自由选择的基础上出现;在这个意义上说,每一个自为在其实存的存在中都是对人类负责的。但是,我们还应当指明一个不可否认的事实,自为只能在他不是其起源的某些意义之外自我选择。事实上,任何自为都只能在国籍和类之外自我选择时才是自为,同样,他只能在句法和词素之外选择指示时说话。这个"之外"就足以说明他对他超越过的结构而言的完全自立性;但是,他仍然把自己确定为这一些结构之外的东西。这意味着什么呢?这就是说,自为在一个对其他自为而言的世界中涌现。这样的东西就是给定物。因此,我们看到了,世界的意义对他来说是被异化了的。这意思恰恰是说,他面对着不是通过他来到世界上的意义。他在这样一个世界里涌现,这个世界对他表现为在所有意义中已经被注意过、耕犁过、开发过、耙犁过的世界;是其构架本身已经被这些探究定义了的世界;在他用以展开其时间的同一个活动中,他在一个其时间意义已经被别的时间化定义了的世界中自我时间化:这就是同时性的事实。这里问题不在于自由的限制的问题,而毋宁说,正是在这个世界里,自为应当是自由的,正是在考虑到这些情况时——而不是随意地——他应当自我选择。但

630

是，另一方面，涌现中的自为，并不承受他人的存在，他被迫以一种选择的形式自己将这存在表露出来。因为他正是通过一个选择才会把他人当作主体－他人或客体－他人。① 只要他人对它来说是他人－注视，这就不可能是技术或陌生的意义的问题了；自为在他人的注视下体验到自己是宇宙中的对象。但是，自为从向着其目的超越他人并把他人变为一种被超越的超越性的时候起，这种向着目的自由超越给定物的东西就对他显现为在世界中（被固定于自在中）的有意义的既定的行为。对象－他人成为目的的指示者，而自为通过其自由谋划投身到一个世界里，在这个世界中，对象－行为指示了诸多目的。于是，作为被超越的超越性的他人的在场把手段的既定的复合向目的揭示出来。而由于目的决定了手段和目的的手段，自为通过其面对对象－他人的涌现为自己指明在世的目的；他来到一个充满目的的世界中。但是如果这样，技术及其目的在自为的注视中涌现，就应当看到正是通过自由面对另一个自为所采取的自由的立场，这些目的才成为技术。单独的别人只能使他的谋划作为技术向自为显示出来；而由此，对于别人来说，由于他超越自己走向其可能，所以不存在技术，而是存在着一种从其个人目的出发自我定义的具体的作为。一个正换鞋底的鞋匠不感觉自己"正在实施一种技术"，他把处境把握为要求这样或那样的行动，这一块牛皮在那里，要一颗钉子，等等。从自为采取针对他人的立场时起，他使技术在世界上作为别人这被超越的超越性的行为涌现出来。正是在这个时刻并仅仅在这个时刻，资本家和工人，法国人和德国人，最终人们才在世界中显现。于是，自为要对他人的行为在世界上被揭示为技术的东西负责的。他只能使他涌现其中的世界被这样或那样的技术耕犁（他只能使他出现在一个"资本主义的"或者"自然经

---

① 我们将在后面的章节看到，这个问题是更加复杂的。但是现在，这些看法已经足够了。——原注

631

济统治的"世界里，或者在一种"寄生的文明"中），但是，被别人体验为自由谋划的东西应该作为技术外在地存在，而这正是因为他使自己成为使这外在性来到他人中的技术。于是，正是在世界上自我选择和自我历史化的时候，自为将世界本身历史化并使它通过他的技术而具有时代意义。由此，正是因为技术表现为对象，自为才能够选择把它们化归己有。皮埃尔和保尔在一个世界中以某种方式讲着话，骑着自行车或驾驶着汽车在道路的右侧行驶着等等，自为在这个世界中涌现并把这些自由的行为确立为有意义的对象时，使得一个人们在其中靠右侧行驶，人们在其中讲法语等等的世界存在；他使由一个介入一谋划的自由所建立和支持的他人的活动的内在法则变成为对象－行为的客观规则，这些规则对全部类似行为、行为的承受者或别的任意的对象－施动者都是普遍有效的。这种作为其自由选择结果的历史化丝毫不约束他的自由；而是完全相反，正是在那个世界中而不是在任何别的世界中，他的自由才起作用；正是相关于他在那个世界中的存在他才在问题中。因为是自由的并不是选择人们在其中涌现的历史的世界——这丝毫不会有什么意义——而是在世界中自我选择，不管这个世界是什么样的。在这个意义上，认为某种技术的状态对人的可能性有约束的假设将是荒谬的。也许，一个邓斯·司各脱的同时代人不知道运用汽车和飞机；但是，他只是按我们固有的观点对我们这些从有汽车和飞机存在的世界出发否定地把握他的人才显现为无知的。对于他这个与归属于他的对象和技术没有任何种类关系的人来说，这里面有一种绝对的，不可思议的和不可揭示的虚无。这样一种虚无丝毫不能限制自我选择的自为：不管人们用什么方法来考察它，它都不会被当作一种欠缺来把握。因此在邓斯·司各脱的时代里自我历史化了的自为是在一个存在的充实的中心，也就是说在一个像我们的世界一样完全是它所能是的世界内自己虚无化。宣称阿尔比人缺少重炮抵抗西蒙·德·蒙特伏尔①,那是荒谬的:因为特昂卡维尔的领主或者图卢兹伯爵按照他们是在一个大炮还没有任何地位的世界里做出这样的自我选择的,他们在那个世界里考虑他们的政策,在那个世界里策划军事抗战的计划,他们自我选择在这个世界里和纯洁派接近;由于他们只是他们选择是的那个东西,所以他们曾绝对地在一个和拥有德国装甲师团或英国皇家空军的世界一样是绝对充实的世界中绝对地存在。这对物质的技术和更加微妙的技术都是同样有价值的:在雷蒙六世时代作为一个朗格多克小领主而存在的事实不是决定性的,如果人们置身于一个这位领主在其中存在并在其中进行自我选择的封建世界之中的话。除非人们错误地用现实的法国统一的观点看待法兰西岛②和南部的分裂这才显得是否定的。封建世界向雷蒙六世的附庸领主提供了无数选择的可能性;我们拥有的可能性也不会更多。这样荒谬的问题经常以一种乌托邦梦想的方式提出来:如果笛卡尔懂得现代物理学,那他将成为什么样子呢?这是假设笛卡尔具有一种先验地或多或少被他的时代的科学状态限制和变质了的本性,假设人们能够将这种天然的本性搬到当代,这时,他的这种本性将对更加丰富和更加精确的知识发生作用。但是,这是忘记了笛卡尔是他自己已选择成为了的东西,忘记了他从一个知识的和技术的世界出发对自我的绝对选择,而这个世界是由这个选择承担并同时照亮的。笛卡尔是一个具有绝对时代痕迹而对于另一个时代来说是完全不可想象的绝对,因为他在造就了自己的同时,制造了他的时代痕迹。正是他而不是别的人规定了刚刚在他之前的数学知识的严格状态,这不是通过一种能够以任何观点和相对任何座标系来做成的空泛的统计,而是通过建立了解析几何原则,也就是说在精确地发明了能够使人定义这些知识的状态的座标系决定了数学知识的

---

① 西蒙·德·蒙特伏尔(1150—1218),法国教士,十字军军官。——译注
② 指中世纪以巴黎为中心的地区。——译注

具体状态的。这里仍然是自由发明和将来使人能够照亮现在，是根据一个目的的技术的改进使人能够估价技术的状态。

于是，当自为面对对象－别人表现出来的时候，他同时就发现了技术。从此它便能够将它们化归己有，也就是说将它们内在化。但是同时：（1）在利用一种技术时，自为向着其目的超越了这种技术，他总是在他所利用的技术之外；（2）由于技术被内在化了，所以作为有意义的和任意对象－他人所规定了的纯行为的技术就失去了其技术的特性，它单纯地融合于向着目的对于给定物的自由超越之中；它被奠定它的自由所恢复所支持，正像方言和言语被句子的自由谋划所支持那样。作为人与人之间的技术关系的封建性是不存在的，它只是一种纯粹的抽象，而这抽象是被这样忠于其领主的人的许许多多的个人谋划所支持并超越的。因此，我们丝毫不指望达到一种历史的唯名论。我们不想说封建性就是君主和廷臣关系的总和。相反，我们认为封建性是这些关系的抽象结构；在这个时代中，一个人的所有谋划都应当实现为向着这个抽象环节的具体的东西的超越。因此就不必要从细节的众多经验出发做概括来建立封建的技术原则：这种技术必然地和完全地存在于每一个个体的行为中，人们可以在任何情况下将它公布出来。但是，它这样只是为了被超越。用同样的方式，自为不可能成为个人，也就是说不可能选择他所是的目的而不成为人、民族集体中的一员，阶级、家庭的一员等等。但是，他通过他的谋划支持和超越的正是这些抽象的结构。他自己造就为法国人、南方人、工人，以便成为在这些规定的视野内的自为。而与此同时，向他揭示出来的世界显现为具有相关于被采用的技术的某些意义的。它显现为为法国人的世界、为工人的世界，等等，连同一切人们能够推测得出的特点。但是，这些特点没有"独立性"：这首先是他的世界，也就是说那个被他的目的照亮的世界使得他发现自己是法国人和无产者，等等。

然而，别人的实存给我的自由带来了一种事实上的限制。因为事实上，由于别人的涌现，一些在我并未选择的情况下我所是的某些规定便显现出来。实际上，我在这里不管是作为犹太人或雅利安人，不管是美的或者是丑的，还是独臂的，等等，所有这些，我都是为他的，并没有希望领会这种我外在地具有的意义，也没有希望拥有更充足的改变它的理由。只有语言告诉我我是什么；而且，这永远只会是空洞意向的对象：直觉对我永远是被排斥的。如果我的血统和体貌只是在他人中的形象或者他人关于我的意见，那我们早就可能做结论了；但是我们发现问题在于那些在我的为他的存在中定义了我的对象特性；从一种相异于我的自由面对我而涌现的时候起，我就开始在新的一维存在中存在了，而这一次，对于我来说，问题不在于把一种意义给予天然存在物，也不在于把别人给予某些对象的意义重新算作我的：正是我自己看到有一种意义被赋予我，而我没有办法把我所拥有的意义重新算成我的，因为它除非作为空洞的指示就不可能被给予我。于是，我的某种东西——根据这新的一维——以给定物的方式，至少是为我的存在，因为我所是的这个存在者被承受，它存在着而不被存在。我在我与别人之间保持的关系中并通过这种关系了解了它并忍受了它；在他们对我的行为中并通过这些行为，我在我每时每刻都遇到的无数禁令和无数抵抗的起源中遇到这个存在：因为我是个未成年人，我没有这样或那样的权利——因为我是个犹太人，在某种社会中，我将被剥夺某些可能性，等等。然而，我不能以任何方式感觉到自己是犹太人、未成年人或者贱民；我正是在这一点上能够起而反抗这种权利的剥夺，比方说，声明种族是一种单纯集体的想象；只有个人才是存在的。于是，我在这里就突然碰到了我个人的完全异化：我是我并未选择去是的某种东西：这对于处境会导致什么样的结论呢？

应当承认，我们刚才碰到了一种对我们自由的实在的限制，也就是说，一种不是以我们的自由为基础的强加于我们的存在方式。还应当认识到：强加的限制不是从他人的行动中来的。在前面一章里，我们已经指出，拷打本身并不剥夺我们的自由：我们是在拷打中自由地屈服的。按一种更一般的方式说，我在路上碰到的一种禁令："禁止犹太人入内"，"犹太人餐馆，雅利安人禁止入内"，等等，这使我们归结于前面谈论过了的情况（集体的技术）中，而这种禁令只在我的自由选择的基础上并由于这种基础才有意义。事实上，根据所选择的自由可能性，我能够违反禁令，把它看成一钱不值的，或者相反地给予它一种它只能从我给予的分量中获得的有强制权的价值。也许，这禁令完整地保持着它的"一种陌生意志的流露"的特性，也许，它被看做是一个将我看成对象并因此表露了一种超越了我的超越性的特殊的结构。它仍然在我的宇宙里肉身化，只是在我自己的选择的限制内并根据我在所有状况下都喜生恶死，或者相反，我在特殊情况下把死亡看作是某种可取的生活典型，等等，才丧失其固有的强迫力量。对我的自由的真正限制单纯在于一个别人把我当成对象－别人这个事实中的，在于我的处境对于别人来说不再是处境，而成为我在其中作为对象结构存在的对象形式这另一个推理事实中。正是我的处境的这种异化的对象化才是我的处境的恒常的和特定的限制，正像我在为他的存在中的自为的存在的对象化是我的存在的限制一样。而恰恰又是这两种特别的界限代表了我的自由的局限。总之，由于他人的存在，我在一个有一种外在性并且鉴于这个事实本身而有一种我丝毫不能取消其异化的一维的处境中存在，我也不能直接作用于它。人们看到，对我的自由的这种限制是被他人的单纯存在提出的，也就是说，被我的超越性为一个超越性而存在这个事实提出的。于是，我们把握了一个非常重要的真理：刚才我们在我们自为实存的范围内所讲的东西中看到，只有我的自由能限制我的自由；现在，我们在使他人的实存回到我们的考虑之中时看到，在这个新的水平上，我的自由也在他人的自由的实存中发现了它的限制。于是，在我们自己所处的某种水平上，一个自由遇到的唯一限制，是它在自由中发现的。按照斯宾诺莎的说法，思想只能被思想所限制，同样自由只能被自由所限制，它的限制就和内在的有限性一样，来自于它不能够不是自由这个事实，也就是说，他命定是自由的；而且正如外在的有限性一样，是由于这限制既然是自由，就是对其他一些自由地在他们自由的光照下理解它的自由而言而存在的。

确定了以上这些之后，就应当首先注意到处境的这种异化既不代表一种内在缺陷也不代表作为天然抵抗的给定物向我所经历的处境中的引入。完全相反，异化既不是一种内在变化，也不是处境的部分改变；它不在时间化过程中显现，我在处境中永远不会与它相遇，而它因此永远不会把自己提供给我的直觉。但从原则上讲，它逃离开我，它就是处境的外在性本身，也就是它的为他的外在存在。因此，这就涉及到所有一般处境的本质特征，这种特征不能作用于其内容，而是被置身于处境中的人本身接受和恢复的。于是，我们的自由选择的意义本身就是使一种表现它的、其本质特征是被异化的处境出现，也就是说，作为它的自在形式而存在。我们不可能脱离这个异化，因为企图在处境之外存在的想法本身是荒谬的。这个特征不是由内在抵抗来表露。而是相反，它是在其不可把握性本身中并通过这种不可把握性被体验到的。因此，自由最终碰到的不是对面的障碍，而是他的本性本身中的一种离心力，一种本质的虚弱，这虚弱使他着手进行的所有东西总会有他未来选择的一面，这一面逃离自由成了为他人的纯粹存在。一种自己要求自由的自由将只能同时要求这个特点。然而，这特点并不属于自由的本性，因为这里没有本性；再说，就是曾经有过一个本性，人们也不能还原它，因为他人的存在是一个完全偶然的事实；但是，作为面对别的自由来到世界上的自由，就是作为可异化的东西来到世界上，如果自己要求成为自由的，那就是选择在这一个世界中面对别的一些世界存在，愿意成为这样的人的人也将要求他的自由的激情。

另一方面，被异化的处境和我自己的被异化不是客观地通过我暴露和验证的;我们刚才讲过,事实上,首要的是,一切被异化了的东西原则上只能为他地存在。但是,此外,一种纯粹的验证,即使是可能的,也会是不充分的。事实上,我不能够在不同时承认别人是超越性的情况下体验到这种异化。而我们讲过,如果这种承认不是对他人自由的自由承认,它将不会有任何意义。通过我对我的异化产生的体验,我自由地承认他人,通过这种承认,我担当起我的为他的存在,不管这种为他的存在是什么,我所以担当它,恰恰因为它是我与他人统一的引线。因此,我只有把他人把握为这样的(事实上,我总是能自由地把他人当作对象)自由谋划中才能把他人把握为自由,而承认他人的自由谋划和自由假定我的为他的存在之间没有区别。正因为如此,就可以说我的自由恢复了它固有的限制,因为只有当他人为我地存在时,我才能把自己看成是受到他人限制的,我只能在担当我的为他的存在时使他人作为被承认的主观性而为我地存在。这里没有循环:有的是通过对这种我体验到了的被异化的自由假定,我突然使他人的超越性作为这样的超越性而为我地存在了。仅仅是在承认排犹主义者的自由(不管他们用它来做什么)并担当起这个是犹太人-存在时,我才是为他们地存在的,仅仅是因为如此,犹太人-存在才显现为处境的外部客观限制;相反,如果我愿意把他们看成为纯粹的对象,我的犹太人-存在立刻消失而让位于(对)一种无法言传的自由超越性(的)简单意识。承认他人,如果我是犹太人,我担当起我的犹太人-存在,这二者实际上是一回事。于是,别人的自由把限制赋予我的处境,但是,只有在恢复这个我所是的为他的存在时并在我选择的目的的光辉照耀下给予它意义的时候我才能体验到这些限制。而当然,这个假定本身被异化了,它有它的外在性,但是,正是通过它我才能够体验到我的外在存在是外在的。

从那时候起,当语言将向我提供有关我的界限的情况的时候,我将怎样体验我的存在的诸种客观限制,如是犹太人、雅利安人,丑，美，国王，官员，贱民，等等的呢？不可能是按我直觉地把握美、丑、别人的血统的方法，也不是以我非正题地意识到我谋划这样或那样的可能性的方法。这些客观特性并不应该必然地是抽象的：其中一些是抽象的，另一些则不是抽象的。我面貌的美、丑或无特征是在其完全的具体化中被他人把握的，而这种具体化是他人的语言将向我指明的：我虚空地企求的正是这种具体化。这就完全不涉及抽象化，而涉及结构的总体，这些结构中的某些是抽象的，而其整体是绝对具体的，是仅向我显示为从原则上逃离我的总体。这实际上就是我所是；然而我们在第二卷开头已指出，自为什么也不可能是。对我来说，我并不因此是美的、丑的或是犹太人、雅利安人，风趣的、平庸的或出色的更加是教师或咖啡馆侍者。我们把这些特征称作为不可实现物。应该避免把它们相混于想象物。这涉及的是完全真实的实存，那些把这些特点看作为真正给定物的人并不是这些特征，而是这些特征的我，却不能实现它们：比方说，如果有人说我是平庸的，那我常常是通过对他人的直观来把握平庸的本性的，我于是才能将"平庸"这个字应用于我个人。但是我不能把这个字的意义和我这个人联系起来。那里恰恰指示出要进行的联系（但是这种联系只能通过平庸的内在化和主观化或者通过个人的客观化来进行，这两个活动引起了上述实在的直接崩溃）。于是，我们被包围在不可实现的东西的无限之中，我们强烈地感觉到某些不可实现的东西是一些令人恼火的不在场的东西。在长期流亡之后，一个人才对他不能反过来实现"在巴黎"而感到一种深深的失望。对象在那里，随便地呈现出来，然而我，我只是一种不在场，只是一种使得世上有巴黎这一事实来说是必要的纯粹虚无。当我的朋友，我亲近的人对我说："你终于来了！你可回来了，你在巴黎了！"的时候，他们就向我提供了一个福地的形象。但是，这块福地的进口完全地把我排斥在外了。而如果大多数人根据是否涉及别人或涉及他们自己而应该受到"不一视同仁"的指责，如果当

585

639

他们觉得对前一天在他人那里受到批评的错误是负有责任的时候企图以"那不是一回事"来做回答，那是因为事实上"那不是一回事"。事实上，一种行动是道德评价的既定对象，另一种行动是把辩解带入其存在本身之中的纯粹超越性，因为它的存在是选择，我们能够通过比较结果来说服行动者相信：这两个活动都是完全同一的"外在的"，但是行动者的最强烈的善良意志不能使他实现这个同一性；由此，存在着好大一部分的道德意识的混乱，特别是对不能真正地自我鄙视的失望，对不能把自己实现为罪人的失望，对永久地感觉到在已表达了的意义之间有一种间隔而感到的失望："我是有罪的，我造了孽"，等等，还有对处境的实在理解。简言之，由此产生了所有对"内疚"（mauvaise conscience）的焦虑，也就是说对作为自我审判的理想的自欺的意识的焦虑，也就是说对采用别人的观点看待自我的焦虑。

但是，如果某些不可实现性的特别的种类比别的种类更使人震惊，如果它们成为心理学描述的对象，那它们就不应当向我们掩盖不可实现的东西的数目是无限的这一事实，因为不可实现的东西代表着处境的反面。

然而，这些不可实现的东西不仅仅向我们表现为不可实现的：事实上，为了使它们具有不可实现的特点，它们应该在某种旨在实现它们的谋划的启示下被揭示出来。而这事实上，正是在我们刚才指出自为在承认别人的存在的同一个活动中并通过这个活动担当其为他的存在的时候所注意到的。因此与这个假定的谋划相对应，不可实现的东西作为"要实现的"东西而被揭示。事实上，假定首先是以我的基本计划为背景形成的：我不局限于消极地接受"丑"、"虚弱"、"种族"等等的意义，而是相反，我只有在我固有的目的启示下才能领会这些特点——仅仅作为意义的特点。这就是当人们说某个种族存在的事实能够决定一种傲气的反应或者一种自卑情结时所表达的东西——但这是通过完全颠倒的措辞。事实上，种族，虚弱，丑只有在我自己对自卑或者骄傲的选择①的界限中才能显现；换句话说，它们只能和我的自由赋予它们的意义一起显现；这再一次意味着，它们是为他存在的，但是对于我来说，它们只能在我选择它们时才存在。我的自由法则使我非自我选择而不能存在，它在这里也完全适用：我不是为他人的选择是我所是，而只有在我选择成为我对别人显现出的那个样子时，也就是说通过有选择性的假定时才能企图为我地是我为他人所是的东西；一个犹太人并不首先是一个犹太人，然后是羞耻或骄傲的，而是相反，正是犹太人的自豪感，他的羞耻或者冷漠向他揭示了他的犹太人－存在；这个"犹太人－存在"在采用它的自由方式之外则什么也不是。只是，尽管我拥有无数方式来担当我的为他存在，我不能不担当它，我们在这里又发现这个被我们在前面定义为人为性的"命定自由"，我不能对我所是的东西（为他的）完全地克制自己——因为拒绝并不是克制自己，而仍然是担当——也不能消极地忍受它（在一种意义上说，这是一回事）；在愤怒、仇恨、自豪、羞耻、厌恶的拒绝或者愉快的要求中，我必须选择我所是的东西。

于是，不可实现的东西向自为表露为"需要实现的不可实现的东西"。它们并不因此而丧失其限制的特点；而相反，它们正是作为客观的和外界的限制而向自为表现为要内在化的。它们因此有了一种明显的强制性的特点。事实上，问题并不在于一种在我所是的自由谋划的运动中表露为"要利用"的工具。而不可实现的东西在这里同时既显现为对我的处境先验的既定的限制（既然我这样是为他的），因而又显现为存在者，而无须等待我将存在给予它；而同时，又只能在使我担当它的自由选择中并通过这种自由选择而存在——由于假定是明显地和所有旨在为我地实现不可实现的东西的行为的综合组织同一的。同时，由于它被给定为不可实现的，它便

---

① 或者对我的目的的所有别的选择的选择。——原注

表露为在我为实现它所能够做的所有尝试以外。一种为了存在而要求我去介入的先验的东西在只依靠这种介入和在一开始就置身于所有的尝试之外以便实现介入时,如果不明确地是命令,那又是什么呢?事实上,命令是需要内在化的,也就是说,它是作为完全现成的东西从外界而来的;但是,确切地说,命令,不管它是什么样的,也总是被定义为在内在性中恢复的外在性。要使一个命令成为命令——而不是抱有希望的声音或者人们仅仅企图转变的事实的纯粹已知条件——我就应当和我的自由一起获得它,就应当把它变为我的自由计划的一种结构。但是,为了使它成为命令而不是向着我自己的目的的一种自由运动,它就应当在我的自由选择内部保持其外在性的特性。这个外在性甚至在自为使它内在化的企图中并通过这种企图时仍保持为外在性。这就恰恰是要实现的不可实现的东西的定义,所以它表现为一种命令式。然而,人们在对这种不可实现的东西的描述能够更进一步:事实上,它是我的限制。但是,正是因为它是我的限制,它就不能作为对既定的存在的限制而存在,而是作为对我的自由的限制。这意味着我的自由在自由选择时选择了对自己的限制;或者,还可以说,对我的目的的自由选择,也就是说对我为我所是的东西的自由选择,这个我所是的东西包含着对这种选择的限制的假定,无论这些限制会成为什么样的。还是在这里,如同我们在前面讲过的那样,选择是对有限性的选择,但是,被选择的有限性是内在的有限性,也就是说自由通过自己而做的决定,被不可实现的东西的恢复所担当的有限性是外在的有限性;我选择了一个有一定距离的、限制了我的所有选择并构成它们的反面的存在,也就是说,我选择了我的选择是受异于它本身的东西所限制的。我会因此而恼怒和用一切方式企图——正如我们在这部书的上一卷中讲过的那样——收回这些限制,收回的最强烈的企图必需建立在自由恢复作为人们想内在化的限制的限制中。于是,当自由选择成为被别人的自由所限制的自由时,根据他的利益恢复不可实

642

现的限制并使之回到处境中去。因此，处境的诸外在限制变成了作为限制的处境，也就是说，它们和作为"要实现的不可实现的东西"，和作为被选择的逃离了我的选择的背面的"不可实现"性一起被吸收到内在性的处境中去了，它们成为我为了存在而做的绝望努力的一种意义，尽管它们是在这种努力之外先验地被确立的，精确地说，正如死亡——我们暂时还未谈及的另一种类型的不可实现的东西——在它被看作是生命的结局，甚至是指向我的在场和我的生命不在其中实现的世界，即指向一个生命的彼岸的条件下，变成了作为限制的处境。有"生命的彼岸"，它只通过我的生命并在我的生命中获得意义，然而它对我来说仍旧是不可实现的；还有一种在我的自由之外的自由，一种我的处境之外的处境，对这种处境来说，被我作为处境而经历的东西被给定为没于世界的客观形式：以上两种事实是两种类型的作为限制的处境，它们具有一种从各个方面限制了我的自由的，然而除了我的自由给予它们的意义以外再没有别的意义的悖论特性。对阶级、种族、身体、他人、职务，等等来说，有一种"对……来说是自由的存在"。通过它，自为向着其可能之一自我设计，而这个可能永远是自为的最终的可能：因为上述可能性是看自己的可能性，也就是说一个异于自我以便从外部来看自己的可能性。在一种情况下和在另一种情况下一样，有一个向着"终极"的谋划，它就在那里被内在化了，变成了正题意义并超出了各等级的可能的可及范围。人们能够"为是法国人而存在"，"为是工人而存在"，一个国王的儿子能够"为了统治而存在"。这里问题在于我们的存在的限制和否定的状态，在譬如犹太复国主义者在其种族中坚决担当起自己，即具体而又一劳永逸地担当起他的存在的永久的异化的意义上说，我们应该担当这种限制和否定的状态；同样，革命的工人通过其革命的谋划本身担当一个"为是工人的存在"。我们将能够指出——像海德格尔那样——尽管他用的如"事实性的"和"非事实性的"表达法是含糊的并且由于它们暗含的道德内容而变得不那么真挚——拒绝和逃离的态度永远是可能的,不管这个态度本身是什么,它都是它所逃离的东西的自由假定。于是,资产者在否认有阶级存在时自我造就为资产者,正如工人在肯定阶级存在并且在通过其革命能动性实现其"在阶级中的存在"时自我造就为工人一样。但是,这些对自由的外界限制,恰恰因为是外在的,因为它们只有作为不可实现的东西才能自我内在化,所以永远不会是自由的一种实在的障碍,也不是一种被承受的限制。自由是完全的和无限的,这并不是说它没有限制,而是说它永远不会碰到这些限制。自由每时每刻碰到的唯一限制是它强加给自己的那些限制,在谈到过去、周围和技术的时候我们曾讨论过这一点。

E) 我的死亡

死既然是"墙"的另一边有的东西,在它表现为特别无人性的状态以后,人们就突然以完全另一种观点来看待它了。也就是说,人们就把它作为人类生活的一个结局来看待了。这个变化很容易解释:死是一个极(terme),而任何极(无论它是目的的还是非目的的)都是一种双面的雅努斯①:或者人们把它看做紧附着限制着上述过程的存在的虚无,或者相反,人们发现它和它完成的系列粘连着,属于一种存在着的过程,这个过程以某种方式确立了它的意义。于是一个旋律的最后的和弦从一个方面考虑是趋向休止,也就是说,趋向跟随旋律的音响的虚无;在一种意义下,它是和休止一起被造成的,因为随后的休止已经作为其意义出现在最后的和弦中了。但是,它完全从另一面紧附在就是上述旋律的这个存在的充实上:没有它这个旋律就会是飘渺无依的,而这种终止音符的犹疑就会一个音符接一个音符地逆向而上,给予每一个音符一种未完成的

---

① 雅努斯:罗马神话中的两面神,掌管门户出入和水陆交通。——译注

特征。死总是——不管是有理还是没有理，这正是我们还不能够决定的——被看作人的生命的终端。因此很自然地，一种特别致力于明确人类对于包围着它的绝对非人性的东西所持的立场的哲学首先把死看做是一扇通向人的实在的虚无的敞开着的大门，认为这种虚无还是一种存在的绝对终止和一种非人形式下的存在。于是，我们就死显现为一种和非人的东西直接接触而言，能够说有一种——和各种伟大的实在论理论相关——关于死的实在论概念；因此，死脱离了人，同时它用非人的绝对制造了人。当然，关于实在的东西唯心主义和人道主义概念是不可能容忍人与非人相遇的，即使是作为他的限制。事实上，为了用一种非人的光亮照亮人，他只消根据这种界限的观点来安置自己就够了①。唯心主义者收回死的企图原先并不是一种哲学思辨活动，而是一种像里尔克那样的诗人和马尔罗那样的小说家的事。只需把死看做属于一个系列的最终一端就够了。如果这个系列这样回收了"趋向谋划的终点"（Terminus ad quem）恰恰是由于这个"ad"指出了其内在性，那么死就作为生命的目的内在化并人性化了；人只能碰到人性的东西，不再有生命的另一面，死是一种人的现象，是生命的最终现象，但仍然是生命。这样死是逆向地影响着整个生命的；生命是以部分的生命来限制自己，它和爱因斯坦式的世界一样变成了"有限而无垠的"（fin ie mais illimitée）；死变成生命的意义，就像最终的和弦是旋律的意义一样；那里没有任何奇迹：它是上述系列的一个极，人们知道，序列的每一极都总是面对系列的一切极在场的。但是，这样收回了的死并不仅仅总是停留在人类的水平上，它变成为我的死；在自我内在化时，它自我个体化了；再也不是巨大的不可知之物跟制人类，而是我的个人生命的现象把这种生命变成了单一的生命，也就是说一种再也不会重新开始的生命，人们在其中永不恢复其活动。因

---

① 参看例如《溪流的闪光》中的摩根的实在论柏拉图主义。——原注

此，我对我的死和对我的生命一样负有责任。不是对我的死亡的经验的和偶然的现象负责任，而是对这种使我的生命像我的死一样是我的生命的有限性负责任。正是在这种意义上里尔克才力图指出每个人的结束（fin）都与其生命相似，因为一切个别的生命已是对这个结束的准备；在这种意义上，马尔罗在《征战者》①一书中指出，欧洲文化在把死的意义给予某些亚洲人的过程中，使他们突然深入到一种绝望的和令人陶醉的真理之中，这就是"生命是唯一的"。海德格尔对把一种哲学形式赋予这种死的人类化是持有保留意见的，事实上，"此在"之所以不接受什么，恰恰是因为它是谋划和预测，它应当是对作为不再在世界上实现现在的可能性的它自己的死的预测和谋划。于是，死成了"此在"的固有可能性；人的实在的存在被定义为走向死的存在（Sein Zam Tode）。由于"此在"决定其对死的谋划，它实现了"为了死的自由"（la liberté-pour-mourir）并通过对有限性的自由选择把自己构成为整体。

一种同样的理论初看起来只能迷惑我们：在使死内在化时，它为我们自己构思的谋划服务；通过自我内在化，我们的自由表面的限制被自由收回了。然而，无论是这些看法的方便之处还是它们含有的不可辩驳的部分真理都不应当使我们迷途。应该从头来考查这个问题。

的确，使物质世界成为实在的人的实在不可能碰到非人的东西；非人的东西的概念本身就是人的概念。因此即使自在的死是向一种绝对非人的东西的过渡，也应当抛弃一切把它看成向这个绝对敞开的天窗的希望。死除了揭示我们本身并按人的观点揭示我们之外，对我们则一无所示。这是否意味着它先天地属于人的实在呢？

首先应该明确的是死的荒谬性。在这种意义上说，所有想把它看作一种旋律的结尾的最终的和弦的企图都应当严格地被排除。人

---

① 《征战者》是马尔罗1928年发表的有关亚洲题材的小说。——译注

们曾经常说我们处在一个被判决者的处境中，处在一群不知其被处决日期的被判决者之中，但是他们每天都看见他的难友被处决。这种说法并不完全准确：毋宁应该把我们和勇敢地准备迎接最后的极刑的被判死刑者相比，他竭尽全力使自己在上断头台时有一付从容的面孔而在此期间西班牙流行感冒夺去了他的生命。这就是基督教格言曾包含着的东西，它要求准备去死，就好像死随时都可能到来一样。于是，人们希望在把死变为"被等待的死"的过程中把它收回。如果我们生命的意义变成了等死，事实上，死在突然到来时，就只能在生命上盖上自己的印记。其实，这就是说在海德格尔的"坚定的决心"（Entschlos Serheit）中还有更加肯定的东西。可惜，这是一些说起来容易做起来难的建议，这并不是由于人的实在的一种自然的弱点或者不确实的原始谋划，而是由于死本身。事实上，人们能等待一种特殊的死，而不能等待死本身。海德格尔玩弄的把戏是很容易识破的：他从把我们每个人的死个体化开始，同时告诉我们说死是个人的死，是个别的；是"唯一的任何人不能替我做的事情"；然后据此，他用他从"此在"出发给予死不可比较的这种个别性来把"此在"本身个体化：正是在自由谋划它的最终可能性时，"此在"将会屈从于确实的存在并从日常的平庸中挣脱出来以便达到个人的不可替换的统一性。但是这里有一个循环：事实上，怎样证明死有这种个别性以及提供死的能力？当然，如果死被描述为我的死，我便能够等待它：这是一种个性化了的和被区分开了的可能性。但是，打击着我的死就是我的死么？首先，说"死去是唯一任何人都不能替我做的事情"是完完全全毫无根据的。或者不如说那里有一种推论中的明显的自欺：事实上，如果人们认为死最终的和主观的可能性只是与自为有关的结局，那么很明显，没有任何东西能够替我去死。但是由此得出的结论是，我的任何一个可能性按这种观点——按照我思的观点——不论是在确实的还是不确实的存在中获得的，都不能被异于我的任何别人来谋划。没有任何人能

647

够替我去爱，如果人们据此希望发这些就是我的誓言的誓言，期待经历就是我的情感的情感的话（尽管它们是如此地平庸）。而这"我的"在这里丝毫不涉及战胜日常平庸（这使海德格尔可以反驳我们说我正应当"为了死亡而是自由的"使我体验到的爱是我的爱而不是在我之中的"人家"的爱）的个性，而仅仅只是海德格尔明确地从所有的"此在"中辨别出来的这个自我性——它以事实的或非事实的方式存在着——当他宣称"此在是我的此在"（Dasein ist je meines）时。于是，按这个观点，最平庸的爱和死一样，是不可替换的和唯一的：没有任何人能够替我去爱。相反，倘若人们从我在世界上的活动的功能、效力和结果的观点来考察我在世界上的活动，那么当然，别人便总是能够做我所做的：如果问题在于让一位妇女幸福，保障她的生命和自由，给予她自救的手段，或者仅仅是和她一起建立一个家庭，让她"生孩子"，如果这就是人们叫做爱的东西的话：那么一个别人就能代替我去爱，他甚至能为我去爱，这正是这些牺牲的意义，这种牺牲千百次地在情感小说中被讲述，它们告诉我们，一个情人，希望他所爱的女人得到幸福，于是在他的情敌面前隐退了，因为后一个"会比他更爱她"。这里，情敌被特别地赋予"爱之所为……"的任务，因为爱的定义仅仅是作为"通过别人带给她的爱而使之幸福"。而我的所有行为就将是这样的。不过，我的死也将归于这一范畴：如果死去是为了建立，为了证明，为了祖国，等等，那无论是谁都可以替我去死——就像在歌里唱的那样，谁抽着短的麦秸，谁就被吃掉。一句话，没有任何一种个别化的道德对我的死来说是特别的。恰恰相反，只有当我已经处于主观性的角度时，死才变成我的死；正是这个被反思前的我思定义的我的主观性使我的死变成了一种主观的不可替换的东西，而不是死将把不可替换的自我性给予我的自由。在这种情况下，死就不可能个性化，因为它是作为我的死的死，因此，死的主要结构不足以把它变成为这个人们能够等待的个人化了的和定了性的结局。

648

但是，死也丝毫不能被等待，如果它不是特别精确地被指定为我的死刑的话（死刑八天以后执行，我知道我的病不久就会发生突然地恶化等等），因为它只不过揭露了一切等待的荒谬性，尽管恰恰就是它的等待。事实上，首先应当仔细地区别人们在这里连续混淆的动词"等待"（attendre）的两种意义：预料（s'attendre）死不是等待死。我们只能等待一个决定了的结局，而同样决定了的过程正在实现它。我能够等待查尔特来的火车，因为我知道它已经离开了查尔特车站，因为车轮的每一次旋转会使它靠巴黎火车站近一步。当然，它可能会晚点，甚至也可能发生一次车祸；但是，将会实现的进站这个过程本身仍然"在进行中"，那些能够推迟或者取消这次进站的诸种现象在这里仅仅意味着这过程只是一种相对地封闭的和相对地孤立的体系，仅仅意味着它实际上陷入了一个"纤维结构"的宇宙中，就像梅耶松说的那样。于是，我能够说我等待皮埃尔，也能说"我预料他的火车会误点"。但是精确地说，我的死的可能性仅仅意味着我在生物学意义上说是一种相对封闭的系统和相对孤立的系统，它仅仅指出了我的身体是归属于存在物的整体。这种可能性是火车可能晚点类型的，而不是皮埃尔到达的类型的。它是属于不可预测的、意想不到的应当总是考虑着的障碍方面的，同时保持着障碍的意想不到的方面，但又是人们不能等待的特有特点，因为这障碍消失在未确定性中。事实上，在承认诸因素是严格互相制约的时候——这甚至都不用证明而要求一个形而上学的抉择——因素的数目是无限的，它的蕴涵是永远无限的；它们的总体不构成一个系统，至少按上述观点上述结果来说——我的死——它的发生不可能在任何日子里被验证，因此也不能够被等待。也许，当我在这个房间里平静地写作的时候，宇宙的状态是这样的：我的死显然已经非常逼近了；但是也许相反，它已经明显地远离了。比方说如果我等待一个征兵动员令，我能够认为我的死临近了，也就是说一种临近的死的机会大大地增加了；但是也可能恰恰是在这同一时刻,一个国际会议正在秘密召开,它也许已经找到一个维持和平的方法。于是,我不能够说过去的每一分钟都在使我更靠近死。如果我完全从整体上来考虑,那么我可以说流逝的每一分钟的确是在使我和死亡靠近,我的生命是有限的,但是,在这些非常有弹性的限制之内(我能作为一个百岁老人而死,还可能在三十七岁时死,或在明天就死),我不可能知道在这个期限内死在事实上是向我靠近还是离开我。因为老年人活到年限死去和使我们在成年或青年时期逝去的突然死亡之间有质的巨大区别。等待第一种死,就是承认生命是一种被限制的事业,是选择有限性和在有限性的基础上挑选我们的目的的方法之一。等待第二种死,就将是等待我的生命成为一项失败的事业。如果只存在老年的死(或者明确判处的死),我将能等待我的死。但是,死亡的本义恰恰就是:它总是能提前在这样或那样一个日子里突然出现在等待着它的人们面前。而如果老年的死能够混同于我们的选择的有限性,因而能够像我们生命的最终的和弦那样自己生存(人们给了我们一个任务并给了我们时间来完成这个任务),那么相反,突然的死就是:它丝毫不能预料,因为它是未确定的,人们不能在任何一个确定的日期上等待它;事实上,它总是包含着我们在一个所等待的日子之前会突然死去的可能性,因此,我们的等待应该是作为等待的一种欺骗,或者,我们应该一直幸存到这个日期,而由于我们只是这种等待,我们应该在我们本身之后幸存。此外,因为突然的死和另一种死有质的区别只是就我们对两者而言都活着而言的,正如,从生物学意义上讲,也就是说按宇宙的观点来讲,两种死对于它们的原因和决定它们的因素来说才是完全不同的,其中一个的不确定性事实上影响了另一个;这意思就是说,人们只能盲目地和自欺地来等待一种老年的死。事实上,我们随时都有可能在我们完成我们的任务之前死去,或者相反在完成任务之后继续幸存。因此很少有一些机会使我们的死像索福格勒斯①的死那样，譬如以一种最终的和弦的方式出现。但是，如果仅仅是机会决定我们的死的特点继而又决定我们的生命，那么即便是与一种旋律的休止最相似的也不能被作为一个这样的休止来等待；在决定时，偶遇剥夺了其所有和谐的休止的全部特点。事实上，旋律的休止应当来源于旋律本身以便将其意义给予旋律。因此一种如索福格勒斯的死那样的死就将与一个最终的和弦相似但又和它不会是一回事，正如几个立方体下落形成的字母也许像一个词但是与它不会是一回事一样。于是我的谋划内部偶遇的这种永恒的显现不能被当作我的可能性，但是，相反，就像我的所有可能性的虚无化一样，这个虚无化应被看作为是本身再也不属我的诸可能性的一部分了。于是，死并不是我的不再实现在世的在场的可能性，而是在我的诸可能性之外的我的诸可能的一种总是可能的虚无化。

此外，这是能够以稍有区别的方式，从对意义的考察出发来解释的。我们知道人的实在是赋予意义者，这意思是说他通过不存在的东西显示出自己是什么，或者，也可说他是他将要成为自己将要成为的东西。因此，如果他永远介入他自己的未来，这就引导我们说他等待对这个未来的证实。事实上，作为未来，将来是由一种将是的现在的提前描绘的；人们完全听凭这个现在的摆布，只有这个作为现在的现在，应当能够证实或者否认我所是的那种提前描绘的意义。由于这个现在本身将是在一个新的未来的启示下对过去的自由恢复，我们也就不可能规定它，而仅仅只能谋划它和等待它。我的现实行为的意义，就是我想使严重地伤害了我的那个人受到诫训。但是，我怎么能知道这个诫训是否会变为生气和羞怯时的结结巴巴，我现时的行为的意义是否会变为过去的呢？自由限制自由，过去从现在获得其意义。于是，正如我们指出过的那样，我们现实

---

① 索福格勒斯（前496—前406），古希腊悲剧家。——译注

的行为对我们来说是完全半透明的（反思前的我思）又同时是完全地被一种我们应当等待的自由决定掩盖着，这样一个悖论就是这样解释的：青少年完全意识到了他的行为的神秘意义而同时又应该完全置身于未来以便决定他是不是正在"渡过一个青春期的危机"或者以便真正地介入一条虔信的道路。于是，我们今后的自由作为自由并不是我们的现实可能性，但是我们还不是的可能性的基础把就像被巴莱斯①叫做"完全光明中的神秘"的某种事物构成一种半透明性中的不透明性，由此产生对我们来说的预料的那种必然性。我们的生命只不过是漫长的等待：等待实现我们的目的，首先是（介入一项事业，就是等待它的完结）特别是等待我们本身（即使这个事业实现了，即使我懂得让人爱，获取这样的荣誉，这样的厚待也仍待决定这个事业本身在我的生活中的位置、意义和价值）。这不是来自人的"本性"的一种偶然的缺陷，不是来自一种阻扰我们将我们限制在现在并能够通过锻炼得到缓解的神经质，而是来自在它自我时间化的范围内"存在"着的自为的本性本身的。因此，应该把我们的生活看作不仅是因等待而造成的，而且是本身等待着等待的对等待的等待造成的。这就是自我性的结构本身所在：是自我，就是走向自我。这些等待很明显地全都包含着对被等待而不再等待任何东西的最终端的一种归属。一种将是存在而不再等待存在的歇息。整个系列终止于原则上永远不被给出的并是我们存在的价值的这个最终端，也就是说，显然，是一种"自在－自为"类型的充实物。由于这个最终端，我们的过去的恢复将一劳永逸地造成了；我们将永远地知道这样一种青年时期的体验是有益的还是不祥的，这样的青春期的危机是反复无常的还是我的未来介入的真实的预成，我们的生命的曲线将永远是确定的。一句话，账将被算清。基督徒

---

① 巴莱斯（1862—1923），法国作家和政治家，其唯我主义导致沙文主义。——译注

曾试图把死亡当作这种最终端。布瓦斯洛（Le R. P. Boisselot）在一次和我的私人谈话中使我懂得了"最后的审判"恰恰就是这种结清账目，它使人们不能再恢复行动，使人们最终不可挽回地是其所曾是的。

但是，这上面有一个和我们前面谈到的莱布尼茨的错误类似的错误。这错误甚至处在存在的另一端。按莱布尼茨的观点，我们是自由的，因为我们的所有活动都来自我们的本质。然而，为了使全部这种细节的自由掩盖一种完全的奴隶的地位，我们只需使本质不被我们选择就够了：上帝已选择了亚当的本质。相反，如果正是账目的清算给予我们的生命以意义和价值，被当作我们生命的情节的一切动作是不是自由的就都没有什么关系了：如果我们本身没有选择清算自己的账目的时刻，意义本身就脱离了我们。这正是狄德罗传播的写趣事故事的自由化作者所感觉到了的东西。在审判的那天，兄弟俩一同出现在圣庭上，哥哥向上帝说："你为什么让我这么年轻就死去？"上帝回答说："为了拯救你。如果你再活长些，你就会犯一次罪，就像你的兄弟一样。"那么，轮到他的兄弟来问："你为什么让我这么老才死？"如果死不是我们的存在的自由决定，那么它便不能决定我们的生命：多活一分钟或少活一分钟，一切就可能改变；如果这一分钟被加到我的账目中或者被夺走，甚至在承认我能自由地使用它时，我的生命的意义也离开了我。然而，基督教式的死是来自上帝的：上帝选择我们的死期；按一般的方式，我清楚地知道，即使在我自我时间化时一般地使一些分钟和一些小时存在，我死的那一分钟也不是由我确定的：它是由世界的程序决定的。

如果是这样的话，我们甚至不再能说死从外面把意义给予生命：一个意义只能来自主观性本身。既然死不是在我们的自由的基础上出现的，它只能将全部意义都从生命中去掉。如果我是等待等待的等待，如果我的最后的等待的对象和在等待的对象都被取消了，等待就在追溯往事时获得其荒谬性。这个年轻人在三十年的时间里等待成为一个大作家；但是这个等待本身不是自足的：它将是自负的和荒谬的顽固，或者是根据他写的书对其价值的深刻理解。他的第一本书出版了，但是这独自的书意味着什么呢？这是第一部著作。让我们承认它是好的吧：它只是通过未来取得其意义。如果它是唯一的，它就同时是开幕词和遗嘱。他只有一本书要写，他被他的作品限制和包围；他将不是"一个大作家"。如果小说在一批人中获得其地位，这就是一次"事故"。如果在它之后还有其他更好的书出现，它就可以将它的作者列入第一流作家之列。但是死在作家为了要知道自己"是否有才能"而正在焦急地写另一部著作时，在他期待的时候来打击作家了。这就足够使一切落入未确定之中：我不能说那位死去了的作家是一本唯一的书（从他曾经只能有唯一一本书要写的意义上说）的作者，也不能说他写了好几本书（因为事实上他只发表了一本书）。我什么也不能说：假定巴尔扎克在《朱安党人》一书发表之前死去，那他就只能是一个写了几部很糟糕的冒险小说的作家。但是，同时，这个死去的青年所是的那个等待本身，这个希望成为一个大人物的等待失去了一切种类的意义：它既不是盲目地顽固的和虚荣的，也不是它自己的价值的真正意义，因为永远没有任何东西来决定这个意义。事实上，企图在评价他乐意为其艺术所作出的牺牲和他乐意过的清苦生活时来决定这个意义是徒劳的：有许多平庸者都有力量做同样的牺牲。相反，这些行为的最终价值仍然明确地是悬而未决的；或者，可以说，总体——特殊的行为、等待、价值——一下子陷入了荒谬。于是，死永远不是将其意义给予生命的那种东西；相反，它正是原则上把一切意义从生命那里去掉的东西。如果我们应当死去，我们的生命便没有意义，因为它的问题不接受任何解决方法，因为问题的意义本身仍然是不确定的。

求助于自杀来逃避这种必然性是徒劳的。自杀不能被认为是以我作为自己基础的生命的终止。事实上，作为我的生命的活动，自杀本身要求一种只有将来才能给予它的意义；但是，由于它是我的生命的最后一个活动，它排斥了这个将来；因而，它仍然是完全不确定的。如果我事实上逃避了死，或者如果我"自杀未遂"，我后来会不会把我的自杀判断为一种懦弱呢？结局不能向我表明另外的结果也是可能的么？但是，由于这些结果、只能是我自己的谋划，所以它们只能在我活着的时候显现出来。自杀是一种将我的生命沉入荒谬之中的荒谬性。

人们将看到，这些看法不是从对死亡的考察中得出的，而是相反，是从对生命的考察中得出的；正是因为自为是这样一种存在，对这种存在来说，存在在其存在中是在问题中的，正是因为自为是总是要求有一种后来的存在，死在自为的存在中没有任何地位。如果这不是对把所有等待还原为荒谬的一个未确定结局的等待（其中包括对死的等待本身），那么，一种对死的等待能够意味着什么呢？对死的等待本身毁灭了，因为它将是对一切等待的否定。我向着一个死的谋划是可以理解的（自杀，烈士，英雄主义），但是作为不再在世界上实现其现在的未定可能性的我的死的谋划是不可理解的，因为这个谋划将是所有谋划的毁灭。于是，死不能是我固有的可能性，它甚至不能是我的可能性之一。

况且，只能够向我揭示出来的死不仅仅是我的可能的总是可能的虚无化——在我的可能性之外的虚无化——它不仅仅是摧毁了所有的谋划的谋划，还是摧毁了自己本身的谋划，是我的等待的不可能的毁灭：它是他人的观点对关于我对我本身所是的观点的胜利。这也许正是马尔罗所希望的，当他在《希望》①中写到死亡时，说死"把生命变成命运"。事实上，死只是从其否定的一面成为对我的可能性的虚无化；正如我事实上只通过我应该是的自在的存在的虚无化才是我的可能性一样，死作为一个虚无化的虚无化，在对黑格尔来说的否定之否定就是肯定的意义上说，是我的作为自在的存

---

① 马尔罗的以西班牙内战为背景的行动主义小说。——译注

655

在的肯定。只要自为"活着",他就超越其过去而走向其未来,而过去是自为应该是的东西。当自为"不再生存"时,这种过去将会同样地自己取消;正在虚无化的存在的消失在其按自在类型存在的存在中并不触及过去,它在自在中自我取消了。我的生命整个地存在,这意思不是说它是个和谐的整体,而是说它不再是它自己的缓刑期,是说它不再能通过它对它自身拥有的简单意识而改变自己。而是完全相反,这个生命的任何现象的意义从此被确定,不是通过它本身,而是通过这就是生命终止的开放的整体确定的,这种意义按最初的和基础的方式说是意义的不在场,我们已经讲过这一点。但是,按次级的和引伸的方式,相对意义的千百种闪光和虹彩能够在一个"死亡的"生命的这个基本的荒谬性上演出。比方说,不论最高的虚荣心是什么样的,索福格勒斯的生命仍然曾是幸福的,巴尔扎克的生命仍然是神奇般勤奋的,等等。自然,这些一般的形容还可能进一步的严密;我们还可能在讲述这个生命的同时进行一个描绘和分析。我们将会获得更加清晰的特征,我们将能够说莫里亚克的女主人公那样的死是曾经生活在"谨慎的绝望"中的;我们将能够把帕斯卡尔的"灵魂"的意义(也就是说他的内在"生命"的意义)看作"奢华的和苦涩的",就像尼采写过的那样。我们能够一直到把这样一个插曲形容为"懦弱性"或者"不正当手段",尽管如此,继续注意到活着的自为所是的这种"永远延期的存在"的偶然的停止是唯一在彻底荒谬性的基础上允许相对的意义给予上述插曲的,而这个意义本质上是暂时的意义,其暂时性碰巧地过渡到确定的东西上面去。但是,这些对皮埃尔生命的意义的不同解释是有其作用的,当正是皮埃尔自己把这些作用于他自己的生命之上时,改变其意义和方向,因为当他自己的生命被自为所期望时,对他自己的生命的一切描绘就是这个生命之外的自我的谋划,如同正在改变的谋划,同时又被参与到它所改变着的生命中去一样,正是皮埃尔自己的生命在持续自我时间化过程中改变着它的意义。然而，既然现在他的生命死了，那就只有别人的回忆才能阻挡它在割断了它和现在的一切联系时蜷缩在自在的充实中。死去了的生命的特点，就是它是一种由他人作为保管者的生命。这不简单地意味着他人在对"死者"的生命进行一种解释的和认识的重新组合时把"死者"的生命留住。而完全相反，这样的一种重新组合只是别人的就死去了的生命而言的可能的态度之一，因而，"被重新组合的生命"的特点（在通过亲近者的回忆展现的家庭范围内，在历史的范围内）是一种在不包括别人在内的某些生命上留下印记的特殊命运。这必然导致的结论是，"被忘却的生命"的相反性质也表现一种从他人出发来到某些生命中的特殊的、可描述的命运。被忘记，就是成为一种别人的态度的对象，和暗含的他人决定的对象。被忘记，事实上就是坚决地和永远地被理解为一个消融于群体中的成份（十八世纪的大封建领主，十八世纪的"资产阶级民权主义者"，"苏联的官员"等等），这丝毫不是自行消灭，而是失去其个人的存在以便和别的人一起被组合成为集体存在。这明确地向我们指出了我们所想证明的东西，那就是别人不可能首先不与死人接触而存在以便随后决定（或者为了使处境做出决定）他将和某些特殊的死人（这些在他们活着时他曾认识的人们，这些"伟大的死者"）之间有这样或那样的关系。实际上，和死人的关系——和一切死人的关系——是被我们叫做"为他的存在"的基本关系的本质结构。自为在对其存在涌现时，应当相对各种死人采取某种态度；他的最初谋划将他们组织成为毫无特色的广义的群体或者独特的个体；这些集体的群体和这些个体一样，都是由他决定其后退或者绝对接近的，他在自己时间化时拉开这些群体和个体与他之间的时间性距离，正如他拉开从他的周围开始的空间距离一样；在通过其目的来使他所是的东西显示出来时，他决定了死者的集体或者个体的固有重要性；这样一种对皮埃尔来说将严格地是无名的和完全没有个性的集团对我来说将是被定性的和有一定结构的；对我来说，纯粹同样的另一个这样的集团将使让（Jean）的某种个人的构成部分出现。拜占庭、罗马、雅典、第二批十字军、国民公会①，根据我采取的和我"是"的那种态度所能够或远或近或粗略或详尽地看到的古代的大公墓——从这不是不可能的角度讲——只要人们恰当地理解它——定义"一个人"是通过墓中的死人，也就是说通过他在古墓中所决定的个体或者集体的区域，通过他走过的道路，通过他决定自己受的教育，通过他在其中萌发的"根"。当然，死选择我们，但是首先我们应该已选择了死亡。我们在这里重新遇到了联结人为性和自由的原始关系；我们选择我们对各种死的态度，但是，我们不可能不选择其中一种。对各种死的一概冷漠是一种完全可能的态度（人们在一些"无国籍者"，某些革命者或者某些个人主义者那里发现了一些例证）。但是这种冷漠——它坚持使死"再一次死去"——是混杂于对各种死的其他行为中的一种行为。于是，根据其人为性本身，自为被抛进了对死者的一种完全的"责任"之中，他被迫自由地决定死的机遇。特别是，当涉及到包围着我们的死人的时候，我们不可能不决定——明确地或者暗含地——他们的事业的机遇；当涉及到儿子重操父亲的事业或者弟子继承先生的学派和学说的时候，这一点就特别清楚。但是，尽管在相当多的境遇中的联系并不是那么明晰的，这在上述死人和活人属于同一个历史的和具体的集体的情况下都是同样真实的。正是我，正是我的同时代人来决定前一代人的努力和事业的意义，或者我们恢复和继承他们的社会和政治的企图，或者我们果断地实现一种决裂并将死者抛进无效中去。我们看到，正是1917年的美洲来确定拉法耶特的事业的价值和意义。于是，根据这种观点，生和死之间的区别便明显地出现了：生命决定它自己的意义，因为它总是延期的，它本质上拥有一种自我批评的能力和自我变化的能力，这种能力使得它被定义为"尚未"，或者

---

① 指法国资产阶级革命时期的国民公会。——译注

如果人们愿意，可以说它是它所是的东西的变化。因此死去了的生命并未变化，然而它被造成了。这意味着对于它来说，决心已下，它从此将接受其变化而完全不对此负责任。对它来说，这不仅仅涉及一种抽象的确定的总体化；这还涉及到一种彻底的改造；任何东西都不再能够达于它内部，它是完全地封闭的，人们不再能使任何东西进入到里面；但是它的意义仍然是从外面被改变的。一直到这位和平的使者死去，他的事业（疯狂或者实在，成功或者失败）深刻的意义还掌握在他的手中；"只要我还在那里，那里就不会有战争"。但是，就这种意义超越了一种单纯个体性的局限而言，就个人使他通过一种客观处境来实现（欧洲的和平）的东西显示出来而言，死代表着一个完整的剥夺：正是他人剥夺了和平的使者他自己承当的努力的意义本身，因此也就是剥夺了他的存在的意义本身，而不管他本身如何，不管通过其涌现本身是失败的或成功的改变，疯狂的或天才直观的改造，也不管个人由之自己显示出来并且个人在其存在中所是的事业本身。于是，死的存在本身在我们自己的生命中为了他人的利益完全将我们异化了。死亡，就是被生者所捕获。因此这就意味着企图把握其未来的死的意义的人应当发现自己是别人的未来的猎获物。因此，就有一种在我们这本书中专述"为他"的章节中我们没有论及的异化的情况；事实上，我们曾研究过的异化是我们在把别人改造成被超越的超越性时能够虚无化的异化，同样，我们也能够通过我们的自由的绝对和主观的态度将我们的外在性虚无化；只要我活着，我就能够逃离我为他所是的东西，而这是通过我自由提出的目的把自己揭示为：我什么也不是，并且我使自己是我所是；只要我活着，我就能通过向着另一些目的自我设计，并且不管怎样，通过发现我的为我的存在的一维和我的为他的存在的一维之间无法类比而揭穿别人从我这里发现的东西。于是，我不停地脱离我的外在，我不停地被它把握，而"在这场混战中"，决定性的胜利不是属于这一种存在方式就是属于另一种。但

602

是，死的事实在这同一场战斗中在并没有明确地与对手中的这一个或另一个相联的情况下，从别人的观点看来是把最后的胜利交了出来。同时把战斗和赌博转移到另一个地盘上，也就是突然取消了战斗的一方。在这种意义上说，无论人们从别人那里取得的胜利是怎样地短暂，即使在人们利用"别人"来雕刻"自己的塑像"时，死去，就是被判决为只通过别人而存在和被判决从他那里得到其意义和胜利的意义本身。事实上，如果人们赞同我们在我们的第三卷中陈述的实在论的看法，人们就应该承认我死后的存在并不简单是"在别人的意识中"的鬼魂般的残存，也不是与我有关的单纯表象（形象，回忆，等等）。我的为他的存在是一个实在的存在，如果它像我在我消失后留给他人的锤子一样留在他的手里的话，也是作为我的存在的实在的一维——这一维成了我的唯一的一维——而不是无意识的幽灵。黎世留、路易十五、我的祖父，他们丝毫不是我的回忆的总和，甚至也不是所有听说过这些人的回忆和认识的总和；他们是些客观的和不透明的存在，但是他们仅仅是被还原为外在性的唯一的一维。以这种名义，它们在人的世界中继续着自己的历史，但是它们将只不过是一些没于世界的被超越的超越性；于是，死不仅在决定性地放弃了等待并使显示我是什么的目的的实现停留在未定中的时候取消了我的等待——而且，它还从外面将一个意义给予了我主观地经历的一切；它重新把握了这种自卫着的主观的东西，只要这主观的东西对抗着外在化而"活着"，而且死剥夺了这主观的东西的一切主观意义以便相反地将它提供给别人喜欢给予它的一切客观意义。尽管如此，仍然应当指出这样地赋予我的生命的"命运"也仍然是悬而未决的，仍然是延期的，因为回答"罗伯斯庇尔的历史命运最终是怎样的？"这个问题取决于"历史有一种意义么？"这个先决问题的答案，也就是说"历史应当是完成（s'achever）还是仅仅是终止（terminer）？"这个问题并没有解决——它可能是不可解决的，因为人们对此所做的所有回答（包括唯心主义的回答：

"埃及的历史是研究埃及的人的历史")本身都是历史的。

于是，在承认我的死能够在我生命中被发现时，我们看到它将不能是我的主观性的一种纯粹的中止，作为这种主观性的内在结局，我的主观性最终只与死有关。如果独断的实在论真的错误地在死中看见死的状态、也就是说看到一种生命中的超越的话，我能够发现是属于我的死就仍然会必然地介入到异于我的其他东西之中。事实上，由于我的死总是我的诸可能的可能的虚无化，它在我的诸多可能性之外，而且我因此将不能等待它，也就是说，我不能投身于它，就像投身于我的一种可能性一样。因此，它不能属于自为的本体论结构。由于它是别人对我的胜利，它归结于当然是基本的但又完全是偶然的事实，就像我们说过的，别人存在的事实。如果别人不存在，我们不会认识这种死；它将不会对我们表现出来，尤其是不会被构成我们的存在的命运的变化；事实上，死将是自为的和世界的，主观的和客观的，赋予意义者和所有的意义的同时消失。死之所以能够在某种范围内对我们揭示为就是我的意义的那些特殊的意义的改变，那是由于保证对意义和记号的替换的另一个指出意义者的存在所致。正是由于别人，我的死才是我在世界以外的堕落，它作为主观性，而不是作为意识和世界的消失。因此有一种不可否认的和基本的事实的特点，也就是说在死中间和在他人的存在中一样有一种根本的偶然性。这种偶然性提前使死逃脱了一切本体论的猜测。而通过从死出发考察我的生命来思索我的生命，这将是通过别人对于死取得观点来沉思我的主观性；我们讲过这是不可能的。

于是，我们应该得出与海德格尔相反的结论，即死远不是固有的可能性，它是一个偶然性的事实，作为事实它原则上脱离了我，而一开始就属于我的人为性。我既不能发现我的死，也不能等待它，也不能对它采取一种态度，因为它是表现为不可发现的东西，是取消了所有等待的东西，是溜进所有的态度特别是溜进人们对它

661

所采取的一些态度以便将这些态度改造为外在化的和固定的行为，这些行为的意义永远是被给予别人的而不是给予我们自身的。死是一种纯粹的事实，就和出生一样；它从外面来到我们之中，它又将我们改造为外在的。实际上，它和出生没有丝毫差别，我们正是称这出生和死亡的同一性为人为性的。

这是否是说死给我们的自由划出了限制呢？在放弃海德格尔的为死的存在时，我们是否永远地放弃了将我们负有责任的一种意义自由地给予我们的存在的可能性了呢？

恰恰相反，我们似乎觉得死在我们发现它真实的样子的时候，把我们完全地从它那所谓的约束中解放出来。只要人们对此稍加思考，这就将表现得更加清楚。

但是首先应当把死和有限性这两个通常被结合在一起的观念从根本上分离开。人们通常似乎相信，正是死构成了我们的有限性并向我们揭示了我们的有限性。正是由于这种看法的传染导致死显出本体论必然性的面貌，有限性相互地向死借用其偶然特性。特别是，海德格尔其人似乎就是在死和有限性是严格同一化这一点上奠定了他的整套为死的存在的理论，同样当马尔罗告诉我们说死向我们揭示了生命的一度性的时候，他似乎恰恰认为，正因为我们是要死的，所以我们是没有能力重新活动起来的，因而是有限的。但是，若更仔细一点地来考察事物，我们就会发现他们的错误：死是一种属于人为性的偶然事实；而有限性是决定了自由的自为的本体论结构，它只在对显示我的存在只有在目的的自由谋划中并通过这个谋划才存在。换句话说，人的实在将依然是有限的，即使没有死也是一样，因为他在自我选择为人类时自我造就为有限的了。事实上，是有限的就是自我选择，也就是说在自己谋划着一个可能而排斥另一些可能时让人们显示着自己所是的。因此自由的活动本身就是对有限性的假定和创造。如果我自我造就，我就把自己造就成为有限的，因此我的生命就是单一的了。从那时刻起，即使我是不死的，我仍被禁止"重新行动"；正是时间性的不可逆转性禁止我重新行动，而这种不可逆转性只不过是自我时间化的自由的固有特性。当然，如果我是不死的，如果我应该排除 B 可能以便实现 A 可能，对于我来说，实现这种被排斥的可能的机会将会出现。但是，仅仅由于这种机会是在被排斥的机会之后出现的，它就将不是同一个机会，从这个时刻起，正是对永恒性而言我才将在无可挽回地排除了第一次机会时将我自己造就为有限的。按照这种观点，不死的和死的一样，产生了一些机会而又只为自己造成唯一的一个机会。为了从时间上说是无限的，也就是说无终界的，它的"生命"在其存在本身中将仍然是有限的，因为它把自己造就为单一的。死不应该在生命中看到；它"在此期间"突然出现，而人的实在在揭示自己的有限性时，不会因此发现其死亡性。

于是，死完全不是我的存在的本体论结构，至少在作为自为的存在时是这样；正是别人在其存在中才是要死的。死在自为的存在中没有任何地位；自为存在既不能等待它，也不能实现它，也不能向着它而自我设计；死丝毫不是他的有限性的基础，而按一般的方式，它既不能作为原始自由的谋划从内部被奠定，也不能作为通过自为从外部被设想的一种性质。那么它到底是什么呢？它只不过是人为性和为他的存在的某种面貌，也就是说，只是给定物，而不是别的什么东西。我们的出生是荒谬的，我们的死亡也是荒谬的；另一方面，这种荒谬性表现为我的不再是我的可能性而是别人的可能性的、"存在－可能性"的永恒异化。因此，这是外在的并由于我的主观性而限制的！但是，人们在这里不承认我们在上面一段中尝试过的描述吗？在一种意义上说，我们应当担当这事实的限制，因为任何东西也不从外面向我们渗透，从一种意义上说我们应该体验到死，如果我们应该简单地能够为它命名的话；但是另一方面，死又从来未被自为遇到过，因为它丝毫不是他的，除非是一种他的为他的存在的非限定的永久性，那么，如果不恰恰是不可实现的东西

663

中的一种，这又是什么呢？如果不是我们的背面的一种综合面貌，这又是什么呢？"要死的"代表着我为他所是的现在的存在；死代表着我的现实的自为的为他的未来的意义。因此这正涉及到我的谋划的永恒限制；而作为这样一种限制，它是需要担当的。因此这正是一种外在性，甚至在自为要实现它的企图中并通过这个企图它仍然是外在性；这就是我们在前面定义为要实现的不可实现的东西。说到底，在自由用从把他的死作为他的主观性的不可把握和不可想象的限制担当起来的选择和自由利用的选择是被别人的自由所限制的自由的选择之间并没有什么区别。于是，在前面确定的意义上说，死不是我的可能性；它是作为界限的处境，就像被选择的并逃离了我的选择的背面一样。在它将是向我显示我的存在的我的固有目的的意义上说，它不是我的可能；但是由于它不可避免地必然在别处作为一种外在性和一种自在的存在，它就内在化为"终结"，也就是说内在化为主题的意义并在等级化了的可能的范围之外。于是，它在我的每一谋划之内作为它们不可避免的背面纠缠着我。但是，正是由于这种"背面"需要不是当作我的可能性，而是当作对我来说不再有可能性了的这种可能性来担当，它没有切断我。是我的自由的那个自由仍然是整体的和无限的；这不是由于死没有限制它，而是因为自由永远不会碰到这种限制，死丝毫不是我的谋划的障碍；它仅仅是这些谋划的在别处的一种命运。我不是"为着去死而是自由的"，而是一个要死的自由人。死逃离了我的谋划，因为它是不可实现的，我自己在我的谋划本身中逃离了死。由于死总是在我的主观性之外的东西，所以它在我的主观性里就没有任何地位。而这种主观性并不表现为和它对抗，而是独立于它的，尽管这种表现被直接异化了。因此我们不能想死，不能等待它，也不能把自己武装起来对抗它；而因此，我们的谋划之成为谋划——不是通过我们的盲目，就像基督教徒说的那样，而是原则上——是独立于它的。而尽管面对这个"协议之外要实现的"不可实现的东西有无

664

数可能的态度,也没有理由将它们分类为事实性的和非事实性的,因为我们总是死于协议之外的。

这些关于我的位置、我的过去、我的周围、我的死和我的邻人的不同描述都不奢望成为透彻的甚至详尽的描述。它们的目的仅仅是使我们对"处境"这种东西有一个较为明确的概念。多亏了它们,我们有可能更加确切地给这种"处境中的存在"下定义,这种处境中的存在表示了自为的特性,因为自为对其存在的方式负责而不是其存在的基础。

(1)我是没于其他存在者中的一个存在者。但是我不能"实现"这种没于其他实存的实存,我只有不在我的存在中而在我存在的方式中进行自我选择时才能将我周围的存在者当作对象,或将我自己当作被包围的存在者,或甚至给这种"没于"的概念一个意义。对这种目的的选择是对尚未存在者的选择。我没于世界中的态度,它被包围我的实在事物的工具性或敌对性以及我自己的人为性的关系定义,也就是说在根据一种自由地提出的目的的观点进行的我本身的彻底虚无化以及在对自在的彻底和内在否定的启示下发现我在世界上所遇到的危险,我在世界上能够碰到的障碍,我能够获得的帮助,这些,就是我们称之为处境的东西。

(2)处境只相关于给定物向着一个目的的超越而存在。它是我所是的给定物和我所不是的给定物用以向着我以不是它的方式所是的那个自为表露的方式。因此,谁说处境,谁就是说"在处境中存在的自为所被领会的立场"。不可能外在地考察一种处境:它是被固定在自在的形式中的。因此,处境不能被说成是客观也不能说成是主观的,尽管这种处境的部分结构(我用的这只杯子,我所倚靠的这张桌子,等等)能够并且应该是严格地客观的。

处境不能是主观的,因为它既不是事物给我们的印象的总和,也不是这些印象的统一:它是事物本身和事物中的我本身;因为我作为纯粹存在的虚无在世界中的涌现只不过是有事物这一事实的结果而并未在其中加进任何东西。在这种面貌下,处境背叛了我的人为性,也就是说事实上,事物仅仅作为它们所是的在那里存在,没有必要也没有可能是别的,也就是说我在它们之中此在。

但是它也同样不能是客观的,这是因为,在一种意义上讲它可能是一种在主体完全未介入到一种这样地构成的系统中的情况下验证的纯粹给定物。事实上,处境根据给定物的意义本身(没有这种意义甚至就没有给定物)反映了自为的自由。处境之所以既不是主观的又不是客观的,是因为它没有通过主体构成对世界状态的认识,甚至没有构成对世界状态的有情感的领会;而是一种自为和他所虚无化的自在之间存在的关系。处境,完全是主体(主体除了是其处境外,不是别的任何东西),它也完全是"事物"(除了事物之外,没有别的东西)。如果人们愿意,可以说这是以其超越本身照亮了事物的主体,或者说这是将其形象推主体的事物。这就是全部的人为性,世界的、我的出生的、我的位置的、我的过去的、我的周围的、我的邻人的事实的绝对偶然性——这就是我的没有限制的自由,就像那种使得一种为我的人为性存在的东西一样。这就是这条尘土弥漫大坡度的道路,我的火烧一样的干渴,就是人们拒绝给我水喝,因为我没有钱或者因为我不是他们的家乡人或不是他们一个种族的人;这就是说,我被抛进对我抱敌视态度的人群中间,连同我的也许会阻碍我实现确定目的的身体的疲乏。但这也就是这个目的,不是因为我明显地和明确地表述了它,而是因为它在那里,无处不在地包围着我,作为统一和解释这所有的事实的东西,把它们组织成为一种可描述的整体而不是把它们造成一个混乱的恶梦般的东西。

(3)如果自为只不过是其处境,由此可得出结论:处境中的存在在同时考虑到它的此在和它的彼岸存在时定义了人的实在。事实上,人的实在是这样一种存在,它总是超出它的此在。而处境就是在彼岸存在中并通过彼岸的存在被解释并被体验的此在的有机整体。因此没有享有特权的处境;我们因此懂得,没有这样一种处境,在其中给定物会以其压力窒息把那个给定物构成为给定物的自由——或反之亦然,没有那么一种处境自为在其中会比在别的处境中更自由。这不应当在波利茨尔[①]在《哲学检阅的目的》一书中所嘲笑的那种柏格森式的"内在自由"的意义下来理解,这种内在自由仅仅导致从奴隶中辨认出内在生命和锁链下的心灵的独立性。当我们宣称锁链下的奴隶和他的主人是同样自由的时候,我们并不是想讲一种将总是未确定的自由。锁链下的奴隶是自由的,为的是砸断锁链;这意味着他的锁链的意义本身在他选择的目的的光照下向他显现:继续当奴隶或者冒最大的危险来跳出奴隶的地位。也许,奴隶将不能获得主人的财富和生活水平;但是,因此这些也不会是他的谋划的对象,他只能梦想拥有这些财富;他的人为性就是那样的,以至于世界以另一个面貌向他显示出来,以至于他应该摆一种姿式,应该解决其他问题;特别是,他必须从根本上在奴隶地位上自我选择,甚至因此给这种黑暗压迫一个意义。举例说,他选择了反抗,那么,奴隶地位对这种反抗来说就不首先是一种障碍,它就只能通过反抗才可获得其意义和敌对系数。这恰恰因为反抗和在反抗过程中死去的奴隶的生命是自由的生命,恰恰因为被一个自由谋划照亮了的处境是充实的和具体的,恰恰是因为这个生命的紧迫的和首要问题是:"我能否达到我的目的?"恰恰是因为所有这些,奴隶的处境与主人的处境是不可比较的。两者中的任何一种环境事实上都只能对处境中的自为而言并从自为对其目的的自由选择出发,才可获得其意义。比较只能通过一位第三者来进行,因此,它只能在没于世界的两种客观形式之间发生;此外它还将在这位第三者自由选择的谋划的启发下确立:没有任何人们能据此比较这些不同处

[①] 波利茨尔(1903—1942),匈牙利籍法国马克思主义哲学家,激烈反对柏格森的哲学,1942年被德国法西斯枪杀。——译注

667

境的绝对观点,每个人只能实现一种处境:就是他自己的处境。

(4) 处境被一些目的照亮,这些目的只能从它们自己照亮的此在出发而被谋划,因而这处境表现为完全具体的。的确,处境包含并保持着抽象的和普遍的结构,但是它应当被理解成世界向我们展示的特别的面貌和我们唯一的和个人的机遇。人们还记得卡夫卡的这个寓言:一个商人来到城堡告状;一个凶恶可怕的卫兵将他挡在门外。他不敢越过那里,于是等待着并在等待中死去。在死之前,他问卫兵道:"为何只有我一个应该等待?"卫兵答道:"这门是专门为你造的。"如果我们可以添上一句:另外每个人都为自己造自己的门,这就恰恰是自为的情况。事实上,"自为"决不向往那些基本上是抽象的、普遍的目的,这突出地表达了处境的具体性。也许,我们将在下一章里看到,选择的深刻意义是普遍的,自为因此使人的实在作为空间存在。还必须获取那种暗含的意义;存在的精神分析法就是在这方面为我们服务的。一旦获取了这种意义,自为那最后的和最初的意义就显现为一种"非自立的",这种非自立需要一种特别的具体化来表露自己[①]。但是,自为的目的是在他用以超越和奠定实在的东西的谋划中被体验和被追求的,它作为一种他所经历的处境(砸断其锁链、成为法兰克的国王、解放波兰、为无产阶级斗争)的特殊变化在它的具体化中向自为表露出来。人们甚至还不是首先为了一般的无产阶级而谋划去斗争的,而是无产阶级通过个人从属的那种具体的工人团体而被追求到的。这是因为事实上目的照亮给定物只是因为它被选择为对这种给定物的超越。自为并不与一个完全给定的目的一起涌现的。而是在"造就处境"的同时,也造就了自己,反之亦然。

(5) 处境,就和它不是客观的或主观的一样,不能被看成是一个自由的自由结果或者我所遭受的约束的整体;它起源于通过给它

---

① 参看下一章。——原注

以约束的意义的那种自由的约束的启示。在天然存在物之间是不可能有联系的,正是自由在把存在物组织成为工具性复合时建立起它们之间的联系,正是自由谋划了联系的理由,也就是说谋划了它的目的。但是,正是因为从这时起,我就通过一个联系的世界向着一个目的自我设计,我现在碰到了秩序、联系着的系列、复合,我应当决定自己根据法则行动。这些法则和我使用过的方法决定了我的企图的失败或成功。但是,正是通过自由,合法的关系才来到世界上。于是,自由就作为向着目的的自由谋划被束缚在世界之中。

(6)自为是时间化;这意味着他不存在;他"自我造就"。正是处境应当表现这种人们自愿地从个人中认出的实体的恒常性("他没有改变","他总是同一个人"),而个人在许多情况下也正是经验地把处境体验为他自己的。在同一个谋划中的自由坚持事实上不包含任何恒常性,完全相反,我们看到,这是我的介入的永恒不断的更新。但是被自己发展和自己证实的谋划所展现和照亮的一切实在相反地代表着自在的恒常性,就它们将我们的形象送还给我们而言,它们用它们的永恒支持着我们;我们甚至经常把它们的恒常性当成我们的。特别是,位置和周围、邻人对我们的判断、我们的过去的永久性描画出我们的日渐堕落的恒心的形象。在我自我时间化期间,对他人来讲,我总是一个法国人,官员或者无产者,这种不可实现的东西有一种对我的处境的不可改变的限制的特点。同样,人们称为一个人的气质和个性的东西,只不过是他的作为为他的存在的自由谋划的东西,它对自为来说也显现为一种永远不可实现的东西。阿兰很清楚地看到个性是誓言。说"我是不随和的"人,就是一种对他染上的易怒性格的自由介入,同时又是其过去的某种含糊的细节的自由表达。在这种意义上说,没有个性——只有一种自我本身的谋划。但是不应当不承认个性的"给定的"一面。确实对于把我看成对象-别人的别人来说,我是易怒的,虚伪的或直率的,懦弱的或者勇敢的。这个面貌通过他人的注视交还给了我;通过对这种注视的体验，作为被体验到的和自我（的）意识的自由谋划的个性成了一种要担当的不可实现的不变化的东西。于是它不仅依赖于别人，而且还依赖于我对别人所采取的态度，依赖于我的保持这种态度的恒心；只要我任凭受他人的注视的迷惑，我的个性在我自己的眼中就会表现为不可能实现的不变的东西，成为我的存在的实体的恒常性——听到这样一些家常话，如"我四十五岁了，我并不是今天才开始变的。"便使这个性可以理解了。个性甚至经常地是自为企图重新获得以成为他所谋划去是的自在－自为的东西。尽管如此仍然应当注意到过去的、周围的和个性的这种恒常性并不是给定的性质；这些性质只由于相关于我的谋划的继续才在事物上显示出来。例如，期望人们在一次战争后，在一次很远的流放后再看到的山景还是原样保持着惰性状态，看到这些石头的明显的恒常性，复活过去的希望，这些都将是徒劳的。这景致只有通过一个坚持不懈的谋划表现其恒常性：这些山在我的处境内有一个意义——它们以这样或那样的方式显示了我属于一个和平的民族，我是这民族本身的主人，这个民族在国际次序中占有某种地位。不管我是否在一次失败后和在领土的一部分被占领的情况下又发现这些山，它们都完全不可能向我提供同样的面貌；这是因为我本身有了另外的一些谋划，我又以另外的方式介入了世界。

最后，我们看到，通过周围自主的改变而产生的处境的内部动乱总是要预见的。这些改变永远不能引起我的谋划的改变，而它们能够在我的自由的基础上带来处境的简化或者复杂化。因此，我的最初谋划以或多或少的简化性向我表现出来。因为一个人永远不是简单的也不是复杂的：正是他的处境才能是简单的或者是复杂的。事实上，我只不过是已决定的处境之外的我自己的谋划，而这种谋划从具体的处境出发提前描绘了我，就像它还从我的选择出发照亮了处境一样。因此，如果处境在其总体中简化了，如果一些崩塌物、一些倾覆、一些侵蚀以一种激烈的对立将一个切面，一些粗略的轮廓烙印在它之上，那我本身就会是简单的，因为我的选择——我所是的那种选择——由于是对这个在那里的处境的领会只能是简单的。正在复苏的新的复杂化将是一种复杂处境向我表现的结果，在这种处境之外，我发现自己是复杂的。任何人，只要他注意就能看到：那些战俘由于他们的处境的极端简单化回到了某种几乎是野兽般的简单性中；这种简单化不能在其意义中改变他们自己的谋划本身；但是在我的自由的基础本身上，它引出了周围事物的凝聚和统一，这种凝聚和统一是在最明显、最天然和最概要地领会被俘者的基本目的中并通过这种领会形成的。总的来说，问题在于一种内部的新陈代谢而并非在于也关系到处境的形式的一种总的变态。然而我"在我的生命中"就是说在同一个谋划的统一的范围内发现的正是这些变化。

三、自由与责任

尽管以下的考虑毋宁是关系到道德家的，但人们曾认为在这些描写和论证以后回到自为的自由上面并试图把这种自由的活动理解为人类的命运所表现的东西将不会是无益的。

我们以上的意见的主要的结论，就是人，由于命定是自由，把整个世界的重量担在肩上：他对作为存在方式的世界和他本身是有责任的。我们是在"（对）是一个事件或者一个对象的无可争辩的作者（的）意识"这个平常的意义上使用"责任"这个词的。从这种意义上说，自为的责任是难以承受的，因为他是让自己使世界存在的人；而既然他也是使自己成为存在的人，因此不管是处在什么样的处境中，自为都应当完全地担当这种处境连同其固有的敌对系数，尽管这是难以支持的；自为应当担当这个处境连同成为其作者的傲气的意识，因为可能危及到我个人的最恼人的麻烦或者最严重的威胁也只有通过我的谋划才有意义，正是在我所是的介入的基础上这些麻烦和威胁才显现出来。因此，企图抱怨是荒谬的，因为没有任何陌生的东西决定过我们感觉到的和体验到的东西，或者决定过我们所是的东西。这种绝对的责任不是从别处接受的：它仅仅是我们的自由的结果的逻辑要求。我所遇到的事情只有通过我才能遇到，我既不能因此感到痛苦，也不能反抗或者屈服于它。此外，所有我遭遇到的东西都是我的；因此应当由此认识到：首先作为人，我作为人总是与我遭遇到的事情相称的，因为一个人通过别的人和通过他自己而遭遇到的事情只能是人的。战争的最严酷的处境，最残忍的酷刑没有创造出非人的事物的状态：没有非人的处境；而仅仅是通过害怕，逃避和求助于神奇的行为，我才会决定非人的东西；但是这种决定是人的，我将对之负有完全的责任。但是，处境之所以是我的处境，也是因为它是我对我自己的自由选择的形象，而它向我表现的一切在这一切也是表现我并使我成为象征的意义上讲是我的。难道不是我来决定事物的敌对系数，甚至在决定我自己的同时决定它们的不可预见性吗？于是，在一个生命中就没有事故；一种突然爆发的和驱动我的社会事件并不是来自外部；如果我被征调去参加一场战争，这场战争就是我的战争；它是我的形象并且我与之相称。我与之相称，首先是因为我随时都能够从中逃出，或者自杀或者开小差：当涉及到面对一种处境的时候，这些极端的可能性就应成为总是面对我们在场的可能性。由于我没有从中逃离，我便选择了它：这可能是由于在公众舆论面前的软弱或者怯懦所致，因为我偏向于某些价值更甚于拒绝进行战争的价值（我的亲友的议论，我的家庭的荣誉，等等）。无论如何，这是关系到选择的问题。这种选择以一种一直延续到战争结束的方式在不断地反复进行；因此应该承认若尔·罗曼①的话：“在战争中，没有无辜的

---

① 若尔·罗曼：《善意的人们》中的《凡尔登序幕》。——原注
若尔·罗曼（Jules Romain, 1885—1972），法国作家。——译注

牺牲者"。因此，如果我宁要战争而不要死和耻辱，一切就都说明我对这场战争是负有完全责任的。也许，战争是别人宣布进行的，人们可能试图将我仅仅看为一个同谋。但是，同谋这个概念只有法律意义；在这里它是不成立的；因为，这场战争只为我而且只通过我而存在是取决于我的，并且我决定了它存在。没有过任何强制，因为强制对一种自由不可能产生任何作用；我没有任何托辞，因为，正如我们在这本书里说过和重复过的那样，人的实在的本意就是他是没有任何托辞的。因此，剩下的就只是我要求这场战争。但是，战争之所以是我的还因为，仅仅由于它在我使之存在的及我只能在为了它或反对它而自己介入时暴露它的处境中涌现，我现在不再能区别我对我所做的选择与我对它所做的选择：进行这场战争，就是我通过它来自我选择和通过我对我自身的选择来选择它。问题不在于把它看成"四年的假期"或者"缓刑期"，看成一种"休会"，因为我的责任的本质的东西不在于此，不在我的夫妇生活、家庭生活和教师生活中。而在我选择了的这场战争中，我每天每日都在自我选择，我在造就自己的同时把这场战争造成我的战争。如果它应该是空白的四年，那么正是我应对此负责任。最后，正如我们在上一段中讲过的那样，每个人都是对自我的绝对选择，而这个选择是从它同时担当和照亮的认识的和技术的世界出发的；每个人都具有一个绝对的但对另一个日期是完全不可想象的日期。因此，如果我问，"若这场战争没有爆发我将会是什么样"，那就是可笑的，因为我已自我选择成为一种不知不觉引入战争的时代的可能意义；我与这个时代本身没有区别，我不能无矛盾地被转移到另一个时代去。于是，我就是约束、限制并且使人懂得这场战争之前的时代的这场战争。在这种意义上说，在刚才我们列举的公式："没有无辜的牺牲者"上面为了更加明确地给自为的责任下定义，我们应该加上这样一个公式："人们拥有人们与之相称的战争。"于是，我是完全自由的，我与我选择成为其意义的时代不可分辨，我同样对战争负有深重的责任,就如同是我本人宣告了这场战争,我不能不将战争并入我的处境之中,我不能不完全地介入到我的处境中并在它上面打上我的印记,否则,我就不存在,我应该是既无悔恨又无遗憾地存在,正如我是没有托辞地存在一样,因为,从我在存在中涌现时起,我就把世界的重量放在我一个人身上,而没有任何东西、任何人能够减轻这重量。

不过,这种责任是属于一种特别特殊的类型的。事实上人们会回答我说:"我并没有要求出生",这是用以强调我们的人为性的一种幼稚的方法。事实上我对一切都负有责任,除了我的责任本身以外,因为我不是我的存在的基础。因此一切都似乎仍在说明我是被迫负有责任的。我被遗弃在世界中,这不是在我在一个敌对的宇宙里像一块漂在水上的木板那样是被抛弃的和被动的意义下说的。而是相反,这是在我突然发现自己是孤独的、没有救助的、介入一个我对其完全负有责任的世界的意义下说的。不论我做什么,我都不能在哪怕是短暂的一刻脱离这种责任,因为我对我的逃离责任的欲望本身也是负有责任的;让我自己在世界上成为被动的,拒绝干涉事物和别人,这仍然是自我选择,而自杀则是混于别的在世的存在中的方式之一。然而,我重新发现了对我的人为性,即我的出生是不可直接把握的甚至是不可设想的这一事实的责任,因为我的出生这个事实在我看来永远不是天然的,而总是通过我的自为的新的谋划的建立向我显现的;我或为出生而感到羞耻,或为之惊愕、或为之欢悦,或者在企图放弃我的生命时,我肯定我是活着的并且我将这个生命当成不好的生命来担当。于是,在某种意义上说,我选择了出生。这个选择本身是完全担负着人为性的,因为我不能不选择;但是这个人为性反过来只是因为我超越它而走向我的目的才显现出来的。于是,人为性是无所不在的,然而却是不可把握的;我从来遇到的只有责任,所以我不能问"我为什么出生?",不能诅咒我出生的日子或者声明我并未要求出生,因为这些对我的出生的不同的态度,也就是说对我在世界中实现我的在场这个事实的态度不是别的东西,而恰恰是完全地担负起这个出生的责任的诸多方式以及将这个出生变为我的出生的方式;甚至在这里,我只遇到我和我的谋划,以至于最后,我的遗弃,也就是说我的人为性仅仅在于我被判处为完全地对我本身负责任。我是这样一个存在,这存在是作为存在在其存在中关心其存在的存在。而我的存在的这个"存在"是被看作为现时的和不可把握的。

在这种条件下,既然世界的所有的事件只能作为机会(使用的、缺乏的、被忽视的机会,等等)向我表现出来,或者可以更明确地说,既然我们遇到的一切事情都能够被看成一种运气,也就是说只能作为实现这个在我们的存在中是关心其存在的手段向我们显现出来,既然作为被超越的超越性的别人本身也只是一些机会和运气,自为的责任就扩展到作为人民居住的世界的整个世界中。于是,这恰恰是因为自为在焦虑中把握自己,也就是说作为一个既不是其存在的基础也不是别人的存在的基础、不是形成世界的自在的存在的基础,而是他被迫在他之中及在他之外决定存在的意义的存在。那个在焦虑中实现那种被抛进一直转回到其遗弃的责任中的条件的人不再有悔恨、遗憾和托辞;他只不过是一种自由,这种自由完全展现出自身,并且他的存在就寓于这个展现本身之中。但是,人们在本书开头就注意到,在大多数时间里,我们在自欺中逃避焦虑。

第二章 作为和拥有

一、存在的精神分析法

如果人的实在,正如我们试图确立的,真的是以他追求的目的显示和定义的,对这些目的的研究和分类就变成必不可少的了。事实上，在上一章中，我们只是从自为的自由谋划的角度，就是说，从使自为自己投向他的目的的冲动的角度考察了自为。现在应该考问这目的本身了，因为它作为绝对主观性的超越的和客观的限制是属于绝对的主观性的。断言个别人是被他的各种欲望定义的经验心理学所猜测到的正是这个。但是在这里我们应该提防两个错误：首先，经验心理学，在以人的欲望来定义人时，仍然是实体的幻觉的牺牲品。它以为欲望是作为人的意识的"内容"在人之中，并且相信欲望的意义固有地在欲望本身之中。于是它避免了一切可能引起一个超越性的观念的东西。但是如果我欲望一栋房子、一杯水，一个女人的身体，那这身体、这杯子、这房子怎么能寓于我的欲望之中，并且我的欲望怎么能不是对这些作为可欲望对象的意识而是别的东西呢？因此我们避免认为这些欲望是居于意识中的一些心理的实体碎片：它们是在谋划和超越的原始结构中的意识本身，因为意识原则上是对某物的意识。

另一个错误与第一个有着深刻的联系。这错误在于认为心理学的探索是一完成人们达到经验欲望的具体总体的东西。于是，通过经验的观察所确立的一堆意向能够给一个人下定义。从根本上说，心理学不总是满足于造成这些意向的总和：它喜欢把与这些意向同源、相合而又和谐的东西都公布出来，它企图表明欲望的总体是综合的组织，在这组织中任何欲望都作用于另一些欲望并影响这另一些欲望。例如，一位批评者想尝试对福楼拜作"精神分析"，他写道，福楼拜"在他的少年时代，平常似乎就总是处在由他崇高的雄心和不可遏制的力量这双重的感情造成的持续不衰的狂热状态之中……他的青春之血的沸腾因此使他转向文学的激情，因而在他将近十八岁时就进入具有早熟心灵的人之列，这些人运用犀利的文笔与纵横驰骋的想象，表明需要排遣那过多的行动与体验，这种需要折磨着早熟的心灵"。①

---

① 引自保尔·布尔杰（Paul Pourget）：《论现代心理学：居·福楼拜》。——原注

在这段行文中，有一种把一位青少年的复杂性格还原为某种原始欲望的努力，就像一位化学家把化合物还原为只是单质的联合一样。这些原始材料是崇高的雄心，需要做许多事和需要敏感；这些元素，当它们进入联合时，就产生了一种永恒的激动。这种激动——正如布尔杰在我们没有引用的一些话中指出的——由众多精心挑选出来的读物所滋养起来的激情，将寻求虚构中的自我解释来蒙骗自己，而这种虚构将象征性地平息并疏导它。概言之，这就是一种文学"气质"的源起。

但是首先，一个这样的精神分析法的分析是从这样一个公设出发的：一个个别事实是由一些抽象的、普遍的法则交叉产生的——这里是青年福楼拜的文学禀赋——被分解为一些典型性的、抽象的欲望，即人们在"一般的青少年"那里认识到的那些欲望的联合。在这里，具体的东西只是它们的联合，它们本身只是些模式（schèmes）。因此抽象的——例如假说——先于具体的，而具体的只是一些抽象的品质的组织；个别的只是普遍的模式的交叉。但是——除了这样一个公设的逻辑荒谬性之外——我们在一个经过选择的例子中清楚地看到，对显然造成了上述谋划的个别性的东西的解释是失败的。"大量体验的需要"——普遍模式——应该在变成写作的需要时被排遣及疏导，这不是对福楼拜的"志向"的解释：相反这正是应该解释的东西。也许人们能够援引上千种把这种体验的需要变成行动需要的细小和未知的情况。但是首先这是放弃解释并显然是重新回到不可觉察的东西。①其次，这是把纯粹的个体性——人们把它从福楼拜的主观性中驱逐出去了——重新抛入他的生活的外在状态中。最后，福楼拜的书信证明，正是在"青春危机"以前，从他还完全是个孩子时起，福楼拜就被写作的需要所困扰。

---

① 正像事实上我们因此能认识的福楼拜的青少年期在这个方面没有提出个人一样，应该假设原则上逃避了批评的不可估价的事实的活动。——原注

在上边描述的任何一层中，我们都遇到不严密的地方。为什么雄心和对他的力量的感觉在福楼拜那里产生的是狂热而不是一种平静的等待或抑郁的焦躁呢？为什么这种狂热特别需要大量的行为和体验来表现？在这段的结尾处会看到，这种突然显现出来的需要不如说会通过一种自发的生长造成。为什么不寻求在暴力的活动中，在夜游症、爱情的艳遇中或在放荡中得到满足，而恰恰选择了象征性地使自己满足？为什么这种象征性的自我满足，况且还是能不在艺术的秩序中再现出来的（例如，还有神秘主义）象征性的满足在于写作，而不在于绘画或音乐。福楼拜在某一处写道："我曾经能够是一个大艺术家。"为什么他没有努力成为艺术家？总之，我们不明白，我们看见了一个巧合的序列，总是互相支持的一些欲望，把握它们的发生是不可能的。那些过渡，那些生成和变化小心地对我们掩盖起来，并且人们局限于在祈求被观察到的经验的序列时把秩序安放在这个序列中（在青少年那里行动的需要先于写作的需要），但是很难这么理解书信。然而，那就是人们称为心理学的东西。请读者们随便翻开一部自传吧，你们在其中发现的正是这类描写，这类描写或多或少地通过描述外部事件和对我们的时代的遗传、教育、阶层、生理结构这几大解释性偶像而被切割。然而在最好的著作中，建立在前件和后件之间的或同时发生的两欲望之间的、并且在相互作用的关系中的联系有时也可能不仅仅按一种类型的有规则的序列被设想：按雅斯贝尔斯（Jaspers）在他的一般心理病理学论文中所理解的意义下，这联系往往是"可以理解的"。但是这种理解仍然是对一般联系的把握。例如，人们把握了贞洁和神秘主义之间、懦弱和伪善之间的联系。但是我们总是不知道这种贞洁（就这样或那样的妇女而言的这种戒绝，反对这样的明确倾向的这种斗争）和神秘主义的个别内容之间的具体关系；此外，严格地说，是因为精神病学满足于弄清谵妄的一般结构而不力图理解精神病的个别的具体内容（为什么这个人自以为有这样一种个人历史而不是别的无论什么样的历史；为什么他的补偿性谵妄用这样的高尚观念而不用别的观念来满足，等等）。

但是，尤其是这些"心理学"的解释使我们最终返回到不能解释的原始材料。这就是心理的单纯身体，例如，人们对我们说，福楼拜有一个"崇高的雄心"，一切明白的描写都是由这原始的雄心支持的。好，就算是这样，但是这雄心是一个完全不能使精神满意的不可还原的事实。因为不可还原性除了拒绝把分析更进一步之外没有别的理由。上述事实在心理学停步的地方被给定为原始的。正是这说明了阅读这些心理学论著使我们所处的这种谵妄听之和不满意的混乱状态：人们对自己说："就是那样"，福楼拜雄心勃勃。他"是这样的"。问他为什么是这样就和力图知道他为什么是高大的和有黄头发一样徒劳；恰恰应该注意某个部分，这就是所有实在存在的偶然性本身。这礁石长满了苔藓，相邻的礁石上则完全没有苔藓。居斯塔夫·福楼拜有文学的雄心而他的兄弟阿舍耶则完全没有。事情就是如此。于是，我们想认识磷的诸性质并且力图把它们还原为构成磷的化学分子结构。但是为什么有这种类型的分子呢？事情就是如此，如此而已。如果可能的话，福楼拜的心理学在于再现他的行为，他的感觉和他对某些性质——完全相当于化学物质的性质——的癖好的复合。除此之外，都是想重提蠢话。然而我们感到很难理解福楼拜不曾"抱有"他的雄心，雄心是有意义的，因此是自由的。遗传、布尔乔亚的地位或所受的教育都不能够阐明这点；它也很少与"神经质"的生理因素有关，神经质是某一时期的样式；神经不是赋予意义者，它是应该按其本身被描绘的，并且不被超越以便让别的实在把它显示为它所是的胶体的实体。因此神经完全不可能建立一个意义。在一种意义上说，福楼拜的雄心是一个带有他全部偶然性的事实——而且真正说来，重新追溯于这事实之外是不可能的——但是，在另一个意义下，雄心自我造就，并且我们的满足对我们来说保证了我们能在这雄心之外把握别的某种事

679

物，把某种事物当作最后的决心，这决心永远是偶然的，是心理的真正不可还原的东西。我们要求的——而人们永远不试图给与我们的——因此是一种真正不可还原的东西。就是说，一种对我们来讲具有明显的不可还原性的不可还原的东西，它不被表现为心理学的公设以及它拒绝或它无能进一步发展的结论，而它的发现在我们这里伴随着满足的感觉。而这种要求在我们这里不是来自对原因的不断追求，不是来自人们经常描述为理性探求的结构和因此不作为心理学探究的特性而理清所有描述和所有问题的那种无限的推导。这并不是"因为"这个孩子气的探求不能使任何"为什么"有理由——而是相反，它是在对人的实在的前本体论领会的基础上建立起来的一种要求，是建立在认为人是可分析的并是可还原为原始材料的、可还原为被主体决定所支持的依于一个对象的属性的欲望（或意向）的。事实上，如果我们应该认为他是这样，就应该选择：福楼拜，我们能喜爱、厌恶、责备或赞扬的人，他对我们来说是别人，而他之所以直接作用于我们固有的存在只是由于他已存在，他根本上是不被这些欲望定性的基质，就是说是应该被动地包含这些欲望的一类不被决定的粘土——或者他被还原为一堆单纯不可还原的意向。在这两种情况下，人都消失了，我们再也找不到遭遇到这样或那样的偶然事件的"人"：或者，在对个人的探索中，我们会发现一个形而上学的，无用的和矛盾的实体——或者我们探索的存在消散于无数被外在的关系联系起来的现象之中。然而，我们中的任何一人竭尽全力要求用来理解他人的，首先就是人们应该永远不再去寻求这种非人的实体观念，因为它是在人的东西之外的。然而，正是因此，上述存在没有被碾为粉末，并且人们能在它之中发现这种统一性——它的实体只是一幅漫画——并且它应该是责任的统一性，可爱的或可恨的、应受指责的和应当赞扬的，总之是个人的统一性。上述人的存在的这种统一性是自由的统一。这种统一的来临不可能在它统一的多样性后面。但是存在，对福楼拜正像对"自传"的所有主体一样，就是在世界中被统一。因此，我们应该遇到的不可还原的统一，就是福楼拜和我们要求自传向我们所揭示的统一是一个原始谋划的统一，这统一应该向我们揭示为非实体化的一个绝对的统一。于是我们应该放弃细节的不可还原；并且在把明显的事情本身认作标准时，在显然不能够也不应该走得更远之前，我们不应该中断我们的探索。尤其是，我们不应该停止用个人的倾向来重新构造个人，这更甚于人们不应该力图按斯宾诺莎的方式用样式的集合来重新构造实体和它的属性。所有作为不可还原的东西表现出来的欲望都是荒谬的偶然性并且把在其整体中表现的人的实在卷进荒谬性。举例说，如果我宣称我的一位朋友"爱划船"，我就是断然地设定探索到此为止。但是另一方面，我这样构成了一个任何东西都不能解释的偶然事实，并且如果他有无根据的自由决心，这偶然事实就没有任何自治性。事实上我不能认为这种划船的意图是皮埃尔的基本谋划，这意图自在地具有某种第二位的和派生的东西。这样用连续的接触描述一个特性的人们几乎会引起这样的理解：这些接触中的任何一个——上述欲望中的任何一个——都通过纯粹偶然的和单纯外在性的关系而与别的接触相联系。相反，力图解释这种情感的人们将进入孔德称之为唯物主义的东西的轨道，就是说，通过下位的来解释上位的轨道。人们会说，例如，上述主体是运动员，喜欢剧烈运动，而且是一个特别喜欢户外运动的乡下人。于是，人们在要解释的欲望下面放上更一般的和更少区别的一些意向，它们对这欲望来说完全像动物的属之于种。于是，当心理学的解释不是一下子决定停止的时候，它时而处在纯粹相随或恒常关联的关系中，时而是一种单纯的分类。解释皮埃尔对划船的爱好，就是使他成为户外运动爱好者大家庭中的一员，并且就是把这家庭连在爱好一般运动的家庭之上。此外，我们能发现甚至更一般、更贫乏的栏目，如果我们把爱好运动归于爱好冒险的各类现象之列的话，爱好冒险本身则将表现为对游戏的基本意向的一个特

681

征。显然，这种自称为解释的分类比古代的植物学的分类更没有价值或用处：它和古代的植物学分类一样假设这种分类是抽象的先于具体的存在——就好像是游戏的意向首先一般地存在以便然后在这些情况下的活动之下表现为对运动的爱好，对运动的爱好又表现为对划船的爱好，并且最后，这倾向表现为在这条特殊的意向上，在这些条件下并在这个季节中划船的欲望——并且，和古代的植物学分类一样，这种分类解释它所考察的抽象意向在每个阶段倚重的具体的丰富失败了。然而怎么相信划船的欲望只是划船的欲望呢？人们真的能断言它将如此简单地被还原为它所是的东西呢？最敏锐的道德家指出过一种通过自身对欲望的超越。帕斯卡尔相信，例如，在狩猎中发现了网球赛或上百种别的事务、娱乐的需要——就是说如果人们把一种可能是荒谬的活动还原为它本身，那他就是在这个活动中使一种超越了它的意义显露出来——就是说发现了归结到一般人的实在和归结到它的条件的指示。尽管司汤达与一些观念论者有联系，尽管普鲁斯特有理智论和分析论的倾向，他们都没有指出爱情、嫉妒不可能被还原为仅仅是占有一位女子的欲望，他们追求的是通过这位女子征服整个世界：这正是司汤达凝练出的意义，并且恰恰正是由于这凝练，司汤达描写的那类爱情才显现为在世的存在方式，就是说显现为自为通过这位特殊的女子与世界和自我本身（自我性）的基本关系：这女子只代表一个处在这圈子中的导体。这些分析可能是不严格或并不完全是真的：但它们仍然使我去揣想一种与纯粹的心理描写不同的方法。天主教小说家们的意见也是同样的，他们在肉欲的爱情中同时看到它向着神的超越，在唐·璜"不满足的永恒"中，在罪孽这"神的空着的位置"中都是如此。在这里，关键不在于发现具体背后的抽象：向着神的冲动和向着某个特殊的女子的冲动一样仍然是具体的。相反，关键在于在主体的特殊的、不完全的面貌下发现真正的具体化，这种具体化在内在关系和基本谋划的统一性中，只能是向着存在的冲动，只能是它与自我、世界和他人的原始关系的整体。这种冲动只可能是纯粹个别的和单一的；我们远没有脱离个人，作为事实，例如，用一般准则的总合构成个体的东西的布尔杰的分析，它没有使我们在写作的需要——写这样一些书的需要——之下发现一般活动的需要：而是相反，由于它同样排斥顺从的粘土的理论和意向之束的理论，我们才在构成个人的原始谋划中发现了个人。正是由于这个理由，要达到的结果的不可还原性被明确地揭示出来：不是因为冲动是最贫乏和最抽象的，而是因为它是最丰富的，在这里直观将是对一个个体性充实整体的把握。

因此问题差不多是用这些话提出来的：如果我们假定个人是整体，我们就不能指望通过对我们经验地在个体中发现的各种意向进行相加或组织来重新建立个体。而是相反，在任何倾向中，在任何意向中，个体被完全地表现出来，尽管在一个不同的角度下，它不是有点像斯宾诺莎的实体在它的任一属性中都完全地表现出来一样。如果是这样的话，我们在每一个意向中，在主体的每个行为中都应该发现一种超越了它本身的意义。主体在其中就某位女子而言被历史化的某日的和特殊的嫉妒，对能看到它的人来说，意味着与主体据以构成为一个自我本身的世界的总体关系。换个说法，这种经验的态度本身是"选择可以理解的个性"的表现。如果是这样的话，这不是秘密——同样没有我们仅仅能想到的可以理解的方案，而是我们单单把握主体的经验存在的方案并单使之概念化：经验的态度之所以意味着选择可以理解的个性，是因为它本身是这个选择。事实上，我们以后还要谈到，可以理解的选择的特殊个性，就是它只可能作为每个具体的和经验的选择的超越的意义而存在：它完全不首先按潜意识的方式或在本体的层次上实行以便然后在这种可观察到的态度中表现出来，它对经验选择甚至没有本体论的主导地位，而是在原则上它是总应该摆脱作为它的彼岸和它的超越性的无限性的经验选择的东西。于是，如果我在河上划桨，我只不过是——在这里或在另一个世界中——划桨的具体谋划。但是这谋划本身,作为我的存在的整体,表示了我在一些特殊情况下的原始选择,它只不过是我在这些情况下的作为整体的选择。所以一个特殊的方法应该追求摆脱谋划所包含着的、并且只能是它的"在世的存在"的个别秘密的这种基本意义。因此,毋宁说是通过一个主体的各种经验意向的比较我们企图去发现及摆脱对所有的意向来说都是共同的基本谋划——而这不是通过这些意向的单纯组合或重新组织:在每个意向中个体都是完整的。

自然,有无数可能的谋划,正如有无数可能的人一样。万一我们应该承认它们之间的某种共性,并且企图把它们列入更广义的一些范畴中,就首先应该把对一些个体的调查建立在我们能够更容易地研究的情况上。在这些调查中,我们遵循这样一个原则:只有在自明的不可还原性面前才停止下来,就是说永远不相信:尽管被谋划中的目的不显现为被考察的主体的存在本身,人们却已达到了最初的谋划。所以我们不能只停留于对"确实的谋划"和"自我本身的不确实谋划"进行分类,就像海德格尔想建立的分类那样。这样一种分类不仅被一种伦理的忧虑所玷污,它不顾及它的作者并通过它的术语本身,总之还是被建立在主体对待他自己的死的态度上的。但是如果死是令人焦虑的,如果因此我们能逃避焦虑或者能把我们自己果断地抛向焦虑,显而易见,这是因为我们想活着。因此,面对死亡的焦虑,果断的决心或逃避到非事实性中去,这些都不能被认为是我们的存在的基本谋划。相反,它们只能在活着这原始谋划的基础上被理解,就是说,按我们的存在的原始选择被理解。因此,在任何情况下都应该超越海德格尔的解释学的结论而走向仍然是更基本的具体谋划。事实上这种基本谋划不应该归结为任何别的谋划并且应该被自我所设定。因此,它既不可能涉及死也不能涉及生和人的条件的任何特殊性:一个自为的原始谋划只能针对他的存在;存在的谋划、存在的欲望或存在的意向事实上不来自心理学的区分或经验的偶然性；事实上，它与自为的存在是没有区别的。事实上，自为是这样一个存在：他的存在在其存在中以存在的谋划的形式处于问题中。是自为的，就是通过一种可能，在一种价值的影响下让人们所是的东西显示自己，可能和价值属于自为的存在。因为自为按本体论的描述是存在的欠缺，可能作为自为所欠缺的东西属于自为，同样，价值作为所欠缺的整体纠缠着自为。我们在第二卷中以欠缺这术语解释过的东西同样能很好地用自由这术语来解释。自为进行选择是因为他是欠缺，自由与欠缺是同一回事，他是存在的欠缺的具体存在方式。从本体论的观点出发，这就相当于说价值和可能，作为只能作为存在的欠缺存在的一个存在的欠缺的内在限制——或者说自由在涌现时决定了它的可能并且由此限定了它的价值。于是，当人们达到了存在的谋划的时候，他不能再升高，并且遇到了明显不可还原的东西，因为人们显然不可能高于存在，并且，存在的谋划，可能、价值，和另一方面的存在之间是没有任何区别的。人从根本上讲是存在的欲望，并且这欲望的存在不应该通过经验的归纳所确立，这归纳再现了对自为的存在的先验描述，因为欲望是欠缺并且自为对自身来说就是其存在欠缺的存在。因此，在我们的任何一个可观察到的经验意向中被表述的原始谋划都是存在的谋划，或者，还可以说，任何经验的意向都和存在的原始谋划一起作为有意识的意向处于表现和象征性的满足的关系中，这些意向相当于在弗洛伊德那里的情欲或原始性欲。此外，完全不是存在的欲望首先存在以便然后使自己被这些后天的欲望所表达，相反除去它在具体的欲望中发现的象征性的表现之外，它将一无所是。并不是首先有一个存在的欲望，然后才有成千上万种特殊感情，相反，存在的欲望只有在嫉妒、吝啬、对艺术的爱、卑怯、勇敢以及使人的实在永远只对我们显现为被一个这样的人，被一个特殊的个人表露的成千上万偶然的和经验的表现中、并且通过这些表现才能存在，才能被表露。

685

至于作为这种欲望对象的存在，我们先验地知道它是什么。自为是对其自身来说就是他自己的存在的欠缺的存在。自为所欠缺的存在，就是自在。自为作为自在的虚无化而涌现并且这种虚无化被定义为对自在的谋划：自为是在被虚无化的自在和被谋划的自在之间的虚无。于是，我所是的虚无化的目标和目的，就是自在。于是，人的实在是对自在的存在的欲望。但是，人的实在欲望的自在不可能是纯粹偶然的和荒谬的自在，它不能完全与人的实在相遇，也不能与虚无化的那个自在相提并论。我们已看到，虚无化事实上相当于自我虚无化的自在对其偶然性的反抗。说自为使其人为性存在，正如我们在关于身体的一章中看到的，等于说虚无化是一个存在为建立它自己的存在所做的徒然努力，还等于说正是通过它建立的后退引起使虚无进入存在的极小间距。造成自为的欲望对象的存在因此是一个本身是它自己基础的自在，就是说属于它的人为性的自在，正如自为是属于他的动机的一样。此外，自为，作为对自在的否定，不可能欲望单纯返回自在。在这里，正像黑格尔所认为的，否定的否定不可能再把我们带回我们的出发点。而是完全相反，自为之所以这样需要自在，正是因为"被虚无化为自为的自在"这被瓦解的整体；换言之，自为既是自为，他谋划成为一个是其所是的存在；正因为是作为是其所不是又不是其所是的存在，自为才谋划成为是其所是，他正是作为意识而希望拥有自在的不可渗透性和无限密度；他正是作为自在的虚无化和对偶然性及人为性的永恒逃避而希望成为他自己的基础。所以，可能一般地被谋划为自为为了成为"自在自为"所欠缺的东西，并且支配着这谋划的基本价值恰恰就是自在自为，就是说，意识由于从其本身获得的纯粹意识而成为自己的自在存在的基础的理想的意识。人们能够称之为上帝的正是这个理想的东西。于是人们能说，表明了人的实在的最可理解的基本谋划的，就是人是谋划成为上帝的存在。不管被考察的宗教神话和礼仪是什么，上帝首先是作为在其最终的基本谋划中显示出人并且给他定义的东西在人的"内心体验到的"。人之所以有对上帝的存在的前本体论的理解，并不是因为自然的伟大景象，也不是社会权力把这理解提供给他；而是上帝这超越性的最高价值和目的，表象了一种永恒的限制，人从之出发使自己显示出自己是什么。是人，就是想成为上帝，或者可以说，人从根本上说就是要成为上帝的欲望。

  但是，人们会说，如果事情是这样，如果人在他的涌现中被带向上帝，就像带向他的限制一样，如果他只能选择成为上帝，那自由会变成什么呢？因为自由只不过是对自我创造的固有可能性的选择，而这里，"决定"人的上帝的这种最初谋划似乎相当类似于人的"本性"或一种"本质"。我们对这一点的回答恰恰是，如果欲望的意义归根结底就是成为上帝的谋划，欲望就绝不是由这意义构成的，而是相反，它总表象着它的诸目的的一个特殊构想。事实上，这些目的是从一个特殊的经验处境出发被追求的；并且甚至正是这种追求使周围的东西构成处境。存在的欲望总是被实现为对存在方式的欲望。而这种对存在方式的欲望反过来表现为构成我们的意识生活网络的无数具体欲望的意义。于是，我们处在非常复杂的象征性构造面前，这些构造至少有三个等级。在经验的欲望中，我能够区分出一个基本的和具体的象征性欲望，它是个人，并且它表象着人用以决定存在在其存在中是有疑问的方式；并且这基本欲望反过来具体地在世界中、在包围着个人的特殊处境中表现了作为一般存在的欲望的一种抽象而有意义的结构，并且这种结构应该被认为是在个人中的人的实在，这成为他与他人共同的东西，这使我们能肯定有一种人的真理而不仅仅有一些不可比较的个体性。绝对的具体化和完备性，作为整体的存在，因此都是属于自由的和基本的欲望，或属于个人的。经验的欲望只是它的象征化。欲望归结于象征化，并且由于它总是部分的和可以还原的而从中获得其意义，因为它是不能自己设想出来的欲望。另一方面，存在的欲望在其抽象

687

的纯粹性中是具体的基本欲望的真理,而不作为实在性而存在。于是,基本谋划或个人、或人的真理的自由实现在所有欲望中(这在上一章中曾扼要地表述过,比如我们就涉及到了"冷漠"的诸种事实)是处处存在的;它只通过欲望而被把握——正如我们只能通过赋予空间形式的形体来把握空间一样,尽管空间是个别的实在而非概念——或者可以说,它像胡塞尔的对象,只通过"影像"(abs-chattungen)被提供出来,然而并不听任自己被任何影像所吸收。根据这些意见,我们能够理解,"存在的欲望"这抽象的本体论结构是徒然表象了个人基本的和人的结构,它不能束缚他的自由。事实上,我们在上一章中曾指出,自由完全地相同于虚无化;唯一能被说成是自由的存在,就是使它的存在虚无化的存在。此外,我们知道,虚无化是存在的欠缺而不能是别的。自由正是使自己成为存在的欠缺的存在。但是,因为我们已经确立的欲望是与存在的欠缺同一的,自由只能作为使自己成为存在的欲望而涌现,就是说作为成为"自在自为"的"自为的谋划"而涌现。这里我们已经达到了完全不能被认为是自由的本性或本质的抽象结构,因为自由是存在而存在在存在中是先于本质的;自由是直接具体的涌现,而它与它的选择没有区别,就是说与个人没有区别。但是,上述结构能够被说成是自由的真理,就是说它是自由的人类意义。

个人的人类真理,正如我们试图做过的,应该能通过本体论的现象学被建立——经验欲望这术语应该成为真正心理学探索的对象,观察和归纳,必要时还有经验都能用来编制这种清单,并且向哲学家指出能够造成它们的不同欲望、不同行为之间的统一的可以理解的关系,并且弄清某些实验地定义的"处境"(并且这些处境只在以肯定性的名义带来的对在世的主体的基本处境的限制的基础上产生)和经验的主体之间的某些具体联系。但是,对于基本的欲望或个人的确立或分类,这两种方法中的任何一种都不能适用。事实上,问题不可能是先验地和本体论地决定在一个自由活动的完全不可预见性中显现的东西。这就是为什么我们在这里只限于非常粗略地指出这样一种调查的可能性和它的一些观点：人们能把随便哪一个人置于一个类似的调查之下，现在它属于一般人的实在，或者宁可说，这就是能通过一种本体论而被确立的东西。但是，调查本身和它的结论原则上完全是在本体论的诸种可能性之外的。

另一方面，单纯的经验描述只能给我们一些术语，并且使我们面对一些虚假的不可还原的东西（写作的、划船的欲望，对冒险的爱好、嫉妒等）。事实上，不仅应该编制行为的、意向的和爱好的清单，还应该辨认它们，就是说应该懂得对它们提出疑问。这种调查只能根据特殊的方法来进行。我们正是把这种方法称作存在的精神分析法。

这种精神分析法的原则是，人是一个整体而不是一个集合；因此，他在他的行为的最没有意义和最表面的东西中都完整地表现出来——换言之，没有任何一种人的爱好、习癖和活动是不具有揭示性的。

这种精神分析法的目的是辨认人的经验行为，就是说完全弄清它们之中的任何一个所包含着的启示并把它们用概念确定下来。

它的出发点是经验；它的支点是人对个人拥有前本体论的和基本的理解。尽管事实上大部分人可能忽略了姿势、言语、手势语所包含的指示，并且误解了它们带来的启示，任何个人仍然先天地拥有这些表露物所含有的揭示价值的意义，仍然能够辨认它们，如果至少他是借助手，并通过手动作的话。这里像在别处一样，真理不是偶然发现的，它不属于应该探索它而又永远不能对之进行预见的领域，就像人们能去探索尼日尔的尼罗河源头那样。它先天地属于人的理解力，并且本质的工作是一种解释学的工作，就是说一种辨认，一种确定和一种概念化。

它的方法是比较：因为，事实上，任何人的行为都按它的方式象征着应该公布于众的基本选择，还因为，同时，任何人的行为都把这种选择掩盖在他的偶然个性和历史机遇之下,正是通过比较这些行为,我们使它们以不同的方式表达出来的唯一启示突现出来。这种方法的最初雏形是由弗洛伊德和他的弟子们的精神分析法中得到启示的。所以,这里应该更确切地指出:存在的精神分析法从本义的精神分析法那里得到什么借鉴,又与它有什么根本不同。

两者同样把"心理生活"的所有可客观观察到的表露看作为保持了与象征以及真正构成了个人的基本的和总体的结构的象征化的关系。两者同样认为没有原始的材料——遗传的癖好、个性等。存在的精神分析法在人的自由的原始涌现之前一无所知;经验的精神分析法提出,个体的原始情感在其历史之前是一种原蜡(une cire vierge)。性欲(libido)在它的具体固恋之外什么也不是,除非是被无论怎样固定在无论什么东西上的永恒可能性。两者同样认为人的存在是永恒历史化,并且二者都力图发现静止不变的材料,更力图觉察这种历史化的意义、方向和显化(avatars)。因此,两者同样考察在世的人,并且不设想人们能向一个人考问他所是的,而不首先分析他的处境。精神分析法的调查追求重新构成在治疗的瞬间产生的主体生活;这些调查使用所有它们能找到的所有客观材料:信、证据、私人日记、各方面的"社会"情报。它们所追求的重新构成的东西是成对的心理事件,而不只是一个纯粹心理事件:童年的关键性事件和围绕着这些事件的心理结晶。这里还涉及一个处境。这个观点的任何一个"历史"事实都将同时被认为是心理进化的因素和这种进化的象征。因为它本身什么也不是,它只按照它采取的方式行动,并且采取它的方式象征性地表现个体的内存组织。

经验的精神分析法和存在的精神分析法同样探索一种不可能用简单的逻辑定义来解释的处境中的基本态度,因为这态度是先于所有逻辑的,并且它要求按照一些特殊的综合法则重新构成。经验的精神分析法力图规定情绪,它的名称本身表明与它联系着的所有意义是多价值的。存在的精神分析法力图决定原始的选择。这种原始的选择面对世界而进行，并且作为对位置的选择，它如同情结的整体；它与情结一样是先于逻辑的；正是它选择了个人面对逻辑和原则所采取的态度；因此问题不在于按照逻辑考问它。它把存在者的整体归并到一个前逻辑的综合中，并且同样，它是无数多重价值意义的归属中心。

我们的两种精神分析法同样都不认为主体处在支配对他本身的那些调查的优越地位。它们二者都同样需要一种严格客观的方法，这种方法把反思的材料看成和他人的见证一样的证据。也许本体能对他本身实行精神分析法的调查。但是他应该一下子放弃所有他的特殊地位的特权，并且就像他是他人那样严格地考问自己。经验的精神分析法事实上是从一种潜意识机制存在的公设出发的，这种心理机制从原则上讲是避开主体的直觉的。而存在的精神分析法抛弃了潜意识的东西这公设：心理的基本事实对存在的精神分析法来说是与意识同外延的。但是即使基本谋划完全是被主体体验到的，并且因此完全是有意识的，这也不意味着它应该同时被主体认识；而是完全相反：我们的读者也许留心地记得，我们曾在导言中指出过的意识和认识的区别。当然，我们也曾看到，反思能被认为是一种准认识。但是，在任何时候反思所把握的东西，都不是被反思领会的具体行为象征性地表现的——并且经常同时有好几种方法来表现——自为的纯粹谋划；而就是具体行为本身，就是说是在自为的个性的错综复杂中特殊的、有特定日子的欲望。反思同时把握了象征和象征化；它当然完全是被对基本谋划的前本体论的领会所确立的，甚至，由于反思同样是对作为反思的自我的非正题意识，它是这同一个谋划，正和非反思的意识一样。但是，结果不是他安排了工具和必要的技术来使被象征化的选择孤立起来，来用概念确定这选择并把这完全唯一的选择公布于众。它被插进这种非常的光明中而不能表明这种光明照亮的是什么。这完全不涉及一种像弗洛伊德派们相信的那样的未猜出的谜底：一切都在那里，明明白白，反思享有一切，把握一切。但是这种"完全在光明中的秘密"毋宁是由于这种享有被通常使分析和概念化成为可能的方法剥夺了。它把握了一切，同时，没有阴影，没有凸起，没有重大的关系，不是因为这些阴影、价值、凸起在某处存在，也不是因为它们反对掩藏起来，而毋宁是因为它属于建立了它们的人的另外一种态度，并且它们只能由于认识并对认识而言存在。因此反思不能作为存在的精神分析法的基础，而仅仅向精神分析法提供了天然的材料，精神分析者应该对这些材料采取客观的态度。于是他只能认识他已经理解了的东西。因此，根深的潜意识这被根除的情结，作为被存在的精神分析法觉察到了的谋划，是按他人的观点被领会的。因此，这样被弄清楚了的对象将按被超越的超越性的结构被确定，就是说它的存在将是"为他的存在"，即使精神分析者和被精神分析者是一回事。于是被一种或另一种精神分析法弄清楚了的谋划只能是个人的整体和超越性的不可还原的东西，这些东西在他们的为他存在中。永远逃避了这些调查方法的东西，就是自为这谋划，就是在其固有的存在中情绪这谋划。这种自为谋划只能被享有；在自为的存在和客观存在之间有着不相容性。但是精神分析法的对象仍然有一个存在的实在；它的通过主体的认识还能有助于弄清楚反思，并且反思能因此成为将是准认识的一种享有。

这两种精神分析法之间的类似到此为止。事实上，就经验的精神分析法规定了它的不可还原的东西而不让这东西本身在直观中显示出来而言，它们是不同的。事实上，性欲或权力意志构成了心理-生理学的残余，其本身是不清楚的，并不对我们显现为存在之前探索的不可还原的项。最后，正是实验确立了情绪的基础是这种性欲或这种权力意志，并且实验调查的这些结论完全是偶然的，它们并没有证实；没有任何东西阻止去先天地设想一个不被权力意志表明的"人的实在"，这人的实在的性欲不构成原始的和未分化的谋划。相反，作为存在的精神分析法的起始点的选择，恰恰因为它是选择，说明了它的原始偶然性，因为选择的偶然性是它的自由的背面。此外，因为它建立在存在的欠缺的基础上，又被设想为存在的基本特性，所以，它把正当化作为选择而接受下来，并且我们知道，我们不再需要把这个观点推得更远了。因此，任何一个结论都将同时是完全偶然的和正当地不可还原的。此外，它仍然总是单个的，就是说，我们没有达到作为探索的最后目的和所有行为的基础的抽象而一般的一项，例如性欲，它在主体的外在事实和历史的行动下被区分并具体化为情结，然后具体化为细节的行为；而是相反，选择总是唯一的，它从一开始就是绝对的具体化；那些细节行为能表明这选择或使之特殊化，但是它们不能使选择比它已经是的更加具体化。因为这选择除了是每个人的实在之外，不再是别的东西，同样可以说这样的部分行为存在着，或者说这行为表明了这个人的实在的原始选择，因为，对人的实在来说，存在和自我选择之间没有区别。因此，我们懂得了，存在的精神分析法不应该从恰恰是对存在的选择的基本"情结"追溯直至作为解释它的性欲的抽象化。情结是最后的选择，它是对存在的选择，并使自己成为这选择。它的出现每次都把它揭示为显然是不可还原的东西。这必然得出这样的结论：性欲和权力意志在存在的精神分析法中既不显现为一些一般的、和所有人共有的特性，也不显现为一些不可还原的东西。充其量，人们可能在调查之后确认，性欲与权力意志作为特殊的总体在某些主体那里表明了一种不能互相还原的基本选择。事实上我们已看到，欲望和一般的性欲表明了自为为恢复他的被他人异化了的存在的原始努力。从根本上说，权力意志同样假设了为他的存在，对别人的领会和使他被别人拯救的选择。这种态度应该建立在原始选择的基础上，这种选择使人们理解到"自在自为的存在"与"为他的存在"的彻底同化。

这种存在的调查的最后一项应该是一个选择，这一事实还明确地区别了我们勾勒了其方法和主要原则轮廓的精神分析法；它正是

693

633 因此不再想在被考察的主体之上假设一个中心的机械行动。这中心只有严格地就它理解了主体、就是说在处境中改造了主体而言才能作用于主体。因此，对这中心的任何一个客观描述都不能对我们有用。从一开始，被设想为处境的中心就归结于还在进行选择的自为，恰恰像自为根据他在世的存在归结于内心一样。由于放弃了所有机械因果性，我们同时放弃了所有对上述象征论的一般解释。由于我们的目的不能是建立序列的经验法则，我们不能构成一个普遍的象征。而是精神分析者每一次都应该根据他考察的特殊情况重新发明一个象征。如果存在是整体，事实上就不能想像它能使象征化的基本联系（粪便＝黄金、插针团＝乳房等）存在，这些联系在任何情况下都保持确定的意义，就是说它们在人们从一个给出意义的总体过渡到另一个总体时仍然是未变质的。此外，精神分析者将只能看到选择是活生生的，因此这选择总能被所研究的主体消除。我们在上一章曾经指出瞬间的重要性，它表示了方向的突然改变和面对一个不变的过去所采取的一个新的立场。从这一时刻起，人们总应该准备好去认为象征改变了意义，并放弃到此为止使用的符号。于是存在的精神分析法应该完全是灵活的并且应该模仿主体中可观察到那些微小的变化：这里涉及理解个体的甚至经常是不确定的东西。用于一个主体的方法因此不能用于另一个主体或以后时期的同一个主体。

正因为调查的目的应该是发现一种选择，而非一种状态，这种调查在所有机遇下都应该记得它的对象不是被埋在潜意识的黑暗中的材料，而是一种自由的和有意识的决定——他甚至不是意识的寓客，而是与这种意识本身合二而一。经验的精神分析法就它的方法比它的原则更有价值而言，经常指点发现存在的道路，尽管它总是半途而废。当它这样接近了基本选择的时候，所分析的对象的反抗一下子倾覆了，并且这个对象突然认出人们对他表述的他的形象，就像他在镜子中看到的自己一样。对象的这种无意的见证对精神分析者是宝贵的：他在那里看到了他已达到其目的的信号；他能从所谓真正的调查过渡到治疗。但是在他的原则中或在他最初的公设中都没有任何东西使他能够理解或使用这个见证。他的权力是从哪里来的呢？如果情结真是潜意识的，就是说，如果符号由于阻碍而与意义所指分离，所分析的对象又怎么能承认它呢？潜意识的情结是自己承认自己的呢？但是它不是被剥夺了理解力的吗？如果应该承认它有理解符号的权力，不就应该同时使它成为有意识的潜意识物吗？事实上，如果没有人们理解了的意识，理解是什么呢？相反，我们将说，是作为有意识的东西的所分析的对象承认出现的形象吗？但是，既然形象是从外面带来的，并且这对象绝没有认识它，他如何把它与他真正的情感比较呢？充其量他能判定对他的情况的精神分析的解释是一种或然的假设，他从他解释的行为的数目中获得它的或然性。因此，就这种解释而言，他处在第三者的地位上，即精神分析者本身的位置上，他没有优越的位置。而如果他相信精神分析法理论的或然性，这仍然在他的意识的范围内的简单相信能够消除阻挡无意识意向的障碍。精神分析者也许有有意识的东西和潜意识的东西突然重合的模糊形象。但是他被剥夺了确定地设想这种重合的手段。

然而所分析的对象的灵感是一个事实。那里恰恰有一个伴随着明显事实的直觉。被精神分析者引导的这个对象，做得比他对一个假说予以承认更多更好：他触到、他看到他是什么。除非这对象永远不断地意识到他的根深意向，更好是说，除非这些意向与他的意识本身没有区别，这才真正是可以理解的。在这种情况下，正如我们上面指出的，精神分析的解释不使他获得对其所是的东西的意识：它使他获得对那东西的认识。因此应该回到存在的精神分析法上去而要求作为决定的这对象的最后直观。

这种比较使我们能更好地理解存在的精神分析法应该是什么，如果它应该能够存在的话。这是一种在严格客观的形式下，旨在阐明每个个人用以自我造就为个人的主观选择、就是说个人用以向自身显示他所是的东西的主观选择的方法。它探索的东西是对存在的选择同时是一个存在，它应该把个别的行为还原为基本的关系，不是性欲或权力意志、而是在这些行为中表现出来的存在。因此它从一开始就被引向对存在的领会，而且除了发现存在和存在面对这个存在的存在方式之外不应该被分散到别的目的上去。在达到这个目的之前，这目的禁止它停下来。它使用对一种存在的领会，这种领会本身作为人的实在表现出调查者的特征；并且由于它力图从它的象征性表现中获取存在，它每一次都应该在比较研究一些行为的基础上重新发明一种旨在辨别它们的象征。成功的标准对它来说将是它的假说能用来解释和统一的许多事实，正是通过对所涉及的那项的不可还原性的自明的直观。在一切这样做是可能的情况下，所分析对象的决定性见证都将支援这个标准。这样达到的结论——就是说个体的最后目标——那时能成为一个分类的对象，并且正是根据这些结论的比较，我们能在作为对他自己的目的的经验选择的人的实在之上建立一般的考察。被这种精神分析法研究的行为不只是一些梦、一些隐蔽的活动、一些缠绕不散的顽念和神经官能症，而还是、并尤其是清醒的思想、成功的和适宜的活动、风格等等。这种精神分析法还没有发现它的弗洛伊德；充其量，人们能在完成了的某些特殊的自传中发现它的预兆。我们希望能试图给出它的另外两个有关福楼拜和陀思妥也夫斯基的例子。但是，这种分析法是否存在对我们来说并无关紧要；对我们来说重要的是它是否可能。

二、作为和拥有：占有

本体论关于行为和欲望所能获得的信息应该作为存在的精神分析法的原则。这不是意味着，抽象的和所有人共同的欲望在一切个别表现之前存在，而是意味着具体的欲望拥有属于本体论研究范畴的结构，因为每个欲望，不论是吃或睡的欲望还是创作艺术作品的欲望，都表明整个人的实在。事实上，正如我们在别的地方曾指出过的①，对人的认识应该是整体性的；从这点上讲，经验的和部分的认识是没有意义的。因此如果我们使用我们到现在为止所获得的认识，我们就已经能够完成我们奠定存在精神分析法的基础的任务。事实上，本体论正是应该在那里停下来：它的最后发现是精神分析法的最初原则。从那里开始，必须有另一种方法，因为对象不同了。因为欲望是人的实在的存在，那么，关于欲望本体论给了我们什么教益呢？

我们已知道，欲望是存在的欠缺。因此，它直接建立在它所欠缺的存在上。我们已看到，这个存在，就是"自在-自为"，它变成了实体的意识，变成了自因的实体，就是上帝-人。于是，人的实在的存在根本上不是一个实体而是一种被体验到的关系；这关系的诸项是一原始的、被凝固在它的偶然性和人为性中的自在，而且它的本质特性是：它存在，它实存，而另一方面，这关系的诸项是"自在-自为"或价值，它是作为偶然的理想的自在，是以超出任何偶然性和存在为特征的。人既不是这些存在中的这一个也不是另一个，因为他现在一无所是：他是其所不是的他又不是其所是，他是偶然的自在的虚无化，因为这种虚无化的自我是向着自因自在的向前流逝。人的实在就是成为上帝的纯粹努力，对这种努力来说，不存在任何既定的基质，没有任何东西是像这样自己努力着的。而欲望表达了这种努力。

尽管如此，欲望不仅仅是相对于自因的自在定义的。它还同样相对于人们经常称之为欲望对象的天然具体的存在者的关系。这个对象时而是一块面包，时而是一辆汽车，时而是一位女子，时而又是一个还未实现的然而被定义了的对象：就像一位艺术家要创作一

---

① 《情绪的现象学理论纲要》：Herman Paul，1933。——原注

部艺术作品时的情况那样。于是欲望以它自己的结构本身表现了人与世界上的一种或好几种对象的关系，它是"在世的存在"的诸方面之一。按这个观点，首先，这种关系似乎不是唯一的类型。只是因为省略我们才谈及"对某物的欲望"。事实上有成千上万的经验例证指出，我们要占有这种对象或要做这件事或要是某一个人。如果我欲望这幅画，这就意味着我想买它，以便把它化为己有。如果我要写一本书、散步，这就意味着，我想做这本书，做这次散步。我之所以打扮自己，是因为我要是漂亮的；我自我修养是为了是有学问的，等等。于是，首先，人的具体存在的三大范畴在它们的原始关系中向我们显现出来：作为（做）拥有，存在（是）。

然而，很容易看到，作为的欲望不是不可还原的。人们造成一个对象以便保持与它的某种关系。这种新关系能直接还原到"拥有"。例如，我用树枝削一根拐杖，（我用树枝"做"一根拐杖）以便拥有这根拐杖。"作为"被还原为"拥有"的手段。这是一种最常见的情况。但是同样可能发生的是我的活动不马上显现为可还原的东西。这个活动就像在科学探索、体育运动、美学创造的情况下一样，看起来可能是无用的。然而，在这些不同的情况下，"作为"同样不是不可还原的。我之所以创作一幅画、一出戏剧、一首曲子，都是为了从一开始就是具体的存在。这种存在只就我在它与我之间建立的创造关系给予我对它的特殊所有权而言才与我有关。问题不仅仅在于我想到的这幅画是存在着的；它还应该由于我而存在。理想的东西在一个意义下显然是我通过一种连续的创造保持它的存在并且因此它作为一种永远更新的流溢成为我的理想。但是在另一意义下，它应该完全地区别于我自身以便是我的理想而不是我；在这里正如在笛卡尔的实体理论中一样，危险在于：它的存在由于缺乏独立性和客观性而消融到我的存在中；于是它同样应该自在地存在，就是说它应该永远更新它本身的存在。从那时起，我的作品对我显现为连续的但凝固在自在中的创造；它无限定地带着我的"标记",就是说,它无定限地是"我的"思想。所有艺术作品倒是一种思想、一种"观念";它的特性是就它只不过是种意义而言明确地是精神的。但是,另一方面,在一个意义下,这种意义,这种思想是永远处于活动中的,就像我永远在构造它,就像一种精神不懈地设想着它——一个就是我的精神的精神——这种思想只靠存在支持自己,当我没有现实地想到它时它也仍然在活动中。因此我与它共存于包含着它的意识和与它的意识相遇的双重关系中。在我说它是我的思想时表明的恰恰正是这种双重的关系。在我们以后明确"拥有"这范畴的意义的时候,我们会看到它的意义。正是为了把这双重关系保持在化归己有的综合中我才创造我的作品,事实上我追求的正是我和非我的这种综合(思想的内在性,半透明性;自在的不透明性,冷漠性),并且这综合显然使作品成为我的所有。在这个意义下,我不仅仅是以这种方式把真正的文艺作品化归己有了,而且我用树枝削我的拐杖也将同样双重地属于我:首先,是作为使用对象任我去安排,而我占有这个对象就像我占有我的衣服和书籍一样,其次是作为我的作品属于我的。于是,宁可被他们自己制造的使用对象包围着的人们才珍视这种化归己有。他们把享用的化归己有及创造的化归己有聚合到一个唯一的对象上并且聚合于同一个混浊的思想之中。从艺术创造的情况直到"自己卷的香烟更好抽"的情况,我们都会重新发现同一个谋划的统一性。我们刚才重新发现了有关一种作为其消耗的并被人们称为奢侈的特殊的财产的那种谋划,因为我们将看到,奢侈不是指被占有的对象的性质而是指占有的性质。

甚至认识就是化归己有——我们在第四卷的序言中已经指出过。所以科学的探索只不过是为达到化归己有的努力。像艺术作品一样,发现真理是我的认识;只有在我形成思想时,思想的作为对象的意识才显示出来,而且因此,思想按某种方式显现为是通过我而保持存在的。正是通过我把世界的一种面貌揭示出来,这面貌正是向我揭示的。在这个意义下我是创造者和占有者。并非我认为我发现的存在的外貌是纯粹的表象，而是正相反，因为只被我发现的外貌完全地、实在地存在着。在纪德对我们说"我们总是应该表露"的意义下，我能说我表露了它。但是我在我的思想的真理性中，就是说，在它的主观性中重新发现了一种类似于艺术作品的独立性的独立性。这种思想是我造成的并且从我这里获得其存在。同时，就它是对一切的思想而言，它通过自身单独地追求着它的存在。它双重地是我，因为它是向我揭示的世界，一个在别人中间的我，一个构成我的思想以及别人的精神的我，而且这种思想是双重地向我关闭的东西，因为它是我所不是的存在（当它向我揭示出来的时候）并且因为它是对一切的思想，是从它显现时起就注定不知其名的思想。我和非我的这种综合在这里还能用我的这术语来表示。但是，同样，化归己有的享用的观念是被包含在发现、揭示这观念本身之中。看就是享用，看是使对象失去童贞。如果人们考察通常用来表达认识和被认识的关系的比较，人们就会看到，它们之间的许多关系表现为某种被看所强奸的东西。未被认识的对象被给定为清白的童贞女，类似于一种纯白色。它还没有"提供"出它的秘密，人还没有从它那里"夺去"这秘密，一切形象都强调无知，各种探索的对象及那些工具所针对的对象就在这无知之中：对象并没有意识到自己被认识，它忙于它的事务而没有发觉一种注视，这种注视窥视它就像一个路人突然发现一个正在洗浴的女子那样。一些更模糊或更清楚的形象作为自然的"未被破坏的深处"的形象更明确地使人想起性交。人们揭去了自然的帷幕，人们把它揭示出来（参看舍勒："萨伊斯的帷幕"）；一切探索总是包含一个人们通过去掉遮盖着它的障碍物而置它于光天化日之下的裸体的观念，正像阿克狄翁①

---

① 希腊神话中的一位猎人。他碰见猎神狄安娜在洗澡，被女神发现。生气的女神把他变成雄鹿，他立刻被他自己的猎犬吞食了。

扳开树枝以便更好地看到正在洗澡的狄安娜一样。此外，认识是一种狩猎。培根把它称为潘①的狩猎。学者是突然发现白色的裸体并以他的注视强奸它的猎人。于是，这些形象的总体向我们揭示了我们称为阿克狄翁情结的某种东西。此外由于采取了狩猎的观念作为阿莉阿尼线，我们发现了化归已有的另一种象征，甚至可能是更根本的象征：因为人们是为了吃而狩猎。动物那里的好奇心总是性欲的或食物的。认识，就是用眼睛吃②。事实上，对于通过感官得到的认识来说，我们在这里能指出一个与对于艺术作品所揭示的过程相反的过程。对这种艺术作品来说，我们事实上指出了它与精神的、被凝固的流出的关系。精神不断地生产艺术作品，然而它总是完全独处，并且好像冷漠地对象这个生产。这种关系就像在认识的活动中的关系一样存在。但是它不排除与之相反的东西：在认识中，意识给自我带来它的对象，并渗入其中；认识是同化；法国的认识论著作充斥着食喻（吸收、消化、同化）。于是，有一种从对象走向认识主体的分解运动。被认识的东西转化成了我，它变成了我的思想，并因此同意只是从我这里获得它的存在。但是这种分解运动被凝固只是由于被认识的东西仍然在同一个地方，不限定地被吸收，被吃并且无限定地未被触动的，它完全地被消化，然而又是完全外地、像石头一样难以消化的。人们会注意到"难以消化的被消化物"，如鸵鸟胃里的石子，鲸胃里的约拿③，这些象征在天真想象中的重要性。人们指出了非毁灭性同化的梦想，不幸的是——正如黑格尔所指出的——欲望毁灭它的对象（黑格尔说，在这个意义下，欲望是吃的欲望）。通过对这种辩证的必然性的反抗，自为梦想着这样一个对象：它完全被我同化，它是我，而又由于保留着它自

---

① 潘（Pan），希腊神话中的畜牧神。——译注
② 对孩子来说，认识确实就是吃。他尝试他看见的东西。——原注
③ 约拿（Jonas），希伯来先知，曾在大鱼中呆了三天三夜。——译注

在的结构而没有溶解在我之中，因为我欲望的东西，恰恰就是这个对象。如果我吃了它，我就不再拥有它，我就只不过是与我相遇。同化和被同化物所保持的完整性之间的这种不可能实现的综合，追其最深的根源是与性欲的基本意向吻合的。肉体的"占有"事实上向我们提供了对永远被占有及永远更新的身体的刺激和诱惑的形象，占有在上面不留任何痕迹。"光滑"和"光洁"的性质深刻地象征的正是这个。光滑的东西能被抓到，被触摸，并且仍然是不能穿透的，仍然在要把它化归己有的爱抚下像水一样逃走的。所以人们在色情的描写中如此注重女子身体的洁白光滑。光滑：在爱抚下重新形成，就像水在石子击入的通道上重新形成一样。同样，我们已看到，恋人的梦想正好是与被爱的对象同一而又使他保持他的个体性：别人应该是我，而又不断地成为别人。这就正是我们在科学的探索中遇到的东西：被认识的对象，像鸵鸟胃里的石子一样，完全在我之中，在我本身之中被同化，被改造，并且他完全是我；但是同时，在被爱和徒然被爱抚的身体的冷漠的裸体状态中，他又是不能穿透，不可改造，完全光滑的。他留在外面，认识就是外在而未完成的吃。人们看到互相融合和互相渗透的构成阿克狄翁情结和约拿（Jonas）情结的性和食物的趋向，人们看到被聚合起来使认识的欲望诞生的消化和肉欲的根基。认识同时是穿透和对表面的爱抚、消化和与不变形的对象有距离的凝视、通过连续的创造而产生的思想和确认这种思想的完全客观独立性。被认识的对象，就是作为物件的我的思想。当我处在探索中的时候我最深的欲望的正是这个：把我的思想把握为物并把物把握为我的思想。把如此多样的意向融合在一起的综合关系只能是一种化归己有的关系。这就是为什么认识的欲望尽管可能显得如此无关利害，仍然是化归己有的关系。认识是拥有所能采取的形式之一。

剩下的是人们愿意说成是完全无用的一种类型的活动：游戏的活动和与之相关的意向。人们能在体育运动中发现化归己有的意向吗？当然首先应该指出，游戏，对立于严肃的精神，似乎是最少包含占有的态度，它从实在的东西那里夺去了它的实在性。当人们从世界出发，并把更多的实在给予自我，而不是给予世界的时候，至少当人们就人们属于世界而言提供给自己一种实在性的时候，就有严肃性。唯物主义是严肃的并不是出于偶然，唯物主义总是并处处作为革命者选择的学说存在同样也不是出于偶然。因为革命者是严肃的。他们首先从压迫着他们的世界出发认识自己并且他们要改变这压迫着他们的世界。因此他们是与占有着他们的老对手一致的，对手们同样从他们在世界上的地位出发认识自己并评价自己。于是所有的严肃的思想被世界弄得迟钝，它凝固了；它为了世界的利益放弃了人的实在。严肃的人是"世界的"，并且在自我中不再有任何救助，他甚至不再考虑摆脱世界的可能性，因为他把一类没于世界的存在的坚硬、厚实、惰性、不透明的存在给了他本身。不言而喻，严肃的人把对他的自由的意识藏在他自身的最深处，他是自欺的，并且他的自欺旨在在他自己眼中把他自己表现为一种结果：对他来说，一切都是后果，永远没有原则；所以他是如此期待着他的活动的结果。当马克思肯定对象先于主体时，他提出过严肃性的最初教条，而当一个人把自己当作对象时，他就是严肃的。

事实上，克尔凯廓尔的讽刺一样解脱了主观性。事实上，如果游戏不是人成为其最初起源的活动，不是人本身提出其原则并且只能按这些被提出的原则才有结果的活动，那游戏又是什么呢？人一旦把自己看成自由的并要使用他的自由，尽管另一方面他也能是焦虑，他的活动就是游戏的：事实上，这是他的首要原则，他脱离了被创造的自然（nature naturée），他本身提供了他的活动的价值和尺度，并且只按他本身提出并确定的尺度允给代价。在一种意义上讲，由此产生了世界的"少许实在"。因此，专心于在他的行动本身中发现自己是自由的游戏的人似乎完全不可能关心占有一个世界的存在。他的目的，他通过体育运动或滑稽剧或真正说来的游戏追求的目的，是使本身成为某种存在，这存在正是关心其存在的存在。尽管如此，这些看法不是我们指出做的欲望在游戏中是不可还原的结论。相反它们告诉我们，做的欲望在那里被还原为某种存在的欲望。活动本身不是它自己的目的；同样不是它明确的、表示它的目的和它深刻的意义的目标；而是活动的作用是对作为个人的存在本身的绝对自由自身表露它的这种自由并使之现今化。这种特殊类型的谋划把自由作为基础和目的，值得我们对它进行特别研究。事实上，由于它是追求一种完全不同类型的存在而完全不同于别的一切。事实上应该详尽地解释它与向我们显现人的实在的深层结构的要成为上帝的谋划的关系。但是这种研究不能在此进行：它事实上引出伦理学的结论并且它设定人们事先定义纯粹的反思的本性和作用（我们的描述到此为止只是针对"复合的"反思）。它还假设一种对只能是面对纠缠着自为的价值的道德的地位的把握。游戏的欲望从根本上讲仍然是存在的欲望。于是，"存在"、"作为"、"拥有"这三个范畴在这里像在别处一样被还原为二："作为"纯粹是及物的。一个欲望说到底只能是存在的欲望或拥有的欲望。另一方面，游戏纯粹是化归己有的意向的情况是很少见的。我把实现一项体育成绩，打破纪录的欲望放在一边，它能起到刺激运动员的作用；我甚至不说要"拥有"一个好身体、匀称的肌肉这种把他自己的为他存在客观地化归己有的欲望。这些欲望不总是出现，此外也不是基本的。但是在体育活动本身中有一种化归己有的构成成分。体育运动事实上是把世界的中心自由地改造为支持行动的成分。因此，像艺术一样，它是创造者。或许是一块雪地，或许是一块草场。看到雪地或草场就已经是占有。在其中，雪地或草场已通过看被当作存在的象征[①]。它代表纯粹的外在性，完全的空间性；它的冷漠性，它的无变化，和它的洁白表露了实体的绝对赤裸；它

---

① 参看第三章。——原注

只是自在的自在,是突然在所有现象之外被表露的现象的存在。同时它的固态的静止表达了自在的永恒和客观反抗,表达了它的不透明性和它的不可入性。然而直觉的这种最初享有不能使我满意。这种类似笛卡尔的广延的可理解的绝对实体的纯粹的自在,它作为非我的纯粹显现诱惑了我;那时我所希望的恰恰是:这种自在对我而言完全处在仍然保持自在状态的流溢说(emanation)的关系中。这已经成为孩子们堆雪人和雪球的意义:目的是"用这雪做某种东西",就是说强加给雪一种形式,这种形式如此根深地附着于这种质料以致这质料似乎是为那种形式而存在,但是如果我接近自己,如果我想建立与雪地的化归己有的联系,一切就都改变了:它的存在的等级被改变了,它一寸接一寸地存在,而不是通过巨大空间而存在;一些斑点、一些桁条栓孔、一些裂缝使每平方厘米个别化。同时,它的固体溶化成水:我直到膝盖都插到雪中,如果我把雪抓到我的手上,它就在我的手指之间融化了,它漏走了,什么也没有留下:自在被转化为虚无。我要把雪化归己有的梦想同时消失了。此外,我只能做我走近看见的那些雪:我不能征服雪地,我甚至不能把它重新构成呈现于我的注视并且突然地,双重地崩溃的这种实体性的整体。滑雪的意义不仅仅是使我能够快速移动并灵活地掌握技术,同样也不仅仅是随着按我的意愿提高速度和奔跑困难的增长而游玩;而且还是使我能够占有这雪地。现在,我用它做成某物。这意味着,由于我的滑雪者的活动本身,我改变了它的质料和意义。由于它现时在我的滑雪奔跑中显现为向下的滑坡,它重新获得了它已失去了的连续性和统一性。它现时是结缔组织。它在两个端点之间被理解,它统一了起点和终点;正如在下降中,我没有一寸接一寸地考察它本身,而是我总是盯着要达到的,在我占据的位置之外的一个点,它没有失落在无数个别细节之中,它被跑完走向我确定的那点。这个路程不仅仅是移动的活动,它还是并且尤其是组织和联系的一种综合活动:我在我面前展开了滑雪场,并且如同康德所认为的,几何学只在拉一条线时才能理解一条直线。再说这种组织是附带的而非焦点的:雪地不是为了它本身并在它本身中被统一的;被提出的并且被清楚地把握的目的、我期待的对象,都是要达到的终点。雪的空间是从下面,暗含地聚合成的;比方说,当我注视黑色曲线而并没有明确注意到这条线划出的面积时,雪的空间的内聚力就是在周线内部包含着的白色空间。正因为我附带地、不露声色地、暗示地保持了它,它适应于我,我牢牢地抓住了它,我超越它而奔赴它的目标,正像一个织毯工人超越他使用的锤子而奔赴他的把挂毯钉在墙上的目标一样。任何化归己有都不可能比这种工具性化归己有更完全;化归己有的综合活动在这里是一种使用的技术活动。雪作为我的活动的质料(按锤子的涌现是纯粹担任锤子的方式)而涌现。同时,我选择了某种观点来领会这雪坡:这观点是一种被规定的速度,这速度来源于我,我能按我的意思提高或降低它,并且速度能把通过的场地构成一个被定义的对象,这个对象完全不同于它在别的速度下所是的东西。速度按其意愿组织了一些总体,这样一个对象是否是特殊群体的一部分,取决于我是否采取这样或那样的速度(例如,人们考虑"步行"、"坐汽车"、"骑自行车"去看普罗旺斯;它表现出来的不同面貌同样取决于纳博瓦离贝济埃的路程是一小时、一上午或是两天,就是说取决于纳博瓦是独立的还是自为地与其周围的东西处在一起,或取决于她与例如贝济埃和西特构成致密群体。在后一种情况下,纳博瓦与海的关系是可以直接达于直观的;在另一种情况下,它被否定,它只能用一个纯粹概念来作对象)。因此我是以我自己给定的自由速度构成雪地的关系。但是同时,我作用于我的质料。速度不限于把一种形式外加地强加给特定的物质;它创造一种质料。当我行走时,雪在我的重量之下塌陷,当我要拿它时化成水,而它在我的速度的作用之下突然凝固了;它支撑着我。这不是因为我看不见它的轻、它的非实体性、它永远的逐渐消失。正好相反:正是这种轻、这种逐渐消

706

失、这种隐蔽的流动性支撑着我,就是说,这些东西为了支撑我而凝结、融化。因为我与这些雪有一种特殊的化归己有的关系:滑。我们以后还要对这种关系进行更细致的研究。从现在起,我们能把握它的意义了。人们说,在滑的过程中我仍然在表面。这不正确;当然,我只是轻触表面,这种轻触本身完全值得研究。但是我仍然实现了一种深刻的综合;我感觉到直至最深处本身都组织起来支撑我的雪层;滑是有距离的行动,它保障了我对物质的控制,而并非需要我陷入这质料并依附于它以便制服它。滑,就是扎根的反面。根已经一半同化在供养它的土地里,它是土地的活生生的具体化;它只有在使自己成为土地的过程中,就是说在一个意义下,屈从于它要使用的质料才能使用土地。相反,滑实现了深刻的物质性统一而没有渗过表面;它是作为既不需要强调,也不需要提高声音来使人服从的令人惧怕的主人。这就是权力的奇妙形象。因此有名的劝告"滑吧,该死的,别撑",它并不意味着"呆在表面吧,别深钻",而是相反,它意味着"实现深刻的综合吧,但是不要危害你自己"。滑正是化归己有,因为被速度实现的支撑的综合只对滑雪者并在他正在滑雪的时候才是有价值的。雪的固体性只对我才是有价值的,它只对我才是可感觉到的;它只是给予我一个人的秘密并且这秘密在我之后已不再是真的了。因此,滑实现了与物质的严格的个别的关系,一种历史的关系;这关系聚集起来并固体化以便支撑我并且发狂似地、分散地在我的后面消散。于是我由于我的通过而为我地实现了统一。因此,理想的滑是不留痕迹的滑:这就是在水上的滑(小艇、汽艇、尤其是滑水板,尽管出现得较晚,按这种观点却代表了水上运动趋向的极限)。滑雪已经是不太完美的;在我后面有痕迹,我被带累,尽管是如此之轻微。滑冰划伤了冰并且碰到一种已经完全组织好的物质,它是十分劣质的,并且它之所以无论如何要保全,是为了别的理由。因此,当我们注视我们的雪板在我们后面的雪上留下的印迹时,我们总感到轻微的失望:如果雪

645

707

在我们的道路上重新形成该多么好啊！此外，当我们让自己在坡上滑时，我是被隐藏着的幻想支配了，我们要求雪表现为它隐秘地所是的水。于是滑显得类似于连续的创造：速度，类似意识并且在这里就象征着意识①，只要它延续着，就使一种深刻的性质在物质中产生，而这种深刻的性质只有在速度存在着才可保持为一种克服了它冷漠外在性及像运动物体滑动后的束状物那样散开的聚合物。提供信息的统一化和雪地的综合性凝聚——这凝聚是蜷缩在一个工具性组织中，就像锤子或铁砧一样被使用，并且驯顺地服从行动的，意味着并且充实着行动——在雪的物质本身上持续并创造的行动；雪的团块由于滑而固体化；雪和水的同化，这同化似乎驯顺而无记忆地带给一个女子赤裸的身体，哪怕是在最强烈的爱抚下这赤裸的身体也保持了它的贞洁和混浊状态；这些就是滑雪者对实在的东西的行动。但是同时，雪仍然是不可渗透的和不可触及的；在一个意义下，滑雪者的行动只使得他的权力发展。他把权力能归还的东西归还给它；均匀的和结实的物质只有通过体育活动才提供了它的固体性和均匀性，但是这种固体性和均匀性仍然是富于物质中的属性。体育行动在这里实现的我和非我的这种综合，像在思辨的认识和艺术作品的情况中一样是通过肯定滑雪者对雪的权利而表现出来。这是我的雪场：我滑过一百次，我一百次通过我的速度使得这种凝聚和支持的力量在雪场之中产生，雪场属于我。

　　应该对这种体育运动的化归己有补充另一个方面：被战胜的困难。这是比较普遍能理解的，我们只稍稍地谈一下在滑下这个雪坡之前我必须爬上这个雪坡。这种攀登向我显示了雪的另一种面貌：反抗。我通过我的疲劳感觉到这种反抗，并且我时时刻刻都能衡量我的胜利的进展。在这里雪被同化于别的东西，并且一些通常的对于"驯服"，"战胜"，"支配"等的表达法足以指出关键在于在我和

---

① 我们在第三卷中看到了运动与"自为"的关系。——原注

雪之间建立一种主奴关系。我们在攀登，划桨，障碍跑等等，等等中重新发现了化归己有的这个方面。人们插上旗帜的山峰是人们已化归己有的山峰。于是体育活动的主要方面——尤其是户外的体育运动——就是征服似乎先验地是不可征服和不能使用的大量的水、土和空气；在每种情况下，问题都在于不是为占有元素本身，而是在于占有以这些元素的手段表现出来的一种类型的自在的存在：人们要在雪的情况下占有的正是实体的均匀性；人们要在大地和岩石等等等等的情况下化归己有的则是自在的不可入性和它非时间的永恒性。艺术，科学和游戏都是化归己有的活动，或许是全部地、或许是部分地，而它们想在它们寻求的具体对象之外化归己有的东西，就是存在本身，自在的绝对存在。

于是，本体论告诉我们，欲望从根本上讲是存在的欲望，并且它的特性是自由的存在的欠缺。但是本体论同样告诉我们，欲望是与没于世界的具体存在物的关系，并且这个存在物被设想为自在的一种类型；本体论告诉我们自为与这个被欲望的自在的关系是化归己有。因此我们面对对欲望的双重规定：一方面欲望被规定为要成为某种自在-自为的、其存在是理想的存在的欲望；另一方面，在绝大部分情况下①欲望被规定为与一个偶然的、具体的、它计划化归己有的自在的关系。有超规定吗？这两种特性是能够并存的吗？只有在本体论事先定义这两种存在的关系——具体的、偶然的自在或欲望的对象和自在自为或理想的欲望——并且只有在本体论解释了作为一种类型的与自在、存在本身的关系，作为一种类型的与自在-自为的关系的统一了化归己有的关系的时候，存在的精神分析法才能确保它的这些原则。这正是我们现在应该尝试做的事情。

化归己有是什么？可以说，一般来讲人们通过占有一个对象期

---

① 除明确它是简单的存在的欲望的情况之外：是幸福的欲望、是健康的欲望等。——原注

待什么？我们已看到做这个范畴的可还原性，它时而使我们瞥见存在，时而又使我们瞥见拥有；它是否因此同样是属于"拥有"这个范畴呢？

我看到，在很多情况下，占有一个对象，就是能使用它。然而，我并不满足于这种解释：在咖啡馆里，我使用这个茶盘和杯子；然而，它们不属于我；我不能"使用"挂在墙上的这幅画，然而它属于我。在某种情况下，我有权毁灭我占有的东西，这是无关紧要的；用这种权利来定义财产是抽象的；此外，在一个其经济是"被指导"的社会里，一个老板能占有他的工厂而无权关闭它；在罗马帝国，主人占有他的奴隶而无权处死他。以外，在这里毁灭的权利、使用的权利意味着什么呢？我看到，这种权利把我归结到社会并且财产似乎是在社会生活的框框中被定义的。但是我也看到，权利纯粹是否定的，它限于阻止他人毁坏属于我或为我所用的东西。也许，人们想把财产定义为一种社会职能。但是首先，根据社会事实上提供了占有的权利，按某些原则，得不出社会创造了化归己有的关系的结论。充其量不过说社会承认权利合法。正相反，为了使所有权能被提高到神圣的高度，它首先应该作为建立在自为和具体自在之间的自发关系而存在。如果我们能预见一种将来的更公正的集体组织，在那里私人的占有不再——至少在某种限度内——受到保护而变得神圣化，这并不因此意味着化归己有的联系不再存在；这种联系事实上可能至少作为人和事物间的私人关系存在。于是，在夫妻关系还没有合法化及成份的承继还是依照母系的原始社会中，性关系至少是作为一种类型的姘居存在。因此应该区别占有和占有的权利。根据同样的理由，我应该重新完全排斥蒲鲁东式定义的定义："财产就是盗窃"，因为财产是在问题（question）一方的。事实上，私有财产可能是盗窃的产物，并且维持这种财产可能是掠夺他人的结果。但是，不管其起源和结果是什么，财产在其自身中仍然完全是可以描述和可以定义的。偷盗者自认是他偷来的钱的主

710

人。因此这涉及描述偷盗者与他偷来的东西之间的关系,与合法的财产主与"规矩地获得的"财产的关系一样。

如果我考察我占有的对象,就会看到被占有这性质不是给了这对象一个表明它与我的外在性关系的纯粹外在名称;正好相反,这性质深刻地规定了它,向我并向别人显现为是它的存在的部分。所以在原始社会,人们能以说这些人是被占有者来定义某些人;他们本身被看作是属于……的。原始的葬礼仪式也指出这一点,在葬礼上人们用属于死者的物品给死者殉葬。"为了使他们能使用它们",这理性的解释显然是事后才出现的。这类习俗自发出现的时代似乎可逆溯到更早,考问这主题似乎是不必要的。这些物品有属于死者这个特殊性质。它们与他形成一个整体,埋葬死者而不埋它使用的物品,不比例如埋葬他而不埋他的腿更是问题。尸体,他曾用来喝水的杯子、他用过的刀子、造成同一个死人,马拉巴尔人烧死寡妇的习俗其原则是非常好理解的:妇女已被占有;因此死者把她带到他的死之中,她合法地该死;只有帮助她由这种合法的死过渡在事实的死。对埋不埋都无所谓的物体是被鬼魂附体了。鬼魂不是别的,只是"被占有的存在",房子和家具的具体显形。说房子闹鬼,就是说金钱或惩罚都没有抹去第一个占据者对它的占有这一形而上学的、绝对的事实。附体在城堡上的鬼魂真正是被贬黜的家神。但是这些家神本身如果不是一层一层地沉淀在房子的墙上和家具上的若干层次占有又是什么呢?指出了对象与它的所有者的关系的表现本身足以表明化归己有的深深渗入:被占有,就是是属于……的。这意味着,被占有的对象正是在它的存在中被触及了。此外我们已看到,占有者的毁灭引起了对被占有物的权利的毁灭,而反之,残存的被占有物引起了占有者的残存的权利。占有的联系是一种存在的内在联系。我在占有者占有的对象中并通过这对象碰到占有者。这显然就是对圣物的重要性的解释;我们不仅据此理解宗教的圣物,而且同样并且尤其据此理解名人的所有财产(维克多·雨果博物馆,"曾属于"巴尔扎克、福楼拜等的"物品"),我们尽力在其中发现他们;对被爱的死者的"回忆"似乎使他的名声"永存"。

被占有物与占有者的这种内在的、本体论的联系(像用烧红的铁烙印那样的习俗曾经常试图使之物质化)不能以化归己有的"实在论的"理论来解释。如果真正说来,实在论被定义为使主体和对象成为两个独立的、占有自为的和自立的存在的实体的学说,人们就不可能比设想作为其形式之一的认识更多地设想化归己有;它们都总是在一段时间里保持为统一主体和对象的外在关系。但是我们看到,实体化的存在应该被归属于被认识的对象。对一般的财产来说同样如此:正是被占有的对象自在地存在,它被永恒性、一般的无时间性、存在的充实、一句话被实体性所定义。因此正是在占有的主体一边应该放上非独立物(Unselbstständigkeit)。一个实体不能把别的实体化归己有,并且我们之所以在一些事物上把握了某种被占有物的性质,是因为从根本上讲,自为和作为他的属性的自在的内在关系是从自为存在的不充实性中获得其起源的。不言而喻,被占有的对象并不实在地被化归己有的活动所作用,正和被认识的对象不被认识所作用一样,它保持为未被触动的(除了在被占有物是一个人类存在,一个奴隶,一个妓女等的情况之外)。但是这种被占有的性质仍然以它的意义理解地作用于它:总之,它的意义向自为反映这种占有。

如果占有者和被占有者被以自为的存在的不充实为基础建立起来的关系所统一,那要提出的问题就是决定它们构成的一对的本性和意义。事实上,内在的关系是综合的,它进行占有者和被占有者的统一工作。这意味着,占有者和被占有者理想地构成了一个统一的实在。占有,就是在化归己有的信号下与被占有的对象统一;想要占有,就是想通过这种关系与一个对象统一。于是,对一个特殊对象的欲望不单纯是对这个对象的欲望,而是通过一种内在关系、以与它一起构成一个"占有-被占有"统一的方式和对象统一起来的欲望。拥有的欲望说到底就是在某种存在的关系中对某个对象而言的可还原为存在的欲望。

为了规定这种关系，前面关于学者、艺术家和运动员的诸种行为的意见对我们是非常有用处的。我们在这些行为的任何一种中都发现了某种化归己有的态度。化归己有在任何情况下都由于对象对我们同时显现为我们本身的主观流出和在一种和我们之间的冷漠的外在性关系中的这一事实而被打上印记。因此，我的对象对我们显现为是居于我的绝对外在性和非我的绝对外在性之间的中介存在的关系。在同一种混浊的思想中，我变成非我，而非我变成我。但应该更好地描述这种关系。在占有的计划中，我们遇到了一个不自立的自为，虚无把他与他所是的可能性分离开了。这种可能性是把对象化归己有的可能性。我们还遇见了价值，这价值纠缠着自为，并且理想地指示着会通过在可能的同一性中的统一以及就是其可能的自为的统一而实现的整体存在，在这里就是说指示着如果我在同一的东西的不可分割的统一中我就是我自己和我的属性时会自我实现的存在。于是，化归己有就会是自为和具体自在之间的一种存在关系，而这关系会被对这个自为及被占有的自在之间的同一化的理想指示所纠缠。

占有，就是为我所有，就是说是对象的存在的固有目的。如果占有完全地具体地被给定，占有者就是被占有对象的存在的理由。我占有这笔，就是说这枝笔为我地存在，它为了我而被造成。此外，根本说来，正是我为我自己制造了我想占有的对象。我的弓，我的箭，这意味着那些我为我地制造的对象。分工使这种原始关系变得淡薄而并没有使之消失。奢侈品是这种关系的堕落，我在奢侈的原始形式下，通过属于我的人（奴隶、家里的仆人）占有一个我让别人为我制造的对象。因此，奢侈品是最接近原始所有权的所有权形式，正是奢侈品在财产之后最清楚地阐明了从根本上构成了化归己有的创造的关系，在一个分工细到了极点的社会中，这种关系

713

被掩盖了,但并没有被消除:我占有的对象已被我买到了。钱代表我的力量;与其说它是一种通过自身的占有,毋宁说它是一种要占有的工具。这就是为什么除了在吝啬这十分特殊的情况下,金钱在它的购买的可能性面前被耗去了;它是逐渐消失的,它的造成是为了揭示对象,揭示具体的事物,它只有一种及物的存在。但是对我来说,它显现为一种创造的力量:买一件东西,就是一种相当于创造一件东西的象征性活动。所以金钱是与能力同义的;这不仅是因为它事实上能使我们获得我们要求的东西,而且尤其因为它代表了我的真实的欲望的效力。正因为它向着事物而被超越,被超出并仅仅是被暗含着,所以它代表我与对象的神奇联系。金钱取消了主体和对象的技术性联系并提供出了像传奇中的愿望一样直接有效的欲望。由于口袋里有钱,你们在橱窗前停下来,陈列的对象已经有一半是属于你们的了。于是金钱在自为和世界的对象的整个集合之间建立起化归己有的联系。由于钱,这样的欲望已经是提供信息者和创造者。于是,创造的联系通过连续的减弱而保持在主体和对象之间。拥有,首先就是创造。被建立的所有权关系于是成为一种连续创造的关系:被占有的对象被我插入到一种我的周围的总体形式中,它的存在是被我的处境和它在这种处境本身中的完整化所规定的。我的台灯不仅仅是这个电灯泡、这个灯罩,这个铁铸的支座:它是某种照亮这办公桌,这些书和这张桌子的能力;它是我夜间工作的某种色调,与我读写到很晚的习惯有所联系;它是活跃的,有色彩的,通过我对它的使用而被定义的;它是这种使用并且只是通过这使用才存在。它独立于我的办公桌、我的工作的台灯,它被放在售卖大厅地上的一堆东西中间,它就完全被"熄灭"了,它不再是我的台灯;甚至不再是一般的台灯,它重新回到原始的物质性上去。于是,我对在我的占有的人的秩序中的存在负责。通过财产,我把它们提升为某种类型有职能的存在;我的单纯的生命在我看来是创造性的,这恰恰因为,通过它的连续性,它使被占有的品质永存于我占有的任何一个对象中：我把我周围东西的集合与我一起带入存在。如果人们使它们从我之中分离出来，它们就会死去，就像如果人们把我的胳膊砍下来，它就会死去一样。

但是，创造的原始的和根本的关系是一种流溢的关系。笛卡尔的实体理论遇到的困难就在于使我们发现这种关系。我创造的东西——如果我理解创造是：使质料和形式来到存在之中——就是我。如果绝对创造者的悲剧存在的话，那就是不可能脱离自我，因为它的创造物只可能是它本身：创造物会从他之中抽取出它的客观性和独立性。因为它的形式和它的质料都是来自我的，只有一类惰性能面对我封闭这创造物；但是为了使这种惰性本身能起作用，我应该用一种连续的创造支持它的存在。于是，既然我觉得我就单凭占有的关系而创立这些对象，就这点而言，这些对象，就是我。钢笔和烟斗、衣服、办公桌、房屋，这些就是我。我的占有物的整体反映着我的存在的整体。我就是我拥有的东西。我在这杯子、这小玩意儿上触摸到的是我。我攀登的这座山，就我征服了它而言它就是我；当我在它的顶上时，当我以同样的一些努力为代价已"获得"了这种对山谷和周围山顶的辽阔视野时，我就是这视野；全景，就是被膨大到地平线的我，因为它只是通过我、为我而存在。

但是创造是一个只能通过它的运动而逐渐消逝的概念。如果我们阻止它，它就消失了。按这个词的最严格词义，它消灭了；或者我只发现我的纯粹主观性或者我遇到了一个与我不再有任何关系的赤裸裸的、冷漠的物质性。创造只能被设想和保持为从一端点到另一端点的连续过渡。在同一个涌现中，对象应该完全是我而又完全独立于我的。这正是我们认为在占有中实现的东西。被占有的对象既是被占有的，它就是连续的创造；然而仍然在那里，它自己存在，它是自在的；如果我离开了它，它并不为此而停止存在；如果我走了，它就在我的办公桌上、我的房间里、在世界的这个地点对我表现出来。它从一开始就是不可穿透的。这支笔完全是我，甚而至于我在写的活动中与它完全没有区别，它是我的活动。然而，另一方面，它是来触动的，我的所有权没有改变它；这只是我与它的一种理想的关系。在某种意义上讲，如果我超越我的所有权而去使用，我就享用了我的所有权，但是如果我想凝视它，占有的联系就被抹去了，我就不再理解占有意味着什么。烟斗在那里，在桌子上，独立的，冷漠的。我把它拿在手里，我摸它，我凝视它以便实现这种化归己有；但是恰恰因为这些动作旨在把对这种化归己有的享用给予我，它们欠缺其目的，在我手指中只有一块惰性的木头。只有当我超越了我的诸对象而奔赴一个目的时，只有当我使用它们时，我才能享用对它们的占有。于是，连续创造的关系包括在它之中，就如同它的矛盾暗含着这些被创造对象的绝对的和自在的独立性。占有是一种神奇的关系；我是我占有的那些对象，但这时我是外在的，面对着我的；我把它们创造为独立于我的东西；我所占有的东西，就是我之外的我、所有主观性之外的我，就如同一个时时刻刻逃避着我并且我时时刻刻永远在创造着的自在。但是正因为我总是在另一个我之外的，如同一个不完全的、通过其所不是显示自己存在的东西，当我占有时，我为了被占有的对象而自我异化。在占有的关系中，强有力的一项是被占有的事物，在它之外，我除了是一个占有的虚无之外就什么也不是，我只不过是一个单纯的占有，一个不完全、不充实的东西，它的充实和完整是在这彼岸的对象中的。在占有中，我是我自己的基础，因为我自在地存在，因为事实上占有是连续的创造，我把被占有的对象当作被我奠定在它的存在中的；但是，另一方面，因为创造是一种流溢，这对象被吸收到我之中，它只是我，并且另一方面，因为它从根本上讲是自在的，它是非我，它是面对我的我，客观的、自在的、永恒的、不可穿透的，对我来说是存在于外在、冷漠的关系之中的。于是，我是我的基础，因为我对于我而言是冷漠的、自在的。然而，这正是自在自为的谋划本身。因为这个理想的存在被定义为一个自在，它作为自为是它自己的基础，或被定义为一个自为，其原始谋划不是一种存在方式，而是一个存在，正是他所是的自在存在。人们看到，化归己有和自为的理想的象征或价值只是一回事。占有的自为和被占有的自在这一对对这样一个存在来说是有价值的：这存在存在着以便自己占有它自己并且它的占有就是它自己的创造，说却说是上帝。于是，占有者追求享用他的自在的存在，他的外在的存在。通过占有，我收回了类似于我的为他的存在的对象－存在。也是由此，他人不可能使我惊奇：他要使其涌现的并且就是为他的我的存在，我已经占有了，并且享用了它。于是，占有还是一种对他人的防御。我的存在就是作为非主观的东西的我，因为我是这个"我"的自由基础。

尽管如此，人们不能过分强调这种关系是象征性的和理想的这一事实。我不满足于我本身通过化归己有而成为我自身基础的原始欲望，更甚于弗洛伊德的病人梦见一个士兵杀死沙皇（即他的父亲）时不满足于他的俄底蒲斯情结。这就是为什么所有权同时向财产主显现为一下子永恒地被给定物，又显现为要求一种时间的无限性来实现自身。没有任何一种使用的动作是真正地实现化归己有的享用；而是归结于一些别种的化归己有的动作，其中任何一个动作都只有咒语的价值。占有一辆自行车，首先就是能注视它，然后能够触摸它。但是触摸表现出自我本身是不充实的；应该能够骑上去。去闲逛。但是这种无理由的闲逛本身是不充实的：应该使用自行车来行路。而这把我们推到更长时间、更完全的使用中去，推到穿过法国的长时间旅行。但是，这些旅行本身分解为成千上万的化归己有的行为，这些行为中的任何一个都推到其他的行为。最后，因为人们能预见它，只需开一张银行支票就足以让自行车化归我有，但是它需要我的整个生命来实现这种占有；这正是我获得一个对象时的感觉：占有是一种死亡总使它不能最后完成的事业。现在我们把握了它的意义：那就是通过化归己有来实现这种被象征化的

717

关系是不可能的。自在的化归己有是没有任何具体东西的。再者，不是实在的活动（如吃、喝、睡等）会用来象征一种特殊的欲望。相反，实在的活动只作为象征而存在，正是它的象征化给予它自身意义、严格结构及其存在。因此，人们不可能在它那里发现它的象征性价值之外的确实享用；它只是指示着一种最高的享用（指示着就是其自身基础的存在），这指示总是在注定实现它的化归己有的所有行为之外的。这正是承认不可能存在"占有一个对象"，占有对象对自为来说连带着毁灭对象的强烈愿望。毁灭，就是消灭在我之中，就是与被毁灭对象的自在存在保持一种与在创造中一样深刻的关系。我点着的焚烧农场的火，逐渐地实现了农场与我本身的溶合：由于农场消亡了它变成了我。一下子，我又发现了创造的存在关系，但是是被颠倒的关系：我是燃烧的谷仓的基础；我就是这谷仓，因为我毁灭了它的存在。毁灭实现了——也许比创造更根本地——化归己有，因为被毁灭的对象不再在那里显出自己是不可穿透的。它有它曾经是的自在存在的不可穿透性和充实性；但是，同时，它有我所是的虚无的不可见性和半透明性，因它不再存在。我弄碎了的并曾在这桌子上的杯子，还在那里，但是它是作为一种绝对透明的东西；我透过它看见了所有的存在；电影工作者通过迭印试图达到的正是这个；它类似于一个意识，尽管它有一种自在的无可挽回性。同时，它肯定是我的，因为我应是我所曾是的这一唯一的事实拦住了被毁灭对象的消灭；我在重新创造自己时又重新创造了它；因此，毁灭就是通过担保自己是唯一对完完全全曾存在过的东西的存在负责的而重新创造。因此，毁灭应归入化归己有的行为之列。此外，许多化归己有的行为特别具有毁灭性的结构：使用，就是耗用。在使用我的自行车时，我耗用了它，就是说化归己有的连续创造通过部分的毁而表现出来。这种磨损出于严格实用的理由，可能使人感到不快，但是在大多数情况下，这磨损引起一系列暗暗的喜悦，几乎是一种享受：因为它来自我们，我们在消费。人们会像这种"消费"所表达的那样同时指明化归己有的毁灭和食用的享受。消费,就是消灭,就是吃;就是在被掺合中毁灭。如果我骑自行车,我就能因耗用这些轮胎感到烦恼,因为找到别的轮胎是很困难的;但是我用我的身体游戏这一享受的形象是一种毁灭的化归己有,一种"毁灭-创造"的形象。转动的载着我的自行车由于其运动本身被创造并被造成是我的;但是这种创造由于它联系对象的轻微和连续的磨损而深深地印在对象中,就像烧红的铁烙在奴隶身上的印记一样。对象属于我,因为正是我耗用了它:我的东西的磨损,就是我的生命的背面[1]。

这些意见使人能更好地理解某些感觉的意义或被认为是不可还原的行为的意义;例如慷慨。事实上,馈赠是毁灭的一种原始形式。人们知道,例如,印第安人赠送衣物的节日允许毁灭大量的物品,这些毁灭是对别人的挑战,它们与他人连在一起。在这个层次上,物品被毁灭还是给予别人是无所谓的,印第安人按一种或另一种方式都是毁灭别人及与别人连在一起。我在给人物品和消灭它时都是毁灭它。我取消了在它的存在中深刻确立着的"我的"的性质,我从我的视野中去掉它,我把它构成——对于我的桌子、我的房间而言——不在场的,唯有我才会保留它的过去的对象的幽灵般的、透明的存在,因为我就是使这些存在追求一种在它们消灭之后的名义上的存在的。于是,慷慨首先是在毁灭的职能。给予的狂热在某些时刻,对某些人来说,首先是毁灭的狂热,它相当于一种热衷的态度,一种伴随着对象的破坏的"爱"。但是这种根本上说是慷慨的毁灭的狂热不是别的,只是一种占有的狂热。我抛弃的所有东西,我给予的所有东西,我按一种高级的方式,通过我用它们造

---

[1] 布鲁麦尔(Brummel,1778—1840),英国著名的花花公子,以只用有些磨损的衣服而表现他的优雅。他有新之快乐:新的东西"节日穿",因为它不属于个人。——原注

成的礼品享受它们；这礼品是贪婪的，短促的，几乎是性的享用：给予，就是占有地享用人们给予的对象，就是一种化归己有的毁灭的接触。但是同时，礼品诱惑了人们给他礼品的那个人，它迫使他重新创造，迫使他通过一个连续的创造保持这个我不再需要的，我刚才甚至以消灭占有的，并且最终只留下一个形象的我。给予，就是奴役。我们在这里感兴趣的不是礼品的这个方面，因为它尤其涉及的是与别人的关系。我们想指出的是，慷慨不是不可还原的：给予，就是以毁灭化归己有，同时利用这毁灭来奴役别人。因此，慷慨是通过他人的存在构成的感情，并且它指出了一种以毁灭来化归己有的偏好。据此，慷慨更多地把我们引向虚无，而不是引向自在（涉及一种本身显然是自在的自在的虚无，但是，自在的虚无能以一种是它自己的虚无的存在来象征）。因此，如果存在的精神分析法遇到了一个主体的慷慨的证明，它就应该更深入地探索他的原始谋划并自问主体为什么选择通过毁灭而不是通过创造来化归己有。对这个问题的回答揭露与构成了被研究的个人的存在的原始关系。

这些观察只追求弄清楚化归己有联系的理想特性和所有化归己有行为的象征职能。应该补充一点：象征并不被主体本身识破。这不是由于象征化是在潜意识中酝酿的，而是由于在世的存在的结构本身。事实上，在讨论超越性的一章中我们看到，世界的工具性秩序是在我的可能性的自在中，就是说，在我所是的东西的自在中被谋划的形象。但是，这就是说我永远不能识破这物质世界的形象，因为它同样需要反思的分蘖使我能对我本身作为一个对象的胚胎而存在。于是，由于自我性的圈子是非正题的，并因此，我所是的东西的预兆仍然是非主题的，世界推回给我的这个我本身的"自在的存在"对我的认识来说只能是被遮掩着的。我只能在使它产生的近似的活动中并通过这活动来适应它。因此占有完全不意味着知道人们与被占有的对象处于同一创造－毁灭的关系中，而是意味着占有就是在这关系中，或不如说就是这关系。被占有的对象对我们来说有一种直接可以把握的、并且完全改造了对象的性质——是我的对象的性质——但是这种性质本身严格地讲是不可识破的，它是在行动中并通过行动被揭示出来的，它表露出它具有一种特殊的意义，但是从我们想相对一个对象采取一种后退并且凝视它的时候起，它就消逝而并没有揭示它的深层结构及它的意义。这后退事实上本身就是化归己有的联系的毁灭因素：前一瞬间，我介入到一个理想的整体中，并且正因为我介入到我的存在之中，我不可能认识我的存在；后一瞬间，这整体被打碎了并且我不可能在曾构成它的分离了的碎片上发现它的意义，就像在某些病人所经历的这种沉思的经验中可以看见的那样，不管这些病人是什么样的，人们如何称之为失去个性的。因此，我们是被迫求助于存在的精神分析法以在每个特殊的情况下去揭示我们刚才以本体论规定了其一般抽象意义的这种化归己有的综合的意义的。

还应该一般地规定被占有的对象的意义。这种探索应该完成我们对化归己有的计划的认识。那么，我们努力化归己有的是什么呢？

一方面，并且在抽象中很容易看到我们一开始追求的不是占有对象存在的方式而是占有这对象的存在本身。事实上，正是作为自在的存在的具体表象看，我们要把它化归我们所有，就是说把我们把握为它的存在的基础，因为它理想地是我们本身，另一方面，从经验角度讲，被化归己有的对象绝不会是完全独自的，或单独地使用它。任何单个的化归己有在它的无定限延伸之外都没有意义；我占有的一枝笔就相当于所有的笔；我在它的个体中占有的正是笔的类。但是此外，我在它之中占有的正是写、划某种形式某种颜色的线的可能性（因为我感染了我使用的工具本身和墨水）；这些线条，它们的颜色，它们的意义，正像纸、它特殊的阻力、它的气味等等一样被集中在它自身之中。关于一切占有，凝聚式的综合成了司汤达描述为爱情的唯一情况的东西。消灭到世界基础中的每一个被占有的对象都表露了整个世界，正像一位被爱的女子当她显现时表露了在她出现时围绕着她的天空、海滩和大海一样。把这对象化归己有，因此就是象征性地把世界化归己有。每个人在回忆他的经验时都能承认这点；对我来说，我将引用一个个人的例子，不是用来证明而是用来引导读者去探索。

几年前，我曾决心不再抽烟。斗争是激烈的，并且事实上，我不在乎烟的滋味而是在乎我将失去抽烟这活动的意义。整个凝聚化就形成了：我在看戏时抽烟，在早上工作时抽烟，在晚饭以后抽烟，如果停止抽烟似乎将使我失去看戏的趣味，失去夜间小吃的味道，失去早上工作的清新活力。尽管会有闯入我眼睛的偶然事件，当我不再能抽着烟做这些事时，它对我似乎就根本上变得乏味了。"可能被我抽着烟感到的存在"：这是普遍散布在事物中的具体性质。对我来说似乎我将从这些事物中把这性质抽出来，并且似乎不太值得在这样一个乏味的宇宙中间生活。然而，抽烟是一种毁灭式的化归己有的活动，烟是"被化归己有"的存在的象征，因为它通过一种连续毁灭的方式以我呼吸的节奏被毁灭了，因为它在我之中通过并且在它变化成我本身的过程中，通过把被烧的固体改造为烟的过程象征性地表露出来。抽烟时被看到的风景与用来烧掉这小小的祭品之间的联系就是这样，我们刚才看到，后者是前者的象征。因此这意味着，烟的毁灭式的化归己有的活动象征性地相当于整个世界的化归己有式的毁灭。通过我抽的烟，正是世界在燃烧、在冒烟、在烟雾中消失以便回到我之中。为了坚持我的决心，我应该实现一种凝聚化的分裂，就是说我，在并不过分地体会到它的时候把烟还原为只不过是它本身：点着的草；我割断它与世界的象征性联系，我说服自己说，对剧场的戏、对风景、对我读的书来说，如果我离开我的烟斗考察它们，就是说，如果我突然转向与这祭献的仪式不同的占有这些对象的方式的话，我没有消除它们那儿的任何东西。我一旦被说服，我的懊恼就差不多没有了：我对于不再需要闻到烟的气味而感到惋惜，为不再能感到我手指间烟斗的热气而惋惜等等。但是我的懊悔一下子被解除并变得完全可以忍受了。

于是，从根本上说，我们决心在一个对象中化归己有的东西，就是它的存在，就是世界。化归己有的这两个目的实际上只是一回事。我力求在现象背后占有现象的存在。但是我们看到，这个存在非常不同于存在的现象，它就是自在的存在，而不仅仅是这样的特殊事物的存在。这里完全不是因为有向宇宙的过渡，而毋宁说是上述存在在它的具体裸体中一下子变成了整体的存在。于是占有的关系清楚地向我们显现出来：占有，就是想通过一个特殊的对象占有世界。因为占有被定义为要把自己当作一个存在的基础的努力，而这存在既然从观念上讲是我们本身，一切对占有的谋划都旨在把自为构成为世界的基础或自在的具体整体，因为这个整体作为整体就是按自在的方式存在着的自为本身。在世的存在，就是谋划占有世界，就是说，把整个世界当作自为要变成自在自为所缺少的东西；这就是介入到一个整体之中，这整体恰恰是理想，或者是价值，或者是被整体化的整体，并且是通过自为与世界的融合理想地构成为应该是其所是的被瓦解的整体，构成为总是其所是的自在的整体。事实上，应该明白，自为不是作为建立一个理性的存在的谋划，就是说一个首先设想——形式和质料——以便然后给它一个实存的存在：事实上这个存在是纯粹的抽象，一个普遍的东西；它的概念不可能先于在世的存在，而是相反它会设定在世的存在为前提，同样它会设定前本体论地理解一个具体卓越的并且首先是现在的存在为前提，这个存在就是自为的原始"在那里"的"那里"，即世界的存在。自为不是为首先思维普遍的东西和根据概念自我规定而存在：他是他的选择并且这选择不能是抽象的，否则自为的存在本身就会是抽象的。自为的存在是个体的偶然事件并且选择应该是要成为具体的个体选择。我们看到，这相当于一般的处境。自为的选择总是在无可比较的个别性中对具体处境的选择。但是这也相当于这选择的本体论意义。当我们说自为是存在的谋划的时候，他没有把他谋划是的自在的存在设想为对某一类型的所有存在者都共有的结构：我们看到他的谋划完全不是一个概念。他谋划是的东西对他显现为一个卓越地具体的整体：就是这个存在。也许，人们能在这个谋划中预见普遍发展的可能性；但是正是按照人们谈论一个恋人的方式，他爱所有的女人或在一个女人中的整个女人。由于他谋划要成为其基础的那个具体存在不可能被设想——正如我们刚才看到的，因为它是具体的——它同样不能被想象，因为想象力是虚无并且这个存在是卓越的存在。它应该存在，就是说它应该被遇到，但是它的相遇与自为作出的选择合二为一了。自为是一个"相遇－选择"，就是说他被定义为奠定与他相遇的存在的选择。这意味着，自为作为个体的事业，是对作为个别存在的整体的这个世界的选择；他并不向着逻辑的普遍性超越这个世界，而是向着同一世界的新的具体"状态"，在这状态中存在是被自为奠定的自在，就是说他向着"在具体存在着的存在之外的具体存在"超越它。于是，在世的存在是占有这个世界的谋划，而纠缠着自为的价值是对被这个自为和这个世界的综合作用构成的个体存在的具体指示。事实上，存在无论在什么地方，无论从哪里来，无论人们用什么方法观察它，无论它是自在还是自为，或是成为自为自在的不可实现的理想，它在其原始偶然性中都是一种个体的遭遇。

于是，我们能定义统一了存在的范畴和拥有的范畴的诸种关系。我们已经看到，欲望能够根本上是存在的欲望或拥有的欲望。但是拥有的欲望不是不可还原的。当存在的欲望完全依赖自为并且谋划没有中介地提供给他一种自在自为的尊严时，拥有的欲望在世界中并通过世界而追求着自为。正是通过把世界化归己有，拥有的谋划旨在实现与存在的欲望同样的价值。这就是为什么人们能凭借分析来区分的那些欲望在实在中是不可分的：人们没有发现不夹杂着拥有的欲望的存在的欲望，并且反之亦然；说到底这涉及对于同一目的的关注的两个方向，或者，可以说涉及同一基本处境的两种估价，前者企图照直地把存在提供给自为，后者则建立了自我性的圈子，就是说把世界插在自为和他的存在之间。至于原始的处境，就是我所是的存在的欠缺，就是说我使自己存在，但是，正是我用来造成对我自身所欠缺的存在根本上是个别的和具体的：它是已经实存的存在，我作为是它的欠缺而在其中涌现。于是，我所是的虚无本身由于是这个虚无化而非另一个，而是个别的和具体的。

任何自为都是自由选择；这些活动中的任何一个，最微不足道的和最值得注意的一样，都表达了这种选择并来源于它，这就是我们称之为我们的自由的东西。我们现在已把握了这种选择的意义：它是存在的选择，或许是直接地，或许是通过把世界化归己有或毋宁说是同时直接地并通过把世界化归己有进行选择。于是我的自由是选择成为上帝并且我的所有活动，我的所有谋划表现了这选择并以成千上万的方式反映了它，因为它是无数存在的方式及拥有的方式。存在的精神分析法旨在通过这些经验的和具体的谋划发现每个人用来选择他的存在的原始方式。人们会说，还要解释为什么我选择通过这样或那样特殊的"这个"来占有世界。我们能回答说，这恰恰就是自由的特性。然而，对象本身不是不可还原的。我们在它之中通过它的存在方式或性质追求它的存在。而性质——尤其是物质性质，水的流动性，石头的致密性，等——作为存在的方式只是按某一方式使存在现时化。我们所选择的东西，因此就是存在赖以被发现及使自己被占有的某种方式。黄色和红色，西红柿或碎豌豆的味道，粗糙的东西和柔嫩的东西对我们来说完全不是不可还原的材料；它们象征性地在我们的眼前表现一种存在应该表现出的某种方式，并且我们通过厌恶或欲望，按照我们看见存在用这样或那样的方式使自己与上述东西的水平相平的方式而重新行动。存在的精神分析法应该获取诸神性质的本体论意义。人们将只有这样——而不是通过对性欲的考察——解释例如诗人"想象力"的某种恒定性

(韩波①的"地质的"东西，坡②的水的流动性）或干脆解释每个人的种种趣味，即那些人们说不应该讨论的经常的趣味，而没有了解它们以它们的方式象征整个一种"世界观"，整个一种存在的选择并且由此产生了把它们变成他的趣味的那个存在眼中它们的自明性。因此我们应该在这里概述存在的精神分析法的这种特殊的工作，把这作为对最后的探索的意见。因为并不是在甜东西和苦东西的味道的水平上来讲自由选择不是不可还原的，而是在对通过并依赖甜味、苦味等表现出来的存在的外表的选择的水平上自由选择才是不可还原的。

三、论揭示了存在的性质

这里只涉及尝试一种对事物的精神分析。这就是 G. 巴什拉在他最后一部著作《水和梦》中以非凡的天才论述的。在这部著作中充满伟大的诺言；尤其是，这是一个和"物质想象力"一样的真正发现。真正说来，想象这术语我们并不同意，同样，也不同意在事物和它们的胶质的固体或液体的质料背后探索我们抛入它们之中的形象的企图。我们在别的地方曾指出③，知觉与想象没有任何共同之处：相反它严格地排斥想象，反之亦然。知觉完全不是把形象和感觉结合在一起：这些来自联想主义的论点应该完全要排除；因此，精神分析法不应该探索形象而恰恰应该解释实在地属于事物的感觉。无疑，"人"对黏的，粘滞的等东西的感觉不属于自在。但是我们看到，潜在性同样不属于自在，然而，正是这些潜在性构成了世界。物质的意义，人对雪片、谷粒、凹的东西，润滑的东西等的

---

① 韩波（A. Rimbaud, 1854—1891），法国诗人。——译注
② 坡（E. A. Poe, 1809—1849），美国诗人、批评家。——译注
③ 见《想象物》N. R. F. 1939。——原注

感觉不多不少地和世界一样是实在的,并且来到世界上,就是在这些意义中涌现。但是也许问题在于一种单纯术语学的区别;巴什拉好像更勇敢,并且当他在课上谈及对植物进行精神分析或当他给他的一部著作题名为《火的精神分析》的时候似乎提供了他的思想的真谛。事实上,问题在于不是对主体而是对事物实行一种客观的辨认方法,这种方法不设定任何对主体的事先归结。例如,当我想规定雪的客观意义的时候,比方说,我看到它在某种温度下消融了,雪的这种消融是它的死亡。这里涉及的只是一种客观事实。当我想规定这种消融的意义的时候,我应该把它与处于别的存在领域里但同样客观的,同样超越的别的对象、观念、友情、个人进行比较,我同样能谈论它们的消融(钱消融在我的手中;我在游泳,我消融在水中;某些观念——在社会的客观这种意义下——成为"雪球"而别的观念会消融①:正如他变瘦了一样,他消融了);也许我因此会获得某种把存在的某些形式和某些其他的形式联系起来的关系。雪的消融与某些别的更加神秘的消融比较,例如与某些古老神话的内容比较:格林童话中的裁缝用他的手抓起一块奶酪,让人相信这是一块石头,并且用力挤它以致一小滴奶从里边挤了出来;看的人相信他挤出的是石头,他把它挤成了液体,在有好主意的奥狄贝尔弟②(Audiberti)谈论奶的隐秘黑色的意义下,能向我们提供固体秘密的液体性。这种液体性本身应该与水果汁和人血相比——血对人也是作为我们的秘密的和有生命力的液体性——它把我们推至把紧密的团粒状物(指出了纯粹自在存在的某种品质)变形为匀质的和未分化的流质(指出了纯粹的自在存在的另一种性质)的某种永恒可能性。在这里我们从其起源并且以其整个本体论的意义出发把握了连续和非连续、世界的阴极和阳极的二律背反,我们会随

---

① 人们也会记得达拉第(Daladier)的"消融的硬币"。——原注
② 奥狄贝尔弟(Audiberti, 1899—1966),法国作家。——译注

着它的辩证发展直至量子和波动力学的理论,于是我们能够辨认雪的隐秘意义,一种本体论的意义。但是在这一切中,与主观的关系何在呢?与想象的关系又何在呢?我们只是做了诸严格客观的结构间的比较及表述了能统一及集合这些结构的假说。这就是为什么精神分析法在这里依赖事物本身而不依赖人。这也是为什么在这个水平上我比巴什拉更蔑视对于诗人的物质想象的求助,无论是洛特雷阿蒙①,韩波还是坡。当然,研究"洛特雷阿蒙动物寓言集"是令人激动的。但是如果事实上我们在这探索中又回到主观的东西上去,那只有在我们认为洛特雷阿蒙是动物性的原始纯粹的偏好②,而且只有在我们首先规定了动物性的客观意义时才能得出真正有意义的结论。如果事实上洛特雷阿蒙是他偏好的,那首先应该知道他偏好的东西的本性。当然,我们知道他"放"到动物性中的东西不同于并多于我放进去的东西。他的这些丰富的提供洛特雷阿蒙情况的主观的东西被动物性的客观结构所吸引。这就是为什么洛特雷阿蒙的存在的精神分析法首先假设对动物的客观意义的辨认。同样,我长时间以来梦想确立韩波的宝石论(lapidaire),但是如果我们没有事先建立起一般地质的意义,这宝石论会有什么意义呢?但是人们会说,一种意义假设了人。我们并不反对这种说法。不过,作为超越性的人,凭借他的涌现本身确立了赋予意义者,并且来源于超越性的结构本身的赋予意义者被推回到能不求助于建立了它的主观性而辨认自己的别的一些超越物那里去。一个身体的潜在的能力是应该在单考虑客观情况时被客观地估价的这个身体的客观性质。然而,这能力只能在一个其显现相当于一个自为的显现的世界里去寓居于一个身体中。同样,通过一种更严格客观的对另外一些更加深入地介入事物的物质性的潜在性的精神分析,而且这些潜在性完全

---

① 洛特雷阿蒙(Lantréamont,1846—1870),法国作家。——译注
② 某一种动物性,这恰恰就是舍勒称为活生生的价值的东西。——原注

保持为超越的，尽管它们相当于甚至是人的实在的更基本的一种选择，人们会发现了一种存在的选择。

这使我们能够确定我们不同于巴什拉的第二点。事实上，所有精神分析法当然都应该有它先验的原则。尤其是，它应该知道，它探索的是什么，否则，它如何能发现它要探索的东西？但是因为它的探索的目的本身不能被精神分析法所确立，违者落入恶性循环，所以这目的应该是公设的对象——或者人们应该向经验求索目的，——或者人们应该通过某种别的学科的方法来建立它。弗洛伊德的性欲显然是一个简单的公设；阿德勒的权力意志似乎是没有经验材料的方法的一种概括——这种意志恰恰应该是没有方法的，因为正是它使得人们能建立一种精神分析方法的基础。巴什拉先生似乎与这些前人有关系；性欲的公设似乎支配着他的探索，在别的情况下，我们被推到"死"、诞生的创伤、权力意志上去；简言之，他的精神分析法似乎更加相信其方法，而不是它的原则。并且，也许它相信其结论以便根据它探索的明确目标弄清它。但是这是本末倒置；结论绝不可能建立原则，正像完成的样式的总合不能把握实体。因此对我们来说在这里似乎应该放弃这些经验的原则或先验地把人变为性欲或权力意志的这些公设，并且似乎应该从本体论出发严格地建立精神分析法的目的。我们上一段论述中欲求的正是这个。我们看到，人的实在早在能被描述为性欲或权力意志之前，就是存在的选择，或者是直接地，或者是通过把世界化归己有。我们看到——当选择建立在化归己有上时——每种事物是在分析之后被选择的，不是由于它的潜在性别，而是由于它获得存在的方式，使存在与其平面相平的方式。因此，事物和它们的质料的精神分析法应该首先致力于确立每种事物用以成为存在的客观象征和人的实在与这存在的关系的方法。我们不否认以后应该发现自然中的性的整个象征化，但是这是首先假设了对性欲前的结构的精神分析法的次级的，可以还原的一层。于是，我们将考察巴什拉对水的研究，这

729

研究作为诸多启示的整体，作为现在应该被意识到其原则的精神分析法使用的一堆宝贵的材料，它充满精妙而深刻的看法。

本体论能教给精神分析法的东西，事实上首先是事物的意义的真正起源和它们与人的实在的真正关系。事实上，唯有本体论能置身在超越性的水平上并仅从这观点把握在世的存在连同它的两端，因为唯有它一开始就处于我思的角度上。甚至正是人为性的观念和处境的观念使我们能理解事物的存在的象征。事实上，我们看到，区别人为性和把它构成为处境的谋划在理论上是可能的，而在实践中是不可能。这种确认在这里对我们有用：我们看到，事实上不应该相信，在其存在的冷漠处在性中并且是独立于一个自为的涌现的"这个"会有随便一个意义。当然，我们看到它的性质不是别的，就是它的存在。我们说过，柠檬的黄色并不是一种理解柠檬的主观样式：它就是柠檬。我们也曾指出①整个柠檬是通过它的诸种性质扩展的，并且每一个性质都是通过别的性质扩展的：这就是我们刚才称之为这个的东西。存在的所有性质完全是存在；它是它的绝对偶然性的表现。它是它的冷漠性的不可还原性。尽管如此，从第二卷起，我们就强调了性质本身中计划和人为性的不可分性。事实上，我们说过：为了有性质，应该有对根本上不是存在的虚无而言的存在……性质，就是在有（il y a）的范围内表现出来的整个存在。于是，我们从一开始，就不能根据自在存在的意思来处理性质的意义，因为自在存在需要已经"有"，就是说需要自为的虚无化为中介，才能有性质。但是我们很容易从这些看法出发理解性质的意义反过来指出某种事物是对"有"的加强，因为，我们正是取得它对我们的支持以便超越"有"而走向绝对的，自在的存在。在对性质的每一个领会中，在这个意义下都有一种要逃避我们的条件，戳穿"有"的虚无纱罩并要一直深入到纯粹的自在的形而上学的努

---

① 见第二卷第三章第三节。——原注

力。但是我们显然只能把性质当作完全逃离了我们的一个存在的象征,尽管这存在完全在那里,在我们面前,就是说,总之,使被揭示为自在存在的象征的存在发挥作用。这恰恰意味着"有"一个新结构被构成了,它是意义的层次,尽管这一层次是在同一个基本谋划的绝对统一中表现出来的。这就是我们称为存在的所有直观揭示的形而上学内容的,这恰恰是我们应该通过精神分析法所达到和揭示的东西。黄色、红色、光滑、粗糙的形而上学内容是什么呢?什么是——人们在这些基本问题之后提出的问题——柠檬、水、油等的形而上学系数呢?如果精神分析法想在有一天明白为什么皮埃尔喜爱桔子而惧怕水、为什么他喜欢吃西红柿而拒绝吃蚕豆,为什么如果他被迫吞下牡蛎或生鸡蛋就会呕吐,这些也就同样是它应该回答的问题。

不过我们也曾指出了可能会发生的错误,例如,相信我们把我们的情感状况"投影"在事物上面以便照亮它或给它染色。首先,事实上,我们早就指出,一个感情完全不是内在的组织,而是客观的超越的关系,这关系使它的对象知道它是什么。但是这不是全部:有一个例子将向我们指出,"投射说"的解释(这里人人皆知的"风景是心灵的状态"这句话的意义)是以待决判断为论据的。那好,例如,人们称为粘滞(visqueux)的这种特殊性质。当然,这种性质对成年的欧洲人来说意味着能够很容易地还原为存在的诸种关系的许多人性的和道德上的特征。握一次手是粘滞的,一个微笑是粘滞的,一个思想,一个感觉都能是粘滞的。常识以为,我首先有对某些不讨我喜欢的、我不赞成的行为和态度的经验;并且另一方面,我有对粘滞的东西的感性直观。然后,我才会确立这些感觉和粘滞性之间的联系,并且粘滞才作为人的整个一类感觉和态度的象征起作用。因此我在把涉及人的这种行为范畴的我的知识投射到粘滞的东西上才丰富了它。但是怎么同意这种投射说的解释呢?如果我们假设我们已首先把感觉当作纯粹心理的性质,我们如何能把握它们与粘滞的东西的联系呢？在其性质的纯粹性中被把握的感觉只可能表现为某种纯粹无广延的、因其与某些价值、某些结论的关系而应受谴责的组织；如果形象不首先被给定的话，在任何情况下，它都不能"造成形象"，另一方面，如果粘滞的东西不是一开始就承担着情感的意义，如果它只被给定为某种物质性质，人们就看不到它如何能总是被选作某些心理统一的象征性表现物。总之，为了有意识地，明确地建立粘滞性和某些个人的黏滞性的卑下之间的象征性关系，我们应该已经在粘滞性中把握了卑鄙及在某种卑鄙中把握了粘滞性。因此，投射说的解释什么也没有解释，因为它设定了它应该解释的东西。此外，它逃避原则的这种客观化，这是为了遇到原则的另一个客观化，它来自经验的并且并非不重要的东西：凭借投射说进行解释事实上意味着：投射的主体凭借经验和分析而到达对结构和他称为粘滞的态度的结果的某种认识上。事实上在这个概念中，对粘滞性的求助完全不会像认识一样使我们对人的卑鄙的经验丰富起来；充其量，它是主题的统一，对已经获得的认识的形象化的标题。从另一个方面看，严格说来的，在孤立的状态中考察的粘滞性，实际上只对我们显得是有害的（因为粘滞的实体因为手和衣服碰到它而粘在上面）。但不是令人厌恶的。事实上我们只能通过以某种道德性质传染这种物理性质来解释它引起的厌恶。因此应该有诸如开始学粘滞的东西的象征价值的人。但是观察告诉我们，最幼小的孩子面对粘滞的东西也表示反感，好像他已经从心理上被传染了一样。观察还告诉我们，孩子们从他们知道说话起就理解了"软的"，"矮的"等用于描述感觉的词。这一切的发生就像我们在一个宇宙中涌现一样，在这宇宙中感觉和活动充满了物质性，它们拥有实体性材料，真实地是软的、平的、粘滞的、矮的、高的等等并且在这宇宙中诸物质实体一开始就拥有使它们令人厌恶、恐怖，使它们具有诱惑力等等的心理意义。投射说或类比的任何解释在这里都是不可接受的。为了概括我们所述，我们不可能从"这个"的天然性质中抽出粘滞的东西的心理象征的价值，就和我们不可能从对上述心理态度的认识出发把这种意义投射到这个上面一样。那么应该如何设想通过我们对一些其物质性原则上应该仍然是无意义的对象的厌恶，憎恨，好感，吸引表达出来的这种普遍无垠的象征呢？为了进一步发展这种研究，应该放弃一定数目的公设。尤其是，我们不再应该先天地设定：把粘滞性赋予这样或那样的感觉只是一种形象而并非是一种认识——我们还应该在更充分地调查之前拒绝承认正是心理的东西能象征性地赋予物理质料以形式并且拒绝承认我们有关人的卑鄙的经验优先于把粘滞看作有意义的理解。

让我们回到原始的谋划上来。它是化归己有的谋划。因此它迫使粘滞的东西揭示它的存在；自为对要化归己有的存在涌现，被感知的粘滞的东西是"要被占有的粘滞的东西"，就是说我和粘滞的东西的原始联系是我谋划成为它的存在的基础，因为它理想地是我本身。因此从一开始，它就显现为我本身要建立的一种可能；从一开始，它就被心理化了。这完全不意味着我以原始的万物有灵论方式或以形而上学的道德的方式赋予它一个灵魂，而只是意味着它的物质性本身对我表现为有一种心理的意义——此外，这种心理的意义与它对于自在的存在拥有的象征性价值只是一回事。这种使所有这些意义回到粘滞的东西上去的化归己有的方式能够被认为是形式上先天的东西，尽管这方式是自由谋划并且与自为本身的存在是同一的；因为事实上它根本不依赖粘滞的东西存在的方式，而只是依赖它的天然此在、它的被遇到的纯粹存在；它和所有别的相遇是相似的，因为它是单纯的化归己有的谋划，因为它与纯粹的"有"（il y a）没有区别，并且它按照人们考察它的一种或另一种方式而是纯粹的自由或纯粹的虚无。但是正是在这种化归己有的计划的框架中，粘滞的东西表现出来并发展了它的粘滞性。因此这种粘滞性已经——从粘滞的东西的原始化归己有起——是对一种提问的回答，已经是自我献身；粘滞的东西似乎已经是溶合世界和我的开始；它以此告诉我的，它的吸住我的吸盘的特性，已经是对一种具体考问的回答；它以它的存在本身、它的存在方式，它的整个质料来回答。而它做出的回答完全是适合于问题的，同时是不透明的和不可辨认的，因为这回答富有它的完全不可言传的物质性。回答是清楚的，因为它严格地适合于回答：粘滞的东西让自己被当作我所欠缺的东西，它让自己被化归己有的询问触及；正是在开始这种化归己有的过程中它让人发现了他的粘滞性。这回答是不透明的，因为如果有意义的形式在粘滞的东西中被自为唤醒，它恰恰是用它的整个粘滞性去充实回答。因此粘滞的东西使一种充实而致密的意义回到我们这里并且这种意义把自在的存在提供给我们，因为粘滞显然是表露了世界和我们本身的胚胎的东西，因为化归己有把某种事物勾勒为制造粘滞的东西的活动。这样，向我们回归的东西，作为客观性质，是一种新的本性，它既不是物质的（和物理的）也不是心理的，而是在向我们表现为对整个世界的本体论表述的过程中超越心理和物理的对立，就是说，它呈现为把世界的所有"这个"分类的标签，涉及的是物质的组织或被超越的超越性。这意味着把粘滞的东西领会为粘滞的同时创造了把自己给定为世界的自在的特殊方式，领会以它的方法象征着存在，就是说，只要与粘滞的东西连续接触，对我们来说，一切的发生就都好像粘滞性是整个世界的意义一样，就是按对蜥蜴氏族的原始人来说一切对象都是蜥蜴的方式是自在的存在的唯一存在样式。在我们选择的例子中，哪一个能成为被粘滞的东西象征的存在样式呢？我首先看到，这是均匀性和流动性的模仿。一个粘滞的实体——像树脂——是一种不正常的流体。它似乎首先对我们表露了向四处流走及处处与自身相似的存在，这存在到处流逝，然而，人们能在其上漂滑，这是没有危险、没有永远在自身中变化的记忆的存在，人们没有在其上留下印记而它也不可能在我们身上留下印记，它滑动着并且人们也在其上滑动，它能被滑动地占有（小船、汽艇、滑水板等）并且它因为以你们为中心而又永远不占有这里永恒的及无限时间性的存在，因为通过这个无限性和时间性的综合，它永远变化着而又没有任何东西改变，也没有任何东西最真实地象征着作为纯粹的时间性的自为和作为纯粹永恒性的自在之间的可能的溶合。但是同时粘滞的东西本质地表现为混浊的，因为流动性在它那里慢速地存在；它是液体性的稠化，就是说它本身表象着固体正在战胜液体，就是说表象了纯粹固体所表象的冷漠自在要凝固液体性的倾向，就是说要吸收应该奠定它的自为的倾向。粘滞的东西是水的末日；它本身表现为一种从水那里变来的现象，它没有水的变化中的连续性，而是相反，它的状态变化是一下子表现出来的。粘滞的东西这种被凝固的变化无常阻止了占有。水是更流动性的，但是人们能在它的流逝本身中把它作为流动的东西占有它。粘滞的东西迟缓地流逝，这流逝类似于水的流逝，这就如同母鸡滞重地、紧贴地面的飞行类似鹰的飞行一样。这种流逝本身不能被占有，因为它作为流逝自我否定。它已经差不多是固态的恒常性。没有任何东西比粘滞的东西与粘滞的东西溶合的缓慢更好地证明"两状态间的实体"的混浊的特性了：滴到水面上的水滴立即转变为水面；我们不把这种作用看作水平几乎像口腔一样地吸入水滴，而毋宁是把它看作单个存在的精神化和非个体化，这个存在自己消溶在它从之产生的大全中。水面的象征似乎在泛神论的模式结构中起了非常重要的作用；它揭示了存在与存在之间的一种特殊类型的关系。但是如果我们考察粘滞的东西，我们就看到（尽管它神秘地保持着整个流动性，缓慢的流动性；也不应该把它与酱泥相混淆，在酱泥中，泥坯式的流动性是被突然打破的，突然停止的，并且在酱泥中实体像浇铸的泥坯那样，是突然从下面翻到上面的），它在蜕变为自身的现象中总是表现出一种滞后作用：我匙里的蜜流向装在罐子里的蜜，它是从浮在面上开始流动的，它在蜜的表面上起伏散开，并且与总体的相融合表现为一种塌陷，一种同时显现为消瘦的平复（人们可以想到把尿泡"吹"成透明的并让它发出哀叫而瘪掉，对人的孩子式的同情心来说的重要性），就像平躺着的女子的开始成熟的乳房的展开、变平一样。事实上，在这种溶化于粘滞的东西之中的粘滞的东西中有一种明显的反抗——正像不想消失在存在的整体中的个别成分的拒绝——同时有一种被推到它的最终结果的柔软；因为柔软的东西不是别的，正是半途而废的消失；柔软的东西最出色地把我们自己的破坏能力及其限制的形象归还给我们。一滴粘滞的东西在总体中消失的缓慢首先是由于柔软而被捕抓到的，因为它像一种减速的消失并且似乎力图赢得时间；但是这种柔软走到了终点：这滴东西消失于粘滞的平面中。从这种现象中将产生粘滞的东西的几种特性：首先就是它在接触中是柔软的。请把水泼到地上：水流走了。请抛一个粘滞的实体：它延伸，它展开，它变扁了，它是柔软的；请碰一下粘滞的东西，它并不流走；它退让了。在水的不可把握性本身中有一种给了它一种金属的秘密意义的无情绵延性：最终它像钢一样是不可压缩的。粘滞的东西是可压缩的。因此它首先给人一个人们能占有的存在的印象。重复一遍：它的粘滞性，它粘附在自我上，这阻止了它流走，因此我能用手抓它，能把一定数量的蜜或树脂与罐子里剩下的蜜和树脂分开，并且因此，我能以一种连续的创造创造一个个别的对象；但是同时，在我手中压瘪的这种实体的柔软的东西给了我不断毁灭的印象。那里恰恰有毁灭-创造的形象。粘滞的东西是顺从的。不过，在我相信占有了它的同时，由于一种奇怪的颠倒，正是它占有了我。这正是它的本质特征显现的所在：它的柔软造成吸盘。我抓在手里的东西，如果它是固体，当我愿意时我就能够放下它；它的惰性对我来说象征着我的全部能力：是我奠定了它，全然不是它奠定了我；正是自为由于总是保持着同化和创造的能力而把自在收到他本身之中并且把它提升到自在的地位而不累及自己；正是因为吸收了自在。换言之，占有肯定了自为在"自在-自为"的综合存在中的至上地位。但是现在粘滞的东西在这些项颠倒过来了；自为突然被累及。我把手拿开，我想放下粘滞的东西，而它粘着我，它吸着我，它贴着我，它存在的方式既不是固体的宁静惰性，也不是像尽力逃离我的水的存在方式那样的活动性：这是吸附的柔软、流涎、女人气的能动性，它不易觉察地留在我的手指上，我觉得眩晕，它吸引我就像悬崖深处能吸引我一样。存在一种可能及到的粘滞的东西的诱惑。我不再是中断化归己有的过程的主人。它持续下去。在一个意义下，这就像狗的忠实正是被给定为被占有的东西的最高顺从，尽管人们不再需要它了；而在另一个意义下，正是在这种顺从之下，占有者被占有者暗地里化归己有。人们在这里看到了突然被发现的象征：有一些有害的占有；存在着自在吸收自为的可能性；就是说一种存在是与"自在自为"截然相反地被构成的，在那里，自在把自为吸进它的偶然性和它冷漠的外在性中，吸收进它的没有基础的存在中。在这个时刻我突然把握了粘滞的东西的诡计：正是一种流动性抓住了我并累及了我，我不能在这粘滞的东西上滑动，它的所有吸盘都抓住我；它也不可能在我身上滑动：它像一条水蛭那样附着。然而滑动不仅仅是被固体排斥，它还被减速：粘滞的东西似乎与它一致，它使我减速，因为一片不动的粘滞的东西与密度非常大的一片液体没有十分明显的区别；不过这是一个陷阱：滑动被滑动的实体吮吸，它把一些痕迹留在我身上。粘滞的东西显现为在一种梦魇中看到的液体，它的所有属性从一种生命中获得活力并且倒转过来反对我。粘滞的东西是自在的报复。这是在另一水平上被甜的性质象征着的，令人肉麻的、女人气的报复。这就是为什么作为甜的味道的甜的东西——去不掉的甜味，无限定地保留在嘴里并在咽下去之后还残留着——完美地补充着粘滞的东西的本质。甜味的粘滞的东西是理想的粘滞的东西；它象征着自为的甜蜜的死（陷在果酱里淹死的胡蜂）。但是同时，粘滞的东西就是我，这只是由于我打算把粘滞的实体化归己有。对我觉得在我手上的粘滞的东西的这种吸吮是作为从粘滞的实体向我本身的延伸开始显露的。从我这里落到一片粘滞的东西上的长而软的柱形实体（例如当我把手伸进去后拔出来时）象征着一种从我本身向粘滞的东西的流动。在这些柱子从底部的融合中，我看到了滞后现象，这滞后现象与一片粘滞的东西一起象征着我的存在对吸收自在的反抗。如果我跳入水中，如果我浸入水中，如果我让自己在水中沉浮，我完全不感到不舒服，因为我在任何程度上也不用担心会在其中被稀释：在它的流动性中我仍然是固体。如果我跳入粘滞的东西中，我就感到我将自失于其中，就是说在粘滞的东西中被稀释了，这正是因为粘滞的东西即将固体化。按这个观点，面团状的东西呈现出和粘滞的东西一样的面貌，但是它不诱惑，它不牵连人，因为它是惰性的。在对粘滞的东西这柔软的、牵连人的、不平衡的实体的领会中，似有一种变形的烦扰。触碰粘滞的东西，就有被稀释为粘滞性的危险。

然而，这种稀释本身已经是可怕的，因为它是自在对自为的吸收，就像吸墨纸吸墨水那样。但是，它之所以可怕还因为只要是使自己变形为事物，就正是变形为粘滞的东西。甚至如果我能设想我本身的液化，就是说我的存在变成水，我也仍然受它影响，因为水是意识的象征：它的运动，它的流动性，它的存在非固体的固体性，它的永恒流逝等，它之中的一切都使我想起自为；以致指出意识绵延的特性的最初的心理学家（詹姆斯，柏格森）十分经常地把这绵延与一条河流相比较。正是河最好地唤起了对保持在一个整体的诸部分间的互相渗透的、它们的永恒离解性、不受约束性的形象。但是粘滞的东西提供了一个可怕的形象：对意识而言，变成粘滞的东西自在地是可怕的。因为粘滞的东西的存在是一种柔软的粘附物，并且通过它的所有部分的吸盘，它的每一部分和每一部分之间被连接并且被狡黠地合流了，它是每一部分为使自己个体化而做的模糊而又软弱无力的努力，随之而来的是一种下落，柔软的粘附物于是陷入缺少个性的扁平化中，并被实体从各个方面吮吸。因此，会变成粘滞的意识被它的观念的稠化改造了。从我们在世界上涌现出来起，就有对意识的这种纠缠，这意识应该投身于未来，投身于自我的谋划之中，并且在他意识到到达了未来和自我的谋划的时刻感觉到被过去的吮吸巧妙地、不可觉察地挽留，他应该参与在他流经的这个过去中的缓慢稀释，参与成千上万的寄生物对他的计划的侵入直到最后他完全丧失他本身。效应心理学的"思想的飞跃"给了我们这种可怕条件的最好的形象。但是因此，在本体论的水平上，如果不恰恰是自为的流逝变成人为性的自在，就是说恰恰变成时间性，这种害怕又表达了什么呢？对粘滞的东西的害怕是害怕时间变成粘滞的，害怕人为性连续地不知不觉地发展并吸收"使它存在"的自为。这并不是对死亡的惧怕、不是对纯粹的自在的惧怕，也不是对虚无的惧怕，而是惧怕一种类型的特殊存在，它不多不少只是使自在自为存在并且只被粘滞的东西表象。我竭尽全力排斥的、作为在我的存在中纠缠着我的价值的理想的存在在我的存在中纠缠着我：这是一种在其中自在不是先天地建立在自为之上的并且被我们称之为反价值的（antivaleur）理想的存在。

于是，在把粘滞的东西化归己有的谋划中，粘滞性突然表现为一种反价值的象征，就是说一种未被实现但有威胁的存在类型的象征，这类存在将作为一个意识要逃避的持续的危险永远纠缠着意识，因为意识突然把化归己有的谋划改变为逃避的谋划。某种东西的显现不来自任何外在经验而只来自对自在和自为的本体论前的领会，而且它真正是粘滞的东西的意义。在一个意义下，这是一种经验，因为粘滞性是一种直观的发现；而在另一个意义下，这像是存在的偶发事件的创造。从这里出发，对自为来说，显现了某种新的危险、一种可怕的并应该避开的存在方式，一种自为到处都会发现的具体范畴。粘滞的东西完全不先验地象征着心理行为：它表露存在与它本身的某种关系并且这种关系一开始就被心理化，因为我在一种化归己有的打算中发现了它，还因为粘滞性照出了我的形象。

于是，从我与粘滞的东西的第一次接触起，我在心理和非心理的区别之外依靠有效的本体论模式丰富了自己以便说明某一范畴的所有存在者的存在的意义，此外这个范畴是作为粘滞的东西的各种不同的经验之前的虚空的框架而涌现的。我以面对粘滞的东西的原始计划把这范畴抛入世界，它是世界的客观结构，同时是反价值，就是说它规定了一个领域，粘滞的对象来到这个领域中排列起来。从那时起，每当一个对象对我表露了这种存在的关系，每当涉及握手、微笑和思想时，它就通过定义被当作粘滞的，就是说在它的对象的结构之外，它对我显现为把粘滞性的本体论的广大领域与树脂、胶水、蜂蜜等构成一个整体。反之亦然，就我想化归己有的"这个"表象了整个世界而言，粘滞的东西，从我直观地第一次的接触起，对我显现出富有许许多多超越了它自己的模糊的意义及反射。粘滞的东西本身被发现是"多于粘滞的东西"的；从它的显现开始，它就超越了心理和物理之间的、天然的存在物和世界的意义之间的区别；它是存在的一种可能意义。因此，孩子从粘滞的东西中所能得出的最初经验从心理上及道德上充实了它：他不需要等到成人的年龄来发现一类人们形象地称之为"粘滞"的胶粘的卑下，这卑下就在那里，在他旁边，在蜂蜜和粘鸟胶的粘滞性本身之中。我们关于粘滞的东西所说的东西对孩子周围的一切对象都是有效的：它们的质料的简单昭示使他的视野一直扩展到存在的极限并且突然供给他一组钥匙来辨认人的所有行为的存在。这一点也不意味着他一开始就认识了生活的"丑恶"和诸种"个性"或相反，存在的种种"美好"。他只是占有了所有存在的意义，这些存在的丑恶和美好、行为、心理特征，性的关系等等，都只不过是一些特殊的例证。粘的东西、面团似的东西、雾气腾腾的东西等、沙坑和土坑、岩穴、白天、黑夜等等都向他揭示了前心理的，前性欲的存在方式，表明他将度过他的生命，然后去解释它。没有"天真"的孩子。尤其是，我们与弗洛伊德者们一样乐于承认无数完全用性欲包围着孩子们的某些质料和某些形式的关系。但是我们并不据此认为已经构成的一种性本能以性的意义充满了他们。相反，对我们来说似乎这些质料和形式被当作它们本身并且它们对孩子显露存在的样式及自为与存在的关系，它们将挑明并培养他的性欲。为了只引述一个例子，许多心理分析家都注意到各种各样的洞（沙坑、土坑、山洞、岩穴、坑洼）对孩子的诱惑力，并且他们解释这种诱惑力或者是由于孩子的性欲的肛门特性，或者是由于产前的打击，或者甚至由于所谓真正的性活动的前感觉。我们完全不能同意这些解释："分娩的创伤"的解释无疑是异想天开的。把洞比做女人的性器官的解释假设了在孩子那里有他不可能有的经验或人们不可能证明的前感觉。至于孩子的"肛门"性欲，我们不打算否认它，但是为了使这种性欲来说明并负责象征他在感知的范围内所遇到的一切洞，孩子应该把他的肛门当作一个洞；更确切地说：对洞、孔的本质的把握应当相应于他从他的肛门所得到的感觉。但是，为了使人们懂得孩子不可能把他的身体的随便一部分当作宇宙的客观结构，我们曾充分地指出过"为我的身体"的主观特性。肛门正是为他地显现为孔。它不可能被体验为孔；甚至母亲对孩子的悉心照料也不能发现它的这个面貌，因为肛门、动情区、疼痛区都不具有触觉神经末梢。相反，正是通过他人，通过母亲用来指示孩子的身体的词语——孩子知道了他的肛门是洞。因此正是在世界上被感知的洞的客观本性将为他挑明肛门区的客观结构和意义，正是这本性将把一种超越的意义给予至此还局限于"存在"的动情的感觉。然而，洞本身是存在的精神分析法应该弄清楚的一种存在方式的象征。我们在这里还不能继续讨论这个问题。然而人们立即会看到，它从根本上表现为一种要用我自己的肉体"充满"的虚无、孩子不能坚持把他的手指或整条胳膊放进洞里。因此它对我表示出我本身的空洞形象；我只应该把自己塞在里面以便使自己在等待着我的世界中存在。因此理想的洞是以在裹着我、紧紧地挤着我时我能使在世的存在的充实存在的方

675

741

式，精密地合乎我的肉体模式的坑穴，于是，填洞，一开始就是牺牲我的身体以便使存在的充实存在，就是说接受自为的激情来使自在的整体成形、完美并得到拯救①。在那里，我们从其起源把握了人的实在的最基本的倾向之一：要去填满的倾向。我们在青春期和成年期都发现这种倾向；我们一生中的很大一部分时光是在填洞、充实虚谷、象征性地实现及奠定充实中度过的。孩子从最初的经验出发认识到他本身被打了洞。当他把手指放到嘴里时，他是试图堵住他脸上的洞，他希望手指与嘴、唇和腭融为一体并且堵住嘴的口子，就像人们用水泥堵墙的裂缝一样，他寻求巴门尼德的存在的均匀球形的密度和充实；他之所以吮吸他的手指，正是为了稀释它，为了把它变成一个塞住他的嘴这个洞的柔软的柱子。这种倾向确实是那些用来做吃这个活动的基础的倾向中间最基本的倾向之一：食物是塞住嘴的"填料"；吃，尤其是填充。只是从这里出发，我们才能过渡到性欲：女人的性的猥亵是所有张开的东西的猥亵；像别的所有的洞一样，这是存在的要求；女人自在地要求一个应该通过穿入和稀释把她改造成充实的存在的外来的肉体。反之亦然，女人之所以感觉到她的条件是一种要求，正是因为她被"打了洞"。这就是阿德勒情绪的真正起源。无疑女性器官是入口，吞下阴茎的贪婪入口——恰好能引起阉割的观念的东西：性交活动是对男人的阉割——但是这首先是因为女性器官是洞。因为这里涉及前性欲带来的东西，它将变成作为经验的和复杂的人生态度的性欲的组成成份，但是，它远不是从性的存在获得它的起源的，它与我们在本书第三部分解释过其本性的基本性欲没有丝毫共同之处。当孩子看到实在时，洞的经验仍然包含对一般的性经验的本体论的前感觉；孩子正是用他的肉体堵洞，而在一切性的例证之前，洞是猥亵的等

---

① 也应该指出相反的倾向，挖洞的倾向的重要性，它将只是向这倾向要求一种存在的分析。——原注

待，肉体的要求。

由于存在的精神分析法，人们把握了对这些存在的、直接的和具体的范畴的解释的重要性。从这里出发，我们把握了人的实在的最一般的谋划。但是，首先使精神分析者感兴趣的，是从使个人与存在的这些象征性原则统一的个别关系出发规定单个人的自由谋划，我能喜欢接触粘滞的东西；害怕洞，等。这绝不意味着粘滞的东西、润滑的东西、洞等对我来说失去了它们一般本体论的意义，而是相反，由于这种意义，我对它们而言以这样或那样的方式规定自己。如果粘滞的东西恰好是一种在其中自为被自在吞饮了的存在的象征，那么与别人相反喜爱粘滞东西的我是什么呢？如果我想解释对这样一种使人塌陷、混浊的自在的这种爱，我被推至我本身的一种什么样的基本谋划中去呢？于是，味道并不总是些不可还原的材料；如果人们能考问它们，它们就对我们揭示出个人的基本谋划。就是对食物的偏好也都不会没有一种意义。如果人们真正想认为任何味道不是表现为人们应该辩解的荒谬的素材而是表现为一种明确的价值，人们就会了解它。如果我喜爱大蒜的味道，那别人能不喜爱它对我似乎就是不合理的。吃，事实上就是通过毁灭化归己有，就是同时用某种存在来填充自己。这种存在被给定为严格说来的温度、密度、滋味的综合。总之，这种综合意味着某一存在：当我们吃的时候，我们通过味道并不局限于认识这种存在的某些性质；而是在品尝中，我们把它们化归己有了。味道是同化；牙齿通过咀嚼的活动本身揭示了被它改造为装食物的容器的身体的密度。因此对食物的综合直观本身是同化性毁灭。它向我揭示了我将用来造成我的肉体的存在。从那时起，我接受或因恶心吐出的东西，是这存在物的存在本身，或者可以说，食物的整体向我提出了我接受或拒绝的存在的存在方式。这整体被组织为一种形式，在这形式中更模糊的密度与温度的性质最终在那表示了它们的确切地说是味道的后面消失了。例如当我们吃一勺蜜或废糖蜜时，"甜味"表示了粘滞的东西，就像分析作用表示了几何曲线一样。这意味着，严格说来并不是滋味的所有被聚集、融化、沉浸在滋味中的性质表现为滋味的物质（这块巧克力饼干首先在牙齿之中反抗，然后突然让了步并被嚼碎，它的反抗，随后是它的变碎，就是巧克力）。此外，这些性质与滋味的某些时间特性，就是说，与它的时间化方式统一起来。某些味道是一下子表现出来的，另一些是缓慢地散发的，还有一些逐步地提供出来，还有一些慢慢减弱直至消失，而另一些在人们相信占有它的那一刻消失了。这些品质与浓度和温度组织在一起；而且它们在另一水平上表示了食物的视觉形象。如果我吃一块玫瑰色的蛋糕，味道就是蛋糕的玫瑰色的；脱白奶油的甜而腻的淡淡清香就是玫瑰色的。因此，我吃了玫瑰色正像我看见甜味一样。人们懂得，因此，滋味包含着一个复杂的构造及分化的质料；正是这些构成的质料——它告诉我们一种特殊的存在——我们能按我们的原始谋划同化它或由于恶心而吐出它。只要我们能稍微分清这些食物的存在的意义，喜爱牡蛎或缀绵蛤、蜗牛或虾，就不是完全无所谓的。按一般的方式，没有不可还原的趣味或爱好。它们全都表象了某一把存在化归己有的选择。这就是把它们进行比较和分类的存在的精神分析法。本体论把我们抛置于此：它仅仅使我们能规定人的实在的最后目的、他的基本可能和纠缠着他的价值。每个人的实在都同时是把他自己的自为改造为自在自为的直接谋划及在一个基本性质的几个类之下把作为自在存在的整个世界化归己有的谋划。所有人的实在都是一种激情，因为他谋划自失以便建立存在并同时确立在成为自己固有基础时逃避偶然性的自在，宗教称为上帝的自因的存在。因此人的激情与基督教的激情是相反的，因为人作为人自失以便上帝诞生。但是上帝的观念是矛盾的而我们徒然地自失。人是一种无用的激情。

744

结　　论

一、自在和自为：形而上学概要

现在我们可以作结论了。从导言起，我们就发现意识是存在的要求，并且我们就指出了，我思直接把意识的对象推到自在的存在。但是，在对自在和自为进行描述之后，我们似乎很难确立它们之间的联系，我们还恐怕陷入一种无法克服的二元论。这种二元论还以另一种方式威胁着我们：事实上，就人们已能谈论自为他存在而言，我们发现自己面对着两种根本不同的存在方式，应该是其所是的自为的存在方式，就是说，是其所不是和不是其所是的自为的存在方式，还有是其所是的自在的存在方式。于是我们要问，这两种类型的存在的发现是否导致建立起一道鸿沟，把存在这属于一切存在者的一般范畴划分成两个不通往来的领域并且在每个领域内存在的概念都应该按原始的、特有的用法被采用。

我们的探索使我们能回答这些问题中的第一个：自为和自在是由一个综合联系重新统一起来的，这综合联系不是别的，就是自为本身。事实上，自为不是别的，只不过是自在的纯粹虚无化；他作为"存在"的洞孔包含在存在之中。人们知道某些通俗化者惯用这种有趣的虚构来说明能量守恒原理：他们说，如果构成宇宙的原子中有一个被消灭了，那么结果就是扩展到整个宇宙的一切浩劫，尤其会成为地球和太阳系的末日。在这里我们可以使用这个形象：自为显现为起源于"存在"内部的一个细微的虚无化；而这个虚无化足以达到自在的极度动荡。这种动荡，就是世界。自为除了是存在的虚无化之外，没有别的实在。他的唯一定性来自他是个别特殊的自在的虚无化而不是来自一般的存在的虚无化。自为不是一般的虚无而是个别的缺少；它被构成为"缺少这个存在"。因此我们无须考问自为可以用什么方式与自在统一，因为自为根本不是一个自主的实体。自为作为虚无化，是凭借自在而被存在的：作为内在的否定，他通过自在而使自己显示他不是什么，并且因此显示他应是什么。我思之所以必然引向自身之外，意识之所以是一座滑梯，人们不可能停留在上面而不立即滑出去，滑向自在的存在上去那是因为意识本身没有像绝对主观性那样充实的存在，他一开始就要回到事物那里。意识显然必须是揭示某种事物的直观，除此之外，对意识而言，是没有什么存在的。意识如果不是柏拉图式的异在（l'Autre），他是说的什么呢？人们知道《智者篇》中的异乡人对这个异在给予的美妙的描述，它只能像"在梦中"那样被把握，它只是"异在"（être-autre），就是说它只享有一个借来的存在，就其本身来考察，它自行消失了并且只是当人们把他的注视固定在存在上时它才恢复了边缘的存在，它完全是异于它本身的和异于存在的。柏拉图甚至似乎看到了异在就其本身而言的与他人的相异性代表的动力学时性，因为在某些章节中，他从异在那里看到了运动的起源。但是他还能走得更远：他于是会看到，异在或相对的非存在只能有一个身为意识的存在的外表。是异于存在的，就是在时间化的出神的统一中是对自我（的）意识。事实上相异性如果不是我们描述过的在自为内部被反映和反映间的对调的话又会是什么呢？因为异在能构作为异在存在的唯一方式，就是（对）是异在（的）意识。相异性事实上就是内在的否定并且只有一种意识能构成为内在的否定。相异性的所有别的概念都回到把它作为一个自在提出，就是说，回到在它和存在之间建立一种外在的关系，这就必然需要一个见证者的在场来证实异在是异于自在的。另一方面，异在不能是不来源于存在的异在；因此，它是相对于自在的，但是它同样不能是不被造成异在的异在，否则它的相异性就会变成一个给定的东西，因此，变成一个可以被认为是自在的存在。因为它是相对于自在的，异在就具有人为性；因为它自己造就它本身，它就是一个绝对。当我们说自为不是其"作为存在的虚无的存在"的基础，而是永远建立其"存在的虚无"时，我们已经指出的正是这一点。于是，自为是一个"非自立的"（unselbständig）绝对，我们曾称之为非实体的绝对。它的实在纯粹是考问性的。它之所以能提出问题，是因为他本身总是处在问题中；它的存在永远不被给定，而是被考问的，因为相异性的虚无总是把他与他本身分开；自为永远是悬而未决的，因为它的存在是一种永恒的延期。如果它一旦与这延期会合，相异性就一下子消失了并且与相异性一起，可能、认识、世界都消失了。于是，认识的本体论问题是通过肯定自在对于自为的本体论的优先地位而解决的。但是，这是为了使一个形而上学的考问尽早产生。事实上自为从自在出发的涌现，完全不能与柏拉图的从存在出发的异在的辩证法起源相比较。事实上，对柏拉图来说，存在和异在都是一些类。但是我们已看到，正相反，存在是个体的偶发事件。同样，自为的显现是走向存在的绝对事件。因此在这里，有能这样表述的形而上学问题的地位：为什么自为从存在出发涌现？事实上，我们把形而上学称为对使这个世界作为具体的特有的整体产生的诸个别过程的研究。在这个意义下，形而上学之于本体论，犹之乎历史之于社会学。我们看到，要问为什么存在是异在是荒谬的，问题只在自为的范围内才能有意义，并且当我们已指出了存在对虚无的优先地位时，问题甚至假设了虚无对存在的本体论在先；问题只能由于一个外表类似然而非常不同的问题："为什么有。（il y a）存在？"的感染而被提出。但是我们现在知道，应该仔细地区别这两个问题。第一个问题缺乏意义：一切"为什么"事实上都在存在之后并且设定了存在。存在是没有理由、没有原因并且是没有必然性的；存在的定义本身向我们提供了它原始的偶然性。对第二个问题，我们已经做了回答，因为它不是在形而上学的水平上提出的，而是在本体论的水平上提出来的："有"存在，因为自为像"有"存在一样地存在。现象的特性凭借自为来到存在之中。但是如果关于存在的起源或世界的起源的问题缺乏意义或在本体论的领域本身中获得了答案，对自为的起源来说，事情就不一样了。事实上，自为是这样的，即他有权转向他自己的起源。为什么赖以成为存在的存在有权提出它自己的为什么，因为它本身是一个考问，一个为什么。本体论不可能回答这个问题，因为这里涉及解释一个事件而不是描述一个存在的结构。本体论至多能够使我们指出，通过自在而被存在的虚无，并不是缺乏意义的单纯虚空。虚无化的虚无的意义，就是被存在以便奠定存在。本体论向我们提供了两种能用来奠定形而上学基础的情况：首先，所有以自我为基础的过程，都是与自在的同一性存在的决裂，是存在相当于本身而言的后退和自我面呈与意识的显现。存在只是在自我造就成为自为时，才可能指望成为自因的。作为存在的虚无化的意识因此显现为走向因果内在性的发展阶段，就是说走向自因存在的发展阶段。不过，由于自为的存在的不充实，发展到这里就停止了。意识的时间化不是升向"自因"（causa sui）的神圣之乡的进程，而是一种表面的倾流，其起源正相反，是成为自因的不可能性。于是，"自因的存在"（l'ens cause sui）作为所欠缺物，仍然昭示了在用它的非存在本身制约了意识的平面运动的高度上的一种不可能的超越；于是月亮对海洋所施的垂直的吸力产生了潮汐的横向移动。形而上学能在本体论中穷尽的另一昭示，就是自为实际上是自我奠定为存在的不间断的谋划以及这个谋划的不断失败。自我面呈以及它的虚无化的不同的方向（时间三维的出神的虚无化，一对被反映－反映的孪生的虚无化）表现了这谋划的第一次涌现，反思表示谋划的重复，这谋划转向它本身以便至少作为谋划建立自身，并且表示由于这谋划本身的失败，虚无化的罅隙的加深；"作为"和"拥有"，这两个人的实在的主要范畴被直接或间接地还原为存在的谋划；最后，这两者的大多数都能把自己解释为建立自身的最后企图，结果是存在和对存在的意识的彻底分裂。

于是本体论告诉我们：(1) 如果自在应该奠定自身的基础，它就甚至只能在把自己造成意识时尝试这么做，就是说，"自因"的概念自在地包含自我面呈的概念，就是说，虚无化的存在减压的概念；(2) 意识事实上是奠定自身基础的谋划，就是说达到自在自为或自因的自在的神圣之乡。但是我们不能从这里得到更多的东西了。没有任何东西能使我们在本体论水平上肯定：自在变成为自为的虚无化从一开始并在自在的内部本身中具有要成为自因的谋划的意义。恰恰相反，本体论在这里遇到了深刻的矛盾，因为正是由于自为，一个基础的可能性出现在世界上。为了成为奠定自身基础的计划，自在应该一开始就自我在场，就是说，它已经是意识。因此，本体论只限于宣布一切的发生就如同自在在一个要自己奠定自身基础的谋划中表现为自为的样式。正是形而上学应该设立一些假说，这些假说使我们能够把这个过程设想为绝对事件，它绝对事件前来给存在的实存 (existence) 这个别的偶发事件加冕。不言而喻，这些假说仍然是假说，因为我们既不能期望证实或最后的否决。造成它们效力的东西只是它们给予我们的统一本体论材料的可能性。这种统一自然不应该在历史生成的前景中被构成，因为时间性是由于自为而来到存在之中的。因此要问在自为显现之前存在是什么是没有任何意义的。但是形而上学仍然应该试图规定这历史前过程的本性和意义以及连结着个体的偶发事件（或自在的实存）与绝对事件（或自为的涌现）的整个历史的源泉。尤其是，要决定运动是否是自为建立自身的第一个"企图"，要决定作为"存在的病态"的运动和作为更深刻的并一直被推到虚无化的病态的自为之间的关系是什么，这正是形而上学者的任务。

剩下的问题是还要考察我们从导言起就已表述过的第二个问题：如果自在和自为是存在的两种形态，存在的观念内部本身就没有一道鸿沟，并且由于它的外延是被两个根本异质的等级构成的，那对它的领会不也将划分成不可交流的两个部分吗？事实上，是其所是的存在和是其所不是及不是其所是的存在之间会有什么共同之处吗？然而，在这里能帮助我们的，就是我们前面探索的结论；事实上我们刚才指出了，自在和自为并不是双峰对峙的。恰好相反，自为没有自在就是某种抽象的东西：它就会像一种没有形状的颜色，一种没有音高和音色的声音一样不可能存在；一种意识如果是对于乌有的意识，那就是一个绝对的乌有。但是，如果意识凭着一种内在的关系与自在相联系，那岂不意味着他与自在结合在一起构成一个总体，并且存在或实在的名称岂不正是指的这个整体吗？也许，自为是虚无化，但是，他是作为虚无化而存在；并且他与自在处在先天的统一之中。因此，希腊人习惯于把他们称之为"全"（πὸ πᾰν）的宇宙实在和被这个全及围绕着它的无限虚空所构成的总体区别开来——他们称这个总体为大全（Τò δ'λον）。当然，我们能够称自为为乌有并且宣告，"在自在之外"，一无所有，或除非就是对本身被自在极化及规定的这个乌有的反映，因为它恰恰是这个自在的虚无。但是在这里正像在希腊哲学中一样，一个问题就提出来了：我们称实在的东西为什么呢？我们将存在归属于什么呢？归属于宇宙还是我们上面称为大全的东西呢？归属于纯粹的自在还是归属于我们以自为的名义指示的被一圈虚无围绕的自在呢？

但是，如果我们应该认为整个存在是被自在和自为的综合组织构成的，我们不又重新遇到我们曾要避免的困难吗？我们在存在的概念中发现的那个鸿沟，不就是现在在存在者本身中重新遇到的吗？事实上，一个存在者，作为自在，是其所是，而作为自为，又是其所不是，那么对这样一个存在者，怎样下定义呢？

如果要解决这些困难，我们就应该了解我们要求一个存在者的东西以便把他认作一个整体：他的各种结构应该保持为一个统一的综合，以致其中任何一种在单独被考察时都只是一个抽象。当然，被单独考察的意识只是一种抽象化，但是自在本身为了存在并不需要自为：自为的"激情"仅仅造成有自在。自在的现象就是一种没有意识的抽象而不是它的存在。

如果我们想设想一个这样的综合组织，即自为与自在是不可分的，反过来说，自在又不可分割地与自为相联系着，那就应该这样设想：自在从使它获得对它的意识的虚无化那里获得它的存在。这如果不是说自在和自为这不可分的整体只有在"自因"存在的形式下才是可以设想的，又是说的什么呢？正是这个存在而不是别的东西能绝对相当于我们刚才说过的大全（$To\ \delta'\lambda o\nu$）。而我们之所以能提出与自在环接的自为的存在的问题，是因为我们通过对"自因的存在"的本体论前的理解先天地定义了我们自己。也许，这自因的存在是不可能的，并且我们已看到它的概念包含着矛盾。然而，既然我们位于自因存在的观点提出大全的存在的问题，我们就仍然应该从这个观点出发来考察这个大全的全权证书。事实上，它的显现不就只是因为自为的涌现吗？自为一开始不就是成为自因的计划吗？于是，我们开始把握了整个实在的本性。整个存在的概念没有被一道鸿沟截然分开，然而，它不排除自为的被虚无化的虚无化存在，它的存在是自在和意识的统一综合，这种理想的存在是被自为建立并同一于建立它的自为的自在，就是说，自因的存在。但是正因为我们置身于这种理想的存在的观点来判断我们称之为大全的实在的存在，我们应该体会到，实在的东西是一种达到自因的神圣之乡的流于失败的努力。一切的发生就好像世界、人和在世的人，都只是去实现一个所欠缺的上帝。因此一切都好像是自在和自为都在就一个理想的综合而言的一种解体的状态中表现出来。不是曾经有过整体化，而恰恰相反，这整体化总是被指出而又总是不可能的。正是这永恒的失败同时解释了自在与自为的不可分性和它们的相对独立性。同样，当脑功能的统一性被破坏时，产生了一些现象，它们同时表现了相对的自主和只能在一个整体的瓦解的基础上表露出来。正是这种失败解释了我们同时在存在的概念和存在者中遇到的鸿沟。从自在存在的概念过渡到自为存在的概念，并且把它们重新统一于一个共同的类之所以是不可能的，是因为它们互相间事实上的过渡和它们的重新统一不可能进行。人们知道，例如，对斯宾诺莎和黑格尔来说，一个合题如果在把各项固定在相对依存同时又相对独立中时止步于完全的综合化面前，那就一定发生错误。例如，对斯宾诺莎来说，一个半圆绕着它的直径旋转，就正是在球形的概念中找到它的理由和意义，但是如果我们想象球体的概念原则上是达不到的，半圆旋转的现象就变成虚假的了；人们把它斩首了；旋转的观念和圆的观念互相对峙而不能统一在超越了它们并给它们理由的合题中；其中一个仍然不能还原为另一个。这就是已发生的一切。因此我们说，上述"大全"像被斩首的概念一样，是在永恒的解体中。它正是作为一个被解体的总体模棱两可地呈现给我们的，就是说，人们可以随意坚持上述诸存在的依存性或它们的独立性。这里有一个并未进行的过渡，一种电流短路。我们在这个水平上重新遇到了我们关于自为本身和关于对他人的意识曾经遇到过的被瓦解的整体的概念。但是这是非整体化的第三类，在反思的单纯瓦解的总体中，反思的东西应是被反思的东西，而被反思的东西应是反思的东西。双重的否定仍然是渐趋消失的。在为他的情况下，（反映 - 反映者）被反映的，区别于（反映 - 反映者）反映者，是因为任何人应不是别人。于是，自为和自为的别人构成一个存在，在那里，任何一方都在把自己造成别人时把他在给予别人。至于自为和自在的整体，它的特性是，自为就自在而言变成别人，而自在不是别的，只不过是在其存在中的自为：自在单纯地存在，如果自在与自为的关系对应于自为和自在的关系，我们就重新落入为它的存在的情况。但是情况恰恰不是如此，成为我们刚才说过的"大全"的特性正是对应性的不在场。在这个范围内，提出整体性问题不是荒谬的。事实上，当我们已经研究了为他时，我们可以体会，应该有一种是对为他的反思的分裂生殖的"我 - 他人"的存在。但是同时，这个"我 - 他人"的存在对我们显现为好像是只有当它包含一个不能把握的外在的非存在时才可能存在的。那我们要问整体的这个二律背反的特性本身是否是不可还原的，我们是否应该提出精神是既存在的又不存在的存在。但是，对我们来说，意识的综合统一性问题似乎没有意义，因为它假设我们有对整体采取一种观点的可能性；然而，我们在这个整体的基础上并且介入这整体而存在。

但是我们之所以不能"采取关于整体的观点"，是因为别人在原则上否认我正如我自己否认他一样。正是关系的对应性永远阻止我在别人的总体中把握他。完全相反，在自为自在的内在否定的情况下，关系不是对应的，并且我同时是关系项和关系本身。我把握存在，我是对存在的把握，我只是对存在的把握；我把握的存在不是反对我被提出来的以便反过来把握我的；它是被把握的东西。不过它的存在完全不符合它的被把握的存在。因此在一个意义下我能提出总体性问题。当然，我在这里是作为介入这整体的存在，但是我能够透彻地意识到它，因为我同时是对存在的意识和对我（的）意识。只不过，整体性这个问题不属于本体论的领域。对本体论来说，仅有的能够说明的存在的领域是自在、自为的领域和自因的理想领域。对本体论来说，认为与自为绞结的自为是截然划分的二元还是一个被解体的存在是无所谓的。应是对形而上学决定对认识来说（尤其是对现象学的精神分析法，对人类学等来说，是否更有利的是把我们称为现象的东西称为存在，并且它具备存在的两维，自在的一维和自为的一维（按这个观点，只有一种现象：世界），就像在爱因斯坦的物理学中，人们很轻便地把被设想的事件说成是有空间的维度和世界的维度的或在时-空中规定其位置的，或者，保留"存在-意识"这古老的二元论是否无论如何仍然是更可取的、唯一可以指出的是，本体论在这里能够冒险的，就是在使用作为被瓦解整体的现象的新概念似乎有用的情况下，应该同时在内在性和超越性的限度内谈论它。事实上，麻烦在于落入纯粹的内在论（胡塞尔的唯心主义）或落入纯粹认为现象是一类新对象的超越论。但

753

是，内在性总是在现象的自在一维的范围之内，而超越性又在其自为一维的范围内。

正是在决定了自为的起源和世界的现象本性之后，形而上学才能涉足头等重要的各种问题，尤其是行动的问题。事实上，行动是要同时在自为的层次上和自在的层次上考察的，因为这涉及内在起源谋划，这谋划在超越的东西的存在中规定了一种变化。事实上，声明行动只改变事物的表面现象是毫无用处的：如果一只杯子的表面现象能被改变，直到作为杯子的杯子消失，并且如果杯子的存在不是别的，只是它的性质，上述行动就应该能够改变杯子的存在本身。因此行动的问题设定了对意识的超越能力的清楚解释，并且置我们于它真正的存在与存在的关系之中。由于世界中的活动的影响，这问题还向我们揭示了存在与存在的一种关系，这种关系尽管被物理学家外在地把握，却既不是纯粹外在性也不是内在性的，而是把我们推回到完形的概念。因此，正是从这里出发，人们能够尝试一种自然的形而上学。

二、道德的前景

本体论本身不能进行道德的描述。它只研究存在的东西，并且，从它的那些直陈是不可能引申出律令的。然而它让人隐约看到一种面对处境中的人的实在而负有责任的伦理学将是什么。事实上，本体论向我们揭示了价值的起源和本性；我们已看到，那就是欠缺，自为就是比照着这种欠缺而在其存在中把自己规定为欠缺的。我们看到，由于自为存在着，价值涌现出来以便纠缠它的自为存在。于是，自为的各种不同的任务能成为存在的精神分析法的对象，因为它们的目的全都是在价值或自因的影响下提供出所欠缺的那种意识与存在的综合。于是，存在的精神分析法是一种道德的描述，因为它把人的各种计划的伦理学意义提供给我们；它在向我们揭示了人的所有态度的理想意义时向我们指出必须摈弃从利益着眼的心理学，摈弃一切对人的行为的功利主义解释。这些意义是处在利己主义和利他主义之外的，也是在所谓公正的行为之外的。人为了成为上帝而自我造就为人，人们能说：按这个观点考察的自我性能够表现一种利己主义；但是正因为人的实在和这实在想成为的自因之间没有任何共同的尺度，所以也同样可以说，人自失以便自因存在。这时人们会把所有人的存在看作一种激情，那种过分出名的"自爱"只不过是在许多手段中自由选择出的一种实现这种激情的手段而已。存在的精神分析法的主要结论应该是使我们放弃严肃的精神，严肃的精神事实上有双重的特性，一方面是认为价值是超越的，独立于人的主观性的给定物，另一方面又把"可欲的"特性从事物的本体论结构里挪到事物的简单物质结构上去。事实上，对严肃的精神来说，例如，面包是可欲的，因为必须活着（这是写在可知的天上的价值）同时也因为面包是有营养的，正如人们所知，严肃的精神统治世界的结果，就是使人像用一张吸墨纸吸字迹那样，用事物的经验特质来吸干事物象征的价值；它把被欲望的对象的不透明性放在面前并且在它本身中把对象作为不可还原的可欲望的东西提出来。于是，我们已经处在道德的水平上，但是连带地处在自欺的水平上，因为这是一种以自身为耻并且不敢说出自己名字的道德；这种道德把它所有的目的都隐蔽起来以便解脱焦虑。人摸索着寻求存在，而对自己掩藏起这种探索这自由的计划，他做出一种姿态，好像他的道路上已经安放下种种任务，等待着自己去完成。对象是无言的要求，而人自身不是别的，只不过是对这些要求的消极服从。

存在的精神分析法将向人揭示他追求的真正目的，即成为自在与自为综合起来融合为一体的存在；存在的精神分析法将用人的激情来教导人。真正说来，有许多人曾在他们自己身上运用过这种精神分析法，而没有期望认识它的原则，以把这些原则当作解脱和得救的手段来使用。事实上，许多人知道，他们寻求的目标就是存在；在他们拥有的这种认识的范围内，他们不注意把事物作为事物本身来化归己有，而且企图实现对事物的自在的存在的象征性的化归己有。但是，就这种企图还具有严肃的精神、并且他们还能相信他们使自在自为存在的使命铭刻于事物之中而言，他们命定要绝望，因为，他们同时揭示了，人的所有活动是等价值的——因为这些活动都企图牺牲人以使自因涌现——人的所有活动原则上都是注定要失败的。于是，沉迷于孤独或驾驭人民到头来都是一样。如果这些活动之一战胜了另一个，那不是由于它的实在目的，而是由于这活动拥有的对它的理想的目标的意识的程度；并且，在这种情况下，沉醉于孤独的人的寂静主义将战胜人民的驾驭者的徒劳繁忙。

但是，本体论和存在的精神分析法（或人们总是以这些描述造成的自发的经验的应用）应该向道德主体揭示，他就是各种价值赖以实存的那个存在。这样，他的自由就会进而获得对自由本身的意识并且在焦虑中发现自己是价值的唯一源泉，是世界赖以实存的虚无。对存的搜寻和把自在化归己有一旦被他发现为是他的诸种可能，他就通过焦虑并在焦虑中认识到，这些可能只有在别的可能性的基础上才是可能的。但是到此为止，尽管可能能够被任意地选择和废弃，造成所有这些可能的选择的统一的主题，就是价值或自因的存在的理想的在场。如果自由重新转向这种价值，自由会变成了什么呢？不管它做什么，它将把价值一起带走吗？并且在他转向自在自为时，它会被它想凝思的价值从后面把握住吗？或者，只是由于自由被当作就其本身而言的自由，它就能中止价值的统治吗？尤其是，它可能把自己本身当作作为所有价值的泉源的价值，或它应该必然地就一种纠缠着它的超越的价值而言而被定义。在自由能希望自己本身是它自己的可能和它的决定的价值的情况下，应该据此理解什么呢？一个要求自由的自由，事实上就是不是其所是和是其所不是的存在，这个存在把是其所不是的存在和不是其所是的存在选择为理想的存在。因此，这存在不是选择使自己复活，而是选择的自我逃避，不是选择与自我合一，而选择了总是与自我保持距离。通过这想使自己敬畏、与本身保持距离的存在，应该理解什么呢？这涉及自欺或别的基本态度吗？人们能使存在的这种新的面貌活起来吗？尤其是，自由由于把本身当作目的，它逃避了一切处境吗？或者，相反，它仍然在处境中？或者，它越是作为有条件的自由把自己投入焦虑中、越是作为世界赖以存在的存在者收回它的责任，它就越是明确地、个别地处在处境中吗？所有这些问题，都把我们推到纯粹的而非复合的反思，这些问题只可能在道德的基础上找到答案。我们将在下一部著作中研究这些问题。

附录

萨特生平、著作年表

1905　让·保尔·萨特生于巴黎
1906　其父让·巴蒂斯特·萨特病逝
1915　就读于巴黎亨利第四中学
1922　通过中学会考,进入路易大帝中学文科预备班,准备报考巴黎高等师范学校
1924　考取高等师范学校
1929　认识西蒙娜·德·波伏瓦(Simone de Beauvoir)
1931　任勒阿弗尔中学哲学教员
1933　赴柏林法兰西学院进修哲学
1934　回到法国,继续在勒阿弗尔中学任教
1936　《想象》(L'Imagination)出版
1937　发表短篇小说《墙》(Le Mur)
1938　发表长篇小说《恶心》(La Nausée)
1939　发表《情绪理论初探》(Esquisse d'une théorie des émotions);9月:应征入伍
1940　《想象物》(L'Imaginaire)一书出版
1943　4月:发表三幕剧《苍蝇》(Les Mouches)
　　　10月:发表《存在与虚无》(L'Etre et le Néant)
1945　发表独幕剧《密室》(Huis clos);长篇小说《自由之路》(Le clemin de la liberté)第一、二部:《理性年代》(L'âge de raison)、《延缓》(Le Sursis)

1946	《存在主义是一种人道主义》（L'Existentialisme est un humanisme）发表
	发表剧本《死无葬身之地》（Mort sans sépulture）、《毕恭毕敬的妓女》（La Putain respectueuse）和评论《波德莱尔》（Baudelaire）、《犹太问题随感录》（Réflexion sur la question juive）以及《唯物主义与革命》（Le Matérialisme et la Révolution）
1948	发表七幕剧《肮脏的手》（Les Mains sales）
1949	发表长篇小说《自由之路》第三部《心灵之死》（La Mort dans l'âme）
1951	发表剧本《魔鬼与上帝》（Le Diable et le Bon Dieu）
1952	发表《圣·热奈，喜剧演员和殉道者》（Sain Genet, comédien et martyre）
1955	访问中国
1956	发表剧本《涅克拉索夫》（Nekrassov）
1957	在波兰发表《存在主义与马克思主义》（L'Existentialisme et le Marxisme）
1960	发表《辩证理性批判》（Critique de la Raison dialectique）
1964	《词语》（Les Mots）发表，拒绝接受诺贝尔文学奖
1968	支持学生运动
1971	《家庭白痴》（L'Idiot de la famille）第一、二卷发表
1973	双目濒于失明，但并未停止社会活动
1974	发表《造反有理》（On a raison de se révolter）
1975	在《新观察家》周刊发表萨特的《七十岁自画像》
1976	出版《处境》第十集。这十卷本评论集是在 1947 年出版第一集
1980	在《新观察家》周刊发表最后一次谈话《希望，现在是……》
	3 月 20 日因肺气肿进医院
	4 月 15 日病逝

759

主要术语译名对照表（法—汉）

absence　不在场
absurde　荒谬的
action　活动
amour　爱
angoisse　焦虑
apparence　显象
apparition　显现
avoir　有，拥有
cause　原因
chair　肉体
coefficient d'adversité　敌对系数
cogito　我思
　cogito préréflexif　反思前的我思
　cogito réflexif　反思的我思
complexe d'Actéon　阿克狄翁情结
complexe de Jonad　约拿情结
connaissance　认识
conscience　意识
　conscience positionnelle　位置的意识
　conscience impositionnelle　非位置的意识
　conscience thétique　正题的意识

conscience non thétique　非正题的意识
contingence　偶然性
corps　身体，形体
dédoublement　两重化
deduction eidétique　本质的还原
désir　欲望，情欲
détermination　规定
dimention　维
distraction　排遣
ekstasis　出神
engager　介入，干预
epoché　存而不论
espace　空间
esprit de sérieux　严肃的精神
essence　本质
est été　被存在
être　存在
　être-au-milieu-du-monde　没于世界的存在
　être-avec…〔mitsein〕　共在
　être-dans-le-monde　在世，在世的存在

être du phénomène　现象的存在
être-en soi　自在的存在
être-là〔dasein〕　此在，在那里
être-pour-autrui　为他的存在
être-pour-soi　自为的存在
évidence　自明性
existence　存在，实存
facticité　人为性
finitude　有限性
fond　基质
forme　形式
futur　将来，未来
haine　憎恨、憎恶
il y a　有
indifférence　冷漠
interrogation　考问
ipséité　自我性
langage　语音
liberté　自由
instant　瞬间
masochisme　性受虐狂
mauvaise foi　自欺
mensonge　说谎、欺骗
métaphysique　形而上学
mobile　动力
monde　世界
motif　动机
nausée　恶心
négation　否定
négation extérieure　外在的否定

négation intérieure　内在的否定
négativité　否定性
néant　虚无
néantir　使……虚无化
néantisation　虚无化
noème　作为对象的意识
noèse　作为活动的意识
objectité　对象性
objectivition　对象化
ontologie　本体论
passé　过去
phénomène　现象
phénomène d'être　存在的现象
phénoménologie　现象学
possession　占有、拥有
possibiliser　可能化
possibilité　可能性
possible　可能
potentialité　潜在性
présence　在场
présence à soi　面对自我在场
présent　现在、当下
à présentation　表象
projet, pro-jet, porjeter　谋划、计划
propabilité　或然性
psychanalyse existentielle　存在的精
　　神分析法
quantité　量
qualité　性质
réalité humaine　人的实在

761

reflet 反映	temporalité 时间性
réflexion 反思、反省	transcendance 超越性
regard 注视	transcendance-transcendé 被超越的超越性
responsabilité 责任	transphénoménalité 超现象性
rien 乌有，什么也没有，什么也不是	ustensilité 工具性
sadisme 性施虐狂	valeur 价值
situation 处境	